EL AUTISMO

TÍTULOS DE LA COLECCIÓN
PSICOPATOLOGÍA Y PSICOTERAPIA DE LAS PSICOSIS (3P)

J. Read, L.R. Mosher y R.P. Bentall (eds.) *Modelos de locura*

P. Turpeinen—Saari *Adolescencia, creatividad y psicosis*

J.L. Tizón *Psicoanálisis, procesos de duelo y psicosis*

J.O. Johannessen, B.V. Martindale y J.Cullberg (eds.) *Evolución de las psicosis*

J. Manzano y F. Palacio—Espasa *La dimensión narcisista de la personalidad*

A. Brun *Mediaciones terapéuticas y psicosis infantil*

M. Hardcastle, D. Kennard, S. Grandison y L. Fagin *Experiencias en la atención psiquiátrica hospitalaria*

B.V. Martindale, A. Bateman, M. Crowe y F. Marginson (eds.) *Las psicosis*

S. Resnik *Tiempos de glaciaciones*

G.R. Bloch Thorsen, T. Grønnestad y A.L. Øxnevad *Trabajo familiar y multifamiliar en las psicosis*

R. Penedés y C. Gastó *El tratamiento de rehabilitación neurocognitiva en la esquizofrenia*

A.P. Morrison, J.C. Renton, P. French y R. Bentall *¿Creees que estás loco? Piénsalo dos veces*

R. Bentall *Medicalizar la mente.*

J. Geekie y J. Read *El sentido de la locura*

A.P. Morrison, J.C. Renton, H. Dunn, S. Williams y R. Bentall *La terapia cognitiva de la psicosis*

J. Moncrieff *Hablando claro. Una introducción a los fármacos psiquiátricos*

J.L. Tizón *Entender las psicosis*

P. Williams *El quinto principio*

J.L. Tizón *Familia y psicosis*

P. Fuller *Sobrevivir, existir, vivir*

J. Seikkula y T.E. Arnkil *Encuentros terapéuticos en la red social*

J. Read y J. Dillon (eds.) *Modelos de locura II*

Jackson, M (ed. De J. Magagna) *Creatividad y estados psicóticos en personalidades excepcionales*

D.W. Pfaff *El cerebro altruista*

B. Saraceno *Discurso global, sufrimientos locales*

A. Pérez-Sánchez *Organización psicótica de la personalidad*

J. Seikkula y T.E. Arnkil *Diálogos abiertos y anticipaciones*

C. Gauger *Mi esquizofrenia*

Vamik D. Volkan *Aspirante a asesino*

Franco de Masi *Desvelar el enigma de la psicosis*

Jay Joseph *Esquizofrenia y genética*

Marcelino López Álvarez *Mirando atrás para seguir avanzando*

Jeanne Magagna, Marie Saba Veile y Jorge L. Tizón (eds.) *El niño en silencio*

Marie Brown y Marilyn Charles (eds.) *Mujeres y psicosis*

Alberto Lasa Zulueta

EL AUTISMO

UNA PERSPECTIVA INTEGRADORA Y PSICODINÁMICA

Herder

Diseño de la cubierta: Gabriel Nunes

© 2022, *Alberto Lasa Zulueta*
© 2022, *Herder Editorial, S.L., Barcelona*

ISBN: 978-84-254-4852-2

Cualquier forma de reproducción, distribución, comunicación pública o transformación de esta obra solo puede ser realizada con la autorización de sus titulares, salvo excepción prevista por la ley. Diríjase a CEDRO (Centro de Derechos Reprográficos) si necesita reproducir algún fragmento de esta obra (www.conlicencia.com)

Imprenta: Sagràfic
Depósito legal: B-14.449-2022
Printed in Spain – Impreso en España

Herder
www.herdereditorial.com

ÍNDICE

PRÓLOGO *Jorge L. Tizón*	11
INTRODUCCIÓN	31
• El autismo y la psiquiatría hoy	31
• Un breve bosquejo histórico	36

1. LOS PRIMEROS CONCEPTOS PSICOPATOLÓGICOS ... 43

DE LA ESQUIZOFRENIA DEL ADULTO A SUS ORÍGENES EN LA INFANCIA: LA «ESQUIZOFRENIA INFANTIL»

• Los predecesores europeos	44
• El autismo para Bleuler	51
• La psiquiatría inspirada por la fenomenología (de Husserl y Bergson a Jaspers, Biswanger y Minkowski)	54
• Los predecesores estadounidenses (Rush, Meyer y Sullivan)	58
• El legado de los pioneros y las extrapolaciones y los vaivenes de sus continuadores	83
• Las cosas cambian. Los pacientes reivindican sus derechos y la poderosa psiquiatría biológica surge en su defensa	90

DE LA ESQUIZOFRENIA INFANTIL A LAS PSICOSIS INFANTILES Y AL AUTISMO INFANTIL PRECOZ

• Esbozos europeos (Sancte de Santis, Heller, Klein y Sukhareva)	96
• Autores y debates estadounidenses. La búsqueda de una nueva nomenclatura para nombrar un problema clínico conocido (Potter, Despert, Bender, Kanner y Goldfarb)	109

2. LOS DOS PADRES ADOPTIVOS DE LA CRIATURA: KANNER
Y ASPERGER 131

LOS ONCE CASOS DE «AUTISMO INFANTIL PRECOZ» DE LEO KANNER
- La descripción clínica: «los once casos de Kanner» 135
- Las hipótesis etiológicas. Acusado de acusar a los progenitores 156
- El pronóstico de la enfermedad: diferentes trayectorias
  evolutivas 162
- Los factores pronósticos: ¿cuáles son y como influyen? 166

HANS ASPERGER: GLORIOSAMENTE RESUCITADO... Y PENDIENTE
DE JUICIO SUMARÍSIMO
- Los 4 casos descritos por Asperger: el síndrome que
  nunca existió 184
- Una biografía controvertida: del anonimato a la idealización...
  ¿y a la demolición? 218

3. EMOCIONES Y CAVILACIONES DE PSICOANALISTAS 237

EL PSICOANÁLISIS BRITÁNICO Y NORTEAMERICANO
- Margaret Mahler 254
- Donald W. Winnicott 271

LOS AUTORES POSKLEINIANOS
- Frances Tustin 294
- Donald Meltzer 311
- Geneviève Haag 315
- Anne Alvarez 320

LA PSIQUIATRÍA PSICOANALÍTICA FRANCÓFONA
- Una psicopatología psicoanalítica y una política asistencial 323
- En torno a la psicosis infantil. Reflexiones y aportaciones
  de la psicopatología psicoanalítica 327
- La importancia clínica del diagnóstico diferencial
  psicodinámico 339
- Una distinción esencial 347
- Los autistas cambian 351
- Intervenciones terapéuticas tempranas en espacios
  asistenciales favorables 354
- Tratamiento-psicoterapia *versus* educación-psicopedagogía.
  Puntos de encuentro 356
- Formas clínicas y líneas evolutivas 358

- ¿Un debate de ideas o una batalla por la propiedad de un terreno? 371

4. SOBRE LA INTELIGENCIA DE LOS AUTISTAS
   (Y OTROS DEBATES ETERNOS) 379
   - Viejas historias siempre actuales 380

LOS PADRES PUTATIVOS DE LA CRIATURA

- Los debates interminables: ¿quién entiende mejor a la difícil criatura?, ¿qué tipo de problemas sufre? 385
- Comprender, ¿para qué?, ¿cuidar, enseñar, educar, tratar, acompañar? 391
- Normalizar y curar, ¿dos ilusiones motivadoras o dos utopías? 399
- La evaluación de la inteligencia en el autismo 402
- Las teorías sobre el déficit cognitivo de los autistas 404
- Inteligencias superdotadas: ¿trastorno genético o progreso evolutivo? 411

5. CONOCIMIENTOS E INVESTIGACIONES RECIENTES.
   NUEVAS PERSPECTIVAS 419
   - La búsqueda de las causas del autismo 423
   - El autismo y los trastornos orgánicos: ¿«causales» o «asociados»? 425
   - El determinismo genético y la interacción epigenética 429
   - La búsqueda de hallazgos neurofisiológicos y su interpretación 435
   - Pensamiento y acción: ¿moverse y encontrarse con el otro o percibir al otro y moverse hacia él? 441
   - La mirada: mirar es mucho más que ver 445
   - La epigenética añade posibilidades a la genética… y complica ideas simples 447
   - La plasticidad cerebral 453
   - La importancia de las relaciones tempranas 462
   - Las asombrosas capacidades del bebé sano 479
   - Síntomas precoces de autismo. El diagnóstico precoz 482

EPÍLOGO 489

BIBLIOGRAFÍA 493

ANEXOS 525

ROTURANDO LO IGNOTO. UNA INTRODUCCIÓN NOVELADA A NUESTROS DESCONOCIMIENTOS Y CONOCIMIENTOS SOBRE EL AUTISMO

Jorge L. Tizón

Una vez más queremos transmitir con este prólogo un doble placer: por un lado, la salida de un nuevo volumen (el número 35) de esta colección especializada (la 3P: «Psicopatología y Psicoterapia de las Psicosis»), la cual, gracias a los esfuerzos colectivos apoyados por la editorial Herder, sigue dando muestras de vitalidad e intenta contribuir, desde un campo específico y modesto, a mejorar aspectos concretos del mundo en que vivimos. Decíamos que es un campo modesto, aunque, precisamente, se trata a la vez de uno de los más difíciles en cuanto a cambios se refiere: hablamos de las psicosis. Por otro lado, en este caso se trata de un libro escrito por un amigo y compañero de lides y afanes durante más de medio siglo, a través de trabajos y participando en conflictos para intentar mejorar la atención a los sufrimientos psicológicos de la población.[*] Un libro, por ende, acerca de un tema del cual Alberto Lasa Zulueta es profundo conocedor y en el que ha trabajado todo este tiempo: el sufrimiento autístico, esto es, el sufrimiento de las personas con autismo, sus allegados y los grupos sociales de pertenencia.[1,2,3]

---

[*] Y además, con vínculos y amigos comunes, como el entrañable y recientemente desaparecido (diciembre de 2021) Luis Martínez-Feduchi.

Hoy en día no es fácil escribir sobre el autismo y los «trastornos del espectro autista» o TEA. En primer lugar, por la modestia con la que debemos hacerlo, tanto por lo poco desarrollados que están nuestros conocimientos sobre esa forma de sufrimiento humano tan particular, como por lo lento y zigzagueante de nuestros avances en el conocimiento del mismo. Pero también, y en segundo lugar, porque en la actualidad constituye un tema sometido no solo a discusiones científicas, sino a discusiones sociales y hasta políticas, agravadas por el interesado y confusional intento de la multinacional DSM de ampliar los límites y horizontes de los diagnósticos psiquiátricos con epígrafes como TEA, TDAH (trastorno por déficit de atención e hiperactividad) y similares.

En esta colección y en otros trabajos hemos defendido una idea en relación con el concepto de la *psicosis:* que tal término, en el ámbito psicopatológico (y no solo sociocultural), señala un modo de sufrimiento psicológico humano basado en la ruptura de la integridad personal y en perturbaciones graves de la captación y relación con la realidad externa, tanto personal como no personal.[*, 2-3,5] En ese sentido, puede entenderse que tanto los niños que sufren autismo como aquellos más gravemente perturbados por «trastornos generalizados del desarrollo» padecen una psicosis, un asunto sobre el cual reflexionaron todos los pioneros al respecto y sobre el que Lasa Zulueta vuelve una y otra vez en estas páginas. Una psicosis característica y, desde luego, aún más grave y temprana que las que denominamos «psicosis pospuberales»

---

[*] Claro que hay otras varias definiciones, y entre ellas muchas tienden a converger en la que durante años mantuvo uno de los organismos de investigación sobre el tema más prestigiosos a nivel internacional, el National Institute of Mental Health norteamericano (NIMH), que definía la esquizofrenia (y, además, para el público en general) como «una enfermedad genética del cerebro crónica y de mal pronóstico, la más crónica e incapacitante de las que se conocen» (NIMH, 2007 [https://www.nimh.nih.gov/health/topics/schizophrenia visitada en mayo de 2022]). Ello me ha llevado a defender en más de una ocasión[(5)] que, por el contrario, «la esquizofrenia» no es una (sino un síndrome); ni es una enfermedad, sino un trastorno biopsicosocial; ni es genético en el sentido mendeliano ni en el más popular del término —y, en todo caso, con nuestros datos actuales no se puede afirmar su «naturaleza genética»—; ni es tan solo del cerebro; ni siempre tiene mal pronóstico y, desde luego, no es «la enfermedad» «más incapacitante que se conoce»: basta con pensar precisamente en el autismo y en otros síndromes y trastornos mentales graves de la infancia para desmadejar tal aserto.[(5)]

(esquizofrenia, trastornos delirantes, etc.). Bajo esta perspectiva que entiende el autismo como una psicosis, con unas características peculiares, pensamos que es imprescindible su estudio dentro de la colección 3P porque, de entrada, los sufrimientos que promueve y difunde, tanto en los propios sujetos y en su futuro desarrollo como en los familiares y allegados, tienen mucho que enseñar y que recibir de otras situaciones humanas relacionadas con las psicosis.[1-3]

De ahí que en nuestra colección no hayamos dejado de lado, sino incluido desde el principio, volúmenes sobre las «psicosis en la infancia», sobre el autismo, sobre los niños en silencio… Razón por la cual hemos ido publicando los libros de Pirkko Turpeinen-Saari,[6] Anne Brun,[7] J. Manzano y F. Palacio,[8] Paul Williams,[9] la compilación de J. Magagna *et al.*[10] o nuestro volumen *Familia y psicosis. Cómo ayudar en el tratamiento*.[11]

Alberto Lasa Zulueta posee un recorrido profesional de más de cuatro décadas dedicado al tratamiento de niños y adolescentes en servicios públicos de salud mental, así como a la docencia del mismo tema en la universidad y en colectivos profesionales diversos. En el terreno del autismo y las psicosis infantiles, ha sido un pionero a la hora de tratar de impulsar su detección temprana y su tratamiento intensivo, insistiendo en la articulación de la red de salud mental con la atención primaria y los servicios sociales y educativos. En este sentido, ha podido colaborar en la creación y el desarrollo de un centro de día terapéutico y educativo realmente ejemplar y poco frecuente en nuestro país, financiado por la educación y la sanidad públicas, y que cuenta con un equipo multidisciplinar mixto (procedente de ambas administraciones) y unos tratamientos multiprofesionales adaptados a las necesidades de los pacientes y sus familias. Hasta su jubilación, asumió la dirección y coordinación terapéutica de los cuidados que en él reciben niños y preadolescentes seriamente perturbados.

Con esa dilatada experiencia y sus vastos conocimientos sobre el tema, Lasa Zulueta ha tenido la posibilidad (y la libertad) de decidir el tratamiento de su libro y ha escogido una presentación para el mismo que podríamos calificar como «descriptiva» o, mejor, «narrativa». El lector interesado por el tema (y no digamos el profesional) disfrutará recorriendo de su mano los múltiples vericuetos (e incluso anécdotas vitales) de los investigadores del autismo a lo largo de la historia de nuestra cultura y nuestras disciplinas científico-técnicas. En ese sentido, es un libro con el cual, sin renunciar en absoluto a la profundidad, el autor ha decidido llevarnos de la mano por la historia del desarrollo de nuestros desconocimientos y someros saberes acerca de ese sufrimiento humano (personal, familiar y social). Algo que solo podía hacer una persona con un recorrido como el suyo, pero que, además, estuviera dotado de una mentalidad abierta y una perspectiva integradora. Es como si Lasa Zulueta hubiera optado para este volumen por una especie de principio narrativo: como sabemos muy poco, escojo un método histórico-descriptivo, esto es, aproximarnos a la historia de las discusiones sobre el tema.

El resultado que ha logrado es una especie de «novela histórica» acerca del autismo dirigida a los profesionales, pero también a la población en general que esté interesada en esta cuestión. Y, por cierto, una «novela histórica» sumamente atractiva, que a menudo atrae e incluso subyuga nuestra curiosidad...

En psicopatología general el término «autismo» nació para describir una dinámica relacional en los trastornos mentales graves y, en particular, en las psicosis. Designa el repliegue excesivo del sujeto sobre sí mismo, con un retraimiento de las relaciones con el mundo exterior que en algunos sujetos es mucho mayor que el mero aislacionismo y, desde luego, que el narcisismo. En la práctica supone, y tendemos a vivirlo, *la comunicación del intento de no comunicar* (con los entes exteriores al sujeto). El correlato consiste en dificultades en la interacción social, en la comunicación verbal y no verbal y un patrón restringido de intereses o comportamientos. Históricamente, decenios después, las tendencias biologistas, magnificadoras y estigmatizadoras de la *psiquiatría biocomercial* han llevado a que, cada vez más, tanto los profesionales como la población en general tiendan a identificar el autismo con un trastorno concreto o «enfermedad» —y hoy, con los TEA o trastornos de (un supuesto) «espectro autístico», homogeneizando todo tipo de sintomatologías infantiles graves («psicóticas» o no) con los casos en los cuales esas sintomatologías se dan, pero vienen presididas por los síntomas o señales del autismo como elemento central.

Como describe Lasa Zulueta, cada vez tendemos más a valorar que el trastorno autístico implica graves trastornos en la relación y en la intersubjetividad, pero también en el mundo interno, en la intrasubjetividad y en las relaciones internas (al menos si el clínico o investigador se preocupa de ellas, claro está). Aunque su etiología sigue siendo poco clara y ampliamente discutida, es indudable que posee componentes biológicos, así como psicológicos y psicosociales. En psicopatología especial, una de las hipótesis patoplásticas del síndrome autístico insiste en las dificultades del procesamiento de las emociones y la sensorialidad tanto exteroceptiva, relacional, como interoceptiva; unas dificultades asentadas en patrones neurológicos, psicológicos y/o psicosociales gravemente alterados. El resultado son las dificultades secundarias para el procesamiento de las informaciones (en particular, de las aferencias emocionales y cognitivas iniciales) que acarrean fallas graves en la integración de la personalidad y la identidad y, por tanto, para la intersubjetividad.

La organización que permite sobrevivir en esas circunstancias, en algunos casos, se apoya en el *autismo* (si se trata de un «auténtico» TEA), si bien siempre combinado con la *adhesividad* a figuras y situaciones externas. Por eso algunos hablamos de «suborganización adhesivo-autística». Más adelante en el desarrollo, o incluso desde ese momento si hay relaciones o intentos de relación suficientemente intensivos con esas personas, también podemos percibir esa vivencia de dos mentes profundamente interconectadas y no diferenciadas que llamamos *simbiosis*: con la madre, con el padre, con los cuidadores, con los terapeutas, con los «objetos del autista», etc.

Desde luego, cuando esas dificultades tempranas y severas se dan desde el inicio de la vida o en los primeros años llevan a la organización más o menos completa de un baluarte defensivo de los más rígidos y graves que se conocen (la «relación adhesivo-autística»). Una de sus manifestaciones es el autismo como comunicación, más o menos grave según los casos, pero, como decimos, siempre combinado con otras organizaciones relacionales y síntomas o señales: elementos de la suborganización simbiótico-adhesiva, elementos de la organización paranoide, elementos de la organización fóbico-evitativa… Ello no quita que tanto en los *trastornos generalizados del desarrollo* como en los síndromes autísticos y similares haya graves defectos en la integración de la personalidad en formación y problemas importantes en la modulación de las emociones primitivas (y, en particular, del miedo, la ira, la indagación, el apego y las ansiedades de separación...). Por ende, rupturas de la capacidad diacrítica, de la diferenciación realidad interna/realidad externa y, consecuentemente, alteraciones severas en las relaciones interpersonales.

Como decíamos, con ayudas terapéuticas y cuidados al menos mínimos, ese incipiente «sujeto» puede llegar a la edad adulta mostrando diversas variaciones de lo que se conoce como «suborganización simbiótico-adhesiva», la organización relacional y personal subyacente y previa a muchas «descompensaciones psicóticas pospuberales». Si el síndrome inicial fue un autismo o un «TEA dominado por el autismo», tal vez esa descompensación conlleve más elementos autísticos incrustados, no elaborados o persistentes, así como diversos tipos de anomalías o «rarezas» comportamentales. Pero no es algo muy alejado de lo que en otros tiempos nos confundía en algunas «esquizofrenias simples», «esquizofrenias hebefrénicas», «esquizofrenias indiferenciadas», etc. Por eso, tanto por esa perspectiva evolutiva como por las dificultades de vinculación con la realidad externa y los otros, creemos que este tipo de síndromes o estructuras psico(pato)lógicas guarda estrecha relación con la psicosis; al menos, si entendemos que la psicosis está fundamentada en ese conjunto de dificultades extremas de integración, dificultades extremas de procesamiento emocional-cognitivo y dificultades extremas (y ambivalentes) de vinculación e integración con y en la realidad externa.

A pesar de todo, como Lasa Zulueta glosa en varias ocasiones de su novelado y erudito tratado respecto de nuestros avances y retrocesos, conocimientos y desconocimientos sobre el autismo, queda claro que la utilización del término *psicosis* para algunos trastornos graves de la infancia: 1) no cumple exactamente los criterios utilizados en este sentido comúnmente en la psicopatología descriptiva; 2) conlleva un cierto componente de metáfora o extensión del concepto; 3) remite a formas de relación de los niños tan diferentes como las de un autista grave «encapsulado» y las de los niños severamente desorganizados por la irrupción no modulada de experiencias y fantasías gravemente persecutorias, o desbordados por cualquiera de las emociones primigenias; 4) pero facilita que pensemos que esos procesos adaptativos precisan de cuidados tipo TIANC o CIANC, es decir, «Tratamientos o Cuidados Integrales Adaptados a las Necesidades del sujeto y su familia en la Comunidad», tal como intentan llevar a cabo hace decenios algunos equipos[13-15] y hemos recogido en publicaciones como las de 2013[12] y, sobre todo, 2014[11] y 2020.[16] Desde luego, en este ámbito es imprescindible mencionar de nuevo la valía y ejemplaridad que Lasa Zulueta y sus compañeros demostraron con la creación y el desarrollo durante décadas de su centro de día, la UTE (Unidad Terapéutico-Educativa), sostenida, como hemos comentado con anterioridad, con fondos procedentes de las administraciones sanitaria y educativa y atendida por personal mixto.

Lo que, para simplificar, suele llamarse «psicosis de la infancia» implica cuadros clínicos muy variados, edades diferentes, diversas formas de desorganización, de no integración... Sin embargo, lo que confluye en esos cuadros son esas características inferidas: trastornos en la integración, trastornos en la introyección de las relaciones sociales, trastornos en la diferenciación realidad interna/realidad externa, etc. Como consecuencia, se dan comportamientos y relaciones sociales gravemente perturbados. Por eso incluyen siempre lo que se suele denominar «déficits disarmónicos de vertiente psicótica», distorsiones psicóticas precoces de la personalidad y organizaciones distímicas de naturaleza psicótica.

La misma naturaleza heterogénea y proteica de sus manifestaciones hace que las líneas de investigación sobre estas formas de relación infantiles sean enormemente variadas, pobremente intercomunicadas, a menudo divergentes y en ocasiones contradictorias. Hoy por hoy, sin embargo, creemos que siguen siendo necesarias las investigaciones genéticas, bioquímicas y del neurodesarrollo, así como la neurofisiología funcional, la etología, los estudios familiares biopsicosociales, el cognitivismo, el psicoanálisis... De ahí la importancia de intentos como los de Lasa Zulueta al tratar de integrar todo ello sin los sectarismos habituales y, además, desde una perspectiva histórica. Entre otras cosas, porque desde un enfoque tanto relacional como de la psicología del desarrollo, ese tipo de manifestaciones, al tiempo tan diversas y tan primitivas, debería hacernos pensar que constituyen el resultado de reacciones adaptativas ante traumas o problemas neurológicos (cerebrales) y/o psicológicos tempranos y graves, aunque su naturaleza esté por dilucidar en muchos casos. Las diversas formas de presentación, a tenor de nuestros conocimientos actuales, no tendrían por qué adscribirse a «enfermedades diferentes», sino tal vez a las distintas posibilidades de adaptación del niño y la familia ante alteraciones fundamentalmente biológicas* o fundamentalmente relacionales de cada caso, en su interacción siempre relacional con la familia y la crianza recibida.[17-25]

Sea cual fuere la base (genética, neurológico-lesional o relacional temprana y, por tanto, con repercusiones neurológicas y genómicas), la respuesta tanto del niño como de la familia actúa directamente sobre su amplia plasticidad cerebral (y psicológica). Hoy por hoy creemos que esa explicación de las diferencias sintomatológicas entre los diversos tipos de TGD y TEA (y, por supuesto, entre los diferentes niños) se ajusta mucho más a nuestros actuales conocimientos psicosociales; desde luego, lo hace de manera mucho más «parsimoniosa» que aventuradas taxonomías basadas en el reduccionismo biologista a supuestas «enfermedades neurológicas» o del «neurodesarollo» y a múltiples «comorbilidades».

Por eso cobra especial importancia la determinación de las organizaciones de la relación dominantes en cada niño, en cada familia y en cada momento del tratamiento, incluso en los verdaderos TEA. Así, tendríamos que ser más cuidadosos y determinarlas previamente para poder ayudar mejor cuando un niño, a pesar de haber sido calificado de «autista», actúa más dominado por el propio autismo o rechazo de la relación, o bien de forma más paranoide, o más adhesiva, o más fóbica, o más disociadora. Como defendemos hace decenios, cada organización de la relación precisa pautas de aproximación, entrevista y terapia diferenciadas, incluso cuando la organización fundamental sea la que denominamos «autismo» o «relación adhesivo-autística».

Con el intento de llamar la atención acerca de la gravedad, cronicidad y «malignidad» de algunos síndromes psicopatológicos, la psiquiatría dominante en realidad ha llevado a invisibilizar más y más la

---

* Pero contando con la epigenética cerebral de los primeros años del desarrollo, es decir, atendiendo también a las relaciones tempranas como factores de cambios biológicos.[19,16,25]

importancia del síndrome o el sufrimiento humano al que se dedica este volumen; hasta el extremo, mencionado con anterioridad, de establecer definiciones como las propuestas por el NIMH y la American Psychiatric Association (Asociación Norteamericana de Psiquiatría). Por eso deseábamos publicar una reflexión más amplia y actualizada sobre el autismo, un síndrome, precisamente, tan poco atendido y tan mal entendido que ello ha favorecido esa definición de la psicosis del NIMH: ¿habrían visto alguna vez en su vida a un niño autista los profesionales y técnicos que hicieron y difundieron tal definición? Necesitábamos dar a conocer una visión más integradora, menos sectaria, del autismo. Una perspectiva, tanto del autismo como de los TEA, que supusiera, además, una mayor integración dentro los necesarios cuidados de la salud mental comunitaria y la salud pública: estos cuadros de sufrimiento no son tan incomprensibles, impersonales, raros, desdeñables, crónicos, malignos, incapacitantes o desesperanzadores como algunas perspectivas sectarias y parciales pueden hacer pensar y sentir, tanto a los allegados como a los profesionales. Es el *des-cuido* (la falta de cuidados más completos e integradores) de cada caso y el *des-cuido* en la percepción del tema por parte de la sociedad y la cultura lo que complica, a veces sobremanera, su detección y el acceso a medios de ayuda. El resultado son prejuicios y perjuicios, errores y dilaciones en la atención y los cuidados que se dispensan para paliar esos sufrimientos humanos.

En cuanto al «tratamiento» o, mejor dicho, los «cuidados integrados», como en todo el ámbito de las psicosis, los fulgurantes avances prometidos por la orientación biologista de la psicopatología no han tenido, ni de lejos, los resultados esperados. Probablemente porque es en nuestros días cuando la psicopatología y la psiquiatría, tanto infantil como de adultos, están mostrando las rémoras, los atrasos y puntos ciegos que promueve una visión médica tan reduccionista de las mismas. Como solemos decir, la psicopatología es una disciplina fundamentalmente psicológica y psicosocial, aunque hoy haya sido capturada por la medicina (y por una medicina biologista y biocomercial). Llamar «enfermedades mentales» a sus trastornos, incluso a los más graves, como las psicosis, no deja de ser una metáfora reduccionista que cada vez muestra más abiertamente sus dificultades para orientarnos a comprender y ayudar a paliar los sufrimientos psicológicos humanos (que es el objetivo de la disciplina científico-técnica conocida como «psicopatología»).

En efecto, como el profesor Lasa Zulueta narra en estas páginas, el autismo se ha revelado como muy resistente y casi impermeable a los tratamientos médicos contemporáneos. Nada que ver con el fulgurante avance de la medicina en ámbitos como el cáncer, las enfermedades cardiovasculares o los procesos inmunitarios. Y, para colmo, el autor ilustra con profusión cómo persiste, o incluso cómo se ha agrandado, el abismo entre las ciencias básicas para su estudio (psicología y biología) y las tecnologías y técnicas aplicables a sus cuidados. El resultado es una nueva brecha de desigualdad social por el déficit de recursos necesarios para ayudar a estas personas y sus familias a soportar los sufrimientos que conlleva de manera habitual un caso de autismo en el individuo, la familia y el grupo. De ahí que en varios países se haya acelerado la creación de asociaciones de familiares que luchan por obtener de los poderes públicos derechos y leyes que permitan mejorar la situación y la dignidad de los afectados, a los que tal vez deberíamos referirnos, más que como «TEA» o «autistas», como «personas con autismo».

Eso no significa, desde luego, que poseamos el «tratamiento», el «protocolo» o la «guía clínica» unificado para tratar el autismo y los TEA. Alberto Lasa nos sumerge en este volumen en las discusiones y dificultades tanto históricas como actuales para lograrlo. No es que no se hayan propuesto varios, mayoritariamente siguiendo las perspectivas biologistas y de la psiquiatría «biocomercial». Pero aquí, esa perspectiva biocomercial «ha mordido en hueso»: solo una persona y un profesional con la aquilatada experiencia del profesor Lasa Zulueta puede atreverse a mostrar cómo, a pesar de todo, «el rey va (bastante) desnudo» aún hoy. Entre otras cosas porque para vestirlo, para ayudar a esos grupos humanos, se necesita una psicología clínica y una psiquiatría como las que él estima adecuadas: cuidadosas y pausadas, que incluyan tiempos de reflexión y tiempos para el trabajo comunitario.

Como hemos sostenido con cierta frecuencia, el modelo médico en psicopatología ha llevado a varios callejones sin salida e incluso a una parcialización generalizada de los cuidados integrales de las psicosis (CIANC).[25,16] El descuido social para que una psicosis se establezca y cronifique no puede enmendarse después con tratamientos medicalizados y rápidos, abonados al dogma neoliberal y a la consecución de beneficios (a ser posible económicos) rápidos y privados. Como venimos defendiendo en toda la colección, los *cuidados integrales de las psicosis* (según las necesidades de la familia en la comunidad, o CIANC) implican, por un lado, una actitud política y comunitaria y una prevención primaria organizada a nivel social. Eso significa cambios importantes en el modelo social y político, para que pueda prevenir daños o atender precozmente a las personas con vulnerabilidades, dificultades o discapacidades. Se precisa, desde luego, de una mayor dotación para la investigación y la salud pública (planteadas, además, desde una perspectiva biopsicosocial y no meramente biologista de las mismas). Por otro lado, implica sistemas de cuidados integrales y, por lo tanto, varios tipos de profesionales, colaborando con la familia y la red social de esta en tratamientos y cuidados que hoy tienen que ser multidisciplinares, interparadigmáticos, con amplia dedicación y continuidad en la asistencia y —algo que el autismo muestra más que cualquier otro trastorno— basados en vinculaciones mantenidas con profesionales que no cambien una y otra vez debido a presiones laborales o institucionales. Como solemos decir, precisa de profesionales y acompañantes «suficientemente próximos y suficientemente estables».

La consecuencia estaba anunciada: el desencuentro entre la psiquiatría biologista y biocomercial y el tratamiento del autismo. Una psiquiatría que busca modelos médicos del tratamiento (breves, simples, maquinizados, no personalizados…), cuando, además, no hay un «fármaco para el autismo», si quiere hacer negocio va a tener que vender mucho humo… Una situación que se ha repetido en más de un período del estudio científico-técnico sobre el autismo, como Lasa Zulueta desgrana en estas páginas. También en estos ámbitos ha penetrado la «perspectiva neoliberal», lo que ha propiciado «tratamientos-negocio» de los autistas de clase alta y empobrecidos «tratamientos rápidos» y soluciones simplistas[*] de los sujetos con autismo de las clases sociales explotadas. De ahí esa apuesta del profesor Lasa Zulueta por una psiquiatría lenta y

---

[*] Aunque puedan ser muy parciales e incluso contraproducentes años después (¡y qué importa, si hay empresas y servicios que se lucran en el ínterin…!).

pausada, contenida y contenedora de los sujetos afectados, sus familias y sus grupos de pertenencia.

¿Cómo es que profesionales y organizadores sanitarios han sido capaces de aceptar sin airadas protestas en sus servicios y en las calles que, viniendo de una situación tan pobre como la de nuestro «estado de medio-estar» (que no «de bienestar»), se hayan recortado aún más y de forma generalizada las dotaciones y los tiempos para la formación y la supervisión de los clínicos? En la última década se ha hecho de forma generalizada, con la excusa de la crisis económica primero, la COVID-19 después, la guerra contra Ucrania más tarde… Para colmo, obviando a menudo las verdaderas crisis que obligarán a modificar los actuales modelos (no solo psicopatológicos), esto es, la crisis energética y la crisis ecológica en las que estamos inmersos. ¿Hay medios y financiación para aumentar más y más los presupuestos para la industria de la guerra,* la más antiecológica y antihumana de las actividades sociales, pero no hay fondos para una sanidad y unos cuidados de la salud mental que resulten suficientes, equitativos, públicos y no especulativos…?

¿Cómo mejorar nuestros conocimientos, nuestros tratamientos, nuestros cuidados cotidianos en un mundo en el que se está recortando —no solo no ampliando, sino recortando de forma absoluta y relativa— la investigación y la formación de las personas dedicadas a intentar paliar estos sufrimientos humanos? ¿Cómo ha podido aceptarse durante decenios una supuesta «psiquiatría comunitaria» o «atención primaria en la comunidad» que no poseían tiempos reservados para los «trabajos comunitarios» de sus profesionales, para el trabajo en red, para el trabajo en unidad funcional, para el trabajo en diálogo abierto en la red social,[26,11] que no incluye tiempos para la formación y supervisión de esas mínimas actividades comunitarias?

Peor aún en el caso de los terapeutas y cuidadores del sufrimiento autístico o, en general, de las psicosis, pues deben combinar —en la misma persona (y mantener a lo largo de los decenios)— unos conocimientos técnicos, una sensibilidad y unas capacidades de comunicación excepcionales con el fin de realizar sesiones terapéuticas difíciles, fre-

---

* Que hoy suponen más de 5 000 millones de euros de gasto mundial ¡al día!

cuentes y prolongadas durante años, tanto con la familia como con los allegados y el grupo social. Y, además, realizar ímprobos esfuerzos y soportar frecuentes frustraciones en el intento de reintegrar la desintegrada red asistencial y la colaboración multiprofesional con los demás componentes de cada «unidad funcional de cuidados de cada caso».[11,16,26]

En buena medida, hemos vivido y vivimos engañados por la creencia de que nos hallábamos en un sistema de «salud mental orientado a la comunidad», ya que eso decían los documentos y planes ampulosamente presentados (y subrepticiamente escondidos a continuación). Sin embargo, en los servicios públicos españoles y europeos hace años que convivimos con el desarrollo de la antítesis entre unos planes de «cuidados comunitarios a la salud mental» y la realidad de una «psiquiatría para pobres» (y para «pobres presionados al rendimiento exhaustivo», en el sentido de Byung-Chul Han).[27] Lo prioritario son los negocios cortoplacistas y especulativos propios del planteamiento mal llamado «neoliberal».*

En ese extremo, el cuidado de los autismos y, en general, los cuidados de la salud mental representan uno de los máximos exponentes. De ahí que, en el caso del diagnóstico del TDAH y de los TEA, se haya dado un brutal (y terriblemente sospechoso) aumento en las cifras de su incidencia y prevalencia.** En efecto, como recoge también Lasa Zulueta, desde una prevalencia de 6 cada 100 000 habitantes, el autismo (¿o los TEA?) ha sufrido una supuesta «explosión social» que hizo que esta pasara en los años ochenta del siglo pasado al 40 por 100 000, para seguir luego aumentando de forma vertiginosa hasta 1 de cada 160 niños,[28-29] 1 de cada 132, ¡o incluso a más de 1 de cada 100 o 1 de cada 59 niños (1,69%)! Para hacernos una idea de hasta qué punto la ampliación abusiva de los límites diagnósticos y no el diagnóstico precoz del síndrome es la causante de esa inflación exponencial, basta con investigar la escasez de programas dedicados a dicho diagnóstico precoz y/o a la prevención temprana del trastorno,[30] o comprobar las horas de formación y

---

* Cuando, en realidad, es solo librecambista y, sobre todo, especulativo.
** ¿En coincidencia con las cifras de los negocios privados potenciales, farmacológicos y no farmacológicos?

trabajo dedicadas a cada uno de los niños y familias con tal diagnóstico temprano. Quedará claro que no es la profundización en la capacidad de diagnosticar (que debe ser para cuidar, no lo olvidemos) lo que ha producido esa brutal inflación diagnóstica; una inflación sobrevalorada que, pese a lo que desearían sus defensores y divulgadores, aleja más y más de la salud pública, de la medicina seria y, en general, de la ciencia y la tecnología el acercamiento al autismo.[31]

Tal vez por esas controversias y esos complejos y variados «campos de batalla» Lasa Zulueta haya escogido su particular forma de presentar el autismo en su volumen: revisando y roturando la historia y el pasado y describiendo cómo este último se encuentra aún presente en nuestros conocimientos y desconocimientos sobre el tema. Porque, además, se trata de desconocimientos (y, por tanto, de dificultades terapéuticas y para los cuidados) que no pueden resolverse «por decreto», ni oscureciendo la situación con nuevos pseudodiagnósticos y «cajones de sastre».

Toda clasificación psiquiátrica posee al menos un triple sentido: clasificar administrativamente los casos, saber cómo tratarlos según agrupaciones, y tal vez comprenderlos mejor, contribuir al estudio de los sufrimientos de esas personas. Esto debería llevar a estudiar la evolución real del autismo y de los pacientes diagnosticados de TEA en nuestras sociedades, así como las enormes diferencias en su desarrollo personal. Sin embargo, la tendencia biocomercial dominante parece estar creando un nuevo grupo, más que homogéneo, homogéneamente marginado y dependiente (en nuestro mundo de «progreso neoliberal y medicalizado»). Y sus familias, otro grupo de marginados y/o de *víctimas victimistas*.

Parece que, desde los tiempos de Bleuler hasta nuestros días, ha ido imponiéndose esa perspectiva uniformizadora del tema, bien diferente a la que el propio Bleuler o Asperger mantuvieron. Como nos recuerda el profesor Lasa Zulueta, Bleuler militaba activamente en la antiuniformización y era partidario de la perspectiva del «psicodesarrollo» («Mis diez compañeros de escuela que luego se hicieron esquizofrénicos eran muy diferentes de los otros muchachos»):[32-34] una intuición de hace más de un siglo sobre la variabilidad psicoevolutiva de las psicosis y sobre lo que nosotros denominamos «menores altamente vulnerables».[12,19] Se trata de otra viñeta histórica más que la erudición y el afán discursivo de Lasa Zulueta han podido rescatar para los lectores de este volumen. Además, incluso para esos «episodios históricos» y «anécdotas históricas» el autor proporciona una amplia y variada bibliografía con el fin de que el lector pueda profundizar según sus gustos e intereses. No se trata de recordar «antepasados superados», sino de usar sus antorchas y sus anteojos para alumbrar el camino (aún bien oscuro) del presente.

Por supuesto, el lector más interesado por diatribas y controversias, científicas y no científicas, también podrá encontrar en las presentes páginas numerosas referencias sobre un tema que Alberto Lasa no podía dejar de tratar: el papel desempeñado por el psicoanálisis en el conocimiento y los cuidados del autismo, tanto a lo largo de la historia como en el momento actual. Y, por ende, el papel que tienen y tendrán las diversas perspectivas de un cuidado integrado y multidisciplinario del tema: psicológicas integradas o integradoras, médicas, y pedagógicas o «psicopedagógicas». Pero sin olvidar la necesidad de cambios sociales y agentes sociales que puedan promover y facilitar la integración de esos «otros» diferentes dentro de nuestra cultura y nuestras sociedades (nos referimos a los niños y adultos posautistas, con o sin el prefijo «pos»).

En definitiva, el volumen de Lasa Zulueta nos coloca de nuevo ante una situación de la que solo se puede salir con perspectivas científico-técnicas más integradas, y solo si van unidas a perspectivas sociopolíticas más amplias: ante la alternativa humana actual entre «profundización de la democracia o barbarie autoritaria y fascistizante», en todos los volúmenes de esta colección, y en particular en el de Williams y su prólogo,[9] o en el de *Mujeres y psicosis* y su prólogo,[35] hemos ido defendiendo (y seguiremos haciéndolo) un principio sociocultural y sociopolítico que puede resultar paradójico: *necesitamos más personas diferentes, incluso más personas «raras y diferentes»*... pero a las que es necesario que se incluya (y, en ocasiones, se cuide) con respeto democrático. Personas que, con sus cualidades, habilidades y características, puedan encontrar también un digno «lugar en el mundo»; un lugar que no pase por convertirlas en víctimas más o menos victimistas, en adictos al aparato sanitario-industrial o en pasivizados ciudadanos dependientes de los que no hay nada bueno y creativo que esperar.

Referencias citadas

1) Lasa Zulueta, A. (1987). *Manifestaciones corporales y psíquicas precoces de la psicosis infantil en los dos primeros años de vida. Su detección precoz en pediatría y en psiquiatría.* (Tesis doctoral). Leioa: Facultad de Medicina de Leioa, Universidad del País Vasco.
2) Lasa Zulueta, A. (2021). Reflexiones y debates sobre el autismo. *Revista de la Asociación Española de Neuropsiquiatría* 41(139):229-265.
3) Lasa Zulueta, A. (2022). *El autismo infantil y la psiquiatría: una historia de abandonos, búsquedas y desencuentros.* Bilbao: Lankopi.
4) National Institute of Mental Health (NIMH) (2007). *Schizophrenia.* Bethesda: US Department of Health and Human Services. [Recuperado de https://www.nimh.nih.gov/health/topics/schizophrenia (visitada en mayo de 2022)].
5) Tizón, J. L. (2008). Psicosis en evolución: diferenciando tratamientos en función de las necesidades del sujeto, su familia y la comunidad. Prólogo a la traducción española del libro de J. O. Johannessen, B. Martindale y J. Cullberg, *Evolución de las psicosis. Diferentes estadios, diferentes tratamientos* (pp. 21-31). Barcelona: Herder, 2008.
6) Turpeinen-Saari, P. (2007). *Adolescencia, creatividad y psicosis.* Barcelona: Herder.
7) Brun, A. (2009). *Mediaciones terapéuticas y psicosis infantil.* Barcelona: Herder.
8) Manzano, J. y Palacio Espasa, F. (2008). *La dimensión narcisista de la personalidad.* Barcelona: Herder.
9) Williams, P. (2010). *El quinto principio.* Barcelona: Herder, 2017.
10) Magagna, J.; Saba, M. y Tizón, J. L. (eds.) (2022). *El niño del silencio. La comunicación más allá de las palabras.* Barcelona: Herder.
11) Tizón, J. L. (2014). *Familia y psicosis. Cómo ayudar en el tratamiento.* Barcelona: Herder.
12) Tizón, J. L. (2013). *Entender las psicosis. Hacia un enfoque integrador.* Barcelona: Herder.
13) Alanen, Y. O. (1997). *Schizophrenia: Its Origins and Need-Adapted Treatment.* Londres: Karnac, 1999. [Trad. cast.: *La esquizofrenia.* Madrid: Fundación para la Investigación y el Tratamiento de la Esquizofrenia y otras Psicosis, 2003).

14) Cullberg, J. (2006). *Psicosis. Una perspectiva integradora.* Madrid: Fundación para la Investigación y el Tratamiento de la Esquizofrenia y otras Psicosis.
15) Johannessen, J. O.; Martindale, B. y Cullberg, J. (2008). *Evolución de las psicosis. Diferentes fases, diferentes tratamientos.* Barcelona: Herder.
16) Tizón, J. L. (2020). *Apuntes para una psicopatología basada en la relación. Variaciones psicopatológicas, vol. 4: Las relaciones paranoides, la desintegración psicótica y la inestabilidad emocional «límite».* Barcelona: Herder.
17) Acquarone, S. (ed.). (2008). *Signs of Autism in Infants.* Londres: Karnac.
18) Alvarez, A. y Reid, S. (eds.) (1999). *Autism and Personality: Findings from the Tavistock Autism Workshop.* Londres: Routledge.
19) Artigue, J.; Tizón, J. L. y Salamero, M. (2016). Reliability and Validity of the List of Mental Health Items (LISMEN). *Schizophrenia Research 10*(176) (2-3):423-430. doi: 10.1016/j.schres.2016.04.048. PubMed PMID: 27245711.
20) Larbán, J. (2016). Hacia una comprensión integradora del autismo. *Revista de Psicopatología y Salud Mental del Niño y del Adolescente 27*:19-31.
21) Manzano, J. (2010). El espectro del autismo hoy: un modelo relacional. *Cuadernos de Psiquiatría y Psicoterapia del Niño y del Adolescente 50*:133-141.
22) Muratori, F. (2009). El autismo como efecto de un trastorno en la intersubjetividad primaria. *Revista de Psicopatología y Salud Mental del Niño y del Adolescente 13*:21-30.
23) National Center for Infants, Toddlers and Families. Zero to Three (2005). *Diagnostic Classification of Mental Health and Developmental Disorders of Infancy and Early Childhood.* Seattle: Zero to Three.
24) Tustin, F. (1991). Revised understandings of psychogenic autism. *International Journal of Psychoanalysis 72*(4):585-593. [Trad. cast.: en *Revista de Psicoanálisis de la Asoc. Psicoanalítica Argentina 2* (número especial internacional), 1993].
25) Tizón, J. L. (2018). *Apuntes para una psicopatología basada en la relación. Variaciones psicopatológicas, vol. 1: Psicopatología general.* Barcelona: Herder.
26) Seikkula, J. y Arnkil, T. E. (2017). *Diálogos terapéuticos en la red social.* Barcelona: Herder.
27) Han, B.-C. (2022). *La sociedad del cansancio.* Barcelona: Herder.
28) World Health Organization (WHO). (1980). International classification of impairments, disabilities, and handicaps: a manual of classification relating to the consequences of disease, published in accordance with resolution WHA29. 35 of the Twenty-ninth World Health Assembly, mayo de 1976. Ginebra: WHO.

29) Wood, P. H. (1980). Comment mesurer les conséquences de la maladie: classification international des infirmités, incapacités et handicaps. *Chronique OMS* 34(10):376-380.
30) Brun, J. M.; Aixandri, N. y Olives, S. (2017). Programa AGIRA (2007-2015): números para una reflexión. AGIRA program (2007-2015): numbers for reflection. *Cuadernos de Psiquiatría y Psicoterapia del Niño y del Adolescente* 63:63-74.
31) Lasa Zulueta, A. (1998). El niño autista. *FMC-Formación Médica Continuada en Atención Primaria* 5(5):285-300.
32) Bleuler, E. (1911/1993). *Demencia precoz. El grupo de las esquizofrenias*. Buenos Aires: Hormé.
33) Bleuler, E. (1926/1996). La esquizofrenia. *Revista de la Asociación Española de Neuropsiquiatría (AEN)* 16(60):663-676. [Recuperado de: http://revistaaen.es/index.php/aen/article/view/15511/15371].
34) Asperger, H (1968). On the differential diagnosis of early infantile autism. *Acta Paedopsychiatrica: International Journal of Child & Adolescent Psychiatry* 35(4-8):136-145.
35) Brown, M. y Charles, M. (eds.) (2022). *Mujeres y psicosis. Perspectivas multidisciplinarias*. Barcelona: Herder.

A mi ama, Antoni Zulueta, a mi amama, Ciriaca Beotegui y a mi hermana Marilentxu, que me cuidaron y educaron en mis años de crecimiento.

A mi mujer, Dolores, y a mis hijas, Sokoa y Miren, que lo siguen haciendo ahora que lo vuelvo a necesitar.

Y, por supuesto, a mis nietos Niko y Deba, que nos contagian y regalan su vitalidad en cuanto aparecen.

INTRODUCCIÓN

El autismo y la psiquiatría hoy

Este libro se publica poco después de la aprobación, por decreto ley, de la especialidad de psiquiatría de la infancia y adolescencia. Sin ninguna duda, se trata de una buena noticia, esperada durante décadas y reivindicada unánimemente, cosa infrecuente, por todas las asociaciones y los profesionales de la salud mental, a los que también se fueron sumando las asociaciones de familiares de los afectados.

De inmediato surge una pregunta: ¿por qué nuestra sociedad ha tardado tanto en hacerlo?, y una reflexión: ¿cuánto preocupa el sufrimiento mental en general y el de los niños y adolescentes en particular? No habrá persona sensata que no responda que es algo que le inquieta a todo el mundo. No hay político que, si se le pregunta públicamente al respecto, no diga que es una de las preocupaciones y tareas primordiales de su mandato. Sin embargo, parece legítimo cuestionarse si los hechos confirman tan buenas intenciones. En mi opinión, nuestra sociedad no ha tenido antes ni tiene muy claro ahora qué pensar de la psiquiatría o qué hacer con ella. Sostengo asimismo que, a riesgo de parecer un aguafiestas, la psiquiatría, oficio apasionante donde los haya, se encuentra —también ahora y como siempre— en una importante, y esperemos que creativa, crisis.

La irrupción mundial e inesperada de la pandemia de COVID-19 ha hecho saltar las alarmas y parece que la ansiedad, la depresión o el suicidio no hubieran existido antes de que aquella llegara. Se perfila, al menos en los medios de comunicación, el predominio de una idea: hay que incrementar las ayudas psicológicas porque con las psiquiátricas, entendiendo como tales los fármacos y las consultas muy espaciadas e insuficientes, no basta. Ahora resulta que nos hemos dado cuenta de que los servicios de salud mental están desbordados. Por lo visto, antes no. Así que habrá que agradecer a la pandemia su papel revelador. Parece generalizarse de manera unánime una solución directa a los problemas de salud mental: hay que aumentar los recursos actuales. Nadie lo discute. La cuestión es si se trata solo de «incrementar plantillas»... ¿para seguir haciendo más de lo mismo?

¿Se puede hablar de una crisis de la psiquiatría justo ahora que los avances de la neurobiología, de la genética y de otros nuevos logros tecnológicos proclaman por fin la imagen de una especialidad médica científica como las demás?

La respuesta que propone este texto, escrito por un psiquiatra, es que, a pesar de un cierto triunfalismo gremial claramente potenciado por intereses que no son exclusivamente científicos —entre otros, académicos, económicos o vinculados a la poderosísima industria farmacéutica—, conviene plantearse algunas cuestiones importantes.

La primera es si no se estará produciendo una «neurologización» de la psiquiatría. Al parecer, la psiquiatría, que en su día optó por diferenciarse y separarse de la neurología, se desliza de manera progresiva hacia una explicación «neurofisiológica» de cada vez más problemas considerados hasta ahora «mentales» y, como tales, incluidos en su territorio específico. Que los problemas «psicogeriátricos» pertenezcan ya al terreno de la «neurogeriatría» resulta evidente. En el terreno de la psiquiatría de adultos, trastornos como la depresión, la bipolaridad o la esquizofrenia se ven y se tratan en mayor medida que en el pasado como algo más vinculado a problemas cerebrales «neuroquímicos» que a los de tipo existencial. Como reacción a esta situación, hasta el *British Journal of Psychiatry* —revista de alto impacto y poco sospechosa de desconocer los avances actuales— publicó en 2013 un artículo editorial titulado «El futuro de la psiquiatría académica puede ser social», en el que se propone «un cambio en el enfoque hegemónico de la investigación actual» y «una práctica enriquecida por las ciencias humanas y centrada en las personas y sus relaciones y no en anomalías cerebrales aisladas» (Priebe, Burns y Craig, 2013).

En el terreno de la infancia y la adolescencia ha quedado confirmada la extensión imparable de ciertos diagnósticos (TDAH, depresión y trastornos bipolares), acompañados de la misma simplificación, según la cual todo depende de un desarreglo neuroquímico cerebral. De ahí su frecuente tratamiento exclusivamente con fármacos y el hecho constatado de que no son los especialistas en psiquiatría los más implicados en esta respuesta. Algunos de nuestros compañeros del ámbito de la pediatría y, en menor grado, los de neurología, lamentan verse obligados a hacerlo por las carencias de la psiquiatría pública, mientras que otros lo hacen con la absoluta convicción de que es «la primera opción terapéutica» que muchas «guías de buenas prácticas» recomiendan.

El deslizamiento no es solo conceptual, es decir, no solo se ha producido un vaciamiento del contenido psicológico o psicopatológico subyacente a una sintomatología visible y a veces muy aparatosa, aunque no siempre patológica. También los métodos de diagnóstico (imagen cerebral, estudio genético) se han desplazado hacia las tecnologías hospitalarias, lo cual ocurre, sobre todo, como cuando con el autismo se buscan alteraciones cerebrales o genéticas. Las respuestas asistenciales ambulatorias y el incremento imparable del uso de psicofármacos, también entre niños y adolescentes, es un hecho innegable que, pese a que parece escandalizar —«niños y adolescentes drogados con fármacos»—, resulta asimismo imparable. Es difícil afirmar con datos si esta administración creciente de psicofármacos es aceptada o rechazada por la mayoría de los responsables —familiares y escolares— que rodean al niño y al adolescente.

También los diagnósticos de Trastornos del Espectro Autista (TEA) han aumentado de manera espectacular y, como veremos, se debe a más razones que a un mero incremento epidémico. Pero el autismo no se pliega a simplificaciones: escapa a una teoría que pueda explicarlo situando el problema en una desconexión cerebral localizada, en un gen o en un neurotransmisor químico concreto. Todos los avances recientes apuntan a que en su origen causal reúne toda la complejidad del cerebro, de la genética y del papel organizador del entorno humano. De momento, su definición como «trastorno del neurodesarrollo» parece otorgarle un trato y unas respuestas asistenciales nuevas. No obstante, quienes conviven con los afectados conocen el calibre y la duración del mismo, así como del intenso sufrimiento que conlleva y que hace interminable la espera de mejoras.

El autismo siempre se ha visto como un problema serio que ha puesto a prueba la capacidad de respuesta de la psiquiatría. Del mismo modo, siempre ha sido considerado como un trastorno psíquico importante y —«afortunadamente», nos decían algunos responsables de la política sanitaria— minoritario a nivel epidemiológico. Se daba por hecho, con alivio, que «hay pocos casos». Pero ahora, como ocurre con otros diagnósticos psiquiátricos, estos se multiplican de un modo exponencial. En la búsqueda de soluciones se confunde la necesaria lucha contra la estigmatización de quien lo sufre —la legítima reivindicación de ser aceptadas y reconocidas como personas con plenos derechos— con la banalización e incluso la negación de su malestar y su sufrimiento: solo son «personas neurodiversas». Al querer favorecer su reinserción social, se acepta y reclama —es un derecho— ser reconocido como «discapacitado», pero se quiere evitar ser considerado como un problema «psiquiátrico», calificativo que suele despertar reacciones sociales ambivalentes. Todos queremos una solución definitiva y nadie se atreve a afirmar que los padecimientos mentales —y, como tales, también el autismo— acompañarán siempre a la humanidad... salvo una psiquiatría que incomoda y resulta antipática a la sociedad cuando recuerda que de ilusión también se vive.

Algunas reacciones muestran que nuestra especialidad sigue dando cierto miedo: «lo leve es para el psicólogo y necesita ayudas psicológicas; lo grave... eso ya es para un psiquiatra y necesita medicación». Lo oímos tantas veces porque es el reflejo de una ¿opinión, creencia, convicción? social mayoritaria; tan repetida que hasta los profesionales de la psiquiatría tenemos que recordar y recordarnos que sabemos y podemos ofrecer más cosas que la prescripción de fármacos; que tratamos de comprender las razones y motivos del padecimiento psíquico, así como de articularlo con una ayuda psicoterapéutica que trata de resolverlo o al menos de aliviarlo. Ese fue el fundamento y la base de nuestra especialidad —¿o ya no?—, de nuestra formación médica especializada.

Desde aquí entendemos que la psicopatología consiste en una reflexión que trata de profundizar en la comprensión del sufrimiento mental del autismo y de organizar las respuestas terapéuticas que pueden ayudar a quienes lo sufren a salir de situaciones repetitivas que limitan sus capacidades y su libertad. Una herramienta epistemológica totalmente opuesta a una visión estigmatizadora de los procesos mentales alterados y dolorosos. Consuela saber que desde amplios colectivos profesionales se propongan y utilicen clasificaciones diagnósticas complementarias de las predominantes a nivel mundial (como la quinta versión del *Diagnostic and Statistic Manual of Mental Disorders* o DSM-5) y europeo (como la décima versión de la *Clasificación Internacional de Enfermedades* o CIE-10), más acordes con sus necesidades clínicas y con los aspectos relacionales y psicopatológicos que emplean en su práctica cotidiana.[1]

¿Hay lugar en una perspectiva psiquiátrica del autismo para una psicopatología y una psicoterapia psicodinámica entendida como un encuentro interpersonal y una relación terapéutica interactiva?

Pensar que ambas están orientadas solo por el psicoanálisis, que ha tenido un papel predominante durante mucho tiempo, es insuficiente. Desconocer que, reconocidos los errores de su larga trayectoria, este sigue siendo inspirador y activador de confluencias posteriores con otras aportaciones teóricas que también han centrado su interés en las etapas tempranas de constitución del psiquismo tiene un sesgo partidista. Lo tiene cuando se aprovecha de su escaso interés y presencia en las metodologías de otras disciplinas científicas para descalificar su valor cultural y, sobre todo porque nos concierne directamente, terapéutico.

Las teorías interpersonales (del apego, de la intersubjetividad), las derivadas de las investigaciones del desarrollo temprano (comodulación intersensorial, apetencia relacional innata, percepción de intencionalidad mutua compartida) o los nuevos intereses de un neurocognitivismo que ha superado una neuropsicología más atada a las funciones cerebrales para explorar otros territorios también relacionales e interactivos (constitución de la empatía, teoría de la mente, atención compartida) confluyen desde hace tiempo y están presentes en las diferentes intervenciones

---

1 Me refiero a la estadounidense *Psychodinamic Diagnosis Manual* (PMD-2) y a las procedentes de la psiquiatría centrada en la infancia y la adolescencia, la internacional «Clasificación 0-3», luego extendida a 0-6, y la francesa CFTMEA en su revisión de 2020, que incluye correspondencias con la CIE-10.

preventivas y terapéuticas centradas en el desarrollo temprano y en las relaciones familiares de la crianza. Todo ello refuerza las nociones actuales de la epigenética y su papel, hoy confirmado a nivel científico, en la constitución neurobiológica de las redes neuronales del cerebro temprano y en la puesta en marcha de las actividades y potencialidades psíquicas. Es esta versión integradora la que el presente texto propone para entender el desarrollo del psiquismo temprano normal y el de las alteraciones que lo traban, conduciendo al autismo. Además, y esto es lo importante, postula que se abre una esperanza a la eficacia de las intervenciones terapéuticas tempranas.

Es una perspectiva que entiende que el psiquismo y la naturaleza humana, lo que ahora denominamos «neurodesarrollo», están lejos de ser algo atado a una trayectoria inamovible determinada de manera innata. Una cuestión que, ciertamente, se asienta en el cerebro, pero que está más cerca de las incertidumbres humanas que de las certezas físico-químicas. Verlo así puede impulsar un debate productivo frente a ciertas corrientes que afirman y pretenden que esta perspectiva se opone inútilmente contra la ley de la gravedad que impone la ciencia actual. Las páginas que siguen tratan de sugerir que quizá se trate más bien de ir a contracorriente de ciertos sesgos ideológicos sin soporte científico.

Un breve bosquejo histórico

El autismo es una criatura relativamente reciente. Fue reconocido con su nombre e identidad propia hace menos de un siglo. Tuvo una doble partida de bautismo firmada en 1943 y 1944 por sus dos padres putativos, Leo Kanner y Hans Asperger, que lo reconocieron y adoptaron, sacándolo del anonimato y presentándolo en sociedad.

Sin embargo, previamente tuvo una larga y dura vida. Como cualquier desconocido, aún sin nombre, no apareció durante siglos en los escritos históricos. Parece necesario rastrear un poco, al menos de forma breve, para saber dónde estaban y qué ha sido de los miles de autistas que han poblado este mundo. Veamos un resumen de lo que he desarrollado más ampliamente en otro texto sobre este asunto (Lasa Zulueta, 2022).

Los historiadores que han indagado en ello afirman que en la Antigüedad y hasta la Edad Media fueron ignorados o considerados inexistentes; de hecho, ni siquiera aparecen en los textos que mencionan la situación de quienes sufrían padecimientos psíquicos. Al parecer, no se consideraba que fuera posible el sufrimiento mental en la infancia.

En cambio, comienzan a ser reconocidos, o al menos vislumbrados, a partir del siglo XV-XVI, en textos que relatan, entre líneas, el terrible abandono en el que permanecieron olvidados, recluidos en condiciones lamentables e irreconocibles en un masivo almacenamiento de seres excluidos de la sociedad. Compartieron penurias y lugares, mezclados con vagabundos y maleantes entre los cuales los afectados por problemas mentales constituían una población aparte. Entre estos, no se hacían diferencias entre niños y adultos, ni entre locos y deficientes mentales. Aunque suene horrible, así sobrevivieron a duras penas —la mortalidad institucional era muy elevada— los niños autistas durante varios siglos.

En medio de tan dantesco panorama surgió durante la Ilustración, y no es casualidad, el asombroso relato de una experiencia que se basa en el encuentro excepcional de un ser único, el niño salvaje de Aveyron, con Itard, alguien que se empeñó en creer en sus posibilidades y dedicó cuatro largos años a su educación diaria. Tan extraordinarios son los informes que lo detallan, que se considera un texto fundacional de la pedagogía y a la vez el primer informe médico que describe a un niño, a un preadolescente, autista (Itard, 1801, 1806).

Por esa época, una naciente especialidad médica, la psiquiatría, comenzaba a distinguir diferentes formas de sufrimiento mental, a buscar procedimientos para curarlo y, sobre todo, para evitar su marginación. Los primeros «alienistas», defensores de su libertad, intentaron sacarlos de su reclusión y reintegrarlos en la sociedad. Empezaron por aclarar el maremágnum asilar en que se encontraban. Todavía llevaría mucho tiempo distinguirlos de los «insensatos» y de los «idiotas» —términos médicos de la época— y que fueran reconocidos como personas capaces de muchas más cosas de las que un ambiente institucional demoledor permitía. Como herencia de aquellos tiempos, aún hoy mencionar cualquier proximidad psicopatológica del autismo con las psicosis o con la deficiencia mental asusta y provoca un alérgico rechazo, aunque haya llovido mucho desde entonces. No es ajeno a ello el hecho de que la cuestión de la inteligencia de los autistas ocupe muchas páginas en el presente libro.

Ya desde sus inicios la psiquiatría tuvo que asumir una trayectoria que sigue viva y transcurre tensionada entre polos contradictorios que tiran de ella de forma permanente: una primera línea de tensión entre el saber «taxonómico» (clasificar y nombrar) y el consecuente compromiso «moral» (comprender y acompañar) entre diagnosticar y remediar; una segunda, entre liberar la enfermedad y sacarla de su territorio de reclusión o aceptar el mandato social de custodiarla y el poder otorgado de decidir y de imponer quién puede o tiene que ser cuidado bajo su autoridad y sus herramientas médicas; una tercera, entre asumir su responsabilidad institucional médico-terapéutica o delegarla en otras instituciones y profesiones, entre apropiarse de un dominio exclusivo, propio de su identidad profesional médica y compartirlo aceptando saberes complementarios o «cederlo» a oficios «secundarios». Conviene mantener los ojos abiertos, porque estas líneas de tensión ni han desaparecido ni han perdido intensidad, sino que siguen del todo vigentes si sabemos detectarlas.

En sus vaivenes entre el progreso y el retroceso, la medicina y la psiquiatría se vieron embarcadas en una operación ideológica —«las teorías degenerativas» y la «eugenesia»— que, pese a sus pretensiones científicas, las arrastró en un triste retroceso en su camino humanitario que perjudicó, a veces trágicamente, a quienes más fragilidad psíquica padecían (Gosney y Popenoe, 1930; Kennedy, 1942). La tentación puritana de decidir quién era perfecto y quién poseía una naturaleza defectuosa, unida al totalitarismo político, llevó —y no solo en la Alemania nazi— a la megalomanía de otorgarse el derecho a exterminar a seres imperfectos y a considerarlos un lastre para la humanidad (Álvarez Peláez, 1997, 2003; Huertas y Ortiz, 1998: Dualde, 2004). Como veremos, hoy en día sabemos que ni siquiera alguien como Asperger pudo evitar quedar atrapado en la ideología que lo rodeaba (Kevles, 1985; Kuhl, 1994; Czech, 2014a, 2018).

El camino posterior que el autismo y la psiquiatría siguen recorriendo continúa teniendo acercamientos y alejamientos. Este texto comienza con el relato de los primeros conceptos psicológicos y psicopatológicos que permitieron distinguir progresivamente el autismo de la esquizofrenia y las psicosis del adulto y de la deficiencia mental, que posibilitaron el reconocimiento de un sufrimiento mental específico en la infancia, el autismo, con su propio nombre y con una identidad diferente.

Sus peripecias hasta su situación actual y los nuevos conocimientos y sucesos —socioeconómicos, ideológicos, científicos— que le afectan constituyen el meollo de este texto, que pretende transmitir más elementos de reflexión que de solución, pero que tampoco quiere evitar el debate sobre las responsabilidades terapéuticas de nuestro oficio. Por eso propone una perspectiva ajustada a nuestra propia formación y experiencia.

El autismo se ha mostrado muy resistente y casi impermeable a nuevos tratamientos que, aunque progresan con lentitud, no lo hacen a un ritmo semejante al de otros avances de la medicina. Por ahora es enorme el hueco existente entre las muy especializadas investigaciones científicas actuales y su escasa repercusión en el tratamiento cotidiano del autismo. El insuficiente desarrollo de los recursos sanitarios específicamente destinados a su atención ha condicionado la calidad, continuidad e intensidad de los cuidados que recibe, o no, y la lógica decepción de los familiares de las personas que padecen este trastorno, que conviven a diario con situaciones de gran sufrimiento psíquico. Urgidos por esta circunstancia, crearon asociaciones de familiares que han luchado por obtener y lograr de los poderes públicos, derechos y leyes que permitieran mejorar la situación y la dignidad de los afectados, ahora denominados, con mayor sensibilidad, «personas con autismo».

No es casualidad que las mismas hayan crecido con más fuerza y búsqueda de apoyos mediáticos en un país como Estados Unidos, caracterizado por la penosa situación de su sanidad pública, ni tampoco sorprende que en otros países se haya extendido de manera exitosa el mismo movimiento. La estrategia, lógica y legítima, que ha resultado más eficaz es la de incluir el autismo en el conjunto de las discapacidades y tener así acceso a recursos menos difíciles de obtener de los medios escolares y sociales que de los sanitarios. Es una opción que ha afectado de lleno a la psiquiatría, la cual, si ya desde siempre ha estado atravesada por sus propias confrontaciones teóricas y clínicas y sometida a la influencia de los vaivenes socioeconómicos, culturales e ideológicos de cada época, ahora debe afrontar situaciones complejas —y el autismo lo es— en un período en el que todo transcurre «a golpe de tuit» y en el que los «medios digitales» afirman de forma contundente y supuestamente irrebatible cuestiones que merecerían un debate prolongado y sosegado.

Hay quien afirma, en estos tiempos de sentencias sumarias, que considerar el autismo como un proceso evolutivo, afectado y condicionado por factores genéticos, aunque sensible a perspectivas y propuestas terapéuticas que insisten en el impacto de los aspectos relacionales en su organización psíquica, en su evolución y en su tratamiento, no debe contemplarse en las recomendaciones científicas. Los afectados, las asociaciones de familiares que los amparan, los profesionales concernidos, etc., se han visto embarcados y enzarzados en intensos debates que han desbordado el discreto marco profesional en el que durante mucho tiempo estuvieron insertos y que han movilizado el ruido mediático al entrar en el terreno y el desasosiego de los enfrentamientos públicos.

En este contexto, las presentes páginas tratan de aportar reflexiones con el fin de afirmar dos cosas: que los tratamientos basados en una relación terapéutica no solo no son inútiles, sino que —bien hechos— pueden aportar efectos muy beneficiosos y ser una opción válida para numerosas personas afectadas por diversos tipos de autismo, por lo que pretender prohibirlos atenta contra la libertad humana; y que en el estado actual de conocimiento parece más aconsejable caminar hacia la confluencia de diferentes tipos de ayudas (terapéuticas, educativas, sociales) que hacia descalificaciones emitidas por perspectivas exclusivistas que afirman, precipitadamente, ser las únicas sostenidas por la ciencia. Por ello, trata de aportar razones y argumentos para defender un modelo multifactorial del autismo, que incluye factores biológicos, genéticos y del entorno y que conduce a proponer la necesidad de coordinar y articular ayudas de varias dimensiones conceptuales y profesionales.

Un modelo que entiende como complementarias y compatibles diversas aportaciones procedentes de diferentes corrientes de comprensión e intervención —conductual, neurocognitiva, psicoanalítica, intersubjetiva y del apego—, que completan una visión del desarrollo temprano que integra de manera dinámica e interactiva lo neurobiológico y lo relacional, lo individual y lo social. Comprensión que debe preceder a un compromiso y a diversos tipos de intervención terapéutica que, teniendo en cuenta las particularidades de cada clase de autismo (neurológicas, sensoriales, afectivas y cognitivas) y también las angustias corporales y relacionales que las acompañan, se ajusten a las características individuales de cada persona autista. Se trata de una ayuda terapéutica personalizada que está destinada —además de a paliar el profundo malestar autístico— a favorecer el despliegue de las capacidades potenciales de los afectados, de su creatividad, de su vitalidad y de sus perspectivas de vida, y que, obviamente, debe contar con la aceptación voluntaria del interesado y su entorno familiar.

Vivimos tiempos en los que las leyes de la economía neoliberal se han impuesto. Correlativamente, ahorrar —o sea, escatimar— en el coste y en el tiempo dedicado a cualquier proceso se ha convertido en norma universal. No es casualidad que lo breve, las recetas y pautas —y su rápida transmisión y aprendizaje— dominen también en nuestro terreno profesional. La formación de expertos y los procesos de diagnóstico y tratamiento se ven asimismo abocados a la rapidez y a la simplicidad esquemática. Plantear cuestiones como la necesaria continuidad y prolongación de una relación profesional o sostener que el tiempo de la reflexión debería preceder y ser mas largo que el de la acción es, como decíamos con anterioridad, remar a contracorriente. También lo es la propuesta de este texto, que mira hacia atrás buscando una comprensión de nuestros orígenes y peripecias históricas.

Complicarnos la vida pensando antes de hacer, repasar errores y logros pasados o encontrar puntos de confluencia y de contraste entre perspectivas diferentes obliga a muchas lecturas y a muchos y pacientes encuentros de formación y de debate. Ciertamente, lleva tiempo y enlentece nuestro trabajo. Por eso, ya desde esta introducción, declaro abiertamente, para no engañar a nadie, que siempre he sido partidario de una psiquiatría lenta y pausada, que disponga de tiempo para conocer a quienes tiene delante. A lo mejor ya no es posible o, si no lo es, quizá vuelva, así que este libro no podía ser breve ni escueto. Sus lectores decidirán con qué quedarse.

1. LOS PRIMEROS CONCEPTOS PSICOPATOLÓGICOS

De la esquizofrenia del adulto a sus orígenes en la infancia: la «esquizofrenia infantil»

El largo camino de la psiquiatría respecto de su sensibilidad para detectar la existencia de padecimientos mentales específicos en la infancia, esto es, para percibir su sufrimiento psíquico, empezó por acercarse a comprender el del esquizofrénico adulto. En períodos anteriores la psiquiatría ya se había planteado encontrar destinos diferentes a los niños y adolescentes afectados de deficiencias mentales —«retrasos»— que los habían conducido a un internamiento institucional irreversible.[1] Ahora se trataba de distinguir y detectar otras formas de enfermedad propias de la infancia. Fue una larga andadura tanteada por muchos y diversos guías que, tratando de sacarlas del territorio cerrado de los hospitales o de evitar que quedaran encerradas en él, intentaron abrir nuevos trayectos conceptuales y asistenciales.

---

1 El empeño de la psiquiatría, fundamentalmente a partir del siglo XIX, por tratar de educar a los deficientes recluidos en sus instituciones está muy documentado en numerosos textos. He tratado de relatarlo ampliamente en un texto dedicado a la historia de las relaciones entre el autismo infantil y la psiquiatría (Lasa Zulueta, 2021).

Los predecesores europeos

A partir de 1910, Eugen Bleuler, en Suiza, comienza a transformar las ideas acerca de lo que Emil Kraepelin había llamado «demencia precoz» para darle una nueva denominación, *la esquizofrenia*.[2] Con el adjetivo «precoz» Kraepelin se refería al deterioro mental, que aparecía más temprano que en otros procesos demenciales y que juzgaba como una evolución frecuente casi inevitable. Bleuler no solo cambió su denominación médica, sinónimo de una enfermedad temible, también entendió los procesos mentales que se producían de otra manera.

En la prestigiosa clínica Burghölzli, cerca de Zúrich, tuvo como asistentes a Carl Gustav Jung y a Karl Abraham. Con ellos estudiaría la obra de Freud, con quien entrarán en contacto. Respetando la exactitud semiológica y la primacía de la etiología orgánica de la psiquiatría alemana, irá desarrollando una comprensión psicopatológica propia (de la esquizofrenia) que se impondrá durante décadas. Aunque aceptando, en principio, la diferenciación de Kraepelin entre la psicosis maníaco-depresiva —que no deja secuelas— y la demencia precoz —así bautizada[3] porque le atribuyó efectos destructivos irreversibles sobre la coherencia mental—, Bleuler cuestionará ambas cosas. Su inicio no es siempre precoz y, sobre todo, el deterioro intelectual ni se produce siempre ni es tan extenso, sino que puede afectar de manera solo temporal y parcial a ciertas funciones básicas (memoria, orientación), por lo que el término «demencia» resulta inapropiado por no corresponder ni a su clínica ni a su evolución. Kraepelin construyó su concepto haciendo de su evolución indefectible hacia la demencia un criterio definitorio de la enfermedad. El desacuerdo de Bleuler, al negar tan terrible futuro para muchos casos, permitió una visión más esperanzada y menos pesimista de su evolución.

---

2 Bleuler E. (1911). *Dementia Precox oder Gruppe der Schizophrenien*. Giessen: Psychosozial Verlag. [Trad. cast.: *Demencia precoz. El grupo de las esquizofrenias*. Buenos Aires: Paidós, 1960 (y también Buenos Aires: Hormé, 1993)].
3 El término «demencia precoz» lo formula Kraepelin por primera vez en 1896, en la 5.ª edición de su tratado de psiquiatría. Kraepelin, E. (1869). *Psychiatrie. Ein Lehrbuch für Studierende und Ärtze*. Leipzig: J.A. Barth (y también 1899, 6.ª ed.).

De forma muy metafórica y exitosa, Kraepelin (1856-1926) había descrito que la demencia precoz, de un modo imprevisible, «estalla como un rayo en un cielo sereno». Bleuler, por el contrario, razona que

> su comienzo es por lo común insidioso, aunque los parientes de los pacientes insisten generalmente en que empezó de manera aguda [...]. Hay tempranas anomalías del carácter que pueden demostrarse en más de la mitad de los casos que luego se hacen esquizofrénicos: la tendencia al aislamiento, grados moderados o severos de irritabilidad se hicieron notar ya en la infancia al mostrarse incapaces de jugar con los demás niños [...]. Muchas esquizofrenias pueden remontarse hasta los primeros años [...]. Me parece probable que estas anomalías autistas constituyan los primeros síntomas de la enfermedad y no sean meras expresiones de una predisposición a ella.

Un privilegiado conocimiento de su entorno —vivió en el mismo lugar en que se situaba el hospital psiquiátrico que llegaría a dirigir— le permitía afirmar, después de haber convivido con sus compañeros de su infancia y adolescencia —y de haberlos diagnosticado y tratado más tarde— que:

> sus peculiares características inducen a menudo, a los compañeros de estos candidatos a la esquizofrenia, a considerarlos «locos» en un período muy temprano [...]. Mis diez compañeros de escuela que más tarde se volvieron esquizofrénicos eran muy diferentes de los otros muchachos.[4]

Aunque Bleuler nunca habló de «esquizofrenia infantil» —la psiquiatría infantil aún no existía como actividad especializada o diferenciada— su posicionamiento abrió la puerta a considerar la posibilidad de un período infantil en una futura enfermedad mental temible.

---

4 Esta cuestión, que puede parecer caduca, se ha vuelto a reactivar con el interés actual por los llamados «primeros episodios psicóticos» y sus signos «prodrómicos», que permitirían su diagnóstico, tratamiento temprano y su prevención, cuestión que confronta a psiquiatras de adultos con los de niños y adolescentes, así como la de su tratamiento preferentemente farmacológico o psicoterapéutico.

Así pues, Bleuler discrepaba de Kraepelin, tanto en su visión del comienzo como del destino final de la enfermedad. Pero la diferencia esencial entre ambos no está en los criterios evolutivos, sino en los psicopatológicos.

La elección de su neologismo diagnóstico («esquizo»: dividir, escindir; «frenia»: mente) no es casual.[5] Responde a su comprensión del trastorno fundamental, el mecanismo mental primordial: la disociación. Un «relajamiento de asociaciones mentales *(lokerung)*» que conduce a una doble «escisión» o «disociación»:[6] en el interior de la persona —«se le quiebra la mente»— y también entre la persona y la realidad exterior. Aunque Bleuler postula la naturaleza cerebral de este mecanismo, admite que puede verse como un mecanismo puramente psicológico, «determinado por ligeras desviaciones cuantitativas de la norma [...] una predisposición ligada a un temperamento particular». Heredero, como Freud, de una concepción «asociacionista» del desarrollo mental, considera que el pensamiento se funda ligando representaciones mentales que permiten afrontar situaciones nuevas. Este mecanismo «común a un conjunto de figuras clínicas diferentes», el «grupo de las esquizofrenias» (otro término novedoso que apunta a diferentes formas evolutivas), recibirá el nombre de *spaltung*, traducido como «escisión o disociación» (y posteriormente, sobre todo en las fuentes psicoanalíticas latinoamericanas, como «clivaje»).[7] Esta ruptura asociativa desorganiza al sujeto y su inserción en el mundo, y anula su comprensión de la realidad, con lo que pierde su capacidad de recibir correctamente sus informaciones, así como de «aprehender» de lo que procede de ella.

---

5 «Skhizo» es la raíz griega de la que deriva *scindere,* término latino que significa «escindir». De la raíz «phren» derivan «entrañas, mente, alma» *(Diccionario de uso del español María Moliner).*

6 Varios sinónimos, más o menos ajustados en su correspondencia semántica, se han ido extendiendo en diversas traducciones y textos psiquiátricos posteriores: «desdoblamiento, división, disgregación» (del pensamiento); «ruptura, corte, hendimiento» (de la mente...en su sentido más «cerebroanatómico»).

7 El término *spaltung* ya había sido utilizado por Freud en sus estudios sobre la histeria y el fetichismo, pero para él no se trataba de un mecanismo específico, sino que describía la escisión «del contenido de la consciencia» y su resultado —la división intrapsíquica— como una actividad mental presente en cualquier sujeto (Freud, S. [1940]. *Esquema del psicoanálisis.* En *Obras completas,* vol. XXIII. Buenos Aires: Amorrortu, 1991).

Los «complejos ideoafectivos, conjuntos de representaciones mentales y emociones asociadas constitutivas de la historia del enfermo», emergen desordenados, «sueltos» y desconectados, por lo que invaden su conciencia y fragmentan su personalidad y su capacidad de discriminar su procedencia (¿interna y mental o externa y sensorial?).

Bleuler distingue *síntomas primarios*[8] «que derivan directamente del proceso mental mórbido» que desorganiza, acelera, paraliza o bloquea el pensamiento (incoherencias de este último: fuga de ideas, condensaciones inesperadas de representaciones habitualmente discriminadas y controladas, desplazamiento y sustitución imparable de conceptos, confusión entre el símbolo y lo simbolizado). El resultado es la confusión mental, el trastorno de la atención selectiva (que filtra la percepción y permite captar de manera adecuada la realidad externa) y, en consecuencia, la «distracción permanente» y, globalmente, la incongruencia, desorganización o «disgregación» del pensamiento.

Los *síntomas secundarios*[9] son una reacción al proceso fundamental de desorganización y tienen una función de adaptación, de intento de recuperación de la coherencia mental: «la sintomatología que nos salta a la vista seguramente no es, en parte o globalmente, más que la expresión de un intento más o menos fallido de salir de una situación insoportable». Responden a varias «vías de solución» a su malestar: una de ellas es ignorar la realidad y apartarse total o parcialmente de ella para hacerla inofensiva, aislarse del mundo y encerrarse en sí mismo; operación que Bleuler denominará *autismo;*[10] otra es reconstruir su propia versión del mundo externo, organizándolo en función de su *reconstrucción delirante;* una tercera vía consiste en alejarse de la realidad para refugiarse en quejas somáticas (hipocondría, muchas veces unida

---

8 En diversas traducciones también se denominan «cardinales» o «fundamentales» y son los que están presentes en todos los casos y en todos los momentos evolutivos. Son, en términos médicos, los síntomas «patognomónicos».
9 También denominados en según qué traducción «accesorios» y que no son exclusivos de la esquizofrenia ni están presentes en todos los momentos evolutivos.
10 Término elegido porque deriva de *autos* (en griego, «sí mismo»). Es de señalar que en algunas traducciones se prefirió «ensimismamiento» por estar más arraigado en el lenguaje habitual.

a ideas delirantes) o en un comportamiento errante y fugitivo que escapa del contacto social (vagabundeo, refugio en la hospitalización).

En cuanto a los afectos, Bleuler no comparte la idea clásica de que hay una indiferencia afectiva. Los afectos se manifiestan de una manera caprichosa y discordante o quedan temporalmente barridos o paralizados: «al igual que un niño trasplantado bruscamente a un medio extraño puede presentar un estado de estupor sin afecto». Como los hilos asociativos se rompen, el sujeto muestra sentimientos ambivalentes y «puede llorar con los ojos a la vez que sonríe con la boca»,[11] presentando a la vez y sin contradicción algunas emociones opuestas porque, al perder las conexiones asociativas habituales, ya no puede confrontar sus contradicciones, y sus afectos, «liberados», ya no responden a la lógica psicológica que habitualmente los organiza. Las ideas se transforman y confunden con sensaciones y con deseos y temores que quedan incorporados, en una nueva realidad delirante, que «rellena» su repliegue autista con fantasías derivadas de sus deseos. La realidad exterior se le vuelve incomprensible o amenazante y el sujeto pierde la posibilidad de entenderla y aceptarla, «refugiándose» en su propio mundo.

Los autores que han estudiado las raíces que influyeron en esta concepción de Bleuler señalan sobre todo a Kurt Goldstein y a Sigmund Freud (Hochmann, 2009). Goldstein, neurólogo que estudió las mutilaciones cerebrales de los heridos en la Primera Guerra Mundial, sostenía que no hay que aislar el síntoma de su contexto y sí tener en cuenta su función adaptativa. Para él, la localización (de la lesión cerebral) no era solamente

> una excitación de un lugar cerebral determinado, sino un proceso dinámico que se desarrolla en el sistema nervioso e incluso en el organismo entero […]. No son nunca funciones aisladas las que resultan perturbadas […]. Hay una tendencia natural del organismo, frente a una des-

---

[11] Tambien un psiquiatra francés, Philippe Chaslin, describió lo mismo, pero le dio otro nombre: «discordancia», y el propio Bleuler se preguntó: «Si el término de Chaslin "locura discordante", hubiese existido en ese momento, hubiese podido igualmente escogerlo». Chaslin, P. (1895). *La confusion mentale primitive*. París: Asselin et Houzeau.

organización catastrófica, a reencontrar un comportamiento ordenado [...]. Este reajuste, que responde a un «principio óptimo de rendimiento», no es el resultado de una reeducación, se produce inmediatamente y completa el cuadro sintomático con reacciones espontáneas al servicio de su adaptación al contexto.[12]

Así las cosas, los síntomas fundamentales del autismo que más tarde describirá Kanner (*aloneness* y *sameness*, soledad e imperturbabilidad) pueden verse como funciones protectoras. Si el cerebro pensante se ve desbordado por (pre)ocupaciones incesantes y repetitivas, el sujeto puede combatir esta situación incongruente y agotadora sustituyendo las abstracciones por la concreción de los objetos y por una «necesidad fanática de ordenarlos».

Frente a la neurología «localizacionista», que entendía estos comportamientos bizarros como resultantes del descontrol de zonas cerebrales lesionadas, en la comprensión «estructural» de Goldstein adquieren el sentido de una reacción global incesante del sistema nervioso en

---

12 Kurt Goldstein nació el 6 de noviembre de 1878 en Katowice, provincia de Silesia, un territorio que actualmente pertenece a Polonia, en una familia judía; falleció en Nueva York en 1965. Goldstein ingresó primero en la Universidad de Heidelberg para estudiar Filosofía y después se mudó a la Universidad de Breslau para estudiar Medicina, título al que finalmente accedió en 1903. Comenzó trabajando bajo la tutela de dos clínicos y anatomistas de renombre, Ludwig Edinger y Carl Wernicke. El giro definitivo en su carrera profesional ocurrió al inicio de la Primera Guerra Mundial, etapa durante la cual tuvo que atender a los combatientes con daño cerebral, actividad para la cual fundó el Instituto de Investigaciones de Secuelas del Daño Cerebral en Frankfurt, en el que contó con la colaboración de Adhémar Gelb, un prestigioso psicólogo de la Gestalt que era de origen ruso. Este instituto adquirió fama mundial por su abordaje innovador y su trabajo multidisciplinario, sentando las bases del tratamiento moderno del daño cerebral y del campo de la rehabilitación física y mental. Este período fructífero de su vida profesional en el que desarrolló la mayor parte de sus conceptos, recogidos en su fundamental obra *La estructura del organismo* (publicada en 1934), fue redactada durante su exilio en Holanda, donde se refugió después de ser arrestado y expulsado de Alemania por los nazis en 1933. En 1935, Goldstein emigra a Estados Unidos, donde viviría hasta su muerte en 1965. La fecha de publicación de su principal obra (1934) puede hacer pensar que no debió influir en la de Bleuler, porque la de este se publicó antes. Sin embargo, sus ideas tuvieron una gran divulgación y fueron ampliamente conocidas y citadas por la psiquiatría alemana, que el autor suizo conocía muy bien.

su conjunto. Su planteamiento de añadir la reacción psicológica del sujeto como componente esencial de las lesiones neurológicas supuso una revolución en la atención a estos enfermos. Pionero en muchos e importantes avances de la neuropsicología, estudió los efectos del daño cerebral en las habilidades cognitivas relacionadas con la abstracción. Dedicado a la rehabilitación de soldados heridos de guerra, frecuentemente catalogados como «rentistas» que trataban de obtener una pensión como indemnización de guerra, tuvo un gran éxito en su recuperación neurológica y psicológica, pues logró su reincorporación a la actividad laboral y la reintegración social de la gran mayoría de ellos. Su trabajo lo llevó a concluir que, aunque áreas físicas del cerebro como el lóbulo frontal o el ganglio subcortical puedan estar dañados, el trauma psicológico era en general una preocupación más urgente. Su visión «holística» del sistema nervioso, constituido por redes neuronales interconectadas, provocó que practicara una rehabilitación multiprofesional que incorporaba, junto con la de los neurólogos, a otros especialistas médicos, ortopedas, psicólogos y personal procedente de la sociología y la rehabilitación social. Desde esta visión, entendía la esquizofrenia como una enfermedad organizada con un conjunto de mecanismos protectores contra la ansiedad, algo más que solo un defecto orgánico.

En cuanto a la influencia de Freud, reconocida explícitamente por Bleuler,[13] puede verse de manera clara en su concepción del autismo, construida siguiendo el modelo del autoerotismo freudiano (el placer del bebé con su propio cuerpo) —si bien suprime el *eros del auto-erostismo*—, aunque muestra su distancia con la concepción de Freud de que su fuente pulsional es sexual, «lo que puede dar lugar a numerosas equivocaciones». Sin duda, uno de los enigmas de la esquizofrenia es tratar de comprender el estado «beatífico», en el que muchos pacientes

---

13 En el prefacio de su obra magna puede leerse: «Un aspecto importante del intento de perfeccionar y ampliar los conceptos en psicopatología es precisamente la aplicación de las ideas de Freud a la *dementia precox*. Estoy seguro de que todo lector se da cuenta de cuán grande es nuestra deuda respecto a este autor, sin necesidad de que yo mencione su nombre en todos los puntos apropiados de la exposición». Seguidamente muestra su agradecimiento a sus colaborados en el hospital Burghölzli: «A Riklin, Abraham y en especial a Jung. Sería imposible establecer con precisión quien proporcionó tal o cual idea u observación».

parecen disfrutar, felices, en su encierro delirante que, a la vez, funda su sufrimiento y resulta de él. El difícil concepto lacaniano de «goce» parece tratar de dar respuesta a esta cuestión.[14]

En cuanto a la idea bleuleriana de la reconstrucción (en la esquizofrenia) de una nueva realidad sustentada sobre deseos delirantes, parece claro su parentesco con la teoría freudiana del sueño. El sueño representa una realización del deseo y el durmiente, una vez la realidad exterior queda desinvestida, construye una neorrealidad alucinatoria. Bajo el efecto de una relajación de las asociaciones mentales, la realidad pierde su impacto y deja paso a construcciones imaginarias que adquieren un carácter de realidad psíquica interna. Y —he aquí de nuevo la influencia de las ideas de Goldstein— si el mecanismo básico es probablemente orgánico, los contenidos delirantes emanan del psiquismo del sujeto. El delirio no es un simple error de razonamiento causado por un fallo en la función del juicio racional, ni tampoco una simple exacerbación de la pasión. Es, más bien, una tentativa de reparación, una reconstrucción defensiva (otra idea que Bleuler toma de Freud).

El autismo para Bleuler

Así, replegado en su mundo interno, sometido a lo imaginario, queda encerrado en su nueva realidad, que lo separa del mundo real común que queda alejado, mantenido a distancia. A la escisión interior, que ya dividía y separaba sus procesos mentales, viene a sumarse esta segunda escisión, que corta su contacto con el mundo que lo rodea:

> Si los esquizofrénicos autistas se encierran en una crisálida, con sus deseos satisfechos o con los sufrimientos de sus persecuciones […]. Es porque buscan mantenerse en su mundo […]. Para otros el contacto con la realidad es temible, porque sus afectos son demasiado intensos o porque necesitan evitar todo lo que podría emocionarles […]. La indi-

---

14 Álvarez, J.M. (1996). Dos visiones de la psiquiatría: Kraepelin y Bleuler. *Rev. Asoc. Esp. Psiq.* 16(60):655-662.

ferencia hacia el mundo exterior es pues secundaria a una sensibilidad excesiva.

Por tanto, no se trata solo de un déficit, de la pérdida de una función —el «criterio de realidad»—; se trata, además, de una actividad mental defensiva. Aunque llama «tentativas de adaptación a los trastornos primarios» a estos síntomas autistas secundarios, que tienen una función restauradora y que desempeñan un papel defensivo, entiende que tienen algo de reacción mecánica. Los síntomas primarios desencadenan directamente, de modo inevitable, los secundarios.

Tras distanciarse de manera progresiva de esta versión «psicodinámica», Bleuler sostuvo con posterioridad —pese a no disponer de ninguna prueba neurobiológica— que, en cuanto a su etiología, en la esquizofrenia parecería haber un determinismo fisiológico, «orgánico», indefectible. Su posición no deja lugar a dudas:

> En todos los casos severos de esquizofrenia se constatan modificaciones anatomo-patológicas en el cerebro, modificaciones de un carácter suficientemente definido y que no se encuentran en absoluto en las otras psicosis [...]. La esquizofrenia es así no solo una entidad clínica, sino al mismo tiempo una entidad anatomo-patológica.

Pese a esta afirmación tan contundente, en otro escrito más tardío afirma que:

> La esquizofrenia es una afección fisiógena, es decir, de base orgánica. Sin embargo, posee tal superestructura psicógena que la gran mayoría de los síntomas manifiestos de esta enfermedad, como son las alucinaciones y las ideas delirantes, así como todo el modo de comportarse del enfermo, se derivan de factores y mecanismos psicológicos.[15]

---

15 Las ideas de Bleuler, lejos de permanecer invariables, se fueron modificando. Basta comparar su texto inicial con posiciones y concepciones posteriores como las que resumió en un texto 1926 (cf. *La Schizophrénie. Rapport de Psychiatrie au Congrès de médécins aliénistes et neurologistes de France et des pays de langue française*. París: Masson. [Trad. cast.: Bleuler y la esquizofrenia (1996). *Rev. Asoc. Esp. Neuropsiq.* 16(60):663-676].

Aunque esta visión teórica de la etiología de la esquizofrenia podría verse como «mixta» o «ecléctica», e incluso podría juzgarse como cercana a la idea freudiana de las «series complementarias», también es posible pensar que esté en relación con su ambivalente necesidad de distanciarse de la influencia de Freud (tan elogiosamente reconocida en el prefacio de su texto de 1911). El lector puede juzgarlo a tenor de las propias palabras del autor:

> Algunos psicoanalistas llegan incluso a entender que la esquizofrenia en pleno es una afección psicógena. Esta opinión es ciertamente errónea. La esquizofrenia, por un lado, tiene en común con las psicosis orgánicas la existencia de síntomas directamente derivados de un proceso cerebral, y por otro, con las neurosis, la evolución de síntomas psicógenos sobre la base de una constitución particular. El origen orgánico de la esquizofrenia es demostrable hoy día con toda la evidencia que se quiera exigir.

Esta convicción de Bleuler del carácter «fisiógeno», orgánico, de la esquizofrenia, hace pensar que no se despegó del todo de la posición —que pretendía superar— de Kraepelin, para quien las enfermedades seguían un proceso natural e independiente con sus propias condiciones de aparición, evolución y terminación. El propio Freud, quien, por el contrario, entendía las psicosis como estructuras clínicas conformadas por procesos defensivos del sujeto, consideraba que, pese a ello, no eran nada permeables al tratamiento psicoanalítico (cosa que, como veremos, sus continuadores pusieron en cuestión).

Como cualquier buen conocedor del tema sabe, la etiología de la esquizofrenia, aun con todos los progresos logrados por las neurociencias y sus métodos, sigue siendo un enigma también para los partidarios de su etiología «totalmente» orgánica. Muchas décadas después, Nancy Andreasen, reconocida especialista de la neuroimagen cerebral y de las alteraciones cerebrales vinculadas a la esquizofrenia, declaraba: «Sea lo que sea la esquizofrenia, no sabemos qué es».[16] Aún más reciente-

---

16 Andreasen, N. y Flaum, M. (1996). El diagnóstico de esquizofrenia. En C.L. Shriqui y H.A. Nasrallah (eds.), *Aspectos actuales en el tratamiento de la esquizofrenia*. Madrid: Edimsa.

mente el DSM-5 (2013), en su introducción, declaraba su intención de modificar las categorías y los criterios diagnósticos para fundarlos «sobre pruebas científicas nuevas *(new scientific evidences)*», pero añade: «Muchos trastornos psiquiátricos carecen de biomarcadores susceptibles de validar los diagnósticos y, a pesar de los considerables avances de la neurobiología, los diagnósticos psiquiátricos todavía se basan en su mayoría en el juicio clínico».[17]

Merece la pena resaltar que, ya desde el inicio de los conceptos psiquiátricos, está presente la oscilación y la contraposición entre dos polos de explicación y comprensión: el de la causa orgánica y el de la naturaleza psicológica de los trastornos. La consecuencia es importante, porque va a condicionar —y aún lo sigue haciendo— el debate entre situar las cosas del lado de lo físico-corporal, es decir, de la enfermedad médica objetivable, o del lado del sufrimiento psíquico y el terreno de lo humano y la historia biográfica, relacional y subjetiva del sujeto. Orientar su pertenencia hacia las ciencias físico-químicas (la medicina) o hacia las ciencias humanas (psicología, sociología, antropología) es el interminable debate que atraviesa no solo toda la historia de la medicina y de la psiquiatría, sino también la de la naturaleza del ser humano, lo que coloca al autismo, desde siempre y también hoy en día, en el centro de todo ello.

La psiquiatría inspirada por la fenomenología (de Husserl y Bergson a Jaspers, Biswanger y Minkowski)

Pese a su cuidadosa y respetuosa actitud hacia los esquizofrénicos, que transmitió a las instituciones que dirigió, Bleuler parecía convencido de que sus procesos mentales tenían algo de fenómeno automático determinado por algún mecanismo cerebral. Aunque parecía albergar

---

17 American Psychiatric Association (APA). (2013). *Diagnostic and Statistical Manual of Mental Disorders*, DSM-5. Washington, APA. Para una detallada historia del desarrollo de las diferentes versiones del DSM y de su vinculación con la cultura y la psiquiatría estadounidense, cf. Minard, M. (2013). *Le DSM-Roi: la psychiatrie americaine et la fabrique des diagnostics*. Toulouse: Érès.

dudas en cuanto a si eran sensibles al diálogo y a la relación con un interlocutor —o si, por el contrario, como sostenía la psiquiatría de su tiempo, las convicciones del esquizofrénico eran «irreductibles»— preconizó una actitud de «diálogo profundo» y de «escucha cuidadosa del discurso espontáneo» del esquizofrénico. Pensaba que esta actitud de acompañamiento, que hoy calificaríamos como «empática», distinta de la de «objetivación científica de los síntomas» practicada por Kraepelin, permitía al paciente sentirse escuchado y comprendido (y no solo observado) y, con ello, sería más probable una mejoría o remisión de sus síntomas. Pero todavía no se había abierto el camino de la aplicación de la fenomenología a la comprensión de las vivencias del esquizofrénico. Serían los discípulos de Bleuler los que propondrían penetrar en estas últimas permeabilizando al esquizofrénico desde una relación terapéutica.

Aunque nunca se interesó directamente por la psiquiatría, Edmund Husserl, en su empeño por hacer de la filosofía la ciencia de todas las ciencias, fundaría su «fenomenología trascendental», con la que propone conocer las cosas en sí mismas tal como aparecen, sin ninguna reflexión previa, desprendiéndose de todos los conocimientos filosóficos y reflexiones anteriores. Cuando «la cosa en sí misma», el objeto a estudiar, era un ser humano —un *alter ego*—, privilegiaba como vía de conocimiento dejarse impregnar por las vivencias de ese otro. «Su alteridad es a la vez diferente y semejante de mí mismo; un cuerpo que, como yo, vive, siente y quiere». Este «reconocimiento intersubjetivo» de una condición humana común se aleja radicalmente del conocimiento científico y objetivo de una corporalidad física, despojada de la vitalidad y la experiencia existencial específica del sujeto.[18]

---

18 Edmund Husserl (Prossnitz [Moravia, hoy República Checa], 1859-Friburgo, 1938), filósofo y matemático, de origen judío, fue discípulo de Brentano y tuvo una amplia influencia sobre autores tan diversos como Max Scheler, Sartre, Ricœur, Lévinas, Ortega y Gasset y, a través de Merleau-Ponty, sobre Lacan y Derrida. Fue privado de su condición de emérito de la Universidad de Friburgo por un decreto antisemita de los nazis, aplicado por su más afamado discípulo, Martin Heidegger, que lo había sucedido en su cátedra (y que negó posteriormente estos hechos).

Karl Jaspers (1883-1969) trabajó como psiquiatra en el hospital psiquiátrico la Universidad de Heidelberg, donde ocupó temporalmente un puesto de profesor de Psicología en su Facultad de Filosofía. Muy insatisfecho con el trato que recibía el enfermo mental, se propuso revolucionar la comprensión de la psicopatología y en 1913 publicó su tratado *Psicopatología general,* texto que lo hizo célebre y que pasó a ser de conocimiento obligatorio para la psiquiatría posterior. Sin embargo, abandonó la práctica clínica y prosiguió su carrera como catedrático de Filosofía desde 1921 hasta 1937, año en que fue destituido —por la ascendencia judía de su esposa—, siendo restituido en su cargo a partir de 1946, al finalizar la guerra.[19] Denunció las atrocidades nazis y la culpabilidad de los alemanes, y su decepción con la situación política en Alemania lo llevó a renunciar a su nacionalidad y a adquirir la suiza en 1967, terminando su vida poco después en Basilea, en cuya universidad ocupó una cátedra desde 1948. Su filosofía ha sido calificada como «cercana al existencialismo» e influenciada por Søren Kierkegaard y Friedrich Nietzsche, aunque sus dos continuadores más importantes, Paul Ricœur (discípulo directo) y Hans Gadamer (discípulo de Heidegger y sucesor de Jaspers en Heidelberg) son los más representativos de la denominada «filosofía hermenéutica». Relató su relación con Heidegger y con sus ideas, así como su distanciamiento progresivo —muy ligado a las simpatías de este con el nacionalsocialismo— en su libro *Notas sobre Martin Heidegger,* documento que también narra la situación de la Alemania del período entre 1930-1960.[20]

---

19 En esta fecha sorprendió la publicación de la cuarta edición de su tratado (con la colaboración de Kurt Schneider y de Friedrich Oehlkers), alejada de las anteriores de 1919 y 1922.
20 Jaspers, K. (1990). *Notas sobre Martin Heidegger.* Madrid: Mondadori. Sobre esta cuestión, cf. Jaspers, K. (2003). *Correspondencia Heidegger-Jaspers (1920-1963).* Madrid: Síntesis, además de un lúcido comentario sobre este texto de Eugenio Trías en *El Cultural,* del 8 mayo de 2003.
    Sobre la cuestión de la culpa y la responsabilidad política de Alemania, Jaspers dictó en la Universidad de Heidelberg un seminario semestral, en el invierno de 1945-1946. Cf. *El problema de la culpa: sobre la responsabilidad política de Alemania.* Barcelona: Paidós Ibérica, 1998.

Jaspers distinguió dos dimensiones en la actitud del psiquiatra: la *explicativa*, que trata de dar cuenta de las causas que provocan un fenómeno (psico)patológico, y la *comprensiva*, que trata de entender la manera en que el sujeto enfermo vive su estado, independientemente de cuáles sean sus causas, y que intenta ser terapéutica.[21] Para comprenderlos, Jaspers distinguía en los estados patológicos dos variantes. Así, podía tratarse bien de un *proceso*, o fenómeno extraño que irrumpe en la vida del sujeto trastocando su trayectoria vital anterior, o bien de un *desarrollo*, o fenómeno nuevo que aparece vinculado a su personalidad anterior continuando la historia del sujeto. Con ello, Jaspers concebía el diagnóstico psicopatológico y la actitud terapéutica como actividades inseparables y obligatoriamente vinculadas al interés por la historia biográfica del sujeto enfermo.

Ludwig Biswanger (1881-1966), psiquiatra suizo que fue alumno de Bleuler —y amigo de Freud, aunque no compartía sus ideas—, insistía en establecer con el paciente una relación de comprensión, lo que denominaba «ser con» (*mitsein*, en alemán) el paciente. Trataba así de superar una relación de observador que objetiva para sustituirla por una relación de complicidad y encuentro recíproco entre cuidador y paciente, que constituye lo que llamó «análisis existencial» *(daseinanalyse)*.

Entre los colaboradores y luego continuadores de Bleuler, Eugène Minkowski (1885-1972), inspirado por la filosofía de Henri Bergson[22] y de Jaspers, propuso reformular la esquizofrenia como «un desgarro

---

21 Wilhelm Dilthey (1833-1911) ya había hecho historia en la filosofía de las ciencias cuando propuso separar estas en ciencias físicas y ciencias humanas: «explicamos la naturaleza, comprendemos la vida psíquica [...] la naturaleza se explica, se comprende al hombre». He abordado esta cuestión en Lasa Zulueta, A. (2010). Expresiones actuales e imagen social de la psicopatología. *Cuadernos de Psiquiatría y Psicoterapia del Niño y del Adolescente 50:*42-47 («Sobre el status científico de la psiquiatría»).

22 Henri Bergson (París, 1859-París, 1941) era hijo de un músico polaco de origen judío y de una irlandesa. Buen conocedor de la filosofía inglesa, reaccionó contra los sistemas racionalistas al oponer su espiritualismo y su vitalismo frente al positivismo. Consideraba que el mundo del espíritu humano (interioridad, conciencia, libertad, reflexión) no puede ser reducido ni absorbido por las ciencias naturales. Esta especificidad del hombre tiene problemas y procedimientos distintos que obligan a investigar los límites del conocimiento científico. En el fin de su vida se opuso activamente a la política colaboracionista del Gobierno de Vichy con los nazis. Fue Premio Nobel de Literatura en 1927.

de la intersubjetividad» y no tanto como «una ruptura de las asociaciones». Además, a diferencia de Bleuler, resalta que, en el autismo, junto con la «rica» y creativa actividad imaginaria que este describía se produce también una destrucción de la realidad común compartida, una «ruptura de la solidaridad fundamental del yo con el mundo», con una pérdida de contacto con sí mismo y con el otro que «empobrece al sujeto arrastrándolo a una soledad tenebrosa que lo desvitaliza».[23] La ruptura del esquizofrénico no le concierne solo a él, pues no solo es un conjunto de síntomas unipersonales, sino también a su interacción con otros sujetos y, por tanto, a nuestra relación con él. Minkowski insiste en lo que siente quien acepta relacionarse con el paciente, sin mantener su discurso a distancia, al dejarse invadir por su extraño mundo.[24] La mirada del psiquiatra, antes dirigida exclusivamente al paciente, se centra ahora en su propio modo de sentir, pensar y actuar. Minkowski hace de la esquizofrenia un trastorno de la intersubjetividad que afecta a ambos interlocutores y abre así el camino a una psiquiatría «interpersonal».

Los predecesores estadounidenses (Rush, Meyer y Sullivan)

Otro psiquiatra suizo, Adolf Meyer (1866-1950), formado en Zúrich con Forel, uno de los maestros que compartió con Bleuler, emigró a Estados Unidos en 1892 y tendría una gran influencia en la formación de muchos psiquiatras de este país, donde aportó los conocimientos de la psiquiatría europea, hasta entonces poco o nada conocida en este continente.[25]

---

23 Aunque sus autores no podían hacerlo, resulta difícil dejar de emparentar los conceptos de «ruptura de asociaciones» y «soledad que desvitaliza y empobrece» con todo lo que otros autores posteriores han desarrollado a partir de la clínica del autismo (por ejemplo, con los «ataques a los vínculos del pensamiento», de los autores kleinianos, o con la comprensión del proceso deficitario de ciertas psicosis infantiles por parte de Roger Misés y otros estudiosos inspirados por el psicoanálisis).
24 Minkowski, E. (1927). *La schizophrénie*. París: Payot. [Trad. cast.: *La esquizofrenia*. Ciudad de México: FCE, 2000].
25 Los psiquiatras formados en la conocida como «escuela meyeriana», entre otros muchos Leo Kanner, a quien Meyer ofreció su primer contrato profesional serio, llegaron a ser un 10 % de la psiquiatría «académica» estadounidense. Ebaugh, F.G. (1951). Adolf Meyer's Contribution to Psychiatric Education. *Bulletin of the Johns Hopkins*

Tras iniciar su carrera profesional americana como anatomopatólogo, a partir de 1909 es nombrado profesor de Psiquiatría en la prestigiosa Johns Hopkins University de Baltimore y desde 1913 dirige y pone en marcha la primera clínica universitaria de Estados Unidos, la cual, durante los 30 años siguientes, se convertiría en uno de los centros de investigación y formación psiquiátrica más prestigiosos del mundo, y donde se rodeó de personalidades como L. Kanner, contratado en 1930 y futuro «inventor» del autismo infantil precoz, J. B. Watson, fundador del conductismo, y Harry S. Sullivan, creador de la psiquiatría interpersonal.

La situación anterior a su llegada a este país en la que se encontraban los enfermos mentales, es decir, durante el siglo XIX e inicios del XX, merece ser comentada. Cuando a comienzos del XIX en Alemania, Inglaterra y Francia ya había autores como Johann C. Heinroth, Alexander Crichton y Philippe Pinel, entre otros, que trataban de describir y ordenar los trastornos psiquiátricos y de establecer con los enfermos una relación que permitiera su «tratamiento moral», su contemporáneo y fundador de la psiquiatría en Estados Unidos era Benjamin Rush (1745-1813). Según la «teoría de la depleción», predominante en su época, se suponía que el acúmulo excesivo de líquidos causaba casi todos los males, por lo que se proponía como tratamiento —también para el enfermo mental— su vaciamiento por medio de sangrías, purgas y aplicaciones cutáneas de campanas neumáticas de vacío. Asimismo inventó, de su propia cosecha intelectual, ciertos artilugios como el *tranquilizer*, una silla diseñada para inmovilizar a los agitados, y el *girator*, otra silla fijada sobre una plancha que giraba a alta velocidad con el fin de activar con su fuerza centrífuga la circulación de los pacientes letárgicos.

Conviene no quedarse únicamente en estos datos si se quiere tener una visión más completa de la importancia y la enorme influencia de Rush en el nacimiento y desarrollo ulterior de la psiquiatría de su país. Como descendiente de cuáqueros (el dato tiene su importancia) y educado por una madre precozmente viuda y por un tío materno pastor presbiteriano en Maryland, recibió una sólida educación ya antes

---

Hospital 89:64-72. Cit. por Silberman, S. (2016). *Una tribu propia. Autismo y Asperger. Otras maneras de entender el mundo*. Barcelona: Ariel/Planeta.

de completar sus estudios en Princeton y en Filadelfia[26] para dar luego el salto a Europa, donde fue alumno —en Edimburgo— de William Cullen, gran taxonomista e inventor del término «neurosis». Tras algunos meses de formación en Londres y en Francia volvió a Filadelfia para ejercer la medicina a la vez que enseñaba química en la universidad. Fue el primero en afirmar que el alcoholismo crónico no era un mal hábito sino «una enfermedad, una parálisis de la voluntad» y en activar campañas sociales preventivas. Participó también en la fundación de una sociedad para promover la abolición de la esclavitud y —como buen republicano militante— se enroló en el primer ejército que combatió contra los ingleses en la guerra de la independencia de las colonias, llegando al grado de general médico. Se le reprocha, incluso en la actualidad, que sostuviera la idea de que el color de la piel y la textura del cabello de los negros eran secuelas de una enfermedad de la piel parecida a la lepra. Sin embargo, es posible que se tratase más de un sesgo propio de su «deformación profesional» que de una posición ideológica racista, porque fue un claro defensor de que los negros no eran —ni intelectual ni moralmente— de naturaleza inferior a los blancos.

Filadelfia, ciudad que prosperó mucho a nivel comercial y se convirtió en un lugar de cultura, arte y ciencia, era también la «sede» de la Sociedad Religiosa de los Amigos, también conocida como la Iglesia de los Amigos, cuáqueros defensores del «amor fraterno» (la ciudad fue fundada por uno de ellos, William Penn, ancestro directo de Rush). Eran cristianos procedentes de Inglaterra, donde ya se habían opuesto con su «pacifismo militante» al anglicanismo, al presbiterianismo y a toda institución religiosa organizada jerárquicamente. No tenían ni curas, ni sacramentos, ni jerarquía eclesiástica. Su única religión era practicar un trato justo e igualitario. Para los niños Rush proponía «el método humano de Jean-Jacques Rousseau». En Rush se personalizaron muchos de los rasgos comunes que a través de los cuáqueros arraigaron en esta

---

26 Filadelfia era entonces el centro político y cultural desde donde se forjaría, uniéndose a Boston y a trece colonias independentistas, la guerra y la declaración de independencia de Estados Unidos en 1776. Rush fue uno de sus 56 firmantes. Desde 1781, también fue miembro de la convención constituyente que redactó la primera Constitución, firmada en 1787. Filadelfia fue capital de aquel país desde 1790 a 1800.

ciudad: reforma de las prisiones, oposición a la pena de muerte, mejora de la educación infantil. Escribió mucho sobre todo ello y también publicó un tratado sobre las enfermedades mentales —*Medical Inquiries and Observations upon the Diseases of the Mind*, de 1812— que incluía el primer intento americano de clasificación de las enfermedades mentales.

Si en sus conceptos etiológicos estuvo, como muchos otros, atado a las ideas y los conocimientos de su época, la historia de la psiquiatría le ha reconocido su papel de pionero en su implicación a la hora de mejorar los asilos y el tratamiento de los enfermos mentales. Padre de trece hijos, Rush murió en Filadelfia en 1813. Más de dos siglos después, en el logo actual de la Asociación Estadounidense de Psiquiatría —la poderosísima APA—, impreso en muchas de sus publicaciones, entre otras varias ediciones del DSM, figura un sello con la efigie de su retrato.

Las mismas raíces cuáqueras caracterizaban a otro personaje singular, también muy influyente en estos orígenes, la llamada «madre de la psiquiatría norteamericana», Dorothea Lynde Six (1802-1877). Hija de una madre enferma mental y de un padre pastor metodista itinerante y alcohólico, fue educada, junto con sus dos hermanos pequeños, en Boston por su abuela paterna, viuda de un médico, puritana y rica, que intentó sin éxito convertirla en una señorita bien educada. Dorothea prefirió hacerse maestra, practicó apasionadamente la enseñanza con niños marginados y se interesó por la situación de los enfermos mentales en las cárceles de su país. Bajo la influencia carismática de un pastor presbiteriano, siguió su consejo de viajar a Inglaterra, en 1836, para que una familia cuidara su frágil salud —al parecer, sufría episodios depresivos—: una familia de cuáqueros amigos del pastor, los Rathbone, gente filantrópica con gran actividad política en Liverpool que desarrolló un gran activismo en los movimientos de reforma de prisiones y de mejora del destino de presos y enfermos mentales. Entre sus simpatizantes y amigos militantes se encontraba William Tuke (1732-1822), fundador del hospital Retreat de York. Su obra, que Dorothea Six conoció directamente, influenció mucho la posterior trayectoria de esta.

William Tuke pertenecía a una próspera y filantrópica familia cuáquera que era comerciante en el condado de York. A los 20 años heredó la fortuna de su tía, Mary Tuke, emprendedora mujer que desafió las leyes vigentes para lograr ser la primera en dedicarse al comercio del té y el café. Tras su muerte, Tuke continuó muy exitosamente el negocio familiar durante sesenta años. Pertenecía a la Sociedad Religiosa de los Amigos, ya mencionada. La muerte en 1790 de uno de sus miembros, Hannah Mills, probablemente a causa de los malos tratos recibidos en el manicomio de York (el York Lunatic Asylum), junto con la negativa de la dirección de que pudiese recibir visitas, provocó que un activo grupo de trabajo compuesto por médicos y líderes religiosos cuáqueros se movilizara y se planteara crear una institución más humana, lo que culminó en la apertura del Retreat Mental Hospital de York en 1796. Criticado y ridiculizado en sus primeros años, fue mantenido por tres generaciones de la familia Tuke (el hijo, el nieto y dos biznietos de William), convirtiéndose en una experiencia pionera histórica, reconocida e imitada en otros países como fundadora del «tratamiento moral» y elogiada desde el inicio de los movimientos «antipsiquiátricos» como «antimodelo» de la «psiquiatría represiva». Samuel Tuke, nieto de William y médico, fue quien relató y «teorizó» la experiencia del Retreat en un texto publicado en 1813 (trece años después de la primera edición del tratado de Pinel).[27]

Junto a Rush, psiquiatra, y Dorothea Six, «activista social» *(Wikipedia dixit),* esta época de los inicios de la psiquiatría estadounidense tuvo otro protagonista muy singular: un excepcional enfermo llamado Clifford Whittingham Beers.

Nacido en 1876 en Connecticut, logró completar sus estudios en la Universidad de Yale, pese a sus graves problemas de timidez y miedos diversos, y llegó a trabajar en una empresa de seguros en Nueva York. Cuando tenía 18 años uno de sus hermanos mayores comenzó a sufrir una epilepsia que anunciaba un tumor cerebral, el cual le

---

27 Tuke, S. (1813). *Description of the Retreat. An Institution near York for Insane Persons.* Londres: Process Press. Ambas experiencias, consideradas fundadoras de un cambio histórico en la atención al alienado mental, merecieron la atención —crítica— de Foucault en un texto de 1961 en el que afirmaba que tanto la de Tuke, de inspiración religiosa, como la laica de Pinel, estaban impregnadas de moralismo y que, bajo una apariencia —de igualitarismo comunitario una y de libertad la otra—, instauraban un culto a la autoridad moral del psiquiatra.

causaría la muerte cuatro años después, drama que agravó los miedos de su hermano Clifford, quien, en pleno episodio depresivo tras una gripe, entró en pánico y volvió a refugiarse en casa de sus padres cuatro días antes de morir su hermano y, sin decir nada de su propio estado, se tiró por la ventana de su habitación desde el cuarto piso de la casa familiar. Aunque cayó de pie y salvó su vida con numerosas fracturas en ambas piernas, su estado psíquico se agravó y tuvo que ser ingresado dos veces en una clínica privada, primero, y en un hospital público estatal después, donde, entre alucinaciones y delirios, sufrió todo tipo de vejaciones y maltratos por parte de un personal incompetente y violento en un lugar en el que, como en muchos otros, las recomendaciones y leyes protectoras conseguidas por Dorothea Six ya habían sido olvidadas. A su salida, consciente de haber sido víctima de abusos y malos tratos, emprendió una cruzada para humanizar los lugares y alcanzar unas condiciones de hospitalización dignas. Cinco años después, en 1905, volvió a recaer en un episodio de exaltación militante y eufórica que lo condujo a una tercera hospitalización. De nuevo recuperado, escribió y publicó, en 1908, un libro autobiográfico en el que relataba las brutales experiencias y el sadismo del que fue objeto por parte de cuidadores y de médicos durante sus ingresos.[28] El libro, que tuvo un éxito fulminante y que continúa editándose hoy en día (ha superado las cuarenta ediciones), recibió los elogios del célebre psicólogo y filósofo William James, que previamente lo había animado a escribirlo. Asimismo, aconsejó y favoreció su traducción al francés (de la 31.ª edición estadounidense), que se publicó en 1951 con un elogioso prefacio de André Maurois.

Con posterioridad, prosiguió su carrera de hombre de negocios y junto con William James y el psiquiatra Adolf Meyer fundó el National Committee for Mental Hygiene (NCMH), organización dedicada a la humanización de los hospitales estatales y a la integración de los enfermos mentales en la comunidad, que también participaría en la elaboración del primer manual diagnóstico de la psiquiatría estadounidense. En 1913

---

28 Beers, C.W. (1908), *A Mind That Found Itself. An Autobiography*. Nueva York: Longmans/Green.

abrió la Clifford Beers Clinic,[29] pionera en tratar a enfermos mentales de un modo ambulatorio. En 1930, en plena debacle económica, organizó en Washington el primer Congreso Internacional de Higiene Mental, con más de tres mil participantes, bajo la presidencia de honor del presidente de Estados Unidos, Herbert Hoover, quien, significativamente, era hijo de cuáqueros. Tras la Gran Depresión de 1929, su organización acarreaba serios problemas económicos, por lo que participó de manera muy activa en una campaña de colecta de fondos durante la cual se descompensó, al entrar en una nueva fase de exaltación que lo llevó a un nuevo ingreso en el Hospital de la Providencia, en Rhode Island, que dirigía un viejo amigo suyo psiquiatra. A pesar de ello, falleció sin salir del sanatorio tras un largo ingreso de cuatro años, a la edad de 67. Todo parece apuntar a que tanto él como tres de sus hermanos, que también murieron ingresados en hospitales psiquiátricos —dos de ellos se suicidaron—, fueron víctimas de una enfermedad familiar con descompensaciones maníaco-depresivas.

Creer que estos tres personajes, Rush, Six y Beers, fueron los únicos protagonistas de un siglo de historia de la psiquiatría estadounidense sería imperdonable. Sus casos ilustran algunas características que siempre y en todo lugar han marcado las reacciones sociales hacia la enfermedad mental.

Abandonados, encerrados y maltratados en instituciones indignas carentes de recursos, los enfermos eran custodiados en asilos «caritativos» donde también eran utilizados, en régimen de semiesclavitud, para servicios domésticos y trabajos agrícolas dentro o fuera de las propias instalaciones. Impregnadas de mentalidad religiosa, estas instituciones, sin ninguna reflexión clínica, asimilaban la enfermedad a la posesión demoníaca, al castigo divino o al embrujamiento sin alejarse ni renunciar del todo a las intervenciones religiosas purgativas y purificadoras o al exorcismo. Surgieron entonces las reacciones de grupos religiosos más compasivos y sensibles a la justicia social, con la firme resolución de modificar la

---

29 Aunque en *Wikipedia* (versión española) se afirma que era psiquiatra, este dato no se ha podido verificar. En el citado y detallado texto de Minard (2009) no se dice nada al respecto, como tampoco en la versión inglesa de *Wikipedia,* donde lo describen como *founder of the American Mental Hygiene Movement.*

situación. La sensibilización social implicó a librepensadores, filántropos y políticos, «progresistas o reformistas», que favorecieron la organización de asociaciones a las que se sumaron tanto la participación y el prestigio de la medicina como la implicación de psiquiatras insatisfechos y conocedores de los entresijos de las instituciones asilares. Su movilización para la vigilancia y supervisión de estos asilos dio paso al nacimiento de proyectos de reforma y creación de nuevos centros, a un intento de lograr la reintegración social de los enfermos y a una sensibilización de la sociedad en actividades protectoras «de higiene mental». Como hemos visto, alguna de ellas representó el germen de la futura APA, que surgió para alejar la enfermedad mental de las ideas mágico-religiosas, erigiéndose en la institución legal que iba a determinar el carácter médico, entonces equivalente a orgánico, de los trastornos mentales.

La suma de diversas iniciativas de instituciones filantrópicas —y médicas— también impulsó denuncias legales ante la explotación y el maltrato de los enfermos, y se solicitaron y lograron nuevas legislaciones que obligaron a implantar mejoras institucionales y tratamientos más humanos basados en el reposo, los masajes y la buena alimentación. Como en muchos otros lugares, la duración de los avances logrados resistió lo que pudo frente a la realidad de coyunturas político-económicas desfavorables. Algunos historiadores, en mi opinión con un marcado sesgo eurocentrista, han escrito que, como en otros terrenos, el retraso estadounidense respecto de las iniciativas europeas, entonces aún ignoradas, fue rápidamente superado. Creo que, entonces como ahora, en ambos continentes las diferencias geográficas en cuanto a la calidad de los cuidados e instituciones —y a su dependencia de contextos político-ideológicos, religiosos y socioeconómicos variables— dificultaron una generalización sistematizada que pudiera describir globalmente situaciones muy variopintas.

A pesar de que puede haber sido un resumen excesivamente corto para describir estas realidades complejas y tortuosas, llenas de luces y sombras, de avances y de retrocesos, vuelvo ahora al hilo más lineal de las aportaciones personales más significativas de algunos autores.

A su llegada a Estados Unidos, Adolf Meyer trabajó inicialmente en un hospital psiquiátrico de Illinois —en realidad, un «hospital para locos» (el Eastern Hospital for the Insane)—, donde encontró la situación habitual, con cuidadores poco o nada formados que custodiaban a los enfermos en un lugar rodeado de maizales: «almacenes humanos llenos de pacientes con limitaciones, sentados en hileras, demasiado decaídos para sentir desesperación, vigilados por auxiliares: máquinas silenciosas y horripilantes que comían y dormían, dormían y comían»[30] (descripción que recuerda enormemente a la situación de muchos sanatorios psiquiátricos de nuestro país en años posteriores).[31] Meyer venía de completar su formación neurológica en París —con Dejerine y con Charcot, como hicieron Bleuler y Freud— y había defendido una tesis sobre el cerebro de los reptiles, pero se declaraba adepto de autores ingleses; en particular, de la neurología de Jackson y su idea de un sistema nervioso global y jerarquizado, y de las teorías de Huxley, discípulo de Darwin, sobre la adaptación evolutiva. Aunque su reputación de neuropatólogo lo precedía, comenzó trabajando como tal, conoció y adoptó las ideas de los filósofos pragmáticos (Charles Peirce, William James o John Dewey), que cuestionaban la concepción cartesiana de un pensamiento abstracto y veían la actividad mental como la preparación de una acción concreta. Para ellos, las ideas son proyectos de acción y solo su experimentación y resultados permiten juzgar su valor. Reticente a los excesos de la abstracción y a todo dogmatismo, Meyer contrastará los resultados de la experimentación con las afirmaciones ideológicas, negándose a aceptar «verdades incuestionables» y, en particular, la visión unívoca que condenaba por inútiles todos los esfuerzos terapéuticos con enfermos mentales, pronosticados como incurables: «un veredicto tan siniestro como el de la condenación eterna». Su posición estaba

---

30 La descripción es de un neurólogo, Silas Weir Mitchell, ya entonces extremadamente crítico con la situación asistencial de los enfermos mentales (cf. Brieger, G.H. [ed.]. [1970]. *Medical America in the Nineteen Century: Readings from the Literature*. Baltimore: Johns Hopkins University Press, 2009. Cit. por Silberman [2016]).
31 Para confirmarlo basta consultar en las hemerotecas los numerosos reportajes de prensa publicados en nuestro país, en los años 1960-1970 y más tarde, que denunciaban la situación de los entonces llamados «manicomios» y reclamaban la necesidad de una reforma sanitaria que incluyera la salud mental. Todavía hoy muchos psiquiatras veteranos de nuestro país podrían relatar sus experiencias en lugares semejantes.

influenciada asimismo por la del filósofo George H. Mead, fundador de la psicología social y defensor de una teoría de la constitución de la personalidad a través de las interacciones sociales y no solo como resultado de factores hereditarios. También lo marcó su experiencia personal con la enfermedad de su madre, diagnosticada por su maestro Forel de una psicosis maníaco-depresiva ligada, al parecer de este, a una constitución hereditaria e incurable. Meyer, en cambio, la atribuía a su decisión de emigrar y alejarse de ella, y comprobó que tranquilizarla y consolarla resultaría suficiente para verla curarse sin secuelas, una experiencia que lo llevó a desmentir la teoría fatalista de su maestro y de la psiquiatría de su tiempo (Lief, 1948; Lidz, 1973; Hochmann, 2009).

Conforme a su formación previa, realizó autopsias a muchos enfermos asilados, en busca de lesiones anatomopatológicas en sus cerebros, y rápidamente se convenció de la inutilidad de su tarea, que no le permitía encontrar vinculaciones entre lesiones y síntomas. Muy escrupuloso con la metodología científica, critica (¡ya entonces!) al «psiquiatra-gerente *(manager)* que queda satisfecho con una medicina de cuestionarios *(quiz-medecine)* y con tres o cuatro síntomas para emitir un diagnóstico». Defiende, en cambio, una rigurosa recogida de informaciones sobre la historia biográfica de los pacientes, de su enfermedad y de las circunstancias que han precedido a su estado y, para poder hacerlo, una relación de escucha prolongada teniendo en cuenta su comportamiento, reacciones, sentimientos y deseos: el porvenir de la psiquiatría debe buscarse en las funciones y la vida de la gente y no en la talla de sus núcleos celulares». Critica a los *elementalistas,* que «reducen la realidad humana a un mecanicismo calcado de las ciencias de la naturaleza» y propone su concepción «psicobiológica»:[32]

> el psicopatólogo debe hacer algo más que el elementalista, que vuelve siempre a la más pequeña unidad elemental a fin de esquivar los proble-

---

32 Término que ya utilizó Constantin von Monakow, quien a su vez influyó en Minkowski y que se asemeja al que hemos conocido en tiempos recientes: la salud y la enfermedad son «biopsicosociales».

mas concretos de una complejidad más grande […] que diferencia entre la historia de un paciente relatada por un psiquiatra bien formado (en psicobiología) y el informe escrito por un investigador en estadísticas o por un médico que no ve otra cosa que la infección o la química o hipótesis sobre las secreciones internas.

Como se ve, este texto muestra, pese al lenguaje propio de su contexto histórico, que muchos debates psiquiátricos modernos ya estaban presentes desde los orígenes de los pioneros de la psicopatología.

Meyer introdujo en la psiquiatría estadounidense su concepto de «reacción». Cada trastorno mental es una reacción construida por el sujeto ante sus condiciones biológicas, sociales y psicológicas. Los síntomas no son el resultado del estado patológico que el enfermo sufre pasivamente, como el efecto directo de una lesión o de una disfunción. Forman parte de una dinámica, de un proceso activo, de una construcción compleja en la que se mezclan los déficits patológicos y las reacciones del paciente para compensar o minimizar sus efectos. Esta participación activa del enfermo —y de su entorno— moviliza posibilidades de cambio y puede modificar el pronóstico de la enfermedad. Lo que el enfermo hace o dice es una reacción a la situación en que se encuentra y, aunque esté delirando, tiene una lógica, la suya propia que es diferente a la nuestra: «hemos aprendido a vincularnos más con lo que es sano, fuerte y constitucionalmente válido, incluso en las extrañas nociones de nuestros pacientes y menos a tratar sus propósitos de bizarros o de locuras. Un delirio puede contener la tentativa de una persona para enunciar la verdad». De este modo, atribuyéndole al paciente la capacidad de simbolizar «su» verdad, revaloriza la significación de sus síntomas y abre el interés terapéutico de vincular las manifestaciones patológicas y el sufrimiento psíquico con su historia personal.

Si nuestros actos tienen una causa psíquica es «de sentido común» encontrar qué es lo que guía su lógica patológica en lugar de considerar incoherentes los actos del enfermo: «todo en la vida es reacción, sea a estímulos externos o a partes varias del organismo […]. También se reacciona a la enfermedad, a la vida inadecuada o insatisfactoria […]. A todo lo que deja una marca en el sistema nervioso y puede afectar a su desarrollo». Se entiende que, con este criterio, opusiera los efectos de los factores del entorno a los hereditarios y por eso, progresivamente, se irá oponiendo a los excesos del eugenismo de su época.

Meyer, ya antes de la llegada de los conceptos psicoanalíticos y de las teorías sobre el traumatismo psíquico, era uno de los más tempranos defensores de la psicogénesis de los trastornos psicopatológicos: «el niño con padres anormales puede estar expuesto desde el nacimiento a adquirir inconscientemente hábitos de carácter mórbido». Frente a la transmisión biológica hereditaria —«no se puede nada contra lo hereditario»—, postula que «se puede enderezar una educación defectuosa y liberar al sujeto de sus primeros condicionamientos o del peso de recuerdos dolorosos». Como buen defensor del pragmatismo, se cuida de pasarse tanto materialista como de espiritualista, pero cree que se puede intervenir mejor sobre lo adquirido, que puede cambiar, que sobre lo innato, que escapa a la acción curativa: «El estudio de los problemas de la vida tiene siempre como objeto la interacción de un organismo individual con situaciones vitales». Su insistencia en ver los síntomas como una reacción de adaptación lo lleva a la necesidad de diferenciar y poner en evidencia «la mezcla de factores hereditarios y constitucionales con factores psicógenos indiscutibles; de experiencias de la vida y de determinantes somáticos».

De esta manera, se posiciona poco a poco ante la demencia precoz de Kraepelin, y atribuye esta desorganización de la personalidad a los hábitos del sujeto y sus condiciones de vida. Meyer, que conocía las ideas de Bleuler antes de que este publicara su texto sobre la esquizofrenia, iba mucho más lejos que él en su crítica de la concepción de Kraepelin. Si para Bleuler la disociación era un trastorno biológico del que emanaban directamente los síntomas como reacción a esta primera alteración de las asociaciones mentales, para Meyer esta concepción, que se centraba aún en la búsqueda de un desorden cerebral subyacente único, seguía siendo, como la de Kraepelin, demasiado organicista. Él sostenía que la mal llamada «demencia precoz» podía explicarse en términos puramente funcionales, como una «reacción» que podría atribuirse a secuelas de conflictos personales desencadenados por una provocación (demasiado) precoz de los instintos y por la «destrucción prematura de la ingenuidad infantil».[33] Por ello insistía en conocer a fondo la vida de los pacientes y en profundizar en la dinámica de sus familias.

Abría con ello una brecha en el bloque, entonces unánime, de la comprensión de la enfermedad mental como algo causado por una alteración cerebral orgánica y hereditaria e iniciaba así un debate, que sigue activo y parece interminable, sobre los factores causales del sufrimiento mental. Con ello, además, abrió la puerta en un nuevo continente no solo a la posterior «invasión» de las teorías psicoanalíticas o a una psiquiatría basada en la relación, sino también a lo que luego llegaría a constituir la ideología y los posicionamientos «antipsiquiátricos». Respecto de su posición con relación a las ideas, entonces innovadoras, de Freud, conviene precisar que, al igual que Bleuler, mantuvo una posición ambivalente, criticando también su «pansexualismo», en el que veía «una tendencia exagerada a vincular fenómenos complejos a una causa simple». Criticó asimismo la tendencia de Freud a invocar en exceso la herencia, aunque reconoció su deuda y su agradecimiento «por habernos dado una interpretación ingeniosa del simbolismo de los comportamientos patológicos, sacando nuestras concepciones sobre la sexualidad del almacén de las perversiones».

Meyer, que acusaba a Kraepelin de «charlatanismo», combatió su nosografía porque entendía que era el exceso de «una taxonomía inspirada por la botánica». Criticó las separaciones por razones clasificatorias entre elementos cognitivos y afectivos, entre psicosis «intelectuales» y «afectivas». Así, manifestó su posición crítica del siguiente modo: «Los hechos clínicos deben agruparse según su valor para comprender mejor a un individuo particular a través de los acontecimientos de su vida y no bajo una denominación antigua, pero sin significación [...] para satisfacer una necesidad de identidad y de prestigio profesional».

---

33 En lo que puede verse cierto parentesco con la primera teoría de la seducción traumática de Freud (así lo hace Hochmann, 2009). Este autor señala también que Meyer asistió a la primera intervención, en 1909, de Freud en Estados Unidos, en la Clark University, cuando, invitado por Stanley Hall, leyó sus *Cinco conferencias* (viaje en el que también, según relató Jung, que lo acompañó, pronunció su mítica frase: «No saben que les llevamos la peste».

Atribuyó a Kraepelin que basase sus clasificaciones sobre una etiología —casi siempre desconocida—, sobre una evolución —ligada al menos en parte a las condiciones asilares— y sobre una lesión —generalmente ausente o desconocida—. Y remataría su crítica de esta «visión esencialista» de la enfermedad que concebía la enfermedad como un cuerpo extraño, la cual el médico pretendía ser el único capaz de descubrir y cuyo destino fatal justificaba el diagnóstico de manera inexorable: «Muy frecuentemente la supuesta enfermedad es un término que nos protege contra un insuficiente conocimiento de las condiciones de reacción del paciente y contra el carácter inadecuado de nuestras capacidades terapéuticas actuales».

Aunque estas palabras podrían juzgarse como una toma de posición que anticipaba el escepticismo ante las posibilidades terapéuticas de la futura antipsiquiatría, deben completarse con estas otras:

> estas teorías fisiopatológicas oscuras no sirven más que para enmascarar nuestra ignorancia y no tienen ninguna aplicación terapéutica [...]. Explicar una crisis de histeria o un sistema delirante por una alteración celular hipotética que no podemos poner en evidencia es, en el estado actual de la histofisiología un acto gratuito.[34] [...] Ver —los síntomas— como una adaptación imposible, abre la vía a una búsqueda de factores determinantes susceptibles de ser modificados y, de pronto, nos encontramos en un campo vivo, en armonía con nuestra tendencia a actuar para prevenir, para modificar, para comprender, para hacer justicia a un deseo de acercamiento directo en lugar de una tautología neurologizante.

Estas últimas palabras muestran que Meyer era partidario de la acción terapéutica y que, ciertamente, logró modificar con su impulso transformador, a través de la formación en psicopatología como he-

---

34 Aunque aún no se conocían los neurotransmisores, ni otros descubrimientos más recientes de las neurociencias, cabe preguntarse cuánto se hubiera modificado la toma de posición de Meyer de haberlos conocido. En cualquier caso, en otras páginas dedicadas a la psiquiatría actual retomaré esta cuestión de la necesidad, siempre vigente para la psiquiatría, de encontrar una causa física a sus enfermedades.

rramienta fundamental, al menos algunos asilos psiquiátricos. Creyó que la participación, positiva o negativa, del enfermo y de su entorno, influía en la evolución de la enfermedad, que veía como un proceso vivo y dinámico en el que se mezclan las limitaciones deficitarias y las reacciones compensadoras del paciente y de su medio familiar y terapéutico. Por ello fue también el iniciador de acciones políticas de «higiene mental», programas de información a la población (sobre las enfermedades mentales), de asesoramiento familiar y de detección temprana de los trastornos psíquicos en la infancia (no fue casualidad que a tal fin contratase a Leo Kanner para trabajar en su hospital y sus investigaciones). Su pragmatismo lo llevó asimismo a desarrollar actividades institucionales para mantener activos a los pacientes ingresados, razón por la cual pasó a ser reconocido como uno de los «inventores» de lo que luego se conocería como «terapia ocupacional».

De la influencia de estas ideas de Meyer y —como para otros muchos psiquiatras estadounidenses— también de la del psicoanálisis, la etnología, la psicología y la antropología sociales, surgió la figura de Harry Stack Sullivan, que desarrollaría el concepto y la práctica de la «psiquiatría interpersonal». No fue alumno directo de Meyer, pero sí recibió su influencia en sus seminarios y coloquios, en los que encontró a la psiquiatra americana Clara Thompson. Compañeros de formación y casi coetáneos, mantendrían vínculos profesionales y de amistad durante el resto de sus vidas. Introdujeron en su país las ideas de Sándor Ferenczi —entonces juzgadas como «antifreudianas» por quienes se consideraban herederos y legítimos defensores de Freud—, esforzándose por buscar puentes entre escuelas psicoanalíticas enfrentadas. El uso de la contratransferencia como elemento terapéutico, en vez de solo como una «resistencia», fue una de las aportaciones «heterodoxas» de Ferenczi que Thompson practicó y también enseñó a Sullivan.[35]

---

35 Una descripción más detallada de los tres personajes —Ferenczi, Thompson y Sullivan—, de la influencia y transmisión de ideas entre ellos, así como de su papel de pioneros del posterior desarrollo de la psicología y psicoterapia «relacional» o «interpersonal», puede verse en Ávila, A. (2013). *La tradición interpersonal: perspectiva social y cultural*. Madrid: Ágora Relacional.

Ferenczi, paciente y discípulo favorito de Freud con una personalidad audaz y creativa, se permitió experimentar nuevas maneras de abordar la relación terapéutica al tomarse libertades que Freud le reprochó y que le valdrían años de marginación por parte, sobre todo, de quienes se habían erigido en guardianes institucionales de la ortodoxia psicoanalítica.

Las imprudentes audacias de Ferenczi consistían, entre otras, en lo que él denominaba su «técnica activa», permitiéndose una actitud de menos neutralidad afectiva y más transparencia en cuanto a comunicar sus propios afectos a los pacientes, lo que facilitaba una aproximación más gratificante y cercana que incluía ciertas actitudes gestuales, prudentes pero cariñosas, que transgredían la regla técnica de la abstinencia propuesta por Freud, consistente en evitar gratificar afectivamente a los pacientes en sus deseos transferenciales. Del mismo modo, al interesarse por el papel causal de los traumas infantiles (cuando Freud ya había renunciado a su «teoría traumática») comenzó a practicar y a proponer la creación de un clima favorable a la regresión y a la «neocatarsis» correctora de las experiencias traumáticas infantiles, así como a insistir en que la sinceridad y transparencia con que el terapeuta debía mostrar y compartir sus sentimientos en un «análisis mutuo» era fundamental para favorecer el proceso terapéutico.[36]

Parece obvio el parentesco con la «observación participativa» que, inspirado por sus amigos etnólogos, propondrá Sullivan, y con la sensibilidad de este para desarrollar una técnica terapéutica que posibilitara «empatizar» con los traumatismos infantiles, de los que, por su propia experiencia vital, sabía mucho. Mostrárselo a los pacientes que, como el terapeuta, también las habían sufrido, será unos de los fundamentos de su «teoría interpersonal de la psiquiatría», en la que incluía las rela-

---

36 Sin entrar aquí en los apasionados debates teóricos y clínicos entre psicoanalistas de diferentes corrientes que la obra de Ferenczi ha alimentado durante décadas —y que se reactivaron con la publicación tanto tiempo censurada de la correspondencia entre ambos protagonistas (*Sigmund Freud & Sandor Ferenczi: correspondencia completa 1912-1914*. Madrid: Síntesis, 2001)—, parece importante señalar la cercanía de sus ideas con las de autores posteriores; entre otros, Franz Alexander y su «experiencia emocional correctora», así como las propuestas de Winnicott respecto de facilitar un «*holding* terapéutico» que facilitase movimientos regresivos.

ciones humanas y las terapéuticas, que anticiparía los futuros desarrollos clínicos y científicos actuales de las teorías intersubjetivas.

Harry Sullivan, hijo de inmigrantes irlandeses, pasó su infancia en un medio agrícola. Su padre había vivido en condiciones de extrema pobreza y se dedicó a trabajar y mejorar económicamente sin lograrlo, al perder su empleo y su casa hipotecada. Sin respiro por dicha razón, vivió distante de su hijo, de cuya educación se ocupó su madre y, cuando ella no podía, la familia materna. Su madre, procedente de una familia de mejor condición social que la del padre, a la que este se subordinó toda su vida, era una mujer muy ansiosa, hiperprotectora, desbordada o abandónica, dependiendo de sus frecuentes crisis emocionales, que precisaron varios ingresos psiquiátricos (probablemente debido a episodios depresivos). Sus dos primeros hijos —Sullivan era el tercero— murieron muy pequeños y casi seguro de difteria. Al parecer, una tía materna, soltera y maestra en Nueva York, desempeñó un papel fundamental en la educación intelectual y el sostén emocional de Sullivan desde su infancia; también cuando, durante una prolongada y problemática adolescencia, lo obligó a completar sus estudios de medicina y cuando, ya adulto, necesitó su apoyo moral y económico. En su infancia fue un niño inseguro y solitario que se inventaba amigos imaginarios. Marginado por sus compañeros y apreciado por sus maestros, el propio Sullivan valora de manera muy positiva la relación que a partir de los ocho años estableció con un compañero adolescente —Clarence Bellinger— de trece años, obeso y marginado como él, que se convertiría en su amigo y protector diario durante cinco años y que, con posterioridad, también llegaría a ser psiquiatra. Sin embargo, su relación profesional evolucionaría hacia una enemistad manifiesta que llegó a denigrantes comentarios e insultos públicos por parte de Bellinger (Perry, 1982). La trayectoria del Sullivan adolescente, rastreada por varios biógrafos, presenta tramos algo enigmáticos (entre ellos, el posible paso por la cárcel debido a la venta ilegal de fármacos, un más que probable ingreso psiquiátrico por una descompensación psíquica, además de una irregular, errante y discontinua presencia en diversos centros donde trataba de obtener su título de medicina). El hecho de haber sido movilizado durante la Primera Guerra Mundial y enviado al mayor hospital psiquiátrico de su país, el St. Elisabeths Hospital, en Washington, marcó su destino profesional al encontrase allí con William Alanson White,[37] psiquiatra con conocimientos de psicoanálisis que se convirtió en su maestro, ordenó y orientó su trayectoria profesional, hasta entonces errática, y le inculcó el interés por las ciencias sociales y por una concepción interpersonal y dinámica del desarrollo psíquico. En 1923 entraría como médico asistente en el Sheppard Pratt Hospital de Maryland,[38] donde iniciará su experiencia pionera con esquizofrénicos adultos varones y donde, una vez nombrado director de investigación, formará a su propio personal adaptando muy libremente ideas freudianas y aportaciones de antropólogos y sociólogos estadounidenses con los que mantenía vínculos de amistad (Edward Sapir, Ruth Benedict, o Margaret Mead, entre otros).

Varios de sus biógrafos —de entre los cuales Helen Perry ha relatado sus avatares personales «con discreción que roza la denegación» (Minard, 2013) y lo conoció personalmente por haber colaborado y mantenido una larga relación de trabajo y amistad con él— han señalado la importancia de su condición de homosexual. El hecho de haber sufrido por ello en su período escolar incidió en gran medida en su actitud —tolerante, comprensiva y cercana hacia quienes sufrían cualquier tipo de marginación social—, así como en sus preferencias a la hora de seleccionar un personal terapéutico que hubiera vivido experiencias dolorosas y desarrollado una sensibilidad «empática» hacia quienes también las padecen. Se sabe que pasó toda su vida vinculado a James Inscoe, veinte años más joven que él, que le fue confiado por un colega amigo, Ernest Hadley, tras ingresarlo en el Sheppard Pratt, donde

---

37 Es el nombre de este psiquiatra al que Sullivan, junto con Clara Thompson y Frieda Fromm-Reichmann, y luego Harold Searles —todos ellos, interesados en la psicoterapia institucional con pacientes esquizofrénicos que practicaron en la clínica de Chestnut Lodge—, eligieron para el centro de formación e investigaciones psicoanalíticas y psiquiátricas que crearon en Nueva York.
38 Hospital creado a iniciativa de Dorothea Six en 1853, conforme a planos diseñados en el plan Kirkbride, gracias a la contribución económica de un rico comerciante cuáquero de Filadelfia —Moses Sheppard—. Posteriormente se añadiría al nombre del hospital el de otro comerciante filántropo —Enoch Pratt—, que también fundaría la biblioteca de Baltimore.

ambos trabajaban. Inscoe tenía 15 años y fue encontrado en la calle, donde al parecer practicaba la prostitución, en un estado catatónico. Tras su ingreso y después de su alta, Sullivan se lo llevó a vivir con él y lo presentaba como su «hijo adoptivo». Su relación íntima continuó hasta la muerte de Sullivan (Perry, 1982; Barton Evans, 1996; Conci, 2010; Ávila, 2013; Minard, 2013).

A partir de 1930 se traslada a Nueva York, en busca de un análisis didáctico (con su futura e inseparable amiga Clara Thompson) y poder resolver sus dificultades para tratar a las mujeres, y se instala allí para desarrollar una larga carrera profesional privada. En 1938 crea la revista *Psychiatry*, que sobrevivirá hasta 2009 (y que será dirigida por Helen Perry entre 1947 y 1955). Considerado en la década de 1940 como uno de los psiquiatras más prestigiosos, es solicitado por la Armada y nombrado miembro del Comité de Movilización para organizar la prevención de problemas psiquiátricos. Debido a su sensibilidad hacia los problemas de los homosexuales en el ejército, trató de protegerlos estableciendo un filtrado previo a su movilización para librarlos del servicio militar. Su buena intención se convertiría en todo lo contrario, pues favoreció que la homosexualidad fuese reconocida como enfermedad mental certificable médicamente.[39]

Entre 1936 y 1947 funda y dirige la Washington School of Psychiatry, escuela —que todavía existe— destinada a la enseñanza y formación de todas las categorías profesionales vinculadas a la psiquiatría desde la perspectiva de una «psicoterapia psicodinámica interpersonal», que fue la primera en formar psicoanalistas no médicos en Estados Unidos.

Dado que Sullivan tuvo una importante influencia en la introducción de los fenómenos empáticos en la historia de la psiquiatría, conviene matizar que lo que hoy entendemos como «empatía» (procedente del alemán *einfühlung*, «sentir en») se define como «la capacidad de intentar percibir los sentimientos, pensamientos, estados mentales o el punto de vista del otro, sin dejar de ser uno mismo, sin abandonar la propia visión

---

39 Los colectivos gais tendrían luego un protagonismo muy activo al enfrentarse legalmente a la Asociación Estadounidense de Psiquiatría (APA) hasta lograr que la homosexualidad dejara de ser considerada una enfermedad psiquiátrica y que se modificaran las clasificaciones diagnósticas que la incluían como tal.

de las cosas o su propia percepción». Aunque cercana a ella, no es, por lo tanto, ni simpatía («sentir o sufrir con alguien», agradable sentimiento de atracción) ni fusión afectiva ilusoria («sentir como el otro»); es un modo de conocimiento que hoy se denomina «intersubjetivo».[40]

El empleo pionero del término «empatía» —que después se ha consagrado y prolongado en las exitosas corrientes actuales de la psicología y la psicoterapia interpersonal— tiene, cuando lo propone Sullivan, otras connotaciones. Y es que no lo precisó del todo al decir que designaba de manera general «la ligazón emocional entre la madre y el bebé» —lo que, seguramente, dio lugar a posteriores lecturas equívocas del vocablo—; además, en sus numerosos ejemplos clínicos aludía a la comunicación tensa y angustiosa con que la madre transmitía su propia inseguridad, generando un malestar en el bebé —particularmente sensible a las emociones maternales— que, a su vez, repercutía en la inseguridad y tensión materna,[41] con lo que ofrecía una concepción negativa para describir la primera manifestación del vínculo empático, al que atribuía ser generador de una tensión angustiosa, un carácter de contagio emocional perturbador y, lo que es peor, una influencia patógena favorecedora de problemas psíquicos posteriores. Se abre así una línea «etiopatogénica» que implica a las relaciones materno-filiales como cofactor causal influyente en el sufrimiento psíquico, temprano y ulterior, y que tendrá una larga y amplia prolongación en la psiquiatría y el psicoanálisis estadounidenses.[42]

---

40 Un detallado estudio sobre la larga historia de la empatía en la psiquiatría y en las ciencias humanas puede consultarse en Hochmann, J. (2012). *Une histoire de l'empathie*. París: Odile Jacob.

41 Aunque no utilizó la expresión «interacción» para referirse a esta mutua influencia emocional, se adelantó sin duda a la importancia que en todos los estudios posteriores sobre el apego y el desarrollo temprano han adquirido los conceptos de «espiral interactiva», «intersubjetividad» y «atención compartida», entre otros.

42 Puesto que este libro trata del autismo, conviene mencionar y matizar desde su inicio de dónde proceden las hipótesis sobre el origen de los trastornos psíquicos que, con precisión o sin ella, han ido alimentando toda una serie de malentendidos que conducirán, décadas después, a una actitud social extendida —sobre todo entre las asociaciones estadounidenses de familiares de afectados— que atribuye y concentra sobre «el psicoanálisis» la responsabilidad de culpabilizar a los padres de ser la causa del autismo.

Sullivan, como Meyer, consideraba que, salvo para las graves enfermedades hereditarias, había una continuidad entre normalidad y patología. Pensaba que las vivencias del esquizofrénico eran semejantes a las que cualquier niño había podido sufrir y revivir periódicamente en momentos de extrema ansiedad. Entendía que la angustia era una señal de inseguridad, el elemento patológico fundamental en el que centraba la intervención terapéutica. Concebía que el bebé nace programado para establecer una relación diádica «interpersonal» y que, gracias a esta, surgía una dinámica del desarrollo que necesita esta colaboración interactiva recíproca para compartir y satisfacer las necesidades de seguridad, lo que consideraba imprescindible y previo a la búsqueda de satisfacción de sus deseos. Freud, en cambio, pensaba que la angustia no surgía de esta inseguridad, sino que aparecía como una señal de alerta que advertía al yo de otro peligro: el derivado de que la búsqueda de satisfacciones pulsionales entrara en conflicto con las propias prohibiciones superyoicas y desbordara al sujeto.

Atribuía a la madre —y a su capacidad de ternura— la responsabilidad de establecer y garantizar esta confianza básica. Pensaba que si, por el contrario, transmitía «empáticamente» su propia ansiedad e inseguridad, el bebé, al percibir como «maldad» la carencia de la ternura esperada, podía desarrollar un sentimiento de estar en un entorno hostil —«perseguidor», en el lenguaje kleiniano que Sullivan no utilizó— y, para no desorganizarse en esta «transformación malevolente», se defendía con la disociación. Sullivan no entendía esta como un «mecanismo» activado de manera automática por un fenómeno biológico —como pensaba Bleuler—, sino como una «dinámica» psíquica que era consecuencia de una disfunción en la relación materno-filial precoz. De este modo, en lugar de predisponerse a la relación, el niño tendería a evitar el contacto con los otros, disimulando sus pensamientos y sentimientos tras comportamientos extraños y su hermetismo en la comunicación, y evitaría nuevas relaciones por temor a que fueran repetición de las angustias ya padecidas.

Para Sullivan, estos patrones *(patterns)* dinámicos originados en las relaciones tempranas llevaban a «dinamismos conjuntivos» (que ayudan a reducir o resolver la tensión relacional al permitir integrar nuevas situaciones como, por ejemplo, la intimidad compartida) y a «dinamismos disyuntivos». En estos, la ansiedad impacta en ambos interlocutores, quienes, afectados por comportamientos angustiosos mutuos, sufrirán el desconcierto y el desacierto a la hora de intentar una relación y se cerrará así un círculo de relaciones difíciles y dolorosas en las que no circula —o más bien se distorsiona— el motor de la «empatía». Para Sullivan no es un fenómeno unidireccional y, por tanto, no es «culpa» de la madre, sino de una serie de fenómenos interactivos que consolidan una red de relaciones dolorosas que enredan a sus participantes en intercambios patógenos repetitivos. Aunque ciertas simplificaciones posteriores —que veremos más adelante de manera detallada— han atribuido al psicoanálisis la responsabilidad de culpar a las familias, y en particular a las madres, de causar el autismo de sus hijos, empezamos a ver aquí la complejidad y la larga trayectoria de la cuestión de la participación causal de la familia en el sufrimiento mental de sus miembros.[43] Por eso es fácil deducir que, al igual que Minkowski, entendiera que el malestar del esquizofrénico también afectaba, o incluso invadía, a su interlocutor. Para designar este fenómeno emocional interactivo, Sullivan empleó un término propio: «parataxia». Para Frieda Fromm-Reichmann este equivale a los conceptos de *transfert* y *contra-transfert* de Freud:

> las experiencias interpersonales paratáxicas son deformaciones que surgen a nivel de las relaciones interpersonales actuales con los otros [...]. Se deben a la transposición de experiencias interpersonales anteriores de una persona procedentes principalmente de su primera infancia, pero no siempre o no necesariamente de problemas con sus padres.

Querer profundizar en el análisis y uso terapéutico de los intercambios interactivos emocionales lo llevó a idear una experiencia terapéutica consistente en reunir, en un pabellón psiquiátrico confortable (tres

---

43 Al parecer, como en muchos otros personajes biografiados, estas hipótesis de Sullivan se conectan con su propia experiencia infantil, en la que tuvo que hacer frente en su infancia a una madre y a condiciones de vida muy duras. Como suele decirse, «sabía de lo que hablaba», cosa que desde la filosofía formuló Nietzsche con su aseveración de que «toda teoría, como no puede ser de otra manera, es autobiográfica».

habitaciones de dos camas), a un pequeño grupo de pacientes con seis auxiliares (que repartidos en dos grupos hacían dos turnos de doce horas, garantizando una atención ininterrumpida) seleccionados por su calidad humana y su experiencia personal con el sufrimiento psíquico. Prefirió valorar sus capacidades empáticas y no contar con expertos de la enfermería porque estimaba que estos utilizaban sus prerrogativas profesionales para mantenerse a distancia de los enfermos. Su función era permanecer en contacto permanente y dialogando con los pacientes para compartir con ellos las actividades cotidianas. Cada tarde comunicaban al psiquiatra del equipo (Sullivan) sus sentimientos y su relación con los pacientes. Al practicar una «pedagogía interactiva» les enseñaba a percibir y reconocer su propia angustia, el aburrimiento, el cansancio y el rechazo, así como los sentimientos inherentes a su función de cuidadores y vinculados a los intentos desacertados y torpes de los pacientes para encontrar una relación tranquilizadora y aseguradora.

Conviene señalar que en esta época aún no se utilizaban los neurolépticos ni podían recurrir a sus efectos calmantes. Los resultados positivos de esta experiencia animarían a Sullivan a crear la clínica de Chestnut Lodge, cerca de Washington, que constituiría el modelo de otras, de las luego denominadas en Inglaterra «comunidades terapéuticas» y de otras experiencias europeas de «psicoterapia institucional».

Hizo de la entrevista psiquiátrica y del estudio de la comunicación con el paciente, basada en lo que sus amigos etnólogos llamaban «observación participativa», un instrumento esencial. Sostenía que, para ser calificada de «psiquiátrica», una entrevista no podía ser solo intuitiva, sino que debía completarse en un proyecto terapéutico basado en un conocimiento de los hechos relevantes de la vida del paciente y en el estudio minucioso de las relaciones entre pacientes y cuidadores, en las que estudiaba patrones de interacción, avances y retrocesos en los movimientos de relación y de comunicación —verbal y no verbal— y los ponía en relación con las vivencias afectivas subyacentes, observadas y anotadas, tanto de los pacientes como del equipo terapéutico.

Su influencia se prolongó también a la hora de comprender el desarrollo como un proceso interactivo y de desarrollar el interés por el estudio de las relaciones tempranas; con ello anticiparía la posterior explosión de investigaciones centradas en la observación de las capacidades tempranas de relación y comunicación del bebé. Esta manera de comprender el desarrollo como resultado de una relación «dialógica», inspirada por sus amigos sociólogos, que insistían en la importancia de las «interacciones simbólicas» como estructuradoras de la personalidad, supuso una novedad frente a la psiquiatría de su tiempo, que criticaba —juzgándola de «solipsista»— por mantener «la ilusión de la individualidad personal.[44] […] Que yo sepa, el ser humano tiene tantas personalidades como relaciones interpersonales haya tenido».

Otro autor influyente en la comprensión de —y la teorización sobre— las relaciones tempranas y la orientación interpersonal de la psiquiatría y la psicoterapia fue el psicoanalista escocés Ronald Fairbairn.[45] Considerado el iniciador de la «teoría de las relaciones objetales», ampliaría las concepciones de Freud (el propio Fairbairn siempre se consideró un continuador de su obra). Donde este planteaba que el destino de las pulsiones era el placer, su satisfacción y descarga, Fairbairn subrayaba el papel desempeñado por el objeto: «La libido no es buscadora de placer, de descarga tensional; es buscadora del objeto, del contacto». Para él no había libido sin objeto; es en el objeto, por y con él, que la libido se activa. En su relectura del autoerotismo tal como lo entiende Freud, precisa cómo concebía los inicios del psiquismo. Para Freud, cuando el bebé disfruta del chupeteo (satisfacción-pulsión autoerótica que completa y sustituye a la satisfacción alimentaria-pulsión de conservación) está tratando de calmar la tensión que surge y que localiza en su zona oral; para Fairbairn, está tratando de reemplazar el objeto que busca y está ausente: «No busca solamente la repetición del placer que el objeto le proporciona, sino la recuperación del objeto que

---

44 Curiosa coincidencia con la posterior afirmación de Donald W. Winnicott (que no parece haberse inspirado en Sullivan), cuando al rebatir a Melanie Klein y subrayar la importancia del entorno y los cuidados *(holding)* maternales, dijo su mítica y archiconocida frase: «un bebé solo no existe».
45 W.R.D Fairbairn, médico y psicoanalista, además de teólogo y filósofo, nació y murió en Edimburgo (1889-1964) y perteneció a la Sociedad Británica de Psicoanálisis.

no puede conseguir [...] El placer libidinal no es mas que un medio para obtener al objeto».

Cabe recordar que, cuando Freud reflexiona sobre cuál puede ser «la primera representación mental» del ser humano, la primera fantasía, deduce que tiene que ser una «satisfacción alucinatoria del deseo», es decir, el recuerdo de una gratificación sensorial y corporal placentera. Entender que únicamente se refiere a repetirlo en forma de gratificación pulsional corporal oral —autoerótica—, o a que esta se acompañe del deseo de reproducir, en el recuerdo mental, la percepción de las características (imagen, textura, sensorialidad, tacto, voz...) del objeto maternal, es una cuestión clave para debatir sobre la proximidad o la diferencia entre las propuestas de ambos autores.

Quizá sea más clara la distancia con respecto a otra autora contemporánea, Melanie Klein, quien también teorizó acerca de las primeras relaciones objetales, cuando afirmó que los impulsos agresivos (del bebé hacia la madre) eran consecuencia de la frustración derivada de no ver satisfechas sus necesidades libidinales. Por tanto, para Fairbairn no hace falta recurrir a la «envidia primaria», ni a la intensidad innata de la pulsión de muerte de la que, según Klein, deriva directamente, para explicar los desencuentros iniciales y sus consecuencias. Coincidirá con otro autor, Winnicott, muy interesado en los orígenes de las primeras experiencias psíquicas, en destacar la participación del entorno en las primeras satisfacciones o en las frustraciones libidinales, al entender que el bebé humano se constituye en un contexto de relación de dependencia con el objeto materno y no solo en el determinismo del empuje pulsional interno.[46] Las diferencias teóricas, más allá de reflejar las hipótesis de sus autores, son importantes asimismo porque tienen otra consecuencia clínica: influyen en las variaciones técnicas y en la relación terapéutica con los pacientes.

---

46 No es mi intención —ni está dentro de mis capacidades— profundizar aquí en los debates teóricos de los autores y las escuelas psicoanalíticas. Baste con tratar de señalar aquellas ideas que han podido influenciar posteriormente las de los autores, psicoanalíticos o no, que han centrado su interés en el autismo infantil.

El legado de los pioneros y las extrapolaciones y los vaivenes de sus continuadores

Lo que caracterizó a los autores citados fueron sus reflexiones y costosas deducciones con indagaciones y ensayos terapéuticos innovadores, con resultados alentadores aunque también decepcionantes, acompañados de incertidumbres y cuestionamientos críticos y autocríticos. Lo que ocurrió después, cuando sus continuadores trataron de transformar sus enseñanzas en escuelas consolidadas, fue que no siempre cabía en ellas el cuestionamiento de las ideas recibidas y la confluencia con ideas de otras escuelas. Ciertas extrapolaciones, derivadas de la posición e ideas de los pioneros —elevados luego a la figura ideal de maestros incuestionables— se convirtieron en dogmas que exigían una rígida fidelidad institucionalizada. Como suele ocurrir, el problema no está en los fundadores, que aún son capaces de dudar de sus descubrimientos y de matizar con prudencia sus certezas, sino en sus fieles seguidores, que se aferran al poder institucional y a los beneficios derivados de la defensa y difusión de las ideas que los unen frente a las de los otros.

Como vemos, los autores citados se plantearon los aspectos biográficos y sociales que caracterizaban al sujeto en su sufrimiento mental, si bien ninguno de ellos negó la influencia de factores orgánicos, de una causalidad —parcial o totalmente— biológica. Tampoco atribuyeron jamás la enfermedad mental, de manera unívoca, a una lesión o disfunción cerebral específica ni a la influencia enfermiza o malévolamente intencionada de la familia. Cuando hablaban, como hizo Sullivan, de interacciones patógenas que podían afectar al desarrollo infantil, siempre situaban este en el contexto de la hipersensibilidad y la vulnerabilidad, vinculadas ambas a factores de orden constitucional-biológico y presentes en los protagonistas de las relaciones tempranas, así como a la suma de acontecimientos biográficos y sociales desfavorables. Cuando Meyer (con su «psicobiología»), o antes Freud (con sus «series complementarias»), postulaban sus formulaciones psicológicas, priorizaban su atención hacia lo psicogenético, pero en ningún momento dejaron de lado los posibles determinantes biológicos acompañantes. Sin embargo, las teorías psicogenéticas derivaron en posicionamientos que hacían equivalentes, por un lado, el origen psicogenético y la accesibilidad a tratamientos curativos y, por el otro, el origen orgánico, el carácter hereditario y la incurabilidad. Mucho tuvo que ver con ello el predominio, durante un siglo, de las ideas de una psiquiatría que asociaba y reducía las enfermedades mentales a dos ideas temibles: que eran heredables y que eran incurables —sin encontrar ni las causas orgánicas que las producían ni un tratamiento eficaz—, y además transcurría en una realidad asistencial penosa, ya que acumulaba y condenaba a los enfermos a la pasividad y a la inactividad en asilos psiquiátricos mal equipados en cuanto a personal y sin recursos elementales. La aparición de una nueva psicopatología que consideraba la presencia de factores psicogenéticos y su posible abordaje con técnicas basadas en una relación psicoterapéutica, que además permitía nuevas esperanzas de pronósticos más favorables, supuso un empuje de renovación de los planteamientos terapéuticos y de transformación de los contextos asistenciales necesarios para semejante revolución. Además, el contexto social y las realidades asistenciales que estas novedades afrontaban eran los de la segregación y la exclusión social del enfermo mental, y subsistía la presencia de ideas eugenésicas, que preconizaban la legitimidad de impedir su fertilidad y reproducción —llegando incluso a proponer una eutanasia piadosa— por considerarlos sujetos inutilizables y de gran coste social.

En este contexto, el propio Bleuler lamentaba la extensión excesiva y la pérdida de especificidad del diagnóstico de esquizofrenia, ahora cargado con la esperanza de tratamientos eficaces, dado que además se extendía la superficial idea de que el único problema del esquizofrénico era recurrir a mecanismos psicológicos de disociación «fácilmente» reversibles. Las ideas de Meyer, al cuestionar la comodidad de hacer de los diagnósticos un mito[47] y entender el carácter reactivo de los

---

47 El libro, cuyo título, *El mito de la enfermedad mental,* fue consagrado por las corrientes psiquiátricas posteriores, lo escribió mucho más tarde, en 1961, Thomas Szasz (1920-2012), psiquiatra de origen húngaro que más tarde emigraría a Estados Unidos y que, pese a este y otros libros (Szasz, 1961, 1963, 1973, 1976, 2007) de títulos muy rompedores con la ideología psiquiátrica predominante en su país, nunca admitió sentirse partícipe del movimiento antipsiquiátrico anglosajón nacido en las décadas de 1960 y 1970. En cambio, como militante durante toda su vida contra la intrusión del Estado en el terreno del individuo, de la psiquiatría pública y de las hospitalizaciones involuntarias,

trastornos psíquicos, también abrió la vía a la esperanza de quienes pensaban —y deseaban— que todo trastorno mental fuera reversible y al añadido de que todo diagnóstico psiquiátrico representaba una etiqueta arbitraria. El hecho es que (en Estados Unidos, más que en cualquier otra cultura occidental) la «esquizofrenia» se convirtió en una moda, además de en un diagnóstico tan frecuente como inespecífico. Que este se aplicara a muchas situaciones de trastornos psíquicos reactivos y menos difíciles de movilizar provocó que el entusiasmo por las nuevas técnicas psicoterapéuticas inspiradas en el psicoanálisis junto con los resultados favorables obtenidos en casos muy variados, pero con la etiqueta diagnostica común de «esquizofrénicos», hiciera olvidar que los expertos y auténticos pioneros en el tratamiento psicoterapéutico psicoanalítico de la esquizofrenia y las psicosis siempre habían señalado las dificultades que suponía y habían aconsejado su aplicación prudente y limitada (de hecho, tuvieron que cuestionar la posición de Freud, que pensaba que su método terapéutico no era aplicable a estos cuadros clínicos).

En las ideas y la obra de Theodor Lidz (1911-2001, ¡casi un siglo entero de vida!) quedaron plasmadas muy claramente estas tendencias. Alumno de Meyer en la Universidad Johns Hopkins de Baltimore, y posteriormente de Sullivan en el Instituto de Psicoanálisis de Washington, fue luego catedrático de Psiquiatría en la Universidad de Yale. Como iniciador de las terapias familiares en la línea del interaccionismo interpersonal de Sullivan, consideraba que la esquizofrenia era un trastorno funcional curable, ligado a anomalías en las relaciones parento-filiales. Ensanchó los límites del diagnóstico de esquizofrenia con su descripción de «episodios esquizofrénicos pasajeros» en creadores, artistas, guías religiosos, científicos, etc. Su trabajo con las familias de afectados lo llevó a hablar de «padres esquizofrenógenos», expresión que tendría un gran éxito entre los psiquiatras de su tiempo y entre los teóricos de la comunicación —entre otros, los de Palo Alto, que contribuyeron

---

contribuyó a fundar, junto con la Iglesia de la cienciología, una organización internacional denominada Comité de Ciudadanos por los Derechos Humanos, que se manifiesta frecuentemente ante los congresos de psiquiatría y los hospitales psiquiátricos para denunciar lo que entienden como abusos cometidos con los enfermos mentales.

con su teoría del «doble vínculo» *(double bind)* a atribuir a la familia la tendencia a implantar una comunicación perturbada y patógena—. Asimismo, señaló la existencia de graves problemas de comunicación en las familias de esquizofrénicos *(family schisms* o «cismas familiares»: fragmentación de las familias en clanes incapaces de comunicarse correctamente; *family skews* o «sesgos familiares»: distorsiones familiares resultantes de mecanismos de negación y deformación de la realidad compartidos por los padres o por uno de ellos y el hijo en una *folie à deux*). De esta manera, atribuyó el papel de causa de la enfermedad a lo que hoy nos parece una consecuencia de la convivencia prolongada con un esquizofrénico (el riesgo de «contagio» y de ver desbordada la coherencia lógica en los cuidadores profesionales ya había sido señalada, entre otros, por Sullivan). En el balance final de su propia obra mostró su indignación contra los terapeutas que «tratan a los padres como malhechores que han arruinado la vida a sus pacientes» (pese a lo cual, ha pasado a la historia como quien acuñó uno de los términos —«padres esquizofrenógenos»— más dañinamente utilizados por la psiquiatría). Siempre practicó y defendió la terapia familiar —con esquizofrénicos— como un método más eficaz que los psicofármacos, que para él solo tenían efectos sintomáticos accesorios.

El mismo escepticismo hacia la eficacia de los fármacos y la misma fe en los tratamientos psicoterapéuticos para los esquizofrénicos manifestó Frieda Fromm-Reichmann (1889-1957). Fue una psiquiatra y psicoanalista alemana especializada en la psicoterapia de los esquizofrénicos ya en su país natal. Estuvo casada con Erich Fromm (entre 1926 y 1931), después de haber sido su analista. Emigró a Estados Unidos al comienzo de la Segunda Guerra Mundial para escapar del nazismo, a causa de su origen judío, y adquirió la nacionalidad estadounidense. Desde su llegada colaboró en la clínica de Chestnut Lodge, como ya hemos comentado, con Sullivan, Thompson y Searles.

Sostuvo la idea de que la esquizofrenia era causada por experiencias precoces traumáticas que acentuaban la fragilidad psíquica del bebé y su vulnerabilidad frente a los acontecimientos vitales desfavorables. Aunque no precisó la naturaleza de estos traumatismos, los relacionaba con características psicológicas parentales (autoritarismo, inconstancia, escasa fiabilidad). Entendía que el esquizofrénico, hipersensible a las frustraciones, reaccionaba con intensos sentimientos de odio, que eran la otra cara de su decepcionado y violento amor, por lo que consideraba —al contrario que Freud— que era capaz de establecer una relación transferencial, lo que posibilitaba revivir y elaborar en el tratamiento las emociones y decepciones de su infancia. Proponía que ante sus desbordamientos emocionales no debía utilizarse una técnica interpretativa, como con los neuróticos, sino de comprensión, simpatía y apoyo. Esta actitud necesitaba imprescindiblemente un marco terapéutico continuo, tolerante y prolongado, en el que la «simpatía» y la complicidad le permitieran una reconciliación con el mundo externo y una salida a sus sentimientos de persecución, cuyo origen estaría, según ella, en los traumatismos infantiles reales sufridos en la infancia.

A diferencia de las actitudes de otros terapeutas, que trataban de evitar las interferencias de los familiares alejándolos del paciente, ella pensaba que, en su vuelta al mundo real, este necesitaba de la colaboración de los familiares a los que consideraba «responsables, pero no culpables» de un pasado problemático y a los cuales había que asesorar para mostrarles cómo comportarse con el familiar enfermo. Pero también pensaba que, en tanto que responsables de un pasado doloroso, tenían razones para no querer ver ni oír a un psiquiatra que escuchaba las quejas dirigidas hacia ellos que podían haberle sido confiadas por el paciente. Sin embargo, también advertía que: «El psiquiatra debe estar muy alerta sobre su propia tendencia a no juzgar a los padres objetivamente y evitar hacerlo con sus lentes oscurecidas por efecto de su propia contratransferencia». Pese a su advertencia, muchos psiquiatras tomarían por realmente justificadas las quejas acusatorias de los pacientes hacia sus familias, sin entender que también estaban motivadas por una búsqueda infantil —transferencial— de interés, cariño y comprensión por parte de sus terapeutas, y los conmovía el sufrimiento que les expresaban. La identificación «empática» con el sufrimiento del paciente —que ya Ferenczi propuso (y que Freud le reprochó)— era una actitud contratransferencial arriesgada que afectaría aún más a quienes, como Ferenczi, se sentían cercanos al sufrimiento, difícil de soportar, de un niño traumatizado. Resulta fácil comprender que la psiquiatría infantil incipiente acogiera con entusiasmo la noción de una esquizofrenia infantil reactiva a traumatismos tempranos y que esta ideología «psicogenética» llevará a ver a los niños como víctimas inermes de su entorno y a generar una tendencia a acusar a los padres de los males posteriores.[48] Esta tendencia, que en Estados Unidos adquiriría gran predicamento, seguramente tenga una relación directa con el contexto de los niños olvidados en instituciones inoperantes y con la obligación ética de protegerlos de proyectos eugenésicos, ante lo cual se precisaba el surgimiento de posibilidades terapéuticas que los redimieran de un pasado injusto y patógeno (Hochmann, 2009). Como es sabido, los excesos ideológicos motivan consecuencias; un resultado posterior de estas tendencias fue que provocarían después una acusación social muy extendida, con reacciones negativas muy críticas hacia la psiquiatría, por ser «acusadora de los padres» y, con el retorno y predominio de la psiquiatría biológica, hacia todas las corrientes psicogenéticas en general y hacia el psicoanálisis en particular.[49]

La cuestión de cómo un psiquiatra puede sentirse invadido por las dolorosas experiencias de pacientes muy dañados a nivel psíquico tuvo en el grupo de Chestnut Lodge un destacado continuador que escribió mucho sobre el tema, hasta el punto de llegar a ser considerado uno de los más expertos especialistas en los problemas transferenciales y contratransferenciales que surgen en el tratamiento psicoanalítico de pacientes psicóticos.[50]

---

48 Sin duda, Bruno Bettelheim (1903-1990) y su idea de internar a sus pacientes en su institución (la Escuela Ortogénica de Chicago) para aislarlos de la influencia negativa de sus padres, para él causantes de sus problemas, representó la culminación de esta manera de ver las cosas. La exitosa admiración que inicialmente despertó en amplios sectores profesionales, así como en los medios sociales y periodísticos, fue luego sancionada con el desprestigio y el vapuleo en los mismos medios.
49 Zygmunt Baumann, en su análisis de la sociedad actual, ha elaborado interesantes ideas acerca de la actual tendencia social a acusar a los padres de abusadores sexuales [Baumann, Z. (2011), *44 cartas desde el mundo líquido*. Barcelona: Paidós].
50 Searles, H. (1960), *The Nonhuman Environment in Normal Development*. Nueva York: Int. Univ. Press; (1965). *Collected Papers on Schizophrenia and Related Papers*. Nueva York: Int. Univ. Press; (1979). *Countertransference and Related Subjects-Selected Papers*. Nueva York: Int. Univ. Press; (1986). *My Work with Borderline Patients*. Maryland: Jason Aronson.

Se trata de Harold Searles (1918-2015), quien inició su larga trayectoria como psiquiatra y psicoanalista tras licenciarse en la Harvard Medical School de Boston en 1943. Allí había conocido a su mujer, enfermera, con la que tendría tres hijos. Tras permanecer unidos muchos años, ella murió con 93, mientras que Harold todavía viviría varios años más. Su trayectoria médica, como la de muchos psiquiatras estadounidenses, pasó por un largo período en el Ejército durante la Segunda Guerra Mundial y los años posteriores. En 1947 entra en la Clínica Mental para Veteranos (de guerra) de Washington, en donde escucha a Frieda Fromm-Reichmann y a Sullivan. Como le había ocurrido a este, tuvo una infancia y una adolescencia turbulentas, lo que lo condujo a buscar ayuda terapéutica en el psicoanálisis. En su biografía destaca la presencia de un padre, hijo de un emigrado inglés protestante, de carácter sarcástico y colérico y con tendencias depresivas y suicidas, desconfiado hasta la paranoia, antisemita y extremadamente beligerante con todos los grupos de inmigrantes de cualquier procedencia. Su madre era frágil, fría y distante, y tenía una hermana mayor algo masculina, atlética y deportista, que estaba en constante compañía de otros competidores masculinos, mientras Harold pasaba horas y horas en la tienda de su padre soportando su constante irritación y su insufrible y violenta grosería. Sufrió manifestaciones de ansiedad durante sus estudios secundarios y «rozó» una descompensación psicótica, pero tuvo una intensa vida social durante sus años universitarios. Siempre quiso buscar un psicoanalista, lo cual hizo en cuanto pudo y se sintió muy decepcionado al ser rechazado dos veces para iniciar una cura. Finalmente, comenzó un análisis, en 1947, con Ernest Hadley —que, como hemos visto, había colaborado anteriormente con Sullivan—, también psicoanalista de Dexter Bullard, hijo del fundador de Chestnut Lodge. Poco amigo de secretos, relató la dolorosa experiencia de su propio psicoanálisis y también el ambiente tenso que se respiraba en Chestnut Lodge, en donde trabajó durante 15 años desde 1949 y donde Frieda Fromm-Reichmann reinaba rodeada de diecisiete hombres —varios de ellos en pleno análisis con ella—, quienes, según Searles, competían entre sí para obtener mejores resultados y lograr altas rápidas. Como firme opositor a los electrochoques, las lobotomías y los neurolépticos —aunque aceptaba que eran útiles en pequeñas dosis— también mantuvo cierta reserva hacia los medios psicoanalíticos.[51]

En el texto de 1959 con el que logró reputación internacional sostenía el rol nefasto que el entorno familiar podía tener en la esquizofrenia e insistía en el autoanálisis, por parte del terapeuta, de su propia contratransferencia como herramienta técnica fundamental en la psicoterapia de pacientes esquizofrénicos y *borderlines*.[52] Se interesó mucho menos por las categorías diagnósticas que por «el conjunto de la economía (psíquica) esquizofrénica». Desde 1964 hasta su jubilación en 1994 se instalaría como analista privado en Nueva York, donde se dedicó a analizar, supervisar y asesorar a numerosos profesionales y a enseñar en las universidades de Columbia y Georgetown (Washington). Por tanto, no participó directamente en los numerosos sucesos que tras su marcha acontecieron en Chestnut Lodge.

Las cosas cambian. Los pacientes reivindican sus derechos y la poderosa psiquiatría biológica surge en su defensa

Es bien conocido que las instituciones y las experiencias psiquiátricas tienen sus propios ciclos vitales, que incluyen su transformación y, a veces, su desaparición. Merece la pena relatar las últimas décadas de Chestnut Lodge porque ilustran muy bien cómo pueden cambiar las actitudes profesionales y sociales hacia la enfermedad mental.

Chestnut Lodge fue construida cerca de Washington en 1886 y estaba destinada a ser una residencia para ricos burgueses en busca de un barrio tranquilo. El proyecto inmobiliario fracasó y en 1889 la vivienda fue transformada en un hotel para veraneantes de Washington, que también fue a la quiebra siete años después. Un psiquiatra y neurólogo, Ernest

---

51 Souffir, V. (2005). *Harold Searles*. París: PUF.
52 El famoso título de este texto *(El esfuerzo por volver loco al otro)* fue elegido como título de libros recopilatorios de este y otros artículos en traducciones al español y al francés ([1959]. The effort to drive the other person crazy. An element in the ethiology and psychotherapy of schizophrenia. *British Journal of Medical Psychology* 32[1]:1-19).

Bullard, lo compró entonces para abrir un hospital psiquiátrico privado, destinado a pacientes de alto nivel económico, y fue quien lo bautizó con un nombre que aludía a los impresionantes castaños *(chestnut)* de su parque. Su hijo, Dexter Bullard, también psiquiatra y psicoanalista, relevó a su padre en 1934. Un año después llegaría Frieda Fromm-Reichmann y, junto con otros colaboradores, desempeñarían la labor que hemos relatado con anterioridad. Su éxito como institución se prolongó durante varios años tras la muerte de Frieda, en 1957. En la década de los sesenta se introdujo y se generalizó el uso de psicofármacos.

A finales de la década siguiente ocurrió un suceso que tendría insospechadas consecuencias. Recordemos que conocíamos un precedente: la dolorosa experiencia de un desdichado paciente, Clifford Whittingham Beers, y su respuesta a los abusos psiquiátricos que padeció. Pues bien, en 1979 la historia se repitió.

Un médico de 42 años, Rafael Osherhoff, fue hospitalizado por una grave depresión. Diagnosticado de «personalidad narcisista» (que está recogido en el DSM-I, de 1952), se le trató durante siete meses a razón de cuatro sesiones semanales de psicoterapia intensiva, sin obtener ninguna mejoría. La familia, descontenta con los resultados, lo trasladó a otro centro (la Silver Hill Foundation, en Connecticut), en donde se le diagnosticó de «depresión psicótica» y se le trató con medicamentos neurolépticos y antidepresivos. Su estado mejoró en tres semanas, por lo que tres meses después recibió el alta y volvió a casa. Entretanto, había adelgazado dieciocho kilos, perdido su clientela, su acreditación para trabajar en un hospital y la custodia de sus dos hijos. En consecuencia, presentó una demanda judicial por negligencia profesional y la sentencia obligaría a Chestnut Lodge, que la recurrió, a una importante indemnización. El asunto duró hasta 1987, año en que un acuerdo extrajudicial logró evitar un nuevo juicio. Pero, lejos de terminar y ser olvidado, provocó amplios debates jurídicos, psiquiátricos y sociales que continuarían mucho tiempo.

Otro asunto —este de carácter científico— había contribuido a avivar las polémicas. Un psiquiatra que formaba parte del equipo de Chestnut Lodge, Thomas H. McGlashan, publicó —entre 1984 y 1986, en pleno *affaire* Osheroff— tres artículos en la revista *Archives of General Psychiatry* con los resultados de un estudio de seguimiento a largo plazo de tres grupos de pacientes (con esquizofrenia, trastorno afectivo y personalidad límite). Dicho estudio estaba financiado conjuntamente por el National Institute of Mental Health (NIMH) y la Asociación Psicoanalítica Estadounidense, y concluía que no se habían obtenido pruebas de que los pacientes se hubieran beneficiado del tratamiento psicoanalítico. En consecuencia, McGlashan abandonó la práctica psicoanalítica y se convirtió en un firme defensor de los tratamientos medicamentosos —e incluso de su administración preventiva en pacientes «de riesgo»—; fue catedrático de Psiquiatría en la Universidad de Yale y pasó a formar parte del grupo de trabajo del DSM-IV sobre la esquizofrenia y otros trastornos psicóticos.

No fue el único psiquiatra que tomó partido en el asunto. Gerald Klerman,[53] que participaría activamente en la elaboración y promoción del DSM-III, también insistió en que los tratamientos psicoanalíticos jamás habían probado su eficacia y en que debían hacerlo con metodologías semejantes a las utilizadas con los psicofármacos. Afirmaba que «el problema no es psicoterapia frente a terapia biológica, sino opinión contra prueba», con lo cual asestaba un mazazo a la hasta entonces

---

53 Gerald Klerman (1928-1992) lideró en la Universidad de Washington (San Luis, Missouri) el autodenominado grupo «libres de freudianos» *(freudo free)*, término irónico (¿?) que tomaron de la expresión política nazi *judenfrei* (libres de judíos), utilizada en las políticas de exterminio de estos en Alemania y Austria. El grupo, que se presentaba como «neo-kraepeliniano», tomo como definición de su práctica profesional los 10 mandamientos de los «nuevos criterios diagnósticos» de Klerman: 1. La psiquiatría es una rama de la medicina. 2. Su práctica se funda en conocimientos científicos basados en estudios empíricos rigurosos y no en interpretaciones impresionistas. 3. Existe un límite entre lo normal y lo patológico. 4. Existen las enfermedades mentales; no son mitos; la psiquiatría tiene por misión investigar su etiología, su diagnóstico y su tratamiento. 5. La psiquiatría debe tratar a individuos que necesitan cuidados médicos y no problemas existenciales ni a gentes infelices. 6. La investigación y la enseñanza deben insistir en el diagnóstico y las clasificaciones. 7. Los criterios diagnósticos deben estar clasificados y la investigación debe validar estos criterios. 8. Los departamentos de psiquiatría de las universidades deben enseñar estos criterios. 9. La investigación debe ser cuantitativa. 10. La investigación debe usar la biología y los psiquiatras deben interesarse por los aspectos biológicos de la medicina mental, así como por las entrevistas estandarizadas y las escalas de evaluación. Estos datos los recoge Minard (2013), para señalar el protagonismo de este grupo en la elaboración del DSM-III y su influencia en la psiquiatría de su país. Klerman llegó a dirigir el Instituto Nacional de Salud Mental (NIMH, por sus siglas en inglés, ya mencionado).

valorada «experiencia clínica» de los profesionales o de los equipos «de reconocido prestigio». Fue el primero en proponer fórmulas pragmáticas muy del gusto de su cultura —«el éxito es lo que vale, es verdad lo que funciona»—, así como en afirmar que «es lamentable que los psiquiatras y psicoterapeutas psicodinámicos no hayan desarrollado pruebas para apoyar sus afirmaciones». Abrió, además, otro capítulo: el de los derechos del paciente, que tendría un largo recorrido hasta llegar al «consentimiento informado», a los «manuales de buenas prácticas» y, por último, a que pacientes y profesionales pudieran exigir tratamientos de eficacia demostrada con pruebas científicas objetivas. Con todo ello se llegaría también al extendido y rentable terreno de las demandas judiciales por parte de pacientes que habían sido «víctimas de malas prácticas», que conducirían a la denominada «medicina defensiva», obligada a hacer las cosas, también las no necesarias clínicamente, pensando en cubrirse de reclamaciones e indemnizaciones económicas posteriores.

Comenzaba también, a partir de los años setenta del pasado siglo, otra batalla nueva que aún recorre la psiquiatría: homogeneizar los diagnósticos que —como todo el mundo, profesional o no, sabe— sigue candente con las sucesivas ediciones del DSM, el cual surgió para «cuestionar la validez de los diagnósticos establecidos [...] cuando su nomenclatura es inestable y existen conflictos ideológicos sobre la manera de comprender y tratar los casos clínicos» (Klerman, 1992).

La clínica de Chestnut Lodge fue vendida en 1997 por la familia Bullard a un grupo sanitario privado que quebró cuatro años después. El ayuntamiento trató de rehabilitar, sin lograrlo, sus decadentes instalaciones que, una vez abandonadas, se fueron deteriorando hasta que, en 2009, desaparecieron en un pavoroso incendio de causa desconocida, aunque, según los bomberos, de origen criminal. Una treintena de lujosas residencias fueron construidas en sus terrenos, que conservan los castaños centenarios que le dieron nombre. En sus últimos años de abandono circularon en el entorno vecinal tremendos rumores: que por las noches se oían alaridos y voces; que en su interior se habían producido numerosos suicidios y crímenes, que la CIA desarrolló allí programas secretos experimentando con fármacos y drogas... Un buen conocedor de esta historia concluye con humor su final: *Sic transit gloria mundi!* (Minard, 2013).

Esta ilustrativa historia transcurre durante unas décadas en las que los vaivenes de la psiquiatría estadounidense, asociados a los de las políticas sanitarias, marcarían su evolución hasta la actualidad. En la década de 1980, el porcentaje del PIB destinado a la sanidad (11 %) era superior al de cualquier otra nación. Sin embargo, ni entonces ni después ha existido una cobertura universal o un sistema nacional de seguros sociales comparable al de los países europeos (en 1883 nacería en Alemania; en 1908 en Gran Bretaña; en 1920 en Francia; en 1963 en España). La Administración Reagan abandonó toda responsabilidad pública en la salud, y con ello favoreció su entrega y explotación a grupos privados. (en Gran Bretaña, Thatcher imitó la experiencia, lo que llevó al desmantelamiento del sistema público de salud inglés). Noam Chomsky denunció que se produjo así una transferencia de recursos de los pobres a los ricos. En 1965 se crearon dos seguros públicos estatales, Medicaid —para pobres— y Medicare —para ancianos e incapacitados—. Los intentos de las administraciones demócratas de Clinton, y más recientemente de Obama, de ampliarlos y crear una cobertura sanitaria más amplia han encontrado serias resistencias por parte de las grandes empresas, compañías privadas de seguros, *lobbies* farmacéuticos y consorcios de prestaciones sanitarias, que las han impedido o limitado. En la actualidad «no hay una política de salud pública ni un uso de la epidemiología en el mundo sanitario de Estados Unidos, dominado por los intereses de las grandes instituciones médico-farmacéuticas y por una atención centrada en la capacidad adquisitiva del individuo, del usuario. La atención sanitaria está condicionada por el mundo de los seguros» (Desviat, 2020). Un experto en salud pública afirmaba en su análisis de la sanidad estadounidense que los intereses de las aseguradoras y la contención del gasto «pueden estimular la exclusión prospectiva de asegurados menos atractivos» (Robbins, 1991). No hace falta cavilar mucho para deducir que los pacientes psiquiátricos y la cobertura de la asistencia en salud mental serían los parientes pobres más perjudicados en este contexto de reducción de gastos y privatizaciones de los sistemas públicos. El mismo autor resume así el panorama: «los servicios públicos de salud mental han actuado siempre en primer lugar para proteger a la sociedad de los peligros y disgustos de los locos y solo después para proteger y curar a las personas afectadas». Teniendo en cuenta que lo afirma en la última década del siglo XX, podemos comprender fácilmente que los interesados en la defensa de los derechos de quienes tienen problemas para recibir una atención sanitaria digna —pensemos en los familiares de niños autistas— tuvieran una prolongada acumulación de lógica desconfianza y de un justificado hartazgo hacia el escaso interés de la psiquiatría y las políticas de la sanidad pública. Se entiende asimismo que exista una amplia reticencia social a aceptar la denominación de «enfermo mental» y a preferir cualquier otra en su lugar («discapacidad», por ejemplo) que oriente la respuesta asistencial a los problemas hacia otros ámbitos (el escolar o el de la integración social), a los cuales, además, se quieren ver alejados y separados de la psiquiatría.

Es interesante recordar que nada hacía presagiar esta situación cuando, en 1963, el presidente Kennedy impulsó un programa nacional de salud mental «para contribuir a que en adelante se atribuya el cuidado del enfermo mental una nueva importancia y se afronte desde un nuevo enfoque». La ley aprobada (*Community Mental Health Centers Act,* 1963) proponía la creación de «servicios para la prevención y diagnóstico de la enfermedad mental, para la asistencia y tratamiento de los enfermos mentales y para la rehabilitación de esas personas». Este enfoque «comunitario» surgía aupado por un fuerte consenso para reducir el exceso de camas en hospitales psiquiátricos.[54] Sin embargo, no todos los expertos aprobaron los resultados. Esta es la demoledora opinión de Freedman, que ha cuajado popularmente como algo inapelable:

> En los años cincuenta, los pacientes mentales estaban en hospitales estatales magníficamente cuidados por personal competente y todo el mundo estaba contento. Llegaron entonces psiquiatras con formación académica inexpertos e ignorantes y el Gobierno junto con juristas de orientación antipsiquiátrica, libertarios civiles y políticos ambiciosos que durante la administración Kennedy diseñaron la Ley de Centros

---

54 Entre 1955 y 1990 las camas en los hospitales psiquiátricos pasaron de 600 000 a 120 000. En 1955 el Pilgrim Hospital de Long Island tenía 14 000 pacientes (Desviat, 2020).

Integrales de Salud Mental Comunitaria que fue formulada como una alternativa a la hospitalización [...]. Acto seguido se abrieron las puertas de las instituciones mentales y así ahora vemos muchedumbres de enfermos mentales vagando por nuestras calles. (Freedman, 1991)

Una vez relatadas de forma somera las peripecias de la psiquiatría de adultos en el tratamiento de los individuos psicóticos, retrocedemos en el tiempo para retomar el hilo del desarrollo de las ideas relativas a las psicosis en la infancia.

De la esquizofrenia infantil a las psicosis infantiles y al autismo infantil precoz

Esbozos europeos (Sante de Sanctis, Heller, Klein y Sukhareva)

La diferenciación de los trastornos mentales propios de la infancia comenzó ya en los tiempos en los que los niños afectados poblaban las instituciones asilares, comunes para todas las edades. Fue un largo período de varios siglos de segregación y hacinamiento en lamentables condiciones de encierro que condujeron a la leyenda negra de la psiquiatría, pese a que entonces esta aún no había nacido como especialidad médica. Los niños afectados de cualquier deterioro psíquico fueron etiquetados con categorías como «idiocia», «debilidad» y otros apelativos médicos, que el lenguaje común fue incorporando como insultos, antes de que fueran descartados por una sensibilidad social que no los toleraba por juzgarlos estigmatizadores.[55] Paradójicamente,

---

55 La tendencia social a transformar las palabras —y en particular los términos médicos— para camuflar la realidad de lo que significan, pensando que al hacerlo se modificará la realidad que designan (conforme a la hipótesis de los antropólogos Sapir y Whorf), ha sido clara y escuetamente explicada y criticada en un preciso y

sería la aparición de las pruebas objetivas para cuantificar el déficit intelectual (test y cociente intelectual de Binet-Simon), lo que les concedería un estatus social nuevo que reconocería su derecho a ser acogidos en instituciones específicas para su educación. Pero también supondría la consagración social de un instrumento «científico» para objetivar procesos de selección, de clasificación... y de exclusión. Se introdujo así una discriminación entre «deficientes de escuela» (capaces de aprendizajes escolares) y «deficientes de asilo» (destinados al internamiento crónico), y comenzó una tensa rivalidad entre quienes querían mantener su poder en un territorio médico-psiquiátrico y quienes querían desarrollarlo en el pedagógico-escolar.

Pero antes de que se perfilara esta posibilidad surgió la necesidad de diferenciar, entre la caótica mezcla de asilados, algún tipo de locura infantil. En el siglo XVIII, Pinel y Esquirol, fundadores de la psiquiatría, consideraban que los niños, por no haber alcanzado la «edad de la razón», no podían delirar y solo podían sufrir retrasos del desarrollo; pese a ello, describieron algunos casos de «manía» en niños pequeños. Preocupados por mejorar las condiciones asistenciales generales y las más duras de trato que sufrían los asilados, no se pararon a matizar si entre los muchos casos de retraso mental que poblaban sus asilos podía haber algunos con otras alteraciones psíquicas previas originadas —o ya presentes— en la infancia. Tampoco aclararon cuánto del retraso mental de los niños internados junto con adultos en un espacio masificado se debía a su naturaleza enfermiza innata y cuánto a las difíciles condiciones de su existencia.

Lo que es seguro, porque está documentado, es que Pinel nunca creyó que la dedicación magistral de Itard a la educación del niño salvaje de Aveyron fuera a mejorar su desarrollo y su inteligencia. Y aún fue más categórico Esquirol al afirmar la naturaleza irreversible de la deficiencia mental. Desde entonces su pesimismo afianzó el pánico ante un diagnóstico que, como veremos, continúa y contamina cualquier

---

contundente artículo firmado por Busquets, J. (2007). La utilización del lenguaje para enmascarar la realidad: ¿hay que cambiar las palabras para cambiar las cosas? *Revista del Colegio Oficial de Psicología de Cataluña-Intercanvis/Intercambios de Psicoanálisis 19*:79-85.

reflexión actual acerca de la posible cercanía clínica entre el autismo y la deficiencia mental. Si tenemos en cuenta que el otro padecimiento del que se desgajó el autismo fue la esquizofrenia, es fácil comprender que con esta historia previa haya arraigado una potente tendencia, tanto entre las personas autistas como entre las asociaciones que las amparan, a romper cualquier vinculación con una visión psiquiátrica del autismo o con una comprensión de su psiquismo que incluya el término «psicopatología».[56]

A lo largo del siglo XIX también fueron descritos otros casos de locura en la niñez. En 1809, John Haslan, boticario del asilo de Bedlam (o Bethlem) en Londres, describe en su tratado sobre la locura el de un niño de 5 años, en el que algunos han querido ver el primer episodio descrito de autismo infantil. También en Inglaterra, Maudsley, célebre alienista, dedicó un capítulo de su *Physiology and Pathology of the Mind* (Fisiología y patología de la mente), de 1867, a la locura infantil, con mención de varias formas, tras lo cual recibiría muchas críticas que lo llevaron a excusarse y a tratar de justificar su postura en la reedición de su texto. En Francia, J. J. Moreau describe de manera detallada en *La psychologie morbide*, de 1850, el caso de una preadolescente de 13 años en estado catatónico que, vista con criterios actuales, parece corresponder a una esquizofrenia de inicio temprano. Su hijo, Paul Moreau de Tours, publicaría en 1888 *La folie chez les enfants,* donde afirmaba que la locura es menos infrecuente en la infancia de lo que se creía. En realidad, lo que hace es describir, en los niños, las mismas características que señalaba en los enfermos adultos. Su convicción, imbuido por las teorías «degeneracionistas» que estaban en boga en su época, era que fundamentalmente padecían un trastorno degenerativo con una carga hereditaria a la que se sumaban numerosas causas físicas (enfermedades infecciosas, malnu-

---

56 En un texto publicado recientemente he desarrollado de manera amplia las siguientes cuestiones: las ideas de Pinel y Esquirol y su época; los textos de Itard y su intervención con el niño salvaje de Aveyron; la historia de la educación de los deficientes o el impacto de las ideas eugenésicas. Se trata de cuestiones que recorren la historia del autismo, aún sin nombre ni identidad propia, previa a la que se recoge en estas páginas, que se inician con su reconocimiento (Lasa Zulueta, A. [2022]. *El autismo infantil y la psiquiatría*. Bilbao: Lankopi).

trición), malos hábitos (masturbación) y causas psicológicas (imitación del mal ejemplo educativo, sumisión a relatos de terror por parte de sus nodrizas) que consideraba sobreañadidas pero secundarias: «la disolución de las costumbres y de la educación puede secundar las malas disposiciones, pero no crearlas». Vemos, pues, que su idea de la enfermedad mental en el niño, como en el adulto, insistía en la mentalidad de una alteración «degenerativa», marcada en el cerebro desde el nacimiento por la atrofia de ciertas áreas. Solo una educación disciplinada podía enderezar las «desviaciones instintivas» anómalas e innatas. Cuando comenta la tendencia a masturbarse, sus prejuicios morales saltan a la vista: «sus prácticas onanistas se reconocen a primera vista en una facies que deja adivinar el vicio que le corroe». Con razón Foucault se indignaba por esta confluencia del poder médico con la intimidación inquisitorial de la moral religiosa. Con estas ideas la psiquiatría se acercaba a las tesis eugenésicas y, de hecho, hubo psiquiatras que las toleraron o, aún peor, las aceptaron e incluso —junto con otros médicos, educadores, moralistas y políticos— las divulgaron desde una militancia activa.

La historia de la psiquiatría reconoce en el psiquiatra italiano Sante de Sanctis el protagonismo de ser el primero que captó la existencia de una patología mental en la infancia, específica y diferente de la de los adultos. Neurólogo y neuropatólogo, como muchos de los psiquiatras de su época, fue profesor de neurología y psiquiatría en Roma. Su perspectiva era biológica. Se interesó por los niños con deficiencia mental —a la que él denominaba «frenastenia»— y se adelantó a Binet y Simon en la elaboración de pruebas destinadas a objetivar el nivel de inteligencia. Desde 1905, en un congreso celebrado en Roma, comenzó a hablar de niños retrasados mentales que presentaban síntomas semejantes a la demencia precoz (que Kraepelin había descrito señalando su comienzo en los inicios de la vida adulta). Describía que estos niños, además de su deficiencia intelectual —y sin ninguna manifestación de lesiones neurológicas—, presentaban signos de catatonia, alucinaciones e ideas delirantes. En su opinión, padecían una auténtica enfermedad mental (una «mentalidad vesánica») sobreañadida a su deficiencia. Pero comenzó a preguntarse si no existiría también, de forma independiente y sin sobreañadirse a una deficiencia intelectual, una «demencia precocísima»:

entendemos dar exclusivamente este nombre a una enfermedad que manifiesta síntomas análogos a los de la grave psicosis del adulto que denominamos demencia precoz [...]. Discutir si este cuadro pertenece a ella sería prematuro e inútil [...]. Lo importante es demostrar que en la infancia y la primera juventud, existe una enfermedad diferente de la frenastenia que presenta curiosos síntomas muy análogos a los de la demencia precoz de los adultos y adolescentes.

La importancia de esta diferenciación residía en que la «frenastenia» equivalía al retraso mental que, aunque mejorable con tratamientos «medico-pedagógicos», seguía teniendo la consideración de «ineducable». El introducir que podían estar sufriendo además de otro tipo de problema mental, abordable con otros procedimientos, cuestionaba la dogmática creencia de la incurabilidad de los deficientes.[57]

Sante de Sanctis, después de exploraciones neurológicas detalladas, concluía que, al no detectar trastornos sensoriales, de la sensibilidad o de la motricidad, estos cuadros no se debían a lesiones cerebrales detectables. Así que para explicarse sus causas elaboró varias hipótesis etiológicas. Habiendo detectado casos de alcoholismo y de sífilis entre los padres y la asociación de raquitismo (que entonces se pensaba que era una enfermedad tóxico-infecciosa) pensó, prudentemente, en el posible papel de enfermedades infecciosas. Como era de rigor en su tiempo, aludió también a factores hereditarios, pero sin pensar en algo «degenerativo». Habló también de «causas inherentes al propio desarrollo». Progresivamente se fue distanciado de las ideas de Kraepelin para considerar que «su» cuadro era diferente y, sobre todo, que era con frecuencia mejorable. Rechazó por excesivamente pesimistas las afirmaciones de que si un proceso de demencia precoz se curaba era un error diagnóstico o la primera manifestación de un proceso crónico que reaparecería más tarde. Pero también se mantuvo prudente en

---

57 Habría que esperar a la segunda mitad del siglo XX para la aparición del concepto de «psicosis deficitarias» y la diferenciación de los diferentes caminos a la deficiencia, realizada por Misès (continuador del trabajo de Bourneville en su misma institución). También aparecerá la aseveración, aplicada a los autistas (y atribuida, probablemente sin fundamento, a Schopler) de que «el autismo solamente es educable».

cuanto a predecir las probabilidades de recaídas o del pronóstico futuro de sus casos. Desde los criterios diagnósticos actuales, en sus observaciones pueden verse casos que hoy serían diagnosticados de autismo, de disarmonías evolutivas, pero también de trastornos agudos reactivos y, probablemente, de manifestaciones histéricas.[58]

En Austria, un médico educador y practicante de la «pedagogía curativa» llamado Theodore Heller describe, en 1908, un síndrome que afecta a seis niños que presentaban un debilitamiento progresivo de sus capacidades intelectuales después de dos o tres años de desarrollo normal.[59] El proceso, cuyos primeros signos coincidían con los que hoy se atribuyen al autismo —esencialmente desaparición del lenguaje previamente adquirido, indiferencia por el entorno, episodios de agitación y conductas regresivas— conduce hacia un deterioro mental irreversible. Heller —que, siguiendo a Kraepelin, pensaba que no podía haber demencia precoz antes de la pubertad por deberse a una autointoxicación por las secreciones de las glándulas genitales— mostró su desacuerdo con Sante de Sanctis. Posteriormente a ellos, un psiquiatra alemán llamado Weygand propuso un nuevo término «demencia *infantilis*» para designar estos casos, que no tuvo ningún reconocimiento ni repercusión posterior.[60]

Descubrimientos médicos posteriores han descrito cuadros con síntomas parecidos y asociados a problemas orgánicos diversos, causados

---

58 Así lo hace un gran experto como Hochmann (2009), que se fía más de los términos diagnósticos de la clasificación utilizada en su país —la CFTMEA, revisada en 2020— que de los del DSM.
59 El cuadro así descrito pasará a denominarse en textos posteriores «demencia de Heller» y también «psicosis desintegrativa».
60 Wilhelm Christian Jakob Karl Weygandt nació en 1870 en Wiesbaden (Alemania) y murió en la misma ciudad, en 1939. Tras realizar durante algunos años estudios de Literatura, Teología y Filosofía en la Universidad de Estrasburgo, comenzó a estudiar Medicina en 1892, en las universidades de Friburgo, Berlín y Heidelberg y, al acabar la carrera, fue asistente (1897-1899) de Emil Kraepelin en Heidelberg, especializándose en Psiquiatría. Posteriormente, fue profesor en las universidades de Wurzburgo y Hamburgo y director del hospital psiquiátrico Friedrichsberg de Hamburgo (1908-1934). Era un firme defensor de la eugenesia, que, en su época, era una corriente relativamente frecuente en la psiquiatría; fue uno de los profesionales más reputados en el estudio de la «imbecilidad».

por alteraciones metabólicas o genéticas identificadas y que cursan con evoluciones progresivas irreversibles (entre otros: la idiocia amaurótica familiar, el síndrome de Rett, la encefalopatía de Schilder, el síndrome del cromosoma X frágil). Como veremos más adelante con más detalle, algunos de ellos —junto con la demencia de Heller— han sido incluidos en diversas ediciones del DSM y figuran actualmente entre los denominados «trastornos desintegrativos» incluidos en los «trastornos del espectro autista».

Para la evolución histórica de las ideas posteriores a él, Sante de Sanctis aportó la novedad de pensar que había que distinguir claramente en el niño, un proceso psicótico de un proceso deficitario. Como también veremos, la cuestión de deslindar si el autismo contiene también elementos psicopatológicos propios de la deficiencia intelectual (suma de comorbilidades) o si hay que considerar a ésta como imbricada en procesos de naturaleza psicótica y consecuencia de ellos (evoluciones deficitarias), despertará posiciones e ideas muy diversas a veces consideradas complementarias y otras mutuamente excluyentes.

A la aparición de las posibilidades de tratamiento para la esquizofrenia del adulto se sumaba también la de ver con más optimismo el pronóstico de los niños, ahora considerados como afectados por una «nueva» enfermedad, más movilizable que la deficiencia mental. Además, se iba extendiendo una actitud más humanitaria que trataba de liberar a unos y otros, adultos y niños, sacándoles de pesadas instituciones asilares o, al menos de tratar de cambiar y mejorar las condiciones de vida y los cuidados que estas debían de proporcionar. En este espíritu creciente de redimir a los enfermos mentales de sus sufrimientos pasados, en las instituciones o en su infancia, se abría también otra posibilidad, la de mejorar el trato de la infancia en el ambiente familiar. Tan bien intencionada iniciativa «preventiva» se convertiría sin embargo en una actitud de «cruzada anti-malos tratos familiares» que llevaría a la desconfianza hacia los padres. Resulta particularmente interesante la lectura que de ello hace un autor muy interesado por la historia del autismo y buen conocedor de la psiquiatría estadounidense (Hochmann, 2009). Sitúa esta reacción —de la psiquiatría de este país— como una sobrecompensación[61] de su mala conciencia por sus posiciones marginadoras anteriores, que llegaron a ser eugenésicas. Salir de la posición anterior, que etiquetaba a los enfermos mentales y los aislaba para no verlos o para protegerse de ellos, suponía ahora pasar a ocuparse de su sufrimiento psicológico. Tras entender que habían sido víctimas de la marginación y maltrato social y sintiéndose culpable de su responsabilidad por haber participado en ella, la psiquiatría se orientaba ahora a protegerlos también del sufrimiento y la marginación familiar, «como si para liberarse de su propia culpabilidad de exguardianes del asilo, los psiquiatras debieran desplazar esta culpabilidad sobre los más cercanos a sus clientes».

Pero antes de describir la extensión de esta deriva teórica, oleada que todavía hoy afecta a las relaciones que los autistas y su entorno familiar y social establecen hacia la psiquiatría, optaremos por seguir relatando los primeros movimientos hacia el reconocimiento del sufrimiento psíquico en la infancia, que se iniciaría con la descripción de lo que se denominó inicialmente «esquizofrenia infantil».

Quien irrumpiría en la historia de la psiquiatría con fuerza de pionera no fue ni un psiquiatra, ni un médico, sino la psicoanalista Melanie Klein, quien, procedente de Budapest y Berlín, se afincó en Londres para practicar y enseñar su revolucionario estilo profesional. Aunque se definía como fiel seguidora de Freud, pronto sería oficialmente considerada por Anna Freud —guardiana de la ortodoxia del psicoanálisis freudiano, que viajó de Viena a Londres unos años después— como portadora de teorías «heterodoxas» contrarias a las de su padre. Sin embargo, ambas convivirían en Londres el resto de sus vidas liderando las dos escuelas rivales que crearon en torno

---

61 He elegido este término, equivalente al de «formación reactiva», que designa un mecanismo de defensa —descrito por el psicoanálisis clásico ya desde Freud— consistente en una «actitud o hábito psicológico de sentido opuesto a un deseo reprimido que se ha constituido como reacción contra este» y que «puede adquirir el valor de síntoma por lo que representa de rígido, de forzado [...] y porque a veces conduce a un resultado opuesto al que conscientemente se busca» (Laplanche, J. y Pontales, J.-B. [1968]. *Diccionario de psicoanálisis*. Barcelona: Labor, 1971). En este caso, lo que se transforma es la actitud (reprimida) de rechazo en una reacción (rígida) de proteccionismo militante.

a dos clínicas que adquirieron gran fama: la Tavistock (Klein) y la Hampstead (Anna Freud).

Klein aportó una nueva y personal técnica de utilización terapéutica del juego. Consistía en una actitud interpretativa de lo que para ella era una expresión directa —por parte del niño en la actividad lúdica— de las fantasías inconscientes generadoras de su angustia. Además, convencida de que un tratamiento psicoanalítico resultaba beneficioso para cualquier niño —de hecho, se ocupó de tratar y de hacer que trataran a sus tres hijos—,[62] no dudó en aplicarlo también a los pequeños más perturbados.

Uno de ellos, llamado «Dick», de cuatro años, fue presentado por Klein en 1929 en el Congreso Internacional de Psicoanálisis celebrado en Oxford. Insensible al dolor, no mostraba interés por nadie ni se dejaba acariciar. No sabía jugar, hablaba poco y de manera mecánica, mostraba gran interés por las manillas de las puertas y por trenes y estaciones. Su madre describía que no manifestaba ningún tipo de sentimiento hacia ella. Un psiquiatra lo había diagnosticado previamente de «demencia precoz» y, con toda certeza, excluyó un proceso orgánico subyacente (condición que Klein consideraba imprescindible para iniciar un tratamiento psicoanalítico, cosa que no fue así para otros terapeutas que, convencidos del poder curativo del psicoanálisis y llevados por su excesivo optimismo, lo aplicaron a casos deficitarios de individuos afectados de problemas orgánicos, que Klein, pese a su entusiasmo militante a favor del psicoanálisis, hubiera considerado contraindicados). Para ella, Dick sufría «una inhibición excepcional del desarrollo del yo». Conocedora de la obra de Kraepelin y de Sante de Sanctis, para quienes la demencia precoz o precocísima aparecen de manera secundaria tras un primer desarrollo normal, en este caso opinaba que: «el

---

62 Hay dos autores que lo relatan detalladamente: Petot (1979, 1982) y Grosskurth (1986). En el prefacio de su biografía de M. Klein, esta autora señala que: «Muy pocas mujeres que ejercieron una profesión liberal tuvieron que soportar tanta malevolencia refinada y tantos rumores aceptados como hechos auténticos». También sus hijos, y sus relaciones con ellos, despertaron muchas críticas y rumores, sobre todo en su entorno profesional, como relata respetuosa y honestamente esta autora en su extraordinaria biografía.

rasgo esencial (de Dick) es el hecho de que se trata de una inhibición del desarrollo y no de una regresión [...] lo que parece contradecir el diagnóstico de demencia precoz [...] que es extremadamente raro en la primera infancia, hasta el punto de que muchos psiquiatras niegan su existencia a esta edad». Sin querer adentrase en esta cuestión —no consiguió titularse, como añoraba desde su infancia, en medicina ni en psiquiatría e intentó evitar ser considerada y tratada como una intrusa en este terreno... sin conseguirlo— decidió, sin precisar por qué, elegir el término de «esquizofrenia infantil» (que durante años coexistió con el de «demencia precoz» en los textos psiquiátricos).

Estaba convencida de que este trastorno era relativamente frecuente, sobre todo en las clases sociales más pobres, en las que los padres no tenían oportunidad de consultarlo o solo disponían de médicos que se conformaban con una observación rápida y superficial. Entendía que su comienzo es insidioso y que los primeros síntomas pueden pasar desapercibidos por ser semejantes a los que pueden aparecer en un desarrollo normal (falta de contacto afectivo, parloteo incoherente, exceso de movilidad y estereotipias). Los signos clásicos descritos por Bleuler (repliegue autístico, disociación) están presentes, aunque son menos intensos en los niños. Klein consideraba que si estos niños no eran tratados podían evolucionar hacia una agravación progresiva de sus trastornos y terminar siendo catalogados como retrasados mentales, psicópatas o asociales,[63] y que por ello el tratamiento de las psicosis de la infancia «es una de las tareas principales del psicoanálisis». Como sabemos hoy en día, creó una escuela de la que salieron muchos psicoterapeutas que se dedicaron a ello.

En su tratamiento con Dick, Klein desarrolló su manera de hacer y de entender los síntomas y sus causas. Lo que le interesaba era el mundo interno del niño y no su entorno familiar. Limitaba su trabajo a establecer una relación simbólica entre lo que el niño dice —y en este caso, sobre todo, lo que el niño hace— y sus angustias profundas vinculadas a fantasías «primitivas» inquietantes que, según sostenía, son

---

63 Conviene recordar que, en su época, el significado clínico de estos términos diagnósticos era muy distinto al actual.

activadas por la situación y la relación terapéutica. Así pues, le interesaba más comprender y descodificar su comportamiento y sus síntomas que intervenir en el entorno familiar, cosa que otros psicoanalistas le reprocharán.[64] En un texto dedicado a Dick, Klein explicita que este no sufría de perturbaciones mayores de su medio familiar. Aunque califica a su madre de «ansiosa», anota que la precocidad de sus trastornos alimentarios y el rechazo del pecho la habían convencido de que era un niño anormal y excesivamente angustiado. También asegura que ni su padre ni su nodriza le mostraron mucho afecto y que ni la ternura de su abuela ni la de una nueva nodriza lograron que restableciera su falta de relación. De todas maneras, como ya hemos señalado, no sostenía ni le interesaban las hipótesis que apuntaban a una etiología «familiar» de las dificultades. En realidad, como veremos más adelante, una de las cosas más controvertidas que le reprocharon fueron sus hipótesis posteriores sobre el inicio de los conflictos propios tanto del desarrollo normal como del problemático, que ella situaba en el bebé, esto es, en sus tendencias agresivas vinculadas a su «envidia primaria».

En cualquier caso, en estos inicios de su trabajo y de sus teorías explicitará que las dificultades de Dick se debían, «probablemente», a una «incapacidad constitucional» innata para «soportar la angustia», lo que provocaba una especie de amputación de su psiquismo, poblado de fantasías violentas, que tenía que rechazar y expulsar de su mente para protegerse de sus tendencias agresivo-destructivas. En esta doble operación mental, que más tarde llamará de «escisión y proyección», quedaba bloqueada la posibilidad de desplazar al juego la expresión de estas tendencias y fantasías violentas (y de enriquecerlo). Con esta descripción se observa qué cerca, y a la vez qué lejos, se hallaban las imaginativas concepciones de Klein de las de Bleuler y la psiquiatría de su tiempo.

Muchos han visto en este caso la primera ilustración de lo que hoy consideraríamos un caso de autismo. Klein afirmó haber conocido otros

---

64 Hoy sabemos, gracias a sus biógrafos y al paso del tiempo, algo que en su momento estaba protegido por el secreto profesional: la mayor parte de sus casos pertenecían a familias muy cercanas a su mundo profesional y, al menos supuestamente, muy convencidas del valor de sus planteamientos terapéuticos.

dos similares. Cuando Kanner, en 1943, describe su «autismo infantil precoz» no la cita, seguramente porque desconocía su obra,[65] que siempre despertó sospechas de «fantasiosa» en la psiquiatría oficial estadounidense. Con posterioridad, el interés de Klein no se centró en las psicosis infantiles ni en los debates diagnósticos y clasificatorios en torno al autismo. Sin embargo, varios psicoanalistas de su escuela denominados «poskleinianos» sí les prestarían atención. Ella prefirió extender sus teorías a la comprensión de la psicopatología del adulto, terreno en el que centró su práctica clínica psicoanalítica, así como a elaborar una teoría general del psiquismo humano, atribuyendo un papel fundamental a los procesos psíquicos más tempranos.

Otra autora significativa, procedente de otras geografías y poco conocida y citada hasta hace poco tiempo, es la rusa Grunya Efimovna Sukhareva. Nació en Kiev en 1891 y murió en Moscú en 1981, a la edad de 89 años. Se graduó en el Instituto Médico de Mujeres de la misma ciudad en 1915 y trabajó como doctora en su Departamento de Epidemiología, donde se interesó por los trastornos psiquiátricos que solía encontrar en los pacientes afectados de enfermedades infecciosas. Su interés derivó hacia la psiquiatría infantil y, tras trabajar desde 1917 como psiquiatra en el Hospital Psiquiátrico de Kiev, se trasladó a Moscú, donde trabajó con niños con retraso mental en el Departamento de Educación Nacional de la capital. En 1933, Grunya regresó a Ucrania y se convirtió en jefa del Departamento de Psiquiatría Infantil del Instituto Psiconeurológico de Járkov. Dos años después, defendió su tesis doctoral y fundó el Departamento de Psiquiatría (neuropsicología) Infantil en el Instituto Médico Central de Educación Continuada (IMCEC) en Moscú, que dirigió hasta el año 1965.

En 1925 publicó en ruso (y en alemán en 1926, si bien su trabajo no tendría repercusión hasta su traducción al inglés por parte de la

---

65 Como veremos más adelante, Kanner negó haber tenido conocimiento de la obra de Asperger, lo cual, a tenor de algunos descubrimientos posteriores, no es cierto. Parece poco o nada probable que tuviera conocimiento de la obra de Klein durante sus años vieneses (Kanner emigró a Estados Unidos en 1924). Lo que es seguro es que conoció las acerbas críticas que el pensamiento de Klein recibió por parte de la psiquiatría y del psicoanálisis estadounidense.

psiquiatra Sulla Wolf, en 1996)[66] la descripción de seis casos que trató durante dos años en el mencionado Departamento de Neuropsicología Infantil del IMCEC de Moscú. Estos niños se caracterizaban por: ausencia de expresión facial, aislamiento, ausencia de interacción social y comportamiento extraño y socialmente inadecuado. Tenían tendencia a los automatismos conductuales y verbales, intereses obsesivos y gran necesidad de que los hechos sucedieran siempre de la misma manera. Relató también su alta sensibilidad a los ruidos y olores y especificó que algunos de ellos estaban dotados para la música y preservaban sus capacidades cognitivas. Determinó como diagnóstico que el conjunto de niños que reunían esos signos padecían «psicopatía esquizoide». Casi veinte años después, bajo una denominación parecida —«psicopatía autística»—, Asperger describiría casos con las mismas características, aunque la mayor semejanza entre estos dos autores es que —durante setenta años para ella y casi cuarenta para él— sus publicaciones serían completamente desconocidas a nivel internacional, hasta que alguien las tradujo al inglés.[67]

Más allá de sus trabajos sobre niños con características austísticas, investigó sobre la esquizofrenia infantil y la del adolescente. Fue pionera en construir una nosología de los trastornos mentales en los niños y escribió, asimismo, que el desarrollo anómalo del sistema nervioso se fundamentaba en lo biológico, base de la tendencia a un cierto tipo de reacciones, y que para la aparición de trastornos de la personalidad

---

66 Sulla Wolff (1924-2009) fue una psiquiatra alemana que huyó del nazismo emigrando con su familia a Gran Bretaña, donde desarrolló su carrera profesional, tras licenciarse en Medicina en Oxford en 1946. Inició su formación en el Maudsley Hospital y, posteriormente, trabajó en Sudáfrica y en Nueva York y se instaló en Edimburgo. Entre otras cosas, siempre sostuvo su idea de considerar equivalentes el síndrome de Asperger y el «trastorno esquizoide de la personalidad» (término propuesto por Shukareva) (Feinstein, 2010:30-31). Los textos que tradujo son: Grebelskaja-Albatz, E. (1934). *Schweiz. Arch. f. Neur. u. Psych.* 34:244 y (1935). *Schweiz. Arch. f. Neur. u. Psych.* 35:30.

67 Como es bien sabido, el inglés se ha convertido en indispensable para, como se dice ahora, ser «indexado» como publicación «de impacto», requisito indispensable para completar un currículum académico reconocido. Para la inmensa mayoría de autores que escriben en inglés los trabajos publicados en otros idiomas son casi inexistentes.

hacían falta factores sociales o ambientales. Pensaba, igualmente, que la crianza en ambientes de relaciones hostiles o estresantes llevaba a la formación de desórdenes adquiridos de la personalidad. Desde los años treinta del siglo pasado, Grunya defendió los derechos de los niños, manifestando que los que presentaban dificultades no debían ser enviados a las colonias de trabajo estatales, sino ser atendidos en instituciones médicas y pedagógicas.[68]

Autores y debates estadounidenses. La búsqueda de una nueva nomenclatura para nombrar un problema clínico conocido (Potter, Despert, Bender, Kanner y Goldfarb)

Más trascendencia histórica tuvo el hecho de que, en pocos años, el concepto de «esquizofrenia» en general —y también el de «esquizofrenia infantil»—, así como las hipótesis de su origen «psicógeno» y «reactivo», se expandieran rápidamente en la psiquiatría estadounidense. Se iniciaba así un largo movimiento pendular, que aún dura, que oscilará entre polos muy distantes en lo que se refiere a las ideas respecto de las psicosis infantiles y su tratamiento. Otra característica de la evolución de la psiquiatría en este país será la participación activa en las movilizaciones y los debates sociales de psiquiatras, asociaciones de afectados y de defensa de sus derechos y de los grandes medios de comunicación, que transformaron la imagen y el impacto de lo que hasta entonces había sido una cuestión de especialistas médicos. En Europa occidental sería mucho más tardío que las cuestiones clínicas y terapéuticas salieran del terreno estrictamente profesional y alimentaran la amplia sensibilidad y movilización mediática y social.

Howard Potter, psiquiatra del New York State Hospital, también publicó un artículo en el que describía seis casos de «esquizofrenia» de niños con edades comprendidas entre los 4 y los 12 años. Como rasgos principales subrayaba sobre todo el repliegue autístico, la falta

---

68 Datos obtenidos de la semblanza biográfica reseñada por la revista publicada en Barcelona *Eipea: Escoltant i Pensant els Autismes 1*, noviembre de 2016.

de implicación emocional en sus relaciones, la incoherencia de sus pensamientos, las crisis de agitación o de suspensión («catatónica») de la motricidad, las estereotipias y los comportamientos extraños. Alguno presentaba ideas de persecución referidas a sus padres y sensaciones de transformación y fragmentación de su cuerpo. Otro tenía un tono de voz extraño y jugaba a alinear todas las cosas a su alcance. Otro tenía un particular interés por la astrología y la arqueología, pero le gustaba estar solo y no buscaba acercarse ni jugaba con otros niños; mostraba una preocupación obsesiva por los olores y la saliva, apenas hablaba con nadie y mantenía un monólogo delirante quejándose de sus huesos podridos y asegurando ser un genio de la filosofía, mientras se defendía de perseguidores alucinatorios (inexistentes, pero para el niño «realmente» peligrosos). En conjunto, se observan síntomas que hoy calificaríamos de «autistas», pero también otros más cercanos a lo que muchos calificarían de «esquizofrenia de inicio temprano».

Para Potter, la esquizofrenia infantil era una psicosis «funcional», es decir, sin lesión cerebral causal. Pensaba en la influencia de elementos «constitucionales» (en el sentido otorgado por Ernst Kretschmer, que había asociado la esquizofrenia con el tipo corporal longilíneo y «asténico») y hereditarios. Pero, sobre todo, veía una conexión con la personalidad de los progenitores (faltos de seguridad e incapaces de asumir sus responsabilidades los padres; hiperprotectoras las madres). Basándose en una lectura superficial de algunas ideas de Freud —que jamás se refirió a nada parecido—, sostenía que estos niños, en una constelación familiar marcada por el papel dominante de la madre y el alejamiento del padre, estaban abocados a quedar fijados o a hacer una regresión a un estadio narcisista y a persistir en una sexualidad pregenital, incapaces de acceder a la situación edípica. Lo que equivale a catalogar a estos niños como víctimas pasivas e indefensas, «traumatizadas» por carencias afectivas familiares (y esto también supone el inicio de una tendencia a atribuir una «psicogénesis» al trastorno y a adjudicarla, hipotética y gratuitamente, al «psicoanálisis freudiano»). Como hemos visto y veremos con más detalle, Melanie Klein, por el contrario, describía a un bebé con un yo precoz y activo, protagonista de querer apropiarse con violencia del cuerpo materno y temeroso de una reacción agresiva vengativa por parte de la madre violentada.[69]

En 1937, Juliette Louise Despert se interesó en particular por las formas de entrada de la esquizofrenia y en la pérdida progresiva de contacto con la realidad que la caracteriza: la entrada «aguda» aparecía rápidamente a partir de un traumatismo afectivo (como la muerte de una persona cercana, la separación y pérdida afectiva o el alejamiento); la «insidiosa», en cambio, tenía más relación con manifestaciones obsesivas o con cambios de carácter. Antes de la aparición de los trastornos, el desarrollo había sido normal; algunos habían adquirido de modo muy precoz un lenguaje «no funcional» (por ejemplo, listados de palabras o recopilación de cantinelas). La autora señaló la posible evolución regresiva hacia comportamientos arcaicos (manipulación de heces, masturbación compulsiva, pérdida del lenguaje adquirido) y de tendencias a la automutilación. Como Potter, se interesó por diferenciar y sacar estos casos de las instituciones que compartían con deficientes severos y profundos. También ella cuestionaba una estructura familiar dominada por una madre autoritaria y ansiosa —como la típica «madre judía» popularizada por el cine y la literatura—, probablemente pertenecientes al modelo que estudió, basado en el tipo cultural predominante en la mayoría de madres, inmigrantes judías procedentes de Rusia. Tampoco descartaba la influencia de los factores causales hereditarios —típicamente señalados por los partidarios de las teorías «degeneracionistas»—, vinculados al alcoholismo, tuberculosis y sífilis en sus raíces familiares.

En 1942 escribió un artículo en la nueva revista *The Nervous Child*, cuyo editor, Ernest Harms, invitó a Leo Kanner a redactar el editorial inaugural. En él, Kanner anunciaba que estaba a punto de hacer «un importante descubrimiento» basado en su estudio sobre varios niños que presentaban «un trastorno muy interesante, único y aún no catalogado». Se refería, obviamente, a su artículo sobre el «autismo infantil precoz»

---

69 Que ambos autores, tan distantes, se declararan seguidores de las ideas de Freud, que nunca dijo nada parecido porque nunca se acercó a la cuestión del autismo o la psicosis infantil, ya deja vislumbrar muchas cuestiones que serían enunciadas posteriormente por otros muchos autores y atribuidas a la supuesta paternidad del «psicoanálisis freudiano».

que, desde su publicación al año siguiente, lo haría mundialmente famoso. Reclamaba así una originalidad y un descubrimiento «a partir de cero» que contrasta con las descripciones previas —sobre todo y entre otros autores— de Louise Despert, quien, también en la misma revista, describía casos de niños que sufrían de una soledad implacable, que sentían terror por los cambios y las situaciones nuevas, que tendían a la repetición de gestos y rituales rígidos, que se fascinaban con las matemáticas o la astronomía y que, para los temas de su interés, tenían una memoria prodigiosa (Despert, 1942).

Tras la publicación, en 1943, del artículo de Kanner, Despert le escribió una carta para expresarle su enfado por afirmar que el trastorno que describía fuera «único y hasta entonces desconocido» y en la que cuestionaba su aparente desconocimiento de las publicaciones anteriores. Conservando un estilo diplomático —que no oculta lo que le reprocha—, le escribe:

> En mi opinión, la mayor aportación de este artículo es su descripción meticulosa, precisa e iluminadora de los casos clínicos [...]. Sin embargo, si me permite decírselo, me opongo al acuñamiento de una nueva terminología para entidades de las que sí se ha informado en el pasado, pese a no describirse con tal meticulosidad.

Resumía así muy bien lo que ocurría, es decir, mientras ella seguía hablando de «esquizofrenia infantil» al describir y tratar de ordenar sus observaciones clínicas, Kanner desplegaba su talento para sintetizarlo y, sobre todo, para darles una nueva denominación, un «nombre» destinado a un trastorno enigmático y fascinante, que resultaría ser la primera piedra que fundaría una nueva especialidad médica.

Algunos han visto en el talento «fundador» de Kanner —como en el de otros autores reconocidos por la historia de las ideas como genios creadores— una intención de «intentar suprimir con donaire la competencia potencial [de otros autores] haciendo ver que no existía» (Silberman, 2016). Además, aludir «de paso», como hizo Kanner, a que «aquellos niños estaban mal diagnosticados como esquizofrénicos» resultaba especialmente ofensivo para las descripciones de Despert, que en muchos aspectos se solapan con las de Kanner y que ella emparentaba y nombraba con la terminología diagnóstica más reciente utilizada hasta entonces. Como veremos, la verdadera originalidad de Kanner —aparte de su capacidad de ordenar y señalar los rasgos comunes de la complejidad clínica que presentaban sus once casos— residía en su observación de que el trastorno aparecía desde el nacimiento.

Otra de las autoras más importantes por sus aportaciones al conocimiento y concepto de la esquizofrenia infantil es Lauretta Bender (1897-1987), que desarrolló su trabajo en el Hospital Bellevue de Nueva York (entre 1930 y 1956). Curiosamente, su fama como neuropsiquiatra ha quedado vinculada a su creación del Test gestáltico visomotor de Bender, prueba universalmente utilizada, en particular para explorar a los niños con problemas de coordinación visual y motriz y dificultades asociadas de lectoescritura y aprendizaje, así como para detectar trastornos ligados a lesiones cerebrales.[70] En su biografía destaca que en edad escolar padeció dificultades del lenguaje y del aprendizaje de la lectoescritura. Otro dato señalado en su trayectoria profesional es haber trabajado junto a su esposo, Paul Schilder, con el que compartió su interés por la imagen corporal y la organización psicomotriz, aspectos muy importantes en su comprensión de la clínica de la esquizofrenia infantil. La muerte accidental y prematura de Schilder es otro de los acontecimientos que marcaron su vida.[71]

---

70 Es lo único que en *Wikipedia* se menciona de ella; sin embargo, no se señala nada de sus importantes aportaciones al conocimiento de la esquizofrenia infantil. ¿Un signo del escaso recuerdo que la historia de las ideas merece frente al éxito de lo más comercial o lo más reciente?
71 Paul Ferdinand Schilder (Viena, 1886-Nueva York, 1940) fue un neurólogo y neuropatólogo austríaco que en 1928, invitado por Meyer, emigró a Estados Unidos, donde dirigirá, a partir de 1930, la clínica de psiquiatría del Hospital Bellevue de Nueva York. Se interesó por la fenomenología y el psicoanálisis, llegó a pertenecer a la Sociedad Psicoanalítica de Viena, pese a renunciar a psicoanalizarse como era obligado, y mantuvo una amistad con Freud. Ha sido reconocido como el creador de la noción moderna de la imagen del cuerpo y también por haber descrito la enfermedad que lleva su nombre, una forma de encefalitis difusa. También trabajó y publicó textos sobre la agrafia, la agnosia, la esquizofrenia y la despersonalización. Falleció a la edad de 54 años, atropellado por un coche, cuando salía de visitar a su mujer en la clínica en que esta acababa de dar a luz a su tercer hijo.

Su visión de la esquizofrenia infantil es fruto de las ideas de su tiempo y de su valentía —otros hablarían de su imprudente osadía— para experimentar y probar nuevas intervenciones terapéuticas en un terreno, los niños severamente afectados, en el que nadie tenía aún experiencia. Era una activa trabajadora que destacó en el estudio clínico exhaustivo de sus casos. Como conocedora de las ideas de Bleuler, quien consideraba que la disociación es un proceso desintegrativo que afecta al adulto, pensó que en el niño los procesos de integración formaban parte de un desarrollo aún sin completar, y también de las hipótesis psicogenéticas aportadas por el naciente psicoanálisis, que atribuían a los síntomas una dinámica psicológica que los origina, Bender optará sin embargo por una hipótesis original: la esquizofrenia infantil es un trastorno relacionado con los inicios de la maduración del sistema nervioso, lo que tiene como consecuencia una alteración global de la integración de las funciones cerebrales (vegetativas, motoras, perceptivas, intelectuales, emocionales y sociales) que se organiza progresivamente en la infancia.

Por tanto, al rechazar las hipótesis organicistas de tipo localizacionista, pensaba que no hay que buscar sus causas en un área cerebral concreta, sino en su totalidad, en el conjunto de componentes funcionales que se integran en un funcionamiento global. Coincide así con las ideas neurológicas (aún no se hablaba de «neuropsicología») de Goldstein y Sherrington,[72] entonces de actualidad, y también se apoya en las de su marido, Paul Schilder, neuropatólogo interesado por la construcción del esquema y la imagen corporal.

Bender entiende que la actividad cerebral es un campo de fuerzas, de factores interactivos que deben encontrar un equilibrio. Cuando en el curso del desarrollo se perturba su homeostasis surge la angustia, que el niño trata de reequilibrar con la totalidad de su personalidad, marcada

---

72 Charles Scott Sherrington (1857-1952) fue un neurofisiólogo británico que estudió las funciones de la corteza cerebral y recibió por ello el Premio Nobel de Medicina en 1932. Los títulos de sus principales obras (*La acción integradora del sistema nervioso*, 1906; *El cerebro y sus mecanismos*, 1933) resumen sus ideas centrales. También estudió las conexiones entre neuronas y aportó a la historia de la ciencia una denominación definitiva: *sinapsis*. (En cuanto a Goldstein, cf. nota 13).

por dos componentes principales: sus experiencias precoces y su nivel de maduración y desarrollo. Consideraba, asimismo, que la base del trastorno, la alteración biológica, podía ser una encefalitis difusa —diferente de las encefalopatías localizadas—, que interfería en el desarrollo normal de la unidad biológica y la personalidad social movilizando una angustia a la que el niño reaccionaba con sus capacidades personales. Entre las causas de esta encefalopatía, además del siempre mencionado factor hereditario, citaba un trastorno de la maduración embriológica y la anoxia neonatal. El punto central y el más original de su comprensión es que atribuye una especificidad a la alteración del desarrollo normal, que sería el proceso alterado por el trastorno psíquico.

En cuanto a su descripción clínica, destaca su cuidadosa semiología, caracterizada por la búsqueda de la relación entre los trastornos y su carácter de signos que revelan anomalías subyacentes relacionadas con alteraciones fisiológicas y con las reacciones psicológicas provocadas por la «frustración» que causan. Señala la importancia de las alteraciones neurovegetativas (particularidades de la vasodilatación y vasoconstricción periféricas), así como las anomalías de los ritmos biológicos (trastornos del sueño, de la alimentación, aceleración o retraso del crecimiento). Además, dedica especial atención a las peculiaridades del desarrollo motor y del esquema corporal. Así, describe la torpeza y la mala coordinación motriz, y sus características modalidades de contacto táctil y de los modos de prensión manual, la finura, la exactitud y la ritualización manierista de ciertos movimientos digitales, precisando que aparecen en las formas más precoces iniciadas durante los dos primeros años. También detalla los reflejos posturales anormales, las actividades corporales de enquistamiento (posturas fetales) o de excitación y aceleración giratoria. En vez de quedarse con una explicación simplista que vinculara directamente alteración neurológica y consecuencia motora, buscaba la conexión con emociones y afectos. Relacionó la angustia y excitación con descargas de estereotipias motrices o actividades ritualizadas (baileteo y aleteo). Asimismo, relacionó las repeticiones de ciertos movimientos (rotaciones) con el temor de perder sus miembros (fantasías de fragmentación corporal) y con la necesidad de asegurar un centro de gravedad para poder relacionarse con los otros. Los toqueteos y contactos repetidos tendrían la función de percibir y reforzar los límites corporales e, igualmente, apoyarse y «fusionarse» con el cuerpo de otra persona, o más bien con su superficie, sería consecuencia de la insuficiente solidez y estabilidad del esquema corporal: «como si no tuviera la membrana limitante que separa las dos superficies cutáneas».[73]

El mal control de la musculatura facial (muecas y gestos) y laringofaríngea (voz nasal «robotizada»), la incontinencia de secreciones (nasales y saliva) son también, para Bender, muestras del mal control y la insuficiente conciencia y contención de los límites corporales. Inventora del test visomotor que lleva su nombre, prestó gran atención a la expresión gráfica y la manera de dibujar de estos niños (mala estructuración del espacio y de las formas, tendencia a la descarga y desorden del gesto gráfico: garabateo repetitivo, defectos en la sucesión y organización del grafismo). Lejos de conformarse con el estudio detallado de las insuficiencias observadas en la realización de la propuesta estandarizada de su test, también se interesó y se sorprendió por la paradójica creatividad que podían mostrar al dibujar de manera espontánea los mismos niños que presentaban resultados muy alterados en su test:

> Siempre resulta asombroso ver que un niño retrasado en su desarrollo, con una psicomotricidad muy infantil, que no contiene sus excreciones corporales [...] incapaz de hablar o de ir a la escuela o de relacionarse, rellena hojas y hojas con formas humanas plenas de expresividad, animadas por un dinamismo hábilmente dibujado, inmersas en situaciones de relaciones interpersonales y sociales muy variadas, que recuerdan las técnicas de representación artísticas, al estilo picassiano.

Al observar los problemas del lenguaje (inexistente o escaso, problemas sintácticos y semánticos, uso no comunicativo), Bender también muestra

---

73 Conociendo los desarrollos teóricos posteriores —que comentaremos más adelante y que retoman algunos de estos temas (entre otros, Esther Bick, M.F. Tustin, A. Bullinger o C.E. Haag)—, hay que destacar la importancia de Bender como predecesora —que no suele ser citada— de los intentos de comprensión (empática) de la psicopatología de los trastornos psicóticos infantiles y de la función protectora de ciertas estereotipas aparentemente «inútiles» y «absurdas».

su curiosidad y su intento de comprensión de las dificultades psicológicas subyacentes vinculadas al mismo. Tras escuchar el contenido de las ecolalias o la sucesión de preguntas sin espera de respuestas, le parece que estas se encuentran ligadas a intentos de afianzar su identidad y su percepción espaciotemporal, a lo que también contribuye la actividad motriz acompañante. El sobreinvestimiento y el interés obsesivo y «caprichoso» por ciertas palabras sofisticadas o de una sonoridad que les resulta atractiva, o por «frases hechas» y su repetición ritualizada —que a veces aparece de manera sorprendentemente precoz—, pese a su carácter aparentemente «desconectado» y «absurdo», tienen para Bender un significado relacionado con los problemas emocionales, en los cuales ella se empeña en indagar:

> Lo que oímos parece fragmentado, disociado, bizarro; a veces surgen estallidos verbales de expresiones proyectadas [...]. El lenguaje no llega a contener el remolino de representaciones fragmentadas [...] que —el niño— trata de experimentar en formas verbales tratando de encontrar un punto central que discipline el torrente de ideas y emociones desordenadas que está arrasando su vida interior.

El problema fundamental, la dificultad y el sufrimiento residen en reconocer su propia identidad, diferenciada del mundo externo, y en entrar en relación con él. El pánico angustioso y las reacciones de autoprotección frente al mismo favorecen las actitudes de repliegue y una fijación sobre objetos —creados y mantenidos en «su» mundo—, y el lenguaje pierde su valor de instrumento comunicativo. La comprensión de la intensa angustia (que hoy calificaríamos de «psicótica») llevará a Bender a apoyarse en las ideas de Melanie Klein. Al observar que «estos niños no sufren verdaderas alucinaciones», entiende, con Klein, que se sienten poseídos —y perseguidos «desde dentro»— por malos objetos internos, introducidos en ellos por una «madre perseguidora» que es la fantasía resultante de la proyección de sus sentimientos hostiles. Bender ve también en ello los efectos de la configuración de un «superyó primitivo», una voz interior «ajena» resultante de la interiorización de normas y prohibiciones parentales.

Por eso subraya la intensidad de esta angustia y su papel determinante en la formación de los síntomas.

Con la distancia que proporciona el tiempo, llama la atención su comprensión del terreno de las fantasías arcaicas y de la organización del psiquismo precoz, temática que sería cada vez más no solo mal comprendida, sino ridiculizada y menospreciada por la mayor parte de psiquiatras y psicoanalistas estadounidenses. Probablemente haya que ver en ello, como en sus conceptos generales, el resultado de la influencia de su marido, bien informado de las ideas psicoanalíticas procedentes, como él, de Europa.

En su concepción global «psicobiológica» —de la «esquizofrenia infantil»— pesa la influencia de las ideas de Bleuler y de su maestro, Meyer, que también se negaba a una explicación simplificada, «elementalista», de los síntomas de la esquizofrenia del adulto. Su originalidad reside en considerar la especificidad del desarrollo infantil y de los efectos de la enfermedad sobre un cerebro aún inmaduro. También mantuvo una posición original al percibir las reacciones que estos niños provocaban en el personal que los atendía. Como hemos visto, hablaba del efecto de «fascinación» que despertaban, empezando en ella misma, pero también del rechazo que suscitaban en su entorno.

Hay que subrayar, sobre todo por lo que más tarde se comentaría, que fue muy explícita respecto del papel de la familia y, en particular, de las madres. Incluso cuando señala los desaciertos maternales con estos niños, explicita que no son el origen del trastorno, sino que estas madres sufren y se sienten desamparadas ante la incapacidad del niño para entrar en contacto y comunicarse con ellas. El papel del entorno familiar no es causal, los trastornos precoces de la interacción padres-niño pueden encarnarse en un cerebro en desarrollo y estar en el origen de disfuncionamientos biológicos, pero el disfuncionamiento (maternal) es siempre reactivo, es decir, secundario, al malestar generado por el extraño comportamiento del niño. Cuando ella propone una ayuda para los padres no es porque supusiera que desempeñaban un papel en la génesis del trastorno —cosa que sí suponían la mayoría de terapeutas de adultos de su entorno—, sino para ayudarlos a encontrar la manera más adecuada de responder a las dificultades que presentaba el niño, para intentar calmar su angustia y liberarlo de los mecanismos repetitivos con efectos que limitan y paralizan sus potencialidades evolutivas.

En cuanto a sus intervenciones y propuestas terapéuticas, su ámbito de trabajo fue el medio hospitalario. Como se hacía con los adultos, proponía asociar tratamientos psicoterapéuticos a la atención institucional hospitalaria. Pese a su acercamiento a la compresión de Melanie Klein, no creía, y tampoco practicaba, como medio para calmar la angustia una interpretación psicoanalítica de los conflictos y de las fantasías inconscientes. Prefería utilizar el dibujo, la música y las terapias de apoyo basadas en estrategias pedagógicas y educativas estimulantes, en la reeducación del lenguaje y en una escolaridad adaptada a las dificultades de cada caso en un entorno flexible y tolerante.

También probó y practicó los tratamientos que entonces solían emplearse con los adultos. No existían antecedentes de tratamientos eficaces conocidos y —urgidos por la necesidad de cuidar patologías graves ante las que no existían «armas terapéuticas»— eran habituales los ensayos de nuevos procedimientos, por poca o nula que fuera la evidencia de la eficacia previa a su uso. La ausencia de prudencia o de una ética de la experimentación «innovadora» —más bien desventurada que aventurada— y el poder incuestionable de las instituciones médicas facilitaron la práctica de tratamientos que luego serían desechados por ineficaces, pero solo mucho después de ser practicados como la solución de situaciones «incurables». El «habrá que probar si sirve» fue algo que se practicaba con frecuencia y era considerado como un mal menor si permitía obtener resultados favorables.[74]

---

[74] No queda muy lejos la práctica actual del «uso compasivo» de medicamentos, traducción del término inglés *compassionate exemption,* que no se ajusta al concepto en español, en el que el término «compasivo» hace referencia a los sentimientos. El uso compasivo de medicamentos, al margen de un ensayo clínico, es un procedimiento restringido a casos excepcionales, pero cada vez más utilizado para el tratamiento de determinadas enfermedades —en indicaciones o condiciones de uso distintas de las autorizadas— para las que no hay un tratamiento alternativo eficaz, cuando el médico, bajo su exclusiva responsabilidad, considera indispensable su utilización. La Agencia Española del Medicamento y Productos Sanitarios (AEMPS) puede autorizar el empleo de un medicamento en investigación, o para una indicación no contemplada en su ficha técnica, cuando, a partir de la bibliografía existente y bajo el criterio

No es lugar para relatar la historia de tratamientos como el electrochoque, inventado en Hungría por Ladislau von Meduna (practicado sin anestesia ni anticonvulsivantes), la cura puesta a punto en Viena por Manfred Sakel (consistente en provocar comas hipoglucémicos inyectando insulina) o la psicocirugía y sus catastróficas leucotomías. Todo ello, junto con los abusos institucionales que facilitaron su uso dañino, forma parte de la historia negra de una psiquiatría represiva y del maltrato al enfermo mental. La historia de la psicofarmacología también está llena de resultados sintomáticos casuales e inesperados, que sirvieron para extender el uso de ciertas sustancias a situaciones clínicas para las que no habían sido previstas.[75] No se trata, al recordar este contexto, de salir en defensa de las probables imprudencias que Lauretta Bender pudo cometer en los tratamientos que utilizó. Fue criticada por otros profesionales por haber utilizado imprudentemente y con niños tanto el electrochoque como los dislépticos (LSD) o los primeros psicofármacos, e incluso porque «hizo todo tipo de cosas».[76]

En contraste con su activismo terapéutico cabe señalar que otros contemporáneos suyos (Kanner o Winnicott, entre otros) militaron activamente en contra de la utilización del electrochoque con niños y también con adultos. En cuanto a utilizar procedimientos terapéuticos que *a posteriori* se confirmaron como inútiles, peligrosos e incluso muy perjudiciales para los enfermos, la historia de la medicina, en todas sus especialidades, cuenta con una legión de ejemplos y de profesionales

---

del médico, se considere indispensable para un paciente concreto mediante el procedimiento de uso compasivo de medicamentos.

75 Para conocerlo en más detalle pueden consultarse dos textos que detallan la historia de la psicofarmacología: Barcia, D. (coord.) (1998). *Historia de la psicofarmacología*; Madrid: You & Us. y González, H. y Pérez, M. (2007). *La invención de los trastornos mentales*. Madrid: Alianza.

76 Leon Eisenberg (1922-2009) es el autor del comentario. Dada su ecuanimidad en otras entrevistas y declaraciones, merece ser citado más ampliamente cuando añade que lo hizo «mucho antes de que se hubiera oído hablar de ensayos clínicos controlados y aleatorizados. No veía la necesidad de hacer ensayos clínicos con los fármacos porque estaba convencido de que sabía qué era lo que funcionaba [...]. Era una psiquiatra a la antigua usanza [...]. Kanner también lo era, nunca hizo ensayos clínicos, pero él nunca se implicó demasiado en los tratamientos porque a la mayoría de sus casos solo los veía como consultor» (cit. en Feinstein [2016], cap. 2, p. 45).

tan equivocados como desconocidos. Sin embargo, a la hora de su relato oficial son los protagonistas más distinguidos los que figuran como titulares de las cuentas de responsabilidades colectivas pendientes, aunque no siempre hayan desempeñado el papel de «líderes de opinión», tan alabado ahora como bien remunerado. Por completar el contraste comparativo remontándonos a los tiempos actuales, sigue siendo polémico el uso muy infrecuente del electrochoque con niños y el menos infrecuente con adolescentes. En cambio, parecen cada vez menos habituales las críticas al muy habitual uso, con niños, de psicofármacos más allá de las indicaciones, de las dosis recomendadas y de una eficacia que está lejos de haber sido demostrada «con evidencia científica», además de contar con probados efectos secundarios desfavorables. Todavía hoy —en la era de los «manuales de buenas prácticas» y de las indicaciones «basadas en una rigurosa evaluación objetiva de la eficiencia demostrada con ensayos clínicos»— expresiones como «algo [se sobreentiende que bueno] le hará» o «daño no le va a hacer» acompañan de manera inconfesable a una práctica alegremente prescriptora.

Lauretta Bender se preocupó por la evolución y el pronóstico de los casos que estudió (en el Hospital Bellevue de Nueva York). En 1969 publicó un balance de los resultados obtenidos con una cohorte de doscientos casos: un tercio de ellos evolucionó de forma deficitaria hacia una discapacidad severa y, ya adultos, permanecían en instituciones para retrasados mentales o en hospitales psiquiátricos; otro tercio, aun conservando sus «rasgos esquizofrénicos», había conseguido una inserción social e incluso profesional; el tercio restante estaba en una situación intermedia que alternaba una vida dependiente de su familia y salpicada de tratamientos con neurolépticos e ingresos hospitalarios más o menos prolongados. Una vez que conoció el trabajo de Kanner, reconocería entre sus propios casos una treintena que se caracterizaba por la tendencia al aislamiento y la necesidad imperiosa de inmutabilidad del entorno (que Kanner describía como trastornos fundamentales en «su» definición del autismo). Pero Bender nunca aceptó que constituyeran un grupo con un trastorno específico, ya que, como los otros casos, presentaban un síndrome multifactorial y un conjunto de síntomas reactivos resultantes de «un retraimiento defensivo, en un niño pequeño que sufre una angustia consecutiva a trastornos de la organización de su maduración que aparecen en el cuadro de una esquizofrenia, de una afección cerebral o de traumatismos severos».

Estos treinta casos aparecían subdivididos en un primer grupo (de diecisiete) con patología orgánica cerebral asociada (epilepsia, micro o hidrocefalia, malformaciones diversas) y todos ellos se vieron afectados por una grave deficiencia intelectual, que los obligó en su vida adulta a permanecer el resto de sus vidas en instituciones psiquiátricas. Los del segundo grupo (de trece casos), sin patología orgánica (aparte de la encefalopatía difusa que les atribuía Bender como causa hipotética probable), presentaban un déficit intelectual de nivel medio y algunos un nivel superior a la media. Todos ellos habían adquirido, con mayor o menor dificultad, un lenguaje comunicativo antes de los cinco años (que en algunos podía tener períodos de regresión después) y habían evolucionado favorablemente hacia una socialización satisfactoria (al menos dos pudieron realizar estudios y desarrollar una formación y una autonomía profesional).

Inserta en las contradicciones de los conocimientos y desconocimientos de su tiempo, Bender trató de lograr una nueva conceptualización de lo que denominó «esquizofrenia infantil» y trató de activarse, con el fervor entusiasta de una pionera, en la búsqueda de soluciones terapéuticas rápidas que evitaran evoluciones de severa y segura gravedad en caso de no emprenderlas cuanto antes. La espera y la pasividad equivalían a un destino institucional nefasto. El problema, también para ella —como para otros muchos que optarían por ocuparse de manera activa de organizar cuidados intensivos a largo plazo— fue que, a pesar de sus esforzadas y forzadas intervenciones, los resultados obtenidos, entonces como ahora, no lograrían ser los deseados.

Su posición, basada en ensamblar conceptos propios del neurodesarrollo con hipótesis psicogenéticas, bascularía progresivamente, como ocurrió en la psiquiatría del adulto practicada en su entorno, hacia el predominio de otros autores más inclinados hacia una visión simplista del origen psicogenético del trastorno y, en consecuencia, lógica —que acarrearía no pocas complicaciones y malentendidos— hacia la búsqueda de disfunciones relacionales y emocionales —supuestamente causales— en las interacciones familiares tempranas. Estamos de acuerdo con Hochmann (2009), quien ve en ello el origen de una reacción posterior en la psiquiatría estadounidense:

> esta visión exclusivamente psicogenetista que aportó como única ventaja evitar las terapias de choque y los excesos medicamentosos, engendrará un organogenetismo no menos exclusivo, negador de toda participación del psiquismo del niño y de sus interacciones con el entorno en la construcción de su psicosis, que estará (otra vez) en el origen de tratamientos biológicos discutibles.

Una de las consecuencias de esta reacción será lo que este autor ha calificado como un «encausamiento unilateral de los padres», acusándolos de su influencia causal en el trastorno. Para evitar equívocos sobre lo que se llegó a decir, seleccionó —de entre lo mucho que puede encontrarse en las publicaciones estadounidenses de esta época, que este autor conoce bien— lo siguiente, que procede de un texto de una psicoanalista, Beata Rank, contemporánea de Bender y que en 1943 fundó en Boston un centro de día para niños «de desarrollo atípico»:

> la personalidad de estos niños y la detención de su desarrollo son el resultado de una constelación familiar particular en la que una madre narcisista e inmadura no ha sido capaz de ofrecer al bebé en los primeros estadios de su desarrollo, un entorno y un clima emocional favorables [...]. La personalidad fragmentada y dispersa de estos niños debe ser considerada como el resultado de esta incapacidad maternal. Su repliegue traduce una tentativa de escapar a un mundo peligroso (Rank, 1949).

En el contexto de la extensión del abordaje «familiar» del trastorno se multiplican diversas maneras de incorporar a los padres a los tratamientos, ya sea para colaborar en la ayuda al paciente, ya sea por ser considerados pacientes a tratar por estar imbricados en la génesis y el desarrollo de los problemas de sus hijos o por verse atrapados en la maraña de complicadas relaciones que se entretejen en la convivencia familiar con alguien que resulta muy complicado de entender. Se hace difícil sintetizar todo el abanico de situaciones terapéuticas —individuales, grupales, institucionales— que fueron surgiendo en la sociedad estadounidense, grande, culturalmente variopinta y pujante de medios. Algunas idealizaciones positivas o negativas han podido ensalzarlas o denigrarlas. Los intereses profesionales y las experiencias dolorosas o satisfactorias de pacientes y familiares, aderezadas con relatos mediáticos justos o novelescos, se mezclan a la hora de intentar conseguir un balance equilibrado. No lo sería si olvidamos que las ideas surgidas en esta época alimentaron de manera progresiva los logros de las posteriores psicoterapias grupales y familiares, así como de las mejores experiencias de la psicoterapia institucional; tampoco lo sería si olvidamos las exageraciones militantes, carentes de autocrítica y de una evaluación sensata de sus resultados, que salpicaron no sabemos cuántas de estas experiencias. Con el paso del tiempo, llegó la hora de las evaluaciones basadas en pruebas, hoy exigidas para cualquier propuesta o pretensión terapéutica. Sin embargo, desde la actualidad vemos que se aceptan como sentencia de aquellas prácticas los recuerdos relatados por algunos protagonistas o colaboradores que participaron en ellas —y que pueden ser más o menos fieles a los hechos acaecidos hace muchas décadas— o los de expacientes y familiares que las sufrieron. Para más complicación, las redes sociales divulgan rápidamente afirmaciones someras y partidistas que tienen mucho más alcance que los más serios, pero escasos, reportajes elaborados por periodistas de investigación o que un repaso detallado y sosegado de lo que los autores de entonces dijeron e hicieron. Resulta difícil rescatar en tal maremágnum lo que merece un reconocimiento histórico, sea de carácter positivo o negativo.

Retengamos que tanto Bender como Klein manifestaron que comprendían que los padres sufrieran las dificultades que presentaba un bebé peculiar y con complicaciones innatas. También que cuando Klein imaginaba el psiquismo temprano habitado por violentos sentimientos agresivos y por temores de una respuesta materna vengativa (retaliación), se movía en el terreno de las fantasías inconscientes que, eso sí, podían repercutir en las interacciones reales. Sin embargo, se va extendiendo con rapidez un deslizamiento hacia ideas y prácticas que invertían las cosas: el bebé víctima del malestar psicológico de quienes asumían las tareas de su crianza sin garantizarle las buenas condiciones afectivas necesarias; la circulación de sentimientos y acciones negativas que, procedentes de los adultos, dañaban el psiquismo del niño. Así, se sobrecarga en las hipótesis etiopatogénicas el papel de los factores relacionales, reactivos y traumáticos, por encima de las dificultades, innatas o muy tempranas, propias del bebé.

Cuando ambas autoras buscaban explicaciones psicopatológicas «psicogenéticas» o psicoanalíticas mantenían también la existencia cocausal de un trastorno constitucional («orgánico»), innato o adquirido de manera muy temprana. Otros autores optaban por priorizar la atribución como factor causal a la familia, a la madre y a las relaciones tempranas perturbadas. La polarización no era nueva, pues existía desde que Pinel y Esquirol confrontaron «ambientalismo» y «cerebrismo». Tampoco ha terminado y —pese a que la neurobiología, la genética y las concepciones actuales del desarrollo permiten superar esta polarización recíprocamente descalificadora— aún hablamos de «organicismo-biologicismo» frente a «psicologicismo» y observamos que los debates —ideológicos más que científicos— siguen vivos y a veces rozan el enconamiento.

Pero antes de llegar a la actualidad, los partidarios de la organogénesis, carentes de las técnicas y conocimientos actuales (de la genética, de los trastornos metabólicos y de la neurobiología, etc.), se vieron desplazados por los de la psicogénesis, quienes armados de un particular uso del psicoanálisis (y también de las teorías sociogenéticas) afianzaron su éxito mediático y alcanzaron un poder institucional y académico que los que quedaron relegados vivieron como apabullantes y abusivos, lo que ayuda a entender su intensa motivación para la revancha posterior.

En medio del fuego cruzado de unos y de otros, William Goldfarb intentará una vía intermedia. Su metodología innovadora merece sin duda el reconocimiento que obtuvo. La investigación que realizó con un grupo de 26 niños esquizofrénicos de entre 6 y 12 años (acogidos en un centro residencial de Nueva York) constituye un ejemplo de trabajo amplio, riguroso y cuidadoso. Empezó por separar y reorientar hacia otras instituciones especializadas a aquellos que presentaban una organicidad cerebral evidente (parálisis, epilepsias graves, trastornos sensoriales severos: cegueras, sorderas). Menos sensible que sus predecesoras a la dimensión dinámica de los síntomas y a su vinculación con la angustia subyacente y con los mecanismos defensivos puestos en juego por el niño para evitarla, comienza a ver en su «insuficiente desarrollo del yo» el resultado de unas limitaciones, unas incapacidades, que parece considerar más vinculadas a una alteración del desarrollo «fisiológico» que del «psicológico». No se trata de que el niño «quiera o no quiera», de que opte o no por movilizar sus recursos, sino de que, al ser víctima de sus limitaciones, «no puede». Llevó a cabo un estudio comparativo con un grupo de control, compuesto por subgrupos de edades semejantes emparejados mediante exámenes psiquiátricos triples ejecutados por especialistas independientes (que recogían historia biográfica, comportamientos, capacidades cognitivas, exámenes neurológicos y electroencefalografías), que se completaban con una evaluación del funcionamiento familiar, realizado durante varias horas de observación a domicilio por parte de personal formado en intervenciones familiares. Un análisis factorial de los datos recogidos le permitió diferenciar un «grupo con organicidad» y otro «sin organicidad». Algo insatisfecho del resultado, matizó después que el diagnóstico de «organicidad» era intuitivo, porque no podía identificar lesiones claras y porque todo comportamiento normal o patológico tiene a la vez un sustrato neurofisiológico y una significación psicodinámica. Lo que tenían en común, en el grupo «con organicidad», es el déficit intelectual, los trastornos de la comunicación y de la socialización más marcados y ciertas alteraciones neurológicas y electroencefalográficas menores. Su contexto familiar era muy semejante al del grupo de control. En el calificado como «sin organicidad» presentaban mejor nivel intelectual y superiores capacidades de adaptación social, sin signos neurológicos. En cambio, su contexto familiar aparecía netamente perturbado. Buscando hipótesis que explicasen la coincidencia de menor perturbación familiar con mayor sintomatología, optó por relacionar el grado de afectación con la mayor penetración de una genética alterada. Cuando los genes afectados son «menos penetrantes» se necesitaría una mayor suma de factores familiares para que aparezca una sintomatología esquizofrénica, es decir, haría falta un estrés suplementario sobre una vulnerabilidad previa. Otra hipótesis complementaria sería que el niño menos perturbado tendría un potencial más desorganizador de la estabilidad familiar. En resumen, en el grupo «con organicidad» el comportamiento tiene relación con una alteración primaria del cerebro, mientras que en el grupo «sin organicidad» tendría más que ver con la patología familiar. Las limitaciones de los casos «orgánicos» pueden provocar reacciones familiares desajustadas que no tienen ningún papel causal. Los casos «sin organicidad» pierden sus capacidades potenciales por la confusión y desorganización originada en la familia (Goldfarb, 1961).

A pesar de que Goldfarb entrecomilla lo que es «psicológico» u «orgánico», atribuye a cada grupo un pronóstico y unas posibilidades terapéuticas diferentes: mejores cuanto menos «organicidad». Esta postura permitía argumentos para reconciliar opciones enfrentadas, pero, sobre todo, trataba de poner orden en la extensión excesiva de un diagnóstico de moda que había perdido su especificidad. Era muy fácil que situaciones tan distintas como los trastornos de comportamiento de un deficiente, o niños «predelincuentes» o que se fugaban, fueran internados abusivamente diagnosticados de «esquizofrenia» —convertida en el diagnóstico de moda— y tratados con la panoplia de tratamientos «de choque» propios de la época (sobre todo electrochoque y curas de insulina) (Moss, 1958). Ciertamente, puede apreciarse en Goldfarb un intento de poner en orden la mezcolanza de diagnósticos poco precisos; también su posición de postular la imbricación inseparable de lo biológico, lo psicológico y lo familiar.[77] Bender, por su parte, trató asimismo de distinguir formas con apariencias clínicas equívocas «pseudodeficitarias», «pseudoneuróticas» y «psicopáticas» y afirmó que las formas que describiría Kanner equivalían a las que ella denominó «esquizofrenias orgánicas pseudodeficitarias».

---

77 Como veremos, en Europa el autor que a partir de la década de 1960 desarrolló una concepción más precisa de la intrincación de estos factores —a los que añadiría otro factor: la influencia de los aspectos institucionales— fue Roger Misès, que trató de deslindar y matizar las características psicopatológicas de la deficiencia mental y las evoluciones deficitarias de las psicosis infantiles (Misès, 1968, 1975).

En todo caso, la historia decidió que quien merecía ser reconocido como descubridor de un trastorno nuevo fue Leo Kanner, con su «autismo infantil precoz». Basta cotejar los textos de estos tres autores para comprobar que los conceptos relativos a la esquizofrenia infantil (de los dos primeros), que incluían la noción de «autismo» como parte de un trastorno más amplio, convivieron durante mucho tiempo con la noción de «autismo» (de Kanner) como un trastorno del contacto afectivo innato que, desde el nacimiento, era responsable del desencadenamiento progresivo de un cuadro que afectaba globalmente al desarrollo. La distinción de si se trataba de un trastorno psíquico —o, dicho sin eufemismos, de una enfermedad mental— o de un trastorno neurológico, provocaba discusiones teóricas moderadas, pero no movilizaba grandes pasiones. Todos los profesionales se movían en hipótesis dualistas, en las que lo cerebral («orgánico») y lo ambiental («psicológico») eran cuantitativamente variables, según ciertas teorías, pero inseparables según todas. Y, a falta de pruebas objetivas, una palabra técnica enigmática —«diátesis»— vino a apaciguar cualquier discusión etiopatogénica.[78] Será mucho más tarde cuando aparecería un concepto, el de «neurodesarrollo», que, vinculado a una visión neurológica del desarrollo, se esgrimiría como descalificador de cualquier hipótesis favorable a los componentes relacionales en el origen del autismo.

Volveremos sobre ello, pero antes conviene detenerse en la obra de Kanner que precedió a las polémicas posteriores. Cuando Goldfarb hizo un intento de «arbitrar» las polémicas diagnósticas sobre la «esquizofrenia infantil», en 1961, ya hacía más de 15 años que Kanner había propuesto su «autismo infantil precoz», lo que prueba que ambos diagnósticos coexistieron antes de que este último se impusiera (y mucho antes de que, en tiempos más recientes, la cuestión de la esquizofrenia infantil «resucitara» de nuevo, de la mano del renacimiento de la psiquiatría «biológica»). También es cierto que la coexistencia de diagnósticos y

---

78 «Diátesis» es la «predisposición orgánica a contraer determinada enfermedad» *(Diccionario de uso del español María Moliner)*. De modo parecido, hay otro término más actual, el de «vulnerabilidad», que postula una fragilidad o predisposición, innata y con componentes genéticos, sobre la que pueden asentarse posteriores trastornos y añadirse factores cocausales.

las matizaciones de los debates transcurrían sin ruido en un mundo profesional especializado y reducido, sin gran repercusión en el mundo mediático (como ocurre en la actualidad, en la cual las redes sociales han dinamitado unas opiniones que ahora pertenecen al «dominio público» tanto o más que al terreno profesional de la psiquiatría).

2. LOS DOS PADRES ADOPTIVOS DE LA CRIATURA: KANNER Y ASPERGER

Los once casos de «autismo infantil precoz» de Leo Kanner

Leo Kanner nació en 1894, en Klekotow (hoy Klekotiv, Ucrania), una aldea fronteriza entre la Galitzia del Imperio austrohúngaro y la Rusia imperial, y falleció en 1981 en Maryland (EE. UU.). Era hijo de padres judíos ortodoxos que hablaban yidis (como el 70 % de la población de su entorno). Su padre se dedicaba obsesivamente al estudio del Talmud y era aficionado a recopilar datos, casi todos inútiles, y a hacer demostraciones públicas de su gran memoria que divertían mucho a su esposa.[1] También es uno de los muchos candidatos a ser diagnosticado, *post mortem*, de «síndrome de Asperger», desde que este se pusiera de moda. Kanner, como su padre, era aficionado a los juegos de palabras y a recitar de memoria poemas muy largos; sin embargo, tenía buenas habilidades sociales y, como su madre, aspiraba al éxito y la aprobación pública: «No hay nada mejor que tener buena reputación», escribió en su autobiografía, inédita. Era políglota y hablaba, además del alemán y el yidis nativos, polaco, francés, lituano, hebreo y ucraniano, y al parecer conservó toda su vida un fuerte acento alemán cuando hablaba

---

1 El propio Kanner, en un ensayo autobiográfico inédito, escribió que para su madre su padre era: «una especie de juguete mecánico al que pensaba que podía dar cuerda para dirigirlo en cualquier dirección, una enciclopedia con patas... de conocimientos que ella consideraba inútiles» (cit. en Silberman [2016]).

en inglés.² Según Leon Eisenberg,³ estaba dotado de una memoria prodigiosa gracias a la cual era capaz de recordar detalles de los niños que había conocido, muchos años después, en los seguimientos de casos que realizaron conjuntamente. Escribió poemas desde niño y estaba muy interesado en la literatura: así, participaba en tertulias y encuentros, escribía y colaboraba en un periódico berlinés, como crítico de artes y literatura, cuando ya estudiaba medicina. Nadie quiso publicar sus poemas y tuvo que renunciar a su deseada carrera como literato.

Inició sus estudios en la Universidad de Berlín en 1913 y los finalizó en 1921, tras una pausa impuesta por la Primera Guerra Mundial. Realizó el servicio militar en el cuerpo médico durante la misma y en un segundo período posterior en el ejército de los Habsburgo. Trabajó como auxiliar médico en el servicio de cardiología, especialidad que más le interesaba entonces, en el Hospital de la Caridad de Berlín (1919-1920). Aún escribía poesía y participaba en actividades artísticas y culturales. Se interesó por la psiquiatría bajo la influencia de Karl Bonhoeffer.⁴ Ya casado y con una

---

2 El dato procede de Feinstein (2010). Silberman (2016) va aún más lejos y atribuye a Kanner ser capaz de hablar fluidamente en doce idiomas… Y lo hace para argumentar que podía conocer fácilmente —y que seguramente así fuera— los textos que Asperger había escrito en alemán, cosa que nunca reconoció, «manteniendo un silencio de esfinge con respecto a su homólogo vienés […] que solo rompió en una ocasión en toda su carrera». Feinstein había encontrado lo que Kanner escribió «solo una vez en la vida… y de muy mala gana» en esa única ocasión: «[Asperger] no pudo saber nada de las publicaciones anteriores [de Kanner] […]. Describió independientemente lo que llamaba *psicopatía autística*, la cual, si tiene alguna relación con el autismo infantil, en el mejor de los casos es una prima muy lejana» (cap. 1, p. 7). Ambos autores siembran así la duda de un posible plagio parcial por parte de Kanner.
3 Leon Eisenberg (1922-2009), psiquiatra, fue discípulo y colaborador de Kanner; como veremos más adelante, constituye un testigo vivo de toda la evolución de la psiquiatría infantil estadounidense a lo largo de la segunda mitad del siglo pasado y la primera década de este, en la que destacó por su posición muy crítica respecto de la evolución de la psiquiatría infantil en su país.
4 Karl Bonhoeffer (1868-1948) fue un neurólogo y psiquiatra alemán que destacó, entre otras cosas, por su oposición a los programas de esterilización del régimen nazi. Dos de sus hijos fueron ejecutados, acusados de participar en un atentado contra Hitler. Dietrich (1906-1945), pastor, teólogo y líder religioso luterano, fue ahorcado en 1945, en el campo de concentración de Flossenbürg, a los 39 años de edad. Klaus (1901-1945), jurista y líder de la resistencia alemana opuesta al regimen nazi, también fue ejecutado en 1945.

hija pequeña, agobiado por la inflación económica en Alemania, decidió emigrar a Estados Unidos en 1924, año en que publicaría su primer libro en inglés, *Folklore of the Teeth* (El folclore de los dientes), en el que recogía sus experiencias docentes con dentistas alemanes.

En 1924 comienza su carrera profesional en Estados Unidos, donde trabajó hasta 1928 en el Hospital Estatal de Yankton County, en Dakota del Sur y donde obtuvo sus título estadounidense de doctor en Medicina y su certificado de especialista en Neurología y Psiquiatría. Desde 1930 fue seleccionado por Adolf Meyer —con quien eligió especializarse— y por Edward Park para dirigir y desarrollar el Servicio de Psiquiatría Infantil del Hospital Johns Hopkins de Baltimore, donde permaneció hasta su jubilación en 1959, al cumplir 65 años. Su carrera docente transcurrió en la Universidad Johns Hopkins, entre 1932 y 1959, donde recorrería todos los niveles, desde profesor asociado, de Psiquiatría y de Pediatría, hasta catedrático de Psiquiatría infantil y luego profesor emérito y consultor honorario. Posteriormente, también fue profesor honorario en las universidades de Wisconsin, Minnesota, Stanford y Maryland y obtuvo múltiples premios y reconocimientos de las más importantes sociedades estadounidenses (de psiquiatría, de pediatría, de deficiencia mental, de historia de la ciencia, de investigación científica) siendo un invitado habitual en congresos y reuniones científicas hasta el final de su vida.

Por otro lado, puso su prestigio profesional al servicio de causas militantes. Ya antes de interesarse por el autismo mostró su interés por la situación de los niños con deficiencia mental que se encontraban asilados en instituciones públicas en condiciones penosas y, al salir de ellas, eran explotados laboralmente hasta terminar malviviendo abandonados en situaciones marginales. Logró sensibilizar a los medios de comunicación e impulsar la aprobación de leyes que evitaran las habituales medidas legales que permitían liberar de responsabilidad a las instituciones públicas. Su solidaridad activa lo llevó asimismo a conseguir visados de inmigración para numerosos judíos que trataban de huir del nazismo (sobre todo médicos austríacos y alemanes). Ambos temas —defensa de los deficientes y condena del nazismo— están presentes y unidos en sus escritos:

No parece que los predicadores de las tinieblas cayeran en la cuenta de que nuestra civilización estaba efectivamente en grave peligro, pero el peligro no venía de los deficientes mentales. Los chauvinistas de Europa central que desencadenaron la Primera Guerra Mundial no tenían un coeficiente intelectual particularmente bajo [...], solamente Hitler, que probablemente no obtendría malos resultados en la escala de Binet-Simon, ha hecho más daño que todos los deficientes mentales desde el comienzo de la historia (Kanner, 1964).

Publicó varios libros: *El folklore de los dientes*, 1926; *La apreciación de las emociones a partir de las expresiones faciales*, 1931; *Psiquiatría infantil*, 1935;[5] *En defensa de las madres*, 1941; *Manual miniatura de las deficiencias mentales*, 1949; *Una palabra para padres a propósito de la higiene mental*, 1957; *Una historia de los cuidados y estudios de los retrasados mentales*, 1964. A ellos se añaden más de 200 artículos en diferentes revistas americanas y europeas (y miles de artículos de otros autores referidos a su obra y sus conceptos).

Como muestra este resumen biográfico, su obra fue conocida, divulgada y mundialmente reconocida y su trayectoria profesional muy exitosa. Contrasta con la mucho más discreta de Hans Asperger y, ciertamente, este publicó poco y en alemán y residió en Austria, un país «perdedor» y sospechoso de connivencia y colaboración con el nazismo. Kanner, en cambio, judío emigrado a Estados Unidos, aparecía vinculado a un país que se empezaba a ver como faro de la democracia, nuevo dominador del mundo que imponía su modernidad, su ideología y su idioma. Además de estos factores, externos a su obra, su éxito tuvo que ver con su capacidad de observación clínica y con la precisión, orden y claridad con los que sistematizó y describió las características comunes de los once niños que estudió para definir «su» cuadro, bautizado

5 *Child Psychiatry* (1935) —editado en castellano como *Psiquiatría infantil* en su primera edición— es el libro que le hizo mundialmente famoso. Fue uno de los primeros textos psiquiátricos especializados en las problemáticas de la infancia y un superventas de éxito inmediato, con cinco reimpresiones de la primera edición y posteriormente tres ediciones (1948, 1957, 1972) con múltiples reimpresiones más que se tradujeron a varios idiomas. Fue considerado el «no va más» de la literatura psiquiátrica infantil, hasta finales de la década de los sesenta del siglo pasado, y se imprimió durante sesenta y siete años.

como «autismo infantil precoz», en un momento en que la psiquiatría de niños estaba muy necesitada de «objetividad» clínica y de orden en un terreno clínico aún poco reconocido y conceptualmente disperso. Como también hicieron Bender y Goldfarb, Kanner completó el trío de quienes habían sentido la necesidad de delimitar un nuevo trastorno específicamente infantil —diferente de cuadros orgánicos y deficitarios— y emparentado con otros que, pese a su apariencia («pseudodeficitarios» o «pseudoneuróticos»), tenían entidad propia porque no se prolongaban en cuadros patológicos descritos en el adulto.

La descripción clínica: «los once casos de Kanner»

Un solo artículo, «Autistic Disturbances of Affective Contact» (Trastornos autistas del contacto afectivo), publicado en 1943, en el cual realizaba una descripción en la que agrupa y resume magistralmente las características comunes de once casos, le hizo mundialmente reconocido y aún se considera uno de los pilares básicos sobre los que se fundan los modernos estudios del autismo.[6]

Ya hemos visto que para Bleuler —también para Bender— el autismo era un mecanismo psíquico de defensa para protegerse de la disociación y desintegración de ideas y sentimientos. La novedad que aporta Kanner es que lo conceptualiza como «un trastorno autístico innato del contacto afectivo» y no como una reacción secundaria, sino como un trastorno fundamental. El autismo así entendido deja de ser una parte de la esquizofrenia infantil para ser considerado un conjunto nosológico específico y diferente, «nunca descrito previamente». Su insistencia en hacer de «su» diagnóstico un «diagnóstico nuevo y diferente» —pese a que describía una gran cantidad de síntomas, que, como hemos relatado, ya habían sido observados e incluidos por distintos autores bajo la denominación de «esquizofrenia infantil»— respondía a

---

6 El artículo original fue publicado en 1942-1943 en la revista *The Nervous Child* 3(2):217-25, con el título de «Autistic disturbances of affective contact», y reeditado en 1968 en *Acta Paedopsychiatrica* 35:98-136. Las referencias literales a los comentarios de Kanner están traducidas del segundo texto.

dos motivaciones fundamentales: una psicopatológica, la de construir una comprensión de todo el complejo y rico cuadro de síntomas, a partir de dos características psicopatológicas fundamentales: la búsqueda de soledad y de aislamiento de las relaciones humanas *(aloneness)* y la tendencia a mantener el entorno inmutable *(sameness)*;[7] y otra basada en el prestigioso logro personal, el reconocimiento de su sello creativo —que conseguiría muy exitosamente— al fundar una nueva psiquiatría necesitada de descubrimientos renovadores.

El artículo «fundacional» de Kanner presentaba 11 casos, 8 chicos y 3 chicas, todos menores de 11 años: «Donald» (5 años y 1 mes); «Frederick» (6 años); «Richard» (3 años y 3 meses); «Paul G.» (5 años); «Barbara B.» (8 años); «Virginia S.» (11 años); «Herbert B.» (3 años y 2 meses); «Alfred L.» (3 años y medio; reexaminado a los 11 años); «Charles N.» (4 años y medio); «John F.» (2 años y 4 meses) y «Elaine C.» (7 años y 2 meses).

En la descripción que hizo de ellos en su texto —respetando el secreto de la identidad de los pacientes tal y como la ética de la confidencialidad exige— se refirió ampliamente a sus características clínicas y añadió datos relativos a su contexto familiar. Respecto de quiénes eran estos once pacientes de Kanner, entonces protegidos por la confidencialidad profesional, hoy en día podemos conocer más datos familiares y personales que han sido revelados por sus propios protagonistas y por sus familiares, o averiguados y revelados por el periodismo «de investigación» (en particular, Silberman, 2016), lo que denota que el autismo y sus protagonistas se han convertido en tema de interés social y «mediático». Trataré de extractar y resumir *la descripción clínica* del texto de Kanner (lo que probablemente sea injusto con la calidad con que la hizo, pues con ello logró el interés universal por un cuadro clínico que relató como nadie y cuya lectura completa creo que debería ser obligatoria en la formación de todo aquel que quiera interesarse por el autismo o por la psiquiatría infantil).

---

7 En palabras de Kanner: «El comportamiento del niño está gobernado por un obsesivo y ansioso deseo de inmutabilidad, que nadie, salvo el propio niño, puede romper».

Desde el punto de vista del lenguaje, 3 de sus pacientes estaban afectados de mutismo y los 8 restantes, a pesar de tener lenguaje, no eran capaces de darle un uso conversacional comunicativo. Formulaban preguntas sin parar y sin esperar contestación; respondían en eco a las palabras de su interlocutor (ecolalia); cometían numerosas anomalías sintácticas (inversión pronominal); su tono de voz, monótono y «robotizado», no presentaba las inflexiones rítmicas y variaciones tonales del lenguaje habitual.

«Donald» (caso n.º 1: niño de 5 años y 1 mes) mostraba una memoria retentiva inusitada (con 2 años era capaz de repetir el alfabeto en los 2 sentidos y se sabía la lista de todos los presidentes de Estados Unidos; podía repetir sin error el texto de un salmo de David; pasaba varias horas diarias reteniendo datos de una enciclopedia). Tenía una extraordinaria hipersensibilidad auditiva; poseía el «don del oído absoluto». Con un año cantaba y tarareaba canciones. Hablaba repitiendo frases tal como las escuchaba imitando el tono y la voz de su madre. Mostraba gran atracción por seguir todo tipo de reglas y su mayor interés con los juguetes era alinearlos minuciosamente.

Kanner señala y resalta la relación de este tipo de lenguaje con la impresionante distancia y aparente indiferencia emocional que mantienen con las personas que los rodean (recordemos la *aloneness* o tendencia a la soledad y al aislamiento). Asimismo, se sorprende ante la intensidad de las crisis de angustia que muestran ante cambios imprevisibles y mínimos en su entorno habitual, así como ante su hipersensible memoria para cualquier detalle de su medio próximo y su oposición hacia su más mínima alteración.[8] Igual de intensas son sus reacciones cuando se les impiden u obstaculizan sus numerosas estereotipias y rutinas (recordemos, en este caso, la *sameness* o tendencia a la inmutabilidad del entorno y a la repetición de hábitos y gestos). Relaciona con esta tendencia su interés y preferencia por los objetos no animados, más

---

[8] Tal y como se describe en *Rain Man* (Barry Levinson, 1988), película protagonizada por Dustin Hoffman, en escenas que despertaron un gran interés en espectadores y medios de comunicación al sorprender a quienes tenían otra idea de los autistas —por considerarlos personas muy limitadas— que, seguramente, contribuyeron a mejorar su imagen social y a cuestionar la estigmatización del autismo.

previsibles e invariables que los animados, pero también con su confusión entre los objetos vivos y los inanimados, a los que atribuyen asimismo características de objetos vivos y muestran reacciones de pánico al imaginarlos con intenciones malévolas o sufriendo daños corporales o sentimientos dolorosos. En este sentido, «Alfred L.» (caso n.º 8: niño de 3 años y medio) temía y padecía crisis de llanto por el sufrimiento del pan al tostarse, se inquietaba por lo que le había ocurrido a la luna cuando no aparecía y sentía pánico al oír el ruido de un aparato doméstico, preguntando asustado qué es lo que le ocurría.

Esta tendencia a «humanizar» y a atribuir vitalidad y sentimientos a los objetos inanimados queda bien ilustrada por una paciente tratada durante años en nuestro centro. Nos enseñó tantas cosas que me parece apropiado atreverme a incluirla entre los casos relatados por Kanner: había sido derivada a nuestro centro por una competente pediatra de atención primaria antes de cumplir los tres años, por «sospecha de autismo precoz». Cuando tenía seis, pasaba horas contemplando la televisión (¡por su parte trasera!) mientras dialogaba con ella muy inquieta mediante constantes preguntas («¿te duele algo?; ¿estás mal?») sobre el significado, según ella doloroso, de las oscilaciones de luz que escrutaba en el interior del aparato. Otro paciente, este de nueve años, en tratamiento desde hacia tres en un hospital de día, abandonaba su clase para dirigirse al sótano de su escuela, preocupado por el bienestar de la caldera de calefacción, cuyos indicadores «de su salud» (presión del agua, integridad de tubos y llaves, etc.) vigilaba con sumo cuidado, de forma que entraba en auténtico pánico cuando creía detectar el más mínimo cambio, del cual alertaba con premura a sus cuidadores diciendo entre gritos y ruidosos sollozos: «Alguien le quiere hacer daño».

Este desajuste entre los sentimientos humanos (gran intensidad emocional y afectiva) y el carácter no humano de los objetos hacia los que quedan vinculados ilustra bien por qué hablamos de «disociación» y por qué lo consideramos un fenómeno fundamental en la comprensión del psiquismo del autista. «Enamorarse» de una caldera de calefacción u obsesionarse apasionadamente por la «enfermedad» de un televisor, velándolo durante horas enteras, es algo que suscita en quienes lo observamos de cerca asombro, fascinación y preocupación a la vez. Así es el autismo.

Kanner también había observado episodios de vómitos o de rechazo de la comida asociados a la percepción del ruido de un aspirador que «se tragaba a sí mismo» o que «devoraba» los objetos que encontraba a su paso.

La relación con el cuerpo y su utilización eran muy peculiares (marcha de puntillas) o iban acompañadas de gestualidades extrañas.

Usaban también el cuerpo de otros sin tener en cuenta su pertenencia a una persona, como, por ejemplo, su mano para alcanzar algo, pero sin mirarlo a la cara y sin hablarle, como si fuera una herramienta impersonal.

Podían entretenerse interminablemente con objetos que hacían girar o balancear de manera rítmica, abstraídos en lo que hoy llamamos una actividad gratificante «autosensorial» (en palabras de Kanner, «una satisfacción masturbatoria orgásmica»).[9]

En cuanto a la *comprensión psicopatológica* de Kanner, influenciado por la desconfianza de su maestro Meyer hacia el exceso de especulaciones teóricas psicoanalíticas, entendía, como Sullivan, que los síntomas descritos resultaban de la reacción ante el problema central: la angustia del niño resultante de la tensión ansiosa que acompaña a la «anticipación de una intervención desagradable posible» que, «viniendo del exterior», puede interferir e interrumpir «su deseo omnipotente de soledad y de inmutabilidad». La organización de conductas activas trata de «desdeñar, ignorar, excluir» esta amenaza exterior y busca que se le deje tranquilo «y poder así mantenerse en su estado beatífico». Las repeticiones obsesivas de gestos, las frases reproducidas sin variación alguna, el relleno de la memoria con asombrosas acumulaciones exhaustivas de datos que no dejan lugar a la sorpresa de nuevos conocimientos imprevistos no

---

9 La cuestión de qué tipo de placer experimentan los autistas ha sido objeto de numerosos debates. Desde quienes consideran el autismo como un auto-ero-tismo privado de «eros», es decir incapaz de sentir placer o de regular su psiquismo según el principio del placer-displacer, hasta quienes diferencian «goce» (puramente físico, accesible también para el autista) y «placer» (que añade una dimensión imaginaria, inalcanzable para el autista que no podría experimentar una simbolización distanciada de lo real).

controlados, etc., responden a impedir el cambio de lo ya conocido, controlado y dominado, a protegerse de la incesante amenaza de lo nuevo, que puede trastocar el equilibrio «perfecto» habitual, la «paz» solitaria que evita la «intrusión» de estímulos «extraños». Para Kanner, desde las nanas que, en una lengua extranjera, canturreaba sin parar uno de los niños de sus casos, hasta el que muy precozmente prefería leer sin parar textos del derecho y del revés, así como todos los demás síntomas, estaban interconectados con un mismo sentido: reaccionar a los dos trastornos «fundamentales» o «primarios» *(aloneness y sameness)*.

Si se comprende —desde la observación clínica en una relación terapéutica— la «funcionalidad» de estos comportamientos, se entiende que se busquen términos alternativos al de «tendencia a la inmutabilidad» —que se centra en el comportamiento hacia el mundo o entorno— para cambiarlos por otros que tratan de describir la simultánea percepción interna del autista que lo provoca; por ejemplo, «deseo de ser imperturbable» o «necesidad de sentirse impenetrable» se acercan más a los sentimientos que subyacen a tales comportamientos.

Pero la cuestión es que estamos en el registro de la percepción sensorial intolerable y no en el de una defensa voluntaria que el autista pueda comprender y, mucho menos, verbalizar. Así pues, poner palabras, de las que él carece, a sus sentimientos y sensaciones y lograr que —en vez de reaccionar evacuando angustias temerosas o rechazos violentos— pueda comenzar a nombrarlos y a protegerse con el uso, compartido, del lenguaje es un objetivo terapéutico irreemplazable. Como veremos, los terapeutas de autistas han tardado en descubrir que las palabras, con su consistencia sensorial (ruido, tono, volumen), son elementos «materiales» procedentes de un exterior «peligroso» que resultan amenazantes para el autista. Cosa fácil de imaginar y que las metáforas del lenguaje habitual también recogen: «escupe las palabras»; «cuando habla tira con bala». Por ello, los excesos verbales interpretativos no pueden ser ni tolerados ni integrados.[10] Así, cuando el autista

---

10 Como veremos más adelante, lo entendieron muy bien ciertos autores poskleinianos que, desde la autocrítica, fueron renunciando a su credo inicial y modificando su técnica terapéutica (cf. en el capítulo siguiente las ideas de Tustin y de Alvarez).

comienza a nombrar sensaciones corporales, a poner en palabras sus percepciones, casi siempre como primer paso para salir del mutismo, estamos ante un parámetro clínico positivo muy significativo.

Kanner se muestra muy sensible a la inteligencia y a las extraordinarias capacidades de (algunos) de estos niños y descarta relacionarlos con la deficiencia mental (parentesco que, como veremos más adelante, volverá a ponerse de actualidad en tiempos mucho más recientes). Tampoco quiere verlos relacionados con los casos muy semejantes, descritos por Bender bajo la denominación de «esquizofrenia infantil».[11]

Se detiene a la hora de describir los datos de las características familiares y de las trayectorias institucionales impuestas por decisiones médicas con intenciones terapéuticas, pero con resultados muy desfavorables. Relata cómo «Donald» (caso n.° 1: niño de 5 años y 1 mes) llega precedido por una carta (¡de 33 páginas a un solo espacio!), escrita por su padre, brillante abogado y fiscal. Señala que su madre era presidenta de una universidad y profesora universitaria de inglés, además de hija del director de un banco.[12] Cuando tenía tres años, su médico de cabecera considera que está «sobreestimulado» y prescribe un cambio de entorno. Su familia acepta ingresarlo en un sanatorio antituberculoso, a 75 kilómetros de su domicilio. Les permiten hacer dos visitas al mes y en este período deja de comer y permanece inmóvil, sin atender ni interesarse por nada. Pasado un año, los padres se lo llevan a casa a pesar de la oposición del médico y director del hospital (que emite un informe con un diagnóstico de «enfermedad glandular»). El pediatra de la familia lo remite a Kanner, quien a su vez lo confía a sus colaboradores Georg Frankl y Annie Weiss.[13] Donald es observado durante

---

11 Hochmann (2009) ha señalado que Kanner también decidió ignorar tanto que Melanie Klein («caso Dick») ya había recordado que la esquizofrenia es un deterioro (ella lo llamó «regresión») que aparece después de un período de normalidad, así como las descripciones de Seguin, autor que tras su experiencia en Francia emigraría a Estados Unidos, aportando e insistiendo en su idea de diferenciar la «idiocia» de la «locura», es decir, la «deficiencia» de la «psicosis».

12 Como decía con anterioridad, hoy han sido reveladas sus identidades: nombres, apellidos, relaciones familiares y profesionales, etc.

13 Ambos habían emigrado a Estados Unidos, procedentes de Viena, con la ayuda de Kanner y tenían una amplia experiencia por haber trabajado y colaborado con

dos semanas (en octubre de 1938) por Frankl y una psiquiatra, Eugenia Cameron, que señalan sus movimientos estereotipados y ritualizados y sus frases crípticas. Descubren que había «bautizado» los colores primarios asignándoles los nombres de las quintillizas Dionne (nacidas en 1934 y famosas por ser las primeras quintillizas sobrevivientes de la historia). Señalan también sus extraordinarios resultados en el «tablero de formas de Seguin» y que mostraba más vinculación con los objetos que con su madre; no tenía ninguna relación con otros niños, los alejaba para que no lo interrumpieran en sus pasatiempos favoritos. Apartaba las manos o los pies de las personas que interferían o que pisaban su juego sin mirarlas y sin enojarse con ellas. En una visita posterior a Kanner, Donald muestra progresos a pesar de no estar recibiendo ningún tratamiento concreto. Su madre mantiene contacto con Kanner por correo y este le envía regularmente informes sobre la evolución de su hijo. En uno elaborado once meses después, por ejemplo, señala que:

> se asea y viste solo por insistencia mía y con mi ayuda… cada vez tiene más recursos… Fabula historias, construye cosas con bloques de madera… Juega a tiendas con los productos del supermercado… Le siguen atrayendo mucho los números… Su juego mejora muy visiblemente, pero nunca ha formulado preguntas acerca de las personas y no muestra ningún interés en nuestra conversación.

Y en otro elaborado dieciséis meses después dice que: «Habla mucho más y formula muchas más preguntas… Si le pregunto sobre la escuela responde adecuadamente… Ha empezado a jugar de verdad con otros niños… Nos explicó e hizo jugar a toda la familia en un juego que había aprendido» (un año antes los padres habían alojado en su casa a un niño procedente de un orfanato para que se relacionaran entre ellos, sin éxito alguno).

Asperger en la Clínica Lazar de Viena. Kanner lo sabía, como prueba una carta de recomendación que envió a su mentor, Meyer, señalando el «sólido bagaje de Frankl en pediatría y su estrecha relación durante once años con la Clínica Lazar de Viena». Para Silberman esto confirma la sospecha de que Kanner sabía de la obra de Asperger y de su trabajo más de lo que reconocía (Silberman, 2016, cap. 4, pp. 210-211).

Kanner también señaló detalles de la familia de «Frederick W.» (caso n.º 2: niño de 6 años). Su padre, un especialista en patología vegetal, era descrito como «ligeramente obsesivo». Su madre, que era universitaria, secretaria médica, directora de una escuela de secretariado y profesora de historia, fue calificada de «sana y moderada». Su abuelo paterno dirigió varias minas en Brasil, fue decano de una Facultad de Medicina, director de un museo de arte y desarrolló misiones médicas en África. Por todo ello, y porque desapareció de su país durante veinticuatro años —para casarse con una escritora en Europa sin haberse divorciado de su primera mujer—, su familia lo consideraba «un tipo genial». Kanner lo recoge y detalla además rasgos de la personalidad de la abuela paterna, «una especie de misionera, muy dominante, con la que es difícil entenderse y pionera en una alejada escuela de montañeros», y de los cuatro hermanos del padre (autor de *best-sellers,* cantante, escritor de libros de aventuras y pintor, respectivamente). Esta suma de detalles hace pensar que Kanner quería subrayar la concentración de características «geniales» y «creativas» que había en la familia, lo cual sugiere dos comentarios: el primero es que, como veremos, Asperger también se interesó por esta cuestión de la genialidad familiar; el segundo es que, muy recientemente, también genetistas muy competentes han reavivado la cuestión.[14]

En cuanto a «Frederick W.» (caso n.º 2: niño de 6 años), sus padres señalaban su obsesión por volver a colocar en su sitio los adornos de las estanterías cada vez que los movían. Jamás se interesó por el juego de buscar objetos ocultos. Aterrorizado por los objetos mecánicos, tenía espanto a los ascensores. Ignoraba a los conocidos, sin mostrar ninguna reacción, incluso a sus abuelos, «como si no estuvieran allí»; la gente lo molestaba: «siempre ha sido autosuficiente». No tenía interés alguno por ningún objeto nuevo, no le interesaban ni los juguetes ni los niños que jugaban con ellos. Ya a los dos años cantaba una veintena

---

14 Después de décadas de descrédito que habían llevado a desecharla, la cuestión de los rasgos autistas de los padres de niños autistas y del carácter hereditario de su transmisión se está reactivando tanto desde el periodismo especializado (Silberman [2016] ha señalado la «epidemia» de hijos con autismo entre los peculiares y superdotados técnicos de Silicon Valley) como desde los especialistas en autismo (Baron-Cohen *et al.,* 1997a) y desde la investigación genética (Polimanti y Gelernter, 2017).

de canciones; entre otras, una canción de cuna en francés. Repetía las preguntas sin adecuar los pronombres. Su madre recordaba que de bebé nunca presentó la reacción de ajuste postural cuando lo cogía en brazos.[15] Absorbido por los objetos que le interesaban, rechazaba a las personas que se acercaban como si fueran «intrusos mal recibidos». Su expresión mímica y gestual era «tensa e inteligente». Como varios de los otros casos relatados, utilizaba la mano de otras personas, a las que no miraba, y podía, en cambio, succionarla o acariciarla con su boca, como si se tratara de un objeto aislado. Resultó imposible valorar su capacidad en los tests de exploración por su absoluta falta de cooperación.

La familia de «Richard» (caso n.º 3; niño de 3 años y 3 meses) también retuvo su atención: «su madre aporta muchas notas escritas en las que describe con preocupación obsesiva numerosos detalles y con tendencia a añadir sus propias y personales interpretaciones, buscando particulares explicaciones cogidas por los pelos». Detalla que su madre, al prepararlo para ser limpio (regulando su defecación), le administraba un supositorio diario, desde que tenía tres semanas, «para que sea regular como un reloj». También recoge Kanner que: «su padre es profesor universitario de silvicultura, muy trabajador y sin interés por los contactos sociales. Su madre ha hecho el bachillerato, su abuela materna es médico y el resto de la familia se compone de personas con buenas profesiones».

Richard había recibido un diagnóstico previo de sordera porque no respondía a las preguntas. En su observación señalan que, aunque es difícil precisar si oye, parece que sí. No habla, pero parece entender sugerencias verbales... sin mirar a sus interlocutores. Obedece órdenes verbales —«siéntate», «túmbate»— incluso cuando el interlocutor no está a la vista. No presentó ningún signo de adaptación o de ajuste postural ni con su madre, ni con una nodriza. No emite palabras inteligibles.

---

15 La ausencia de aparición de los reflejos tónico-motores de anticipación del abrazo y del ajuste postural (a partir de los 4-6 meses de desarrollo) ya había sido observada y señalada por Lauretta Bender y, posteriormente, se han confirmado como dos signos precoces frecuentes en los bebés autistas y relacionados con su dificultad para el apego.

Emitió pronto algunas, pero luego hubo una parada brusca y las palabras iniciales fueron sustituidas por emisiones de sonidos. Inició la marcha erecta con un año. Cuando fue reexaminado a los 4 años y 4 meses, el único interés que mostró fue hacia los interruptores de la luz. Lo mismo ocurrió a los cuatro años y once meses, edad en la que trepó sobre una silla y de esta a la mesa del despacho para alcanzar el interruptor de una lámpara mural... Al ser incapaz de decir lo que quería, «se muestra loco de rabia hasta que su madre entiende lo que quiere». Tenía un hermano 31 meses más joven que él y: «su madre comprendió que era incapaz de tenerlo en casa y fue internado en una guardería especial al cuidado de una mujer que tenía una notable habilidad para ocuparse de niños difíciles [...]. Últimamente ha conseguido que emita bien claro su primera palabra inteligible; era "buenas noches"».

Otro de sus casos, «Paul G.» (caso n.º 4; niño de 5 años), le fue enviado para una evaluación psicométrica —de su capacidad intelectual— porque estaba considerado como un «débil mental severo». Inmigrante junto con su madre, habían llegado de Inglaterra cuando él tenía 2 años, tras un conflicto conyugal que hizo que sus padres se separaran. Su madre es calificada de «inestable, nerviosa y atormentada». Empeñada en enseñarle poemas y canciones, había logrado que Paul, con tres años, fuese capaz de repetir «las palabras de al menos 37 canciones y diversas cantinelas infantiles». Vomitaba mucho, lo que determinó cambios alimentarios frecuentes. La descripción que se hace de Paul es la siguiente:

> Esbelto, bien armado y atractivo, inteligente y animado, buena habilidad manual. Interesado, cuidadoso y hasta afectuoso con los objetos [...] Apartaba impasible a quien se interponía, si no lo lograba continuaba haciéndolo con insistencia y al final con gritos y patadas [...]. Repetía frases vinculadas para siempre a las situaciones vividas en que las oyó pronunciar por primera vez [...]. Tenía buen vocabulario, decía frases completas; incapaz de utilizar el «yo», refiriéndose a él mismo en tercera persona [...]. Ningún afecto por la gente, nunca miraba a nadie a la cara...

Una niña, «Bárbara B.» (caso n.° 5; niña de 8 años), le fue enviada por su padre, un colega psiquiatra (hoy sabemos hasta su nombre verdadero, ya que se trataba de Wendell Muncie). Su madre era una mujer «de buena educación y encantadora». A los ocho años esta niña lo sabía todo sobre péndulos, chimeneas y transportes militares. Su madre comentaba: «Todo lo que sobresale en algún sitio, como una chimenea o un péndulo, le fascina». Su padre había dicho con anterioridad: «Una reciente curiosidad por las materias sexuales, rondándonos cuando nos bañamos, y un interés obsesivo por los cuartos de baño». Leía excelentemente y con rapidez, pero era incapaz de memorizarlo o de relatarlo. Su escritura era legible, pero acumulaba palabras mezcladas sin ningún sentido narrativo. Interrumpía con frecuencia las conversaciones con la introducción inadecuada de referencias a los temas que le interesaban (transportes motorizados, pasearse montada «a caballito»). Sus padres señalaron que desde bebé nunca había manifestado ningún afecto hacia nadie. Fue enviada a una escuela especializada (Escuela Devereux), en la que progresó en aprendizajes y relaciones con personas.

Otra niña, «Virginia S.» (caso n.° 6; niña de 11 años), también era hija de un psiquiatra. Pese a ello, había residido desde los cinco años en un hospicio para deficientes mentales, siendo considerada «muda y sorda». Allí fue observada casualmente, durante una visita a la institución en la que estaba internada, por la directora de programas ambulatorios de la Clínica Phipps de Filadelfia, Esthel Richards, quien la oyó cuando tarareaba una canción navideña. Conocedora de la experiencia de Kanner, decidió derivársela para un nuevo diagnóstico, con un comentario complementario: «Debe de haber muchos niños parecidos en sanatorios cerrados».[16] También la describió como

> absolutamente diferente de los otros niños [...] no jugaba con ninguno [...] no parecía sorda pero no hablaba [...] no prestaba ninguna

---

16 Efectivamente, tenía razón. En Estados Unidos, durante las décadas de 1930-1940 —y también más tarde—, que una niña autista estuviera internada en instituciones para deficientes o para enfermos mentales adultos era bastante habitual (Trent, 1994).

atención a lo que se le decía, pero comprendía rápidamente lo que se le pedía [...]. Sus resultados reflejaban cuidado, precisión y capacidad de discriminación [...]. Obtuvo un CI de 94 en los test de Binet y de Merril-Palmer... Pero su inteligencia es superior a eso [...]. Se siente apurada y rápidamente agitada en grupo, tratando de abandonarlo y buscarse otra actividad fuera de él.

Tenía un hermano cinco años mayor que ella que también fue estudiado por presentar, a los 15 años, una severa tartamudez. Kanner señala que al hablar con él le comentó que «el único contacto que tuvo con su padre fue una vez que le riñó por hacer algo mal [...]. Con su madre tampoco tuvo apenas contacto [...]. Había vivido en una atmósfera glacial con dos extranjeros inabordables». Kanner hacía más comentarios sobre el padre de Virginia:

> Dijo de sí mismo que jamás había amado a los niños, probablemente una reacción por mi parte causada por los constantes viajes e interrupciones constantes [...]. Sobre la madre, su marido dijo que: en cualquier caso, no es el prototipo de madre [...]. Su actitud —hacia los niños— es mucho más parecida a la que se tiene con una muñeca o con un animal familiar.

Los padres de «Herbert B.» (caso n.º 7; niño de 3 años y 2 meses) se separaron poco después de su nacimiento. El padre era un psiquiatra «de inteligencia inhabitual, sensible, introspectivo [...] para nada interesado por la gente, cerrado sobre sí mismo [...]. Con el tiempo se volvió alcohólico». La madre también era médica. Herbert era el pequeño de tres hermanos que vivían con su madre tras la separación parental. La mayor había sido diagnosticada de «débil mental» y, posteriormente, de «esquizofrenia», pero tras la separación de sus padres «se desplegó». Hablaba bien, presentaba un CI de 108, progresaba escolarmente y se interesaba por la gente, con la que mantenía relaciones razonablemente buenas. Su otro hermano, el segundo, era un chico normal y con buena salud. Herbert vomitó todo lo que comía durante sus tres primeros meses; luego los vómitos cesaron de manera repentina y, salvo alguna regurgitación, comía satisfactoriamente.

Rechazaba con insistencia beber líquidos salvo en vasos de cristal. Fue un bebé «tranquilo y lento»; llegaron a pensar que era sordo porque no reaccionaba al hablarle y no le interesaban las personas. Empezó a andar de repente, a los dos años, sin reptar previamente ni apoyarse en las sillas. Le espantaban las corrientes de agua y las fugas de gas. Si notaba cualquier cambio se agitaba y gritaba. Durante su examen «mostró una fisonomía inteligente y una buena coordinación motriz». Fue reexaminado más tarde, a los cuatro años y siete meses y a los cinco años y dos meses, y todavía no hablaba. Tampoco prestó atención a las personas presentes. Se hallaba completamente absorbido por lo que estaba haciendo; no sonreía jamás; algunas veces emitía sonidos inarticulados y canturreaba de manera monótona [...]. En cierto momento se aferró a la pierna de su madre "palpándola" con los labios [...]. Se llevaba frecuentemente los objetos a la boca».[17]

«Alfred L.» (caso n.° 8; niño de 3 años y medio) pasaba el día entretenido y absorbido por sus actividades con ciertos objetos, absolutamente incapaz de prestar atención a nada ni nadie más. Siempre quería volver a ellas y no presentaba ningún interés social. Tuvo graves problemas de lactancia durante sus dos primeros meses para, después, desarrollarse vigorosamente. Su sedestación se produjo a los cinco meses y la marcha erecta a los catorce. El lenguaje se desarrolló lentamente, con confusión en el uso de los pronombres y sin poder utilizar jamás el tono interrogativo. Nunca pronunciaba una frase sin repetirla. Estaba «permanentemente preocupado» (mostraba temor por las quemaduras del pan tostado o por la luna cuando no aparecía). Jugaba solo y no permitía que nadie participara. Se llevaba todo a la boca y con frecuencia se tragaba cualquier cosa (piedrecitas, gasolina), con alguna complicación seria (aspiración de la lana de su peluche y traqueotomía).

17 Las investigaciones y observaciones recientes con bebés han mostrado que los recién nacidos utilizan el tacto labial-bucal para la exploración de los objetos (pecho, tetinas, etc.) y que esta actividad les permite luego el reconocimiento y la discriminación visual de los objetos así explorados (transferencia intermodal). La persistencia, la no extinción, de esta actividad exploratoria («tactilización» de los labios) ha sido considerada una característica del comportamiento autístico (Delion *et al.* [1998]).

Era hijo único. Su padre, químico y licenciado en Derecho, «no trataba con la gente; era suspicaz, susceptible, colérico; había que presionarlo para que viera a los amigos; pasaba el tiempo leyendo, en el jardín y pescando». Su madre, psicóloga clínica, era «muy obsesiva y excitada»; dejó a su marido dos meses después de nacer Alfred, que vivió con ella y los abuelos maternos. La madre transformó su hogar en una guardería y escuela para niños pequeños. El abuelo paterno, psicólogo, era «terriblemente obsesivo, con abundantes tics, en particular lavarse las manos constantemente; temía morir de una enfermedad cardíaca y pensaba sin cesar en una misma idea». Su abuela, «una persona explosiva, excitada, mantenía muchas discusiones públicas, había publicado varios libros y era una solitaria feliz, muy preocupada por cuestiones de dinero». Alfred no vio a su padre hasta los 3 años, «cuando su madre decidió que debía conocerlo e hizo gestiones para que fuera a visitarlo a su casa». Fue explorado por primera vez a esta edad y, además de mostrarse indiferente a las personas que lo examinaban, de inmediato se sintió atraído en la sala de juegos por un tren. Contaba incesantemente sus vagones y ventanas y no consiguieron que se despegara de él. También fue pacientemente explorado en otra sala, obteniendo en el test de Binet un CI de 140. No volvió a consulta tras esta primera visita porque su madre «sentía gran angustia al confrontarse con los médicos».

Tres años después, a demanda de Kanner, su madre envió un informe escrito: «le llaman el lobo solitario... Prefiere jugar solo y evitar a otros niños... No le interesan los adultos... Evita la competición... Se lee a sí mismo historias sencillas... Tiene mucho miedo a herirse y habla mucho de la silla eléctrica... Entra en pánico cuando casualmente alguien tapa su cara».

Cuando tenía nueve años, fue convocado y explorado de nuevo, «para una actualización de sus progresos». Sus padres habían decidido volver a vivir juntos. Entretanto, había pasado por ¡once! escuelas diferentes. Había sufrido numerosas enfermedades que lo mantenían en cama (gripes, bronquitis, impétigo, varicela, estreptococias) «y una vaga enfermedad, a la que los pediatras no encontraban explicación... que la madre insistía en decir que era una fiebre reumática». Kanner hace un extracto del informe escrito por la madre, repleto, a su juicio, de «enumeraciones obsesivas y detallados ejemplos que intentan probar su normalidad»:

> Ha comenzado a jugar con niños más pequeños… Los utiliza como muñecas… eso es todo [...]. Lo hemos cebado de música, teatro y recitales [...]. Está terriblemente acaparado por su juego y no quiere a nadie alrededor [...]. Tiene muchos terrores, siempre relacionados con ruidos mecánicos (picador de carne, aspirador, coches, trenes, etc.), que supera con un interés obsesivo por esos objetos mecánicos [...]. Ahora tiene pánico a los ladridos.

En esta exploración se muestra

> extremadamente tenso y concentrado mentalmente durante toda la entrevista [...]. Si no fuera por su voz juvenil, daba la impresión de un hombrecito adulto, preocupado y ansioso [...]. Hablaba de muchas cosas nada personales, insistiendo obsesivamente en hacer preguntas sobre las ventanas, persianas, cámaras oscuras, sombras y, especialmente, sobre la sala de rayos X [...]. Ningún otro tema conseguía apartarlo de la cuestión de la luz y la oscuridad [...]. Entretanto respondía a las preguntas del examinador, que debía repetirlas varias veces [...]. Negociaba con él respuestas alternativas: «si tú me respondes yo te respondo» [...]. Se mostró dolorosamente específico en sus definiciones [...]. Mostraba un serio deseo de tranquilizarse sabiendo que su definición era suficientemente completa.

Kanner recoge textualmente las detalladas definiciones, las propias palabras, de Alfred: de cinco líneas para definir «balón» y de cuatro para definir «tigre». Pese al mucho tiempo transcurrido y a lo que ha cambiado el formato, estilo y la extensión de las publicaciones científicas, no se puede dejar de subrayar su interés y su respeto por mostrar las capacidades —y el sufrimiento subyacente— del propio paciente.

Finaliza la observación sobre Alfred señalando que «el observador, que recordaba muy bien de la visita anterior de seis años antes, no era para él nada más que una persona que debía responder a sus preguntas obsesivas sobre la luz y la oscuridad». Sin embargo, unas pocas líneas atrás relata la sorpresa y las preguntas de Alfred al ver que, en el membrete de todas las hojas utilizadas por los profesionales, figuraba la carátula y dirección del hospital: «¿Por qué? ¿Acaso no sabían donde se encontraban cuando escribían sus anotaciones?». Me parece importante, porque —como veremos más adelante, al debatir la cuestión de la falta de empatía y de la ausencia de teoría de la mente de estos niños— cabe preguntarse si lo que le pasa a Alfred es que es incapaz de entender la lógica mental que usan los otros (problema cognitivo) o es que los imagina tan perdidos y necesitados de saber dónde están y cuánto tiempo llevan así como lo está él (problema afectivo: proyección de su propia confusión y angustia).

«Charles N.» (caso n.º 9; niño de 4 años y medio) es el mayor de tres hermanos (los otros tienen 28 y 14 meses, respectivamente). Ya antes de cumplir dos años, distinguía dieciocho sinfonías y anunciaba el nombre de su compositor al oír sus primeros compases. Sin embargo, su madre presentó como queja principal que «lo que más me perturba es que no puedo acostarlo». Lo describía como un bebé «inactivo, lento y flemático», que se limitaba a mirar alrededor «como hipnotizado» mientras se hallaba tumbado en su cuna.

Se sospechó que tenía hipotiroidismo, pero, tratado como tal, no mejoró nada. Añadía su madre que, además de la música (afición alimentada por la familia), se interesaba, con gran habilidad motriz, por hacer girar juguetes, tapones de botellas y tarros durante horas. También intentaba atrapar el reflejo de la luz en un espejo.

> No me prestaba nunca ninguna atención […]. Lo más impresionante es su desapego y su inaccesibilidad […]. Toda conversación consiste en una reproducción exacta de lo que se le ha dicho […]. Se muestra obsesionado por sus heces, escondiéndolas en cajones […]. Si entro en su habitación —refiere la madre— me dice: «has ensuciado tus pantalones; ahora no puedes tener tus lápices» […]. El resultado es que nunca está limpio; solo se ensucia en casa cuando vuelve de la guardería; allí no lo hace […]. También está orgulloso de orinarse encima… Cuando lo hace salta gritando exultante: «¡mira qué gran charco he hecho!».

Tiene una formidable memoria para retener palabras y un excelente vocabulario, salvo en el uso de pronombres: habla de sí mismo en 2.ª o 3.ª persona. Pero no entabla conversaciones; solo se explaya para hablar de los objetos que le interesan. Se sentó a los seis meses; «rompió» a andar a los quince en un solo día, sin haber gateado nunca con anterioridad. Charles se presenta con aspecto de «chico inteligente, bien desarrollado y con buena salud física». Sin mirar a nadie, exige un lápiz y garabatea el número dos (visible en un calendario del despacho). Llega con un libro de *Reader's Digest* fascinado por la foto de un bebé. Y comenta repetidas veces: «Mira qué bebé más divertido... ¿A que es mono?». Cuando se le quita el libro aparta la mano del adulto que lo hace, sin mirarle ni decirle nada. Tampoco lo hace cuando se le pincha con un alfiler y reacciona haciéndose una pregunta: «¿Qué es?», a la que él mismo responde: «Un alfiler». No utiliza lenguaje comunicativo en ningún momento de la exploración. Usa palabras como «octógono», «diamante», «bloque oblongo», pero a continuación pregunta: «¿Qué es?». Responde al oír su nombre, pero no mira a su madre cuando le habla. Es muy hábil en sus movimientos.

Su padre, diplomado universitario y comerciante de ropa, es un hombre «que se ha hecho a sí mismo» y que es «amable, tranquilo y plácido». Su madre, «de igual carácter», tiene un «brillante pasado comercial». La abuela materna, «muy dinámica, fuerte, hiperactiva, casi hipomaníaca», ha publicado escritos y composiciones. La tía materna, «brillante y neurótica, inclinada a la histeria», ha escrito poemas y canciones. Un tío materno, psiquiatra, tiene un talento musical considerable. La familia paterna queda descrita como «gente simple y ordinaria». Charles fue enviado a un centro especializado (la Escuela Devereux, como el caso n.º 5: «Barbara B.»).

«John F.» (caso n.º 10: niño de 2 años y 4 meses) también presentaba una extraordinaria sensibilidad auditiva y capacidad de identificación musical. Era capaz de recitar multitud de plegarias y nanas o letras de canciones en varios idiomas (y su madre estaba muy orgullosa de sus logros). Cuando su padre silbaba una melodía la identificaba de inmediato: «*Concierto para violín de Mendelssohn*». Al igual que Charles, erraba con los pronombres; decía: «Tú has hecho...» cuando lo hacía él y hasta los 4 años habló de sí mismo en segunda persona. Además, era muy reacio a saludar a sus padres. Obsesivo y rígido en el cumplimiento de sus rutinas cotidianas, el menor cambio de hábitos le producía ataques de pánico. Plenamente consciente de los cambios y asimetrías de su entorno, obligaba a mantener de modo permanente las ventanas cerradas y, si estaban abiertas o alguien trataba de hacerlo —cosa que su madre hacía «para romper su obsesión»—, las cerraba violentamente o lloraba con gran congoja si no se lo permitían.

Fue hijo único hasta los cinco años. A su padre le preocupaban sobre todo sus dificultades con la alimentación, que ocasionaron frecuentes hospitalizaciones, y también la lentitud de su desarrollo. Rechazó el pecho y el biberón: «Lo hemos intentado todo para hacerle comer». Comenzó a andar a los 20 meses. Succionaba su pulgar y rechinaba los dientes, balanceándose, sobre todo antes de lograr dormirse. «Si no hacíamos lo que quería gritaba y nos reclamaba». Su padre, psiquiatra, es «tranquilo, plácido, emotivo y estable, una persona que transmite paz a su familia». Su madre, universitaria, secretaria de un laboratorio médico hasta su matrimonio, «es una persona de tipo hipomaníaco». La abuela paterna, «muy obsesiva, se lavaba religiosamente las manos a cada minuto». El abuelo paterno era contable.

Durante la primera exploración, John erró por el despacho sin ningún objetivo. No llegó a relacionar entre sí ninguno de los objetos presentados. No respondió a ninguna propuesta y sus padres solo consiguieron provocar, con gran dificultad, que hiciera torpemente los gestos de «adiós» y de besar. Tres meses más tarde su vocabulario había mejorado notablemente. Al final de sus cuatro años era capaz de contacto afectivo, muy limitado, con un reducido número de personas. Utilizaba el lenguaje como repetición incesante de las frases que había oído, aunque sin ajustar los pronombres correctos. Comenzó a usarlos de manera gradual y correcta a partir de los cuatro años y medio.

Tenía obsesiones muy marcadas; efectuaba las rutinas cotidianas de manera rígida, el menor cambio provocaba accesos de pánico [...] repetía frases sin fin [...] tenía una excelente memoria, podía recitar muchas oraciones y canciones infantiles o en otra lengua; su madre hizo todo lo posible para que lo lograra y estaba muy orgullosa de sus logros. Cuando su madre trataba de abrir una puerta o una ventana «para cortar su obsesión» de mantenerlas cerradas, se ponía furioso y las cerraba violentamente. Comportamiento muy perturbado cuando encontraba algún objeto roto o incompleto. A los seis años y medio dominaba correctamente el uso de los pronombres. Viendo una foto de un grupo de personas le preguntó a su padre: «¿Cuándo saldrán de la foto y vendrán aquí?». A los tres años sufrió dos episodios de convulsiones con desviación de la mirada y parálisis pasajera del brazo derecho. El examen neurológico no presentaba ninguna anomalía [...]. Un electroencefalograma mostró «una perturbación focal en la región occipital derecha», pero «gran parte del trazado no pudo ser leída por continuos artefactos debidos a la falta de cooperación del niño».

«Elaine C.» (caso n.º 11; niña de 7 años y 2 meses;) había sido previamente diagnosticada de «deficiencia mental y posible sordera». Se pensó, por sus extraños comportamientos a partir del año, que podía haber sufrido una encefalitis y también que su madre la había «malcriado». También se le administraron los productos usuales para alteraciones de la tiroides y la hipófisis. Algunos médicos, viendo su aspecto inteligente, pronosticaron que evolucionaría bien. A los dos años, en la guardería, se comió las plantas y se bebió el agua que le dieron para regarlas. Muy pronto se interesó por las fotos de animales. Con un año pronunciaba varias palabras, pero se estancó y no aprendió ninguna más en los cuatro años siguientes. Comenzó a hablar a los cinco, utilizando frases repetidas de manera mecánica, sin relación alguna con el contexto. Le espantaban los ruidos y todo lo que se movía; huía corriendo al garaje cuando su madre encendía la aspiradora. No se relacionaba ni dialogaba con las personas. Respondía a las preguntas repitiéndolas en eco y, si eran largas, solo reproducía las palabras finales.

Fue enviada por Kanner a un hogar especial (Child Study Home, en Maryland) donde durante tres semanas fue estudiada cuidadosamente por sus colaboradores: Georg Frankl (que, como hemos visto, había sido ayudante de Asperger en Viena y tenía gran experiencia con estos niños) y Eugenie Cameron. Allí aprendió muy rápidamente los nombres de todos sus compañeros, el color de sus ojos y múltiples detalles de cada uno de ellos. Cuando salían al patio de juego, se escapaba a su habitación. Paseaba sola y pasaba horas contemplando fascinada libros con imágenes de elefantes, cocodrilos y dinosaurios. Desarrolló un vocabulario excelente y tenía un gran conocimiento de los nombres y clasificación de los animales, que le encantaban. Los imitaba a cuatro patas y se rodeaba de los de peluche, pero ignoraba a los niños. Jugaba durante horas sola, encerrada en su habitación, con bloques o cuentas que ensartaba y ordenaba minuciosamente una y otra vez. Repetía aforismos «surrealistas»: «las mariposas viven en la tripa de los niños y también en su ropa interior [...]. Las gárgolas tienen bolsas de leche [...]. Los dinosaurios no lloran [...]. Los cangrejos y los tenedores viven en el vientre de los niños». Kanner se explaya al relatar con detalle —y citar textualmente muchas más— las exuberantes y fantásticas frases de Elaine —¿tal vez observadas y recogidas por Frankl?— y las cataloga de «frases estereotipadas».

Pese a esta riqueza en su lenguaje, no lo acompañaba de gestos ni de expresiones faciales, su voz no tenía modulación alguna y, cuando hablaba, nunca miraba a sus interlocutores. Su sintaxis era inflexible y repetía las frases tal como las había oído. Jamás se relacionaba con los niños y pasaba horas en una especie de ensoñación con un aire de sentirse, aparentemente, muy feliz. Tenía tendencia a mantener movimientos rítmicos de masturbación, sobre todo en períodos de excitación, que eran rápidos y muy precisos.

Fue enviada a una escuela privada en la que, según su padre, tuvo cambios «sorprendentes»:

> ha perdido sus rasgos de animal salvaje [...]. Sigue parloteando sin continuidad, frecuentemente fijada en un tema ocasional divertido, deliberado y anunciado [...]. Lee muy bien y muy rápido, pero su pronunciación, sin acentos, no es clara [...]. Observa muchísimas cosas y su memoria es casi infalible [...]. Es evidente que no era normal [...]. El

fracaso de algo la conducía a un sentimiento de desesperación y a un estado depresivo.

No parece casual que, para terminar su magistral relato, Kanner eligiera dar la palabra a un padre que, con gran sensibilidad, relataba el profundo sufrimiento psíquico que detectaba en su hija. Seguramente sea un detalle que permita comprender su empatía hacia la falta de empatía parental, que creía frecuente en el entorno familiar de los niños autistas estudiados, lleno de titulados superiores y de colegas psiquiatras. Como veremos, pasó su vida profesional ulterior diciendo a los padres que ellos no eran la causa del sufrimiento de sus hijos, pero, una vez vista su primera descripción, parece que también pensaba que tenían dificultades para entenderlo; una dificultad que quienes han tratado niños autistas entienden muy bien, por haberla experimentado en su convivencia siempre difícil con ellos, cosa —ocuparse de su tratamiento— que, no olvidemos, Kanner no hizo.

Las hipótesis etiológicas. Acusado de culpar a los progenitores

Kanner aporta una novedad conceptual fundamental: señalar que el trastorno principal (del autista) es su incapacidad para establecer relaciones normales con las personas y para reaccionar hacia ellas adecuadamente, desde el comienzo de la vida. Sus ideas respecto de las causas del autismo, esto es, su etiología, fueron variando y matizándose a lo largo de su prolongada carrera. Aunque desde un principio planteó la naturaleza «innata» del trastorno, lo cual en su época equivalía a afirmar que su origen era biológico, también se detuvo en comentar ciertas características del entorno familiar (cosa que entonces parecía innovadora). Calificó a las familias de «altamente inteligentes», pero «poco cariñosas». Algunos padres habían recogido «con obsesividad» tantos detalles que parecían constituir una «monografía» de sus hijos. Describió familias con relaciones «poco felices» o «tibias» y con más tendencia y preocupación por las abstracciones científicas y las aficiones literarias y artísticas que por las relaciones de la vida cotidiana. Se preguntaba sobre una eventual «contribución» de los padres a la «condición» de sus hijos, pero precisó que le parecía difícil atribuir la totalidad del cuadro clínico a las relaciones precoces entre padres e hijos, sugiriendo la posibilidad de un «hándicap biológico [...] análogo a otros hándicaps físicos o intelectuales innatos» que impedía establecer relaciones afectivas. Explicitó también que sus casos procedían de familias de alto nivel social: «mi búsqueda de niños autistas con padres de nivel cultural modesto ha resultado inútil». Bender mostró de inmediato su desacuerdo y afirmó que la visión de Kanner era sesgada y derivada de la procedencia social elitista en la que reclutaba sus casos, mostrando que los niños que ella había estudiado procedían de todas las etnias y clases sociales del país y que sus padres tenían personalidades y niveles de estudio extremadamente variados (opinión que parece confirmarse en los estudios epidemiológicos posteriores, si bien la controversia sigue abierta).[18]

Aunque describió ciertas disfunciones en las interacciones padres-niño, explicitó que, si bien «podían desempeñar un papel dinámico», este «no era suficiente para explicar la génesis del autismo». Al igual que Bender, planteó una posible «encarnación biológica», por la que las vivencias del bebé y sus primeras relaciones podrían quedar inscritas en forma de huellas neurobiológicas en su organización cerebral (hipótesis confirmada actualmente por los descubrimientos sobre la plasticidad cerebral). Más adelante, tras haber constatado que había autistas con padres sanos y que algunos padres con las mismas características de las que había descrito en los padres de autistas podían tener hijos normales, negó expresamente que el autismo pudiera ser una enfermedad «creada por el hombre» y también reconoció que las perturbaciones del clima familiar eran una posible consecuencia de los trastornos del niño (Kanner, 1968). Además, se preguntaba si algunos rasgos de ciertos padres (obsesividad, dificultad para la comunicación emocional) no serían signo de un autismo «mínimo», de una «personalidad felizmente autística».

18 Si bien revisaré y comentaré algunos de estos estudios recientes más adelante, los criterios diagnósticos cambiantes respecto de qué es el autismo (conforme a cómo lo describió Kanner) y qué cuadros clínicos forman parte del denominado y mucho más extenso «espectro autista» actual, dificulta las comparaciones entre épocas que han usado criterios diagnósticos diferentes.

En su minucioso estudio de toda la obra de Kanner y de los matices y vaivenes de sus posiciones teóricas y clínicas, Berquez (1983) señala el particular equilibrio conceptual que tuvo que adoptar para hacer valer sus ideas. Para este autor, Kanner, con el fin de defender la especificidad y originalidad de su nuevo concepto y diferenciarlo de otros afines, y para basar en él su empeño en convertir a la psiquiatría infantil en una nueva especialidad, se vio obligado a varias cosas: en cuanto a su etiopatogenia, y para diferenciarlo de la demencia (infantil) de Heller y de la demencia precocísima de Sante de Sanctis, que habían caído en desuso, necesitaba desmarcar al autismo de una eventual naturaleza orgánica y evitar así que posteriores estudios anatomopatológicos confirmaran su carácter de enfermedad neurológica y clausuraran su carácter de enfermedad psiquiátrica. Por eso siempre conservó cierta indefinición a la hora de precisar cuál era el componente biológico innato que explicaba el trastorno relacional fundamental cuya especificidad era de carácter clínico; en cuanto a que se presentara desde el nacimiento y se pudiera evidenciar clínicamente ya a partir del segundo semestre de vida, permitía distinguirlo de la esquizofrenia infantil, cuadro que se definía por cursar tras una fase previa de desarrollo normal. Berquez muestra, en su seguimiento de las ideas de Kanner, que hasta encontrar este dato diferencial (únicamente clínico) del distinto momento de inicio, pensó durante años que «el AIP podría considerarse como la manifestación más temprana de la esquizofrenia infantil» y que «su» autismo infantil precoz quedaría vinculado al concepto de «esquizofrenia infantil» (idea que, como hemos visto, ya había sido desarrollada previamente, sobre todo por Bender), evitando así quedar diluido hasta desaparecer, como había ocurrido con las entidades de Heller y de Sante de Sanctis). Permanecer emparentado con la esquizofrenia infantil garantizaba el apoyo y la consideración de otros psiquiatras e instituciones influyentes. Sin embargo, en Estados Unidos el componente psicogenético, la vinculación del trastorno con alteraciones en las relaciones tempranas —y el optimismo que abría a intervenciones psicoterapéuticas preventivas y curativas— propiciaron rápidamente un exceso de diagnósticos de autismo: «Casi en una noche el país aparece poblado por una multitud de autistas», comentó Kanner. Pero este exceso también podía diluirlo al equiparar el autismo a otros trastornos reactivos de causa relacional.[19] Riesgo al que Kanner reaccionó reforzando en su conceptualización el carácter biológico del trastorno.

Si en 1949 Kanner decía: «No creo que exista la menor posibilidad de que el autismo infantil precoz quede en el futuro separado de la esquizofrenia, como ha ocurrido con la afectación de Heller o con ciertas formas de la denominada *demencia precocísima* de Sante de Sanctis», en 1958, en cambio, afirmaba que:

> no conviene olvidar que la enfermedad de Heller era universalmente considerada como una enfermedad esquizofrénica, hasta que las biopsias cerebrales mostraron la existencia de una degeneración celular a nivel de los gangliones y un estrechamiento de las dendritas en las capas inferiores del córtex [...]. Por esta razón debemos esperar pacientemente los resultados de las investigaciones en curso actualmente [...] que intentan descubrir las anomalías metabólicas y electrofisiológicas y que intentan así completar las investigaciones psicodinámicas existentes concernientes al autismo infantil.

En resumen, en los treinta años (1943-1973) en los que Kanner publicó sus cavilaciones pueden distinguirse tres períodos: 1) entre 1943-1954, su interés primordial es la descripción clínica del cuadro y de sus síntomas. La hipótesis de un sustrato biológico, enunciada en su primer artículo, no la desecha, pero tampoco la desarrolla en sus consideraciones sobre la etiopatogenia del autismo. Acepta considerarlo como una manifestación muy precoz de la esquizofrenia infantil y sostener así la consistencia de su descripción para evitar lo que ocurrió con los cuadros descritos por Sante de Sanctis y por Heller que, cuando nuevos descubrimientos confirmaron

---

19 En concreto, Margaret Mahler postulaba el carácter psicodinámico de su «psicosis simbiótica», entendida como una «fijación» (patológica) en una fase del desarrollo (normal) del proceso que lleva de la dependencia a la autonomía, y sus ideas, con una audiencia superior a la de Kanner, tenían a favor el auge del psicoanálisis que, además, tenía un aura «progresista» y abría la esperanza para el tratamiento del autismo. Debemos resaltar que Kanner comentó elogiosamente el concepto de «psicosis simbiótica» de Mahler y la diferenciación que esta hacía entre sus casos y los de «autismo infantil precoz», descritos por él (en la edición de 1973 de su libro *Child Psychosis*).

su organicidad neurológica, perdieron su carácter de entidad psiquiátrica; 2) entre 1955-1956, publica dos artículos para afirmar, en el primero (de 1955), la naturaleza psicopatológica del autismo infantil precoz, pues, según él, debía ser entendido como resultado de factores inherentes al niño, innatos, pero también de factores dinámicos de la relación padres-niño. En el segundo (de 1956) pone el acento en la «disfunción global» del niño y toma una posición «funcionalista y biologizante», que basa en el modelo de los reflejos condicionados (las acciones repetidas codifican el sustrato biológico y el autismo sería un desorden «psicobiológico»). Con ello su carácter de síndrome puramente psicopatológico se desliza hacia la idea de un síndrome «clínico» y, por tanto, cercano a la esquizofrenia; 3) entre 1958-1973, refuerza su idea del carácter biológico del trastorno. El inicio y desarrollo de las técnicas de laboratorio hacen que conciba esperanzas de nuevos descubrimientos bioquímicos. También señala el factor hereditario y, como ya hiciera Asperger, menciona el dato de los rasgos de los padres «felizmente autísticos» de los niños autistas que estudia. Pero, sobre todo, quiere combatir las ideas psicoanalíticas que se expanden exitosamente por Estados Unidos y que consideran el autismo como un trastorno «únicamente psicopatológico» vinculado a la dinámica psicopatológica padres-niño (Bettelheim, 1967). Junto a la citada Margaret Mahler, posteriormente será sobre todo Bruno Bettelheim el autor al que criticará con más virulencia.

En vista de todo ello, Kanner prefirió dejar de lado la cuestión de la etiopatogenia. En 1968, decía: «Debemos aceptar que, en el momento actual, nuestro saber sobre la etiología del autismo es todavía extremadamente limitado y cuando no tenemos hechos disponibles existe un terreno para las hipótesis y teorías... de validez limitada [...]. Sea cual sea la tentación que experimentemos, una teoría no probada se queda en mera teoría». Es fácil entender por qué prefirió centrarse en investigar la evolución del trastorno con estudios longitudinales.

En la época más avanzada de su obra, además de acentuar el carácter orgánico del trastorno como hipótesis más probable, se sintió obligado a pronunciarse «en defensa de las madres» para «absolverlas»[20] y diri-

---

20 Discurso de apertura del 1.er Congreso Anual de la National Society for Autistic Children, Washington, 1969. «Desde mi primera publicación hasta la última me he

gió su mensaje a las asociaciones de padres de autistas, que ya habían decidido que no era cuestión de debatir argumentos científicos, sino de reaccionar a lo que entendían que eran acusaciones de culpabilidad —por parte de la psiquiatría— en su implicación causal en el trastorno de sus hijos. Todo parece indicar que ya era demasiado tarde porque, pese a sus cavilaciones y matices, Kanner quedaría fijado en un retrato robot que lo describe como el inventor del concepto de «madre nevera». Ya en 1948, la revista *Time,* medio de gran audiencia, se introdujo en la divulgación mediática y sensacionalista del autismo —y de esta cuestión en particular— con un artículo titulado «Niños congelados: esquizoides en pañales», en el que informaba de que «todas las madres de los pacientes de Kanner, menos cinco, tenían una licenciatura universitaria». Aún más tarde, en 1960, la misma revista publicaba una entrevista con Kanner, en la que se le atribuía la afirmación de que los niños con autismo «son hijos de padres fríos y racionales que solo se descongelaban el tiempo necesario para hacer un hijo». Desconozco si Kanner matizó o desmintió explícitamente haberlo dicho; en cualquier caso, en sus declaraciones públicas posteriores, como la citada de 1969, lo hace. Un comentario de un documentado y exitoso libro reciente (Silberman, 2016) resume al respecto:

> Conocedor de las descripciones de Potter y Despert de la esquizofrenia infantil [...] en su autismo infantil precoz presente desde el nacimiento... se abonaría a la teoría de Sullivan de la «madre esquizofrenógena», con lo que la psiquiatría americana se alejaba de la idea de Freud de que la esquizofrenia arraigaba en la biología y no en la psicología.[21]

La cita muestra que este autor, muy crítico con el psicoanálisis, opta, sin embargo, por «exculpar» a Freud de la responsabilidad de acusar a

referido a esta condición con términos tan poco dudosos como "innata" [...] se me ha malinterpretado con frecuencia y se me ha atribuido haber dicho que toda la culpa es de los padres [...]. Aquellos de vosotros que habéis venido a verme con vuestros hijos sabéis que no es esto lo que he dicho».
21 Respecto de lo que Sullivan y Lidz —el verdadero autor del termino «esquizofrenógeno»— dijeron, y lo que no, cf. páginas anteriores.

las madres. Matización importante, puesto que la hace pese a conocer la fuerte tendencia de gran parte de la psiquiatría estadounidense a atribuir, globalmente, «al psicoanálisis» la «culpabilización» de los padres y, en particular, de las madres de autistas por considerarles «causantes» de la enfermedad de sus hijos. Aunque más adelante volveré sobre los enconados debates actuales en torno a esta cuestión, ya que me parece que está muy cargada con posicionamientos partidistas que necesitan una objetivación minuciosa y sensata, citaré aquí la opinión, a mi juicio pasional y sesgada, con que Silberman «sentencia» su valoración de lo que aportó Kanner:

> Entrelazando las meticulosas observaciones de (sus colaboradores) Frankl y Cameron, extractos de diarios y cartas de padres y sus propias reflexiones respecto al comportamiento de los pacientes, sacó la Gestalt del síndrome del fango psicoanalítico y lo hizo visible en tanto que entidad diagnóstica aparte de la masa indiferenciada de «niños prepsicóticos». Sus vívidos retratos de sus once primeros pacientes se consagrarían como el rostro humano del autismo durante otro medio siglo.

Años después sería Bettelheim —que no era psiquiatra— quien cargaría con la acusación de ser responsable de la «culpabilización» de los padres por parte de los psiquiatras. Con el rechazo masivo —desde ciertas asociaciones de familiares— a aceptar el carácter psiquiátrico del trastorno y a conformarse con las propuestas terapéuticas escasamente eficaces de la psiquiatría, se iría instalando de manera progresiva una situación de profundos malentendidos y de intensos desacuerdos recíprocos.

El pronóstico de la enfermedad: diferentes trayectorias evolutivas

La cuestión del pronóstico de la enfermedad llevó a Kanner a realizar estudios longitudinales que dieran cuenta de la evolución —clínica y social— de sus casos.

En cuanto a los primeros once, los describe teniendo en cuenta ciertos aspectos de sus evoluciones. Así, distingue dos períodos evolutivos: el primero, entre los 5 y 6 años, se caracteriza por la mejoría de los problemas alimentarios. En relación con el comportamiento respecto de los objetos inanimados, mejora la tolerancia a ruidos y movimientos, pero las preocupaciones obsesivas permanecen. Las personas no son tenidas en cuenta como tales y únicamente son aceptadas en la medida en que satisfacen sus necesidades y sus preocupaciones. En el tema del lenguaje, abandonan progresivamente la ecolalia y van utilizando adecuadamente los pronombres. Comienzan a emplear el lenguaje para comunicarse, repitiendo series de preguntas y respuestas y construyen frases cada vez más largas; el segundo período, entre los 6 y 8 años, se caracteriza porque cuentan con la posibilidad de jugar en presencia de otros niños, aunque sin entrar nunca en relación con ellos. Adquieren los mecanismos operativos de la lectura, pero no el sentido global del relato.

En 1955 publicó —junto con su principal discípulo, Leon Eisenberg— un primer estudio longitudinal sobre 42 niños autistas, cuyas edades se hallaban comprendidas entre los 8 y los 24 años (edad media=14 años) y el intervalo con la primera consulta si situaba entre 4 y 19 años (media= 8,5 años). Realizaron con quienes pudieron una nueva consulta de evaluación (Kanner y Eisenberg, 1955). El principal criterio de clasificación que adoptaron fue el acceso al lenguaje: 19 seguían siendo mudos y 23 habían adquirido el lenguaje. De los 19 primeros solo uno adquirió posteriormente el lenguaje después de que su madre realizara un trabajo terapéutico. De los 18 restantes, que seguían encerrados en su «concha autística», 7 permanecían en instituciones para deficientes, 7 vivían en el hogar familiar, 2 en granjas rurales y otros 2 ingresados en un hospital psiquiátrico. De los 23 que adquirieron el lenguaje, 10 tuvieron un destino similar a los anteriores (5 en estado crónico en hospitales psiquiátricos; 3 en escuelas para deficientes; 1 en su familia y 1 en una granja). Pero, a diferencia de ellos, conservaban «restos» que permitían distinguirlos del nivel «pseudodemencial o demencial» de los niños mudos. Habían renunciado a muchos de sus rituales y algunos de sus rasgos autísticos eran menos evidentes. Los 13 restantes, que habían accedido al habla (uno de ellos valorado por primera vez a los 23 años), fueron capaces de una escolaridad productiva y la evaluación psicométrica de sus posibilidades intelectuales mostraba que habían progresado. Habían alcanzado una vida personal autónoma y una inserción social en su comunidad, pero conservaban rasgos esquizoides marcados en su comportamiento y en sus relaciones (lo que permitía afirmar que un 31 % —13 de los 42 casos estudiados— llevaba una vida personal y social adaptada a su entorno). En sus conclusiones señalaban que al llegar a su adolescencia conservaban características de su estado inicial, aunque habían desaparecido algunos de sus síntomas iniciales (la ecolalia y la inversión pronominal). En ningún momento mostraron signos de delirio o alucinaciones (lo que permitía sostener que no evolucionaban hacia la esquizofrenia). De los 23 que alcanzaron a hablar, 13 tuvieron una mejoría suficiente para funcionar, de manera esquizoide, en la escuela y la familia, mientras que los diez restantes seguían mostrando manifiestos rasgos y comportamientos psicóticos. Quizás lo que más puede sorprender, visto desde la actualidad, es una de sus conclusiones: «estos resultados nos llevan a pensar que, sin ninguna contribución de una intervención exterior, la estructura psicológica propia del niño resultante de factores inherentes y de la dinámica relacional padres-niño, debe ser vista como el principal determinante del desarrollo ulterior». Lo cual equivale a sostener, cosa que algunos compartimos, pero otros no, que la calidad de las relaciones familiares tempranas es un factor codeterminante que influye en la evolución ulterior.

Por su parte, Eisenberg llevó a cabo (en 1956) un primer estudio de seguimiento durante 4-5 años, de 63 de los primeros 80 casos diagnosticados, con los siguientes resultados. En 3 casos (4,75 %), resultado bueno (con buen rendimiento social y académico; bien aceptado a nivel comunitario pese a que pueda seguir siendo una persona extraña); en 14 casos (22,25 %), bastante bueno-satisfactorio (escolaridad a nivel de su edad, personalidad claramente desviada) ; en 46 casos (73 %) resultado pobre (discapacidad intelectual y/o conductas psicóticas-comportamiento extremadamente perturbado). En su conjunto, la suma de los dos primeros grupos (27 %) con un resultado relativamente satisfactorio en cuanto a su posibilidad de vivir en comunidad y de poder comunicarse con su entorno, se asemeja al 31 % del estudio anterior. En contraste con pronósticos mucho más pesimistas que, como veremos, hemos conocido en años mucho más cercanos, llama la atención este «relativo optimismo» de estos pioneros en una época en que conocían bien la escasez de recursos terapéuticos. La presencia de comunicación verbal útil fue considerada, también en este estudio, como el factor predictivo más importante: 31 casos no desarrollaron lenguaje hasta los 5 años de edad y de entre ellos solo uno utilizó posteriormente el habla (lo que hizo que, desde entonces, cosa que el estudio no decía explícitamente, se instalara una predicción negativa, que adquirió carácter de profecía auto—cumplida: «si un autista no habla antes de los 5 años es que no lo va a hacer nunca»). En términos cuantitativos lo que sí decía el estudio era que la mitad (50 %) de los que habían adquirido el lenguaje antes de los cinco años alcanzaron una adaptación social que les permitió una vida integrada en su comunidad. En caso contrario, solamente un 5 % adquirió más tarde el lenguaje y un ajuste social limitado y necesitado de un soporte institucional (Eisenberg, 1956).

Todavía más tarde, en 1971, ambos —Kanner y Eisenberg— llevaron a cabo una meritoria búsqueda, inédita en la historia de la psiquiatría infantil. Trataron de encontrar y evaluar la situación ¡veinticinco años después! de los once casos recogidos en el artículo «fundacional» de 1943. Consiguieron encontrar a nueve de ellos y pudieron constatar que su evolución intelectual había sido muy heterogénea y dependiente de múltiples factores. Solamente dos habían adquirido el lenguaje y podían llevar una vida personal autónoma en su comunidad. También lo logró uno de los que no hablaba. Así pues, un 27,3 % de los once casos iniciales pudo llegar a vivir en su colectividad humana de manera buena o satisfactoria. Lo que muestra que si ya habían señalado los peculiares y sofisticados conocimientos de algunos de estos niños, conocieron y describieron también las evoluciones deficitarias y su frecuencia.

El último estudio de Kanner, en 1972, dedicado a la evolución y pronóstico, recoge datos de 96 casos. En él habla de un 11,45 % de casos que pudieron acceder a una autonomía y vida social activa. Haciendo un recuento comparativo de los porcentajes de evoluciones buenas o satisfactorias, obtenidos de sus cuatro estudios: 1955 (42 casos) = 32 %; 1958 (63 casos) =27 %; 1971 (11 casos) = 27 %; 1972 (96 casos) = 11,5 % se comprueba que, cuantos más casos se estudiaran y cuanto más largo fuera el tiempo de evolución el porcentaje de buenas evoluciones disminuía. Con lo cual el optimismo de los pronósticos iniciales se iba reduciendo (Kanner, Rodríguez y Ashenden, 1972).

Los factores pronósticos: ¿cuáles son y como influyen?

Kanner, que en sus evaluaciones priorizaba los criterios de adaptación al entorno social, consideró cuatro factores de desigual influencia.

En primer lugar, las características del marco de vida y de los tratamientos recibidos. Aunque en su estudio de 1955 explicita que «ninguno de los tratamientos psiquiátricos empleados ha tenido un efecto notable» posteriormente se mostró cautamente partidario del efecto positivo de «algunas experiencias psicoterapéuticas» que mejoraban la evolución. Sostuvo explícitamente que «una acogida tolerante y simpática en un entorno escolar» podía ser un factor pronóstico positivo y «una experiencia terapéutica beneficiosa» y que para una mejor evolución les conviene «un medio de vida estable y permanente [...] por su absoluta necesidad de relación continuada con un número limitado de personas [...] capaces de soportar su comportamiento y su lenguaje tan particular y de reconocer su valor de comunicación y su significación [...] la aceptación —por la escuela— de su comportamiento, que en otro lugar provoca el rechazo, es sin ninguna duda una experiencia terapéutica». En cambio, buen conocedor de las características asistenciales de su país, sostuvo —respecto a los factores implicados en su evolución intelectual— que: «el hospital psiquiátrico o la institución para débiles mentales equivale a una sentencia a perpetuidad». Palabras que también matizó... parcialmente: «digamos, sin embargo, que recientemente unos pocos hospitales estatales han logrado abrir unidades separadas para niños, con personal correctamente entrenado y orientado hacia el tratamiento» (Kanner, 1968, 1971).

Así pues, para Kanner, la permanencia de una relación, que no solo tolera su particular comportamiento y lenguaje, sino que además reconoce en este un valor de comunicación y de significación, es un elemento fundamental del pronóstico. Ambos progresos, el del lenguaje y el de la capacidad de relación, necesitan evitar un factor negativo el internamiento en una vida institucional: «Ninguno de ellos (los que alcanzarán una buena adaptación social) ha permanecido en ningún momento en un hospital estatal o en una institución para débiles mentales [...]. Todos vivieron en sus casas al menos durante toda su edad escolar e incluso después».

El segundo factor pronóstico al que hizo referencia fue a la incapacidad del niño autista de adoptar el tono postural y la actitud anticipatoria del abrazo. Este síntoma ya había sido descrito por L. Bender. Kanner señaló: «una correlación entre la incapacidad de asumir una postura anticipatoria para ser cogido en brazos en la infancia y el grado de aislamiento del niño [...]. Este descubrimiento, que precede al uso de la palabra, se ha revelado útil como signo pronostico precoz constante».[22]

El tercer factor es la presencia/ausencia del lenguaje. Como ya hemos visto lo consideró importante desde el primer estudio longitudinal de 1955. Ya antes, en su grupo inicial de 11 niños se interesó por la evolución de su lenguaje, describiendo una sucesión continua de estadios: ninguna iniciativa o respuesta / repetición inmediata de palabras / ecolalia e inversiones pronominales / discurso ligado exclusivamente a sus preocupaciones obsesivas / diálogo comunicativo con una utilización correcta de los pronombres personales y una mayor flexibilidad en el uso de preposiciones (Kanner, 1971, 1972, 1973).

El cuarto factor señalado es la «modificación de la conciencia de sí mismo». Las evoluciones positivas se asociaban a una mejor tolerancia hacia las variaciones del entorno y a afrontarlas con una mejor adaptación, ligada a su progresiva conciencia de sus propias particularidades y de lo inadecuado de sus reacciones: «un cambio remarcable que tiene

---

22 Llama mucho la atención y precisión de este dato clínico que se adelanta a las aportaciones de las teorías del apego, que aún no existían entonces.

lugar al comienzo de los diez años [...]. Se vuelven conscientes, con dificultades, de sus particularidades y comienzan a hacer un esfuerzo consciente para desprenderse de ellas [...]. Sabían por ejemplo que se espera de ellos que tengan amigos [...]. Conscientes de su incapacidad para relacionarse utilizaban en su provecho —estoy tentado de decir que de una manera ingeniosa— sus preocupaciones obsesivas como una puerta para entrar en contacto [...]. Captamos progresivamente en ellos un sentimiento de tantear una búsqueda de medios para compensar su falta de sociabilidad».

Es conocida su opinión, que manifestó públicamente, en sus últimos años profesionales, con una sinceridad que seguramente le acarreó más críticas y rechazos que comprensión y aprobación: «No sé muy bien qué hay que hacer para tratar el autismo, pero sé mejor qué es lo que no hay que hacer. Son dos cosas: incluirlos en instituciones para niños deficientes y multiplicar las personas que se ocupan de ellos sin tiempo para llegar a conocerlos» (Berquez, 1983). No hay, por tanto, ninguna duda de que diferenciaba muy bien autismo y deficiencia mental.

Eisenberg, que lo conoció muy bien y colaboró con él durante décadas, sostiene que aunque Kanner era el gran experto en el diagnóstico y se interesaba mucho por el seguimiento posterior de los casos, no era un terapeuta habitual de los casos que diagnosticaba y que luego confiaba a otros profesionales o instituciones. Me parece que este comentario introduce bien las ideas que Kanner manifestó respecto del *tratamiento* del autismo. Sus opiniones aparecen bastante tardíamente en sus publicaciones.

En cuanto a la psicoterapia, hizo una primera referencia, en 1955, a los trabajos de Margaret Mahler, confirmando que los resultados de esta coinciden con su experiencia:

> El establecimiento de contacto y de terapia durante un largo período de tiempo puede a veces dar la impresión de un salto con resultados gratificantes. Pero habitualmente van seguidos de un insoportable periodo de parada de los progresos que pone a prueba la paciencia y que frustra las renovadas esperanzas de los padres.

Coincide también con esta autora en que intentar forzar los resultados y el contacto necesario para obtenerlos favorece una «encapsulación» permanente. Cita también un caso en el que trabajar con la madre, a través de la relación simbiótica que le unía a su hijo autista, fue beneficioso para que, después de un año, comenzara a utilizar el lenguaje y establecer limitadas relaciones interpersonales. Respecto de los niños que sí alcanzaron cierta autonomía social constató que: «dos de los doce niños (que la lograron) no han recibido ninguna ayuda que pueda ser considerada como un tratamiento psiquiátrico, mientras que la mayor parte de los restantes han recibido una psicoterapia intensiva». Junto con esta postura, más bien favorable a la psicoterapia, su posición crítica y de rechazo de otros procedimientos psiquiátricos de su época, y en especial del electrochoque, es muy clara: «es quizás el momento de hablar de Robert L., que a los 4 años presentaba un cuadro muy parecido al de los 12 niños con una mejor adaptación [...]. Recibió electrochoques (no por nuestra parte) a los 5 años. Se produjo un deterioro inmediato. Ahora está en un hospital estatal, completamente aislado de todo contacto...» (Kanner y Eisenberg, 1955).

En cuanto a otros factores terapéuticos piensa, como ya hemos visto, que: «una actitud de acogida tolerante y simpática por parte de la escuela constituye sin duda alguna una experiencia terapéutica». En sus últimos textos, referidos a la utilidad de los tratamientos aplicados, parece perfilarse un cierto escepticismo: «un examen cuidadoso de los resultados sugiere una notable similitud entre niños que recibieron diferentes métodos de tratamiento». Aunque se hace muy clara la imprecisión respecto a la existencia de tratamientos específicos eficaces, no deja de incluir una nota de relativo optimismo, recurriendo a palabras de Eisenberg: «los niños autistas, cuando no tienen ningún potencial de respuesta, necesitan medidas de apoyo, que pueden reforzar sus potencialidades, creando condiciones para relaciones interpersonales coronadas con éxito» (Kanner y Eisenberg, 1955; Kanner, 1958). Pero su conclusión, en la revisión final de sus primeros 11 casos, parece bastante clara: «hasta ahora nadie ha conseguido encontrar una terapéutica detallada, fármacos, un método, una técnica, que pueda conseguir, para todos los niños que la reciban, los mismos o similares resultados» (Kanner, 1971).

Desde una perspectiva actual, podemos alabar la prudencia de Kanner al evitar tanto pronósticos demoledores como falsas ilusiones terapéuticas en un momento en que era considerado el líder mundial del conocimiento del autismo. Podemos también lamentar que no se adentrara en una propuesta y evaluación de sus propios métodos de tratamiento. Para ello, hubiera tenido que postular una psicopatología estructural del autismo que le permitiera describir unos parámetros clínicos que sirvieran tanto de observación continuada como de objetivos de modificación terapéutica. Pero si ya es difícil sintetizar lo mucho que dijo, parece absurdo criticar o aventurar opiniones sobre lo que no dijo o sobre lo que hubiera podido decir.

En cualquier caso, su legado ha pasado a la historia del autismo y nadie puede hoy repasarla sin citarle. Por eso creo que la mejor manera de cerrar estos comentarios sobre su obra es recoger sus propias palabras.[23] Dice Kanner en este texto:

> El pronóstico de una enfermedad da el tono a la actitud terapéutica del médico: cuando sabe que el mal es remediable inicia el tratamiento con confianza. Su experiencia, reforzada por la de otros, le da la sensación de que no hará un esfuerzo inútil, la visión de que el buen éxito es seguro, probable, o por lo menos posible [...]. Durante mucho tiempo se creyó que la esquizofrenia era el camino inevitable, o casi inevitable, a la ruina. Los medios curativos corrientes que conocía la medicina no daban resultado [...]. La única conducta que cabía era encogerse de hombros en ademán de pesarosa impotencia, interrumpida esporádicamente por la esperanza demasiado entusiasta de algún nuevo procedimiento drástico. Todavía en 1941 decía Bradley, resumiendo la opinión general: el pronóstico de la esquizofrenia en la niñez es uniformemente malo [...]. El conocimiento empírico del curso que sigue la esquizofrenia de la niñez parece realmente

23 Tomadas de la traducción española de 1985 (*Psiquiatría infantil*. Buenos Aires: Siglo Veinte) de la 4.ª edición de su *Child Psychiatry*, publicado en 1972. Es interesante señalar de pasada que en este texto el autismo infantil precoz está incluido (¡todavía!) en el capítulo de la «Esquizofrenia» y denominado como tal (y también que por esas fechas en Europa se había generalizado la denominación «psicosis infantiles» más bien en plural que en singular).

justificar el pesimismo terapéutico; los resultados han sido uniformemente malos. Pero el desenlace de una enfermedad no depende solamente de su naturaleza intrínseca sino también de la eficiencia del tratamiento terapéutico [...]. Hasta hace poco tiempo (los niños esquizofrénicos) no eran tratados. El criterio de que es un destino predeterminado y un proceso morboso irrevocable creó una sensación de inutilidad paralizadora [...]. Se enviaba a los niños a establecimientos de custodia, para que allí cedieran a la tentación de caer en un mayor retiro, cuando no en un retraimiento completo, el cual de ese modo se fomentaba en lugar de remediarlo. Se producía el derrumbe previsto [...]. Los esfuerzos que se hicieron en los últimos tiempos para solucionar el problema y curar a los pacientes aclararon un poco la situación, que hasta entonces se presentaba oscura.

Kanner cita la psicoterapia, señalando experiencias realizadas por otros terapeutas (algunos ya caídos en el olvido): «Klein, Cottington y Rapoport anunciaron mejoras con la psicoterapia. Lourie, Pacella y Piotrowski comunicaron una curación completa con el 20 % de los casos». Sin embargo, se muestra muy cauto al respecto, entrecomillando lo que estos otros autores sostienen y desmarcándose de apoyar del todo sus apreciaciones: «Es evidente la relación que existe con la psicoterapia directa o el cambio de ambiente en los casos particulares». Y, por si quedaran dudas en cuanto a su posición, de inmediato añade:

No se justifica un júbilo prematuro [...]. No debe olvidarse tampoco que los niños llegan al consultorio del psiquiatra en distintas etapas de la enfermedad, desde el estado incipiente hasta la desorganización maligna [...]. Si consideramos además que esquizofrenia es la denominación de distintas afecciones similares, pero no idénticas, veremos claramente que no siempre se puede esperar de la terapéutica los mismos resultados. Pero reconforta advertir que ahora se habla de terapéutica en muchos casos [...] y que en todos se puede pensar que la investigación terapéutica suministrará valiosos conocimientos [...]. La terapéutica, aquí como en toda la medicina, es buena cuando se dirige hacia los factores que causan y mantienen la enfermedad. Aunque se conociera el papel etiológico que desempeñan la herencia y la constitución [...] nada se podría hacer para corregirlo; pero se puede tratar de influir en las reacciones del niño modificando los agentes, alejando los fuertemente patógenos e introduciendo otros curativos. Las drogas, varias de las cuales fueron experimentadas por Bradley y sus colaboradores (sulfato de bencedrina, sulfato de efedrina, citrato de cafeína), no tienen mucho valor como agentes curativos. La terapéutica del *shock* (insulina, metrazol, eléctrico) desilusionó a los que la emplearon con niños [...]. Como agentes curativos debe confiarse más bien en la actitud de las personas. Cambio de ambiente significa cambio en las personas. Las sesiones frecuentes con el psiquiatra, cuando es posible hacerlas, mejoran la capacidad del niño para establecer relaciones y le quitan la tentación de refugiarse en la esquizofrenia.

Su conclusión sobre el estado de las cosas: «El tratamiento se encuentra todavía en la etapa experimental; pero existe ahora una orientación definida...» y, aunque no dice en qué opciones prácticas consiste, remata su texto con un mensaje final de optimismo: «que ya no justifica la actitud de nihilismo terapéutico y de pronóstico sombrío como reflejo condicionado del diagnóstico de esquizofrenia».

Hans Asperger: gloriosamente resucitado... y pendiente de juicio sumarísimo[24]

En la historia de la psiquiatría hay conceptos que recorren curiosas trayectorias. El resurgir de supuestas «nuevas» enfermedades, en realidad ya descritas hace mucho tiempo, es una de ellas.

---

24 Este apartado amplía y actualiza el anteriormente publicado con el título «Asperger vuelve» en la revista *Psicopatología y Salud Mental del Niño y del Adolescente 8,* en noviembre de 2006. Conste aquí mi agradecimiento a sus editores de la Fundació Orienta.

Un ejemplo reciente, repetido hasta la saciedad, ha sido el «descubrimiento», a lo largo de las tres últimas décadas, de la hiperactividad, hoy reconvertida en Trastorno por Déficit de Atención e Hiperactividad (TDAH). Hemos visto cómo un cuadro clínico, archiconocido y estudiado desde los inicios de la psiquiatría infantil en el siglo XIX, era elevado a la categoría de nueva enfermedad, con una parafernalia mediática sin precedentes que, entre otras cosas, proponía como revolucionario un tratamiento ampliamente utilizado y conocido en el ámbito profesional desde hace más de setenta años. Se trata de un acontecimiento sorprendente que ha generado un intenso debate entre quienes sostienen que se trata de un trastorno «confirmado por la evidencia científica» y quienes optan por pensar que es una invención acompañada de una gigantesca e interesada promoción industrial con un espectacular éxito económico, o que es una simplificación de los recientes descubrimientos sobre la complejidad de las funciones cerebrales, o una epidemia consecuente con el acelerado ritmo de vida actual, o una disminución creciente de la paciencia y la tolerancia familiar y escolar, o una combinación de todo ello y de algo más.

Aunque, en apariencia, se trata de temas clínicos alejados entre sí, la actualidad y el interés que los medios de comunicación les prestan hace que TDAH y autismo estén siendo activados conjuntamente por el gran interés social que suscitan. Por eso, en particular en lo que se refiere a lo que se dice de la etiología de ambos problemas, conviene matizar muchas de las afirmaciones que se divulgan con la etiqueta inapelable de que «hechos científicos probados lo demuestran». Si hay alguien que haya reivindicado ser un instrumento «sin ideología» y fiel únicamente a las pruebas científicas, han sido los psiquiatras estadounidenses que han ido interviniendo en las diversas versiones de su sistema de clasificación de los trastornos mentales (el DSM, actualmente en su quinta versión). Nadie como el coordinador de la versión DSM-IV, Allen Frances, para opinar sobre cuáles han sido las consecuencias de su utilización: «habíamos mantenido nuestra posición en contra de la inflación diagnóstica, pero nos equivocamos... En los últimos veinte años ha habido un aumento dramático de la prevalencia (en la infancia) del TDAH, del autismo, del trastorno afectivo bipolar». Y todavía se ha mostrado más drástico en sus críticas sobre las consecuencias que teme que acarreará el uso del DSM-5 (Frances, 2014, 2015).

En estas últimas décadas —todas las modas se repiten cíclicamente— ha reaparecido «el Asperger», ahora también como un «nuevo diagnóstico». Suele ser mucho mejor recibido que otros como el de «autista», el de «trastorno generalizado del desarrollo» y, por supuesto, mejor que el de «psicótico». Parece confirmarse una tendencia a querer separarlo de los anteriores —y no pocos profesionales lo hacen—. Incluso cuando se enuncia cierto parentesco que los aproxima —«autismo... de alto rendimiento»— se suele hacer más hincapié en lo segundo que en lo primero.

Así, es fácil entender que los familiares de los niños afectados, e incluso algunos de estos cuando crecen, prefieran una denominación, por ahora menos estigmatizadora, porque designa una realidad clínica y evolutiva que permite la esperanza de un pronóstico más favorable. Las modificaciones de las clasificaciones diagnósticas también han contribuido tanto a variaciones de la incidencia y prevalencia de su diagnóstico, como a crear cierto desconcierto social y profesional. Por todo ello se comprende la eclosión de nuevas asociaciones de afectados de «Síndrome de Asperger», así como de su reivindicación de ser diferentes de las existentes. También el cine y la televisión (*Rain Man*, *The Big Bang Theory* o *The Good Doctor*, entre otras películas y series) han hecho de las peculiares capacidades de «los Asperger» algo ya familiar para el gran público.

Actualmente parece perfilarse una tendencia social a decir «tener/tiene» en lugar de «ser/es un» «Asperger». Sin duda, habrá varias razones para explicar este deslizamiento, pero al menos una parece importante, esto es, que denota más claramente que es una enfermedad contraída y exterior o ajena al sujeto, como otras de naturaleza médica, y parece ya indiscutible la aceptación de que su origen es una alteración neurológica cerebral. En cierto modo, puede quedar así apartado el protagonismo psicológico de los afectados, su participación y su sufrimiento personal en la difícil construcción —activa y no solo limitada «por la enfermedad»— de su identidad y de sus relaciones afectivas y sociales. Si bien es cierto que en sus dificultades se incluyen aspectos involuntarios, repetitivos e inevitables, no lo es menos que también son capaces de manifestar sofisticados conocimientos, fabricados con insistentes intereses, y motivaciones y conductas voluntarias (por ejemplo, sus maniobras de oposición a las presiones del entorno o sus capacidades progresivas para adaptarse a las exigencias de las relaciones sociales).

Desde hace pocos años son los propios afectados[25] los que empiezan a reivindicar que sus peculiares características personales, en particular sus sorprendentes conocimientos y sus destrezas en ciertas actividades, son un signo de genialidad y no de un trastorno, y demandan a su entorno social ser considerados y respetados como personas que necesitan unos ambientes más adecuados a sus necesidades en los que nadie los juzgaría como inadaptados. Es decir, rechazan ser considerados como «portadores» de un diagnóstico psiquiátrico estigmatizador, y proponen y reivindican ser designados como «neurodiversos» para diferenciarse del resto de la población «neurotípica».

Un reciente libro (Silberman, 2016) enuncia esta idea ya en su título y su autor relata su sorpresa ante la gran frecuencia con que se ha encontrado en el mundo y en el desarrollo de la tecnología más sofisticada (en Silicon Valley) muchos investigadores que, con insólitos conocimientos científicos unos y habilidades artesanales otros, entrarían en la categoría del «síndrome de Asperger». No solo eso. También recuerda que Baron-Cohen[26] estudió la frecuente posibilidad —ya mencionada por Asperger— de que los padres y abuelos de niños con autismo fueran ingenieros o profesores universitarios y formula una interesante hipótesis: «¿Y si la atracción entre personas con rasgos genéticos similares vinculados al autismo, su apareamiento selectivo, es responsable del número creciente de sujetos tan peculiares en Silicon Valley?» (volveremos a ello en el capítulo 4. «Sobre la inteligencia de los autistas»).

El hecho de que esté formulada por un periodista, Steve Silberman —dicho sea de paso, muy bien documentado—, no debe hacer pensar

---

25 Entre otros, Temple Grandin, autora de *Emergence: Labeled Autistic* (Novato: Arena Press, 1986) y de *Autistic Brain* (Grandin y Panek, 2013). Cf. más información en el capítulo 4. «Sobre la inteligencia de los autistas».
26 Baron-Cohen, S.; Wheelwright, S. et. al. (1997b). Is there a link between Engineering and Autism. *Autism* 1(1):101-109.

que esta hipótesis no puede ser tomada en serio. En un artículo científico publicado por varios genetistas —en una revista científica de muy fiable reputación como PLOS— estos confirmaban que hay combinaciones de alteraciones genéticas asociadas al autismo que también lo están con procesos neurogénicos vinculados a capacidades cognitivas diferentes. Desde la perspectiva de la evolución, sostienen que suponen una ventaja adaptativa que ayudaría a explicarse por qué los sujetos que poseen estas alteraciones no tienden a desaparecer por desadaptación, sino que con sus capacidades excepcionales pueden adaptarse a entornos, también excepcionales, y mejorar sus posibilidades de supervivencia evolutiva, lo que implica su capacidad de apareamiento y reproducción (Polimanti y Gelernter, 2017).

Sin embargo —las cosas son complejas—, la tendencia a considerar a los afectados de síndrome de Asperger «muy lejos o muy distintos» de otros autistas se ve contrarrestada por otras opuestas. Así, la psiquiatría y sus clasificaciones diagnósticas han optado por incluirlos en una sola denominación —los «TEA: Trastornos del Espectro Autista»—, nueva etiqueta diagnóstica que engloba la diversidad clínica de los diferentes tipos clínicos —con trayectorias evolutivas también muy diferentes—, anteriormente clasificados con la denominación de «TGD: Trastornos Generalizados del Desarrollo». A menudo, los sofisticados términos diagnósticos médicos que inventa la psiquiatría en un intento de que sean sabios y neutrales se popularizan a nivel social como altamente estigmatizadores («oligofrenia», «psicopatía» o «esquizofrenia», por ejemplo, han seguido ese camino), y lo mismo ocurre en el terreno psicosocial (los antes conocidos como «minusválidos» prefieren hoy la denominación de «discapacitados»). Asimismo, la reivindicación del reconocimiento social y de los derechos que merecen los afectados por muy diferentes grados y variantes de «discapacidad» ha promovido la inclusión de todos ellos en un paraguas común que los proteja colectivamente en asociaciones comunes, aunque también es cierto que este asociacionismo no evita que surjan sensibles diferencias entre sus protagonistas, individuos o grupos que, sufriendo muy diferentes grados de afectación, sienten que algunos diagnósticos o calificativos estigmatizan más que otros.[27]

---

27 Del francés se tomó *handicap* y *handicapés* para traducirlo en «minusválidos», que a través del *disabled* inglés se convirtió en «discapacitados». La reciente epidemia de

Todas estas cuestiones están atravesadas por una de índole clínica, pero repleta de consecuencias en otros aspectos y muy debatida tanto por profesionales como por medios familiares y sociales: la capacidad intelectual de los afectados por diversas formas de autismo. La opinión general de quienes conviven con ellos, ya se trate de profesionales o de familiares, es bastante clara y coincide con la que defendió Asperger: hay autistas con muy diversos grados de capacidades y de limitaciones cognitivas. Cierta ideología psiquiátrica, en una determinada época, era más pesimista cuando afirmaba que todo autista era además un deficiente intelectual. La necesidad de educarlos con nuevos planteamientos escolares y pedagógicos y a preferirlos frente a medios y espacios clínicos y terapéuticos —y también la movilización de los intereses económicos e institucionales correspondientes al debate sobre qué tipo de instituciones, sanitarias o escolares, deberían disponer de recursos y medios económicos para financiarlos— propició una visión más positiva: «deben ser convenientemente escolarizados y educados». Pero de esta derivó otra que resultó totalitaria: «el autista solo es educable», que tuvo un corolario mucho más negativo: «y no responde a ningún tratamiento; no es tratable», lo cual fue esgrimido como «razón» para no invertir en proyectos terapéuticos. Como veremos más adelante —al centrarnos específicamente en los aspectos cognitivos del autismo—, fueron también ciertos psiquiatras y psicoterapeutas los que rescataron la descripción de Asperger, mucho más optimista... para algunos casos.

Sin embargo, este «nuevo diagnóstico»[28] iba a multiplicar en poco tiempo su incidencia, como si de una epidemia infecciosa se tratara. Algunas cifras hablan por sí solas. Hasta su «redescubrimiento» por

---

corrección política ha parido otros términos como «diferentes», «especiales» o «dependientes». Incluso los enfermos han pasado a denominarse «afectados» o «portadores», y las enfermedades «trastornos», «desordenes» y hasta «condiciones» (anglicismo derivado de *conditions*). Hace tiempo que los lingüistas desvelaron que se trata de usos ideológicos del lenguaje para cambiar realidades socialmente intolerables (Busquets, 2007).

28 El «síndrome de Asperger» fue introducido como diagnóstico específico en el DSM-IV en 1994. En su quinta edición, del año 2013, el síndrome de Asperger quedó incluido en el diagnóstico global de Trastornos del Espectro Autista (TEA). Sin embargo, sigue siendo «independiente» en la clasificación de la OMS, es decir, la CIE-10.

Lorna Wing (1981), la cifra de incidencia que habitualmente se manejaba para el autismo «tipo Kanner» era de 1 de cada 5 000 niños (o de 1 a 4 /10 000 si se consideraban todos los tipos de autismo/psicosis/ trastornos generalizados del desarrollo). Lo ocurrido luego —primero en Estados Unidos y luego en el resto del mundo— ha quedado claramente registrado en los datos publicados por los Centros para el Control y la Prevención de Enfermedades (de aquel país). El número de niños diagnosticados de TEA pasó de 1/2 500, en el año 1985, a 1/500 en 1995 (¡cinco veces más en el corto lapso de diez años!). La tendencia no paró ahí. El incremento de la incidencia del diagnóstico de TEA alcanzó las cifras de 1/150, en 2002, y de 1/68 en 2016. Otros estudios han confirmado claramente esta progresión (Baoi, 2014).

En resumen, en un metaanálisis (Fombonne, 2005, 2009) que recoge los resultados de 43 estudios —seleccionados por su calidad y rigor— dedicados a las variaciones en los análisis de prevalencia e incidencia de los trastornos autistas —y que diferencian dentro de ellos el síndrome de Asperger—, las cifras medias se mantienen por debajo de las anteriores, con una prevalencia media de 63 casos/10 000 niños. Entre ellos, más de la mitad (37,1 sobre 63) había recibido un diagnóstico de «autismo atípico» o de «otros TGD» (la cifra estadounidense mencionada de 1/68 correspondería a 132/10 000, esto es, un poco más del doble que en este estudio). Con el auge de la aplicación de los actuales criterios, las cifras de prevalencia han seguido aumentando hasta situarse en torno al 1 % de la población infantil. Una guía práctica reciente, tras mencionar las dificultades metodológicas que impiden llegar a una cifra de consenso unánime, resume la situación así: «Incluso tomando la estimación más conservadora, se acepta en la actualidad que la prevalencia del autismo es de al menos el 1 %. Para poner esta cifra en perspectiva, esto significa que cuatro millones y medio de personas en la Unión Europea tienen autismo» (ESCAP, 2020). Indudablemente, hay que pensar que los cambios de criterios diagnósticos son la principal razón de esta aparente «epidemia».

Mucho contribuyó a esta expansión del diagnóstico la divulgación por internet de una lista de síntomas «de la enfermedad». Era tan amplia que juntaba algunos específicos del autismo con otros síntomas o con comportamientos evolutivos absolutamente normales. Pero la lista «estaba en la red» y, gustase o no, circulaba de modo imparable, para la inquietud de padres y enseñantes. Asimismo, favoreció el desconcierto de algunos profesionales que se hallaban más pendientes de listados de síntomas y de criterios diagnósticos ajenos que de su experiencia clínica.[29] Y, por qué no decirlo, también supuso la atracción y el proselitismo de nuevas asociaciones, que trataban de ampliar el impacto social del problema y de reivindicar y conseguir la atención y prestaciones de los servicios escolares y sociosanitarios públicos.

Recordemos que hacerlo es un derecho, y un deber, de los padres de los afectados. Los propios medios profesionales se van convenciendo —unas veces lo aceptan a regañadientes y otras utilizándolas sin reparos— de la muy superior eficacia de la vía mediática, de la interpelación parlamentaria o de la intervención judicial, frente a sus propios estudios y proyectos técnicos. Por eso la psiquiatría se ha sentido obligada a ejercer una normativa con sus clasificaciones que trata de delimitar unos criterios diagnósticos comunes y homogéneos, y recuperar así una credibilidad científica que queda cuestionada cuando la variabilidad en sus diagnósticos y sus propuestas de intervención desatan acusaciones de arbitrariedad y de nula «evidencia científica» que esté basada en una metodología seria.[30]

¿Cómo avanzar ante la complejidad de factores en juego? Volvamos a la modesta y apasionante historia de lo que vamos conociendo y de lo que aún no sabemos. Recapitulemos, pues —brevemente para no incomodar a quienes piensan que las viejas historias resultan aburridas—, algunos momentos clave de esta historia.

Como ya hemos relatado, en 1943 Kanner describe, con una precisión clínica a la que poco se ha podido añadir hasta ahora,[31] once casos de

29 La necesidad de poner orden y establecer unos criterios comunes de diagnóstico ha sido una de las razones esgrimidas por los creadores del DSM-5 para sus propuestas de nuevos criterios y denominaciones (como veremos más adelante).
30 Recordemos también que ya Foucault señaló que el poder de diagnosticar (y de otorgar los derechos y prestaciones derivadas de la enfermedad) es un instrumento esencial del poder médico.
31 Basta observar los requisitos diagnósticos de las clasificaciones actuales para constatar que, para buscar la homogeneidad diagnóstica, han reducido a su mínimo deno-

niños con características psicopatológicas comunes que engloba bajo la denominación de «autismo infantil precoz». Es uno de los trabajos fundamentales, un clásico, de la psiquiatría infantil. Aunque «lo clásico es lo que ya no se puede mejorar», veinticinco años después realizó una segunda proeza, científica y humana. Fue a buscar a cada uno de esos once niños —y encontró a nueve—, para poder dar testimonio de su evolución posterior. Solo por eso merecería nuestra confianza cuando confirmó la diversidad de las evoluciones de los cuadros de autismo y de los múltiples factores en juego. Sabemos de sus modestas conclusiones cuando, al final de su larga vida profesional, decía: «No sé muy bien qué hay que hacer para tratar el autismo, pero sé mejor qué es lo que no hay que hacer. Son dos cosas: incluirlos en instituciones para niños deficientes y multiplicar las personas que se ocupan de ellos sin tiempo para llegar a conocerlos». Una sinceridad aplastante —y a menudo poco agradecida por quienes la escuchamos— para defender lo que ahora consideramos un tratamiento prolongado centrado en relaciones privilegiadas y a salvo de institucionalizaciones inconvenientes, y también para proclamar que hay autistas que pueden tener una evolución más favorable que otros: en su capacidad de relacionarse y de establecer vínculos sociales, en sus capacidades cognitivas y de expresión emocional, en sus aprendizajes escolares o en el desarrollo de un lenguaje comunicativo. Es mucho más que una cuestión de matices; son posibilidades mucho más que desdeñables, pues abren la inquietante cuestión de la responsabilidad y la eficacia terapéutica; aún más: de la ética profesional y asistencial. ¿No se decía todavía que el autismo es incurable y se acompaña siempre de deficiencia mental? ¿Y no se ha estado deduciendo que, en consecuencia, no vale la pena intentar tratarlo porque *solo es educable*?

Por esas mismas fechas, en una Austria desconectada del mundo tras la Segunda Guerra Mundial, y al parecer con un desconocimiento total de la obra y la existencia de Kanner, un psiquiatra llamado Hans Asperger (Viena, 1906-1980) —que trabajó durante casi toda su vida

---

minador común, la variedad y cantidad de los síntomas ya descritos por Kanner, que quedan ahora englobados en denominaciones aparentemente novedosas.

profesional en una «institución psicoeducativa» destinada a niños con problemas de relación, adaptación y aprendizaje— describe *Las psicopatías autísticas durante la infancia*.[32] Sabemos que lo hizo para presentarse a su habilitación como profesor universitario, en 1943, y que el trabajo fue finalmente publicado en Berlín en 1944. Desde los años treinta del siglo pasado colaboraba en la transformación de la Clínica Universitaria de Pediatría de Viena con Lazar —que la inició pero murió de manera prematura— y Hamburger, que se convertiría en pronazi. Les sucedería en la dirección de la misma, de modo provisional entre 1946-1949 y, posteriormente, hasta su muerte a los 74 años. Por tanto, salvo un período localizado entre 1957 y 1962, en el que obtuvo una cátedra en la clínica pediátrica de Innsbruck, Asperger desarrolló toda su carrera profesional en Viena.

Durante estos años, en la línea liderada por Lazar, contribuiría a la transformación de la hospitalización pediátrica tradicional en una atención orientada hacia la *Heilpädagogik* (pedagogía curativa):

> un acercamiento específico que no debe confundirse con la reeducación, una síntesis intuitiva de la práctica médica y educativa, una herramienta de referencia tanto para médicos como para enfermeras, maestros y terapeutas [...] y sobre todo una actitud mental que se esfuerza en considerar al niño globalmente [...] es decir, sin olvidar las dimensiones

---

32 La publicación príncipes de Asperger apareció en 1944 en la revista *Archiv für Psychiatrie und Nervenkrankheiten*, pero ya en 1938 este pronunció una conferencia en el Hospital Universitario de Viena sobre niños con «psicopatía autística», y la describió como un trastorno de la personalidad, siendo publicada el mismo año con el título «Das psychisch abnorme Kind» en el semanario vienés *Wiener Klinischen Wochenschrift* (Feinstein, 2010). La cuestión de si Kanner conoció y pudo inspirarse en el trabajo previo de Asperger recibió siempre una respuesta negativa. Sin embargo, algunos autores (Silberman, 2016; Feinstein, 2010) han aportado datos recientes de que pudo tener conocimiento de su obra a través de colaboradores comunes que emigraron a Estados Unidos después de haber trabajado con Asperger. Con ello parecen sembrar dudas sobre la posible deshonestidad de Kanner al no haberlo reconocido. Los testimonios de varios especialistas en autismo, conocedores directos del tema, muestran que varios afirman su mala fe, aunque otros defienden que Kanner desconocía la obra y los textos de Asperger (un detallado relato de todo ello puede verse en el texto de Feinstein (cap. 1:4-7) y en el de Silberman (cap. 4:177-179).

educativas y pedagógicas en su vida cotidiana y basada en los diagnósticos médicos, en los tratamientos y en las evaluaciones.

Por tanto, ya había convivido largo tiempo con niños autistas cuando publicó su trabajo… que también tendrá una curiosa historia. Escasamente conocido durante casi cuarenta años, en los que sus aportaciones solo fueron accesibles en alemán, los pocos autores que lo citan (Bosch, 1970; Van Krevelen, 1971; Wolf y Chick, 1980) entienden que relata una patología claramente diferente de la delimitada por Kanner y que el síndrome descrito por Asperger es de aparición más tardía y se refiere a niños menos aislados y con mejor pronóstico.

En 1981, el trabajo de Asperger es «resucitado» por Lorna Wing, psiquiatra inglesa y madre de una niña autista que, tras revisar los trabajos hasta entonces publicados, propone una definición del «síndrome de Asperger» ilustrándola con la descripción de 34 casos clínicos estudiados (Wing y Gould, 1979). Algunos de ellos muestran un paso progresivo del autismo infantil (de Kanner) a la patología descrita por Asperger. En consecuencia, propone la noción de «espectro del autismo», que englobaría en un mismo grupo a sujetos que «tienen en común una deficiencia en sus capacidades de interacción social, de comunicación y de imaginación». Sus tesis obtendrán respaldo definitivo con la publicación, en 1989, de la obra de Uta Frith *Autismo. Explorando el enigma,* en la que, con su traducción al inglés del trabajo original de Asperger, este entra de lleno en la historia más reciente de la psiquiatría infantil (Frith, 1989). Algo después, en 1991, Wing colabora en un libro de Frith en el que la primera insiste y precisa aún más su posición (Wing, 1991; Frith, 1991):

> El argumento más convincente a favor de la existencia de un *continuum* que se despliega sin tropiezos desde el autismo de Kanner hasta el síndrome de Asperger proviene del material clínico, según el cual el mismo individuo, indudablemente autista durante sus primeros años, hace progresos que le conducirán en la adolescencia a desarrollar todas las características del síndrome de Asperger.

Y añade: «los términos de autismo de alto nivel y síndrome de Asperger son casi equivalentes». Su concepto de «espectro del autismo» quedaría consagrado con su inclusión de el DSM-5. Tiene interés conocer el porqué de la elección de este término y la propia Wing lo explicó posteriormente. Tras haber comunicado personalmente a Asperger (en un encuentro en el Hospital de Maudsley, en 1977) que los casos que describió tenían aspectos comunes con los descritos por Kanner —y que para ella pertenecían a un mismo grupo diagnóstico, a un «espectro» con una continuidad gradual en cuanto a capacidades cognitivas y lenguaje— vio que él no estaba de acuerdo. Ella opinaba que Asperger tenía interés en subrayar que «él quería (mantener) una distinción muy neta entre los niños que describió, que decía que tenían capacidades extraordinarias, y los que juzgaba como *potencialmente psicóticos,* descritos por Kanner». Para Wing, los dos describían diferentes formas clínicas de un mismo autismo. Queriendo rendir homenaje a Asperger —fallecido un año antes— propuso, en su trabajo príncipes de 1981, dar su nombre a un «síndrome» que él nunca describió como tal (Wing, 1981). Como ella misma manifestó mucho después, hacerlo «fue como abrir la caja de Pandora» (Wing, 2005). Las discusiones acerca de la «aparición» de un nuevo diagnóstico se multiplicaron, a pesar de que para ella no se trataba de un diagnóstico distinto del autismo. Precisó también que su elección del término «síndrome» fue porque le parecía más «neutro» que el original de «psicopatía» utilizado por Asperger, puesto que pensaba que quería describir un «trastorno de la personalidad» y no un «comportamiento sociopático».[33]

¿Y qué es lo que realmente escribió Asperger? En su trabajo —en el que se comprueba que no hablaba de ningún «síndrome»— describe

---

33 Esta opinión —a mi juicio sensata y ajustada a las variaciones históricas que el término «psicopatía» ha tenido en la historia de la psiquiatría— ha sido sin embargo criticada y lamentada por Edith Sheffer cuya posición resulta más difícil de aceptar (*Asperger's Children. The Origins of Autism in Nazi Vienna*, New York; W.W. Norton, 2018). Para ella Asperger utilizó el término alineándose con la ideología de la psiquiatría alemana nazi y con la connotación de «desviación y comportamiento social recalcitrante» que conllevaba la decisión de represión, internamiento y en muchos casos su exterminio criminal. Sostiene que los trabajos de Asperger se hicieron populares porque quedaron purgados de su contexto histórico y de su connotación ideológica, que Asperger forzosamente —y para ella voluntariamente— tenía que compartir.

detalladamente cuatro casos de autismo (Fritz, de 6 años; Harro, de 8; Ernst, de 7; y Helmut, de 17).

Los 4 casos descritos por Asperger: el síndrome que nunca existió

Hemos visto resumidos con anterioridad los 11 casos relatados por Kanner. Para comparar los estilos narrativos de este y de Asperger y, sobre todo, el diferente modo de situarse y de comprender los problemas del niño autista que practicaron, merece la pena ahora abordar las descripciones clínicas de este. Se puede ver así el claro contraste entre el estilo «psiquiátrico» de Kanner, que trata de construir —«transversal y sincrónicamente»— un diagnóstico médico en una consulta hospitalaria, y el «educativo-pedagógico» de Asperger, que trata de comprender — «longitudinal y diacrónicamente»— y de resolver los problemas que surgen de una relación institucional cotidiana y prolongada. Asperger centró su conceptualización clínica en la descripción detallada de cuatro casos que trataré de resumir con la amplitud que su interés merece.[34] Otros muchos ejemplos clínicos breves y aislados aparecen salteados en otros capítulos del texto de Asperger.

Caso 1. «Fritz» (6 años)

Con esta edad, Fritz es enviado al comienzo del curso por la escuela, que señalaba que se había mostrado «totalmente incapaz de integrarse».

En cuanto a su desarrollo motriz y del lenguaje, Asperger detalla que «mientras que las funciones motrices se desarrollaron más bien tardíamente (no aprendió a andar hasta los 14 meses, fue muy torpe y

---

34 Al no tener conocimientos de alemán ni disponer de una traducción española del texto íntegro original, he realizado mi propia traducción a partir de la versión en francés del texto íntegro (*Les psychopathes autistiques pendant l'enfance*. Institut Synthélabo: Le Plesis-Robinson, 1998) cotejándola con la versión inglesa realizada por Uta Frith, que no traduce la totalidad del texto (*Autism: Explaining the Enigma*. Oxford: Basil Blackwell, 1989. [Trad cast.: *Autismo: hacia una explicación del enigma*. Madrid: Alianza, 1992]).

poco autónomo durante mucho tiempo), sin embargo aprendió a hablar muy temprano (a los 10 meses —bastante antes de poder andar— pronunció sus primeras palabras). Ha aprendido rápidamente a expresarse con buenas frases y se ha expresado —"como un viejo"— bien».

En una época y un entorno médico en el que la tendencia a observar cualquier alteración neurológica era obligada, señala que: «no hay información alguna que pudiera apuntar hacia una lesión cerebral». Recoge al detalle los datos que le aporta la familia (sobre todo la madre) y la escuela. En cuanto a su comportamiento:

> Muy agitado e inestable desde el nacimiento, tocaba todo y lo cogía en sus manos, se interesaba por todo y no aceptaba prohibición alguna [...]. Tenía un instinto destructor. Destroza y rompe rápidamente todo lo que pasa por sus manos [...]. Desde un principio, jamás ha sabido participar en un grupo de niños. Juega siempre solo, nunca se ha entendido y jamás ha sabido jugar con otros niños. Con ellos no hace más que excitarse y se pone agresivo de inmediato. Golpea con todo lo que tiene a mano sin mirar si el otro está en peligro (una vez utilizó un martillo y por eso fue expulsado de la guardería el día que entró por primera vez). Esta expulsión estuvo también causada por su comportamiento sin inhibición alguna: no solamente atacaba a los niños, también se paseaba por la clase y trataba de destrozar los percheros. [En cuanto a sus relaciones:] No tiene relaciones afectivas con nadie. A veces tiene gestos de afecto. Abraza personas sin motivo, pero no es un gesto agradable, no es la expresión de un verdadero sentimiento, de un auténtico afecto, es más bien como «un ataque» repentino. Se tiene la impresión de que no ama o no puede amar a nadie, ni contentarse por nadie. No le afecta que se esté enfadado o triste por causa suya [...]. Se burla de la autoridad de los adultos o se muestra sin distancia alguna hacia ellos: habla a desconocidos sin timidez alguna; aunque aprendió a hablar muy pronto, jamás ha utilizado el «usted» de cortesía; tutea a cualquiera. Produce una extraña impresión por sus movimientos estereotipados y por otros hábitos (en su comportamiento).

Como Kanner, Asperger también presta gran atención al entorno familiar. De su madre nos dice que:

> pertenece a la familia de uno de los grandes poetas austríacos. En la familia materna casi no hay más que intelectuales. Según la madre, todos son «genios un poco locos». Una hermana del abuelo, pedagoga «genial», era extremadamente rara y solitaria. El abuelo materno, como varios miembros de su parentela, no pudo frecuentar la escuela ordinaria, sino únicamente escuelas privadas. El niño se parecería bastante a este abuelo que, según parece, planteaba todo tipo de problemas cuando era joven. Tiene el aspecto de la caricatura de un sabio. Vive encerrado en un mundo personal, no es muy estable en la vida real (no tiene los pies en el suelo).

Desde nuestra perspectiva actual, da la impresión de que —tanto para Asperger como para Kanner— las descripciones aportadas por la familia se consideraban objetivas, sin influencia ninguna de fantasías proyectivas que pudieran deformar subjetivamente los hechos. Cuando Asperger describe detalladamente a la madre, tampoco parece dudar de la objetividad de su propia observación que, sin embargo, muestra signos de que —como suele ocurrir— está afectada por su propia contratransferencia[35] cuando nos relata:

> La madre se parece mucho al niño (cosa sorprendente puesto que se demanda a su sexo femenino más reacciones instintivas seguras, más sentimientos que intelecto). Tiene un aire extraño en su desarrollo motor, en su manera de hablar y actuar (la manera en que llegan a la clínica —madre e hijo— es muy característica). La madre anda sin mirar a su alrededor, con los brazos cruzados en la espalda, a su lado el chico

---

35 Como es bien sabido, el término fue creado por Freud para señalar un fenómeno presente en toda relación terapéutica: «la influencia del enfermo sobre los sentimientos inconscientes del médico». Subrayó que «ningún analista va más allá de lo que le permiten sus propios complejos y resistencias internas», y por ello deducía, como consecuencia, la necesidad de realizar un psicoanálisis personal (conveniencia que luego convirtió en requisito obligatorio de la formación de todo psicoanalista).

hace lo que quiere (dan la impresión de no tener relación alguna). Se tiene también la impresión de que la madre no está a la altura, en lo concerniente al niño, a la vida práctica y la atención de los cuidados domésticos. Aunque pertenece a una clase social elevada, tiene un aspecto descuidado, va sucia y mal vestida. Es incapaz de proporcionar cuidados corporales a su hijo (que son muy difíciles de realizar con este niño, hablaremos más adelante). La madre conoce muy bien a su hijo, sus rasgos de carácter y sus dificultades; busca en sí misma o en sus ancestros y en sus parientes rasgos similares. Puede informar muy bien sobre lo que ocurre.

Aunque no lo dice explícitamente, parece muy consciente del carácter interactivo de las dificultades madre-hijo:

Expresa con intensidad que ya no sabe qué hacer con este chico y uno se convence cuando los ve juntos. Entonces está muy claro que es debido tanto a las dificultades endógenas del chico como a las relaciones de la madre con el mundo externo, y que ella está muy limitada en sus funciones instintivas. El siguiente rasgo es muy típico de ella: cuando ya no soporta su casa, deja todo y, sin ocuparse de los varones de la familia, se marcha una semana o más, a las montañas que le gustan.

Su descripción del padre es mucho más escueta y no parece que le considere muy influyente en la dinámica madre-hijo:

El padre del chico procede de una familia rural que, al parecer, no ha producido caracteres especiales. Es un *self-made-man*, funcionario estatal de alto nivel. Por ello, se casó tardíamente. Cuando nació su hijo tenía 55 años. Es un hombre tranquilo, reservado, que no desvela fácilmente su naturaleza profunda, que no habla de sus asuntos, es muy correcto, pedante y muy distante en lo personal.

Como suele ocurrir en otras muchas observaciones clínicas de autistas, la primera impresión de Asperger reacciona a las peculiaridades de la mirada y el lenguaje de Fritz:

El rostro es fino, aristocrático, muy evolucionado para su edad —ha perdido los rasgos de la infancia. La mirada es extraña: habitualmente mira al vacío— aunque no hay chispa de maldad en sus ojos, no mira a su interlocutor a la cara para tener un verdadero contacto. Parece que no mira a la gente y a las cosas más que con mirada rápida y periférica, lo que le da un aire «de no estar aquí». Su voz aflautada y aguda da la misma impresión: se le oye de lejos pero su voz no tiene melodía ni entonaciones. El contenido de su lenguaje es muy distinto del esperado de un niño normal. Lo más frecuente es que no responda a preguntas. A menudo hay que repetir la pregunta varias veces hasta que la capta; si responde lo hace solo en forma muy concisa, pero no es frecuente que se tenga la suerte de hacerle reaccionar; o no responde o lo hace con reticencia, un parpadeo rítmico u otras estereotipias, o, también, repite la pregunta o una palabra de la pregunta que parece no haberle afectado o, aún más, canta: «no quiero decirlo, no quiero decirlo».

El particular estilo y la finura en la observación de Asperger (a lo que sin duda habría que añadir la aportación de los miembros de su equipo)[36] quedan clara y ampliamente reflejados en lo que denomina «comportamiento en el servicio» de Fritz:

Desde el comienzo, y durante toda la duración de su estancia, se excluía del grupo de niños. Circulaba por todos lados y no parecía fijarse en su entorno. Era imposible hacerle jugar en un grupo, pero tampoco podía jugar solo de forma significativa y no sabía qué hacer con los objetos. Si se le daban cubos de madera, se los llevaba a la boca o los tiraba todos bajo las camas (el ruido resultante parecía complacerle).

---

36 Algunos historiadores han resaltado que Asperger no incluyó a ninguno de sus colaboradores como firmantes de sus textos, a pesar de que el trabajo en equipo era una de las características más destacadas de su clínica. Lo hace de forma especialmente crítica la citada Edith Sheffer, que, como vamos a ver, es una crítica particularmente documentada y demoledora de Asperger, de su ideología y de sus actitudes personales. En su reciente traducción al español se añade (en la portada) al título original inglés un destacado e intencionado subtítulo: *Los niños de Asperger. El exterminador nazi detrás del reconocido pediatra*. Ciudad de México: Planeta, 2019.

Así pues —aunque Asperger lo describe claramente, no lo destaca en sus comentarios— Fritz prefería el placer de la estimulación autosensorial al uso simbólico y lúdico-social del material de juego y exploración. Mucho más original y creativo se muestra en su comprensión de las causas de las impulsiones y estereotipias «inmotivadas» al mencionar explícitamente que estaban condicionadas tanto por actitudes del personal de su entorno como por la hipersensibilidad defensiva de Fritz, ante cualquier imposición que era vivida como intrusiva y amenazante. Seguramente sea el primero en señalar el carácter reactivo y relacional de estos comportamientos «absurdos»:

> Sufría impulsiones espontáneas sin relación alguna con una situación concreta. Lo más espectacular eran sus movimientos estereotipados: comenzaba de repente a golpearse rítmicamente las piernas, o a golpear la mesa, la pared, a otra persona, a saltar en la sala sin preocuparse por el asombro de los demás; sus impulsiones surgían espontáneamente, pero, a veces, estaban desencadenadas por situaciones definidas: por ejemplo, cuando se le pedía algo, experimentaba como una intrusión no deseada en su cerrada personalidad. Cuando era posible hacerle responder o reaccionar un breve instante, a pesar de ello, su reticencia se manifestaba por movimientos estereotipados y gritos.

En su descripción no faltan detalles que muestran su clara implicación, intervención y presencia directa en los sucesos institucionales cotidianos: «Tenía también otros hábitos extraños y desagradables: se atiborraba de cosas imposibles: lápices enteros, papel en grandes cantidades (no extrañará que sufriera frecuentes desórdenes digestivos). Tenía costumbre de lamer su mesa esparciendo su saliva por todas partes».

Su implicación emocional en las situaciones difíciles no casa muy bien con las apreciaciones de quienes han supuesto —o afirmado— que Asperger sufría del trastorno que él mismo describió; además, una de sus hijas, por ejemplo, le atribuye una frialdad emocional y una tendencia a mantenerse a distancia en sus relaciones humanas. Aunque también se puede pensar que en el relato de sus reacciones y opiniones hayan influido las aportaciones de sus colaboradores más sensibles. Como hemos relatado con anterioridad, algunos de ellos mostraron gran sensibilidad hacia la comprensión del sufrimiento del autista tanto en su colaboración con Asperger, en Viena, como posteriormente al formar parte del equipo de Kanner.[37] Pero volvamos al relato de Asperger:

> No faltaban los gestos de maldad típicos de estos niños [...] con la mirada perdida, súbitamente, avivaba su mirada, se levantaba y realizaba cualquier idiotez como un rayo: tirar todo lo que había en una mesa, pegar a otro niño [...]. Buscaba siempre a los más pequeños, los que no podían defenderse [...]. Encendía luces o abría grifos; se escapaba de repente de su madre o de su acompañante y era muy difícil atraparle; o bien se dejaba caer en los charcos de agua para ensuciarse completamente. Estos gestos impulsivos eran imprevisibles, en absoluto anunciados y muy difíciles de vigilar pedagógicamente.

Curiosamente, aquí aparece un Asperger más convencido de la intención relacional, de la «maldad» del comportamiento agresivo-destructivo de Fritz, que de atribuirlo a su incapacidad para contener o canalizar descargas pulsionales. En ningún momento alude a que el marco impuesto de una situación escolar y grupal, tan claustrofóbico para un niño autista, pueda explicar sus reacciones de huida y de rechazo agresivo: «Es porque tenemos la certeza de que saben lo que hace daño por lo que las maldades de estos niños nos dan la impresión de refinadas».

En cambio, se muestra mucho más tolerante y comprensivo hacia los errores y la indisciplina que muestra frente a tareas intelectuales:

---

37 Se trata de Georg Frankl, psiquiatra, y Annie Weiss, psicóloga, ya mencionados. Ambos eran de origen judío y habían trabajado en Viena en el equipo que dirigía Asperger y publicado trabajos interesantes. Ni ellos citan a Asperger, ni este a ellos. Más tarde emigraron a Estados Unidos, gracias a las gestiones de Leo Kanner. Dos textos lo han detallado para sostener la hipótesis de que Kanner sí conoció el texto de Asperger más de lo que reconocía (Silberman, 2016) o para cuestionarlo (Sheffer, 2018). Ambos coinciden en sugerir que tanto Kanner como Asperger tenían dificultades para reconocer la importancia del trabajo de sus colaboradores (y parecen ignorar que no citar a los de su equipo y no reconocer sus aportaciones ha sido una práctica intolerable pero muy extendida en el mundo académico).

el test no podía dar una idea de sus verdaderas facultades intelectuales. Los resultados eran demasiado contradictorios y daba la impresión de que el fracaso ante ciertas cuestiones se debía al azar de que solo sus dificultades de contacto podían explicar [...]. No nos ha dado una imagen clara de sus facultades intelectuales [...]. Para juzgar sus aptitudes hay que tener en cuenta sus producciones espontáneas [...]. Sorprendía con comentarios que demostraban una percepción excelente de la situación y un muy buen criterio para juzgar a las personas, rasgo sorprendente porque no parecía tener conocimiento de su entorno.

También se detiene en matizar las relaciones personales de este chico y a relacionarlas con sus dificultades pedagógicas, estableciendo claramente la vinculación de las dificultades afectivas con las cognitivas...

> A primera vista, se hubiera dicho que no las tenía, que no existían salvo en sentido negativo, en forma de maldad o de agresión, pero no era cierto en absoluto [...]. Afirmaba que quería a la maestra que le enseñaba [...]. Tenía gestos afectuosos hacia una enfermera del servicio [...]. Las dificultades pedagógicas que presenta son enormes [...]. La condición principal —que las mejora— es una relación no perturbada con su entorno [...]. Lo que hace que un niño obedezca no es, en primer lugar, el contenido de las palabras que capta y que absorbe cognitivamente, sino los afectos de quien le educa y que fluyen de sus palabras [...]. Las palabras del educador no son muy importantes [...] lo que sí importa, es cómo da la orden, qué potencia tienen las pasiones que están tras las palabras.

La razón fundamental por la que el texto de Asperger pasó a la historia es que señalaba que Fritz, al igual que otros autistas, presentaba conocimientos espontáneos y muy sorprendentes: «tiene gran interés por las cifras y las matemáticas, sin que nadie se hubiera ocupado de ello».

Asperger insiste varias veces en las asombrosas capacidades de algunos autistas, sin dejar de señalar que no es así para otros:

> Constatamos, por tanto, cosa que veremos en casi todos los autistas, un interés especial que permitía a este chico asombrosos logros en este

terreno. Lo que nos lleva a la cuestión del tipo de inteligencia de estas personas, incluso si la respuesta no es fácil porque los resultados son tan contradictorios que diferentes examinadores llegan a juicios totalmente opuestos. Se puede clasificar a este tipo de individuos, y con justas razones, tanto entre los niños prodigio como entre los idiotas.

Parece también que, en este aspecto, los logros cognitivos de Fritz, la satisfacción narcisista era compartida por parte de Asperger con los padres: «Estas informaciones procedentes de la familia eran totalmente certeras, sobre todo en lo concerniente a sus excepcionales aptitudes para el cálculo (los padres comprendían muy bien a su hijo en el plano intelectual)».

Recordemos que esta sintonía —terapeuta/familia/progresos cognitivos del niño— tendrá una gran trascendencia histórica. Como hemos visto con anterioridad, será Lorna Wing, psiquiatra y madre de una niña autista, quien, insatisfecha por la equiparación del autismo con la deficiencia mental, rescate del olvido el texto de Asperger y proponga —con gran éxito científico— hablar de un «espectro», de un abanico abierto de trayectorias diferentes en cuanto a las muy distintas capacidades intelectuales que los autistas alcanzan. Serán también las propuestas cognitivo-conductuales, que basan sus evaluaciones en la objetivación de logros concretos, sobre todo intelectuales, las que den mayor satisfacción a las familias de los autistas, hasta el punto de que las asociaciones compuestas por afectados se conviertan en activas y militantes defensoras de estos métodos psicoeducativos.

Pero los afectos y las emociones de Fritz, así como la forma en que los manifiesta al entorno terapéutico y las reacciones que provocaba en este, también aparecen en el texto:

> La vida afectiva está ampliamente perturbada [...]. Muchas de las emociones de este chico eran incomprensibles. No se sabía qué le hacía reír o saltar, qué le hacía atacar a los demás; no se conocían los sentimientos que formaban el sustrato de sus estereotipias, lo que de pronto le volvía afectuoso [...]. Mucho de lo que producía era inesperado y no tenía relación con la situación. Si las pasiones de este chico eran tan anorma-

les que resultaba difícil reconocerse en ellas, no es sorprendente que sus propias reacciones a las emociones del educador no fueran las buenas.

El texto muestra que Asperger —y su equipo— reflexionaban mucho sobre la influencia recíproca e interactiva entre las distorsiones emocionales de Fritz y las reacciones que provocaba en su entorno: «La pasión del educador es, para ellos, una sensación agradable, que les gusta provocar […]. La disfrutan con una mirada reluciente de pillería […]. "Yo soy malo porque se enfada usted tan bien", dice a su maestra un chico con este tipo de problema».

Reflexionaban también sobre cuál debía ser la intervención más favorable. Es probable que algunos vean en este relato una anticipación de las propuestas de ciertos planteamientos terapéuticos que proponen la absoluta —y a mi juicio imposible— neutralidad emocional:

> Resulta difícil describir cuál es la buena reacción pedagógica para estos niños. Como siempre está ligada a la sensibilidad instintiva del educador y no a deducciones lógicas. De todos modos, hay algunos principios educativos que han resultado válidos […]. Toda medida pedagógica debe ser presentada «con pasión apagada» (sin emoción) el educador, jamás debe enfadarse, ponerse colérico ni tampoco ser amable o adaptarse a los niños […]. Debe dar sus directivas con calma y sin emoción y sin acercarse personalmente al niño […]. Podría creerse que no hay que hacer nada y que hay que dejar al niño hacer a su aire […]. Las apariencias son engañosas. En realidad, dirigir a estos psicópatas requiere una tensión y una concentración emocional, una confianza en sí mismo, una seguridad interior que no es fácil de mantener.

La experiencia «pedagógico-terapéutica» queda relatada como difícil y costosa, tanto intelectual como emocionalmente, y explicita lo imprescindible de una formación adecuada. Resulta también curioso que mencione el humor como característica positiva en los terapeutas:

> Por sorprendente que parezca estos niños tienen un sentimiento muy desarrollado hacia la personalidad del educador. Por muy difíciles que

sean, incluso en condiciones favorables, solo se dejan guiar e instruir por hombres y mujeres que no solo los comprenden, sino que los quieren y muestran humor y bondad hacia ellos. Damos por supuesto que la dirección de tales niños exige el conocimiento de sus particularidades y una experiencia pedagógica.

En particular, la actitud activa y la necesaria atención personalizada y constante por parte del equipo terapéutico queda claramente señalada:

> Fritz V. no podía recibir la enseñanza en clase [...] incluso en matemáticas a pesar de sus dones en esta materia [...]. En cuanto se abordaba una cuestión que le interesaba sorprendía su buena y rápida comprensión [...]. Enseñarle a escribir ha sido difícil. Además, era torpe. El lápiz no obedecía a sus manos crispadas [...]. Ha aprendido a leer sin grandes problemas [...]. Nos sorprendía constatar que había absorbido y retenido gran parte de la materia que se le había presentado.

La forma en que estos niños —también Fritz— perciben su entorno y la atención o desinterés con que reaccionan a los estímulos, cuestión que tendrá un largo recorrido y se prolongará en las más sofisticadas investigaciones neurocognitivas actuales, también aparecía ya entonces:

> Es muy significativo, para Fritz V. y los otros niños de este tipo, que parecen captar las cosas en la periferia del campo visual, percibirlas y retenerlas a pesar de una atención aparentemente difusa [...]. La atención activa y pasiva está considerablemente perturbada y les es difícil reproducir lo que saben. En todo caso, tienen una vida interior muy rica, una aptitud para pensar lógicamente y un muy buen sentido de la abstracción.

Finalmente, un niño tan perturbado como Fritz lleva a Asperger a una reflexión de plena actualidad: ¿son tan diferentes los autistas? ¿Tienen algo en común con quienes no lo son? Su respuesta parece más una duda existencial que una certeza científica: «incluso para las personas normales, una cierta distancia respecto al entorno es necesaria para la abstracción».

Quizá la ventaja de aproximarse al autismo consista precisamente en que proporciona experiencias que hacen pensar en lo más sustancial de la naturaleza humana.

En cuanto a responder a la inquietud que pueda surgir en cualquier lector respecto del destino de Fritz, algo, pero no todo, se comenta: «Ha sido capaz de superar los exámenes del sistema escolar oficial con éxito cada año [...]. No acumula ningún retraso. No sabemos si, y cuándo, estará preparado para ser integrado en una clase ordinaria».

Caso 2. «Harro» (8 años y medio)

Asperger comienza a describirlo resaltando sus peculiaridades más positivas:

> Es un chico en el que se manifiestan muy intensamente los particulares signos de este tipo de niños. Sus relaciones con el entorno no están tan perturbadas como en el primer caso. Los aspectos positivos de este niño están aquí bien visibles, a saber, la autonomía del pensamiento, la experiencia y la expresión.

Describe luego el motivo de consulta —más adelante veremos por qué esta tendencia de Asperger podría ser importante— y se explaya en detalles sobre su mal comportamiento: «Este chico de 8 años y medio ha sido internado por dificultades insuperables de disciplina en la escuela». A continuación, relata lo bien fundado del motivo que ha propiciado su internamiento:

> La maestra tiene la impresión de que «podría si quisiera», a menudo da buenas respuestas que demuestran una madurez superior a su edad; pero frecuentemente rehúsa cooperar y lo hace con comentarios muy groseros que rompen la disciplina de la clase. Por ejemplo: «es demasiado idiota para mí». Apenas hace los deberes [...]. Las dificultades de disciplina son las más graves. Jamás hace lo que se le pide y contesta de tan mala manera que la maestra no le pide nada más para no hacer el ridículo ante la clase. No hace lo que se le pide sino todo lo que se le

ocurre sin tener en cuenta las prohibiciones o las consecuencias de su comportamiento. Se levanta en medio de la clase y la atraviesa a cuatro patas [...]. Se pone rabioso por nada, ataca a los niños y, apretando los dientes, les pega. Es aún más peligroso porque estos niños no saben pegarse, pero saben hasta dónde pueden llegar sin herir gravemente al otro.

Parece luego tratar de comprender y hasta de excusar un poco el comportamiento de Harro: «Es muy torpe [...]. No domina bien su motricidad y no puede dirigir sus golpes con precisión; a menudo ha herido a sus adversarios; es muy susceptible a las burlas puesto que tiene aspectos muy ridículos que las provocan».

Contrariamente a un observador que trata de buscar características generales, se detiene en un rasgo peculiar de su comportamiento: «Es muy independiente en muchos aspectos: desde su segundo año de escuela, o sea desde los 7 años, va él solo en tren a Viena (que está a 25 kilómetros del pueblo donde vive con sus padres)».

En cuanto al entorno familiar, Asperger se limita a describir lo poco que le han dejado observar:

> El padre, de origen rural, es un intelectual. Ha adquirido su educación como autodidacta. No parece tener contactos en el pueblo en que habita y tiene aspecto de persona extraña. Se describe como muy nervioso, pero se controla hasta el punto de parecer flemático. La madre, a la que no hemos visto nunca (tenemos la impresión de que el padre no lo quería) parece ser, también, muy nerviosa [...]. En la familia del padre y de la madre hay, aparentemente, muchas personas muy nerviosas. No nos han dicho más.

Quizás estos detalles puedan permitir deducir o suponer cómo eran las relaciones —¿distantes o escasas?— que el equipo del hospital, que proponía o imponía el ingreso, mantenía con los padres del niño y la aceptación o el rechazo por parte de estos de la decisión médica del internamiento. El dato de que Harro y su familia «desaparecieron» sin dejar rastro de continuidad y otros hechos más graves —sobre los que volveremos más adelante—, respecto de los modos en que se determinaban los ingresos «por razones sociales», han hecho sospechar a quienes han investigado los hechos históricos que había cosas más complicadas sobre las que Asperger no dice nada en su texto.[38] Tras la anamnesis, Asperger continúa con su ordenada historia clínica y describe la apariencia física y la manera de expresarse de Harro. Otra vez, como en el caso anterior, se fija en su mirada y su lenguaje:

> Es pequeño (4 centímetros por debajo de la media de su edad); muy robusto y rechoncho, con una fuerte musculatura. Tiene pinta de mal hecho y da la impresión de que sus extremidades son muy cortas [...]. Su mirada con frecuencia parece perdida y ausente, a veces parece estar rumiando [...]. Habla lentamente, sin modulación. No mira jamás a su interlocutor, su mirada se fija en lontananza. Intenta expresar sus pensamientos con rasgos tensos y crispados. Y lo consigue muy bien: tiene una manera de expresarse madura, precisa y adulta. No son frases hechas que se haya apropiado, como hacen otros niños, sino que habla de su propia experiencia que no es la de un niño [...]. Con frecuencia, no responde a la pregunta, pero habla sin interrupción de sus experiencias, vivencias y sentimientos.

Le llama la atención la capacidad de Harro para percibir su propia imagen corporal: «Se observa y se describe: "soy un zurdo y un patoso terrible"».

También quiere matizar las peculiaridades de su comportamiento y los resultados en los test de inteligencia:

> La principal diferencia entre los métodos habituales (por ejemplo, el de Binet, del cual hemos tomado algunos ítems) y el nuestro es la libertad con la que practicamos los tests puesto que no miramos solamente los resultados positivos o negativos obtenidos, que dan una evaluación cuantitativa, sino que acordamos mucho más valor a la cualitativa [...] a

---

38 Así lo hace Edith Sheffer, quien afirma que Asperger mantuvo adrede una ocultación acerca de las circunstancias político-sociales que rodearon su trabajo en los años de la ocupación nazi (volveremos en detalle más adelante).

cómo el niño resuelve los problemas, su manera de trabajar, su velocidad individual, su concentración y, sobre todo, su contacto y su manera de responder.

Al evitar dar una impresión de evaluador objetivo y neutral, Asperger no oculta su parcialidad, al menos en lo que se refiere a cómo valorar sus rendimientos intelectuales: «Hay que ayudar al niño temeroso, apurado y poco seguro de sí mismo y, a veces, completar con ellos el inicio. No será por tanto fácil de medir la ayuda aportada por el examinador».

También explica los motivos, fundamentalmente clínicos, por los que lo hace:

> no nos interesan solamente los resultados sobre la medida del desarrollo intelectual sino también sobre elementos de la personalidad [...]. El test ha sido difícil de ejecutar. Con frecuencia, si una cuestión no le interesaba, se quedaba bloqueado, no entendía nada; a menudo hacía falta consumir grandes energías para llevarle a un resultado. Por otra, él estaba en sus pensamientos y se le tenía que traer a la realidad. Si prestaba atención su rendimiento era bueno [...] se mostraba interesado y animado; estaba concentrado e incluso ha sido necesario pararle pues su discurso no tenía limites».

Como hacía habitualmente, describe también los resultados y actitudes ante los conocimientos y el nivel escolar, y recuerda así la influencia que tienen —además de las propias dificultades del niño— otros factores:

> Como los niños que nos vienen en observación tienen con frecuencia problemas de estudios, siendo conscientes de que las influencias del medio tales como las carencias de instrucción desempeñan un papel en el examen del niño, hemos introducido cuestionarios sobre la instrucción escolar en nuestro método de examen. Pero ¿qué resultados pueden ser juzgados haciendo completa abstracción de la influencia del entorno? ¡Es un gran error creer que las reacciones al test de Binet son independientes del medio del que proceden los niños!

Una vez más, su interés y su motivación por lograr los mejores resultados intelectuales son palpables. De hecho, Asperger no solo muestra un talante optimista y esperanzado, sino que también resalta que un aparente desinterés tiene que ver con que la tarea ¡no está a la altura de merecer el interés del niño autista!

> Como era de esperar, su comprensión de la lectura es muy buena [...]. Lee mal, con faltas, pero es evidente que lee «entendiendo el sentido», que el contenido de la historia le interesa [...]. La escritura es muy mala y se corresponde con su torpeza generalizada; garabatea sin sentido, aplasta palabras, las líneas son en zigzag, la inclinación de la escritura variable. Es interesante constatar que hace muchas más faltas al copiar que en un dictado. Era de esperar que tuviera menos problemas con la copia ya que tiene todas las palabras a la vista, pero una tarea tan limitada no le interesa.

Su interés por observar la evolución del niño, tan característico de la «pedagogía curativa», se detiene en la descripción del «comportamiento en el servicio»:

> También con Harro todas las particularidades de su comportamiento se explican por sus relaciones restringidas con su entorno. Durante toda su estancia en el servicio, permanece como un elemento extraño. Nunca se le ve unirse a un juego colectivo; está habitualmente sentado en un rincón con un libro (cosa inhabitual para su edad, hay que tener 10 años para amar la lectura) y no presta atención al barullo de su alrededor; su figura y su «dignidad» le hacen «curioso» para los demás niños [...]. Le tratan con distancia: ataca salvaje y brutalmente en cuanto alguien se burla de él. No comprende las bromas incluso cuando no se dirigen contra él: no tiene sentido del humor [...]. No llega a ligar relaciones cercanas con un niño o adulto del servicio. Se le puede interesar, es cautivador entretenerse con él, pero jamás es afectuoso y no se experimenta ningún afecto por él.

Resulta interesante también la precisión y la amplitud de miras con las que enjuicia las peculiaridades motrices de Harro y las relaciona tanto con la inexpresividad emocional que acaba de describir en el párrafo anterior como con las dificultades de integración grupal:

> Su motricidad entera lo expresa; su mímica pobre y rígida es acorde con su rigidez y torpeza generalizada (sin que se hayan encontrado síntomas neurológicos o patológicos, si bien es, en cierto modo, espástico). Sus dificultades aparecen sobre todo en las clases de gimnasia, incluso si obedece las órdenes del jefe de grupo y aunque ponga todo su esfuerzo en ejecutar correctamente el ejercicio, este resulta poco hábil y desafortunado; no se coordina jamás con el ritmo del grupo.

También aquí comenta las reacciones de los adultos, frustrados ante los escasos logros terapéuticos, cosa que hace pensar en su sensibilidad al trabajo grupal en equipo, habitual en su centro:

> Pero ha sido posible, tras un paciente entrenamiento, obtener una mejoría de muchas aptitudes prácticas. Como todos estos niños, Harro es muy torpe en sus pequeñas tareas cotidianas (por ejemplo, lavarse) y hace todo a disgusto. Es una verdadera lucha enseñarle un comportamiento social en este terreno [...]. Los educadores no comprenden que estas aptitudes deben ser objeto de un penoso aprendizaje y se muestran impacientes e irritados [...]. Tampoco resulta sorprendente que estos niños autísticos respondan a las más simples exigencias de la vida cotidiana con una oposición irritada, negativismo y mal comportamiento y que surjan graves conflictos en este ámbito [...]. Son muy sensibles a exigencias personales mientras que se interesan más fácilmente en el plano intelectual [...].

Una vez más, parece que Asperger se siente más cercano que otros miembros de su equipo a comprender que los autistas tengan más interés y se comporten mejor en el plano intelectual que en el emocional (¿quizá se trataba de una sintonía contratransferencial positiva?).

En su línea de interés constante por la inteligencia de los niños autistas, Asperger nos sorprende con propuestas que anticipan las de las programaciones «neurocognitivas» más recientes:

Otro punto importante: los niños «normales» adquieren los hábitos sociales necesarios sin ser conscientes de ello la mayor parte del tiempo —aprenden inconscientemente, instintivamente—. Son estas relaciones, en las que el instinto desempeña un papel, las que están perturbadas en los niños autistas. Si hablamos crudamente, estas personas son autómatas de la inteligencia. Hacen su adaptación social a través del intelecto, deben aprenderlo todo a través del intelecto [...]. Hay que explicarles todo, enumerárselo todo (lo cual sería una falta educativa grave con niños normales); deben aprender las tareas diarias como los deberes escolares y ejecutarlos sistemáticamente. Varios de estos niños (que eran mayores que Harro) han alcanzado una adaptación casi perfecta al establecerles un horario que contenía exactamente, desde la hora de levantarse, todas las ocupaciones y deberes del día.

Asimismo, se anticipa a lo que en la actualidad vemos como un avance reciente, esto es, la implicación participativa de los padres: «Cuando salían de la clínica, recibían uno de este tipo con su empleo del tiempo, elaborado conjuntamente con los padres puesto que debía adaptarse a las costumbres de su casa. Los niños debían dar cuenta regularmente de su empleo del tiempo, por ejemplo, haciendo un diario».

Tampoco deja de mencionar que la respuesta favorable a estas propuestas de intervención «terapéutico-educativa» está vinculada a las características de la psicopatología y a la utilidad adaptativa que puedan tener sus mecanismos defensivos psíquicos: «Se sentían fuertemente vinculados a esta "ley objetiva", muchos de entre ellos tienen manías pedantes, otros tienen rasgos de neurosis obsesivas —y nos hemos aprovechado de estas cualidades para hacer posible obtener de esta manera, dificultosamente, una mejor adaptación». Así que, desde los inicios, estaba ya presente una cuestión que los tiempos recientes calificarán de «revolucionaria», consistente en basar las intervenciones tanto en las capacidades como en las limitaciones del peculiar funcionamiento psíquico de los autistas.

En el caso de Harro, Asperger también quiere dejar algún dato, escaso, sobre su evolución posterior: «Algunos meses después de salir de la clínica, iba mucho mejor en la escuela. Por desgracia, no hemos oído después hablar de él (probablemente sus padres se hayan trasladado)».

Finalmente, cierra su relato recordando la importancia pronóstica de la capacidad intelectual y de su influencia determinante en los diferentes tipos de autismo:

> Las dificultades de estos niños para adaptarse a la situación pueden compensarse parcialmente pasando por el intelecto. Esto funciona mejor cuanto más superior sea su disposición intelectual. Pero el carácter autístico no se encuentra solo en niños de intelecto superior sino también en los deficientes e incluso en los anormales graves.

Caso 3. «Ernst» (7 años y medio)

Motivo de consulta: «Es enviado por la escuela, para observación; razón: graves dificultades escolares y del comportamiento».

Anamnesis: «el parto y el desarrollo fueron normales. Ernst es hijo único. Comenzó a hablar tarde (primeras palabras con 1 año y medio). Parece que no articulaba bien (tartamudeo), pero que luego ha hablado muy bien, "como un adulto". En su primera infancia era ya muy difícil y no obedecía ni a su madre, indulgente, ni a su padre, que era severo».

Datos del comportamiento actual:

> No ejecuta los actos ordinarios de la vida cotidiana; la madre cree que es torpe y que tiene más dificultades que otros niños; hay que vestirle siempre porque, él solo, se equivoca y tarda muchísimo. Ha aprendido a comer solo hace poco tiempo, pero come todo mal y lo ensucia todo. Pero la madre cree que también hay maldad en juego cuando no obedece las órdenes [...]. No se ha entendido jamás con otros niños; no se podía ir a los parques públicos con él; empezaba enseguida a pegarse, atacaba con la cabeza gacha a otros niños y les injuriaba. Desde que va a la escuela es aún peor, enerva a la clase, todos le atacan, se burlan de él, le pegan, y queda a su merced, sin defenderse. Pero no se aparta de los niños y casi siempre está en el origen de los conflictos; recomienza sin cesar sus maldades, pellizca y cosquillea a los demás, les pincha con su pluma [...]. Le gusta contar aventuras fantásticas, en las que es el

héroe, o es felicitado por el maestro ante todos los demás, u otras cosas por el estilo.

Inteligencia y rendimiento escolar:

No se sabe si es inteligente o no. Antes de que fuera a la escuela, estaban persuadidos de que aprendía muy bien, porque hacía comentarios inteligentes a propósito de todo y sabía observar de una manera original. Había aprendido a contar él solo hasta 20 y sabe varias letras. Pero ahora, falla en todo. Ha terminado su primer año de primaria [...] y, según el maestro, no hace nada bien. La madre cree que es porque no presta atención y está «soñando». En lugar de obedecer y responder correctamente, inicia disputas con el maestro, por ejemplo, sobre cómo sostener correctamente la pluma.

En cuanto a la evaluación de su capacidad intelectual a través de la aplicación de test:

Por muy interesantes e impactantes que parezcan a veces sus observaciones, su comportamiento mostraba tan grandes trastornos de adaptación al entorno que no se esperaban buenos resultados en este test. Y no nos habíamos equivocado [...]. Es su atención activa la que está perturbada. Tanto en el test como en la vida ordinaria, tiene un aire de estar en la luna, ausente. No sabe reaccionar correctamente y es incapaz de responder a preguntas, no obtiene más que malos resultados incluso cuando se intenta hacerle prestar atención con palabras y gestos.

La familia:

Nos dicen que el padre es muy nervioso e irritable. Es ayudante de sastre. No le hemos visto más que una vez, aunque conocemos a este niño hace años. Tiene un aire solitario y bizarro. A la madre no le gusta mencionar cómo son las cosas en su casa, pero es evidente que la situación no es armoniosa, en razón sobre todo del difícil carácter de su marido. La madre es una mujer inteligente, de agradable carácter, que tiene una vida difícil. Dice ser muy nerviosa, tiene frecuentes dolores de cabeza, es muy sensible. Soporta mal que su hijo, su única razón de vivir, sea tan extraño y frágil. Intenta protegerle en contra de la escuela y lucha en contra de que sea trasladado a la enseñanza especializada.

Apariencia física y comportamiento:

> Ernst es grande (12 centímetros por encima de la media de su edad) pero muy delgado y fino. Tiene un aspecto flojo, con los hombros caídos. Tienen una cara bonita y bien formada, salvo unas orejas feas. Es muy «vasolábil», en cuanto se excita o se avergüenza se forman en su cara manchas rojas delimitadas y le aparecen gotas de sudor en la nariz.

Una vez más, Asperger se fija en su mirada y su lenguaje:

> Su mirada es también muy característica, perdida, no se fija en nada, no capta las cosas y se fija en lontananza. Y esto hace que parezca recién caído de la luna. Igual ocurre con su voz. Es alta, nasal y arrastrada, tal y como suele representarse a los aristócratas degenerados [...]. La impresión de diversión, de caricatura que produce su voz se ve reforzada por su manera de hablar. Habla sin parar, sin que nadie se lo solicite, acompaña todo lo que hace de complicadas explicaciones, porque hace esto o lo otro de esta u otra manera. Cuenta a los demás todo lo que ve, incluso cuando sus comentarios no corresponden a la situación [...]. Tiene tendencia a mezclarse en las conversaciones de los demás, a hacer grandes discursos. Es muy puntilloso: ciertas cosas deben estar siempre en el mismo sitio, transcurrir de la misma manera, si no, monta toda una escena [...]. Algunos de sus comentarios tienen sentido (la dicción es como la del adulto), y muestran su buena facultad de observación. Entre esto y sus aptitudes prácticas hay un gran contraste. Es incapaz de ejecutar los actos más sencillos. Incluso si recita lo que debe hacer, cuando se levanta y se viste, olvida y confunde las cosas y se comporta de manera ridícula y torpe. En un grupo que tiene que obedecer a una regla común, su comportamiento es insoportable [...]. Durante las clases de gimnasia no se incorpora al grupo. Es muy torpe en el plano motor, pero tampoco tiene ningún sentido del orden y la disciplina.

En cuanto a la evolución durante su hospitalización, volvemos a ver la preocupación insistente de Asperger por la «maldad» de estos niños:

> Hasta su último día en la clínica, ha seguido siendo un extraño. Se pasea entre los niños sin participar en sus juegos, de repente disputa con cualquiera y se mete en una pelea, sin que nadie se haya burlado de él. Es malo, pellizca y empuja furtivamente a los niños, demuele sus juegos. Si los niños pequeños lloran o si el educador se enfada, esto provoca nuevas maldades. Se atormenta él solo con su espíritu puntilloso, no puede aceptar que algo sea diferente de lo que tenía previsto (por ejemplo, quería un jersey para Navidad —como no era posible satisfacer su deseo, recibió una camisa muy bonita y unos juguetes—, no se ha recuperado de esta «injusticia», no ha mirado sus otros regalos y ha sido muy desgraciado durante todas las fiestas de Navidad).

En su comentario final sobre Ernst, Asperger se detiene en las «singularidades de la inteligencia autística» y en su correlación con el nivel de lenguaje:

> los resultados son mejores cuando el niño puede producir espontáneamente, no son satisfactorios allí donde debe seguir cierto razonamiento y, sobre todo, restituir lo que ha aprendido de los demás [...]. Esta característica convierte en muy originales y atractivos los resultados de los niños bien dotados; las respuestas de los menos dotados y más perturbados son más bien bizarras que de calidad [...]. Igual ocurre con la lengua: en los casos más favorables hay expresiones chocantes, personales; precisando con rigor, expresiones que pueden ser creaciones novedosas son erróneas y poco adaptables.

Las palabras de Asperger confirman la importancia que adjudicaba a los aspectos intelectuales en su evaluación global y además muestran muy claramente su idea de que los procesos y los progresos cognitivos dependen de la capacidad de establecer una relación:

> Con Ernst los aspectos negativos predominan (hay que recordar que tiene 6 meses más que Harro). Ernst K. es unos de esos casos desfavo-

recidos, sus resultados son malos en todas las materias [...] sobre todo en materias escolares, en las que su inteligencia muestra su otra cara; si alguien no puede tener experiencias personales, si solo puede ser él mismo, sin pertenencia al mundo ni interacción con él, no puede aprender: no puede aceptar lo que otros le aportan de su saber [...]. Lee muy lentamente, confunde las letras, tiene dificultad para unirlas. La comprensión de lo que ha leído es mejor. Pero no es capaz de escribir en absoluto: como casi todos los demás autistas tiene una fea escritura [...]. La pluma no le obedece, se traba y la tinta lo salpica todo. Esto no le impide corregir reescribiendo sobre lo ya escrito. Tacha, escribe o demasiado grande o demasiado pequeño, pero no es la forma lo peor de su escritura. Hace faltas copiando [...] no se comprende que se le haya dejado pasar (del primer año escolar al segundo).

Por eso, y también porque dirigía una clínica de «pedagogía curativa», se posiciona además como asesor pedagógico:

> Se puede imaginar que un maestro, sobre todo en primaria, que todavía no conoce bien a sus alumnos, crea que es un chico inteligente y se explique sus malos resultados por una falta de atención que espera corregir [...]. Necesitaba una enseñanza individual. No hubiera podido concentrarse en un grupo [...]. Desde entonces, caímos en la cuenta de que este chico no era capaz de ir a una escuela ordinaria, necesitaba una escuela especial.

Sus últimas líneas sobre este caso completan toda una serie de reflexiones propias de un diagnóstico diferencial. En cuanto a similitudes y diferencias con la debilidad mental dice:

> Podríamos preguntarnos si este chico es inteligente o débil mental, pero ciertamente hay muchos niños débiles que tienen los síntomas típicos de los psicópatas autísticos: el rechazo de contacto con sus típicas expresiones, mirada, voz, mímica, gestos y motricidad, dificultades de disciplina, maldad, pedantería y estereotipia, el hecho de que su personalidad es como un robot; no les es posible reproducir mecánicamente

sus acciones, pero sus rendimientos espontáneos son buenos. En los niños débiles, estas anomalías son todavía más fuertes porque no tienen el contrapeso de una personalidad normal.

Reaparece aquí la cuestión de la maldad:

> las malicias que parecen muy refinadas en los débiles (y que los padres ven como signo de inteligencia de su hijo) porque estos niños perciben muy bien lo que hay de más desagradable en una situación dada (grifos de agua, tirar cosas por la ventana). También son características para ambos casos las agresiones contra el entorno.

Si bien señala las coincidencias con los cuadros con afectación orgánica cerebral, no incurre en la tendencia que caracterizaba a la psiquiatría anglosajona de ver en ello un argumento a favor de una constante etiología orgánica de los trastornos autistas:

> Quien conozca numerosos casos similares, que no son tan raros y resultan fáciles de reconocer por alguien con experiencia, constatará cierta similitud con las perturbaciones de la personalidad resultantes de una perturbación cerebral, sea a causa de un traumatismo neonatal o de una encefalitis infantil; estas enfermedades producen las mismas perturbaciones [...]. Las estereotipias son comunes a los autistas y a los débiles cerebrales: dar saltitos, gesticular con brazos y piernas, girar como una peonza —hacer girar las peonzas u otros objetos (a menudo con mucha soltura)—, balancearse [...]. Las perturbaciones de contacto que hemos descrito en los autistas se encuentran también igualmente en los que tienen perturbaciones secuela de encefalitis [...]. No es fácil distinguir en estos casos si se trata de una perturbación congénita (psicopatía autística) o de un estado resultante de una encefalitis. Lo que es importante es la anamnesis (historia del nacimiento, enfermedad febril, amnesias, somnolencias, vómitos o calambres) y sobre todo los síntomas neurológicos (signos de parálisis espástica a veces muy ligera, lenguaje disártrico, tartamudez, estrabismo, trastornos de la musculatura ocular) o signos vegetativos: babear —que en nuestra experiencia no falta en

ningún débil—, ojos muy brillantes que contribuyen a la mirada «encefalítica», sudoración [...]. Es muy impresionante poder observar, en los niños que anteriormente a sufrir una encefalitis eran muy bellos, un rostro deformado tres o cinco años después de la enfermedad.[39]

Caso 4. «Helmut» (11 años)

Esta cuarta y última descripción detallada de caso es mucho más escueta que las anteriores:

> Este chico es el cuarto hijo de unos padres poco presentes. Nació 7 años después del tercero, la madre tenía ya 41 años. Ha sufrido una parada respiratoria (asfixia) al nacer, que precisó reanimación. Tras el nacimiento presentó un ataque con convulsiones. Los ataques se repitieron dos veces en los días siguientes y nunca jamás posteriormente. Tuvo un desarrollo motor lento. Ha andado y hablado al final del 2.º año, pero hablaba «como una persona mayor» siendo aún pequeño [...]. Siempre ha sido obeso pese a un régimen severo controlado por un médico. No tenía mucho apetito, pero ganaba peso.

Observación:

> Lo conocimos hace 6 años, tenía entonces 11: tenía un grueso pecho y anchas caderas. Y así continúa en el presente. Sus testículos no han descendido. Desde su infancia ha sido tratado con hormonas; ha recibido

---

39 Este último comentario, junto con otros parecidos, habían sido considerados como ejemplo de la sensibilidad de Asperger hacia la estética y el sufrimiento corporal de sus pacientes. Sin embargo, otras lecturas más recientes de sus textos y un mejor conocimiento de su trayectoria profesional (Sheffer, 2018) las ponen en relación con su sintonía con los principios eugenésicos «positivos», destinados a mejorar y seleccionar las características físicas y psíquicas favorables y a obstaculizar la reproducción de los colectivos «débiles» y «degenerados» que llevaron al exterminio masivo de niños con estas características aplicado por las políticas criminales del nazismo (que según esta historiadora contó con la connivencia y la aceptación de Asperger, así como de otros muchos psiquiatras vieneses y alemanes).

sobre todo hormonas para la tiroides y la hipófisis sin efecto alguno sobre su obesidad o el descenso de sus testículos [...]. Su aspecto exterior es penoso.

Como siempre, Asperger se detiene en el aspecto corporal, en la mirada —tampoco esta vez falta el término «maldad»— y en su lenguaje:

> Sobre su cuerpo macizo y sobre su inmenso rostro con mofletes tiene un pequeño cráneo. Es casi microcéfalo, con ojos muy próximos. Su mirada es perdida y ausente, a veces con maldad [...]. Es extraordinariamente torpe. En grupo se queda plantado de pie, no sabe atrapar una pelota. Sus movimientos parecen grotescos, su expresión es ridícula. Siempre ha sido muy patoso en cualquier actividad, y lo sigue siendo [...]. Si se le oye hablar, sorprende la inteligencia de sus expresiones. Hablando conserva, imperturbable, su dignidad. Habla lentamente con estilo fácil y superior [...]. Se sirve de palabras inusitadas, a veces con un lenguaje poético y con composiciones inhabituales (según su madre, se interesa sobre todo por la poesía lírica).

La alteración de su comportamiento, su incapacidad para adaptarse al entorno —y las burlas de sus compañeros hacia sus peculiaridades—[40] también quedan señaladas:

> Ciertamente no se da cuenta de que no está en este mundo, porque no se comportaría de tal manera, sobre todo ante otros niños. No es de extrañar que siempre se hayan mofado de él, ridiculizándole por sus enfados o porque, al ser demasiado lento, no podía seguirles [...]. Por tal motivo la madre le había puesto un preceptor privado, en sus últimos años de escolaridad. Había hecho 5 años de escuela primaria [...]. Sus conocimientos escolares son muy desiguales, su ortografía es perfecta,

---

40 El término inglés *bullying*, actualmente tan en boga —y que algunos creen que refleja un nuevo problema—, designa, como vemos, un viejo fenómeno bien conocido, descrito ya por Asperger, que siempre ha tenido en nuestro idioma dos palabras precisas para designarlo («acoso» y «abuso»), muy utilizadas por los niños para nombrar a quienes lo practican con compañeros más débiles *(abusones)*.

no hace faltas y su estilo tiene calidad [...]. Se constata lo mal adaptado que está, y cuando se le pregunta por aspectos de la vida cotidiana los ignora totalmente [...]. Tiene razón su madre cuando dice que planea en regiones elevadas.

Tomaremos nota del carácter repetitivo de lo que dice a continuación, de nuevo a cuenta de la maldad de estos niños:

> Esto no le impide portarse mal con quienes convive y con los niños (cuando era pequeño le gustaba romperles sus cosas y esconderlas). Se dice de él que era muy pedante de pequeño y que montaba grandes escenas cuando alguna cosa no estaba en su lugar habitual. Tiene ciertos rituales para todo lo que hace. Presta gran atención a su ropa y exige que esté muy limpia. Se lava con frecuencia las manos y observa de cerca su cuerpo y sus funciones. Tiraniza a su entorno con su pedantería. Siempre ha sido difícil de abordar pedagógicamente. Muchos puntos de esta descripción nos recuerdan los casos descritos anteriormente. Este adolescente es un autómata autístico, perturbado en lo concerniente a la vida práctica y los instintos. Tiene relaciones muy restringidas con el mundo y sus exigencias.

Subrayaré la «guinda» final que adorna la descripción de su comportamiento: «No tiene verdaderas relaciones con la gente; está lleno de pedantería y malicia».

En cuanto a su diagnóstico diferencial final, su apreciación respecto del caso de Helmut parece decantarse por un mayor peso etiológico de los factores orgánicos y también de su eventual carácter hereditario... en algunos casos:

> tenemos signos evidentes que permiten aproximar esta perturbación de la personalidad a una perturbación cerebral debida a un traumatismo del nacimiento, hallado en la anamnesis: nacimiento con asfixia, convulsiones, perturbación endocrina, hipersalivación como síntoma vegetativo y falta de sentido práctico, lo cual es en gran parte expresión de un trastorno neurológico [...]. Constataremos que hay casos en los que una perturbación cerebral puede producir en áreas importantes los

mismos síntomas que la psicopatía autística y que ello representa una perturbación con formas similares que se encuentran entre los ascendentes y que es congénita.

Hasta aquí ha quedado resumida la descripción de los cuatro casos. Todos ellos hablan y plantean serias dificultades para relacionarse y tienen peculiares —«bizarros»— comportamientos, que hacen sufrir a su entorno familiar y también al profesional. A lo largo del texto encontramos, además, salteados y sin sistematizar, muchos comentarios acerca de las situaciones que estos y otros niños plantean. Su descripción se complementa con detalles clínicos obtenidos del amplio número de casos, «más de doscientos niños», observados de cerca durante mucho tiempo, «veinte o treinta años». En su relato se nota que el contexto de observación en un medio institucional en el que transcurre, íntimo y realista, sirve para observar al detalle las dificultades de relación de los niños... y de los adultos —educadores, médicos, maestros— que conviven con ellos. Asperger muestra su admiración por una religiosa «que sabía cómo cuidarles, enseñarles y hacerse respetar». Y hace énfasis en que sus consideraciones metodológicas se sitúan en un contexto preciso, el de la pedagogía curativa:

> la naturaleza profunda del niño solo se revelará a quien está en una situación pedagógica con él. Creemos que la naturaleza de una persona solo se revela de una manera auténtica a quien vive con ella, si es que puede observar las innumerables reacciones que tienen lugar en la vida de todos los días, en el trabajo, en la escuela, en el juego, bajo presión y en la actividad espontánea en un contexto libre y distendido.

Se muestra muy escéptico respecto de la validez de la exploración con los tests habituales: «renunciamos intencionadamente a pasarles tests artificiales, a colocarles en una máquina estereotipada que no tiene nada que ver con lo que encuentran en su vida cotidiana».

Junto con estas descripciones, dedica varios capítulos a los síntomas autísticos: a su aspecto exterior y modo de expresión; a la inteligencia del autista (menciona algunos casos con capacidades científicas extraordinarias, inseparables de sus particulares intereses y con títulos universitarios de alto nivel); a su comportamiento en sociedad; a su vida sentimental y compulsiva; a su «biología hereditaria»; y, finalmente, a su evaluación social. Las fuentes bibliográficas de la psiquiatría posterior han puesto de manifiesto el excesivo optimismo pronóstico de Asperger. Sin embargo, él precisa:

> sería de esperar que la inserción social de estas personas sea muy difícil, cuando no imposible, pues hemos puesto el acento en su falta de adaptación al mundo externo. No es así más que en los raros casos cuando estas personas son no solamente autísticas, sino también de inteligencia limitada. Entonces tienen muchos problemas. En el mejor de los casos, ejercerán un trabajo inferior y serán, con frecuencia, inestables. En el peor, terminan en la calle, muy descuidados, se hablan a sí mismos o con cualquiera, y reciben las burlas de otros niños de la calle de los que tratan de defenderse en vano.

La cita muestra que no desconocía, ni dejaba de mencionar, las evoluciones hacia el déficit psicótico. Y matizaba aún más: «De otra manera les va a los psicópatas autísticos intelectualmente intactos o muy inteligentes». Pero también veía una continuidad con personalidades normales: «la descripción de caracteres introvertidos —se refiere a la descripción de Kretschmer— nos ha mostrado parentescos con las personalidades que hemos descrito. La introversión no es más que un encerrarse sobre sí mismo, el autismo una restricción de relaciones con el entorno».

Asperger habla poco de enfermedad, la palabra «psicopatía» —correspondiente en su época a lo que ahora denominaríamos «psicopatología o trastorno de la personalidad»— aparece poco en su texto, en el que, en cambio, habla mucho de personas enfermas que —a tenor de la descripción de Kurt Schneider— «sufren y hacen sufrir». Sin embargo, esta lectura benévola de sus ideas ha sido radicalmente cuestionada, como veremos a continuación, por varios autores que han indagado minuciosamente en otros textos menos conocidos de Asperger y sostienen que la utilización que hace del término y la práctica asistencial segregadora que aplicó a quienes recibían este diagnóstico estaban muy impregnadas de la psiquiatría alemana y, en particular, de sus teorías «degeneracionistas» y de un premeditado plan criminal de exterminio de niños elaborado por psiquiatras afiliados al nazismo.[41] La reactualización de Asperger, con su insistencia en comprender al autista y en diagnosticarlo y tratarlo desde una relación continuada y un seguimiento cercano y muy prolongado, plantea un gran contraste con la total ausencia de esta perspectiva diagnóstica en las clasificaciones psiquiátricas actuales y en sus propuestas terapéuticas. Algunos indicios parecían augurar —para quienes lo deseamos— ciertos cambios en el horizonte. Me refiero a los posicionamientos de autores influyentes en la psiquiatría predominante actual (Jensen, Knapp y Mzarek, 2006), que propusieron introducir un nuevo eje diagnóstico, «factores de relación y evolutivos en el desarrollo» —tal y como hace la clasificación *Zero to Three*—, en futuras revisiones del DSM, pero no parece que la quinta y última versión de este haya sido muy sensible a tales planteamientos.[42]

Entretanto, en estos más de setenta años transcurridos desde las primeras publicaciones de Kanner y Asperger, hay más cosas reseñables, aunque sean citadas con brevedad. Frances Tustin (1972), buena conocedora de los niños autistas, a cuyo tratamiento dedicó su vida, también reflexionó respecto de su particular inteligencia y sus capacidades evolutivas: «muchos investigadores piensan —incluida ella— que los llamados "idiotas sabios" son niños autistas curados». Habituada a una visión evolutiva y diacrónica del autismo, humanizaba así el despiadado calificativo utilizado por la psiquiatría que, aunque algunas veces acierta en su brutal realismo, otras resulta ser un mazazo demoledor. B. Rimland (1978), en su investigación sobre 5 400 autistas, también señaló que «el

---

41 Como veremos, además de la ya citada Edith Sheffer, otros historiadores del autismo han profundizado en esta cuestión y sus conclusiones también han sido demoledoras para la imagen que se tenía de Asperger. Entre ellos destacan Herwig Czech (2014a y b, 2018, 2019) y John Donvan y Caren Zucker (2016). En cambio, Silberman (2016) y Feinstein (2010), que citan algunos de los textos anteriores, se muestran algo más benévolos al juzgar a Asperger.
42 Ya hemos comentado anteriormente el posicionamiento de Allen Frances, coordinador del DSM-IV, que hizo pública su autocrítica sobre las consecuencias desfavorables, para los diagnósticos de niños, que la aplicación universal de sus criterios ha tenido y que posteriormente también se ha manifestado muy críticamente respecto a lo que teme que supondrá el uso del DSM5. Frances (2010, 2014); Frances y Widiger (2012).

9,8 % muestra capacidades sorprendentes» y encontró en su muestra «calculadores prodigiosos, notables diseñadores, talentos musicales».

M. Rutter (1974) comenzó a cuestionar las concepciones «relacionales», entonces predominantes, desarrolladas y vinculadas a la ilusión terapéutica de psiquiatras inspirados por el pensamiento psicoanalítico señalando «la necesidad de pasar de una concepción del autismo entendido como una retirada de lo social y lo afectivo a otra que considera que es un trastorno del desarrollo con déficits cognitivos severos». Pero, en una obra compartida con Schopler (1978), también señalaba con su habitual rigor clínico que «el autismo puede presentar diferentes grados de gravedad [...]. El 30 % del tiempo adoptan comportamientos de aproximación al otro [...] toleran un mayor grado de proximidad con el adulto y el contacto físico con otros niños [...]. El síndrome de Asperger no se diferencia de un autismo infantil moderado».

Con su posición —«el autismo compete más que a la psiquiatría a la educación especial»— y con sus estrategias pedagógicas, Schopler contribuyó, seguramente más que nadie, a situar las responsabilidades terapéuticas en el terreno de la escuela y de la familia. Por desgracia, lo pretendiera o no, a partir de sus planteamientos la participación de ambas, escuela y familia, ha sido posteriormente enfrentada, como alternativa excluyente y no como complemento necesario, a otras intervenciones psicoterapéuticas, necesariamente basadas en una relación intensiva y prolongada, que no pueden improvisarse desde la espontaneidad sin una formación especializada. Como es sabido, su método *(Treatment and Education of Autistic Children and related Communication Handicapped Children [TEACCH])* está más inspirado en las intervenciones educativas activas y conductuales que en la pedagogía terapéutica y en la psicoterapia institucional; esta última, como también comenta Schopler, siempre ha tratado de reunir cuidados multiprofesionales y coordinados en proyectos personalizados. Hoy parece relegada al limbo y corre el riesgo —acusada, sin pruebas comparativas evidentes, de escasa eficacia y de excesivo coste— de ser reducida o de desaparecer de las «carteras de cuidados» diseñadas por los gestores sanitarios, obligados a reducir costes... ¿donde menos presión sufren? Lo que hace pensar en la utilidad de que tanto las asociaciones de defensa de los afectados como los profesionales que se ocupan de ellos se unan, o al menos se coordinen, en la búsqueda de la financiación de recursos específicos de calidad y a la hora de ejercer una presión conjunta para movilizar a los poderes sociosanitarios que pueden proporcionarlos. Sin embargo, es un hecho que en muchos lugares el deseo de independencia de las organizaciones los está llevando más a competir entre sí que a complementar sus recursos y proyectos asistenciales, terapéuticos, educativos y sociales.

La difusión del DSM —y su deriva lejos de su autoproclamada ausencia de ideología— forzó tanto al autismo como a otros trastornos claramente neurológicos, como el síndrome de Rett, a entrar por el mismo embudo clasificatorio y facilitó la hipotética atribución de proximidades etiológicas a alteraciones genéticas demostradas como la cromosomopatía X frágil. Con ello se intentaba encontrar, como siempre en la historia de la psiquiatría, un sustrato «lesional» y objetivable que sentenciara la «confirmación» de su etiología orgánica y, «consecuentemente», se postulaba extender esta causalidad a otros «trastornos generalizados del desarrollo».[43] Una conceptualización que, desde una visión cognitivista —y sorprendentemente simplista—, los separa de cualquier vinculación —etiológica, patogénica o asociada— con las relaciones precoces y su impacto en la estructuración cognitiva, afectiva ¡y neurobiológica! del psiquismo. Entiendo que el calificativo de «simplista» es merecido por el desconocimiento de esta en relación con las actuales aportaciones de la genética (penetrancia y expresión variable, heterogeneidad genética, pleiotropía, *imprinting*, etc.) que resaltan la influencia epigenética del entorno, de las relaciones precoces y de su interacción con la constitución de la neurobiología cerebral que, cada vez más, se revela como mucho más compleja y abierta de lo previsto al permitir nuevas hipótesis, relativas a la vulnerabilidad y a la plasticidad psíquica y biológica, que superan todo lo conocido hasta ahora.[44]

---

43 Calificar esta intención o explicación de «neokraepeliniana» no debe atribuirse, como suele pensarse y decirse, a quienes han criticado los planteamientos de los DSM III y IV, sino que formaba parte fundamental de la ideología de sus inventores, quienes se autodeclaraban «kraepelinianos» (Minard, 2013).

44 Un «ahora» que ya empezó hace varias décadas. Entre otras, las experiencias de Hubel y Wiesel (Nobel de 1981) —demostrando las modificaciones anatomo-fisioló-

Esto nos obliga a contrastar ciertas hipótesis etiológicas, y la alegre certeza con que se divulgan en psiquiatría, con la modestia y prudencia de quienes, desde otras disciplinas científicas centradas en la materialidad de los genes y de las neuronas, realizan aportaciones que las cuestionan. El progresivo descubrimiento, a través de los avances de las técnicas de estudio de la genética, de múltiples alteraciones que, pese a su «pequeñez», pueden provocar diversas alteraciones del desarrollo neurobiológico se ha acompañado también del descubrimiento de la sensibilidad de la acción de los genes a otros factores del entorno. Tan absurdo es desconocer lo uno —el creciente conocimiento de alteraciones genéticas antes desconocidas—[45] como lo otro —la variedad de su influencia, asociada con otros factores, en el determinismo de la vulnerabilidad neurobiológica, en su impacto sobre el desarrollo neurosensorial y en la organización de sus diferentes áreas (motora, cognición y lenguaje, relacional)—. Por otro lado, la neurobiología ha introducido nuevas nociones que confirman una complejidad de la organización cerebral que nos aleja de un «localizacionismo» simplista, estático y predeterminado de modo invariable.

Quienes se han aproximado al autismo, como hicieran Asperger y su equipo —o también otras numerosas experiencias institucionales terapéuticas y educativas—, desde la perspectiva de una observación global y prolongada —que solo la continuidad y la convivencia con estos niños permite—, han coincidido, con diferentes lenguajes, en apreciaciones comunes.

Desde una visión estructural de los fenómenos psicóticos, a la que progresiva y lentamente conducen los hechos clínicos —que insisten con su tozudez inmodificable—, siempre se entrelazan en estos niños,

---

gicas cerebrales del córtex visual dependientes de la estimulación externa posnatal— o los conceptos de «estabilización selectiva de las sinapsis-SSS» de Changeux (1976) —que explican los fenómenos de consolidación o de muerte funcional (apoptosis) de la redes neuronales cerebrales, en su período de plasticidad temprana, dependiendo de su adecuada estimulación (o de su déficit) desde el entorno— han abierto nuevas vías en la comprensión de la influencia de factores epigenéticos sobre el desarrollo neurobiológico cerebral.
45 Más adelante dedicamos un capítulo a detallar el «estado actual de la situación» sobre la genética y epigenética del autismo.

con mayor o menor presencia y con oscilaciones temporales, los mismos componentes: un *funcionamiento autístico* (dificultad o incapacidad para entrar en relación); un *funcionamiento deficitario* (mayor o menor impacto sobre las adquisiciones simbólicas, cognitivas, organización motora y del lenguaje); *una dependencia limitante* y exagerada («simbiótica») de un entorno que se organiza necesariamente como sobreprotector; una *organización psíquica «disociada y defensiva»* con la que trata de organizarse y protegerse (de un mundo, externo e interno, amenazante y desbordante) con conductas y mecanismos extraños para tratar de controlar y de evitar la inseguridad y el temor con que cualquier emoción, afecto, relación o situación los desborda constantemente. Su intimidad psíquica y su cuidadoso acercamiento a toda relación se ven afectados por todos estos fenómenos complejos desde su primera infancia, cuando su cerebro (con la plasticidad propia de su inmadurez) y su mente se están constituyendo.

Hoy sabemos, desde cualquier corriente teórica con experiencia clínica, que sobre todo en estas primeras fases del desarrollo —y también después—, las intervenciones terapéuticas precoces, adecuadas y personalizadas, intensivas y continuadas, tienen un papel determinante. Junto con los factores terapéuticos y asistenciales, los factores neurobiológicos y los familiares, con su peso positivo o negativo, que siempre deber ser atendidos, influirán asimismo en la diversidad de pronósticos y evoluciones.

No atribuyamos, pues, un destino invariable a una mítica esencia inmodificable de la enfermedad. No pretendamos predecir lo que solo en parte conocemos. Pero tampoco ignoremos que la experiencia clínica actual permite afirmar, con modestia pero con firmeza, que el destino —o, para quien lo prefiera, el pronóstico— de estos niños, como ya Asperger defendía, depende —y a veces mucho— de la continuidad, de la presteza y de la fidelidad con las que se les brinda una relación —familiar, educativa y terapéutica— que los proteja. Bienvenida sea la vuelta «del Asperger» si es para sacar al autismo de explicaciones simplistas, certezas absolutas, descalificaciones arrogantes y, sobre todo, de respuestas terapéuticas estereotipadas. Y, ¿por qué no?, para revitalizar la reflexión sobre las psicosis y su tratamiento.

Una biografía controvertida: del anonimato a la idealización... ¿y a la demolición?

Volvamos, para terminar este capítulo, a los aspectos biográficos y personales de Asperger. Como hemos visto, la sensibilidad y calidez en la relación clínica que este mantenía con los autistas han quedado de manifiesto tras conocerse su obra. Con justicia o sin ella, algunos autores parecen oponer su visión «más humana» del autismo y de su tratamiento a la visión «más distante» y «menos comprensiva» de Kanner, al cual parece que no se le perdona haber escrito sobre la frialdad afectiva del entorno familiar de ciertos autistas, aunque varias veces matizó su posición al respecto.[46]

Asperger nació en 1906, en una granja en las afueras de Viena, ciudad en la que transcurrió prácticamente toda su vida y en la que también murió, en 1980. Se casó en 1935 y tuvo cinco hijos.

Respecto de quién y cómo era, existen diversos testimonios. Varios hablan de su encanto y simpatía, de su sentido del humor y su calidez. Otros señalan su porte distante, respetuoso y tolerante. Con los niños, a los que, para empezar, les preguntaba si conocían el significado de su nombre, les proponía pequeñas tareas como sumas matemáticas sencillas y preguntas de cultura general. Varias personas que colaboraron con él hablan de sus muestras de interés y cariño hacia sus pacientes, con los que también mantenía cierta distancia, obteniendo así su respeto. Uno de sus cinco hijos, oftalmólogo en Estados Unidos ya jubilado, lo describía como un hombre de muy buen humor, amante de los juegos de palabras y de los crucigramas, que resolvía con gran facilidad. Otra de sus hijas comentaba que su padre: «no necesitaba mucho el contacto social... se contentaba con su propia compañía... amaba la naturaleza... Llegó a escalar el monte Cervino». Al parecer, le costaba hacer amigos y se le consideraba «lejano». En los años sesenta del pasado siglo un psiquiatra que lo conoció en un congreso en Viena relataba que no se relacionaba gran cosa con los asistentes («se limitaba a formar parte del

---

46 Es lo que puede deducirse, por ejemplo, de los textos muy documentados de Silberman (2016) y de Feinstein (2010).

comité de recepción, en realidad sin recibir a nadie») y también, pese a su escaso conocimiento de Asperger como persona, que «quienes dicen que quizá él mismo sufría el síndrome al que después se puso su nombre podrían tener razón».[47] Un periodista norteamericano que lo entrevistó durante dos horas, decía que su conversación «estuvo salpicada de frases en latín, canciones infantiles, charlas sobre viajes y juegos de palabras»; también hablaba de su calidez humana, recogiendo su sentimiento de que «los niños, como los adultos, todos queremos afecto, aceptación y aprobación. Si un niño tiene eso todo irá bien» (Feinstein, 2010). En *Wikipedia* se alude al hecho de que le costaba hacer amigos y de que fue un niño solitario, muy dotado para el lenguaje y los idiomas y a quien le gustaba citar sus propias palabras y referirse a sí mismo en tercera persona.[48] En general, de los testimonios conocidos sobre su carácter y personalidad, se puede deducir un predominio de comentarios empáticos que resaltan su cultura y bonhomía, y que muestran comprensión hacia lo que parece ser su timidez y sus relativas dificultades para los contactos sociales. Pero cuando se le pregunta a alguien por una persona que conoció hace mucho y que luego se ha hecho famosa, es difícil que se calle y, aún más, que pondere lo que dice. Por algo cuando decimos: «así se cuenta la historia», todo el mundo piensa que hay que dudar de la exactitud de lo contado.

No obstante, algunas sombras parecen cernirse sobre la posición y la ética profesional de Asperger y se ha abierto un debate en torno a su resistencia o su connivencia con las prácticas eugenésicas realizadas por los nazis en Viena, que no dudaron en planificar el exterminio de los niños atendidos en las instituciones en las que Asperger tenía responsabilidades clínicas importantes.

47 Atribuir el diagnóstico de «síndrome de Asperger» a múltiples personajes históricos, que se caracterizaron sobre todo por la distancia emocional y por su brillantez intelectual, ha sido una afición muy frecuente sobre todo de biógrafos excesivamente rápidos o frívolos en sus conclusiones y de periodistas sensacionalistas atentos a las modas mediáticas.
48 Datos que coinciden y parecen extractados de Lyons, V. y Fitzgerald, M. (2007). Did Hans Asperger (1906-1980) have Asperger Syndrome? *J. Autism Dev. Disord.* 37(10): 2020-2023.

Algún autor (Feinstein, 2010) ha aportado datos con los que parece intentar defender su inocencia frente a decisiones criminales y afirma que —según sus informaciones y entrevistas con familiares, colaboradores y contemporáneos de Asperger— jamás perteneció al partido nazi y que se resistió todo lo que pudo a las imposiciones eugenésicas programadas por los nazis (que, desde 1938, proponían en una circular secreta —exigiendo su cumplimiento en centros médicos— un programa de «eutanasia infantil» para el exterminio sistemático de cualquier niño con problemas de discapacidad intelectual). Asimismo, afirma que Asperger nunca las aprobó de manera explícita y que las criticó con una prudencia fácil de comprender dadas las circunstancias. Las líneas finales de su texto, de 1944, han sido juzgadas como prueba de su actitud —prudentemente opuesta para unos; valiente para otros— frente a las directrices nazis:

> estamos convencidos de que a estas personas [se refiere a los niños autistas] también les corresponde un lugar en la organización de nuestra sociedad [...]. Cumplen muy bien su papel, a veces incluso mejor que como lo harían otros [...]. El autismo muestra bien a las claras que incluso gente con una personalidad anormal posee una capacidad de adaptación y desarrollo [...]. Existen posibilidades de una integración social [...] lo que también nos otorga el derecho y el deber de intervenir a favor de estos niños con todo el vigor del que seamos capaces.

Es también Feinstein quien ha rescatado de la tesis doctoral de Marc Bush (Universidad de Surrey) —que ha estudiado los textos de Asperger de 1938 y 1944— su opinión de que: «escribió deliberadamente con un vocabulario de "estilo nazi" para engañar a los nazis y proteger así a los niños que estaban a su cargo».

Aunque también señala informaciones que apuntan a su colaboración en la comisión de siete miembros, nombrada por los nazis, encargada de estudiar a 220 niños, internados en el Hospital Infantil Gugging de Viena, para aprobar su derivación a uno de los treinta centros de asesinato clandestino de niños con deficiencia intelectual. El de Viena, denominado *Am Spiegelgrund,* se encontraba dentro del Hospital Psiquiátrico

Steinhof y tuvo el macabro récord de haber sido el segundo que más niños asesinó. El historiador Herwig Czech (2014, 2018) ha revisado los archivos nazis y ha encontrado documentos de esta comisión; entre otros, un informe de Asperger sobre una niña de tres años, en el que dice que presenta un «trastorno de la personalidad, retraso motor severo, idiotez [...] supone una carga insoportable para su madre, que debe cuidar a otros cinco niños sanos, con lo que es absolutamente necesaria su derivación al Spiegelgrund». Dos meses después, en septiembre de 1941, esta niña —llamada Herta Schreiber— murió internada en esta institución.[49] Las fotos de esta desgraciada niña aparecen en el libro, ya citado en páginas anteriores, de Edith Sheffer, sin duda el que mayores acusaciones formula hacia Asperger.

En aquellos años, este tenía como jefe a otro psiquiatra, Hamburger, nazi declarado y activo. El dato era conocido porque años más tarde, en 1974, reconoció en una entrevista radiofónica pública que tenía que agradecer «a mi mentor Hamburger que, pese a que era un nacional-socialista convencido, me salvó dos veces de la Gestapo [...]. Conocía mi posición (opuesta a la eutanasia) pero me protegió con todas sus fuerzas y por eso le tengo el mayor aprecio». Asperger —que ya no vive para poder defenderse— declaró que rechazó colaborar con las autoridades nazis: «Nunca estuve dispuesto a señalar al Departamento de Salud los niños débiles de espíritu, tal y como nos había ordenado hacer; [no hacerlo] era una situación muy peligrosa para mí».

La versión de Sheffer es mucho más crítica. Cuestiona que el relato anterior correspondiera a la verdadera actitud de Asperger y añade que «se fabricó una reputación de resistente (al nazismo)» y que tampoco hay ninguna prueba de que sea cierto lo que declaró en otra entrevista (en 1977): «si los nazis hubieran ganado la guerra, me hubiera costado la cabeza». En sentido contrario, relata los puntos comunes —formación psiquiátrica e ideología, responsabilidades institucionales o complemen-

---

49 Feinstein también lo cita en las páginas que dedica en su historia del autismo al debate sobre las responsabilidades y posición ideológica de Asperger (pp. 10-15). Es encomiable que haya tratado de aportar todos los datos que ha encontrado, tanto los que defienden a Asperger como los que, como este documento, parecen resultar demoledores para su defensa.

tarias en la Viena bajo la ocupación nazi— que Asperger compartió, no solo con Hamburger —su jefe directo e inspirador de políticas de «eutanasia»[50] y exterminio—, sino también con otros psiquiatras directamente ejecutores de practicas médicas criminales, cuyas acciones eran perfectamente conocidas.[51] Asimismo, sostiene que Asperger no podía desconocerlas, pese a lo cual envió —previa selección realizada por él mismo— a numerosos niños a centros donde eran sometidos a crueles experiencias médicas que forzosamente acarreaban su muerte. Esta autora piensa que su actitud y la de su servicio hospitalario iban mucho más lejos que una connivencia pasiva; afirma que nunca denunció, ni dejó de sintonizar con, estas prácticas criminales. Señala también que medró profesionalmente aprovechando una coyuntura en la que muchos otros profesionales habían sido exterminados o habían huido al exilio.[52] Aporta otro dato objetivo, su solicitud para formar parte como perito experto de los tribunales médicos y de los servicios sociales. Para esta autora, Asperger tenía que saber sobradamente que estos organismos, desde la ocupación nazi, aportaban la «justificación» médica para «legalizar» la selección de los «enfermos» que serían destinados a los centros de exterminio y a los campos de «reeducación» o de «concentración».

50 El entrecomillado se debe a que, en realidad, no se trataba de una verdadera eutanasia, ya que muchos de los conducidos a la muerte no sufrían enfermedades terminales, sino que estaban afectados por otros problemas físicos (epilépticos, microcefalia, dismorfias faciales, parálisis cerebrales) o psíquicos (débiles mentales, autistas, «psicópatas») que hacían de ellos sujetos «socialmente inútiles».

51 Entre otros, Erwin Jekelius, Ernst Iling y Heinrich Gross, que dirigieron el Spiegelgrund y lo convirtieron en uno de los más eficaces centros de exterminio. Jekelius, conocido en Viena como «el asesino en serie del Steinhof», había trabajado en el hospital que dirigía Asperger. Tanto él como Illing habían frecuentado, como Asperger, los mismos centros de formación en Alemania, dirigidos por destacados psiquiatras nazis que colaboraron en el diseño secreto de planes de eliminación de enfermos mentales. Todo ello queda detallado en un capítulo del libro de Sheffer («Asperger y el programa de exterminio»), en el que sostiene que no puede ignorarse la sintonía entre Asperger y la ideología nacionalsocialista dominante ni tampoco su cercanía con sus colaboradores y colegas nazis.

52 En el período de la *Anschluss* (anexión de Austria a Alemania), tras la invasión nazi (1938-1945), la Facultad de Medicina de Viena expulsó al 78 % de su profesorado, en su mayoría de origen judío (quedaron 44 médicos de 197). Dos tercios de los 4 900 médicos de Viena (entre ellos, el 70 % de los 110 pediatras de la ciudad) perdieron su puesto y fueron deportados, emigraron o se suicidaron (Sheffer, 2018).

Compara la actitud de Asperger con la de otros (muy pocos) profesionales que permanecieron en Viena, pero se mantuvieron distantes de las imposiciones nazis. Ciertamente quien quiera conocer lo fundado de estas acusaciones deberá leer en su totalidad el libro y los argumentos de Sheffer. Es imposible no compartir su documentada denuncia de la ideología de los psiquiatras nazis y de las ideas eugenésicas —formuladas por muchos otros psiquiatras que no eran nazis y que tuvieron una amplia aceptación social— en las que se apoyaron para justificar de lo «necesario» y «socialmente beneficioso» de sus actividades criminales exterminadoras. Su relato es un documento apabullante respecto de la deriva ideológica de las ideas y prácticas psiquiátricas en un contexto dictatorial y criminal.

Su particular lectura del texto de Asperger de 1944 hace pensar que lo que ha quedado resumido en las páginas anteriores es una descripción angelical que estaría desconociendo ingenuamente el contexto y la verdadera naturaleza de la intención que atribuye a Asperger. Para ella muchas de sus expresiones médicas y técnicas aparentemente «neutras» tratan de camuflar y esconder bajo una terminología «aséptica» —pero perfectamente detectables para quien conociera y manejara el perverso lenguaje de los exterminadores nazis— diagnósticos médicos y decisiones que conducían al internamiento de niños en otros lugares, sabiendo las consecuencias funestas que estos traslados implicaban. Para empezar, acusa a Asperger de haber suprimido todo aquello que, en versiones anteriores de su texto, poco divulgadas, mostraba claramente su adhesión «entusiasta» a los planteamientos eugenésicos de los psiquiatras alemanes simpatizantes del nazismo y de «suavizar» lo que en este texto posterior podía recordar sus posicionamientos anteriores. Sostiene también que la elección de su término de «psicopatía» autística, estaba condicionada por la connotación —de comportamiento asocial, de personalidad opuesta al espíritu comunitario, de resistencia a la reeducación social— que a este término quisieron dar los psiquiatras nazis para ajustarlo a sus necesidades político-ideológicas. Para ella, este posicionamiento de Asperger procedía de su sintonía con el ideario nazi y servía de «justificante» médico para permitir sus terribles prácticas exterminadoras. Es más, sostiene que sus declaraciones en entrevistas y relatos autobiográficos, solo pueden ser vistos como una autojustificación premeditada destinada a ocultar sus responsabilidades.

En su demoledora lectura critica también sus conceptos clínicos:

> se muestra impreciso sobre numerosos aspectos del diagnóstico [...]. Cuando habla de su lenguaje, no fija ninguna norma para definir lo que es autístico [...] se limita a decir que su lenguaje no da la impresión de ser natural o que suscita la risa en cualquiera que lo oiga. Si describe características de su corporalidad o de su torpeza motriz pretende que lo que tenían en común esta gama de tipos corporales y capacidades físicas era que no satisfacen los ideales masculinos contemporáneos [...]. Describía sus torpezas y su manera de hablar como ridículas, grotescas y merecedoras de burlas [...]. Decía que Harro era la risión de sus compañeros por su comportamiento extraño y cómico [...] y tanto él como Fritz son descritos como patosos e incapaces de sumarse a las actividades deportivas grupales [...]. Afirma también que los niños autistas no tienen una buena intuición de su cuerpo [...]. Su concepción de la inteligencia del autista, que ocupa el lugar central de su diagnóstico, lleva a una no-definición.

Sheffer sentencia que: «dicho con otras palabras, la idea de Asperger de una psicopatía autística era un diagnóstico totalizador y sin embargo totalmente borroso. La utilizó para ciertos niños con el fin de sugerir cierta humanidad, y para negársela a otros (ningún detalle era insignificante, ningún aspecto de la vida de un niño era ignorado por el diagnóstico, englobaba cada rincón de su universo psíquico [...] iba al corazón de lo que significaba un ser humano en el Tercer Reich».

Y añade que:

> Muchos han interpretado sus palabras benévolas (hacia los niños autistas) como expresión de su oposición a las crueldades del Tercer Reich, pero sus comentarios caritativos solo aparecen al final de su tesis, marcan un abrupto cambio de tono y parecen haber sido añadidos con posterioridad [...]. Lo esencial, sea en su tono o en sus detalles, denigra a los niños autistas [...]. Además de sus especulaciones sobre la inteligencia

de los autistas, está la dureza de sus descripciones de los niños [...]. Por otro lado, la retórica generosa [de Asperger] se alinea directamente con la de sus colegas de la psiquiatría nazi —incluso con la de los implicados directamente en crímenes de niños por eutanasia— que hacían grandes discursos altruistas sobre los niños minusválidos [...]. Al igual que ellos Asperger establecía una violenta jerarquía eugenésica [...]. Definía una «gama» de «niveles de aptitud» y de valor social [...] que iba desde la «genialidad altamente original» hasta el débil que se comportaba como un autómata, con un contacto social gravemente perturbado [...]. Su tratado debe ser leído menos como una defensa de niños discapacitados que como una reivindicación agresiva de las «capacidades especiales» de ciertos niños portadores de su diagnóstico [...] pero se mostraba brutal hacia los casos «menos favorables» (para los cuales) recurría a la imagen de individuos «asociales» o «disociales» de la psiquiatría nazi [...]. Por añadidura negaba la humanidad de los niños autistas, a los que juzgaba como particularmente discapacitados, refiriéndose a ellos como «autómatas inteligentes».

Para redondear su tremendo retrato de Asperger, postula —aunque él no lo dice en ningún texto— que su idea de «autómata» «hace referencia no solo a la ausencia de valor productivo para la sociedad, sino también a la incapacidad, de estos niños, de poder experimentar un sentimiento social [...]. Situados en el extremo más desfavorable de la gama de la psicopatía autística de Asperger, quedarían al margen de la comunidad nacional». En cuanto a las palabras que Asperger utilizó, diciendo que estos niños «no pueden formar parte integrante del mundo» y son «incapaces de aprender», para Sheffer son términos «acordes con la idea nazi de la ineducabilidad, un criterio clave en los crímenes del programa de eutanasia [...]. Eran condenas a la muerte psiquiátrica pronunciadas para niños que fueron conducidos a centros en los que conocieron la muerte real».

Asimismo, subraya la radical transformación que sufrió la pedagogía terapéutica con la ocupación nazi ya antes de que Asperger —siempre según Sheffer— se alineara y, de alguna manera, «avalara» un nuevo estilo de práctica terapéutica, más acorde con lo que exigían los nuevos y dictatoriales ideólogos nazis. Elogia las características de las líneas terapéuticas y asistenciales de la «pedagogía terapéutica» previas a la invasión nazi —la desarrollada por Lazar— y relata la deformación ideológica que sufrió por parte de las nuevas autoridades, que también se ocuparon de forzar la desaparición (exilio o suicidio) de sus líderes tras el acoso que sufrieron en tanto que resistentes a los nuevos planteamientos. En la Austria ocupada, como en Alemania, se transformó en un sistema de reeducación ideológica y de exclusión y exterminio de aquellos niños que, «incapaces de sentimiento colectivo», no podían formar parte de una juventud «sana y solidaria» que incorporaba los nuevos ideales y la pureza de un estado ario.

Sheffer dedica varias y documentadas páginas a lo que considera un tema central en la ideología nazi, el concepto —polisémico y difícilmente traducible— de *Gemüt*. *Grosso modo,* correspondería a los términos «espíritu», «alma» e incluso «forma de ser y comportarse con los demás». En los tiempos del nacionalsocialismo se definió, educó y exigió una *Gemüt* —«auténticamente alemana»— consistente en una disciplina y predisposición activa a participar en las tareas «solidarias» dictadas por el espíritu «auténticamente ario» dictado por los ideólogos hitlerianos. Sheffer explica cómo los psiquiatras nazis idearon varios términos «diagnósticos» para señalar a los sujetos con una debilidad o distorsión de *Gemüt,* lo que los hacia candidatos a los campamentos juveniles destinados a «reformarlos» y, si eran considerados incapaces de cambiar, a trabajos forzados o a campos de concentración y de exterminio. Obviamente, un sujeto poco capaz de contacto social era considerado «ineducable» y tratado como tal; un ejemplo más de cómo la psiquiatría puede ser utilizada o ponerse al servicio de poderes dictatoriales.[53]

Un capítulo del libro de Sheffer (7: «Según se sea chica o chico») está dedicado a comparar el muy diferente trato que reciben dos varones (nuestros ya conocidos «Harro» y «Fritz») con respecto a otras dos chicas

---

53 Nada de esto sorprenderá a quienes conocieron en la época dictatorial franquista los campamentos del Frente de Juventudes, la Formación del Espíritu Nacional como asignatura obligatoria o los «reformatorios» destinados al internamiento de los adolescentes con conductas y orígenes familiares «sospechosos».

(pre)adolescentes («Elfriede» y «Margarete»). El capítulo concluye que los dos chicos fueron comprendidos y tratados de forma mucho más favorable y que los mismos síntomas fueron juzgados de manera muy diferente para las dos chicas, lo que repercutió muy directamente en las repetidas medidas de internamientos represivos que les fueron impuestas.

Gracias a notas manuscritas —se hace difícil entender claramente si son del propio Asperger o de otros miembros de su equipo—, la autora afirma, una vez más, la sintonía que muestran con la ideología nazi y con su visión peyorativa de la mujer, en particular con los comportamientos femeninos que indican insumisión y rebeldía.[54]

Para concluir con el amplio espacio que nos ha ocupado la exposición de las ideas, algunas discutibles, de esta autora —en un libro que ya se ha convertido en un *best seller* en su país—, digamos que ella piensa que la aceptación mundial de las ideas de Asperger a partir de los años noventa del siglo pasado tiene una relación directa con la «edulcoración» de sus ideas y con el desconocimiento de todo aquello que él se ocupó de ocultar. Así, opina, por ejemplo, que el amplio conocimiento que tuvo la traducción y publicación en inglés (por parte de Uta Frith) del texto de 1944 de Asperger —el cual no incluía el prefacio de una versión previa del mismo texto en alemán— contribuyó a que lo más condenable de lo escrito por este permaneciera desconocido y fuera borrado para la posteridad, tal y como él quería.

Resulta más fácil estar de acuerdo con ella cuando dice que, más allá de la influencia de las ideas de Asperger, las concepciones actuales sobre el autismo están influidas por múltiples factores, entre los que cita

---

54 La propia Sheffer dice que «las observaciones manuscritas y las notas dactilografiadas frecuentemente no estaban firmadas [...]. Es difícil atribuir las opiniones y decisiones a personas en particular o incluso a Asperger, que estuvo destinado como médico militar en Croacia, en 1944 y 1945 [...] y el servicio fue bombardeado en 1944 [...]. Lo esencial de lo que se sabe de los textos y dibujos estudiados ha sido formulado por (otros) psiquiatras y enfermeras [...] cuyos relatos deben ser leídos con circunspección al estar sometidos a las ideas y prejuicios de la época». Como lector quedan dudas de si Sheffer se ha exigido la misma prudencia que recomienda. Aunque su posición parece equilibrada, da la impresión de que todo lo que ha encontrado muestra la responsabilidad directa de Asperger y no la iniciativa de otros colaboradores; tampoco queda claro cuándo parte de suposiciones o sospechas más o menos evidentes y cuándo relata hechos incuestionables.

la financiación de investigaciones, las legislaciones en materia de discapacidad, la intervención de los servicios públicos, las políticas escolares, el activismo parental, las campañas de sensibilización, las organizaciones sin ánimo de lucro o la cobertura mediática. El veredicto final de Edith Sheffer emite un sentencia inapelable: se pregunta si Asperger «¿fue un verdadero cómplice o un testigo pasivo?» —de las prácticas exterminadoras puestas en marcha por los nazis— y responde que «sus decisiones fueron tomadas con conocimiento de causa [...], él formó parte de aquellos que hicieron posible el sistema de condena a muerte de los discapacitados psíquicos». A raíz de la publicación de este libro y de sus revelaciones varias voces se han alzado en Estados Unidos para proponer que el nombre de Asperger desaparezca de los diagnósticos recogidos en el DSM (como ya ha ocurrido con otros síndromes médicos y descubrimientos científicos que llevan el nombre de los médicos y científicos que los describieron por primera vez y que colaboraron con el nazismo).

En este sentido, y como contraste con tan radicales afirmaciones, resulta interesante recoger lo que opina Uta Frith (nacida en Alemania y de origen judío) en una entrevista con Feinstein, quien extrae de ella esta opinión: «Más que dividir a la población entre héroes y santos, hay que considerar que todo el mundo (incluyendo los que no tomaban parte activamente) fue culpable de lo que hoy entendemos como crímenes. La gravedad de esos crímenes dependía, por supuesto, del puesto que cada persona ocupaba en la sociedad y de lo que se esperaba que cada una de esas personas hiciera. ¿Por qué hacemos como si Hans Asperger fuera una excepción?». Menos compasivas parecen algunas opiniones recientes publicadas en medios periodísticos cuyas fuentes históricas desconozco.[55]

[55] He seleccionado como muy expresiva la que sigue: «El síndrome de Asperger, por ejemplo, se debe al nombre de Hans Asperger, médico leal al régimen nazi. Legitimó públicamente las políticas de "higiene" racial del nazismo, incluyendo las esterilizaciones forzadas. Además, cooperó activamente en el programa de "eutanasia" de niños (el eufemismo utilizado para el asesinato organizado de discapacitados físicos y psíquicos)». Extraído del artículo publicado en *El País,* del 2 de enero del 2019, por Esther Samper: «Cuando las palabras médicas las carga el diablo» (en esta fecha el texto de Sheffer, que parece acorde con estas afirmaciones, ya se había publicado).

Las líneas anteriores fueron redactadas antes de que se conociera el, hasta ahora, último libro publicado sobre la cuestión de las actitudes de Asperger hacia el nazismo (Czech, 2018, 2019). La importancia del mismo y la de su autor obligan a dedicarles cierta atención antes de cerrar este tema. Para empezar, su autor lleva veinte años estudiando la historia de la medicina y del nacionalsocialismo en Austria. Su autoridad en el tema es tan reconocida que todos los autores anteriormente citados han basado la mayor parte de sus comentarios —referidos a la posición ideológica y pragmática de Asperger— en textos precedentes de Czech. Tras realizar su trabajo en Austria (sus primeras publicaciones en alemán datan de 2002), él mismo relata haber compartido sus resultados con autores estadounidenses que habían contactado con él en un encuentro realizado en 2014 en Washington (Donvan y Zucker, 2016). En cuanto a que «poco después» de la publicación en una revista norteamericana (*Molecular Autism*, 2018)[56] de su primer artículo (en inglés) al respecto «apareció un libro de Edith Sheffer sobre temas muy similares que retomó y confirmó muchos de nuestros hallazgos», parece discretamente elegante por su parte no decir nada más en torno a la paternidad de estos descubrimientos, pues todo parece apuntar a que Czech, al evitar emitir cualquier acusación o sospecha de plagio, se queda en señalar que los temas son «muy similares» y que «confirman muchos de nuestros hallazgos».[57] En todo caso, deja muy claro un desacuerdo fundamental con Sheffer, cuando añade con claridad y firmeza, a continuación de lo anterior, que «sin embargo, hay un desacuerdo importante sobre la tesis, promovida por Sheffer, de que el concepto de *autismo* en sí mismo se tiene que considerar como un producto de la ideología nazi». Considero este comentario muy importante, puesto que el asunto central que constituye el hilo conductor de las presentes páginas es la historia de

---

56 Czech, H. (2018). Hans Asperger, National Socialism and «race higiene» in Nazi-era Vienna. *Molecular Autism 9*:29 [doi: 10.1186/s13229-018-0208-6]. Quizá sea relevante comentar que uno de los revisores anónimos de este artículo fue Steve Silberman (ampliamente citado a lo largo de estas páginas por su reciente trabajo sobre el autismo).
57 Czech agradece de manera explícita y sincera su deuda con Donvan y Zucker por dar a conocer su investigación en el libro que publicaron en 2016, cosa que no hace con Sheffer (que publicó el suyo en 2018).

cómo surgió el concepto de «autismo», así como las reacciones sociales que ha generado desde su inicio hasta nuestros días.

Sin entrar en la cuestión de quién descubrió antes lo que cuentan estos dos trabajos —que se parecen mucho en su contenido—, podemos constatar que en lo que sí coinciden ambos autores es en cuestionar radicalmente las versiones anteriores de la «inocencia» y «bondad» de Asperger (tanto la construida por este sobre sí mismo como la de Frith o las posteriores de Silberman y de Feinstein). Czech califica estas versiones de «beatíficas» y aporta pruebas muy contundentes en sentido contrario. A mi juicio, lo hace con mayor objetividad, serenidad y ecuanimidad que Sheffer, por ejemplo, al evitar atribuirle ciertas intenciones o cualquier alusión hipotética a lo que Asperger hubiera podido hacer o decir frente a ciertas situaciones. Czech se limita a comentar documentos escritos y firmados por él y a relatar lo que sí que dijo e hizo, mostrando los hallazgos documentales que lo confirman. Pese a sus distintos estilos —creo haber dejado claro cuál me parece preferible—, la suma de ambos libros resulta aplastante para desmentir la imagen anteriormente vigente de Asperger y confirma, como mínimo, su actitud ambivalente, permisiva y aprovechada en los años de dominación nazi de su país. Los comentarios de Czech, rigurosamente basados en los documentos que ha estudiado, también desmontan totalmente las lecturas anteriores de los textos de Asperger, que dieron lugar a una leyenda favorable de su imagen profesional y humana, así como su supuesta actitud de resistencia al nazismo.

Al analizar su trayectoria política, Czech resalta que Asperger perteneció desde su juventud a organizaciones juveniles católicas que compartían algunas ideas del populismo alemán que luego desembocarían en la ideologización de las juventudes hitlerianas:

> estas influencias de juventud son el telón de fondo de su socialización política [...]. Su temprana participación [en la organización católica Bund Neuland] que combinaba la ideología católica con la pangermana *völkisch*[58] [...] que se convirtió en un caballo de Troya para los

---

58 El calificativo de *völkisch* recibe diversas traducciones: «étnica», «racista», «nacional».

activistas ilegales nazis [...] y que a menudo actuó de puente entre los círculos católicos y nazis [...] trazaría para siempre las líneas de su pensamiento y su carácter, como él mismo confesó años mas tarde [en una entrevista de 1974].

Czech muestra los textos en los que Asperger manifestó su simpatía y entusiasmo hacia los logros y planteamientos de los ideólogos nazis (ya antes de la invasión y anexión de Austria). Asimismo, reconstruye su trayectoria profesional a partir de la instauración del poder dictatorial nazi y señala que los informes secretos de la policía fueron cada más favorables a su actitud y compromiso. Confirma que nunca perteneció al partido nazi ni a sus organizaciones paramilitares —como hicieron muchos de sus colegas de la clínica pediátrica— (lo que hizo que no fuera purgado como muchos de estos tras la derrota del nazismo), pero incide en que la relación y la protección de la que se benefició por parte de su jefe directo (Hamburger, nazi declarado y muy influyente) le permitieron evitar hacerse miembro del partido y, pese a ello, «sacó provecho de la exclusión de los médicos, psicólogos y pedagogos judíos». Además, se incorporó voluntariamente a varias organizaciones afiliadas al partido nazi, extendiendo sus actividades «mas allá de su puesto en la universidad, colaborando dentro de la administración municipal de Viena y en el sistema de justicia juvenil». Y concluye así:

> no tenemos ninguna prueba de que las autoridades nazis consideraran a Asperger contrario a su agenda de higiene racial, o en general a sus políticas, ni tampoco de que se enfrentara alguna vez a represalias del régimen [...] como en los supuestos intentos de arrestarlo por parte de la Gestapo, que él mismo alegó [...]. Usó sus conferencias y publicaciones para poner de manifiesto su acuerdo fundamental con los programas sobre higiene racial y salud pública del Estado nacionalsocialista.

También queda muy cuestionada por Czech la versión de que Asperger lideraba la aplicación en su clínica de una «pedagogía curativa» comprensiva y favorable a la protección de los niños autistas y débiles mentales. Al parecer, «en sus ideas sobre la misión la *Heilpädagogik* dentro del estado nazi [...] ponía énfasis en la conversión de estos niños con trastornos en miembros útiles». Asperger siguió utilizando los mismos argumentos después de la guerra: «no hay ninguna indicación de que la lógica utilitaria del valor social que empleó para referirse a sus pacientes fuera una mera estrategia retórica». Es la razón por la que Czech no cree que su insistencia en la inteligencia de algunos de sus pacientes (el conjunto de «psicopatías autísticas») estuviera destinada a proteger globalmente a los mismos (al considerarlos útiles para la sociedad). De hecho, señala que: «mucho antes de la irrupción del nazismo, la pedagogía curativa ya había excluido a los niños con discapacidades severas de su ámbito, destinándolos a manicomios o instituciones similares» y se había convertido en «una disciplina capaz de salvar a los que podían salvarse y capaz de decidir dónde poner los límites [...]. A pesar de su defensa de esta disciplina, Asperger dejó sin responder las preguntas más decisivas [...] ¿ que debía ocurrir con aquellos a los que no se conseguía ayudar por medios pedagógicos, terapéuticos o médicos?».

Cuando analiza la respuesta de Asperger respecto de qué hacer con los niños «ineducables» —los que corrían más riesgo de ser exterminados bajo las políticas nazis de higiene racial— es donde Czech se muestra más crítico: «las promesas de Asperger de hacer que sus pacientes se convirtieran en miembros valiosos de la "comunidad nacional" demostraron ser vanas». Basándose en algunos expedientes, Czech concluye que: «respecto a estos casos "sin esperanza", al menos en aquellas circunstancias, Asperger estaba dispuesto a aceptar el asesinato de niños como último recurso». Y añade que Asperger formó parte de la comisión destinada a evaluar a 200 residentes en un hogar para niños con discapacidades, 35 de los cuales, calificados de «ineducables», fueron por tanto seleccionados como víctimas destinadas al programa de «eutanasia» infantil y, en consecuencia, asesinados. Czech opina que «aunque no fue autor directo de las muertes cooperó con las políticas criminales del régimen [...] desde un puesto adicional que asumió voluntariamente». Señala además que «la cooperación con el programa de "eutanasia" no era en ningún modo obligatoria, ya que se trataba de una operación ilegal, también bajo las normas de la Alemania nazi».

Además de lo ya extractado, su texto ofrece un acúmulo exhaustivo de datos objetivos que quienes quieran conocer en detalle quizá puedan leer con la misma sorpresa que nos hemos llevado aquellos que teníamos una imagen de él que era acorde con las informaciones que se conocían anteriormente y, por lo tanto, muy distinta. Me limitaré a comentar aquellas que se centran sobre todo en la lectura que Czech hace de las cuestiones clínicas. Así ocurre cuando compara los informes de Asperger con los de los psiquiatras nazis del Spiegelgrund que tuvieron ocasión de diagnosticar a los mismos niños. Tras cotejar los documentos auténticos firmados por todos ellos concluye que «los informes de Asperger eran a menudo más hostiles y duros —que los informes redactados por los médicos del Spiegelgrund— [...]. Estos documentos no apoyan el "optimismo pedagógico" de que hacía gala el mismo Asperger, ni su autoproclamada benevolencia con sus pacientes, muy al contrario». Del mismo modo, al estudiar los informes de Asperger referidos a niños judíos, encontró que

> la actitud de Asperger hacia los niños judíos resulta, como mínimo ambigua [...]. Aceptaba tácitamente las tendencias antisemíticas [...] expresadas en términos tanto religiosos como völkisch-racistas [...]. Patologizó los trastornos mentales de algunos niños judíos, sin reconocer la durísima realidad de la persecución a la que se enfrentaban ni mostrar empatía hacia ellos en esas circunstancias [...]. Revela una cierta indiferencia hacia el destino de estos pacientes infantiles bajo las políticas antijudías del régimen.

Después de una revisión de los muchos historiales clínicos firmados por Asperger, Czech encuentra que siempre estuvo convencido de la naturaleza «orgánica» y «degenerativa» de los trastornos psíquicos, es decir, antes, durante y también mucho después de la durísima época histórica relatada. Asimismo, desdeñó los factores relacionales o biográficos como causantes de los trastornos, lo que lo llevó a ignorar las circunstancias sociales que rodearon a sus pacientes. Así, constató que «durante las tres décadas posteriores a la Segunda Guerra Mundial [...] muchos niños provenientes de entornos difíciles siguieron siendo etiquetados y tratados como "constitucionalmente defectuosos" y enviados a instituciones educativas cerradas donde seguían siendo sometidos a todo tipo de abusos».

En cuanto a la actitud de Asperger —una vez terminada la guerra, momento en el que hubiera podido expresarse con más libertad y claridad—, Czech resume que

> en las pocas ocasiones en que hizo públicamente comentarios sobre el nacionalsocialismo, profirió vagas críticas sobre excesos y faltas morales, pero nunca abordó la realidad de la persecución, la violencia y la destrucción que acarreó el régimen nazi, en especial para la población judía [...]. Su actitud fue la más común entre vastos segmentos de la sociedad austríaca de la posguerra.

El «juicio final» de Czech, que contrasta con los que anteriormente hemos visto, merece quedar recogido:

> la relevancia que ocupa el período nazi en el entendimiento de su vida y su carrera no puede sustituir una biografía completa del personaje, que sigue pendiente hace mucho tiempo [...]. En lo tocante a su contribución a la investigación sobre el autismo, no disponemos de pruebas que nos permitan considerar que su aportación quedó contaminada por su cuestionable contribución durante el nacionalsocialismo.

En cuanto a borrar su nombre de la historia de la psiquiatría, como parece desearse desde lo políticamente correcto —por ahora solo en Estados Unidos—, la opinión de Czech parece bastante sensata:

> el destino del epónimo «síndrome de Asperger» debería determinarse tomando en cuenta otras consideraciones —estrictamente médicas— distintas de las problemáticas circunstancias históricas de su primera descripción. Estas, por sí solas, no deberían ser el motivo para suprimirlo del vocabulario médico [...]. Deberíamos considerar estas nuevas revelaciones como una oportunidad para tomar mayor conciencia sobre los turbios orígenes del concepto.

Parece que, como a cualquier figura histórica, también a Asperger le ha llegado la hora de que, tras las luces, se hagan públicas las sombras de su imagen y su trayectoria personal. Como en otros terrenos, también en la historia del autismo hay varios nombres ilustres que han pasado del ensalzamiento a la denigración.[59] Aunque la objetividad y el rigor en los datos deberían ser algo obligatorio para los biógrafos, sabemos que también pueden ceder a sus tendencias personales o ideológicas. Nadie, tampoco ellos, está totalmente a salvo de incurrir en idealizaciones positivas o negativas. Además, no resulta sencillo valorar a alguien desde tiempos y geografías muy distantes de su contexto personal e histórico.[60] Esperemos que a Asperger, en esta época de juicios sumarios, a veces poco documentados, se le haga un balance justo.

Lo más importante es recordar el triste destino de quienes, sufriendo la enfermedad, también padecieron la fatal sentencia de muerte dictada por unos individuos que, en pro de su pretendida pureza, decidieron —probablemente a pesar de Asperger— que fueran exterminados. La historia nos muestra, con repetitiva e implacable frecuencia, que los débiles son a veces los primeros en ser olvidados y abandonados y que rara vez encuentran héroes decididos a sacrificarse por y con ellos.

---

59 Por citar solo dos, aunque de los más significativos ya que representan dos corrientes teóricas muy diferentes, Bettelheim y Lovaas (como veremos más adelante).
60 Es probable que Edith Sheffer, como cualquier profesional de la investigación histórica, albergue condicionantes personales que influyen en su toma de posición. Sin duda, tiene una gran sensibilidad hacia el sufrimiento del niño autista, que ha conocido de cerca. Su libro está dedicado, como él le pidió, a su hijo Eric, diagnosticado de autismo desde que tenía diecisiete meses. En sus agradecimientos finales incluye las propias opiniones de Eric respecto del diagnóstico de autismo («No es real, todos tenemos problemas. Algunos son más visibles que otros. El autismo no es un hándicap o un diagnóstico, es una estereotipia para ciertos individuos»). Su madre señala que las palabras de su hijo coinciden con el tema central de su libro, una clasificación basada en etiquetas diagnósticas que tiene un gran poder, una historia y unas consecuencias que van mucho más allá de los individuos que las crean.

3. EMOCIONES Y CAVILACIONES DE PSICOANALISTAS

Desde sus orígenes, el psicoanálisis siempre ha mostrado interés por el psiquismo infantil. De hecho, gran parte del escándalo que suscitó en sus primeros tiempos tuvo que ver con la atención que Freud prestó a la presencia evidente de la sexualidad y de su evolución a lo largo de la vida infantil. Varios de sus conceptos fundamentales (entre otros, los de «complejo de castración» y «complejo de Edipo»; «fijación» y «regresión»; las fases de la evolución libidinal y un largo etcétera) describían vivencias que transcurren en la infancia, relacionaban la dinámica y la sintomatología psíquica o los rasgos de personalidad con fases tempranas del desarrollo y con acontecimientos normales, conflictivos o traumáticos, vividos en la infancia, que se reactivaban posteriormente. Sus ideas «psicogenéticas» rescataron la importancia de las experiencias infantiles en el desarrollo psíquico posterior y contribuyeron a cambios relevantes en las ideas psicológicas, pedagógicas, educativas y sociales.

Este texto no va a adentrase en todas las concepciones psicoanalíticas relacionadas con la infancia, sino que se va a limitar a mencionar aquellas ideas y autores que se interesaron por la clínica y el tratamiento de los fenómenos psicóticos y autísticos infantiles y de la adolescencia (muchos de ellos también se interesaron por los adultos psicóticos).

Es necesario seguir su desarrollo cronológico para entender tanto sus hipótesis más creativas como sus fallidos intentos de pioneros y su progresiva adaptación, no exenta de resistencias, al estado actual de los conocimientos procedentes de otras disciplinas. También para situar el origen de las controversias y la oposición apasionada, a veces violenta, que en la actualidad suscitan las aproximaciones terapéuticas al autismo que se refieren a la teoría y comprensión psicoanalítica (así como las posiciones recíprocas que desde el psicoanálisis rechazan otras aportaciones).

Las aproximaciones teóricas y clínicas desde la perspectiva y los conocimientos psicoanalíticos dominaron en la psiquiatría —y en particular en el terreno de la psicosis y del autismo infantil— a lo largo de toda la segunda mitad del siglo XX. Es un hecho claro que, en su momento, los tratamientos psicoterapéuticos individuales psicoanalíticos se adentraron en un terreno difícil y desconocido y estaban abocados a cometer errores. También lo es que en su contexto cronológico la psiquiatría no ofrecía ninguna posibilidad terapéutica, por lo que predominaba la equiparación de autismo y la deficiencia mental y se les adjudicaba un mismo futuro de incurabilidad y reclusión institucional. Es cierto que, una vez satisfechos con su éxito social y su implantación hegemónica en la sanidad, la pedagogía, la universidad y la cultura —sobre todo en la estadounidense—, no pocos psicoanalistas se alejaron de la capacidad autocrítica en la valoración de sus ideas y sus métodos. Desde una perspectiva actual, es fácil estimar que uno de sus mayores errores fuera sobrevalorar la ayuda psicoterapéutica intensiva —sin otras de tipo escolar, pedagógico, educativo y familiar— al pensar que era una herramienta terapéutica válida por sí sola. También es cierto, como veremos, que los hubo muy prudentes que eligieron una vía más autocrítica y desarrollaron abordajes multidisciplinares del autismo.

Sin embargo, el psicoanálisis —y la psiquiatría relacional con él emparentada— está recibiendo críticas que descalifican globalmente ambas disciplinas. Parte de ellas tiene que ver con razones profundas que ni tienen que ver con los errores cometidos, ni tienen en cuenta sus aciertos.

Introducir la reflexión sobre las aportaciones del psicoanálisis en el terreno del autismo obliga a aclarar ambigüedades, confusiones y malentendidos no solo entre la opinión pública (incluidos los familiares de afectados), la mediática y los profesionales, sino en el terreno de la psicopatología, de las controversias entre escuelas psicoanalíticas y las posibilidades de incluir esta comprensión en el terreno de los cuidados aceptados y ofertados por la psiquiatría. Por todo ello parece justificado dedicar el amplio espacio que sigue a las reflexiones de ciertos autores calificados con excesiva facilidad de «antepasados» superados, por juzgar erróneamente que sus aportaciones son incompatibles con los conocimientos actuales.

Freud no se implicó directamente en el tratamiento de niños con problemas psicóticos (el concepto de «autismo infantil» emergió como tal años después de su muerte). Su conocida e histórica intervención clínica en el caso de Juanito, un niño de 5 años afectado de temores fóbicos, no deja de ser una cuestión experimental y atípica porque Freud intervino a través del padre del niño, que era quien le refería las dificultades y el comportamiento de su hijo y quien luego se ocupaba de hablar con él siguiendo las directrices y consejos de Freud. El círculo de los primeros psicoanalistas de Viena estaba muy interesado en observar la sexualidad infantil a partir de la publicación, en 1905, de *Tres ensayos sobre teoría sexual*, que supuso un aldabonazo social porque no solo afirmaba la existencia de actividad sexual en la infancia, sino que también proponía toda una teoría del desarrollo escalonada desde la infancia que atravesaba varias fases psicosexuales. Considerar que los niños sufrían conflictos relacionados con sus pulsiones sexuales y que el psicoanálisis ofrecía un método para resolverlos se convirtió en un credo que llevó a varios de los primeros psicoanalistas a implicarse con entusiasmo en el tratamiento de sus propios hijos (Freud, Melanie Klein, Karl Abraham o Ernest Jones entre otros) y de los de sus colaboradores y conocidos. Lo que prueba que estaban convencidos de disponer de una nueva herramienta terapéutica beneficiosa y recomendable para toda la humanidad, si bien el propio Freud moderó un excesivo entusiasmo hacia su método cuando dijo claramente que no era un tratamiento del que se pudieran beneficiar los psicóticos, cosa que sus continuadores no tardarían en cuestionar. En torno a Anna Freud (1895-1982), que tras ejercer su profesión de institutriz y analizarse durante cuatro años con su padre se convierte con solo 27 años en miembro de la Sociedad Psicoanalítica de Viena, se organizó un círculo de psicoanalistas interesados en la educación y la observación psicoanalítica de niños, así como en el desarrollo de curas psicoanalíticas (Siegfried Bernfeld, Willi Hoffer y August Aichorn y sus discípulos Peter Blos y Eric Erickson, especialmente interesados por la adolescencia). Melanie Klein (1882-1960) vienesa de nacimiento, tras analizarse con Ferenczi (1873-1933) en Budapest y con Karl Abraham (1877-1925) en Berlín, formó parte de la Sociedad Psicoanalítica de esta ciudad, que abandonó pronto, tras la muerte inesperada de su analista, para instalarse en Londres siguiendo los consejos y la invitación de Ernest Jones (a cuya esposa y dos de sus hijos analizaría). Con su traslado, y con la posterior llegada de Anna Freud, Londres se convertiría en el centro del psicoanálisis de niños.

El psicoanálisis británico y norteamericano

En 1913, Ernest Jones creó la Sociedad Psicoanalítica de Londres, compuesta por quince miembros de los cuales solo cuatro practicaban el psicoanálisis. Las traducciones de los trabajos de Freud comenzaban a llegar, pero los únicos analistas con experiencia estaban en Viena (Freud y su círculo), en Berlín (Karl Abraham) y en Budapest (Ferenczi), y la lengua común entre todos ellos y en sus publicaciones era el alemán. Tras la Primera Guerra Mundial (1914-1918), Jones disuelve la sociedad londinense y crea la Sociedad Británica de Psicoanálisis, buscando con ello un territorio de crecimiento más amplio. En Londres —particularmente en el mundo médico— el psicoanálisis, una ciencia nueva, alemana y judía, despertaba mucha desconfianza. La recién creada sociedad logró ir creciendo pese a la incomprensión y oposición reinantes y, en 1924, creó un instituto de formación y dos años después un centro de tratamiento. En 1929 Jones logra la celebración del XI Congreso de Psicoanálisis en Londres. Otro problema añadido era el de los psicoanalistas que no eran médicos, los denominados «profanos» o «laicos». En 1927 el 40 % de los psicoanalistas de Londres no lo era.

Entre las «profanas» e inmigrantes se encontraban Melanie Klein y Anna Freud, que se asentaron en Londres, en 1926 y en 1938 respectivamente, y que crearían las dos grandes escuelas de psicoanálisis de niños. Procedentes de Berlín —Klein— y de Viena —Freud—, ambas tratarían de continuar las ideas de sus maestros y las dos se consideraban legítimas continuadoras de las ideas de Freud, cosa que Anna negaba vigorosamente cuando afirmaba, como su padre, que Melanie traicionaba las verdaderas ideas freudianas. Con la llegada de los Freud a Londres, las dos entrarían rápidamente en divergencias teóricas que las llevarían por caminos institucionales difíciles de conciliar. Ni Freud ni su más ferviente defensora, su hija Anna, compartían las ideas de Klein, pero además se encontraron con que en Londres ya contaba con un amplio grupo de militantes, discípulos y seguidores que habían conseguido que se hablara de una «escuela kleiniana». Ambas eran inmigrantes que importaban ideas «extranjeras» en un inglés de acento tosco que delataba su procedencia foránea y, además, empezaban a apoderarse de un territorio —y de un mercado— de formación y de práctica clínica que los profesionales autóctonos también necesitaban en un período de entreguerras particularmente duro a nivel económico.

Los británicos, en principio, eran reticentes a aceptar que los niños tuvieran sentimientos tan intensos y tan precoces, como afirmaba Klein. Ninguno de los primeros psicoanalistas del grupo londinense era inglés. Uno de los primeros en solicitar entrar en el grupo fue Donald W. Winnicott, uno de lo pocos médicos ingleses que pensaba que el psicoanálisis era una contribución fundamental para su oficio de pediatra. Con su franqueza habitual, opinaba que la insensibilidad relativa de los médicos británicos era una característica de su cultura. Llegó a escribir que «un inglés no quiere que se le incordie, no quiere que se le recuerde que por todas partes hay tragedias personales o que él mismo no es realmente feliz. Resumiendo, rechaza renunciar a su partida de golf».[1] Si esto es cierto, se comprende que la versión kleiniana de un psiquismo infantil

---

1 Winnicott, D.W. (1938). *Skin Changes in Relation to Emotional Disorder*. Londres: St John's Hospital Dermatological Society Report. Es un texto de escasa difusión que no ha sido reeditado ni incorporado a posteriores recopilaciones de los trabajos de Winnicott. El hallazgo es de uno de sus mejores conocedores (Phillips, A. [1988]). *Winnicott*. Londres: Fontana Press), que también recoge en este texto el comentario de Glover sobre Melanie Klein.

tempestuoso y atormentado despertara inquietudes y rechazos. Edward Glover, que llegó a presidir la Sociedad Británica de Psicoanálisis, llegó a decir de Klein que era «una pura variante matriarcal de la doctrina del pecado original». No es fácil saber qué era lo que quería decir con tal exabrupto, pero no parece precisamente un elogio. Lo que sí se sabe es que se alió con la hija de Klein para enfrentarla a su madre y utilizarla durante años en desprestigiarla privada y públicamente. Así lo relata Phyllis Grosskurth en su magistral y ponderada biografía de Melanie Klein, en la que muestra que «muy pocas mujeres con una profesión liberal tuvieron que soportar tanta hostilidad refinada y tantos rumores aceptados como hechos auténticos».

Lejos de aliarse por su común condición de inmigrantes y psicoanalistas de niños, las dos fundadoras de las dos escuelas londinenses de psicoanálisis provocaron un auténtico cisma con dos componentes: las diferencias teóricas y clínicas y la lucha por la hegemonía del poder institucional y, en particular, por los espacios y órganos de formación. El cisma fue tan importante que dedicaron muchas horas a debatir sobre sus diferencias teóricas y clínicas hasta encontrar la manera de evitar una escisión que rompiera la Sociedad Británica de Psicoanálisis. Tenemos amplia información del contenido de dicho debate, así como del apasionamiento con que lo hicieron, hasta el punto de que ni siquiera bajo un bombardeo interrumpieron sus discusiones.[2]

---

2 En cuanto al contenido de las denominadas «controversias de Londres», que transcurrieron entre 1942 y 1944, puede consultarse: Schmideberg, M. (1971). A Contribution to the History of the Psycho-Analytical Movement in Britain. *British Journal of Psychiatry* 118:63 (enero). También el libro de Grosskurth, P. (1986). *Melanie Klein: Her World and Her Work* le dedica un amplio capítulo: «Las grandes controversias 1942-1944», pp. 365-470. Asimismo, es uno de los textos donde se relata que el autor de la intervención que sugería a los participantes en los debates —que no le hicieron ningún caso— la conveniencia de interrumpirlos durante el bombardeo que tenía lugar en esos momentos, fue D.W. Winnicott. En el mismo se recogen también los datos de un documento oficial de 1942 —de la secretaría de la Sociedad Británica de Psicoanálisis— que contabiliza el número de candidatos en formación, supervisiones, seminarios y cursos que tenía cada miembro de la sociedad. En concreto, puede leerse que «la Sra. Melanie Klein tenía 4 candidatos, 9 supervisiones y 14 seminarios y cursos y la Srta. Freud 4 candidatos, 5 supervisiones y 4 seminarios y cursos». Esta contabilidad muestra claramente quién iba ganando en cuanto a influencia en la formación de nuevos psicoanalistas.

Si nos centramos en las líneas teóricas y clínicas que caracterizaron sus diferentes posiciones, podemos resumirlas como sigue. Para Klein la actitud y la actividad interpretativa eran el elemento técnico fundamental. Entendía que las fantasías del niño —motor y fuente fundamental de su angustia— se manifestaban en su juego y que su explicitación e interpretación por parte de la terapeuta tenía un efecto calmante. Su atención prioritaria se centraba en las fantasías del niño y no prestaba atención ni se interesaba, al menos no activamente, por informaciones relativas al mundo externo y a las actividades del niño. Mantenía una actitud neutral sin participar en el juego de este (limitándose a interpretar las fantasías que ella intuía que aparecían —representadas o actuadas— en el juego). La temática conflictiva central la situaba en las relaciones edípicas, que ella situaba en una etapa precoz del desarrollo (ya en el primer año). El intenso contenido emocional y pulsional que movilizaba y acompañaba a las fantasías tenía que ver con sentimientos de avidez y envidia —fácilmente transformados en agresividad y rechazo— y transcurrían en una dinámica «dual», que concernía fundamentalmente a la relación entre el bebé (su mundo y objetos internos) y la figura materna «interna» (es decir, imaginaria). El sentimiento central se podría formular así: «¿Por qué me priva de lo que sabe que necesito y que solo ella posee? ¿Por qué me lo niega por puro capricho (puesto que no hay un tercero que lo reciba)?».[3] Consideraba que se establecía una intensa relación transferencial con el terapeuta y que la relación con los padres reales no era un objetivo a considerar en el tratamiento.[4] De este modo, la solución pasaba por cambiar la percepción subjetiva que el niño tenía de ellos (la modificación de sus «objetos internos»).

Anna Freud daba especial valor a mantener una actitud más educativa con padres y paciente. Establecía una colaboración pedagógica y

---

3 En el mundo «dual» de Klein la envidia y la avidez oral predominan y preceden a los celos y sentimientos de exclusión vinculados a la preferencia por un tercero, que caracterizan la conflictiva edípica descrita por Freud.
4 Hoy sabemos que gran parte de sus pacientes pequeños eran hijos o parientes muy allegados de profesionales y ambientes muy cercanos al mundo profesional de Klein.

participativa con todos, en la que mostraba su interés por datos relativos a su vida exterior y ayudaba en la organización del juego y de otras actividades que proponía como preparación del tratamiento. Su interés, por tanto, no se centraba en las fantasías inconscientes deducibles del juego, sino en la organización «yoica» que el paciente manifestaba a través de sus preguntas, asociaciones y comentarios conscientes que ella favorecía. También pensaba que los conflictos centrales del desarrollo infantil giraban en torno a la organización del Edipo, pero, conforme a la teoría clásica, lo situaba en una edad más tardía (a partir de los cuatro años). En consecuencia, pensaba que el conflicto emocional era «triangular» y movilizaba sentimientos relacionados con los celos y la rivalidad, lo que podría formularse en términos de: «¿Por qué prefiere a otro para darle lo que yo deseo? ¿Qué ve en él que yo no tenga?». Para ella, en estas edades los padres eran las figuras afectivas fundamentales y, dada la dependencia emocional hacia ellos, no podía producirse un fenómeno de transferencia de esos sentimientos de sus hijos hacia el terapeuta. Por eso se implicaba en escuchar y asesorar a los padres desde el convencimiento de que eran un elemento clave para entender y ayudar al niño con sus problemas.

Una vez repasadas las diferencias conceptuales y técnicas, sinteticemos cuáles eran los puntos fundamentales de desacuerdo:

- Klein percibía con claridad que en la mente infantil existía desde muy temprano un mundo interno y complejo de fantasías que hasta un niño muy pequeño podía expresar a través del juego, y por eso criticaba los métodos de Anna Freud «para ganarse la confianza del paciente y favorecer una transferencia positiva que contribuía a la negación[5] de sus sentimientos más hostiles e inaceptables».

---

5 No voy a entrar a matizar entre negación y denegación. Se entiende sobradamente que Klein se refiere a un proceso mental inconsciente, por el cual el sujeto niega que le pertenezcan ideas o sentimientos previamente reprimidos de los que toma conciencia. Para saber más sobre las sutiles diferencias entre los conceptos de «negación», «renegación», «denegación», «desmentida» —y otros términos que tratan de traducir los conceptos freudianos de *Verneinung* y *Verleugnung*— o el de la «forclusión» de Lacan, nada mejor que consultar el *Diccionario de psicoanálisis* de Laplanche y Pontalis.

- Para Anna Freud, que suscribía casi todas las teorías de su padre, esta nueva visión de Klein de un «Edipo precoz» —que incluía la idea de un superyó preedípico extraordinariamente precoz y violento— se oponía de manera radical e inaceptable a la descripción clásica de un superyó «heredero del complejo de Edipo» —resultante de la interiorización de los mandatos morales parentales—, que su padre había teorizado como piedra angular de su concepción del desarrollo psíquico. El «niño edípico» freudiano tiene un yo estructurado en tres instancias (yo-ello-superyó) y en fases previas «preedípicas» aún no existe un superyó capaz de garantizar el control de las pulsiones eróticas y agresivas. Esto quiere decir que el analista de niños no debe centrase en interpretar conflictos inconscientes o en activar fantasías amenazantes, sino en presentarse como un adulto capaz de autocontrol con el cual el niño pueda indentificarse.
- Para Klein es justamente esta posición pedagógica, de educadora, de adulta sensata a la que emular, lo que más duramente critica en la técnica de Anna Freud, «que trata de enseñar al niño el control de sus pulsiones». Joan Rivière, ferviente partidaria de Klein, resumiría la posición de este modo: «el psicoanálisis no debe preocuparse del mundo real, ni de la adaptación del niño o del adulto al mundo real, ni tampoco de la enfermedad y de la salud, ni del vicio o la virtud [...]. Debe ocuparse pura y simplemente de la imaginación de la mente infantil, de los fantasmas de placer y de los castigos temidos» (Grosskurth, 1986).

La obra y enseñanzas de estas autoras transcurrieron en torno a dos instituciones que llevaban el nombre de su ubicación inicial en Londres: Tavistock Clinic y Hampstead Clinic. En la primera se asentaron los «kleinianos».[6] Los principales continuadores de Klein, que desarrollaron y

---

6 Su ubicación original era Tavistock Square, en el centro de Londres. Inicialmente, desarrolló tratamientos psicológicos para soldados durante y después de la Primera y Segunda Guerra Mundial. Sus servicios clínicos siempre se destinaron a niños y adultos a través de un enfoque en una psiquiatría preventiva, experiencia en relaciones grupales (particularmente influida por las ideas de Bion) y psiquiatría social y de las organizaciones (incluidas las Fuerzas Armadas). También ofreció tratamiento a los

divulgaron su obra —en particular, en el terreno del trabajo con psicóticos adultos— fueron Hanna Segal,[7] que también se interesó mucho por los procesos de creatividad y simbolización y por los procesos mentales psicóticos (acuñó el concepto de «ecuación simbólica»), y también Herbert Rosenfeld[8] y Wilfred Bion[9] (que prestó especial atención a la conexión entre los procesos sensoriales y emocionales con el pensamiento). Todos ellos se interesaron por los procesos mentales precoces y su conexión con el pensamiento psicótico; sus ideas fueron recogidas por otros autores que se dedicaron específicamente al tratamiento psicoanalítico de niños psicóticos (razón por la que dedicaremos más atención a las mismas).

---

miembros de la población civil y sus nuevos desarrollos en salud mental de niños y adolescentes fueron particularmente fructíferos a partir de 1949, en el período inmediato de posguerra. En 1948, la creación del Departamento de Niños desarrolló la capacitación en psicoterapia infantil y adolescente. El Dr. John Bowlby apoyó esta nueva formación en la observación naturalista del comportamiento infantil y desarrolló la teoría del apego. James y Joyce Robertson mostraron en un trabajo cinematográfico el impacto de la separación en niños pequeños. En 1959 abrió su Departamento de Adolescentes y en 1989 un Servicio de Desarrollo de Identidad de Género. (Estos datos, que en septiembre de 2020 figuran en *Wikipedia,* proceden de la web oficial actual de la clínica, que —por razones que desconozco— no menciona a Melanie Klein).

7 Hanna Segal (1918-2011) fue una psiquiatra y psicoanalista. Nació en Łódz, Polonia. Emigró a Inglaterra en 1939, terminando allí sus estudios de medicina. Paciente y discípula eminente de Klein, ha sido considerada la mejor divulgadora de su obra y de su comprensión y aceptación.

8 Herbert Rosenfeld (1910-1986) fue un psiquiatra alemán de origen judío. Estudió medicina en Múnich y emigró a Inglaterra en 1935, donde se especializó en psiquiatría. Se analizó con Klein y se dedicó particularmente al psicoanálisis de psicóticos adultos, haciendo aportaciones originales al concepto y utilización técnica de la «identificación proyectiva», así como a la comprensión del narcisismo destructivo y las reacciones terapéuticas negativas.

9 Wilfred Bion (1897-1979) nació en la India colonial británica, desde donde fue enviado como interno a Inglaterra, lejos de sus familiares. Participó como militar en ambas guerras mundiales y completó tardíamente su formación en medicina (cirugía), psiquiatría y psicoanálisis. Dirigió el Servicio de Psiquiatría de la Tavistock tras sus años militares en la Segunda Guerra Mundial. En esa época se analizó con Klein. Llegó a presidir la Sociedad Británica de Psicoanálisis antes de emigrar a California, donde terminó su carrera. Su difícil pensamiento, considerado genial por sus seguidores —en particular, en su comprensión de los procesos de pensamiento psicóticos— fue calificado por sus detractores, en especial sus últimas aportaciones, como «cercano a lo esotérico».

Esther Bick[10] desarrolló su método de observación de bebés (y lo propuso como herramienta de formación a realizar en el domicilio del bebé, y en presencia de la madre, con sesiones regulares de observación durante dos años). Muy intuitiva en la percepción de los estados psicosomáticos del bebé, tuvo gran influencia en la enseñanza de su metodología de la observación del desarrollo normal a múltiples especialistas formados en su escuela. Supervisó muchos tratamientos de niños pequeños con graves afectaciones del desarrollo e, inspirada por las ideas de Klein y de Bion, conceptualizó las suyas propias sobre el valor de la piel —de la experiencia táctil compartida con la piel materna— y de su representación mental, «la piel psíquica», como entidad que contiene y unifica las sensaciones corporales dispersas y asegura la constitución de la unidad y continuidad del *self,* que puede así acceder a la interiorización de las experiencias y a la «tridimensionalidad» del psiquismo. Por el contrario, cuando las experiencias de contención —psíquica y somática— son defectuosas, el bebé puede tender a protegerse con «defensas de segunda piel» y forzar la tensión muscular y el aferramiento «adhesivo» y «bidimensional» (pegarse piel con piel ignorando que hay algo o alguien más allá de la superficie de contacto) para evitar «fragmentarse» y prevenir la desintegración corporal y psíquica. Sus ideas inspiraron a terapeutas de autistas y psicóticos (en particular, a Donald Meltzer y Frances Tustin, como veremos).

Las ideas kleinianas también viajaron a otras latitudes y enraizaron con especial fuerza en Latinoamérica. En Francia, Didier Houzel y Geneviève Haag han trabajado con niños autistas inspirándose en las ideas de autores kleinianos y en las de Didier Anzieu, que ha desarrollado sus propias concepciones sobre las funciones del «yo-piel».

10 Esther Bick (1902-1983) fue una psicóloga que nació en Polonia y se formó en Viena con Charlotte Bühler. En 1939 emigró a Inglaterra, donde se analizó en Mánchester con Michael Balint antes de hacerlo con, y de ser supervisada por, Klein. En 1951, por invitación de John Bowlby, se creó en la Tavistock el primer curso de observación de lactantes. Poco dada a escribir, destacó como formadora y supervisora de muchos psicoanalistas que han defendido sus ideas con entusiasmo. Su visión del desarrollo temprano y de sus riesgos puede ser, a juicio de otros autores, algo alarmista (así lo refleja la sinopsis que le dedica la propia Sociedad Británica de Psicoanálisis).

En la Hampstead Clinic se asentaron los «freudianos» seguidores de Anna Freud.[11] Sus dos textos fundamentales eran *El yo y los mecanismos de defensa*, de 1936, y *Lo normal y lo patológico en el niño*, de 1965. Se trataba de una escuela centrada en la problemática neurótica y en definir unas «líneas de desarrollo» desde la niñez hasta la edad adulta. Se entendía que las diferentes líneas de desarrollo podían mostrar avances y retrocesos —normales o problemáticos— y que no tenían por qué avanzar simultáneamente alcanzando en sincronía un mismo nivel de progreso. A. Freud quiso definir criterios clínicos para diferenciar situaciones que, al ir más allá de la conflictiva normal del desarrollo, estaban necesitadas de una intervención psicoterapéutica específica. Suya es la expresión «patología evolutiva», que aludía a aquellos problemas que podían resolverse sin tratamiento y que debían distinguirse de las neurosis infantiles, que sí lo necesitaban. Su sentido práctico despertó la admiración de sus seguidores, quienes relataban numerosos comentarios suyos, como el que hizo tras la demanda de tratamiento de una madre que le pareció injustificada: «no está claro si es el niño el que necesita psicoanálisis o la madre la que necesita una empleada doméstica». Desconfiaba de la especialización en aspectos concretos del psicoanálisis, actividad que veía como una función y una identidad válida para abordar cualquier situación humana. Sin embargo, se interesó menos por el desarrollo psíquico temprano y por los procesos psicóticos precoces y, según su biógrafa, «no fue una especialista y especialmente no lo fue en el período temprano de la relación madre-hijo» (Young-Bruehl, 1988). Ella misma escribió: «siempre me ha atraído más el período de latencia que las etapas preedípicas».

Los continuadores de Anna Freud en Londres (Joseph y Anne Marie Sandler, John Bolland y Humberto Nágera, afincado más tarde en Es-

---

[11] Ubicada en el barrio del mismo nombre, en Londres. Allí, en 1952, Anna Freud, Dorothy Burlingham y Helen Ross fundan una organización benéfica con el propósito de proporcionar capacitación, tratamiento e investigación en psicoanálisis infantil. Tras la muerte de Anna, en 1982, pasa a denominarse «Centro Anna Freud» —actualmente «Centro Nacional Anna Freud para Niños y Familias»—, se dedica a la investigación, capacitación y tratamiento de la salud mental infantil y está asociado con el University College de Londres (UCL) y la Universidad de Yale. Desde 2003 lo dirigen Peter Fonagy y Mary Target.

tados Unidos) desarrollaron ampliamente los conceptos psicoanalíticos básicos de su escuela; en particular, el *Hampstead Psychoanalytic Index,* un instrumento de formación, observación clínica y diagnóstico que ha sido muy utilizado en diversos países. Entre los continuadores más significativos cabe mencionar a Peter Fonagy (muy en boga por su teoría y técnica, conocida como «Tratamiento Basado en la Mentalización» [MTB], especialmente diseñado para tratar trastornos límites y antisociales de la personalidad y trastornos de adicción y de alimentación) y a Mary Target. En el terreno del tratamiento de las descompensaciones psicóticas de la adolescencia, Moses Laufer,[12] junto con su esposa Eggle, han desarrollado conceptos importantes.

En Francia, Marie Bonaparte, Serge Lebovici y René Diatkine sintonizaron con las ideas freudianas, sin rechazar algunas aportaciones de Klein. Así, contribuyeron a incluir el psicoanálisis de niños en la atención a la salud mental como parte de los dispositivos asistenciales públicos (distrito XIII de París) vinculados con la «política de sector», la cual centraba su atención en la comunidad para tratar de evitar las hospitalizaciones psiquiátricas (para una información más detallada, cf. nota 197). Han desarrollado su propio concepto de «estados prepsicóticos», entendidos como ciertas situaciones clínicas que, en función de diferentes variables, pueden bascular hacia la organización de un cuadro psicótico o consolidar un funcionamiento de tipo neurótico. Asimismo, otros autores que surgieron de la confluencia del interés por el psicoanálisis con una situación política posbélica de reconstrucción social que incluía un amplio desarrollo asistencial de la salud mental, trataron de renovar una psiquiatría infantil renqueante o inexistente. Su peculiaridad teórica es que intentaban comprender y abordar el autismo y las psicosis infantiles (todavía estaban lejos los conceptos de «TGD»

---

12 Moses Laufer (1928-2006), hijo de emigrantes polacos, nació en Canadá. Se especializó en la Hampstead Clinic, donde a través de Anna Freud conoció la obra de sus amigos vieneses, especialmente interesados en la adolescencia (Aichorn, Bernfield, Blos). Fundó y dirigió centros específicamente dedicados al tratamiento de adolescentes y desarrolló conceptos originales respecto de la crisis adolescente, como la «ruptura del desarrollo» *(breakdown)* y su relación con el abandono de la sexualidad infantil y la aceptación de un nuevo cuerpo sexuado.

y de «TEA») entendiendo su sufrimiento psíquico desde la perspectiva de una psicopatología dinámica claramente inspirada en el psicoanálisis. Su opción clínica y asistencial consistió en elaborar tratamientos psicoterapéuticos intensivos, tanto en servicios ambulatorios públicos y accesibles para toda la población como en instituciones y lugares terapéuticos especializados y con diversas denominaciones («hospital de día», «unidad de tarde», «talleres posescolares» «aulas especiales»), creados para reunir en el mismo lugar tratamientos polivalentes (psicopedagogía, reeducación del lenguaje, psicomotricidad) que evitaran su dispersión en espacios multiprofesionales diversos y separados. Debido a su importante desarrollo durante varias décadas a finales del siglo XX volveremos sobre el tema más adelante.

La influencia y las ideas de Anna Freud recibieron mejor acogida que las de Klein en Estados Unidos, donde estableció sólidos vínculos teóricos y de amistad con los autores de la denominada «psicología del yo» (Heinz Hartmann,[13] Ernst Kris, Rudolph Loewenstein) que les aportaron gran apoyo institucional y económico.[14] Como veremos, Margaret Mahler fue la principal autora que aplicó la psicología del yo a la comprensión del desarrollo infantil temprano y sus alteraciones.

También influiría en ella René Spitz,[15] autor que a partir de la década de la década de 1940 fue uno de los primeros investigadores que usó la observación directa como método experimental en el área

---

13 Heinz Hartmann (1894-1970) nació en Viena y fue paciente y alumno de Karl Abraham en Berlín. Tras la muerte de este, continuó un segundo análisis con Sandor Rado. De vuelta a Viena, el propio Freud se ofreció, al parecer, para analizarlo gratis, pero él optó por trasladarse a Estados Unidos en donde siempre fue considerado un «embajador» por los freudianos vieneses, con los que conservó estrechos vínculos de amistad. Ya en 1927 escribió un libro —*Fundamentos de psicoanálisis*— en el ya que avanzaba las ideas que constituirían el texto fundamental de lo que —tomándolo de su título— se denominó la «psicología del yo» (Hartmann, 1964).

14 Entre otras muchas donaciones, la Hampstead Clinic recibió parte de la herencia de Marilyn Monroe, quien la donó a su psicoanalista de Nueva York, Marianne Kris, para que la transfiriera a una obra de beneficencia de su elección (Young-Bruehl, 1988).

15 René Spitz (1887-1974) nació en Viena en una familia de origen judío y pasó la mayor parte de su infancia en Hungría, donde finalizó sus estudios de medicina en 1910. En 1932 se instaló durante seis años en París y enseñó psicoanálisis en la École Normale Supérieure. En 1939 emigró a Estados Unidos y trabajó como psiquiatra en

del desarrollo infantil de los tres primeros años de vida para estudiar sujetos sanos o enfermos. En 1946 publicó su histórico estudio sobre lo que denominó el «hospitalismo», en el que describía el desarrollo psicoafectivo de un grupo de lactantes separados de sus madres, por motivos derivados de la guerra, y cuidados en un orfanato (de buena calidad asistencial) comparándolos con otro grupo de niños cuidados por sus madres delincuentes, con ayuda de una enfermera, en un hospital penitenciario. Así, observó el progresivo deterioro que sufrían aquellos bebés que, tras una relación favorable entre los 6 y los 18 meses, la veían interrumpida. Si la carencia afectiva (físicamente estaban bien atendidos) se prolongaba, mostraban toda una serie de alteraciones psíquicas y del comportamiento que describió cuidadosamente bajo el nombre de «hospitalismo» y que, de alargarse, podían llegar a un cuadro de «depresión anaclítica» con una regresión del desarrollo motor y afectación progresiva del estado general que podía llegar a la caquexia. Si antes de un período crítico (de 3-5 meses) se reanudaba la relación afectiva con la madre, los trastornos eran reversibles. Este trabajo tuvo un gran impacto social que incidió en una mejora de la atención a los bebés en las instituciones destinadas a ellos y también impulsó nuevas investigaciones centradas en la importancia de las relaciones tempranas madre-bebé y en sus consecuencias para el desarrollo psicoafectivo y somático (Spitz, 1945, 1946).

La otra gran aportación de Spitz a la observación del desarrollo y al establecimiento de parámetros que sirvieran de guía para su evaluación fue su concepto de «organizadores psíquicos». Entendía estos como un acceso y consolidación estable de una nueva forma de organización psíquica. Describió como tales ciertos momentos evolutivos en los que coincidían tres cosas: un nuevo comportamiento observable, su correlación con una nueva adquisición psicológica y el necesario acceso previo a un nivel de maduración neurológica y de «integración instintivo-vegetativa innata», así como a un nivel de evolución en sus relaciones con el entorno y en su capacidad para recibir sus aportaciones.

---

el Hospital Monte Sinaí. De 1940 a 1943, fue profesor docente en varias universidades estadounidenses.

El resultado de esta coincidencia simultánea permitía un salto evolutivo que demostraba un progreso normal del desarrollo y una referencia cronológica para evaluarlo. El «primer organizador» que describió fue la «aparición de la sonrisa» a lo largo del segundo mes, que sigue siendo considerado un comportamiento que atestigua una capacidad sana para entrar en relación con el entorno humano (al igual que su ausencia denota un signo temprano indicativo de una incapacidad que afecta particularmente a los bebés autistas). El «segundo organizador» es la «angustia frente al extraño (del octavo mes)». Describe la reacción del bebé de esta edad que hasta entonces sonreía a cualquier persona y que ahora comienza a mostrar extrañeza, ansiedad y miedo, y a llorar al ver a personas extrañas o menos habituales (que antes no provocaban tal reacción) aferrándose a su madre, o a la persona de confianza más cercana, para tranquilizarse. La reacción corresponde al establecimiento de una relación estable de confianza con una o con pocas personas que queda protegida gracias a la proyección de cualquier sentimiento de amenaza que se deposita en otras personas «sospechosas» de malas intenciones. En esta reacción universal puede verse la raíz de toda reacción «racista», que deposita el miedo en el humano «diferente al habitual». También se ha señalado la mitigación de esta reacción en niños tempranamente habituados a la multiplicación de relaciones precoces, muy frecuente hoy en día con el desarrollo de lugares de atención muy temprana. La ausencia de esta reacción tiene asimismo un valor clínico, pues el «irse con cualquiera» denota una importante carencia en la capacidad de establecer una relación estable de protección y seguridad, y muestra una alteración en la evolución de los procesos de separación-autonomía. El tercer organizador es la «aparición del "no" y de los comportamientos de oposición» —a lo largo del segundo año—, que atestiguan la aparición de cierto nivel de autonomía y de consolidación de la percepción de las propias capacidades (de un «yo» y un *self* sólidos) (Spitz, 1957, 1965).

    Otros autores, como Edith Jacobson,[16] desarrollaron nuevos conceptos sobre la organización precoz del psiquismo para tratar de articular

---

16 Edith Jacobson (1897-1978), médica y psicoanalista alemana de familia judía, estudió en Jena, Heidelberg, Múnich y Berlin. Fue encarcelada por los nazis, pero

la visión clásica (que entendía lo «pulsional» como motor fundamental del psiquismo) con una visión «estructural» que se interesaba por las «relaciones de objeto» como fuente fundamental de la organización del *self* a través de su interiorización en «objetos internos» constituyentes de este. De esta manera, se equilibraban las teorías que acentuaban la importancia de las motivaciones pulsionales «internas» con las que insistían en el papel del entorno y los procesos de interiorización de las experiencias relacionales. La integración de nuevos conceptos tomados de los avances de las neurociencias —en particular, el rol de los afectos y su asiento en áreas del cerebro emocional— fue abordada, entre otros, por Otto Kernberg,[17] quien trató de conciliar las ideas clásicas anteriores (teoría pulsional) con aportaciones nuevas (Heinz Kohut)[18] o con las procedentes de otras teorías (Spitz, Mahler, Klein, teoría de las relaciones objetales) para proponer precisiones teóricas en cuanto a los conceptos del «yo» y del *self,* de «pulsión» y de «afecto». Su concepción teórica y clínica de la diferenciación entre el narcisismo infantil normal y el patológico, del papel de la agresividad destructiva en este (teoría que opone a la de Heinz Kohut) y de la delimitación entre la estructura de las personalidades *borderline,* antisocial y psicótica —que

---

logró huir a Checoslovaquia y de allí a Nueva York, en cuya Sociedad Psicoanalítica desarrollaría una importante tarea docente. Integró las contribuciones de Anna Freud, Heinz Hartmann, René Spitz y Margaret Mahler, haciendo aportaciones originales sobre el funcionamiento del ego y el superyó, los procesos de identificación subyacentes a su desarrollo y su papel en la depresión. En 1964 publicó su principal texto *The Self and the Object World.*

17 Dentro de su abundante obra publicada merece la pena consultar —por el momento histórico de debates y desencuentros teóricos en que lo publicó— el artículo «*Self,* yo, afectos y pulsiones» (Blum, 1983).

18 Heinz Kohut (1913-1981) nació en Viena, fue discípulo de Aichorn y emigró a Estados Unidos en 1940, tras la invasión de su país por los nazis. Tras cuestionar las interpretaciones clásicas de la problemática narcisista, elaboró sus propios conceptos y describió originalmente diversas formas de transferencia típicas de las personalidades narcisistas, en cuyo tratamiento se especializó. Reactivó el uso de la empatía en su técnica terapéutica y desarrolló su propia escuela de formación, siendo considerado un disidente por las corrientes más ortodoxas del psicoanálisis, que, sin embargo, aceptaron la pertinencia de sus descripciones y aportaciones clínicas. Es apreciado como uno de los autores más importantes en la revalorización de las teorías y corrientes interpersonales en la psiquiatría y la psicoterapia.

lo condujo a su propuesta de un método de «psicoterapia breve basada en la transferencia»— forman parte actualmente de los conocimientos habituales de los especialistas en el tratamiento de este tipo de pacientes adultos. Su esposa, Paulina F. Kernberg,[19] destacó en la aplicación de las mismas ideas a pacientes infantiles *borderline* y psicóticos.

Una vez resumida la historia de los inicios del psicoanálisis de niños, en el resto de este capítulo nos limitarnos a detallar, de entre sus muchos desarrollos teóricos y clínicos, las ideas de aquellos autores que dedicaron un interés específico a la comprensión del funcionamiento psicótico y de los fenómenos autísticos, a su inserción en los procesos tempranos del desarrollo que constituyen el psiquismo y a los eventuales factores causales implicados en ellos.

Margaret Mahler

Originaria de Hungría, en donde inició entre 1924-1938 sus primeras publicaciones en el ámbito de la pediatría, era hija de un médico y realizó sus estudios de medicina en Alemania. Amiga de la esposa del psicoanalista Michael Balint, se vincularía a través de ellos con Ferenczi, a quien siempre consideró su maestro, aunque se alejó de sus teorías sobre el «trauma» psíquico y eligió completar su formación en Viena. Como muchos de sus colegas austríacos y alemanes, emigra a Inglaterra y posteriormente a Estados Unidos al comenzar los sucesos —invasión nazi de Austria— que culminarían en la Segunda Guerra Mundial. Instalada en Nueva York,

---

19 Paulina F. Kenberg (1935-2006) fue una psiquiatra y psicoanalista, nacida en Chile y casada con Otto Kernberg, que adquirió la nacionalidad estadounidense en 1968 y desarrolló la mayor parte de su carrera en Nueva York (en la Universidad de Cornell). Especialista en los problemas infantiles derivados de situaciones de divorcio y separaciones, dedicó también algunos textos al juego infantil y a la clínica y tratamiento de los trastornos límites de la personalidad en la infancia, y militó activamente por la inclusión de los trastornos de personalidad en la infancia y preadolescencia en el DSM, que solo los reconocía por encima de los 16-18 años. Tuvo una asidua actividad docente en nuestro país en la década final de su trayectoria profesional. Su texto principal es Kernberg, P.F.; Weiner, A.S. y Bardenstein, K. (2000). *Personality Disorders in Children and Adolescents*. Nueva York: Basic Books.

donde, junto con Manuel Furer, fundó una guardería terapéutica en la que realizó sus principales observaciones clínicas, llegó a ser responsable de la formación en psicoanálisis de niños en la Albert Einstein School of Medicine. Allí centraría su interés en el estudio y la comprensión del desarrollo del niño y entraría en relación con los autores más representativos de la «psicología del yo» (Hartmann, Kris, Loewenstein, Greenacre). El desarrollo de sus propias hipótesis, investigaciones y conceptos se verá influenciado por las teorías psicoanalíticas de estos autores.

Su obra tendrá un considerable impacto en Estados Unidos en la década de 1960 (y posteriormente en otros países). Además de a sus propios méritos, esto se debe también a su adscripción a las teorías y autores entonces predominantes (Hartman y su *Ego psychology*), que centraban su interés fundamental en el funcionamiento del yo desde una perspectiva psicogenética que puso en evidencia al realizar estudios longitudinales de observación del desarrollo. Trataba así de completar las reconstrucciones psicoanalíticas con la observación directa del niño, particularmente en el período preverbal. Como pionera del desarrollo temprano y, en especial, de la construcción de las relaciones de objeto y desarrollo del *self,* contribuyó a complementar las propuestas freudianas respecto de la evolución pulsional pregenital. Hay quienes piensan que el hecho de que sus propuestas implicaran una teoría de la relación precoz madre-bebé, contrapuesta a las de Klein y Winnicott, menos reconocidas en Estados Unidos, también favoreció su aceptación exitosa. Hartman había insistido en las raíces biológicas del psiquismo y en el trabajo de adaptación que realiza una instancia psíquica, el yo, a la que atribuye un funcionamiento autónomo, presente desde el nacimiento en forma embrionaria. Esta concepción se apartaba de la teoría freudiana clásica, según la cual el yo emerge secundariamente de un fondo inicial de pulsiones indiferenciadas de vida y de muerte. Describía así unos comienzos de la vida psíquica mucho más tranquilos de los propuestos por Klein, que optaba por concebirla como resultado de una intensidad pulsional, propia o cercana del funcionamiento psicótico, que arrollaba a los objetos pulsionales del entorno con su rabia destructiva.

En el ámbito psicoanalítico europeo —en particular, Jacques Lacan— la concepción de Hartman y su descripción de un yo autónomo, producto de la evolución de las especies y capaz de «neutralizar» las pulsiones para adaptarse a la realidad, fue juzgada como un intento de la cultura norteamericana de imponer una visión psicológica conformista destinada a adaptar la libertad pulsional a las exigencias del éxito individual propuesto por las exigencias de la libre empresa y las imposiciones de una economía de mercado. Las criticas incluían la afirmación de que se trataba de una teoría que no reconocía aspectos conflictivos (pulsionales), esenciales en la constitución de la personalidad, desconocimiento que llevaba a modularla priorizando los aspectos más conformistas del sujeto.

La propuesta de Mahler de favorecer la incorporación al psicoanálisis de otras fuentes de información y, en particular, de aliarse con neurobiólogos y psicólogos de otras corrientes teóricas para estudiar el desarrollo psíquico temprano de los niños —normales o patológicos— fue rechazada por otros autores y escuelas psicoanalíticas.

La labor clínica de Mahler —que los avances posteriores del psicoanálisis y de las ciencias cognitivas, así como de su aplicación a la observación de bebés, han obligado a matizar, completar o rectificar en algunos aspectos— estuvo determinada por su trabajo psicoterapéutico intensivo y prolongado, desarrollado con niños muy pequeños seguidos de manera ambulatoria u hospitalizados en su institución de Nueva York. Sus observaciones y deducciones tenían que contrastar forzosamente con las de Bender y Kanner. Mahler observaba —y trataba— en su institución a los niños varios días a la semana. Bender y Kanner los evaluaban periódicamente de manera espaciada.

Pero —la historia se repite— muchas de las contradicciones actuales derivan de esta diferencia de métodos de observación entre clínicos, los cuales, inspirados por el psicoanálisis, hacen intervenciones terapéuticas largas e intensivas de un número limitado de pacientes e investigadores que, mediante cuestionarios y escalas objetivas, examinan comparativamente gran número de niños, aunque solo durante un número limitado de consultas. Es toda la diferencia entre una visión «diacrónica», extendida en el tiempo y con amplio conocimiento individual del paciente, y una visión «sincrónica», que estudia objetivamente, sin conocimiento personal de los pacientes, sus resultados en determinadas pruebas comparando a nivel estadístico su rendimiento con el habitual en sujetos de su misma edad.

Algunos de los conceptos procedentes de la «psicología psicoanalítica del yo» influyentes en su obra fueron: «la adaptación» (existe un vínculo indisociable entre psicoanálisis y biología, así como una mutualidad entre el niño y el mundo o entorno, en el que la madre desempeña un papel central, y se trata de estudiar cómo el niño se adapta a esta realidad y qué instrumentos desarrolla para hacerlo); *las funciones autónomas* (el yo dispone de instrumentos constitucionales innatos —motricidad, percepción, lenguaje— que le predisponen a la adaptación y que siguen un plan impulsado por fuerzas madurativas no conflictivas); el *self* (Hartmann distingue en la investidura del yo —que constituye el narcisismo secundario—, la que afecta a las funciones del yo y, además, la que inviste a la representación mental de la persona); la «fase de indiferenciación» (para Hartmann, al comienzo de la vida no hay sino una masa indiferenciada de la que progresivamente emergen estructuras psíquicas; Mahler se adscribe a esta idea con su propuesta de una *fase inicial de autismo* basada en dicha indiferenciación); la «observación directa» (hay elementos cruciales del desarrollo que no pueden ser captados en situación analítica, sino solo a través de la observación directa; en particular, las funciones «libres de conflicto», que contribuyen al estilo defensivo y proporcionan mecanismos de descarga pulsional). Mahler considerará el desarrollo cognitivo (la noción de «permanencia del objeto») una precondición necesaria para investir el objeto de manera estable y adjudica a la locomoción —una función autónoma primaria— un papel fundamental en la emergencia de la angustia de separación. Su talento investigador se plasma en la observación del comportamiento (alejamiento y reaproximación, tono muscular, intercambio de la mirada y de la expresión mímica) para inferir los procesos intrapsíquicos que acompañan a la separación. Esta «significación» del comportamiento y las hipótesis e inferencias derivadas han constituido un punto de discrepancia con otras escuelas psicoanalíticas, que también rechazan ciertas propuestas de la psicología del yo por considerar que, en su concepción del desarrollo, lo «vacían» del papel determinante de contenidos pulsionales conflictivos.

En su teoría del desarrollo normal lo concibe como un *proceso de separación-individuación* que permite emerger desde la simbiosis normal y desarrollar un sentimiento-vivencia de identidad. Para demostrarlo, busca poner en evidencia, a través de la observación directa de la relación madre-niño en un entorno natural, las vicisitudes y fases del proceso de separación estudiando, principalmente, lo que ocurre entre madre y niño en el transcurso del segundo año de vida. En este período preverbal, es fundamental comprender el funcionamiento intrapsíquico a partir del comportamiento observable y para ello hay que estudiar en particular la motricidad (movimientos de aproximación y alejamiento de su madre que revelan el paso de la fusión a la separación). Describe las siguientes fases:

- *La fase autística normal* (2-3 primeros meses de vida), en cuya descripción utiliza la imagen de la cáscara protectora del huevo, dentro del cual existen todos los elementos necesarios para vivir; metáfora freudiana que ilustraba su hipótesis de un estadio narcisista primario. Se caracterizaría por la ausencia casi total de investidura de los estímulos externos a distancia y su orientación hacia el interior del cuerpo. Debido a la estimulación materna, crecerá de manera progresiva su interés hacia el mundo externo. Mahler reconoció que no había estudiado directamente esta fase y que su formulación era una reconstrucción hipotética. Con posterioridad, juzgó «convincentes» las críticas de otros autores —que sostenían en sus observaciones que los bebés mostraban una inmediata predisposición a buscar activamente la relación con el entorno—, lo que la llevó, según el testimonio de Tustin, a «renunciar justo antes de morir y con gran integridad científica» a su teoría de una fase autística primaria normal.[20] En consecuencia, también renunciaría a su hipótesis de

---

20 Tustin, F. (1994). The perpetuation of an error. *Journal of Child Psychotherapy* 20(1):3-24. En este texto, dedicado integramente a describir las ideas y la sucesión de publicaciones de otros autores psicoanalíticos que criticaban el concepto de Mahler, Tustin reconoce que ella también se mantuvo durante años en la misma opinión que Mahler y que ambas renunciaron al concepto de una «fase autística normal», a la vista de otros argumentos —en particular, las críticas de Stern— que les parecieron «muy

que la patología autística sería la expresión de una fijación o de una regresión a la fase de autismo normal y, por ende, de la imposibilidad de acceder a la fase de separación-individuación. Tustin piensa que este cambio teórico

> no es un ejercicio puramente académico y tiene consecuencias prácticas [...]. Nuestro acercamiento terapéutico al autismo infantil se modifica radicalmente [...]. No nos dirigiremos de la misma manera a los niños autistas si consideramos que el autismo es una aberración y no un estado normal del desarrollo [...]. Seremos con ellos más firmes y menos indulgentes, más prestos a intervenir activamente para corregir sus tendencias desviadas [...]. Este cambio de perspectiva nos permite igualmente terminar con una versión demasiado sentimental y romántica de la relación madre-niño [...]. Tendremos también una mayor empatía hacia las madres de estos niños [...]. Podremos también renunciar a la perfección idealizada que estos niños nos reclaman.

- *La fase simbiótica* (a partir del 2.º mes) describe un estado de «unidad dual» de indiferenciación y fusión entre el bebé y su madre. La característica fundamental de este período es el «predominio de una especie de delirio de omnipotencia compartida» entre madre y bebé. Presionado por sus necesidades, el niño descubrirá e investirá la presencia y actitudes de la madre, que así adquirirá un carácter de «objeto parcial diferente de sí mismo». El sentido de identidad se basará en un núcleo inicial constituido por las sensaciones internas corporales. La madre es descrita como un «yo auxiliar» que, a través de actividades que estimulan y protegen el yo del niño (*holding* de Winnicott), funciona como un «organizador simbiótico».
- *La fase de separación-individuación,* que Mahler concibe como impulsada fundamentalmente por la maduración, se refiere más que al distancia-

---

convincentes». Estos argumentos están en dos textos: Stern, D. (1983). Implications of infant research for psychoanalytic theory and practice. *Psychiatric Update* 2:8-21 y Stern, D. (1985). *The Interpersonal World of the Infant.* Nueva York: Basic Books.

miento físico al proceso intrapsíquico acompañante, consistente en la emergencia de la madre como «representación del objeto estable» y, paralelamente, al proceso de «individuación» (el niño inviste de manera progresiva sus funciones del yo y, a través de su ejercicio y dominio, se consolida una «representación constante del *self*»). Subdividida en cuatro subfases, comienza con la *1.ª subfase de diferenciación y desarrollo de la imagen corporal* (de los 5-6 meses hasta los 10), que corresponde al desarrollo de un sistema perceptivo consciente que permite al bebé ampliar su capacidad de atención y de interesarse por el mundo externo, hecho observable por la calidad y los matices del intercambio de la mirada, utilizada en particular para explorar la mímica facial materna. El niño comienza a diferenciar su cuerpo del materno y aparece la utilización de «objetos transicionales» (Winnicott), que prolongan y poco a poco sustituyen al cuerpo materno, sobre todo cuando, por efecto del desarrollo motor, comienza a salir del universo simbiótico y a aventurarse en el encuentro de otras personas, con lo que se acentúan las reacciones de «angustia frente al extraño», ya presentes desde el octavo mes (descritas por René Spitz). En la *2.ª subfase de práctica* (10-15 meses) el niño inviste poco a poco las prácticas motoras y, satisfecho de sus logros, explora su entorno apoyándose en la seguridad que le ofrece la madre, que es utilizada como «boya» de referencia y de recarga *(refueling)*, de descanso tranquilo y seguridad, y que en esta aventura de exploración y alejamiento siempre es cuidadosamente vigilada y observada por el niño. Este se va interesando por prácticas exploratorias que conllevan un placer del funcionamiento yoico (motricidad exitosa, descubrimiento del entorno externo a la madre) y un sentimiento de omnipotencia que también lo ayuda a superar miedos y dificultades. La adquisición de la posición erecta y la marcha materializan un punto de referencia que marca el desarrollo de nuevas posibilidades, indispensables para potenciar nuevas experiencias, placeres y frustraciones. En la *3.ª subfase de reacercamiento* (16-24 meses) reaparecen comportamientos de búsqueda activa de contacto corporal con la madre, correlativos de signos evidentes de angustia de separación y de actitudes de alerta con inquieta búsqueda de la presencia materna. La toma de conciencia de su estado de separación amenaza su seguridad y satisfacción narcisista y, en particular, su sentimiento de omnipotencia mágica. Es el momento en que esta insatisfacción genera la aparición de descargas de agresividad hacia la madre y, en consecuencia, sentimientos de frustración, actitudes exigentes y tiránicas, y temores de perder su apoyo-presencia. Esto explica que, paradójicamente, su mayor autonomía de la madre se acompañe de un regreso al contacto íntimo (ante el temor de perderla). Junto con la marcha hay una consolidación de otras funciones del yo importantes (comienzo de la inteligencia representativa, juego simbólico y lenguaje verbal). Asimismo, aparecen los conflictos típicos de la fase anal. Las manifestaciones agresivas ligadas a celos, envidias y deseos de posesión y acaparamiento aumentan la angustia de separación, por temor a ser rechazado, y las conductas de oposición y de negativismo (el «no» como organizador psíquico descrito por Spitz) sirven también para defenderse del deseo (regresivo y muy intenso) de volver a la fusión y a la simbiosis. En este sentido, son importantes las reacciones de la madre a estos movimientos contradictorios y su capacidad de soportar la ambivalencia que generan, en cuanto que posibilitan que acepte tanto prestarse a servir de refugio transitorio como a seguir favoreciendo el distanciamiento progresivo. Este período implica la activación de angustias de pérdida del amor objetal (maternal), con el consiguiente impacto en el equilibrio narcisista del niño, lo que representa para Mahler el prototipo de afecto depresivo y el origen de conflictivas neuróticas. En su opinión, si el niño y las reacciones maternas no consiguen gestionar los afectos depresivos, la aparición de mecanismos proyectivos masivos, destinados a preservar la ilusión de fusión ideal con el objeto materno y a escindir todo sentimiento de ambivalencia, puede conducir a la organización de estados *borderline*. La *4.ª subfase de permanencia (constancia) del objeto* (tercer año) tiene una doble tarea esencial: la consolidación de un sentimiento de individualidad estable y, de manera correlativa, la interiorización de una representación del objeto constante, que conlleva obligatoriamente la aceptación por parte del niño de sus características contrapuestas e inseparables de «buen» y «mal» objeto (en otras palabras, la capacidad de tolerar la decepción de un objeto de amor que inevitablemente también le frustra). A la vez deberá desarrollar la posibilidad de compensar sentimientos de amor-odio, agresión y reparación, en una «intrincación pulsional» equilibrada, requisito necesario para alcanzar un sentimiento de «*self* estable». Para Mahler, la interiorización de una imagen materna satisfactoria (objeto interno estable o «constancia de objeto») viene predeterminada por una realización cognitiva («permanencia del objeto», en el sentido con que Piaget usó este concepto), lo que, clínicamente, equivale a decir que los niños son capaces de soportar la frustración y la ausencia materna y —porque su «presencia simbólica» se mantiene constante— pueden interesarse por otras personas «sustitutivas».

Las psicosis infantiles no están causadas por el psiquismo materno

Ya en su primer artículo, de 1949, Mahler descarta el término «esquizofrenia infantil», entonces usual, y señala que «la diferencia esencial entre el síndrome del niño psicótico y el de la esquizofrenia del adulto parece deberse a una diferencia estructural del desarrollo [...]. Continuar utilizando un término procedente de la psiquiatría del adulto enmascara esta diferencia; hablar de psicosis infantil pone en primer plano esta diferencia», y define al niño psicótico como «intrínsecamente incapaz de establecer un contacto afectivo con los otros, contacto al que la especie humana está biológicamente predispuesta». La frase muestra que, a pesar de ser psicoanalista, concedía más importancia que el «biologicista» Kanner a los factores biológicos y que se oponía al «psicogenetismo» entonces imperante. Como Lauretta Bender, conoció y describió a todo tipo de madres, aunque sin encontrar elementos traumáticos en la gran mayoría de las que aparecen en sus historias clínicas y —aunque cita madres psicóticas y depresivas— no atribuye ningún papel causal a estas distorsiones excepcionales de las relaciones madre-bebé. Incluso insiste en que la mayor parte de madres de niños psicóticos suele mostrar calor afectivo y presencia empática, y piensa que es la anomalía inicial del bebé lo que deja a la madre desconcertada, desamparada y desbordada por una situación que ninguna madre podría resistir y que implica una disfunción interactiva en su mutua comunicación *(communicative mismatching)*, vinculada a un origen genético

que entraña una disposición hereditaria o constitucional [...]. La primera etiología [de la psicosis en los niños] es la incapacidad del niño psicótico para percibir y utilizar el agente maternal para construir su equilibrio emocional [...]. Es innata, constitucional y probablemente hereditaria o adquirida en los primeros días o semanas de vida extrauterina [...]. El niño autista se muestra incapaz de percibir emocionalmente a su madre y de formar con ella una relación de ayuda [...] cualquiera que sea la personalidad de la madre, para el niño es un objeto parcial, desprovisto de cualidades de vitalidad, no diferente de objetos inanimados.

Además, distinguía a estos niños de los que habían sufrido carencias educativas e incluso retrasos madurativos «que son capaces de extraer de su entorno la más mínima gota de alimento humano de la más mínima estimulación disponible».

Las manifestaciones clínicas (síntomas y formas de psicosis)

Siguiendo el ordenamiento clínico realizado por Bleuler, Mahler clasifica los síntomas en primarios, secundarios y terciarios. Los *síntomas primarios* no son pura y directamente orgánicos (como lo eran para Bleuler o para Bender), sino que expresan una reacción global que para un observador tiene el valor de comunicación; van más allá de un desorden orgánico y traducen el desamparo y la necesidad de socorro. El pánico, la agitación o aferrarse al otro apegándose desesperadamente indican más que un déficit de control motor o un error de percepción y muestran un mensaje, están cargados de intencionalidad. Los estilos de pensamiento, de percepción sensorial y de acción «están infiltrados por un desbordamiento pulsional, erótico y agresivo, dirigido a un objeto».

Los *síntomas secundarios* tienen como función corregir los efectos de los primarios (como también pensaban Bleuler y Bender). Son mecanismos defensivos que califica de «psicóticos» y, posteriormente, «de supervivencia» *(maintenance mechanisms)*. Así muestra que, a diferencia de la teoría psicoanalítica clásica, no los concibe como destinados a protegerse de las pulsiones, sino para alejarse de un mundo indiferenciado en el que exterior e interior se confunden y resultan igualmente amenazantes; son «tentativas para restituir un yo fragmentado o rudimentario necesario para la supervivencia [...] para recuperar los límites de sí mismo y desarrollar relaciones con el espacio [...]. Tienen una función de compensar un yo lastrado en su adaptación a la realidad del cuerpo y del entorno». Se trata, por tanto, de mucho más que una reacción refleja: es un trabajo psíquico portador de un sentido (Hochmann, 2009). Las manifestaciones descritas por Kanner como *aloneness* y *sameness*, comentadas con anterioridad, forman parte, para Mahler, de estos mecanismos secundarios para ella destinados a intentar una «desanimación» (reducir lo animado a inanimado) que conduce a una «deshumanización» del entorno humano y a una «desvitalización» del sujeto autista. Lo que para Kanner derivaba directamente de una incapacidad primordial (innata) es visto por ella como secundario. Esta «desvitalización» es una manera de mantenerse vivo y de precaverse contra un contacto afectivo y contra acontecimientos imprevistos en los que correría el riesgo de desorganizarse: se controla mejor lo inanimado que los imprevisibles movimientos del ser humano.

Entre los mecanismos «homeostáticos», que entiende como necesarios para la supervivencia psíquica, Mahler incluye varios de los comportamientos ya descritos por Kanner y Asperger: la imitación y particular atención-hipersensibilidad hacia rasgos y gestos de otras personas; la fijación sobre ciertas partes de su cuerpo particularmente investidas o «personificadas» con autonomía propia, que Mahler entiende como formas de investimientos libidinales que las mantienen vivas y «evitan» su destrucción imaginaria. Igualmente, la fijación obsesiva y repetitiva sobre intereses u objetos autísticos trata de mantenerlos activos y «vivos», lo que explica las crisis de cólera violenta cuando se los aparta de ellos. Los intereses y las capacidades extraordinarias los entiende como «excrecencias cicatriciales» resultantes de estas actividades de un «yo en dificultades».

Los *síntomas terciarios* tienen para Mahler características semejantes a los mecanismos de defensa utilizados por los niños neuróticos (desplazamiento del fóbico; aislamiento afectivo y formaciones reactivas del obsesivo; represión de la histeria). Incluye entre ellos la masturbación insistente y las tendencias exhibicionistas, las auto y heteroagresiones, la proliferación de actividades imaginativas y considera que suponen un progreso en la integración y desarrollo de las funciones del yo.

La suma y combinación de todos estos síntomas, según el momento en que aparezcan y las formas variables en que se presenten, le permiten describir tres grupos o tipos de niños psicóticos. El primero, que denomina «psicosis autística», corresponde al autismo de Kanner. Los síntomas, que aparecen muy precozmente y son observables ya en el segundo semestre de vida, son los primarios y solo algunos de los secundarios, y señalan una detención en el desarrollo de la organización del yo. Aturdidos y despistados, presentan los signos típicos descritos por Kanner y recogidos de las observaciones parentales: ausencia de anticipación postural y de sonrisa, mirada desvaída. Hay un fallo en la «función sintética del yo» que recuerda a la ausencia de la intención y de la planificación de la acción descrita por las concepciones cognitivas actuales (Hochmann, 2009). Esta función sintética se desarrolla normalmente en las primeras interacciones madre-bebé, que el autista no puede elaborar por su incapacidad para contactar a nivel emocional con la madre e identificarse con ella y constituir un objeto total al que dirigir sus pulsiones. Privado y desconocedor de las emociones, satisfacciones y frustraciones que organizan toda relación, el bebé, como decía Kanner, es un «beato» o, como nos dicen sus madres, «parece que no hay niño». Además, cuando se intenta «incordiarlo» para acceder a contactar con él, reacciona con irritabilidad como si sintiera el acercamiento humano como una intrusión molesta del entorno, y trata de apartarlo «negándole» la mirada o incluso reaccionando con cólera y violencia (crisis de *temper tantrums* descritas ya por Kanner y Bender). Estos comportamientos autísticos tratan de restablecer una «paz», un equilibrio interior que, normalmente, se le aporta al bebé por la función apaciguadora materna («función paraexcitaciones» que ya Freud describió), a la que el autista no puede acceder, quedando desprotegido, sin filtro protector de los impactos sensoriales y emocionales procedentes del entorno, lo que lo lleva a construirse metido en su «cascarón autístico». Así, aislado en una «matriz extrauterina sustitutiva», en una especie de «alucinación negativa» (una «no percepción de lo existente»), trata de hacer desaparecer mágicamente el mundo sensorial externo.

El segundo grupo de psicóticos «simbióticos» empezaría a desarrollarse normalmente, pero —«a causa de su fragilidad constitucional»— el funcionamiento yoico del niño trata de restablecer o de mantenerse en una relación fusionada con su madre. Esta no alcanza un estatus de objeto exterior independiente y el niño imagina que posee y domina el cuerpo materno como el suyo propio. Los límites corporales y también psíquicos que deben separarlos se difuminan. Los trastornos y síntomas aparecen más tarde, entre los tres y cinco años, cuando las exigencias de la realidad externa rompen la homeostasis simbiótica. Recordemos que se describían como «psicosis infantiles tardías» las que aparecían cuando el momento evolutivo y los usos sociales imponían la guardería o la escolarización, forzando al niño a desenvolverse sin el apoyo «hiperprotector» que recibía en la dinámica fusional anterior y que camuflaba las insuficiencias que afloran cuando el niño tenía que adaptarse de manera autónoma a las exigencias propias de su edad. Aparecen entonces los comportamientos característicos del niño «simbiótico»: intentos de imponer despóticamente el contacto fusional; la frustración e intolerancia con que reacciona a cualquier intento o amenaza de separación —real o imaginaria— y la profunda angustia, que puede llegar a impulsos agresivos, con los que busca incluirse violentamente en el cuerpo materno al morderlo o al aferrarse desgarradoramente para mantener la situación de apego.

En el tercer grupo de «psicosis benignas», las manifestaciones psicóticas son aún más tardías y se entremezclan con mecanismos propios de los niños neuróticos. Aunque el contacto con la realidad está alterado hay mecanismos yoicos que funcionan y permiten áreas o momentos de adaptación. Si bien esta perspectiva sería luego desarrollada por otros autores (disarmonías evolutivas de Misès o trastornos límites de Kernberg, entre otros), Mahler abandonará esta idea limitándose a mantener las «psicosis autísticas precoces» y las «psicosis simbióticas», más tardías y de mejor pronóstico.

Simbiosis normal y psicosis simbiótica. Hipótesis etiopatogénicas y propuestas terapéuticas

«Simbiosis» es el término propuesto por Mahler para denominar una fase normal del desarrollo y la crianza del niño, en la que vive en una relación de dependencia absoluta en una «fusión psicosomática» con su madre. Esta fase simbiótica, situada entre el tercero y el décimo mes de vida, precedería a la fase que denominó «de separación-individuación», que se prolonga desde el octavo o décimo mes hasta los dos años y medio o tres. Describió también una fase previa de «autismo primario normal» —en los tres primeros meses— que, como ya hemos comentado, fue su aportación teórica más controvertida, a la que finalmente renunció. Descubrimientos posteriores sobre el desarrollo temprano la llevaron a reconocer que su descripción era teórica y que no había trabajado en observación de bebés de tan corta edad.

Durante la fase simbiótica normal, un bebé se siente fusionado a su madre «en el interior de una membrana simbiótica», como parte de una relación idílica en la que todos sus deseos y necesidades se ven satisfechos, con lo que, gracias a la dedicación maternal, desarrolla un sentimiento de omnipotencia. Toda insatisfacción o malestar son desplazados («proyectados», diría Klein) fuera de esta «dualidad fusional», unida e inseparable, y toda amenaza es situada en su exterior. Se transforma así la realidad exterior en un mundo que con sus imprevistos, sorpresas y cambios implica riesgos permanentes de provocar una ruptura de ese equilibrio. Cualquier experiencia o amenaza —real o temida— de separación conlleva una vivencia de intensa angustia. Es la razón por la que el niño despliega actitudes de pánico frente a cualquier alejamiento, y desarrolla conductas de control, posesión y acaparamiento exigente e incluso tiranía agresiva, destinadas a retener y disponer permanentemente de la protección materna, de la que depende del todo y sin la cual siente amenazada su supervivencia física y psíquica. Mahler señala que en esta situación de dependencia extrema el niño oscila, progresivamente y de forma ambivalente, entre el deseo de buscar la relación afectiva y fusional y el temor-necesidad de verse englutido por ella perdiendo sus límites corporales y psíquicos (fantasías de devoración oral mutua). Con posterioridad y de manera progresiva, el niño descubre a través de la maduración y el desarrollo de la motricidad el placer de desplazarse con repetidos ejercicios de alejamiento y retorno, en los que siempre va a fiarse de la aprobación de la madre, que es quien —a través de su capacidad de proporcionarle seguridad y tranquilidad— favorecerá o bloqueará el afrontamiento creciente de nuevas situaciones, peligros y alejamientos.[21] Así, entra en una nueva fase progresiva de «autonomía-individuación» que va compensando el temor a perder los privilegios de la relación simbiótica previa.

En sus hipótesis teóricas —su «teoría simbiótica» de las psicosis infantiles—, la perturbación fundamental es un déficit, por parte del niño, en la utilización intrapsíquica de su pareja maternal durante la fase simbiótica, lo que genera una incapacidad para internalizar la representación objetal materna. En consecuencia, no se produce la diferenciación del *self* y la fusión (y confusión) simbiótica con el objeto permanece invariable, por lo que se bloquea el proceso de diferenciación-separación. El niño psicótico no llega a percibir ni a utilizar a su madre como referencia que mantiene su homeostasis, ni tampoco a poder despegarse de ella, lo que da lugar a toda una serie de perturbaciones precoces: *déficit de señalización* y entendimiento recíproco entre el bebé y su madre. La ausencia o inadecuación de las reacciones afectivo-motoras y de los signos de apego (de la comunicación a través del llanto y las quejas, de las reac-

---

[21] Robert Emde demostró, a través de vídeos que filmaban el comportamiento ante el peligro de niños que comenzaban a andar, cómo utilizaban la expresión mímica facial de su madre como señal determinante de sus decisiones. Confrontados en un pasillo a un foso negro amenazante (cubierto de cristal) y dudando si continuar o retroceder, los niños con un vínculo de confianza siempre recurrían a buscar la mirada materna que, mostrando tranquilidad o miedo, determinaba las decisiones de afrontar o evitar el riesgo. Esta ausencia de contacto visual y de su papel determinante en la percepción del peligro es una característica típica del comportamiento autista (Emde, 1998; Biringen *et al.*, 1995).

ciones de ajuste postural, del intercambio de mirada y mímica) impide la utilización de la madre como «baliza de orientación». Esto acarrea un predominio de descargas interoceptivas (estimulación autosensorial) y el desinterés —falta de atracción— hacia la función maternal de filtro y barrera de protección ante estímulos externos, con lo que se genera una *distorsión del sentido de identidad y un déficit en la estructuración del yo corporal*. El proceso de diferenciación queda bloqueado por este repliegue narcisista y *la maduración* (de las funciones autónomas de locomoción, percepción, lenguaje, inteligencia) *supera al desarrollo* (de adquisiciones psíquicas). Su incapacidad para investir la relación humana da lugar a «mecanismos defensivos de mantenimiento» destinados a sustituir los objetos externos vivos por objetos psicóticos «desvitalizados», «indiferenciados» y enteramente controlados, que mantiene incluidos en una recreación de una «unidad fusional omnipotente».

Mahler diferencia las formas clínicas de psicosis según predominen los mecanismos autísticos (la madre no es percibida; total indiferenciación dentro-fuera) o simbióticos (hay signos de diferenciación y percepción del objeto parcial fuente de satisfacción; la representación mental de la madre queda fusionada con el *self*). En cuanto a los tipos de relación madre-niño resultantes, descarta firmemente la noción de «madre esquizofrenógena», pues los factores etiológicos se establecen conforme a la noción (freudiana) de las «series complementarias», que entienden que hay factores constitucionales predisponentes («déficits constitucionales del yo») sobre los que impactan, como desencadenantes, situaciones traumáticas de la primera infancia (cita como tales ciertos sucesos habituales: entrada en la escuela o guardería, nacimiento de un hermano, hospitalizaciones y enfermedades prolongadas) y que inciden en variadas formas de interacción e investimiento por parte de madres y padres (que describe con detallados ejemplos clínicos).

En cuanto a sus propuestas terapéuticas derivadas de esta comprensión, propone una terapia que busque la *restauración de las fases fallidas* y favorezca una *regresión temporal a experiencias de gratificación* simbióticas (que permitan la libidinización de la periferia corporal y de sus zonas erógenas). El *terapeuta* funciona *como un yo auxiliar* que protege de estimulaciones excesivas y frena las manifestaciones autoagresivas. Esta terapia «a través de la regresión» es una terapia tanto «correctora», ya que propone revivir de un modo más satisfactorio las fases fallidas del desarrollo, como «de sustitución», ya que el terapeuta, «auxiliar del yo», sustituye las deficiencias del niño y se ofrece como sustituto materno, prestando entre otras cosas su cuerpo para «reconstruir» una experiencia simbiótica. Han sido muchos los terapeutas psicoanalíticos que, conocedores de las ideas de Mahler, han criticado o modificado estas propuestas técnicas. Pero también muchos otros de otras orientaciones practican «técnicas de maternaje» que —conociendo y reconociendo, o no, sus ideas— se siguen inspirando de ellas.

Para Mahler, que construyó su comprensión psicopatológica a partir de la alteración del desarrollo normal, la fijación en esta fase o el bloqueo en su progresión conlleva un fracaso en la individuación. El niño refuerza mecanismos «de conservación» que se oponen al progreso de su desarrollo y que pueden llevarlo al extremo de organizar una «psicosis simbiótica». Se trata de un cuadro psicopatológico en el que destacan:

- la imposibilidad de percibir, sentir y delimitar sus propios límites y vivencias corporales y mentales; comportamientos que exteriorizan una marcada ambivalencia afectiva (aproximación-rechazo; acaparamiento-tiranía; abrazar-morder; acariciar-pellizcar);
- actitudes de repliegue-ensimismamiento que, para Mahler, son mecanismos autísticos;
- distorsiones importantes en sus relaciones (resultantes de fantasías y terrores de devoración y aniquilación).

Estos trastornos, que se manifiestan preferentemente a partir del tercer año, cuando la deambulación que el desarrollo motor permite e impulsa la progresiva separación de la proximidad maternal, favorecen una independencia que obliga a salir del universo simbiótico. Los síntomas sirven a la vez como parámetros orientativos para evaluar la evolución clínica de la relación terapéutica, destinada a modificar las relaciones de dependencia y conducirlas hacia una autonomía progresiva

Hay que subrayar —y este es uno de los logros reconocidos a Mahler desde el punto de vista histórico— que sus deducciones y formulaciones sobre las vivencias psíquicas que acompañan a esta fase del desarrollo, el desarrollo afectivo y la «constitución de un *self* autónomo», lejos de ser una elucubración teórica abstracta, resultaban y estaban precedidas de una amplia y rigurosa observación clínica con detalladas precisiones respecto del comportamiento, la motricidad, las interacciones diádicas madre-bebé y los logros y obstáculos en todas las áreas del desarrollo (que también son sistemáticamente observadas y recogidas como parámetros de evaluación terapéutica)

Sin embargo, al igual que otras teorías psicogenéticas, están siendo profundamente cuestionadas, tanto desde nuevas aportaciones neurocognitivas como por nuevos posicionamientos psicoanalíticos. Sus propuestas terapéuticas de destinar el tratamiento a una reactivación retrospectiva de las intensas angustias vividas en experiencias traumáticas tempranas, para permitir con ello una reconstrucción de la organización psíquica así dañada, conducirían a una «corrección» del pasado y de sus efectos que sus críticos juzgan como un idealismo alejado de sus resultados clínicos.

Donald W. Winnicott

Procedente de su experiencia como pediatra, que mantuvo presente y activa también cuando se convirtió en psicoanalista de niños y de adultos, es uno de los autores más creativos, admirados y controvertidos de la historia del psicoanálisis. Su peculiar personalidad y su independencia lo llevaron a ser designado como el líder de un grupo intermedio *(middle group)*[22] que trataba de mediar entre las dos escuelas psicoanalíticas preponderantes y beligerantes de Londres (sus reuniones y debates forman parte del episodio denominado «controversias de Londres», sobre las que hay detallada documentación publicada). El grupo intermedio se caracterizó por una tradición más empírica que dialéctica; por su interés por la observación y la empatía; por una actitud sospechosa hacia

22 Constituido inicialmente por Donald W. Winnicott, Michel Balint, Ronald Fairbairn, Sylvia Payne, Ella Sharpe, Marjorie Brierley y Marion Milner, a los que se añadirían Masud Kahn, Charles Rycroft, J. Klauber y Peter Lomas.

la abstracción y el dogmatismo y por su creencia en la capacidad de la gente para conocer y ser comprendida (Phillips, 1988).

Su empeño en afirmarse como líder «mediador» y su personalidad poco dada a las componendas diplomáticas hicieron que reivindicara la originalidad de sus propias ideas y su insistencia en no alinearse de forma militante con las líderes de su entorno (Melanie Klein y Anna Freud), con sus enseñanzas o con las políticas institucionales de sus respectivas escuelas, lo cual condicionó y pesó en su trayectoria profesional y en las críticas que su obra recibió.[23] Extremadamente crítico con la psiquiatría practicada en su país, tanto con adultos como con niños, centró su interés en la primera infancia y en las consecuencias que el sufrimiento psíquico temprano acarrea en la salud mental posterior, lo que denominó la «psiquiatría de las secuelas» (expresión que recuerda la conocida *boutade* de Julián de Ajuriaguerra, que bromeaba irónicamente diciendo: «pasado el primer año lo que venga después ya es psicogeriatría»).

Inició sus estudios de medicina en Londres, en 1914, y se licenció en 1920. En este período se enroló como médico en prácticas en la Royal Navy, entre 1917 y 1918. Él mismo relató que este episodio le hizo sentirse muy culpable porque varios de sus jóvenes compañeros murieron en el frente mientras él ejercía funciones médicas en lugares menos arriesgados. En 1927 fue uno de los primeros solicitantes de formación en el British Institute of Psychoanalysis, en el que durante muchos años fue el único miembro que reunía la triple condición de ser varón, inglés y médico (pediatra). Desde 1932 hasta su jubilación, a los 65 años, trabajó como pediatra en el Hospital Infantil de Paddington Green —en Londres, donde se dice que atendió personalmente a más de veinte mil niños— y mantuvo simultáneamente su actividad privada

---

23 Se han publicado numerosas biografías de Winnicott, unas más hagiográficas y otras muy críticas, que en algún caso llegan a rozar el cotilleo denigrante. En mi opinión, las mas útiles para hacerse una idea equilibrada del personaje son la de Robert Rodman (2004) y la de Adam Phillips (1988). La biografía sobre Melanie Klein de Phyllis Grosskurth (1986) dedica muchas páginas a la relación de Klein con Winnicott y a la de ambos con la segunda analista de este, Joan Rivière, y con Clare Winnicott, segunda esposa de Winnicott y paciente de Klein.

como psicoanalista de niños y de adultos. A los 37 años de edad finalizó su primer análisis personal con James Strachey (traductor de las obras completas de Freud al inglés), que ejerció también como su supervisor durante más de diez años y que le aconsejó seguir supervisando su trabajo clínico con Melanie Klein. Winnicott lo hizo durante años y trató, sin éxito, de que lo reconociera como un fiel continuador de sus ideas. Quiso también psicoanalizarse con ella, pero tuvo que renunciar porque Klein le pidió encarecidamente que tratara a uno de sus hijos; así, le remitió a su entonces principal colaboradora, Joan Rivière, con la que inició su segundo análisis, de cinco años de duración (entre 1933 y 1938). Participó activamente en la organización y coordinación de la evacuación y el alojamiento de niños durante los bombardeos de Londres, actividad que compartió con Clare Britton, entonces asistente social y posteriormente psicoanalista, que se convertiría en su segunda esposa en 1952, fecha en la que Winnicott rechazó escribir una contribución a un libro-homenaje a Melanie Klein, pues estaba en desacuerdo con las correcciones que esta quiso imponerle en su texto. Previamente, entre 1949 y 1950, sufrió tres infartos de miocardio que sus biógrafos asocian con una difícil separación de su primera esposa y con el suicidio de una paciente muy apreciada. Su fama profesional comenzó a crecer a partir de la presentación de su artículo sobre los objetos transicionales, en 1951. En 1958 publica su primera recopilación de artículos profesionales —*Collected Papers. Through Paediatrics to Psychoanalysis* (De la pediatría al psicoanálisis)— y en 1961 la segunda —*The Maturational Processes and the Facilitating Environment* (El proceso madurativo y el entorno facilitador)—. Entretanto, en 1960 moría Melanie Klein. Ocho años después viaja a Nueva York, donde presenta una de sus últimas actualizaciones de un artículo que él consideraba muy importante para entender su posición teórica y clínica —«The Use of an Object»—[24] y

---

24 Winnicott, D.W. (1969). The Use of an Object and Relating through Identifications. *Int. J. Psychoan. 50:*711. Existen diferentes versiones de este artículo, que Winnicott reelaboró varias veces y que ha sido incluido en diferentes recopilaciones. Para consultar el reordenamiento de los trabajos de Winnicott en una única edición —que dirige la fundación que lleva su nombre y que todavía existe— pueden consultarse las actualizaciones de Abram (2009) y de Rodman (2004).

cae gravemente enfermo. Tras una larga hospitalización y e importantes secuelas cardíacas vuelve a Londres, donde fallecería en 1972.

Winnicott y Klein. Una relación intensamente complicada y un permanente debate de ideas

La obra de Winnicott debe ser comprendida como un contrapunto permanente a la de Klein; «es un comentario continuo, a veces implícito, y una crítica a su obra» (Phillips, 1988). Heredó de ella muchas de sus ideas: la importancia del mundo interno, la potencia invasiva de los fantasmas, la noción central de «avidez» (envidia) primaria, que luego desarrolló e integró en sus propios relatos del «proceso de desarrollo» y de la «contribución aportada por el entorno maternal». Pero las posiciones estrictas de Klein y el fervor y la connivencia de sus discípulos lo exasperaban, ya que, en su opinión, suponían una sumisión que encorsetaba la creatividad y dificultaba la elaboración y expresión de ideas propias e independientes.

Cuando, por consejo de su analista James Strachey, fue a solicitar la supervisión de Klein se sintió fascinado «por el saber que ya poseía, que parecía inmenso», y añadió: «fue difícil porque de un día a otro yo había dejado de estar en la vanguardia para devenir el alumno de alguien que era *la vanguardia*».[25] Pasaba de ser un pediatra experimentado (aunque aún no tenía 40 años) a ser un analista debutante y se posicionaba —en esos momentos— del lado de Klein (que tenía once años más), porque «para ella el análisis de un niño es exactamente como el de un adulto y yo compartía con ella este punto de vista que he seguido teniendo siempre» y, de paso, se refería a Anna Freud: «la idea de un período preparatorio depende del tipo de caso y no es una

---

25 Sus sensaciones y las palabras de su analista —relatadas por el propio Winnicott en *A Personal View of the Kleinian Contribution* (1962)— fueron: «Es Ernest Jones el que la ha hecho venir a Inglaterra para que analice a una persona que quiere. Dice cosas que pueden ser verdaderas o no. Usted verá qué hacer porque en su análisis conmigo no encontrará lo que ella enseña» (hoy sabemos que Klein analizó a la esposa y a dos hijos de Jones).

técnica fija propia del análisis de niños». Pero su fascinación —hacia Klein— no quedaba exenta de crítica: «la tentativa más enérgica para estudiar los procesos más precoces que activan el desarrollo del niño muy pequeño, *cuidados maternales aparte*» (subrayado de Winnicott). A pesar de admirar su «manera de mostrar la realidad psíquica interna», no tardó en desconfiar de oposiciones dogmáticas «entre quienes únicamente se preocupaban de procesos psíquicos internos y quienes se interesan por los cuidados infantiles, una dicotomía temporal en el seno de la investigación psicoanalítica que a fin de cuentas desaparecerá naturalmente».[26]

El contraste entre las ideas de ambos en torno al concepto de «defensa maníaca» ilustra bien lo que los separaba desde el punto de vista personal, teórico, clínico e institucional, cuando en realidad ambos estaban más cerca de lo que reconocían; eso sí, era una cercanía cargada de tensiones. En 1935 Klein presentó su trabajo *Contribución a la psicogénesis de los estados maníacodepresivos,* en el que por primera vez formuló su concepto de «posición depresiva» en el desarrollo que, a partir de ese momento, se convirtió en un punto teórico que desplazaba al complejo de Edipo del lugar central concedido por Freud. Su aceptación se convirtió en el «pasaporte» para ser reconocido como perteneciente a la escuela kleiniana y, por ende, institucionalmente opuesto a la de Anna Freud. Pocos meses después, Winnicott presentaba su trabajo *La defensa maníaca* para ser votado —sería aceptado— como nuevo miembro de una sociedad dividida en dos bandos.

Para Klein, la posición depresiva permitía una nueva aproximación para comprender los vínculos que desde los estadios iniciales del psiquismo enlazaban con los procesos psicóticos posteriores. «Para el lactante —escribió— todo va a depender de si es capaz de encontrar una salida al conflicto entre el amor, el odio y el sadismo incontrolable».

26 Winnicott se expresaba así en un texto, alejado temporalmente de su encuentro inicial con Klein, que era una reelaboración de otros anteriores con el mismo posicionamiento. Winnicott, D.W. (1965b). Clasification (1959-1964). En *The Maturational Process and the Facilitating Environment* (p. 126). Londres: Hogarth. Phillips (1988) desarrolla mucho más la cuestión de la relación entre ambos expresada en estas citas y en otros textos.

Hasta la edad de seis meses el bebé desea con avidez a la madre, todavía «objeto parcial», a veces «pecho bueno» y a veces —caprichosamente y sin explicación— «pecho malo». Para proteger el bueno debe separarlo del malo y lo hará mediante una escisión, un «clivaje». Idealizará al bueno y odiará, se alejará y desconfiará de la respuesta vengativa del malo. Es la «posición esquizoparanoide», fuente de intensa angustia vinculada a los deseos y temores agresivos y destructivos. Para superar tal estado, el bebé —sí, la iniciativa se la atribuye al bebé— tiene que crear un impulso que repare el objeto destruido por sus ataques, debe reconocer en la madre un prototipo de persona «objeto total» que es la suma de aspectos buenos y malos. Esta ambivalencia —bondad y maldad— ya no es imprevisible; depende de la preocupación del bebé por proteger y cuidar a su objeto de amor... y de odio.

En la posición esquizoparanoide la angustia está vinculada a la desconfianza ante la multiplicidad de objetos malos, fantaseados, y es proyectada al exterior, desde donde provendrán sus ataques vengativos. En la angustia de la nueva posición depresiva aparece la culpabilidad, ligada al temor de descargar odio sobre una figura materna total, de no cuidar suficientemente sus aspectos buenos y de merecer una respuesta punitiva o de abandono causada por la propia agresividad manifestada hacia ella. La aceptación de una madre entera, amada a pesar de sus defectos —sin ser idealizada— será la condición necesaria para el desarrollo normal y para la capacidad de amar.[27] Para ello es necesario aceptar y soportar la culpabilidad de haber hecho daño a la persona amada.

Comentando el texto de Klein, Hanna Segal (1979) lo resume así:

> la posición depresiva moviliza otras defensas de naturaleza maníaca [...] que tratan de anular la realidad psíquica del dolor depresivo y su característica es la negación de esta realidad [...]. La dependencia y la

---

27 En *Melanie Klein. Her World and Her Work* (cap. 10: «Duelo»), Grosskurth (1986) relata las particulares condiciones de duelos múltiples en las que Klein elaboró sus ideas, e incluso piensa que lo hizo en un auténtico estado maníacodepresivo que vincula también con la difícil relación que tuvo con su propia madre, cuya muerte reciente le causó un estado depresivo severo, y con su propia hija, cuyas agresiones constantes hacia ella eran de dominio público en el mundo profesional que compartían.

ambivalencia hacia el objeto son negadas y el objeto es controlado de un modo triunfal y menospreciado, de manera que su pérdida no se acompañe ni de sufrimiento ni de culpa [...]. Simultáneamente, puede haber una huida hacia un objeto interno idealizado que se acompaña de la negación de cualquier sentimiento de destrucción o de pérdida.

Así, para protegerse de un dolor intolerable, se desarrolla una fantasía de autosuficiencia para desvincularse a la vez de las relaciones dolorosas con objetos (personas) reales y del contacto con su propia realidad psíquica interna.

Winnicott definirá así su «defensa maníaca»:

> Esta expresión recubre la capacidad de la que dispone una persona para negar la angustia depresiva inherente al desarrollo emocional, angustia que pertenece a la capacidad de sentir culpa y también de reconocer su responsabilidad en las experiencias pulsionales, así como de la agresión (contenida) en las fantasías agresivas que acompañan a esas experiencias.

Como en otros textos en los que muestra su preferencia por cambiar ciertos términos, aquí comienza por elegir «capacidad» frente a «posición» o «estadio» y por reconocer su deuda hacia las ideas de quienes le han precedido, pero terminará por mostrar sus diferencias con Klein: «ahora (resulta que) depende de la propia defensa maníaca de cada uno ser incapaz de dar su significación plena a la realidad interior».

Winnicott piensa que de esta manera Klein sobreentiende que algo que es normal entra en el terreno de la patología: los mecanismos de negación maníaca conducen a una incapacidad de reconocer componentes internos esenciales para el desarrollo. La posición depresiva se convierte en un imperativo psicoanalítico conformista, una exigencia superyoica de una madre intrusiva que impone exigencias asfixiantes. Algo así como «para ser feliz estás negando aspectos dolorosos que te culpabilizan y que dejas de reconocer». Winnicott precisa: «debería ser posible establecer una relación entre la atenuación de la manipulación, del control omnipotente y del menosprecio de un lado y del otro la normalidad de cierta defensa maníaca empleada por todos en la vida cotidiana». Lo que aún sorprende más es que en su reflexión incluya comentarios sobre el *music hall* (al que era muy aficionado):

> cuando en el *music hall* vemos aparecer en escena danzantes llenos de vitalidad [...] podemos decir: esto es la escena primitiva, esto es exhibicionismo, esto el control anal, eso la sumisión masoquista a la disciplina, esto un desafío lanzado al superyó. Pero antes o después se añade: esto es la VIDA. ¿No podría ser que el tema principal de la representación sea una negación del hecho de ser mortal, una defensa contra las ideas depresivas de una «muerte interior», y la sexualización nada más que un accesorio?

Winnicott defendía que un espectáculo «maníaco» puede ser valioso porque niega el hecho de ser mortal. Quiere distinguir entre «sentirse normalmente tranquilizado por la realidad» y utilizar «una defensa maníaca anormal». Quiere «humanizar la severidad áspera de Klein» y «liberar que una experiencia que tranquiliza fuera juzgada con la suficiencia y el menosprecio de una teoría psicoanalítica» (Phillips, 1988). A partir de su propia experiencia infantil, Winnicott pensaba en los niños que afrontan el humor depresivo de una madre, que se sienten arrastrados e incluidos en las defensas maternales contra la depresión. Añadía algo que Klein no había pensado o que al menos no había mencionado: el niño organiza una defensa maníaca para controlar la realidad interna de la madre, para mantenerla viva. Por eso corre el riesgo de alienarse en un «falso *self*», destinado a complacer las necesidades intrusivas procedentes de la realidad interna materna. En los años siguientes, Winnicott añadiría su experiencia con los niños de la guerra, lo que todavía reforzaría más su convicción de la influencia de la realidad externa en la organización del psiquismo precoz. Además, su dedicación creciente a adultos psicóticos y su técnica consistente en «dejarse usar» por ellos como realidad externa —más que como psicoanalista centrado en la interpretación de su realidad interna— acrecentarían su distancia con el pensamiento y la técnica kleinianas.

Pese a todo, compartió con ella la importancia decisiva de los estadios más precoces del desarrollo, pero insistió en marcar una diferencia radical:

desde el principio de la vida el lactante buscaba un contacto con una persona (externa y real) y no solo una satisfacción pulsional con un objeto (fuese «parcial» o «interno»). El bebé no busca solamente satisfacerse aliviando una tensión pulsional, «no es lo que permite sentir que la vida es real y que vale la pena ser vivida». Son los cuidados maternales los que permiten al *self* del bebé enriquecerse con la experiencia pulsional y los que le evitan el pánico al desbordamiento. El papel esencial para proteger la construcción del *self* es el que desempeña la madre; «el *self* se sirve de las pulsiones, pero las precede, no son las pulsiones las que lo construyen […] el jinete debe conducir su montura y no dejarse llevar por ella». Más allá de la metáfora, se entiende claramente la confianza que Winnicott tiene en la capacidad del bebé sano de desarrollarse espontáneamente… siempre y cuando encuentre un «entorno-madre» lo bastante bueno como para favorecerlo o al menos permitirlo sin trabas. La expresión, original y exclusiva de Winnicott, de un entorno o una madre *good enough* («madre suficientemente buena») necesita, según sus mejores traductores, ciertas matizaciones. No se trata de una cuestión ideológica que señala un grado de nivel o de ideal de perfección en las funciones maternas, sino que se refiere a considerar que alguien que lo hace «pasable o aceptablemente» —y permite que el bebé despliegue sus propias capacidades— basta para proporcionarle un desarrollo sano al que todo bebé tiende —para Winnicott— espontáneamente.[28] De hecho, habla de los problemas que puede generar una actitud maternal rígidamente perfeccionista —opuesta a la espontaneidad— y sostiene que las tareas de crianza no se pueden aprender leyendo manuales de puericultura.

El bebé y el entorno materno.
Una construcción compartida del primer psiquismo

Su experiencia (pediátrica primero y psicoanalítica después) en la observación directa del bebé sostenido, acompañado y «relatado» por su

---

28 Como veremos más adelante, Winnicott mostró su perplejidad y su dificultad para explicarse por qué esto era absolutamente diferente en los bebés autistas.

madre, lo llevó a una posición crítica opuesta al solipsismo kleiniano. Con su célebre frase «un bebé solo (es algo que) no existe» resumía la importancia que concedía en el desarrollo psicoafectivo a la presencia y cuidados reales ejercidos por lo que llamó la «madre-entorno», el tiempo, la actividad y la atenta «devoción» —afectiva y corporal— que la madre «suficientemente buena» dedica al bebé, predispuesta favorablemente a ello por su «preocupación maternal primaria». Sus ideas contrastaban así con la visión kleiniana de un desarrollo temprano determinado por el mundo interno del bebé, altamente poblado de fantasías y fuertes afectos (recordemos su hipótesis de una envidia primaria vinculada y de intensidad correspondiente a la del instinto de muerte innato), determinantes de proyecciones que distorsionan su percepción del entorno y condicionan las respuestas de este.

Entendía esta preocupación maternal primaria como una disposición —psicoafectiva y fisiológica— que se adquiere espontáneamente —sin un aprendizaje o preparación específicas— y que estaría vinculada a la experiencia de convivencia (afectiva, perceptiva, corporal) compartida entre madre y feto durante las últimas semanas del embarazo. La describía también como «un estado de sana locura transitoria» durante el cual la madre se distancia del resto del mundo para extremar su atención a cualquier señal procedente del bebé, al que se dedica en exclusiva.[29] Se genera así entre ambos un «área de ilusión compartida». Las posteriores investigaciones con bebés y las propuestas de sus autores nos han familiarizado con dos conceptos fundamentales en la comprensión del

---

29 Durante décadas, Winnicott ha sido considerado como el «defensor» de las madres y de la importancia de las tareas maternales. Se interesó mucho por los sucesos sociales de su tiempo y por participar, con profesionales de otras disciplinas, en los debates que suscitaban las cuestiones relacionadas con la crianza y el desarrollo temprano. No sabemos qué hubiera opinado hoy sobre las nuevas formas de procreación que, obviamente, suprimen las condiciones, psicológicas y fisiológicas, que él entendía como más idóneas para favorecer la «preocupación maternal primaria». Sus conceptos, en estos tiempos de sublevación hacia las servidumbres biológicas, parecen difícilmente compatibles con la posición «políticamente correcta» que las ideologías asociadas a las nuevas formas de procreación y de crianza y a las políticas de género han impuesto. Pero Winnicott siempre sorprendió por sus posiciones originales, creativas y su capacidad de explicarlas con gran franqueza, y es imposible imaginar lo que hubiera opinado.

desarrollo temprano: «fenómenos interactivos» y «desarrollo de la intersubjetividad» que, como veremos más adelante, coinciden con estas ideas de Winnicott. Las actividades de la madre se adaptan a las necesidades del bebé, al que presta su atención psíquica y física *(holding)* a través de cuidados y manejos corporales *(handling)* —táctiles, sonoros, mímicos y gestuales— que permiten y constituyen, con su ritmo y repetición cotidiana, que el bebé interiorice un sentimiento de continuidad y de integridad corporal y vital. La mirada y los cuidados maternales —que confirman al bebé que vive con y para alguien que cuida de él y que piensa en él— posibilitan esta integración «psicocorporal» en un *self* unificado y permanente, «base del sentimiento de estar vivo y de existir». En otras palabras, Winnicott, poseedor de un lenguaje personal único, sintetizaba su definición del desarrollo temprano diciendo que «un niño sano es el que a lo largo de su primer año ya sabe que vive dentro de su cuerpo y que piensa dentro de su cabeza».

Asimismo, insiste en que este *self* surge en el contexto de la ilusión de un entorno perfecto, y que, para su construcción, necesita del soporte real de la presencia y actividad materna. Estas experiencias iniciales compartidas favorecen la vivencia omnipotente del bebé de poseer un entorno perfectamente adaptado a sus necesidades. Un buen entorno materno lo «suficientemente bueno» deberá «desilusionar» progresivamente al bebé; la respuesta materna también estará condicionada por otros factores y no exclusivamente adaptada a las expectativas y exigencias de este, que espera una respuesta perfecta que anticipe, adivine y satisfaga todas sus apetencias. Un buen entorno se adapta de manera flexible y plástica, se deja moldear y utilizar por los deseos e ilusiones del niño, pero debe familiarizarlo y ayudarlo a soportar pequeñas imperfecciones e inadecuaciones. Winnicott no se cansó de repetir que en los cuidados maternales lo importante era la continuidad y no la perfección, que consideraba una aspiración imposible que podía condicionar actitudes perfeccionistas, rígidas y negativas (lo que denominó «madres enfermeras»). Creía más en una flexibilidad que debe tolerar la frustración, el enfado y la agresividad (para él, reacción secundaria y no instinto primario, como proponía Klein) que surgen en el bebé al fallarle su expectativa, omnipotente, de respuestas siempre satisfactorias por parte de su entorno-madre. Para Winnicott es fundamental que la respuesta materna, «sobreviviendo» a la ilusión de «destructividad» del bebé, siga sosteniéndolo y que lo haga «sin tomar represalias», desmintiendo así las fantasías destructivas del bebé y sus temores proyectivos, que le hacen imaginar una respuesta «vengativa» materna (con lo que propone de nuevo un desarrollo diferente de la idea kleiniana de las fantasías de «retaliación»).[30]

A diferencia de la concepción kleiniana —según la cual las fantasías del bebé surgen de manera autónoma, directamente vinculadas a la pulsionalidad innata, y generan una visión alucinatoria y delirante del mundo externo que se impone a toda realidad objetiva—, la ilusión de Winnicott no es una pura fantasía subjetiva; necesita de una presencia y participación exterior y nace del encuentro y la confrontación entre una espera omnipotente, que deforma la realidad externa, y la respuesta del entorno maternal, que modula los sentimientos y con su presencia continuada ayuda a metabolizarlos. En cuanto a la repercusión de sus ideas en su técnica terapéutica, Klein insistía en la interpretación de las angustias persecutorias y de una percepción del mundo externo distorsionada por fantasías agresivas y destructivas, vivido este como peligroso. En cambio, Winnicott buscaba en las actitudes del terapeuta aquello que podía suscitar sentimientos de persecución en el paciente. Para él, la envidia —sentimiento que para Klein era una fuerza destructiva presente en el niño desde los inicios del psiquismo— podía resultar de una técnica terapéutica que cometía excesos interpretativos y mantenía actitudes de «neutralidad» (que podía derivar en «frialdad») excesiva (idea ya presente en Sándor Ferenczi y que constituiría más tarde el meollo de las posiciones de Kohut). Por eso insistió en proponer una prudencia interpretativa, que evitara los excesos derivados de respuestas contratransferenciales del analista, y también en el valor terapéutico de mantener una actitud empática —dando más importancia a lo que se hace que a lo que se dice— y prestarse a calmar y

---

30 «Primero, sobrevivir a los ataques y, segundo, no tomar represalias» se convertiría en una propuesta célebre de Winnicott destinada tanto a padres como a cuidadores y terapeutas.

contener la angustia, en lugar de responder a ella con interpretaciones destinadas a «revelar» las fantasías inconscientes de las que emanaba directamente, como proponía la técnica kleiniana. En una de las muchas paradojas de su pensamiento, coherente con su convicción de que el niño debía experimentar la presencia del objeto externo y verificar su capacidad de soportar los ataques agresivos, proponía una relación terapéutica tolerante y permisiva que con su supervivencia hiciera posible la necesaria «destrucción fantasmática del objeto». Liberado así de su dependencia de este último, ahora «destruido», el niño accede a sentirse independiente al adquirir la capacidad de «sentirse y poder jugar solo... en presencia de su madre», que debe seguir estando próxima en una «ausencia presente» (concepción cercana a las ideas de Mahler sobre la dependencia simbiótica y las maniobras de alejamiento progresivo y verificación de la presencia materna que permiten el paso de la dependencia a la autonomía).

Desde otras corrientes psicoanalíticas se criticó a Winnicott por atribuirle una visión «beatífica y bondadosa» de las relaciones tempranas, que serían una especie de paraíso de felicidad materno-filial, dejando de lado todo componente agresivo (y, en consecuencia, de desconocer en su técnica terapéutica la consideración y la interpretación de la transferencia negativa y de los sentimientos negativos que la constituyen).[31] Sus partidarios entienden, por el contrario, que su concepción del «uso del objeto» privilegia que se preste a ser utilizado, en tanto que terapeuta, para poder empatizar con las tendencias más regresivas —incluidas las frustraciones y los sentimientos de abandono más catastróficos— y los temores más arcaicos de sus pacientes, en muchos casos aquejados del profundo malestar y sufrimiento propios de personalidades extremadamente frágiles y perturbadas. Una utilización «permisiva» que hizo que cuidara «maternalmente» y que se ocupara de las necesidades «infantiles» cotidianas de algunos de sus pacientes más complicados

---

31 Crítica procedente de los autores kleinianos, que insisten en la interpretación de los aspectos agresivos negados en la transferencia. La lectura que de los problemas del narcisismo infantil hace O. Kernberg también critica la que hace Kohut por la misma razón (desconocer la intensidad de los sentimientos agresivos asociados a las actitudes narcisistas desde la infancia).

debido a los graves riesgos derivados de su funcionamiento psíquico, altamente problemático.[32]

«Dejarse usar» por los pacientes implica que el terapeuta acepte reconocer sus fallos e imperfecciones, mostrando así que asume su responsabilidad en las reacciones agresivas y los sentimientos de abandono de los pacientes (ambos, paciente y terapeuta, experimentan así los efectos de la «crueldad primitiva», el sadismo precoz de Klein). Este acercamiento empático muestra al paciente que la presencia del terapeuta —a modo de una madre «solícita»— sobrevive y, pese a todo, mantiene una actitud de acompañamiento y ayuda, lo que a su vez estructura el sentimiento de responsabilidad *(concern)* del paciente.[33]

Buscando siempre aplicar sus deducciones de la observación del desarrollo temprano a las situaciones clínicas y también a la formación de otros profesionales, tuvo una destacada actividad como conferenciante exitoso en la BBC. Sus charlas radiofónicas, posteriormente recogidas en sus textos, muestran cómo podía divulgar la complejidad de sus ideas con explicaciones de largo alcance social. Así, por ejemplo, las dedicadas al valor comunicativo de las «diferentes maneras de llorar del bebé y la capacidad de sus madres de traducirlas correctamente» fomentaron su fama de buen comunicador y su popularidad. Asimismo,

---

[32] Por sus biógrafos sabemos que algunos de sus difíciles pacientes eran psicoanalistas destacados con importantes textos publicados (entre otros, Marion Milner, Margaret Little, Harry Guntrip y Masud Khan). Muchos datos de su relación con ellos han sido relatados en varias biografías, entre las que destacaré las dos ya citadas en notas anteriores: la de Robert Rodman (2004) y la de Phyllis Grosskurth (1986). En ambas se detallan las relaciones entre Winnicot y Klein y, en particular, la mantenida entre ambos y Eric, uno de los hijos de Klein, paciente de Winnicott. Su larga relación terapéutica y profesional con Masud Khan, que tuvo muy importantes responsabilidades en la Sociedad Británica de Psicoanálisis antes de ser expulsado de ella por faltas éticas graves, ha sido estudiada en detalle por Linda Hopkins (2003, 2006).

[33] El término *concern* suscita muchos matices en cuanto a su traducción. Vinculado con sentirse «concernido» o «preocupado» por el objeto maternal, Winnicott quiere diferenciarlo de la «culpa depresiva» descrita por Klein. Sin entrar aquí en debates metapsicológicos que ya están presentes en muchos trabajos psicoanalíticos, cabe resumir que ambos se refieren al salto evolutivo que se produce en el desarrollo temprano cuando el bebé capta que las reacciones externas (del «entorno-madre») no son arbitrarias ni caprichosas, sino que responden a su propio comportamiento, a sus exigencias, la violencia y la tiranía que muestra hacia el objeto materno.

en sus artículos introdujo un lenguaje muy coloquial para adentrase luego en la profunda complejidad subyacente bajo la «sencillez» de su lenguaje y su facilidad para articular sus ideas con las vivencias cotidianas. De este modo, en uno de sus artículos más difíciles comienza explicando con su lenguaje de pediatra las «razones que toda madre tiene para odiar a su bebé» (Winnicott, 1949). Sin ninguna duda, fue uno de los psicoanalistas que más contribuyó a divulgar y popularizar la aplicación de los conocimientos psicoanalíticos a la infancia y a las situaciones psicosociales, y trabajó intensamente en la comunicación, formación y coordinación con otros profesionales comprometidos en ellas —trabajadores sociales, educadores, maestros, colectivos parroquiales, etc.—, asumiendo importantes responsabilidades con ocasión de los bombardeos de Londres en el traslado de niños y la creación de refugios de acogida en el medio rural (actividad que compartió con la que luego sería su segunda esposa, de profesión trabajadora social y posteriormente psicoanalista).[34]

El juego

Su interés por el juego del niño y por su capacidad de crear y fabricarse un «objeto transicional» también constituyeron algunos de los temas más originales de su obra. Situaba la capacidad lúdica, logro esencial del desarrollo temprano, en un «espacio intermedio» entre la fantasía y su simbolización (el mundo interno) y la acción, la experiencia del uso y transformación de la realidad externa. Todavía hoy asombra que, partiendo de su observación del apego que un bebé muestra a su peluche o a tejidos de determinada textura (el borde de su mantita, unos paños o

---

[34] Fueron Winnicott y dos psiquiatras, John Bowlby y Emanuel Miller, quienes alertaron a las autoridades sobre la necesidad de organizar servicios específicos de atención a los niños evacuados. Winnicott fue nombrado oficialmente «psiquiatra consultor» para los planes de evacuación y Bowlby se incorporó al Ejército como psiquiatra militar durante cinco años. De Miller no se ha sabido mucho más, salvo que era paidopsiquiatra y de más edad que Winnicott, quien a su vez era casi once años mayor que Bowlby.

una toallita, etc.), pudiera desarrollar toda su teorización sobre el objeto y las actividades transicionales y su trascendencia en la organización de la personalidad posterior. El objeto transicional, manoseado y chupado hasta quedar sucio y desgastado, acariciado y acariciante, acompañante permanente en momentos de separación o de congoja, amigo fiel e insustituible (el niño no acepta que sea reemplazado por otro idéntico y a veces hasta rechaza que sea lavado o recosido, que pierda su olor o sabor) lo sigue siendo, aunque el pequeño descargue en él enfados y violencias o abuse de él al imponerle todo tipo de trato corporal. Pase lo que pase, siempre está disponible. Esto ayuda a entender la importancia que el «uso del objeto» tiene en la teoría y la técnica clínica de Winnicott. Que el niño invente, cercano a su cuerpo, pero fuera de él, un objeto acompañante de su propiedad pero con existencia y materialidad independiente; que sirva de consuelo en situaciones de ausencia de la persona amada y de transición a la soledad, en el paso del día a la noche, de la seguridad a la inseguridad, explica que en su denominación Winnicot eligiera el término «transición»; que siempre esté disponible, pero que sea buscado activamente y así posibilite al niño que repita la experiencia de la creatividad omnipotente, «hacer aparecer lo que necesito justo cuando yo lo necesito», aunque esta vez sobre un objeto propio, creado y manejado por él. Esta primera «posesión no-yo», anticipa lo que luego será capacidad lúdica de utilizar nuevos objetos materiales, de «jugar solo en presencia de alguien». Capacidad que necesita, previamente, de una «situación de seguridad afectiva», de moverse en un entorno estable, en el que la seguridad experimentada en la relación maternal siga presente, aunque la madre esté cada vez más distante.

Esta vez la paradoja reside en que la creatividad parte de la presencia real de alguien para inventarse algo que la sustituya. Para Winnicott no solo simboliza algo que parte de un fantasma, del mundo interno, sino que también procede del mundo externo como prolongación de una realidad que ya ha sido compartida. El simbolismo nace en la intersección dentro-fuera, en un «área intermedia» entre fantasma y realidad. Todo interés cultural (ver, leer, oír) es una prolongación de esta actividad transicional infantil, del encuentro con algo externo, elegido y «creado» desde el interior de cada cual.

El juego infantil es una actividad imprescindible para desarrollar una dimensión esencial del psiquismo, la creatividad. Cuando juega, el niño inventa su mundo, pero su invención no resulta solo de la proyección en la actividad lúdica de las angustias profundas del niño (como Klein proponía). El niño no solo evacúa en el juego sus deseos y temores, pues su mundo no es solo un producto mental. Para Winnicott, la realidad cuenta. Usa los objetos, los combina, los destruye, los repara, los transforma y lo hace con un placer específico, con una alegría lúdica que no es solo un placer de descarga pulsional. De hecho, el exceso de excitación, la descarga brusca de malestar interno, rompe la calma necesaria para el placer lúdico. Para Freud, la realidad externa impone una barrera (principio de realidad) que frena el placer de realizar los deseos prohibidos, de modo que solo queda el consuelo de la satisfacción alucinatoria del deseo en la fantasía o en su transformación y derivación camuflada en la sublimación. Para Klein, la realidad externa es una representación del mundo, buena o mala, construida e inventada por el bebé para realizar, para descargar, la tensión asociada a sus deseos eróticos y agresivo-destructivos. Para Winnicott, la realidad externa es una construcción compartida con el entorno, una ilusión acompañada de inevitables desilusiones, pero siempre reconstruible... si se cuenta con la presencia y confianza de un entorno disponible. De hecho, la clínica nos muestra que la evolución del juego infantil tiende al placer compartido y que no tener compañeros de juego siempre es un parámetro preocupante en la evolución infantil, en particular durante el período de latencia, cuando el encuentro con los iguales es una experiencia estructurante fundamental.

Aunque se quejaba del escaso reconocimiento que le mostró su «maestra» Melanie Klein, trató claramente de diferenciarse de lo que él consideraba que eran sus exageraciones teóricas y clínicas. Ciertamente, cuando se leen las interpretaciones de Klein (en el caso «Dick») —al proponer al niño, que repetía un juego consistente en introducir una pequeña locomotora en un garaje, que estaba escenificando cómo el pene de su papá entraba en el cuerpo de su mamá— no extraña que, a pesar de considerarla genial, Winnicott se distanciara de su estilo (que luego ha sido críticamente considerado por otros autores como «salvaje» por la atribución directa al niño de fantasías plenas de violencia corporal y por el uso, por parte de Klein, de un lenguaje «bruto» y directo, emitido con amabilidad, pero en toda su crudeza). Resulta difícil imaginar a Winnicott imitándola, a pesar de que durante años fue su supervisora, que él eligió (y no logró, aunque lo intentó, que fuera también su analista). Sobre todo, sabiendo que Dick reaccionó a tal interpretación alejándose y diciendo «negro», a lo que Klein respondió, convencida de que mostraba así su «Edipo precoz»: «dentro del cuerpo de mamá está todo negro». A pesar de reconocerle el mérito de ser una pionera genial, Winnicott no se mostró un defensor entusiasta y activo de la escuela kleiniana, que exigía fidelidad absoluta y que proponía una técnica basada en la interpretación inmediata de las fantasías origen de la angustia, de las proyecciones deformantes de la realidad y de la intensa transferencia inicial del niño, sin una participación activa «influyente» en el juego. Prefirió crear su propio estilo —más parecido a las propuestas de Mahler y Anna Freud, ante las que también prefirió conservar su independencia teórica y práctica—, en el que entendía el juego como una actividad compartida preparatoria de un acercamiento psicoterapéutico ulterior. Siempre pensó que jugar, con una espontaneidad más creativa que interpretativa, favorecía una relación que en sí misma tenía efectos terapéuticos porque permitía liberar el potencial evolutivo del niño.

Winnicott distinguía dos tipos de juego: el simbólico, espontáneo y creativo *(playing)* y el estructurado por reglas convenidas *(game)*. Distinguía también el «objeto fetiche», al que el niño se aferra usándolo como cierre que garantiza su integridad corporal amenazada, como tapón obturador de un esquema corporal con fallas en su continuidad (los agujeros negros de los que hablará posteriormente Tustin), del «objeto transicional» —móvil, independiente, prolongación de la seguridad y vitalidad materna (Winnicott, 1971a).

Se ha discutido si estas diferenciaciones conceptuales son excesivamente drásticas. La clínica muestra que, en el tratamiento de niños psicóticos o autistas, la fetichización de un objeto antes utilizado transicionalmente —o viceversa— es un suceso relativamente frecuente que en cualquier caso también sirve de parámetro para valorar la evaluación con criterios observables. La creación y utilización de un objeto transicional siempre es una aparición trascendental bien recibida en la evolución terapéutica de niños autistas.

También es cierto que el juego reglado (recurso habitual en las consultas de psicoterapeutas de niños) puede ser usado con una habilidad personal que permita flexibilizar sus reglas o, por el contrario, atrapar al participante, dependiendo de su personalidad, en una rigidez que esterilice el placer lúdico. Se ha cuestionado también si se puede considerar la existencia de un juego simbólico sin determinadas reglas. El propio Winnicott proponía su técnica de exploración, el garabato *(squiggle)*, que tenía como única condición hacer «un dibujo que no represente nada», para que el interlocutor «inventase» lo que podría ser.[35] Sus críticos alegan que siempre estará reglado por la necesidad de usar un lápiz y un espacio concreto de papel y que el interlocutor nunca estará libre de suposiciones teóricas que sesguen la objetividad de su «lectura» simbólica, cosa que Winnicot ya subrayó al criticar los excesos interpretativos influidos por sentimientos contratransferenciales o por una excesiva fidelidad a dogmas teóricos.

Que el juego, la creatividad lúdica y la capacidad simbólica surjan en un «área de ilusión compartida» y se desarrollen en un «espacio transicional» quiere decir que, como ocurre en el autismo, no pueden aparecer sin una experiencia temprana de «atención compartida», sin una relación interactiva. Son ideas que, sin duda, ayudan a entender cómo plantear experiencias relacionales terapéuticas, no tanto para «revivir lo que faltó», sino para generar un espacio de convivencia creativa en el que se compartan experiencias placenteras que el autista querrá repetir y nombrar.

Génesis de las alteraciones mentales

A continuación, nos centraremos en sus opiniones acerca de las causas que podrían explicar determinadas alteraciones mentales. Como hemos

---

35 Como puede leerse en su relato del caso «Iiro» (Winnicott, 1971b).

comentado, Winnicott expresó sus críticas al «constitucionalismo» kleiniano, que veía la intensidad pulsional como una característica individual innata (actualmente diríamos que es un rasgo del temperamento, dependiente de origen biológico). Aunque se mostraba prudente en sus opiniones sobre lo psicopatológico, «nadie puede dudar de la importancia de lo que es innato», añadía: «¿puede una argumentación metapsicológica referirse a lo hereditario para explicar fenómenos sobre los que todavía no tenemos una comprensión total de los factores personales y del entorno que se interrelacionan en ellos?» (interrelación que la epigenética actual, la comprensión de la plasticidad neurobiológica y su dependencia de fenómenos interactivos han confirmado). Como para Freud o para los muchos autores —ya citados— de su tiempo, que se planteaban la etiopatogenia de las psicosis, que estas fueran sensibles a la acción del entorno abría posibilidades de intervención curativa o preventiva que las hipótesis de una causa genética irreversible cerraban, abocando a una solución tan desesperada como la prevención-supresión de toda posibilidad de transmisión genética propuesta por los eugenistas. Desde su comprensión del desarrollo temprano, Winnicott consideraba que la patología psicótica estaba relacionada con fallos o dificultades en las interacciones fundamentales de la crianza. La madre, que es el pilar de la salud mental del bebé, podía obstaculizar la potencialidad de un desarrollo sano por inatención, por factores que la incapacitaban para dejarse utilizar por el bebé o también por exceso —«por demasiado buena, por perfecta»—, anticipándose a sus demandas y dificultando que el bebé conformase sus propios deseos y organizase un «falso *self*», una caricatura de sí mismo que en realidad trata de amoldarse a los deseos maternales «para mantener vivo su entorno maternal».[36]

Defensor, por tanto, de que «los trastornos que pueden ser reconocidos como psicóticos pueden tener su origen en las distorsiones del desarrollo afectivo», también subrayaba que «no podemos saber de manera

---

36 Sus biógrafos han resaltado la importancia que para Winnicott tuvo su experiencia de tener que hacer cualquier cosa «para mantener viva» a su madre, que padecía severas depresiones. Estaba por ello bien situado, debido a su propia experiencia vital, para comprender la utilidad de recurrir a mecanismos maníacos para combatir la tristeza propia y ajena… ¡ y para debatir con Melanie Klein sobre su significado!

cierta, en realidad no lo hemos demostrado, que podrían depender de experiencias traumáticas precoces, ligadas a una inadecuación masiva entre el sujeto y su entorno». En su pragmática prudencia, propia de su gran experiencia pediátrica, tampoco excluía que el propio bebé rechazara o fuera incapaz de recibir los sutiles cuidados imprescindibles «por la mala calidad de sus tejidos cerebrales».

Sea cual fuere la complejidad de factores causales, conducían al niño a experiencias precoces de «ruptura», de «desestructuración» *(breakdown)*, con intensas angustias «innombrables», imposibles de elaborar y de integrar mentalmente. En un intento de describirlas con palabras, Winnicott habla de una vivencia de «agonía primitiva», que trataba de explicar algo que le parecía imposible de transmitir verbalmente y que solo se podría revivir bajo ciertas condiciones de encuentro privilegiado (y de ahí el valor de una «regresión terapéutica» en un consultorio o en la vida) que permitiera una «experiencia nueva de algo que ya ocurrió y que el paciente desconocía». El adjetivo «primitiva» trata de situar las cosas en los momentos tempranos del desarrollo, en la ruptura o el no encuentro en la mutualidad bebé-madre-entorno.[37] Winnicott lo describe como una sensación, imposible de representar mentalmente, «de separación entre psique y soma, de pérdida del sentimiento de integración y de unidad, del sentimiento de continuidad de la existencia [...] de ruptura y pérdida de la relación con los objetos, una sensación de disección en vivo de los vínculos corporales consigo mismo y con el mundo».[38] Esta «imposibilidad de construir un psique-soma unificado y un sentimiento de continuidad vital» se acompaña de un pánico a la desorganización corporal y mental que conlleva la estructuración de «mecanismos defensivos que parasitan toda su vida futura». En especial la construcción de un «falso *self*», que encubre e impide la percepción del «verdadero *self*» y que impone una superficialidad adaptativa que no deja aparecer la vitalidad y espontaneidad

---

37 Cf. Winnicott, D.W. (1945). Primitive Emotional Development. En *Collected Papers. Trough Paediatrics to Psycho-Analysis*. Londres: Tavistock, 1958.
38 Palabras que sin duda coinciden con lo que posteriormente se ha descrito como la capacidad innata de «comodalidad intersensorial» que permite unificar lo recibido por diferentes canales sensoriales y constituir así un *self* integrado (y cuya ausencia sería característica de autismo).

ocultas, las cuales solo reviven cuando un entorno sensible y favorable sabe descubrirlas: «el drama no es estar perdido, es que nadie venga a buscarte».[39] En su práctica terapéutica, esta manera de comprender el sufrimiento psíquico lo llevó a proponer la necesidad de facilitar movimientos regresivos masivos para revivir y elaborar estas experiencias traumáticas. Otros psicoanalistas (Bion, entre otros) se lo reprocharon porque veían en ello una actitud que favorecía el establecimiento innecesario y no siempre beneficioso de una «psicosis transferencial» y la consecuente dependencia excesiva del marco y del apoyo terapéutico.

El autismo

Winnicott explicitó también su perplejidad ante el autismo y la expresó públicamente en un congreso internacional (París, 1967). En su opinión —y el paso del tiempo le sigue dando la razón—, la descripción de Kanner tenía el inconveniente de hacer creer que se trataba de una enfermedad bien definida, en espera de un hallazgo etiológico cercano (que a él le parecía lejano) y con límites claros (que le parecían artificiales). Precisaba que la descripción incluía síntomas agrupados de manera arbitraria que podían observarse en otros cuadros clínicos e incluso en sujetos normales. Asimismo, confesaba su ignorancia sobre cuánto de organicidad o de psicogénesis había en su origen y postulaba que, para él, se trataba sobre todo de una organización defensiva frente a «angustias impensables», puesta en marcha en un momento evolutivo en el que el bebé no estaba aún dotado de medios para protegerse de las distorsiones o alteraciones en sus interacciones con la madre-entorno.

39 El término inglés *breakdown* ha recibido diferentes traducciones: «rotura», «avería», «descompostura» y otras. En algunos textos psicológicos se ha traducido como «descompensación», «desorganización» o «crisis», siempre con una connotación de trastorno psíquico agudo y grave. Winnicott utiliza otro vocablo equivalente: «derrumbamiento». Sus múltiples esfuerzos por explicar su manera de entenderlo aparecen en diferentes momentos en un texto reelaborado y publicado en diferentes versiones con el título «Fear of breakdown» (El temor al derrumbamiento). La última está incluida en *Psycho-Analytic Explorations,* texto póstumo publicado en 1989 (Londres: Karnac).

Insistió mucho en mostrar un respeto indispensable hacia el sufrimiento parental: «bastante sufrimiento tienen con tener un niño autista; añadir que deben sentirse responsables de su estado puede ser un peso insoportable […]. Los padres se sienten abrumados de culpabilidad cuando su niño es anormal […]. Es igual que se trate de un defecto físico importante o solamente secundario como una sindactilia». Su propuesta, frente a esta culpabilidad, que considera ineluctable, es ayudar a los padres a afrontarla.[40] Al margen de la corrección política, entendía que ser sensible a consideraciones humanas no debía afectar a la deformación de la verdad y a su transformación en un lenguaje que solo parece más aceptable: «no es cosa buena deformar la verdad para evitar herir los sentimientos de quienes nos consultan».

Su peculiar sensibilidad para identificarse con el sufrimiento psíquico infantil lo condujo a formular la necesidad de tener en cuenta no solo los aspectos deficitarios del autismo, sino también que se trata de una organización psíquica precoz para intentar mantenerse en un estado de invulnerabilidad, y señalaba que, ante un autismo consolidado, no es tanto el niño, sino su entorno el que sufre. Cuando el entorno trata de impedir sus mecanismos repetitivos, apaciguadores de su angustia, se asiste a un incremento de esta y de su sentimiento de vulnerabilidad: «resulta verdaderamente agotador ver al niño sufrir de una manera que no existía cuando el autismo estaba firmemente consolidado […] cuando [sabemos que] las esperanzas de curación son limitadas». Con ello planteaba un problema de actualidad: ¿cómo intervenir sabiendo que la movilización y el incremento de la angustia y del sufrimiento del autista quizá no garantice cambios terapéuticos favorables que compensen el malestar que se supone que va a ser transitorio y necesario para su mejoría? (Lo que actualmente llamamos «evaluación coste-beneficio» de cualquier intervención terapéutica). Todo terapeuta de autistas ha experimentado cierta perplejidad al tener que responder a una pregunta de su familia totalmente pertinente y difícil de responder: «¿no será mejor dejarlo

---

40 Una buena ilustración clínica de su quehacer clínico al respecto queda reflejada en el relato de su intervención con la madre de Iiro, niño aquejado precisamente de una sindactilia (caso citado con anterioridad).

tranquilo que hacerlo cambiar?». Otras familias, o las mismas en otros momentos de desánimo o de desesperación, manifiestan asimismo la posición totalmente opuesta: «hay que hacer lo que sea con tal de que cambie». Al igual que las familias, no pocos terapeutas se plantean este mismo dilema en determinados momentos evolutivos.

Más allá de sus elaboraciones teóricas y de algunas de sus conclusiones prácticas (favorecer regresiones extremas, prioridad concedida a modificar factores del encuadre terapéutico), ha sido el estilo de intervención de Winnicott —su manera de utilizar la relación lúdica con el niño para favorecer la participación espontánea y evitar cualquier corsé interpretativo ligado a escuelas teóricas— lo que ha despertado posteriormente el interés de muchos profesionales de las más diversas corrientes.

Los autores poskleinianos

Frances Tustin

Psicoanalista inglesa especialmente dedicada al tratamiento psicoterapéutico individual e intensivo de niños autistas. Formada en la Tavistock Clinic de Londres, fue analizada por Bion, inspirada por Winnicott y conocedora también de los trabajos de Mahler, a través de su estancia en el centro Putnam de Boston.

Su comprensión del sufrimiento psíquico de los niños autistas, relatado en varios libros de referencia (Tustin, 1972, 1981), le permitió un esclarecimiento de las fantasías e intensas angustias «indecibles» (Meltzer) o «innombrables/impensables» (Winnicott) que pueblan su mente, así como una aproximación a las primeras experiencias, constitutivas de las bases del psiquismo, para ella fundamentalmente sensorio-perceptivas («estados sensuales preverbales»). Su empeño en «embarcarse en la difícil tarea de intentar entrar en contacto con estos niños inaccesibles» para ayudarlos —en una relación terapéutica prolongada y cotidiana— a poder alcanzar la capacidad de simbolización, verbalización y comunicación de sus vivencias, corporales antes que psíquicas, posibilitó que desarrollara importantes conceptos relativos a la comprensión de los «objetos autísticos» y «formas autísticas» *(autistic shapes)*,[41] fenómenos específicos de este tipo de funcionamiento mental. Para ella se trataba de mecanismos mentales cuya comprensión ayudaba a entender el desarrollo y funcionamiento del psiquismo precoz y que también eran de utilidad clínica para abordar situaciones clínicas propias de otras edades y situaciones («enclaves o territorios» y «barreras» autísticas en adolescentes y adultos y/o en situaciones neuróticas) (Tustin, 1986).

Ella misma ha detallado las influencias teóricas y los autores presentes en su formación y sus desarrollos conceptuales:

> Estar casada con un investigador, que es un innovador en su especialidad [física teórica], me ha ayudado y estimulado. Mi propio análisis con el dr. W. R. Bion me hizo tomar conciencia de una forma original de pensamiento [...]. En mi formación «kleiniana» en la Tavistock Clinic de Londres tuve la inmensa suerte de tener como profesores a Esther Bick y John Bowlby —que nos incitaba a la etología y a las investigaciones sobre el desarrollo y que, con su voz crítica, daba un equilibrio a la voz imaginativa de Mrs. Bick— [...] la supervisión de los Drs. Herbert Rosenfeld y Donald Meltzer fue también una preparación importante.

Su obra ha sido clasificada como prolongación de otros autores «poskleinianos», aunque Tustin reconoce su deuda con otros estudiosos —clásicos o contemporáneos suyos— del psicoanálisis y la psiquiatría de niños (Spitz, Mahler, Winnicott, James Anthony, Michael Fordham, Piera Aulagnier, Gaddini o Anne Alvarez, entre otros) y explica las razones clínicas que la llevaron a modificar su técnica terapéutica (de paciente espera y comprensión de experiencias más bien sensuales que verbales) respecto de la «rigidez simplificadora» de los hábitos terapéuticos —una

---

41 El término original en inglés *shapes* ha recibido diversas traducciones, tales como «formas», «huellas» y «moldes».

actitud más activa que priorizaba las interpretaciones verbales— derivados del estilo pionero, creativo y audaz de Klein (Tustin, 1984a y b). Su método de trabajo consistía en tratamientos intensivos, sesiones casi cotidianas y continuadas durante años, acompañadas de visitas a domicilio, y estrecha colaboración con la familia. Como puede deducirse, su gran experiencia la obtuvo de su intensa convivencia con un número reducido de niños autistas. A partir de sus observaciones «fenomenológicas», basadas en una escucha empática del diálogo verbal y extraverbal propuesto por el niño autista y en una paciente y pausada observación de su comportamiento, elaboró conceptos e hipótesis que han contribuido a comprender mejor su funcionamiento mental y su sufrimiento psicológico (es decir, su psicopatología).

Tustin pertenecía a una generación de psicoanalistas partidarios de practicar su trabajo con discreción, una opción profesional habitual vinculada a un riguroso respeto por el secreto profesional. Eran también tiempos en los que el tratamiento del autismo constituía una cuestión debatida solo en medios profesionales y aún no se había convertido en un tema de alto interés social debatido en medios de comunicación y redes sociales. Fue una terapeuta respetuosa con el sufrimiento del niño y de sus padres, interesada en comprender, acompañar y cuidar su peculiar psiquismo y sus dificultades de relación, así como en compartir con ellos —y con sus padres— sus vivencias internas, sentimientos, emociones y fantasías, observando su delicada intimidad.

Transmitió su experiencia y conocimientos, sobre todo oralmente, en seminarios y escuelas de formación psicoanalíticas. Sus artículos solo aparecieron en publicaciones especializadas y el estudio de sus libros más difundidos ha quedado restringido a los sectores de la psiquiatría infantil interesados por el psicoanálisis. Como otras aportaciones psicoanalíticas de valor y orientaciones diversas, ha quedado relegada de las revistas «de alto impacto» que ejercen una implacable censura sobre los trabajos que nunca han realizado una evaluación rigurosa de sus resultados (escasos datos estadísticos, ausencia de comparación de grandes cohortes, imposible reproducción de resultados, etc.) y que son así descalificados para el reconocimiento de su «evidencia científica». Aspecto importante que, dicho sea de paso, también ha sido objeto de indiferencia y desinterés por parte de algunos sectores psicoanalíticos, pero no así de esta autora, que siempre se interesó por los avances procedentes de otras disciplinas que ayudaran a comprender el autismo. Una consecuencia derivada de todo ello es el desconocimiento y la descalificación excesiva,[42] basados en una reducción a su caricatura, que actualmente reciben por parte de colectivos, tanto de algunos medios profesionales como de asociaciones de familiares, que tampoco son ajenos a posiciones ideológicas justificativas de sus propios intereses.

Ideas y conceptos

«Un agujero negro con un pincho malo»

Sus ideas y su práctica se centran en torno a la alteridad en la que se constituye el psiquismo. Antes de adquirir la capacidad de simbolizar el objeto ausente, el bebé necesita la ilusión de continuidad entre su cuerpo y su objeto de satisfacción. En el niño autista la fantasía, terrorífica, de la ruptura de esta continuidad se localizaría en la relación (anatómica y sensorial) boca-lengua-pezón-pecho y en una sensación de pérdida de sustancia corporal. Lo primero que le dijo «John», paciente autista de 4 años afectado de mutismo, cuando rompió a hablar —tras haber visto a una amiga de su madre amamantar a su bebé—, fue: «el botón rojo ha vuelto». Explicó a Tustin algo que ella ya había intuido, que él creía que el pezón era parte de la boca del bebé y que cuando el pecho «en llamas» se retiraba de él, se llevaba consigo parte de su boca

---

42 En el texto de Feinstein (2010, p. 82) puede leerse: «casi hasta el final de su vida, Tustin se esforzó por diluir la idea de que el autismo es congénito, insistiendo por el contrario en que se trata de un trastorno neurológico causado por el trato cruel de unos padres que están demasiado ocupados para querer y cuidar a sus bebés». El autor lo apoya con una nota que remite a un trabajo de Tustin de 1971, que luego no aparece en la bibliografía. Pocas líneas después añade que «a pesar de estas ideas, parece que Tustin adaptó un enfoque diferente en la práctica» y lo apoya con el testimonio de una madre de un niño autista que fue tratado por Tustin, que le relató que: «Tustin nunca me culpó del autismo de Giles (su hijo). De hecho, me dijo que su objetivo era hacer que fuera menos agresivo conmigo y eso fue exactamente lo que hizo».

y en la zona así amputada quedaba —las palabras son exactamente las emitidas por el niño autista— «un agujero negro con un pincho malo». Somos muchos los terapeutas que hemos oído cosas semejantes de niños con este tipo de funcionamiento psíquico. Conviene recordar aquí que las interpretaciones surgieron como un intento de comprender —con más acierto unas veces y con menos otras— lo que estos niños sienten y piensan en su complejo mundo mental. Se trataba, por tanto, de una deducción empírica basada en el diálogo, verbal y extraverbal, sostenido y mantenido con niños bien conocidos con los que se comparte una intensa convivencia tanto emocional como mental. Como puede comprobar cualquier lector de Tustin —en su caso como en el de, si no todos, muchos otros autores—, no se trataba de «inventos» de las mentes creativas y calenturientas de unos terapeutas ávidos de protagonismos teóricos. Afortunadamente, el rigor clínico exige renunciar a la frivolidad de hipótesis excesivamente pintorescas y, aunque muy audaces, desacertadas. Lo que no quita para que en ciertas circunstancias, con la deriva fundamentalista de una creencia exagerada en el poder mágico de las palabras y de la convicción de certezas teóricas basadas más bien en la fidelidad ideológica a escolásticas diversas que en la experiencia clínica, se haya abusado en ciertos momentos y lugares de una fe injustificada en la capacidad de estos niños para comprender complejas peroratas verbales construidas por la necesidad de unos profesionales desconcertados ante situaciones muy angustiosas. La ética terapéutica obliga a pensar en lo que hay en la mente del niño psicótico y en tratar de compartirlo con él y, en muchas situaciones, también con sus padres. Obliga asimismo a evitar todo abuso interpretativo e intrusivo, en general más al servicio de la tranquilidad de quien —frecuentemente en una situación difícil— con ello intenta ordenar un caos, una confusión mental compartida. Confusión generada por el funcionamiento absorbente y alienante que los procesos mentales psicóticos conllevan y por su poder invasivo, tanto para el paciente que los sufre como para quien intenta ayudarlos con un acercamiento empático.

Un mundo autosensorial fusionado a su cuerpo

Volviendo a Tustin, sus concepciones se inspiraban en Mahler y en Winnicott, que ya habían sugerido la hipótesis de que, en fases precoces del desarrollo, el bebé se sentía en continuidad con el pecho materno o con el biberón que lo sustituye, como unidos a su boca y formando ambos un todo —«fusionado e inseparable»—. En su construcción imaginaba al bebé sumergido en un universo líquido de sensaciones en el que aún no percibía objetos separados de él y no había constituido una imagen de los órganos de su cuerpo (boca) ni de los «objetos» externos que contactaban con él (pecho). Para Tustin, este estado primitivo (de indiferenciación) precedía al autoerotismo y la autosatisfacción, a la utilización de su propio cuerpo y de sus funciones (succión, vocalizaciones, excreción, movimiento) como fuente de placer o como expresión de la agresividad originaria (como Klein proponía en su comprensión).

Esta descripción del psiquismo temprano emparentaba con la descripción de un «estado de autismo normal» de Mahler, concepto que sería muy cuestionado a partir de los progresos metodológicos en las observaciones del comportamiento de bebés, que evidenciaron sin lugar a dudas su apetencia de contacto y su búsqueda de relación y de interacciones desde el nacimiento. Muy interesada en, e informada de, los nuevos descubrimientos neurológicos, de la psicología cognitiva de sus contemporáneos y de las incipientes investigaciones sobre las capacidades precoces de los bebés, Tustin (también Mahler)[43] renunció a la idea de una fase autística en el desarrollo temprano normal para centrarse en la exploración de la «autosensorialidad».[44]

---

[43] Margaret Mahler, como se comentaba al describir sus ideas, se vio obligada a renunciar a su concepto de una «fase de autismo normal» en el desarrollo temprano del bebé.

[44] Tustin se preocupó de detallar su posición: «en mis libros anteriores he empleado la palabra "autismo" tanto para calificar estados normales de la primera infancia como estados patológicos. He dado con ello la impresión de que considero la muy primera infancia como un estado pasivo, inactivo, cuando considero de absoluta evidencia que se trata de un estado de activa búsqueda [...] actualmente debemos reservar los términos "autista" y "autístico" a los estados patológicos [...] para designar los estados normales yo empleo la palabra "autosensual" [...] mi utilización del término

El niño autista «vive en fusión mimética con los objetos del mundo externo; en un mundo de contornos y formas [...] asimila los objetos [del mundo exterior] al contorno de su propio cuerpo, a partes de su cuerpo». Tustin relata que un niño confundía un armario con su estómago y pegaba su oreja a él tratando de detectar sus borborigmos.[45] Una paciente tratada en nuestro servicio permanecía horas en el salón de su casa absorta ¡detrás! del televisor —y obligaba tiránicamente a su familia a mantenerlo apagado y en silencio—, pegaba la cara y la mirada a su rejilla trasera y preguntaba incesante y muy angustiosamente —para desesperación de su entorno familiar— si los signos luminosos que detectaba en su interior correspondían a alguna enfermedad o malestar del aparato... percibido e imaginado como una prolongación viva de su propio cuerpo. En repetidas ocasiones, estando en nuestra consulta, al sentirse sorprendida y sobresaltada por ruidos inesperados procedentes del exterior (el brusco frenazo de un coche; el grito de una señora asustada, etc.), salía espantada a la sala de espera en busca de su madre. Una vez allí, su comportamiento angustiado asustaba a todos los presentes y sobre todo a su madre, a la que agarraba violentamente por el pelo y le sacudía la cabeza preguntándole a gritos: «¿Te suena, te suena?» y riñéndola enfadada: «¡Que no llores, joder! ¡Ni una lágrima, hostia!». La explicación de su comportamiento tardamos en entenderla. Para empezar, nos costó apercibirnos de que los ruidos exteriores a los que reaccionaba, espantosos para ella, no eran más que «ruido de fondo» casi inapreciable para nosotros. La reacción desesperada, aparentemente agresiva con su madre, trataba de verificar la integridad física del interior de su cabeza. Su hipersensibilidad auditiva le hacía percibir con auténtico dolor sensorial los estímulos sonoros, y el pánico a una efracción violenta de tímpanos y cerebro la llevaba a precipitarse sobre su madre y a «exigirle» que le asegurase su integridad interna. Progresivamente pudimos entender que las lágrimas materializaban para ella una fantasía

---

"autístico" para describir estados normales ha inducido a error haciendo pensar que para mí los estados normales de la primera infancia no eran "objetales", pero yo no he dicho eso».

45 María Moliner ilustra el término añadiéndole una curiosa y oportuna expresión: «gruñido de las tripas».

de licuación dolorosa del contenido cerebral. Tras estos episodios pasaba mucho tiempo absorta observando sus propias pestañas a contraluz —para verificar la integridad de sus ojos— y se tapaba ambos oídos con las manos para aislarse de estímulos sonoros invasivos. Las reacciones de pánico provocadas por su hiperpercepción sensorial eran inseparables de la angustia acompañante provocada por fantasías de destrucción violenta de zonas corporales muy sensibles (cerebro, ojos). Lo sensorial externo e inanimado (ruido, grito) se sitúa de inmediato en el registro invasivo de una imagen mental enloquecedora y de la percepción de una zona corporal sensible que resulta amenazada de destrucción. Todo ello, mezclado e imposible de verbalizar, se traduce en un episodio agudo de angustia confusional que hay que evacuar mediante su descarga a través de la agitación. Los mecanismos de proyección (en este caso, situar la destrucción en la cabeza de su madre) tratan de alejar su malestar y su sentimiento de invasión fuera de su mundo perceptivo y mental.

Recordemos que la primera en concebir que lo escindido del interior de uno mismo es proyectado al exterior y que desde allí siempre queda presente como amenaza permanente —paranoide y persecutoria— de volver a invadirnos, fue Melanie Klein.

Recordemos la observación de «Dick» —descrita por Klein— cuando este imaginaba que un sacapuntas era «una boca que mordía» y exclamaba: «¡pobre señora Klein!», asimilando así a su terapeuta al lápiz «devorado» que estaba afilando. Tustin señalaba que los niños autistas acompañan a menudo esta actividad —afilar un lápiz— de movimientos bucales de mordisqueo. Deducía así que, en la mente autista, objetos externos y cuerpo propio, objetos inanimados o animados, experimentaban simultáneamente las mismas sensaciones.

En cuanto a sus vivencias sensoriales, las sensaciones se perciben y conciben como pares opuestos: blando/duro; oscuro/brillante; suave/áspero; ligero/pesado; ruidoso/silencioso. En su mundo escindido no pueden coexistir ni —una amenaza aún peor— mezclarse. O es una cosa u otra; el autista necesita mantener sus sensaciones controladas e invariables, tanto en su percepción como en el mundo externo (ambos inseparables). En un mundo apegado a su piel, «bidimensional» y sin profundidad, todo ocurre en la superficie «de su cuerpo». Cualquier fenómeno exterior o su simple evocación —por ejemplo, el clima— amenazan su continuidad y su supervivencia corporal… y mental. Un ruido o una voz inesperada suponen una sensación equivalente a una intrusión mortal y destructiva en su cuerpo y en su mente. Entonces activan una amenaza catastrófica de perder su continuidad, de disolverse, de dejar de existir. Es una vivencia, una sensación brusca, inmediata e invasiva que pertenece más bien a lo sensoperceptivo que a lo imaginativo; se acerca más a una terrible sensación corporal que a la imagen terrorífica que también la acompaña. Aunque Tustin no lo menciona, describía así el funcionamiento del proceso primario descrito por Freud.[46]

Para contrarrestar esta experiencia traumática y terrorífica —la cual, como acabamos de mencionar, está mas cerca de la amenaza corporal «visceral» y sensorial que de la representación/fantasía mental (aunque el autista fusiona y confunde ambas hasta que consigue diferenciarlas de manera progresiva)— desarrollará una serie de maniobras mentales —autísticas— destinadas a suprimir la percepción de separación/desgarro y a mantener permanentemente la contigüidad y continuidad sin grietas entre su *self,* inicial y fundamentalmente sensorio-corporal, y el mundo externo, con lo que niega así la alteridad y evita reconocer la presencia y necesidad del otro, siempre imprevisible y, por ello, amenazante.

Un caparazón defensivo ante un mundo amenazante

Ante la amenaza de este mundo, que el autista concibe repleto de objetos y de sensaciones que —imprevisibles e imprevistas— provocan más terror que sorpresa, porque no se corresponden con sus «modelos innatos» de percepción (las «preconcepciones» de Bion), no hay más remedio que bloquear la percepción, replegarse en un mundo propio y mantenerse en él con sensaciones corporales continuas, autoprovocadas y repetidas sin poder pararlas. Se trata de una situación muy vulnerable porque el mundo externo, permanentemente intrusivo —los meca-

---

46 Freud. S. (1911). *Formulaciones sobre los dos principios del acaecer psíquico.* En *Obras completas,* vol. XII. Buenos Aires: Amorrortu, 2013.

nismos proyectivos lo imaginan, como su propio cuerpo, destruible, explosivo y destructor— amenaza con romper este equilibrio. Tustin describe cómo, para protegerse de toda amenaza «externa», el autista trata de reforzar y endurecer su superficie corporal con un «caparazón», un flujo de sensaciones corporales continuas. Un niño «encapsulado» que Tustin diferencia del niño «encastrado» en su madre, que caracteriza lo que denominaba «el niño esquizofrénico».[47]

Los daños que se inflige en su propia piel, el callo causado por el roce con objetos duros o la cicatriz de maniobras de rascado tratan de verificar la solidez y continuidad indestructible de sus límites corporales. Y nos producen auténtica perplejidad ante la ausencia del dolor que, desde la lógica de nuestro funcionamiento sensorial, pensamos que debería sentir. En nuestro equipo siempre recordamos, con la dentera que aún nos provoca muchos años después, a un niño autista de cuatro años que se entretenía tirando de las uñas de dos dedos de sus pies, hasta conseguir arrancárselas, y que lloraba aullando cuando tratábamos de tapárselos para protegerlos. La paciente que hemos descrito con anterioridad no soportaba que su boca —que percibía como ajena y «exterior» a ella misma— emitiera palabras que desaprobaba. Entraba entonces en una violenta cólera, e insultaba y golpeaba con violencia su propia boca —«¡Cállate, so puta!», gritaba— llegando a producirse importantes heridas, en apariencia indoloras. Los neurolépticos no conseguían calmarla ni evitar nuevos episodios autoagresivos. Los profesionales del centro en donde era atendida —que parecían sufrir tanto o más que la paciente ante sus episodios autoagresivos— decidieron protegerla poniéndole unos blandos y voluminosos guantes de boxeo, logrando eficazmente que se apaciguara.

La necesidad de crear y mantener una relación de contacto permanente con un exterior invariable y controlado explica la manipulación constante de «objetos autísticos» a cuya superficie frota y «adhiere» su

[47] Más adelante veremos las peculiaridades perceptivas del autismo descritas por investigaciones neurofisiológicas posteriores, su comprensión por parte del neurocognitivismo inicial (una limitación neurológica innata) y su eventual complementariedad con las hipótesis psicoanalíticas (una defensa psicótica) y las de las nuevas aportaciones neurocognitivas y de las teorías de la intersubjetividad.

cuerpo y que, sin valor simbólico alguno, sirven para proporcionar sensaciones de dureza que confirman la «solidez» y consistencia de los límites corporales, «fusionados y soldados» a un «caparazón» externo inmediato y protector, en una «unidad adhesiva», y evitar la sensación de un *self* de límites «fluidos» y en riesgo de «desparramarse» o de «rajarse» (fantasías de licuación, desmembramiento, etc.). Se trata de «objetos-yo» *(me-objects)* que forman parte de su cuerpo. Junto con ellos, con sus estereotipias y, si se le permite, con el juego con sus propias excreciones (saliva, orina, heces) recurre a crear y utilizar obsesivamente «formas autísticas», es decir, un conjunto de autoestimulaciones sensoriales repetitivas con las que busca refugiarse en un mundo sensual, repetitivo, invariable y seguro. Este mundo «autosensual y predominantemente táctil» reemplaza los vínculos y experiencias afectivas propias de las relaciones y estimulaciones de la crianza normal. Se constituye así la modalidad de «autismo encapsulado», cuya dramática consecuencia es la imposibilidad de una relación afectiva con la madre y de su interiorización en una imagen tranquilizadora, con lo que cualquier señal, real o fantaseada, de alejamiento o cambio de su entorno habitual desencadena angustias catastróficas —«indecibles» (Meltzer) o «innombrables» (Winnicott)—, cuya toma de conciencia, representación simbólica y expresión verbal por parte de sus pacientes trataba de favorecer Tustin que reconoció tener una amplia experiencia personal en el sufrimiento psíquico y en el bloqueo de su expresión (Tustin, 1984b). Describió este «autismo encapsulado» como *secundario* a un autismo primario (normal) prolongado anormalmente y explicó con todo detalle las razones clínicas que le hicieron abandonar esta idea de una fase de autismo primario en el desarrollo normal. Lo hizo en un artículo cuya fecha y título («La perpetuación de un error», 1994) aclaran y concluyen su posición.

Vinculaba así las diferentes formas clínicas a determinados períodos de la constitución del desarrollo psíquico. Así, el «autismo primario» emergía de una etapa caracterizada por el fallo y la imposibilidad de diferenciar el «sí mismo» del «otro». El «autismo secundario encapsulado» resulta del desarrollo de intensas barreras —psíquicas y conductuales— entre sí mismo y el mundo externo. También insistió en la necesidad de un diagnóstico diferencial preciso y riguroso entre estos niños afectados de «autismo encapsulado secundario» y los que padecían formas desintegrativas más tardías de «autismo secundario regresivo», a los que ella prefería llamar «de tipo confusional» mejor que «esquizofrenia infantil», denominación habitual en su época.[48] Describía a estos como «muy abiertos» y capaces de hablar claramente de sus «concepciones erróneas» y, por tanto, muy diferentes de los «encapsulados», mucho más herméticos, secretos y encerrados en modalidades primitivas de percepción «en un mundo de protoobjetos y protoimágenes y por tanto presimbólico».[49] En consecuencia, Tustin sostuvo, con gran rigor clínico, la necesidad de introducir las correspondientes diferenciaciones en la elección de la técnica psicoterapéutica apropiada para cada tipo clínico de autismo, cuestionando la generalización inadecuada y dogmática de ciertos esquematismos interpretativos «que no comprendían pertinentemente lo que les ocurre a estos niños».

El imposible encuentro con la mirada del otro. El terror al objeto no-yo. Aferrarse a un escudo protector (los objetos autísticos)

Fenómeno ya descrito por Kanner y antes, como señala Hochmann (2009), por Seguin, ambos sorprendidos —como todos los que han convivido con niños autistas— al observar su gran dificultad para fijar su mirada sobre un objeto concreto y, en particular, para mantenerla frente a la mirada de otra persona en cuanto, sutilmente, la perciben. Para Tustin fijar la mirada, concentrarla en un objeto elegido, paraliza el flujo sensorial permanente e indefinido. Supone elegir un «objeto no-yo», diferente y separado del «objeto-yo», lo que activa el terror a un objeto que, al no formar parte de sí mismo (del *self*), evoca la violencia de un desprendimiento por arrancamiento.

48 La razón era fundamentalmente clínica. Al igual que Mahler, pensaba que estos niños no evolucionaban posteriormente hacia una patología de tipo esquizofrénico.
49 Diferenciación que se mantendrá entre quienes proponen mantener la idea de un funcionamiento psicótico en la infancia distinto del autismo de Kanner, que correspondería a la categoría diagnóstica actual de «TEA inespecífico».

Winnicott ya había descrito el concepto de «objeto transicional» como la «primera posesión no-yo». Objeto de transición entre el mundo mental interno y la realidad exterior, el osito de peluche o la suave textura de un tejido a los que se apega el bebé son a la vez un objeto material exterior —que el niño maneja y trata como compañero realmente existente— y un «objeto interno» (mental) que simboliza y sustituye a la madre ausente, lo que permite al bebé hacer frente al desamparo y restituir en su interior la continuidad de la existencia de la madre, alejada y separada de su percepción sensorial.

A diferencia de lo que ocurre en el desarrollo del niño sano, el autista no es capaz de fabricarse tal objeto. Tustin señala y distingue la función de lo que denomina «objetos autísticos» (que Kanner ya había observado). Estos objetos, generalmente de consistencia dura, manipulados y toqueteados sin cesar con particulares y finas habilidades motrices, parecen ser vitales para el niño autista, que se angustia desesperadamente cuando se le priva de su objeto preferido e inseparable. Para Tustin —en contraste con el objeto transicional que sirve de acompañante para reconocer y aceptar la realidad externa y las frustraciones que impone—, la función del objeto autístico está al servicio de proteger y cubrir una «identidad autosuficiente», dotándose de una continuidad sensorial que consolida un «caparazón protector» que anula («en una negación omnipotente») la percepción y la existencia de la realidad externa.

Una mente poblada de formas sensoriales. Un caleidoscopio perceptivo que filtra selectas sensaciones tolerables

Asimismo, Tustin pensaba que la manipulación de estos objetos va sustituyendo las sensaciones obtenidas del toqueteo de sustancias corporales endurecidas (heces) y prolonga la experiencia de las sensaciones obtenidas con las sustancias corporales blandas y líquidas (saliva, baba, mocos), que conducen a la creación —mental— de «formas autísticas» que materializan estas sensaciones. En su concepción —ausentes la alucinación y las fantasías (en tanto que representaciones derivadas de la percepción del mundo externo)— el universo mental del niño autista está poblado de «formas sensoriales» (sonoras, olfativas, gustativas, visuales) ligadas a impresiones táctiles o cinestésicas. Jugar haciendo burbujear la saliva, rumiarla y regurgitarla; provocar «juegos de luces» con complejas actividades palpebrales o manuales; quedarse absorto con la percepción de finas sensaciones sonoras o visuales —difíciles de percibir para quienes no están hipersensiblemente predispuestos a captarlas— forman parte de las infinitas maneras del niño autista de «filtrar» el mundo externo para hacerlo —con estas operaciones— asimilable y soportable para su vulnerable sensorialidad. Taparse ojos y oídos, «neutralizar» sonidos externos con sus propios ruidos corporales o sorprenderse y entrar en pánico al percibir ruidos inesperados de su propio cuerpo, que se convierte así en una amenaza «exterior», son maniobras que necesita mantener de forma imperiosa y desesperada para controlar y dosificar —haciéndola compatible con sus propias «formas» previas— toda percepción. Son también manifestaciones de su angustiosa sensibilidad y de su consecuente actitud de alerta paranoide frente a cualquier «novedad» perceptiva.

La niña autista que llegaba a golpearse violentamente en la boca, insultándola con obscenidad —«¡cállate, so puta!»—, evidenciaba así que lo que esa boca —ajena a su cuerpo— emitía, «rebelándose por su cuenta» a su necesidad de dominarla, era una «bomba sonora», agresiva y destructora que invadía su «pacífico» estado perceptivo, el cual trataba de mantener incólume. Atribuía a su boca —instrumento sonoro exterior y peligroso— una «personalidad» propia, opuesta a la suya, y la castigaba violentamente por expresar ocurrencias y palabras intolerables que «excluía» de su propia mente y ponía (proyectaba) fuera de sí misma. Si resulta enloquecedor explicarlo, lo es aún más vivirlo.

Tustin comprendió que el funcionamiento autístico trata de «sintonizar» y captar formas sonoras y verbales acordes con sus previsiones, que —cosa muy importante a tener en cuenta— no son la resultante de una planificación racional, lógica y consciente, sino una reacción visceral y vegetativa, reflejo de sus peculiares y delicadas necesidades perceptivas, así como del pánico a la destrucción y a la destructividad, de su cuerpo y de su mente, asociadas a ellas. En otras palabras: no reaccionan y actúan así porque quieren, sino porque, debido a necesidades defensivas de autoprotección y supervivencia, no pueden hacerlo de otra manera. Tustin lo entiende como una actividad psíquica compleja exigida por las dificultades innatas de estos sujetos para regular las percepciones (comprensión diferente de quienes solo ven en ello una incapacidad directamente ligada a una alteración neurofisiológica).

Solo si se entiende así podemos inferir que «les vaya la vida» en retener, reproducir hasta la monotonía interminable o almacenar hasta el infinito frases oídas alguna vez, neologismos de su creación, juegos de palabras, cifras, listados, detalles inacabables relacionados con alguna de sus temáticas favoritas. Se entiende también que el interlocutor de turno quede agotado y se sienta impotente ante la imposibilidad de introducir su voz o su participación, que supondrían una perturbación insoportable del flujo verbal y perceptivo, vivencias sensoriales que el autista necesita controlar exhaustivamente. La misma función cumplen su extraordinaria capacidad de retener datos y detalles «aseguradores» y su increíble creatividad para detectar y construir un mundo enorme de conexiones y temáticas relacionadas con sus temores y con explicaciones «lógico-mágicas» que, al «rellenar» todo su espacio mental, lo protegen de sentirse invadido por otras ideas y percepciones inesperadas y amenazadoras.

Las formas sensoriales con las que el autista necesita mantener repleta su mente no son formas (representaciones) simbólicas; no son la representación interna de algo o alguien externo que no está presente; no evocan una alteridad ausente. Por el contrario, proporcionan una especie de «éxtasis solipsista» que atrapa al autista en un estado contemplativo, en una especie de desbordamiento sensual inefable (Hochmann, 2009).

Este conjunto funcional de «objetos y formas autísticas» tiene una función autocalmante, proporciona un corsé protector bien abrochado que cubre y protege al autista de la irrupción, para él insufriblemente intrusiva, de un mundo exterior que amenaza la integridad de su caparazón protector. Con otra metáfora, más acorde con las tecnologías actuales, podríamos decir que estos sujetos disponen de un *airbag* que se dispara ante el más mínimo signo de riesgo (auditivo, visual, olfativo, táctil...) que su sensible radar perceptivo detecta en derredor y que les dificulta la visión correcta de su entorno, además de suscitarles el temor de que, en vez de desplegarse para protegerlos, estalle por su cuenta. Continuando la metáfora, podemos imaginar que para circular en estas condiciones solo pueda hacerlo en una ruta conocida y memorizada al milímetro.

Una encrucijada etiopatogénica

En cuanto a sus hipótesis etiopatogénicas, atribuía esta percepción amenazante del mundo («un agujero negro con un pincho malo») a una distorsión precoz del desarrollo, un «nacimiento psíquico prematuro» de un bebé hipersensible al contacto con el pecho e incapaz de tolerar su privación. La necesidad de protegerse del mundo externo y anularlo, sustituyendo las sensaciones procedentes de él con la creación de sus propios estímulos sensoriales, serían el resultado de una dinámica de supervivencia para no verse arrastrado hacia un «derrumbamiento/ caída sin fin» (Winnicott). Estas «angustias de precipitación» en un vacío exterior sin fondo llevan a actividades autoeróticas de excitación giratoria («torbellinos») y a recorridos repetitivos ritualizados, que crean una sensación reguladora de dominio y estabilidad motriz (Houzel, 2002).[50] Las dificultades interactivas durante el proceso de lactancia son la vertiente clínica típica y habitual de esta distorsión relacional. El bebé se ve atrapado entre un apego desesperado, fusional y adhesivo, y el pánico a la pérdida y al vacío, con lo que el proceso de separación queda sensiblemente obstaculizado. Cuando trata de entender esta hipersensibilidad a la frustración que supone la separación del pecho (destete), Tustin rechaza claramente la hipótesis de Kanner de las «madres frías e intelectuales» (hoy en día resumida —y falseada— por sus detractores en que todo el problema se les atribuye a las «madres nevera»). También recusa con vehemencia la hipótesis de un repliegue defensivo del bebé como reacción ante el deseo de muerte materno y señala que cualquier

50 La relación entre los procesos mentales del autista y sus experiencias corporales y motrices ha sido particularmente comprendida por este autor francés, buen conocedor del pensamiento de Tustin y de los autores británicos poskleinianos (Houzel, 2002, en particular pp. 197-209: «Le monde tourbillonaire de l'autisme»).

madre, ante un niño así, puede desear verse liberada de él. Sin embargo, precisa que no son los deseos maternos los que provocan las dificultades al niño, sino la incapacidad de este para soportar la separación de la madre e incluso su propia existencia de «objeto» independiente, de persona indiferente y «despegada».

Se trata de hipótesis que recuerdan y están emparentadas con la concepción de Bion de los «ataques contra los vínculos» de todo tipo —de amor, de odio, de conocimiento— porque, en la medida en que inevitablemente conllevan una vinculación dual, se viven todos ellos como peligrosos (amenaza de ruptura y de sus consecuencias: pérdida, frustración, confusión, depresión) (Hochmann, 2009).

Tustin distinguía entre un autismo de origen psicogenético y otro de etiología orgánica, y solo el primero le parecía accesible a un tratamiento psicoterapéutico (aunque, como buena conocedora de los avances de la neurobiología, en sus últimos trabajos matizaría su posición).

Sin dejar de señalar la susceptibilidad particular del niño autista, también resaltó la influencia de los momentos de abatimiento y subdepresión maternal en el período del posparto que, además, podían superponerse a la incapacidad paternal para sostener a la madre. Consideraba importante la participación de la madre, con su vitalidad y su estado «exultante», para que el niño pudiera desarrollar su autoerotismo y obtener placer de su propio cuerpo. La pérdida de la capacidad maternal de responder con entusiasmo a sonrisas y vocalizaciones del bebé con sus propias sonrisas placenteras, su mímica y sus exclamaciones, puede dificultar la capacidad del bebé de transformar su autosensualidad en autoerotismo. Descubrir el placer de lamer sus propios labios y luego el pulgar, esencial para consolidar la percepción de su boca como perteneciente a su propio cuerpo, le permitirá sentirse «entero» y soportar la separación, necesaria e inevitable, del cuerpo materno. Tustin cita —para apoyar su hipótesis de la contribución de la depresión maternal en la patogenia de las dificultades autísticas— los trabajos de los psicólogos cognitivistas y sus observaciones de las reacciones de repliegue de los bebés frente al rostro impasible de su madre *(still face),* pero también incide en que muchas madres caen en movimientos depresivos asociados a las circunstancias de su posparto y crianza y, sin embargo, sus niños no desarrollan un autismo. Estaba convencida de que «hay algo en la naturaleza del niño que le predispone al autismo y me parece más fructífero investigar sobre la contribución del niño a su propio trastorno que concentrarme en las dificultades de la madre» (que, para Tustin, serían solo un posible factor coadyuvante en el proceso autístico).

Donald Meltzer

Al igual que Tustin, Donald Meltzer pertenece a la corriente «poskleiniana» de la Sociedad Británica de Psicoanálisis. Como ella, practicaba tratamientos intensivos de niños autistas, en la práctica privada, y además desarrolló una amplia experiencia como supervisor de terapeutas. Entendía que había que extremar la regularidad y estabilidad de las características del encuadre terapéutico para utilizarlo como un marco experimental de observación clínica minuciosa de los intercambios con el niño.

Describió al niño autista como poseído por una «sensualidad de proximidad» y con una intensa necesidad de posesión intrusiva del otro: «necesidad de posesión absoluta de un objeto imposible de poseer [...] rico en cualidades, pero sin sustancia interior». Este objeto materno «bidimensional [...] vacío de contenido» tenía, para Meltzer, poco que ver con el comportamiento inicial del objeto (maternal). La madre podía pasar, como otras muchas, por momentos depresivos y tener otros de agotamiento en su dedicación al bebé, pero «tenemos que buscar la solución al enigma en el niño».

Inspirándose en Bion, reconocía la importancia de la *rêverie* maternal en tanto que función estructurante,[51] aunque sostenía que en el autis-

---

[51] Bion describe la función de *rêverie* como la capacidad de la madre de metabolizar las experiencias primitivas que el bebé le proyecta. Supone que al comienzo de su vida el bebé no dispone de un aparato psíquico capaz de metabolizar, usar e integrar las primeras sensaciones corporales y estados emocionales, derivados de experiencias

mo es el niño el que desborda a la madre, de modo que a veces llega a deprimirla. El trastorno fundamental estaría en su fijación *adhesiva* y su incapacidad de concebir (de proyectar) en el seno materno una interioridad que contiene, transforma, mejora y devuelve «bonificadas» sus proyecciones. Esta identificación proyectiva, descrita por Klein como mecanismo defensivo que permite al niño liberarse de sus contenidos mentales desagradables «depositándolos» en el interior del objeto, es para Meltzer, como para Bion, un modo de relación propio del psiquismo temprano en el cual el niño atribuye al objeto una interioridad poblada de contenidos.

Sorprendido en la observación clínica por la fascinación del niño autista hacia brillos, luces o texturas de ciertas superficies, hipotetizó —al imaginar con su mente de adulto lo que suponía que podía vivir el niño autista— que este «conflicto estético» —el del niño autista absorto y admirativo por ciertas sensaciones del mundo externo— estaba asociado a un enigma inquietante que suscitaba su desconfianza hacia la interioridad del objeto. De esta manera, la irrupción del rostro y el pecho maternos, percibidos como demasiado excitantes, podía provocar reacciones de displacer y de rechazo. Desde sus deducciones contratransferenciales, Meltzer deducía —al observar la incapacidad del autista de intercambiar miradas con el terapeuta, o de mirarlo sin verlo, su tendencia a pegarse a su superficie corporal o a utilizar partes de su cuerpo (la mano) como una herramienta, sin tenerlo en cuenta como persona dispuesta a dejarse utilizar— que hay una incapacidad para constituir un objeto con contenidos y con capacidad de contener (una madre capaz de *rêverie* que siente y entiende sus sensaciones).

Imposibilitada así la identificación con un objeto que ejerce funciones de interiorización y contención, el autista debe contentarse con una «identificación adhesiva» (ya descrita por Esther Bick). Las personas de su entorno son apremiadas a amoldarse a las peculiares necesidades de contacto sensorial que el autista impone, desesperándose

---

sensoriales y relacionales, ni de transformar estos «elementos beta» en pensamientos («elementos alfa»). Para ello necesita la intervención complementaria de la *rêverie* materna.

si no lo obtiene. El desconcierto del entorno ante esta utilización absorbente, sin que el niño perciba los sentimientos y reacciones de la persona que lo cuida, se complica aún más porque a su «obsesividad» hacia los detalles sensoriales «de superficie» se añade su «indiferencia» hacia cualquier muestra de apego, con lo que resulta inevitable, para quienes lo cuidan, tener la vivencia de recibir del niño indiferencia y rechazo afectivo.

Así es como puede entenderse la noción de Meltzer de «ataque a los vínculos» que, para él, no constituye una muestra de sadismo (recordemos que Klein hablaba de la destructividad, de la envidia primaria y de su vinculación con el instinto de muerte, presentes en la constitución del psiquismo temprano). Meltzer lo entiende como un fenómeno de vulnerabilidad, un déficit de filtrado de los «sucesos sensoriales» que desbordan y descomponen un frágil aparato psíquico. Para él —como intuía Asperger, pero al contrario de lo que conceptualizaron Kanner, Mahler o, más cercanos a su teorización, Tustin o Klein— este desbordamiento sensorial no se acompaña de angustia persecutoria o agresividad. En la descripción clásica original de Klein, en el psiquismo arcaico de la omnipotencia infantil el miedo al peligro externo resulta del temor a la venganza por parte de un objeto «rencoroso» dañado por las proyecciones agresivas del sujeto. Para Meltzer, el desbordamiento sensorial se disocia en una sensación orgiástica, un éxtasis ante las «formas sensoriales», que paraliza el tiempo y produce un «desmantelamiento» del psiquismo, el cual se queda vacío de representaciones mentales (simbólicas) del objeto externo siendo desplazado por una suma de sucesivas «experiencias sensoriales» desvinculadas del objeto externo que las unifica (se anticipa así al concepto de «comodulación» de la sensorialidad). Prueba de ello sería el uso sensorial, que el autista hace de las personas a las que se acerca (roce táctil, olfateo, «tactilización» —uso táctil— de la boca), que pierden su globalidad de ser humano para quedar reducidas a parcelas de experiencias sensuales. Pero esto no se acompaña de una vivencia de aniquilamiento de este objeto externo, porque al no haber sido constituido e identificado como tal no existe. La metáfora utilizada por Meltzer para describir el desmantelamiento es la de las piedras dispersas que quedan donde antes había un muro.

Desde su perspectiva, el terapeuta, con su comprensión contratransferencial, ejerce una atenta función «maternal» que contiene y estructura al bebé. Para su comprensión de la psico(pato)logía del desarrollo, esta descripción enlaza los fenómenos psíquicos del autismo con su incidencia patógena, su repercusión en la (no) organización del psiquismo temprano y sus severas consecuencias ulteriores.

Y ello pese a que Meltzer consideraba, a partir de sus observaciones clínicas, que los autistas eran sutiles e inteligentes, capaces de muy finas percepciones y de complejas operaciones mentales y —contrariamente a otros autores que hacen de la falta de empatía una de las características fundamentales del autismo— con gran sensibilidad para el sufrimiento psíquico de otras personas. Lo que explicaría que, aunque en apariencia resulten indiferentes ante la relación humana, respondan en reacción al desinterés, al rechazo o a la incomprensión de sus interlocutores, con «angustias catastróficas» o con actividades autoagresivas mutilantes, «desmantelando» así su actividad psíquica. La supuesta «indiferencia autística» sería una formación reactiva protectora frente a afectos muy sensiblemente percibidos.

Con sus diferenciaciones clínicas, Tustin («autismo caparazón» *versus* «encastramiento esquizofrénico») y Meltzer («sensorialidad autística» y «fragmentación/disociación psicótica») se suman a otros autores que manejan una visión compleja de los fenómenos autísticos y la necesidad de considerar las características individuales de cada caso para ajustar después las intervenciones terapéuticas adecuadas. Como Margaret Mahler (psicosis autísticas y psicosis simbióticas) o la psiquiatría psicodinámica francesa (autismo de Kanner *versus* disarmonías psicóticas), han introducido y enriquecido con sus matices la valoración clínica imprescindible de las diferencias psicológicas y evolutivas que hacen del autismo un fenómeno propio de una comunidad de sujetos muy diversos con unas necesidades terapéuticas múltiples y diferenciadas, acordes con las peculiaridades de cada uno de ellos.

En la actualidad, las necesidades de ordenamiento diagnóstico han llevado a limar, y quizás a amputar, las diferencias clínicas y las necesidades individuales para construir una unidad diagnóstica homogénea y una propuesta terapéutica común más acordes con las exigencias de la psiquiatría actual. Queda por ver cuáles son los beneficios y las pérdidas que esto supone para la comprensión individual de cada caso de autismo —por muy incluido que se encuentre en las características generales de los TEA— y preguntarnos por las particularidades que exige el tratamiento del sufrimiento psíquico de cada uno de estos niños, con características individuales tan personales de vulnerabilidad y de sensibilidad.

Geneviève Haag

Autora francesa nacida en 1933, considerada como «poskleiniana» y cuya formación recibió la influencia de Tustin y de Meltzer; introdujo en Francia los trabajos de ambos. Ha centrado su obra en la observación del desarrollo del bebé normal en sus etapas más precoces —siguiendo el método de observación en su entorno natural propuesto por Bick—, comparándolo con el observado en los autistas (ha tratado numerosos casos y supervisado otros muchos) y, en particular, ha enfocado su trabajo en la cuestión de la génesis de la imagen corporal y de la relación con el cuerpo del otro, y ha descrito un «yo corporal» siguiendo los esbozos de Freud: «el primer yo es una entidad corporal» [Freud, S. (1923). *El Yo y el Ello*. En *Obras completas*. Madrid: Biblioteca Nueva].

Para ella, el niño autista no ha podido superar ciertas etapas del desarrollo normal de la construcción de su yo corporal y se ve obligado a utilizar estrategias que puedan paliar este trastorno del desarrollo.

Sostiene que las propuestas de estos autores y la suyas propias convergen en las aportaciones de las corrientes cognitivistas y las investigaciones neurofisiológicas y genéticas actuales (de hecho, secundó la gran insistencia de Tustin, durante los lejanos años en que se formó con ella, en lo imprescindible de buscar esta convergencia de las perspectivas psicoanalíticas en otras disciplinas científicas).

Haag entiende que las etiologías del autismo son múltiples y mezcla factores de susceptibilidad o desencadenantes de naturaleza orgánica y reacciones psicológicas, interesándose sobre todo por las tentativas del autista por superar estas dificultades, sea cual sea su origen.

Parte de la idea de que lo que se aborda en las sesiones terapéuticas es la puesta en escena de situaciones muy tempranas de intensa angustia y de los medios con los que el autista intenta sentir que existe cuando el yo corporal aún no se ha constituido. Incapaz de jugar con los juguetes, comienza por explorar con estereotipias el espacio y utiliza mecanismos arcaicos: el desmantelamiento y el aferramiento a objetos materiales. Frente a este «pegarse en superficie» repetitivo (la «identidad adhesiva bidimensional» descrita por Meltzer) el terapeuta trata de introducir pequeñas sorpresas inesperadas para lograr un esbozo de comunicación y parte de la idea de que, tras su aparente indiferencia, existe una conciencia embrionaria del otro y un deseo o una necesidad de comunicarse con él.

El objetivo inicial, en la primera fase del tratamiento, es constituir un espacio tridimensional a través del intercambio progresivo, y prudente, de miradas que el autista teme porque se asemejan a una intrusión-penetración de un objeto punzante procedente de un espacio sin fondo. Se trata de una percepción totalmente diferente de la del bebé con un desarrollo normal, para el que, por efecto de los cuidados maternales, la mirada materna pierde este carácter «depredador» que el autista le atribuye y que el niño con una interacción normal percibe, en cambio, como asociada a la expresión sonora de la voz y del tacto maternal (asociaciones unificadoras que son lo contrario de su «desmantelamiento»). El contacto visual se une a la activación de otros órganos sensoriales (oído, tacto) que son estimulados simultáneamente. La succión, lamer y presionar el pecho y la experiencia de la penetración pezón-boca van constituyendo la imagen de una cavidad bucal —que, dotada de un esfínter labial, contiene y recibe sensaciones placenteras o rechaza excesos—, pero además se acompaña de caricias, meneos, risas y otros estímulos maternales, por lo que se trata de una experiencia de percepción sensorial «transmodal» (Stern) que se suma al intercambio de miradas. Haag sugiere que con esta «suavización» de la «brutalidad» de la mirada se van conformando las primeras «envolturas contenedoras», básicas para un sentimiento de seguridad y confianza en su relación con el entorno cuidador. A falta de ello —Haag sugiere que por razones genéticas—, el niño autista teme una mirada que podría hacer explotar su espacio interno «mal asegurado» y trata de sustituirlo fabricándose un entorno estable de objetos fijos, a través de estereotipias, contactos y desplazamientos repetitivos e invariables, con lo que manifiesta intensas angustias claustrofóbicas cuando lo que lo rodea escapa a su exhaustivo control y le resulta amenazante. Propone acompañar estos bucles repetitivos con la introducción de nuevos elementos (exclamaciones, sonidos, algunas palabras o canturreos), los cuales añaden un elemento de sorpresa, rompedor pero tolerable, que permite incluir al terapeuta como experiencia sensorial «transmodal» y esbozar un inicio de relación que pueda adquirir una presencia «tridimensional». Presta especial atención a las manos y los movimientos de los dedos, a los que atribuye un papel importante en la estructuración de la imagen y de la unidad corporal. Con su noción de «escisión sagital» destaca la importancia de la organización durante los primeros meses de desarrollo de una mitad corporal, pegada al cuerpo materno y receptora «pasiva», y de otra mitad «activa», que dispone de una mano libre y que habilita para modular la distancia corporal y la salida de la simbiosis temprana. Si estas dos mitades no se perciben unidas («hemiplejia autística») el niño autista añade a la separación física una vivencia de perder la mitad de su cuerpo.

En su comprensión clínica destaca una dificultad particular en los niños y adolescentes autistas:

> la necesidad de control,[52] que creo que está ligada al síntoma de intolerancia al cambio y a lo inesperado, es muy probablemente el origen de sus conductas obsesivas, que encontramos muy frecuentemente en el curso de su evolución [...]. El trabajo psicoanalítico puede ciertamente ayudar a atenuar estas formaciones defensivas, bien conocidas pero muy exageradas en ellos, y ayudarles a atravesar ciertos estados

---

52 En francés, *maitrîse*, traducible como «dominio, maestría, autocontrol». En el psicoanálisis francófono se emparenta con la noción de «pulsión *d'emprise*», que Laplanche y Pontalis denominan «pulsión de apoderamiento» y que prefieren a otras traducciones como «pulsión de dominio» o «instinto de posesión».

maníaco-depresivos, que no son «comorbilidades» ajenas a la organización básica del autismo y a los problemas que origina para el desarrollo del sentimiento de identidad. El tomar conciencia de algunas de sus discapacidades —sobre todo en la adolescencia, pero posiblemente mucho más temprano— está frecuentemente en el origen de movimientos, casi melancólicos, de autodesvalorización, a menudo enmascarados tras las reacciones maníacas que acabamos de evocar y que pueden comprenderse como defensas que son analizables, sin desdeñar por ello la necesidad más o menos prolongada de una ayuda medicamentosa.

También ha señalado que la mejor comprensión de los estados autísticos necesita del acompañamiento indispensable de los padres y del diálogo con otros profesionales. Asimismo, insiste en rechazar por injustificada la acusación de «aplicar una teoría anticuada» o de «dejar correr su imaginación» y defiende que sus hipótesis y afirmaciones se basan en demostraciones sustentadas en la observación clínica que precede a su comprensión teórica de los hechos observados. Señala que «la especificidad de los psicoanalistas está en captar secuencias de comportamientos que son expresión de comunicaciones emocionales y pensamientos primitivos preverbales, en un cuadro temporal y espacial definido —y con un material de juego puesto a disposición del niño y adaptado a sus capacidades de expresión— en el que la asociación libre sigue siendo una regla válida incluso para los niños sin lenguaje y con una actividad estereotipada». Entiende también que los autistas realizan una «transposición de sus percepciones psicocorporales en construcciones visoespaciales proyectadas sobre la arquitectura de objetos geométricos».

Junto con otros autores, ha resumido sus ideas y experiencias clínicas en una tabla de orientación *(grille de repérage)* de la evolución clínica de la personalidad del niño autista.[53] En ella trata de «correlacionar el desarrollo

---

53 El texto de presentación de esta tabla (en francés, *grille*, término que suele traducirse como «parrilla» o «rejilla» y que corresponde a lo que suele denominarse «una tabla de doble entrada») fue publicado en 1995 como «Grille de repérage clinique des étapes évolutives de l'autisme infantile traité». *La Psychiatrie de l'Enfant 38(2):495-527*. Una nueva presentación de la misma confrontando sus aportaciones psicoanalíticas con las de las ciencias cognitivas fue publicada posteriormente en inglés en Haag, G.

del yo corporal, localizado en etapas bastante netas, con otros aspectos del comportamiento y del desarrollo». Los aspectos que recoge son: síntomas autísticos, manifestaciones emocionales en la relación, estado y evolución de la mirada, exploración del espacio y objetos, estado del lenguaje, estado del grafismo, orientación temporal, conductas auto y heteroagresivas, reacción al dolor y estado inmunitario. Sin entrar en una descripción exhaustiva de la misma —que recoge, sistematiza y matiza minuciosamente mediante muchos datos clínicos—, cabe decir que señala las variaciones y evolución de estos parámetros clínicos en cuatro etapas evolutivas: 1) etapa *autística severa;* 2) etapa de *recuperación de la primera piel* (en referencia a las concepciones del desarrollo temprano de Esther Bick); 3) desarrollo de una etapa *simbiótica* (con evolución de la escisión vertical de la imagen del cuerpo y consolidación del eje vertebral); 4) etapa de la *individuación* (con separación del cuerpo total «esfinterizado»).

Esta tabla se inscribe en el «contexto de la investigación clínico-biológica, relacionándola con el estudio biológico de las neurohormonas del estrés, del estado inmunitario y de ciertos neurotransmisores como la serotonina [...] y propone extender su utilidad a los "equipos con particulares intereses psicoeducativos"» (profesionales que practican el TEACCH[54] y que participaron en las investigaciones en las que se basa la tabla). Se trata de proponer una tabla de observación y seguimiento clínico que «recoge una perspectiva evolutiva en términos psicodinámicos» y que «puede ser considerado un primer test de personalidad basado en una sistematización de la evolución del yo corporal». Como es fácil deducir, la autora piensa que «el estado autístico no es inmodificable y puede pasar —gracias a la alianza de tratamientos psicoterapéuticos con programas psicopedagógicos adaptados— por etapas psicopato-

---

et al. (2005). Psychodynamic assessment of changes in children with autism under psychoanalytic treatment. *Int. J. Psychoanal.* 86:335-352 (esta versión no incluye las tablas originales).
54 Son las siglas en inglés de «Tratamiento y Educación de Niños con Autismo y Problemas Asociados de Comunicación», y designan un programa y un método estructurado de aprendizaje ideado por Schoppler, en 1972, y desarrollado por sus continuadores (Schopler *et al.,* 1980, 1982).

lógicas variadas, a veces difíciles de superar, aun conservando ciertas peculiaridades probablemente ligadas a la predisposición al autismo».

Anne Alvarez

Autora enmarcada en la corriente «poskleiniana», vinculada a la Tavistock Clinic. Siguiendo a los autores ya citados, Anne Alvarez ha dedicado gran parte de su obra a la reflexión teórico-clínica sobre los casos de patologías graves (autistas, *borderlines* y niños víctimas de privación y abusos) que ha tratado con psicoterapias intensivas y prolongadas (Alvarez, 1992, 2012; Alvarez y Reid, 1999) (Edwards, 2002).

Ella misma sitúa su obra en una línea inspirada fundamentalmente por Bion, Rosenfeld y Joseph —psicoanalistas que han trabajado con adultos psicóticos—, así como por Tustin y Meltzer —que lo han hecho con niños autistas—, aunque también por autores dedicados a la exploración de bebés (Brazelton o Stern) o por aquellos que conciben la psicología del desarrollo temprano desde perspectivas cognitivistas (Bruner, 1986; Bower, 1974; y otros) o procedentes de la etología (Trevarthen, 1974). De este último tomará prestada la expresión *Live Company* para titular uno de sus libros, que significa literalmente «una compañía viviente» y ha sido traducida para la edición española como «una presencia que da vida» (y para la francesa como *Une présence bien vivante*).

Según esta psicoterapeuta, las experiencias de Trevarthen la han llevado a probar que el recién nacido está preestructurado para interesarse por las cualidades expresivas del rostro y la voz maternas, por la premúsica y los diálogos preverbales, tanto como lo está para satisfacer sus necesidades vitales. Se suma así a las investigaciones de otros autores de diversas corrientes —también recogidas y estudiadas por Alvarez—, que han completado nuevos modelos de la psicología del desarrollo temprano, entendido como una «espiral de interacciones». Este modelo «interactivo» o «relacional» permite comprender los efectos devastadores de las depresiones maternales severas para la personalidad y la inteligencia del bebé, incluso cuando sus necesidades físicas son satisfechas. Alvarez señala que la observación e investigación de las capacidades potenciales del recién nacido vienen a confirmar las ideas de Klein —quien sostenía que el bebé busca, además de alimento, amor y comprensión— y de Bion, que afirmaba que desde el nacimiento existe un *deseo de conocimiento de alguien* independiente de las necesidades afectivas y corporales (Wolf, 1965; Brazelton *et als.,* 1974).

Uno de los aspectos interesantes de su obra es su propuesta de confrontar sus ideas —y, en consecuencia, su trabajo terapéutico— con las de otras maneras de entender el autismo, como la que sostienen los autores de otra escuela londinense, la desarrollada por Lorna Wing y Uta Frith.

Autocrítica con su propia formación teórica, sostiene que el psicoanálisis ha servido más como base ideológica que científica a la hora de dar cuenta de los trastornos del desarrollo y reclama una actitud terapéutica más cercana al acompañamiento que a la interpretación. La actitud terapéutica debe tratar de «ayudar a un ser humano averiado en su desarrollo a reencontrar las vías de la comunicación y de su propia vida psíquica». El terapeuta que decida entrar en el mundo del autismo[55] «debe ser una compañía viva, un copartícipe dotado de una vida psíquica activa y creativa [...] un receptáculo activo que no debe contentarse con contener las proyecciones del niño, debe también transformarlas para hacerlas pensables [idea que toma de Bion]». Cada vez que sea necesario debe «reclamar» la presencia y la atención activa del niño y no dejarlo «errar sin fin en un mundo de repetición, de sin sentido y de no pensamiento» (palabras que recuerdan a Winnicott: «lo grave no es estar perdido, es perder la esperanza de que alguien venga a buscarte»). Incluso propone que, «cuando haga falta», se interrumpan activamente las repeticiones sin fin, ya se trate de estereotipias motoras o de temas recurrentes, en un discurso incesante que impide una comunicación real, porque entiende que son conductas destructoras del sentido co-

---

55 En los agradecimientos de su libro (*Live Company,* 1992) escribe: «He tenido la suerte de recoger las sugerencias de Frances Tustin, fruto de su inmensa experiencia; le agradezco haberme advertido de los peligros de entrar en ese mundo que es el autismo».

municativo, comparables a las adictivas. Matiza que hacerlo exige un permanente autoanálisis de la contratransferencia y el reconocimiento de sentirse invadida por el aburrimiento, incluso la somnolencia o a veces la desesperación. Defensora optimista de las experiencias vitales y de los efectos positivos de encuentros felices, subraya, paradójicamente, el valor estimulante y estructurante de la frustración, de la falta, de la ausencia... si contribuye al desarrollo del pensamiento, a tolerar la frustración expresando el sufrimiento en vez de evacuarlo. Tolerar la frustración exige proporcionar experiencias de satisfacción y de seguridad. El terapeuta debe contener antes de interpretar, evitando sobre todo confrontar a niños muy enfermos con frustraciones que no pueden elaborar. Aportar experiencias positivas no significa satisfacer pulsionalmente al niño, pues el terapeuta es un «objeto pensante» que trabaja con la realidad psíquica (y no la exterior) y proporciona una comunicación que se puede entender y asimilar, lo que permite una interiorización mental tranquilizadora.

Al ser partidaria de integrar las aportaciones de otras corrientes —biológicas, neurocognitivas o psicoanalíticas—, se plantea una cuestión crucial para la comprensión de los trastornos precoces y masivos de la comunicación, de la socialización y de la imaginación (los criterios fundamentales característicos de los TGD-TEA propuestos en 1979 por Wing y Gould). Así, Alvarez se pregunta si tales dificultades pueden comprenderse a través del estudio de un cerebro aislado o si, por su propia naturaleza, deben ser analizadas y comprendidas en el contexto de una relación con otro ser humano y su entorno. En su respuesta a la hipótesis de un defecto cerebral causal, el fallo de una fuerza de organización central cohesiva (Frith, 1989), que residiría en circuitos o módulos cerebrales (dañados congénitamente en el autista), Alvarez propone otra hipótesis alternativa: suponer que esta fuerza de organización cohesiva no se localiza en una estructura cerebral concreta, sino que es el resultado de una relación del niño con su objeto materno y que los defectos en su estructuración remiten no solo a un déficit inscrito previo, sino a una «distorsión interactiva» (Carel, 2000) de esta relación con un objeto primario, que recibe, contiene y transforma los mensajes que recibe del niño.

La obra de esta autora contribuye a una comprensión interactiva del desarrollo y a las teorías intersubjetivas de la constitución del psiquismo temprano, por lo que puede entenderse como otra contribución a las de quienes han propuesto reunir bajo el término de «neuropsicoanálisis» la confluencia de las ideas psicoanalíticas con otras corrientes (neurocognitivismo, investigaciones sobre el apego temprano y la intersubjetividad, etología).[56]

La psiquiatría psicoanalítica francófona

Una psicopatología dinámica y una política asistencial

Conviene situar el contexto histórico y social en el que surgieron ciertas ideas y proyectos asistenciales que transformaron radicalmente la situación de la psiquiatría en Francia. Durante la Segunda Guerra Mundial y en los años posteriores la situación de los asilos psiquiátricos se deterioró en un marco general de pobreza y carencias básicas. Varios psiquiatras que trabajaban allí y conocían su lamentable situación reaccionaron creando el «movimiento de la psicoterapia institucional»,[57] tratando de humanizar el trato a los enfermos mentales con el uso y desarrollo del potencial humano de los equipos profesionales más o menos cualificados de los que disponían. Philippe Paumelle (1923-1974) —psiquiatra que se había formado en psicoterapia institucional con Georges Daumézon (1912-1979) e influenciado por las ideas y experiencias de Francesc

---

56 La obra de esta autora y la de los autores poskleinianos (Meltzer, Bion, Tustin) han sido releídas y enriquecidas por las aportaciones originales de un autor particularmente interesado por la psicopaología y la clínica del autismo infantil, Didier Houzel. Careciendo de espacio para comentar su obra, remitimos al lector a la lectura de un texto que recoge su pensamiento (Houzel, 2002, pp. 197-302).

57 El término «psicoterapia institucional» fue utilizado por primera vez en 1952 por Daumezon y Koechlin.

Tosquelles (1912-1994) y Lucien Bonnafé (1912-2003)— promovió en 1951 la publicación de un número especial de la revista *Esprit* dedicado a la psiquiatría, en la que se denunciaba el maltrato que estaban recibiendo los enfermos mentales internados y la muerte de hambre de 40 000 de ellos durante los años de la gran guerra.

A partir de finales de la década de 1950, en una situación política posbélica de reconstrucción social que incluía un amplio desarrollo asistencial de la salud mental, varios psiquiatras franceses trataron de renovar una psiquiatría infantil renqueante o inexistente. Sintonizaron con las ideas psicoanalíticas y contribuyeron a vincular el psicoanálisis de niños con la atención a la salud mental en instituciones asistenciales públicas promovidas con el desarrollo de una «política de sector».[58] Serge Lebovici (1915-2000) y René Diatkine (1918-1998), junto con Paumelle, crearon el «Distrito XIII» de París, que serviría de modelo a otros servicios «sectoriales» de salud mental.[59] Asimismo, junto con Julián de Ajuriaguerra, crearon en 1958 la revista *La Psychiatrie de l'Enfant*, principal órgano de expresión francófono de la psiquiatría de niños y adolescentes, cuya publicación se mantiene hoy en día.

---

58 La «política de sector» (término equivalente a «distrito») surgió de una circular ministerial (firmada por el ministro Bernad Chenot en marzo de 1960) que respondía a la iniciativa de un grupo de psiquiatras (entre otros, Daumézon, Bonnafé, Paumelle, Follin o Tosquelles), buenos conocedores de la situación de los hospitales psiquiátricos en las décadas de 1940 y 1950, que querían llevar los cuidados especializados «fuera de los muros del asilo». La idea central era que cada territorio —cada «sector»— pudiera disponer de todo un conjunto de servicios asistenciales ambulatorios que complementaran —y evitaran o disminuyeran— la necesidad de recurrir a ingresos hospitalarios, única respuesta del modelo «hospitalocéntrico» imperante hasta entonces. Se acompañaba de una ideología «psicosocial» que trataba de resolver los problemas en la propia comunidad al dotarla de recursos para favorecer la reinserción. Muchos de sus promotores practicaron una psiquiatría más o menos impregnada de conceptos psicoanalíticos, de una tradición filosófica humanista y de una actitud política —«reformista o revolucionaria»— activa.

59 El denominado «Distrito XIII» de París nació en 1958 como «Association de santé mentale et de lutte contre l'alcoolisme (ASM13)» en el «XIII.ᵉ arrondissement» de París, entonces un barrio obrero. Fue fundado por el psiquiatra Philippe Paumelle, junto con otros psiquiatras psicoanalistas (Serge Lebovici, René Diatkine, Paul-Claude Racamier) para promover soluciones terapéuticas extrahospitalarias y desestigmatizar la enfermedad mental. Desde sus inicios implantaron tratamientos psicoterapéuticos psicoanalíticos gratuitos para niños y adolescentes.

En una situación en la que la demanda superaba ampliamente a la oferta terapéutica de servicios públicos recién creados y de recursos limitados, desarrollaron nuevos planteamientos clínicos y creaciones terapéuticas originales. Procedentes de su experiencia en unos asilos que conducían a la cronicidad y al apartamiento social, centraban sus nuevas prácticas en tres principios fundamentales: 1) la implicación de familias y colectivos sociales en atender y mantener a los enfermos en su entorno natural; 2) evaluar las situaciones clínicas o de sufrimiento psicosocial desde la perspectiva evolutiva y preventiva, con un objetivo principal: evitar riesgos de evoluciones desfavorables hacia un trastorno mental grave y una hospitalización que era considerada como un factor de agravamiento (apenas había comenzado la utilización de los neurolépticos);[60] 3) contrariamente a la psiquiatría entonces vigente, que entendía la enfermedad como un proceso de curso natural difícil o imposible de modificar, optaron por la visión dinámica freudiana, en la que no había una línea neta que separara malestar psíquico normal y enfermedad mental y en la que, a lo largo de su historia personal, cualquier sujeto podía conocer diferentes formas de equilibrio o descompensación psíquica (en función de la influencia positiva o negativa de acontecimientos biográficos). Consecuentemente, el diagnóstico psiquiátrico en la infancia debía añadir a la comprensión y la evaluación clínica de los trastornos y del tipo de funcionamiento mental una dimensión pronóstica determinante a la hora de decidir una intervención terapéutica. Esta dimensión pronóstica necesitaba delimitar muy bien la naturaleza neurótica o psicótica de las situaciones clínicas y precisar los criterios clínicos predictivos que anunciaban un riesgo de consolidación de un trastorno mental en la vida adulta posterior. Su perspectiva dinámica del desarrollo entendía que el paso por ciertas etapas (puber-

---

60 La clorpromazina (Largactil) ha pasado a la historia como el primer fármaco neuroléptico y está catalogado como «antipsicótico clásico». Creado como antihistamínico y utilizado en cirugía para calmar los procesos infamatorios, se observó que tenía un efecto calmante sobre la ansiedad y agitación psicótica. Henri Laborit, cirujano militar, empezó a usarlo como complemento anestésico en 1951. A partir de 1952, Jean Delay y Pierre Deniker ensayaron y propusieron su uso específico en psiquiatría, a la vez que definieron el concepto de «neuroléptico». Se generalizó de tal manera que ha sido considerado como el inicio de una «revolución psiquiátrica».

tad, adolescencia), así como por situaciones difíciles o traumáticas del entorno, podía ser una situación tanto de riesgo de descompensación como de consolidación de un funcionamiento más estable.

Quienes rechazan esta perspectiva suelen pensar que el autismo, predeterminado por su origen neurológico —en su versión actual, trastorno del neurodesarrollo— poco tiene que ver con la «psicosis», término que remite a un pasado psiquiátrico estigmatizador que asusta y ofende. Y aún menos sentido encuentran al de «prepsicosis», puesto que entienden que la naturaleza innata de las dificultades autísticas hace que estas ya «estén ahí» desde el nacimiento. Dada la intención integradora de este texto, conviene introducir ideas que permitan buscar puntos de conciliación: 1) desde el punto de vista clínico, esta perspectiva psicodinámica parte de la experiencia en situaciones que, en su día, se denominaron «psicosis infantiles tardías» porque comenzaban a manifestarse y a detectarse con el comienzo de la escolaridad, hacia los cinco o seis años, aunque ya hubieran presentado signos previos mucho más tempranos que, cuando aún no existían la atención pediátrica ni la salud mental actuales, quedaban delimitados en el marco familiar. Corresponden a lo que posteriormente ha quedado incluido bajo la denominación diagnóstica de «TEA indeterminado, incompleto o inespecífico», en la que entran las múltiples manifestaciones que desbordan los límites de lo estrictamente autístico; 2) desde el punto de vista etiopatogénico, los elementos neurobiológicos causales previos no se niegan, pero no se consideran prioritarios a la hora de plantear una intervención psicoterapéutica necesaria (que tampoco olvida el tratamiento de estos factores: prescripción de psicofármacos neurolépticos o anticomiciales; atención específica a limitaciones sensoriales o a carencias y dificultades del lenguaje o motoras, etc.); 3) desde el punto de vista asistencial, parte de unas relaciones prolongadas en lugares con intervenciones multiprofesionales coordinadas que posibilitan un despliegue de comportamientos diferente al que ocurre en abordajes individuales. Es la razón por la que la integración escolar aparecía como un objetivo fundamental a lograr, pero no como un requisito inicial obligatorio, y se entendía que los lugares de atención y tratamiento específicos constituían un espacio «preparatorio» más adecuado para superar dificultades, consideradas involuntarias, repetitivas e imposibles de evitar sin ayuda terapéutica —es decir, psicopatológicas—, que causaban serias limitaciones adaptativas para las exigencias del medio escolar. Como es bien conocido, este planteamiento condujo a una innecesaria oposición más ideológica que clínica: «centros terapéuticos»/«integración escolar». Las preferencias sociales determinaron que la escolaridad «accesible para todos» se impusiera en contraposición a los lugares «marginadores» de atención especializada... y a las aportaciones que de ellos procedían.

En torno a la psicosis infantil. Reflexiones y aportaciones de la psicopatología psicodinámica

El concepto de «prepsicosis» introducido por Lebovici y Diatkine (1963) y el de «estados prepsicóticos» teorizado después por Diatkine (1967, 1969, 1972, 1979) entienden como tales ciertas situaciones clínicas que, en función de diferentes variables, podrían bascular hacia la organización de un cuadro psicótico o consolidar un funcionamiento de tipo neurótico. Se inscriben en la línea de sus preocupaciones por el pronóstico y por intervenir en la infancia para ayudar al niño con su sufrimiento psíquico y prevenir riesgos de una evolución psicótica posterior (sin que eso quiera decir necesariamente que el niño ya padezca un trastorno psicótico). La preferencia por este término en vez de por el de «estados límite» se debe a que este concernía más a adultos con una organización estructural estable. El vocablo de «prepsicosis» apunta en cambio a un riesgo, ni exclusivo ni definitivo, de reorganización psicótica en la adolescencia que hay que pensarlo bajo parámetros «económico-dinámicos» (cambios en los investimientos pulsionales) y no en términos estructurales (cambio en las formas psicopatológicas).

Su comprensión se centra —siguiendo algunas ideas fundamentales de Freud— en que hay una potencialidad evolutiva variable (hacia el funcionamiento psicótico), según evolucione el juego dialéctico entre procesos primarios (predominantes en las psicosis) y secundarios (predominantes en las neurosis). Juzga, es decir pronostica, que «cuando la capacidad del yo de establecer y elaborar nuevas relaciones objetales, porque el investimiento primitivo de los objetos internalizados no se equilibra o atempera ni por otras fuentes de placer de naturaleza secundaria, ni por contrainvestimientos neuróticos suficientemente eficaces» se produce un desequilibrio que puede conducir a una reorganización de tipo psicótico (ya que los nuevos equilibrios pulsionales a los que obligan pubertad y adolescencia marcan un delicado momento evolutivo).

En cuanto a los factores etiológicos, las discontinuidades relacionales y afectivas (depresión materna), las rupturas y traumatismos diversos —que pueden reactivarse posteriormente en situaciones repetitivas— desempeñan un papel importante. Pero en su concepción teórica sus efectos siempre dependen de un desfallecimiento de las funciones yoicas para elaborar las relaciones de objeto, investidas de manera permanente ya desde el primer año, aunque caracterizadas por una demanda insaciable que acarrea una permanente angustia depresiva de pérdida del objeto que, al no poder ser compensada con nuevos intereses secundarios (que necesitan defensas neuróticas eficaces), queda absorbida por mecanismos de naturaleza psicótica.

Quien lea los comentarios metapsicológicos anteriores probablemente se haga una idea equivocada de cómo trabajaba su autor. Sus observaciones transcurrían siempre en un diálogo directo con algún juguete o con unas grandes hojas de dibujar de por medio. Le gustaba mucho charlar con las familias, sin protocolo alguno, y no soportaba que los profesionales utilizaran y se refugiaran en su lenguaje técnico al abordarlas. En las presentaciones colectivas prestaba más atención a las informaciones que aportaban los adultos cercanos al niño —fuera cual fuera su estatus profesional— que a los resultados de pruebas técnicas. Tras discutir el caso con los equipos responsables volvía a tener un breve encuentro con el paciente y los padres para informarles de qué se les iba a proponer y por qué.[61] La publicación en textos mo-

---

61 Después de haber recibido sus enseñanzas durante años, me ha parecido útil este pequeño retrato que desdice la imagen estereotipada que a veces se tiene de lo que hace un psicoanalista de niños y que trata de hacer un relato ponderado para desmentir los muchos males que ciertas afirmaciones actuales, excesivamente someras, atribuyen al psicoanálisis.

nográficos de tratamientos psicoterapéuticos de niños psicóticos que contienen la práctica totalidad de las sesiones, así como los comentarios de los terapeutas permite hacerse una clara idea del estilo de trabajo y de elaboración de estos autores (Diatkine y Simon, 1973) (Lebovici y MacDougall, 1960). Su preocupación por la evolución a largo plazo de los casos tratados también queda reflejada en varios de sus textos (Lebovici y Kestemberg, 1978; Diatkine, Quartier-Frings, Andreoli, 1991).

Roger Misès (1924-2012) se interesó por los cuadros clínicos «disarmónicos» que podían presentar manifestaciones entremezcladas «en mosaico», en las que predominaba una «vertiente psicótica» o «neurótica», considerando que tenían una evolución variable y una etiopatogenia con un determinismo multifactorial.[62] También subrayaba lo abierto de los diferentes pronósticos posibles y se interesó en particular por los factores asociados a las evoluciones deficitarias y la influencia determinante de las alteraciones orgánicas y epilépticas asociadas (Misès, 1968, 1969, 1975, 1990).

Daniel Widlöcher también se interesó por los «estados atípicos o *borderline*» de la infancia que, en su opinión, presentaban una clínica de transición gradual a la psicosis. Al observar a niños cuyos rasgos psicóticos solo aparecían en situaciones de crisis, en ciertos juegos o en evaluaciones con tests proyectivos que facilitaban la eclosión de una «actividad imaginaria regresiva», explicó lo que entendía que eran

---

62 Roger Misès (1924-2012) fue un psiquiatra, psicoanalista y profesor universitario de psiquiatría infanto-juvenil. Como otros compañeros de profesión, participó en la Resistencia. Tras el final de la guerra y hasta sus últimos años invirtió una gran energía en actividades políticas, sindicales y asociativas destinadas a la defensa de la salud mental. Destacó por activar encuentros y plataformas multiprofesionales incluyendo asociaciones de familiares. Desde 1957 hasta su jubilación trabajó y luego dirigió la Fondation Vallée, en la que desarrolló un modelo de equipos multiprofesionales. Tuvo una importante misión política en la redacción y aprobación de los planes ministeriales que crearon los sectores infanto-juveniles de psiquiatría en Francia. Coordinó y dirigió la redacción de la Clasificación Francesa de Trastornos Mentales Infanto-Juveniles (CFTMEA), claramente propuesta como alternativa al DSM, que criticó activamente. Argumentó públicamente y lideró el movimiento de psiquiatras franceses que mantienen una posición crítica hacia las directrices sobre el tratamiento del autismo dictadas en 2012 por la Haute Autorité de Santé (HDA, entidad política definida como «autoridad pública independiente de carácter científico» y creada en 2004).

los rasgos nucleares de las prepsicosis (que también han sido descritos como el «núcleo psicótico» profundo o subyacente en este tipo de funcionamiento psíquico). Así, describe como tales:

- Una actividad fantasiosa desprovista de elaboraciones secundarias y defensas neuróticas que emerge en juegos, relatos y dibujos que sorprenden por su incoherencia y la crudeza de su expresión emocional descontrolada. Corresponde a la ausencia de procesos secundarios de pensamiento que integren esta actividad imaginaria en construcciones lógicas y simbólicas más coherentes, más contenidas emocionalmente y más adaptadas a nivel social.
- Intensas angustias ligadas a vivencias de destrucción de la integridad corporal y de la coherencia mental que pueden afectar a la identidad y al sentimiento de unidad del sujeto.
- Una organización caótica del desarrollo libidinal con expresiones toscas y desinhibidas de naturaleza oral, anal y fálica frecuentemente superpuestas de manera desordenada y confusa.
- Intensidad de las pulsiones agresivas, muy presentes en juegos, dibujos y pruebas proyectivas, que aparecen saturados de escenas de devoración y de destrucción a causa del no acceso a una percepción ambivalente de las relaciones de objeto que aparecen simbolizadas de manera fragmentada, explosiva y amenazante (Widlöcher, 1973).

Este tipo de funcionamiento puede llegar a invadir totalmente —y de manera prolongada o permanente— la vida psíquica del niño psicótico y limitar sus capacidades de adaptación a una realidad percibida siempre distorsionada. En el caso del niño *borderline* existen períodos o momentos de crisis semejantes, pero siempre se alternan con otros en los que el criterio de realidad y la adaptación social funcionan adecuadamente y la sintomatología es más discreta o desaparece. Los rasgos psicóticos no invaden toda la personalidad en los niños prepsicóticos: «el niño expresa sus fantasmas, pero conserva una neta conciencia de la realidad y de la diferencia entre su mundo interno y el mundo de fuera». Para Widlöcher, que se puedan observar regularmente estos mismos rasgos clínicos, en algunos momentos en los *borderline* y permanentemente en los psicóticos, permite pensar que existe un «núcleo psicopatológico común», que es el elemento fundamental del «funcionamiento psicótico» que resulta a la vez «insuficiente para determinar una psicosis evolutiva franca, pero necesaria para que tal psicosis se produzca, si bien en otros casos puede consolidar el desarrollo de una personalidad *borderline* atípica». No obstante, también señala que estos rasgos constituyen una forma de disposición psicológica y son parcialmente observables en otras anomalías del desarrollo como las organizaciones (pre)psicopáticas relacionadas con las secuelas de carencias afectivas (caracterizadas por la avidez afectiva extrema, la intolerancia a las frustraciones, las reacciones impulsivas y las crisis de agresividad intensa, la inestabilidad, etc.).

A diferencia de lo que piensa Diatkine, el núcleo psicopatológico de las prepsicosis es una estructura autónoma y estable que puede ser duradera a largo plazo, pero solo representa una parcela de la personalidad que mantiene su fragilidad y el riesgo de descompensación psicótica. Su fallo básico estaría en la organización del yo, en una laguna en las identificaciones primarias con la madre que impide al niño despegarse en el momento de ruptura de la fase simbiótica. Esta carencia funcional del yo entraña una «pérdida de familiaridad con la realidad» y una tendencia a «perennizar en las actividades imaginarias un modo virtual de garantizar la realidad psíquica de los deseos y de sus objetos», manteniendo así un sentimiento de omnipotencia que se aleja del principio de realidad a través de mecanismos de clivaje (escisión) que distorsionan la estabilidad del yo. La consecuencia directa es que se daña el desarrollo del yo y se genera una organización disarmónica que afecta en grados diversos a las adquisiciones instrumentales (lenguaje, motricidad, inteligencia) y, en consecuencia, a los aprendizajes fundamentales.

Misès volverá sobre esta cuestión en lo que él denominaría «las patologías límite de la infancia» para precisar mejor las diferencias y semejanzas entre estos funcionamientos, las secuelas de carencias afectivas y las «prepsicosis» tal como las conceptualiza Widlöcher, para quien «estado límite o *borderline*» significa una frontera con la psicosis y no, como sostiene Misès, una organización original, situada en un tercer eje entre neurosis y psicosis y cuya evolución hacia una psicosis posterior le parece una eventualidad muy poco probable (Misès, 1981,1990; Misès y Jeammet, 1989).[63] Jean-Louis Lang (1921-2008) es otro autor francés que se interesó mucho por las fronteras de la psicosis infantil y que describió su propio concepto de «parapsicosis», que individualizaba y diferenciaba de las «disarmonías evolutivas» de Misès, así como de las distimias graves, por un lado y, por otro, de los *borderline* (futuras «patologías límite» de Misès). Para Lang estos estados o cuadros clínicos tienen en común con los clásicamente descritos como «psicóticos» una serie de elementos: angustia de fragmentación y de aniquilación o destrucción; defensas pseudoneuróticas; elementos deficitarios o maníacos con presencia de mecanismos arcaicos (denegación, escisión, idealización, proyección con identificación proyectiva); relaciones de objeto de tipo pregenital, predominantemente oral y en esencia vinculadas con una imagen maternal arcaica, lo que no permite una auténtica relación edípica; predominio de procesos primarios con mal control pulsional; posiciones agresivas y libidinales anárquicas; alteraciones de la simbolización.

Pero Lang prefiere su término «parapsicosis» al de «prepsicosis» porque no prejuzga una eventualidad pronóstica de probable evolución psicótica ulterior (como sí hacen Diatkine y otros autores), que no le parece frecuente. Para Widlöcher y Lang, «pre» o «para»psicosis significa «cerca de» o «en la frontera de» y no «antes de» o «anterior a». Son formas clínicas limítrofes o descentradas respecto de las psicosis francas «centrales». Sitúa la diferencia esencial en la persistencia de cierta calidad del contacto y de una relación relativamente adecuada con la realidad objetiva, aunque el criterio de realidad puede oscilar porque en ciertos momentos se mezcla y confunde por la infiltración difícilmente controlable de un potente mundo imaginario.

En su reflexión sobre el diagnóstico diferencial de estos trastornos (que hace al contrastarla con los autores franceses citados y con otros

---

63 Una de las posiciones originales de este autor es su análisis de la psicopatología estructural de tipo *borderline* y de su funcionamiento mental, subyacente y causante de lo que el entiende que son manifestaciones sintomáticas secundarias y no «enfermedades» ni «comorbilidades» (caso de la hiperactividad o de ciertos trastornos instrumentales): Misès, (2001) en Ménéchal J. (ed.), *L'hyperactivité* y Mises (2004),

anglosajones) concluye con un resumen de lo que para él es lo esencial de los «estados parapsicóticos»:

- Desde una perspectiva económica, son procesos evolutivos más o menos estables que han salvado la organización de una estructura psicótica franca gracias a mecanismos adaptativos relativamente eficaces que, aunque lábiles y frágiles, consiguen aliviar las intensas angustias de aniquilación y fragmentación.
- Desde una perspectiva psicogenética, son retrasos en la organización libidinal que no permiten superar un estadio de organización muy arcaico estructurado sobre fallos narcisistas fundamentales que marcan la ausencia de mecanismos adaptativos más eficaces.
- Desde el punto de vista pronóstico, su evolución más frecuente no va hacia un proceso psicótico franco, sino hacia una aparente «neurotización» superficial y frágil y, sobre todo, hacia personalidades con rasgos psicóticos (esquizoides, paranoides o ciclotímicos), hacia una «neurosis de carácter» con rasgos persecutorios subyacentes o hacia otras organizaciones de la personalidad con rasgos perversos, psicosomáticos o *borderline*. En los raros casos en que evolucionan hacia una psicosis, lo hacen hacia formas disociativas e imaginativas (Lang, 1978, 1979, 2000, 2002).

Misès, que ya había publicado varios trabajos previos describiendo las «disarmonías evolutivas» —caracterizadas por la superposición y mezcla «en mosaico» de alteraciones heterogéneas del las funciones yoicas con posibilidades evolutivas posteriores variables—, acuñó su posterior concepto de «estados límite de la infancia» para describir una organización estable de la personalidad, intermedia entre neurosis y psicosis, pero cuyo núcleo psicopatológico es una tercera vía —estructural y evolutiva— original y autónoma de las dos anteriores (Jean Bergeret y André Green conceptualizaron algo semejante en la organización psicopatológica del adulto). Misès describirá exhaustivamente los criterios clínicos y psicopatológicos que definen un núcleo común que le permite agrupar y denominar de manera unitaria como «estados límite de la infancia» una multitud de cuadros clínicos que habían recibido diferentes denominaciones: «pre- y para-psicosis», «disarmonías evolutivas»; «personalidades como si» o «falso *self*», «patologías anaclíticas, abandónicas o carenciales».

Sitúa el núcleo psicopatológico de las patologías límite en los fallos que han ido sucediendo en momentos clave del desarrollo psicológico. Conviene precisar que, aunque no utilizó el término «neurodesarrollo» —que se ha hecho obligatorio en las últimas décadas para hablar de diversos trastornos y sobre todo del autismo—, Misès, que era alguien totalmente convencido de la imbricación neurofisiológica de los procesos psíquicos, también lo era de los aspectos multifactoriales del desarrollo. A la hora de precisar la suma de adquisiciones alteradas o fallidas durante el desarrollo que conducen a una organización *borderline*, se esforzó sobre todo en articular los aspectos clínicos con los metapsicológicos (aunque no dejó de lado los factores orgánicos como uno de los componentes etiopatogénicos en juego). Su descripción exige conocer conceptos fundamentales de la comprensión psicoanalítica de la génesis del desarrollo. Las alteraciones fundamentales parten de «fallos narcisistas básicos vinculados a déficits en la función de contención y de la transicionalidad». En otras palabras: el sentimiento de bienestar con su cuerpo y consigo mismo resulta alterado por la insuficiencia de experiencias psíquicas y corporales, tranquilizadoras y compartidas. La interiorización de los intercambios relacionales y la discriminación correcta de lo interno y lo externo se alteran. En consecuencia, la «elaboración de la posición depresiva» (reconocimiento de su participación y deseos propios en los intercambios afectivos) y la «capacidad de elaborar y soportar la ausencia» (de sentirse bien al quedarse en soledad) se ven afectadas y entonces la capacidad de buscar apoyos afectivos equilibrados bascula hacia la urgencia permanente de una atención regresiva insaciable (voracidad oral) y hacia la exigencia tiránica de controlar a quien tiene que satisfacerle, que recibirá un trato agresivo si no aporta lo esperado (sadismo anal). La necesaria «preponderancia de imagos ideales» impide las identificaciones neuróticas con figuras más ajustadas a los modelos reales, mientras que la persistencia de un «funcionamiento superyoico primitivo» y vengativo favorece defensas proyectivas y acentúa el malestar narcisista («me siento mal porque son malos conmigo al negarme caprichosamente el inagotable afecto y bienestar del que disponen para calmarme y hacerme feliz). La puesta en marcha y la organización de sus «*capacidades yoicas* resultan *profundamente alteradas*» (modalidades de pensamiento, evaluación cognitiva correcta de las situaciones, reconocimiento de dificultades propias, aceptación de las frustraciones inherentes a los procesos de aprendizaje básicos, etc.) y el *desarrollo simbólico e intelectual se resiente severamente* conduciendo a limitaciones importantes.[64]

Misès establece una diferencia neta entre el funcionamiento psicótico y el funcionamiento «arcaico», propio de las «organizaciones límite», en las que las cuestiones de dependencia y autonomía tienen una importancia primordial y distinta (coincide con las aportaciones conceptuales de Green [1982] y de Jeammet [1978] en el terreno del *borderline* adulto y adolescente). Si en la psicosis hay un «proceso antiobjetal» que evita las relaciones y que se acompaña de angustias de fragmentación y de aniquilamiento, en el funcionamiento límite son la inseguridad interior, la angustia depresiva y el pánico a las amenazas de pérdida objetal las que llevan a sentimientos de vacío insoportable en situaciones, reales o imaginarias, de abandono. El lógico sentimiento de dependencia absoluta del objeto de «amor» («sin ti me muero») dirige a un comportamiento de absoluto control del otro —víctima de su hipersensibilidad reactiva— y a conductas de manipulación total y de chantaje emocional que pueden llegar a amenazas y conductas perversas («me vas a obligar a suicidarme») que pueden transferirse también sobre sus terapeutas.

En el funcionamiento límite el lugar central lo ocupan la ansiedad depresiva y la depresión, camufladas con frecuencia por síntomas engañosos: inhibición, agitación y trastornos del comportamiento, todo ello estrechamente unido a dificultades escolares y del aprendizaje. Muchas veces son síntomas al servicio de defensas maníacas que tienen

---

64 He desarrollado más extensamente las ideas de Misès y la articulación entre personalidad límite, hiperactividad y otros síntomas y trastornos en Lasa Zulueta A. (2001). Hiperactividad y trastornos de la personalidad: I. Sobre la hiperactividad. *Cuadernos de Psiquiatría y Psicoterapia del Niño y del Adolescente 31-32*:5-81 y Lasa Zulueta, A. (2008). *Los niños hiperactivos y su personalidad*. Bilbao: ALTXA.

como objeto evitar afectos dolorosos vinculados a sentimientos de impotencia, de vulnerabilidad y de fracaso y también desarrollar una actitud «poderosa» controlando y dominando a su entorno y con tendencia a menospreciarlo si no satisface sus pretensiones y obedece a sus imposiciones (lo que evita el sufrimiento de aceptar la dependencia y reconocer la necesidad de ayuda).[65] El éxito y la expansión actual de las clasificaciones sintomáticas dispersan la interrelación entre los síntomas y procesos así entendidos y los parcelan en «trastornos independientes» que rápidamente describe como «comórbidos» (TDAH; trastornos del comportamiento, trastornos específicos del desarrollo; «dis»funciones diversas) cuando —desde esta perspectiva psicodinámica— estarían inseparablemente relacionados. Misès insiste en que estos procesos subyacen a otras entidades clínicas como ciertas hiperactividades, así como a muchos retrasos y disarmonías de las funciones cognitivas e instrumentales (lenguaje, psicomotricidad, lectoescritura, etc.).

Asimismo, considera que en las psicosis los elementos negativos (ruptura relacional, desinterés y desinvestimiento de toda actividad, negativismo, déficit intelectual progresivo) predominan netamente sobre los positivos (ideas delirantes, alucinaciones, procesos primarios «brutalmente» creativos), que serían un intento secundario de «autocuración» más frecuente en la adolescencia y vida adulta.

Un autor especialmente interesado por la adolescencia y las transformaciones psíquicas que en ella ocurren, Philippe Jeammet, ha querido precisar las diferencias clínicas entre lo que llama «potencialidades psicóticas» (qué es lo que hace pensar que una descompensación psicótica es probable); «funcionamiento psicotizante»[66] (características clínicas que ya muestran una actividad patógena que conduce a la psicosis) y «funcionamiento psicótico» (clínica confirmada de un proceso psicótico). Así, reactiva el debate de si la psicosis debe concebirse como un déficit

---

65 Es la razón por la que Francisco Palacio ha propuesto incluir este tipo de funcionamiento en las personalidades «paradepresivas» (que pueden presentar un «conflicto depresivo paraneurótico» o «parapsicótico») (Palacio, 2002; Palacio y Dufour, 2003; Manzano y Palacio, 1984).
66 No he encontrado mejor traducción para *psychotigène* (término que tampoco existe en los diccionarios de lengua francesa).

o como una defensa organizada frente a una problemática específica y defiende que hay que diferenciar los aspectos negativos propios de la psicosis (apartamiento y abandono de actividades previamente investidas, ruptura a veces definitiva de vínculos) de los síntomas relacionados con mecanismos positivos secundarios (construcciones delirantes), que no son específicos de la psicosis. Insiste en la importancia de no catalogar y tratar como una psicosis confirmada («esquizofrénica», por ejemplo) los «modos de expresión» específicos de la problemática adolescente (confusión y reconstrucción de una neoidentidad; nuevos equilibrios realidad externa/realidad interna, idealizaciones deliroides, etc.) (Jeammet, 1984, 1990, 1998). Junto con otros autores ha reflexionado recientemente sobre la influencia de factores externos e internos de protección y de riesgo en la vulnerabilidad psíquica y las formas de expresión psicopatológica de la adolescencia y su continuidad/discontinuidad con los trastornos de la infancia. Todos insisten en la idea de que «los modos de organización psíquica dependen del entorno psicosocial más de lo que se dice» (Corcos, Loisel y Jeammet, 2016). Otros autores también han tratado de rescatar la presencia de elementos clínicos no deficitarios en las descompensaciones psicóticas. Así lo hace Diatkine al referirse en especial a las psicosis infantiles: «nada parece irreversiblemente destruido», y Racamier (1924-1996) al hacerlo a la clínica de la esquizofrenia de adolescentes y adultos que «consiste en la alternancia de momentos de ruptura catastrófica de los investimientos y de intentos de restauración y reorganización posteriores».[67] Bion y

---

[67] *Investimiento* —un galicismo— y su traducción más frecuente —«investidura»— equivalen al termino «catexia», que se ha conservado desde la primera traducción española de las obras de Freud. Es un vocablo polisémico a nivel metapsicológico y muy utilizado en diferentes contextos clínicos por los autores franceses. Racamier se refiere a la pérdida de interés, de atracción por los «objetos» (actividades, personas, situaciones) anteriormente altamente «investidas» que con la entrada en la psicosis dejan de movilizar energía psíquica y pierden todo su componente atractivo anterior. Conviene asociarlo al término complementario de «contracatexia» o «contrainvestimiento», que denomina el interés, la fijación de energía psíquica de signo opuesto que a veces es simultánea, sustitutiva o alternante de la anterior (por ejemplo, el objeto fóbico conlleva una carga negativa de huida, de apartamiento y de rechazo intenso compensada por el contrainvestimiento positivo con el que se carga y se busca al acompañante contrafóbico).

los autores kleinianos sostienen en su propio lenguaje algo semejante cuando dicen que «partes de funcionamiento neurótico» subsisten en el psicótico (y viceversa).

Pese a su polisemia y a que ha sido cuestionado —fundamentalmente por Misès—, el concepto de «prepsicosis» sigue siendo utilizado hoy en día en la psiquiatría francófona. La razón fundamental es que describe situaciones clínicas diversas, pero con aspectos psicopatológicos nucleares comunes que interesan sobre todo desde el punto de vista evolutivo y pronóstico y, por tanto, afectan a la elección y evaluación de las intervenciones terapéuticas que se juzgan con un valor individual y preventivo y no solo como una aplicación sistematizada de un tratamiento idéntico —«el indicado y protocolizado»— para un diagnóstico idéntico.

Es imposible entender esta perspectiva de la psicopatología si no se sitúa en el contexto de un seguimiento intensivo a largo plazo y en un ámbito asistencial que lo permita y que precise de evaluaciones periódicas diacrónicas. Por el contrario, resulta muy difícil de entender en el contexto de una psiquiatría «sincrónica», que obliga a evaluar, diagnosticar y clasificar rápidamente para aplicar «árboles de decisión» o «algoritmos» que orientan el posterior destino terapéutico, que en general no suele continuar en un seguimiento prolongado por parte del profesional o del equipo que emite el diagnóstico inicial. Son dos maneras distintas de intervención terapéutica que proceden respectivamente de la tradición psiquiátrica humanista una y de la medicina somática la otra. Además, se hallan insertas en modelos asistenciales distintos: uno tan costoso que solo puede ser sostenido con recursos procedentes de fondos públicos o por fundaciones con importantes patrocinios privados; el otro, más vinculado a modelos asistenciales públicos más precarios o más ajustados a las realidades económicas a su vez ligadas a opciones político-económicas dependientes de las ideologías que las inspiran (y que han conducido a respuestas exclusivamente medicamentosas). Las opciones por modelos sanitarios «públicos» o «privados», así como la necesidad de sistemas de clasificación orientados fundamentalmente a ordenar y limitar a través de «catálogos de prestaciones» las concesiones económicas correspondientes, tienen mucho que ver con el interés o desinterés que —según los modelos sociosanitarios y las opciones político-económicas de cada país— despiertan las diferentes maneras de diagnosticar y entender el sufrimiento psíquico.[68] Son factores que influyen en las opciones terapéuticas que, aunque deberían depender únicamente de razones probadas a nivel científico, no son ajenas a opciones y convicciones ideológicas y sociales.

La importancia clínica del diagnóstico diferencial psicodinámico

Los procesos evolutivos del autismo son diferentes. Su duración, su complejidad, las sucesiones de continuidad y rupturas, las transformaciones individuales imprevisibles, la calidad de su entorno vital y la profundidad de la existencia de cada sujeto, las ayudas y acompañamientos recibidos... influyen en las diferentes trayectorias de cada persona autista.

El sufrimiento y los mecanismos íntimos del autista necesitan, para un encuentro terapéutico, a alguien capaz de vincularse y mirarse en sí mismo las turbulencias que produce ese acercamiento. Otra respuesta posible es la distancia, filtrar y clasificar. Confirmar lo que se sabe, o lo que creemos saber, poniendo el acento sobre la uniformidad, la homogeneidad y optar por una misma intervención para todos los casos de una misma categoría, es el ideal de la objetividad que la medicina científica persigue y que contrapone a la experiencia subjetiva.

Estas dos actitudes no se superponen, respectivamente, con psicoterapia psicoanalítica y cognitivismo-conductismo El psicoanálisis puede ser utilizado como modo de distanciamiento; la «neutralidad», si es excesiva, puede convertirse en frialdad y rechazo defensivo. Ciertas estrategias cognitivas introducen un placer en la relación y en el juego de pensamiento con un objetivo de transformación y no solo de adaptación. La reflexión sobre los mecanismos de reflexión y percepción

---

68 No está de más recordar el importante papel que, en el modelo asistencial estadounidense, han desempeñado los *lobbies* de los seguros privados y de la industria farmacéutica en los grupos de consenso que intervinieron para la aprobación de los diagnósticos psiquiátricos en el DSM (y en las posteriores decisiones sobre las prestaciones que recibirían).

en el registro cognitivo del autismo puede abrirse a nuevas formas más mentalizadas de placer que no están desvinculadas del registro de los afectos y emociones del mundo subjetivo. Es un asunto intersubjetivo entre humanos.[69] Tampoco la adaptación, los aprendizajes, la mejora de las capacidades sociales y su evaluación cuantitativa son aspectos menospreciados por los psicoanalistas.

Pero los TEA, tal como los entiende el DSM-5, resultan de una uniformización artificial de cuadros clínicos muy heterogéneos que obliga a renunciar a una reflexión sobre los diferentes mecanismos psicopatológicos subyacentes y reduce su comprensión bajo la «explicación» de que se resumirían en un hándicap de origen orgánico... como si los discapacitados por lesiones cerebrales claras carecieran de vida psíquica y afectiva, de conflictos internos y de necesidades de relación.

Las herramientas diagnósticas sistematizadas y validadas (ADI, ADOS, CARS, etc.), aceptadas y obligatorias para acceder a publicaciones en revistas internacionales «de alto impacto», no son una verdad absoluta ni ofrecen una objetividad científica sagrada, y no deben desligarse de la experiencia clínica. En cualquier caso, no deben conducir a una actitud profesional que se termina en el diagnóstico.

La elección de tratamientos «sistematizados» o «protocolizados» y aplicables de manera uniforme («replicables» es el anglicismo que se ha generalizado, aunque su traducción como «reproducibles» sería más

---

69 Las primeras terapias conductuales partieron, hace casi medio siglo, de teorías del aprendizaje basadas en el paradigma del condicionamiento y se utilizaron para reducir la ansiedad a través de las técnicas de desensibilización. Ya entonces, Lovaas fue pionero en usarlas para modificar el comportamiento de los autistas. En la década de 1970 surgieron las técnicas cognitivas y la combinación «cognitivo-conductual» de ambas, se demostró eficaz para reducir ciertos sufrimientos emocionales. A partir de la década de 1990, se incorporaron nuevas técnicas —terapias de aceptación y compromiso (ACT) y la basada en la atención plena (MBCT)— y se fueron determinando las condiciones en que eran más efectivas (métodos de aplicación, duraciones y frecuencia de sesiones, perfiles de pacientes) para luego multiplicarse en una gran variedad de indicaciones y aplicaciones. Las terapias cognitivo-conductuales, utilizadas hoy desde una perspectiva integradora, consideran inconcebible pensar en modificar un comportamiento sin abordar simultáneamente los cambios cognitivos que lo acompañan (pensamiento, creencias, experiencia emocional, etc.). Pueden y suelen asociarse con otros procedimientos terapéuticos en tratamientos «multimodales» que han permitido ampliar sus indicaciones (Mirabel-Sarron y Vera, 2021).

correcto) a grandes cohortes para poder comparar objetivamente sus resultados ha ido asociada a la desaparición del concepto de «psicosis» y de la gran diversidad clínica que incluye, pese a su carácter conceptual de estructura psíquica común. La común denominación de TEA engloba, junto con otros casos extremadamente diferentes y heterogéneos, los casos más típicos de autismo (con las características clínicas del «autismo de Kanner»), lo que la convierte en un paraguas diagnóstico común que parece aclarar criterios clínicos cuando en realidad los confunde. Prueba de ello es que muchos casos de TEA deben incluirse en la subclase denominada «TEA atípico o inespecífico» porque la clasificación renuncia a una reflexión psicopatológica que necesita de la comprensión y formación específica del clínico. También renuncia a aceptar una concepción del aparato psíquico que introduce en su desarrollo factores, internos y externos, tan variados como el equipamiento genético, el desarrollo neurosensorial, los factores relacionales y los incidentes y accidentes que pueden afectar a todos ellos. El resultado de la generalización de tales sistemas clasificatorios de diagnóstico es bien conocido y también ha sido ampliamente criticado. La prevalencia del autismo y de los TGD-TEA ha aumentado progresivamente[70] y todo apunta a que no se trata de una epidemia, sino de una mejora de la observación temprana y, sobre todo, de que han cambiado los parámetros en los criterios diagnósticos.

El aumento de casos con buen nivel intelectual ahora es aceptado incluso por aquellos que durante años defendieron la inseparable y obligatoria asociación autismo-deficiencia intelectual y que criticaban a quienes apoyaban la posibilidad y la evidencia de otras evoluciones

---

70 En paginas anteriores hemos recogido las cifras del estudio de Fombonne de 2009 (metaanálisis de 43 estudios seleccionados), que propone una cifra media de incidencia de 63 casos de TEA/10 000 habitantes. De ellos la mayoría serían casos de «autismo atípico». Hasta los años 80 las cifras manejadas eran de 1 a 4 casos/10 000 niños. Posteriormente, las cifras han ido aumentando tanto en estadísticas internacionales —1:160 (WHO, 2018); 1:132 (Baxter, Brugha, Erskine, Scheurer, Vos y Scout, 2015); 1:100 (Autismo Europa, 2019; ESCAP, 2020) 1:59 (Autism Speaks, 2019)— como en españolas: 0,61 % (entre 18 y 36 meses, en Canarias) (Fortea, Escandell y Castro, 2013); 1,55 - 1,00 % (en educación preescolar) (Morales-Hidalgo, Roigé-Castellví, Hernández-Martínez, Voltas y Canals, 2018); 1,23 % (CSM IJ Cataluña, franja de dos años) (Pérez Crespo et. al., 2019).

por «generar falsas esperanzas» («Si un autista no es deficiente es que no era autista», oíamos decir con firmeza y con frecuencia en foros de reputados especialistas). Misès sostenía que las «disarmonías psicóticas» representaban más de un tercio de los TGD-TEA si se incluían en esta categoría diagnóstica (porcentaje que coincide con el estudio de Fombonne). Señalaba que estaban menos relacionados con alteraciones orgánicas, aspecto que siempre estudió en profundidad, y que presentaban mejores evoluciones que los cuadros que denominaba «psicosis deficitarias».

El interés de esta inflación de diagnósticos TEA, favorecida por los cambios en los nuevos criterios diagnósticos, también tiene relación con las carencias de políticas sanitarias incapaces de ofrecer equipos y recursos intensivos a medio y largo plazo, así como con los legítimos intereses e intentos de asociaciones de afectados y de familiares y de sectores profesionales (educativos, sociales y también sanitarios) que tratan de obtenerlos apoyándose en datos que muestren la importancia «creciente» de su incidencia y prevalencia.

La psiquiatría psicodinámica francesa, tan denostada por algunos sectores de la psiquiatría anglosajona,[71] ha mostrado durante décadas

---

[71] En su exhaustivo repaso sobre la situación del autismo en Europa (original de 2010; ed. española ampliada en 2016), Feinstein dice: «los franceses siguieron manteniendo ideas atrasadas [...] aún hay cerca de un 75 % de niños con autismo atendidos en hospitales psiquiátricos». Aunque también describe que existen otras asociaciones de padres con posiciones distintas, recoge la opinión del presidente de una asociación de padres (Autismo Francia) reflejada en un Libro Blanco de 1994, que solicitaba que se «eliminaran los métodos de tratamiento ineficaces o dañinos y especialmente los planteamientos psicoanalíticos»; también incluye su afirmación de que «el sistema educativo francés es el responsable de que Francia siga estando tan atrasada [...] la psiquiatría es todavía la que manda [...] la educación especializada aún es una disciplina marginal». Afirma asimismo que en Suiza «la parte francófona está todavía muy influida por el enfoque psicoanalítico [...] los padres franco-suizos están reclamando que los métodos psicoanalíticos terminen de una vez por todas y que se creen escuelas especializadas en Ginebra». Cabría reprocharle que además de reflejar la opinión de sus interlocutores las hubiera contrastado con las realidades asistenciales de ambos países. Es cierto que entrevistó y reflejó las opiniones de dos psiquiatras franceses de orientación psicoanalítica (Roger Misès y Denis Rybas), pero no lo es menos que para ilustrar la situación de ambos países recoge dos anécdotas relatadas por Theo Peeters (1943-2018) —neurolingüista belga especializado en intervenciones educativas con autistas— quien, al comentar críticamente la técnica del *packing*,

su actividad militante a favor del desarrollo y el logro de recursos terapéuticos intensivos. Ya hemos hablado de su motivación originaria, determinada en gran parte por sus planteamientos opuestos a la persistencia de instituciones psiquiátricas caducas, indignas y favorecedoras de un inmovilismo que conduce a la cronificación y el deterioro mental.

En Misès y su obra se personifica bien una idea que otros autores compartían: que el autismo es una organización psíquica que hay que diferenciar de la deficiencia mental y de la organización psicótica (a la vez que hay que matizar los muchos lazos clínicos y psicopatológicos que comparten).

Pero, por antipático que resulte hacerlo, hay que recordar que en muchos casos el autismo es un fenómeno devastador y permanente. Su justa y necesaria reparación social no evita la necesidad de afrontar lo insoportable del sufrimiento psíquico del autista y su naturaleza psicopatológica, aunque ello convierta a la psiquiatría (y al psicoanálisis) en el chivo expiatorio de quienes no quieren reconocer la gravedad de su afectación psíquica. Equiparar todos los casos de autismo, los minoritarios —de evolución más favorable y de inteligencia y creatividad excepcionales— con otros muchos mayoritarios altamente dañados en sus capacidades de relación,

---

relata que «en la caribeña isla francesa de Martinica, a los niños con autismo se les entierra en arena hasta la nariz». Igualmente, para aludir a la situación en la Suiza francófona, asegura que «un padre suizo me preguntó con toda seriedad en los años ochenta si el autismo de su hijo podía haberse debido al hecho de que su abuelo se hubiera acostado con una monja, tal y como le había sugerido su psiquiatra». En cuanto a nuestro país, dice: «Curiosamente, Cataluña, una de las regiones más ricas y cosmopolitas del país, todavía es una de las áreas en las que el psicoanálisis tiene mayor influencia». Recoge también la opinión del padre de un autista: «en el resto de España, prácticamente no se creen que en Cataluña aún estemos así. Poco a poco el enfoque cognitivo-conductual va ganando peso, pero la transición es lenta». Feinstein comenta muy elogiosamente su visita a la Fundació Autisme Mas Casadevall, en Banyoles (Girona), y relata su entrevista con su director diciendo que había publicado un artículo donde comentaba que «no es posible seguir manteniendo la idea de que las madres son culpables de causar el autismo de sus hijos», y añade Feinstein: «aun así, no pude dejar de darme cuenta de que el nombre completo de la fundación que gestiona el centro es Fundación de Padres de Autistas y Psicóticos». Creo que este relato refleja bien la animadversión que despiertan en muchos padres de autistas (Feinstein también lo es) los términos psiquiátricos y psicoanalíticos aplicados al autismo y su preferencia por las técnicas cognitivo-conductuales, que entienden que son opuestas a las intervenciones psicoterapéuticas relacionales y más probadas científicamente.

de comunicación y de desarrollo cognitivo, se puede comprender porque el deseo de que a lo largo de su desarrollo los segundos se acerquen a los primeros es universalmente compartido. Pero pretender resolver el problema reduciéndolo al debate de si, sencillamente, hay que denominar a los autistas «neurodiversos» o «neuroatípicos» y negar el alto grado de sufrimiento de la mayoría de ellos —y de sus familias—, al hacer como si su «psiquiatrización» fuera la causa de su marginación y su malestar, es una simplificación insatisfactoria.

La diferencia, esencial en un análisis psicopatológico, se halla en considerar una etiología simplista y lineal fija e invariable, determinante de la evolución patognomónica de la enfermedad o en considerar la complejidad y el impacto de factores múltiples. Las hipótesis etiopatogénicas dicotómicas —organogenéticas o psicogenéticas a ultranza— pueden llevar, como en algunas posiciones cognitivistas, a sostener que un defecto neurológico fundamental o ciertas particularidades sensoperceptivas «explican» todas las dificultades del sujeto autista. Algunas posiciones psicoanalíticas, también simplistas, atribuyen a un accidente relacional —que infieren en el desarrollo de las interacciones tempranas— una causalidad totalmente explicativa de las dificultades posteriores del autismo. Ambos extremos parecen no considerar el papel activo del propio sujeto autista, sus propias contradicciones internas, efecto de sus limitaciones (innatas o mantenidas por su propio funcionamiento psíquico) y de sus capacidades de protegerse por medio de diversos mecanismos mentales y de intentos relacionales (exitosos o fallidos) y dependientes también de factores ajenos vinculados a su mundo externo, a la diversidad de sus entornos familiares, terapéuticos, pedagógicos o sociales.

Para la comprensión psicoanalítica, el mundo interno —el funcionamiento mental— del autista, sus modos defensivos, sus angustias, sus intentos de regular los problemas afectivos que sufre en la proximidad relacional o su desprotección frente al desbordamiento emocional y sensorial constituyen el interés central de su acercamiento terapéutico. Abordar el autismo desde esta perspectiva exige diferenciar el tipo de funcionamiento psíquico de cada autista. Desde una perspectiva diagnóstica médica, hablaríamos «de la forma clínica» que adopta su autismo. Su capacidad de relación o su tendencia a la evitación o ausencia de contacto, su capacidad o incapacidad de regulación emocional, su perfil neurosensorial y, sobre todo, su posesión de lenguaje comunicativo y de la expresión simbólica serán los factores determinantes que permitan una mayor variedad y riqueza de las intervenciones terapéuticas y pedagógicas, incluidas las psicoterapéuticas.

Cuando las características clínicas (déficit intelectual, ausencia de lenguaje, desinterés por cualquier relación e interés exclusivo por actividades de autoestimulación) lo impiden —en particular, cuando se prolongan durante años—, es evidente que las intervenciones con una visión de entrenamiento o adiestramiento basadas en técnicas conductuales tienen sus indicaciones. La razón fundamental, desde una perspectiva psicodinámica, es que la pasividad terapéutica facilita que el autista se mantenga en una actividad patógena —que agrava su situación— y que lo condena al aislamiento y al deterioro intelectual.

El argumento de que vale más «dejar en paz al autista en su feliz aislamiento» queda desmentido por las muchas experiencias que confirman que este «respeto» y una actitud «no intervencionista» se asocian a las evoluciones marcadas por más altos grados de déficit intelectual y de discapacidad para la relación humana y la adaptación social. Otra cosa es de qué manera las intervenciones que el autista rechaza pueden practicarse y evitar actitudes de imposición e intrusión que impliquen dosis de autoritarismo y de violencia. La «abstinencia terapéutica» (a veces mal entendida como «neutralidad respetuosa») y la no implicación personal pueden fomentar un inmovilismo con un alto impacto patógeno y resultar tan dañinas como otras muchas intervenciones impuestas que —también desde la psiquiatría— se han llevado a cabo con una actitud que solo puede producir temor y rechazo por parte de la hipersensibilidad del autista.

Que este descubra un relativo placer en las actividades que se le proponen —y que en inicio rechaza— depende más del talento, la paciencia y la creatividad del equipo terapéutico y de su calidad humana que de la orientación teórica de sus componentes. Según nuestra experiencia, cuenta más lo que se hace y el clima emocional y afectivo cotidiano y compartido —en un equipo terapéutico— que las convicciones vinculadas a certezas teóricas o a la supuesta validez científica que suelen declarar los profesionales que lo componen (que, salvo cuando están poseídos por una rigidez ideológica militante, suelen estar más cercanos en su trabajo clínico que en sus argumentaciones teóricas). La perspectiva psicoanalítica aporta dos nociones esenciales: 1. La construcción del psiquismo de un sujeto en el curso del desarrollo pasa por momentos críticos, no es inmutable y definitiva, incluso si los modos principales de organización se estructuran en los primeros años. 2. La comprensión de este funcionamiento psíquico del autista necesita de la observación, de la percepción y de la comprensión de sus sutiles comportamientos, de datos relacionales (transferenciales) y de su elaboración e interpretación, pero, además, de elementos subjetivos y no visibles que remitan a las vivencias subjetivas (contratransferenciales) del terapeuta.

Jacques Hochmann recuerda que hay diferentes formas y razones que hacen enrojecer que responden a emociones muy variadas (cólera, alegría, excitación, vergüenza, etc.). Igualmente, sabemos que las descargas motrices y las estereotipias tan típicas del autismo corresponden a operaciones psíquicas muy diversas. ¿Por qué equipararlas todas y suponer que su supresión o su disminución responderán a un mismo tipo de intervención terapéutica? Aún más, ¿por qué suponer que nunca tienen una utilidad psíquica o relacional y que no cumplen función alguna que alivie a quien recurre a ellas? Pensar que todas las estereotipias son una descarga motriz inespecífica o que cualquier otra operación repetitiva resulta de un déficit de regulación emocional, determinado por una misma insuficiencia o fallo neurológico, y desconocer su valor de mecanismo psíquico complejo empobrece la comprensión de su diversidad y, sobre todo, de su función y utilización terapéutica.

Los procesos mentales propios del autista pueden verse desde dos perspectivas distintas: como resultado de una insuficiencia o una incapacidad y ser juzgados como una actividad errónea e inútil, pero también como una capacidad, original y creativa, con una finalidad adaptativa que trata de sacar partido de sus peculiares procedimientos.

Que la perspectiva psicodinámica psicoanalítica lo vea así no quiere decir que otras perspectivas no puedan hacerlo o no lo hagan. Cuando Schopler, por ejemplo, planteaba programas educativos que tuvieran en cuenta tanto las capacidades como las limitaciones proponía algo muy semejante. La verdadera oposición no está entre las corrientes teóricas supuestamente irreconciliables, sino en que desde cualquier perspectiva se mantenga una ideología «defectológica» y una práctica «derrotista» o que, por el contrario, sea «funcional-adaptativa» y abierta a una práctica «expectante» o «esperanzada».

Cuando el psicoanálisis habla de una «intencionalidad inconsciente» subyacente en los procesos psíquicos, que permite comprender ciertas conductas, se produce un profundo malentendido si se (mal)entiende que los procesos o mecanismos defensivos son una operación mental con una intención voluntaria, elegida. Como si se pensara que el autista *quiere* actuar como actúa; como si se afirmara que si quisiera *podría* actuar de otra manera. Es una lectura errónea, porque desde una comprensión psicoanalítica se entiende que si el sujeto actúa así es porque no puede hacerlo de otra manera, ya que sus mecanismos psíquicos, sus procesos defensivos, le obligan inevitablemente a hacerlo. Se entiende la psicopatología como una pérdida de libertad, una sucesión repetitiva de modos de pensar que limitan las capacidades de respuestas flexibles, adaptadas a lo que pide el entorno, y que limitan las opciones de respuesta y fuerzan a un comportamiento desajustado.

El autista no elige aislarse, no rechaza voluntariamente la relación. Cuando recurre a complejas estereotipias autosensoriales «inútiles» o a comportamientos ritualizados «evitativos» no está eligiendo huir del otro; trata de hacer lo único que puede, esto es, descargar la tensión y el pánico que acompañan a la angustia que el acercamiento humano le produce. Está creando recursos para conseguir algo que su distorsionada percepción, del otro y del mundo, le impide. Entender y tratar de desmontar los pensamientos repetitivos y las obsesiones paralizadoras, que lo atan y lo privan de opciones más flexibles, es lo que nos legitima para intentar una ayuda terapéutica liberadora.

Una distinción esencial

Para la práctica clínica psicoanalítica resulta fundamental un diagnóstico diferencial que distinga el funcionamiento predominantemente autístico del predominantemente psicótico. En los términos de las clasificaciones actuales esto equivaldría a distinguir entre los TEA «autismo típico de Kanner» y los TEA «autismo atípico o inespecífico» (las disarmonías evolutivas de la psiquiatría francesa) y, en consecuencia, ¡a optar por diferentes opciones terapéuticas! (aun cuando también encontremos algunos rasgos comunes entre unos y otros casos).

Con la intención de aclarar didácticamente esta cuestión, y si extremamos las características predominantes que diferencian estas dos formas clínicas, se puede subrayar que en el funcionamiento mental de la *organización predominantemente autística* se observa que —aunque pueden aparecer manifestaciones esporádicas de angustia psicótica— su modo habitual y duradero de vida y comportamiento cursa con una ausencia de manifestaciones de angustia psicótica y de procesos defensivos activos que se exteriorizan en su comportamiento con ruidosas emergencias de manifestaciones «productivas» (crisis emocionales intensas de tipo onírico-alucinatorio o delirante —expresión de un proceso mental primario— que invaden su psiquismo e irrumpen en su percepción distorsionada de la realidad externa).

En cambio, estas crisis aparecen de modo permanente en las organizaciones *predominantemente psicóticas*. Por ello sus cuidadores se ven asaltados y urgidos a responder a situaciones turbulentas en las que sienten la urgencia de calmar y contener la intensa angustia —que los invade tanto como al propio sujeto que la sufre— que se manifiesta de forma alarmante y explosiva. La función de contenerla se intensifica y suele comenzar por tratar de ayudar a restablecer y ordenar el funcionamiento psíquico con la puesta en marcha de un proceso «secundario» de pensamiento (compartido entre paciente y cuidador). Esto suele plasmarse en un intento de diálogo centrado en poner palabras a vivencias intensamente angustiosas: «¿Qué te pasa? ¿Es algo que ves o que oyes? ¿Es algo que te viene a la cabeza, a la imaginación? ¿Algo que estás recordando? ¿Algo que has soñado? ¿Algo que te ha pasado o que te va a pasar?».

Por el contrario, la tendencia habitual a evitar o ignorar la relación con un interlocutor es lo que caracteriza al funcionamiento autístico. La emergencia de comportamientos desinhibidos activos que solicitan, invaden y asaltan a sus interlocutores es altamente infrecuente y, cuando aparecen, suelen constituir una reacción a aproximaciones que perturban su actitud ensimismada o que modifican, contra su voluntad, las condiciones de un entorno que necesitan y exigen que permanezca invariable. Tampoco se observan en ellos con la misma frecuencia los mecanismos defensivos proyectivos que se exteriorizan en reacciones violentas hacia un entorno externo que perciben amenazante y hacia el que mantienen una actitud de alerta que se puede transformar fácilmente en acusaciones, agresiones o insultos. Si estos («los más autistas») prefieren la quietud y la actitud pasiva del interlocutor —al cual ignoran, aunque lo perciban—, los otros («los más psicóticos») no pueden evitar mostrarse interesados, preocupados y atentos a su presencia, y tienden a perturbarlo adelantándose a lo que viven como un observador amenazante y peligroso.

Cuando predominan los mecanismos psicóticos vemos la tendencia a imaginar un mundo externo distorsionado y peligroso que invade «desde fuera» la mente del sujeto, la cual no cesa de fabricar asociaciones mentales proyectivas ligadas a fantasías violentas (con contenidos pulsionales libidinales y agresivos) que, si no pueden ser representadas —verbalmente o a través del juego y la representación gráfica—, son evacuadas y actuadas obligando a una intervención activa, que desean para ser contenidos y frenados en sus impulsos destructivos. No es infrecuente que haya que hacerlo utilizando el contacto corporal o facilitando que canalicen la descarga agresiva en actividades físicas. Conviene recordar también que, en el juego imaginario y sus derivaciones proyectivas (oniroides, alucinatorias y delirantes), además de angustia y sufrimiento, existe un placer asociado (excitación y omnipotencia, sentimiento de superioridad y de atemorizar al otro, control de la realidad externa, imposición de exigencias, etc.) que siempre conduce al encuentro y uso del entorno humano. De cómo responda este y de las respuestas interactivas generadas pueden resultar efectos dañinos, inútiles o beneficiosos, pero nunca indiferentes o inocuos. Afortunadamente, aportar sosiego y sentido a la confusión psicótica (aportar proceso secundario[72] y criterio de realidad) es una baza eficaz que posibilitará una relación terapéutica.

---

72 Para Freud (1911), el proceso primario y el secundario son dos modos de funcionamiento mental que caracterizan, respectivamente, al sistema inconsciente y al (pre)

Cuando predominan los mecanismos autísticos, la existencia de un mundo exterior más allá del mundo perceptivo y propioceptivo inmediato del autista es para él irrepresentable, intolerable, imprevisible e indescifrable. La percepción sensorial de lo más contiguo, las sensaciones concretas «adheridas» o muy cercanas a la superficie corporal son el contenido «psíquico» predominante. Por eso ayudarlos a nombrar sus sensaciones y —si pueden entenderlo para luego poder aceptarlo— los miedos y las angustias asociadas a ellas, constituye la opción terapéutica adecuada y la única viable. Las intervenciones interpretativas centradas en fantasías psicóticas y en su proyección defensiva —útiles en el funcionamiento psicótico— resultan aquí inútiles porque quedan muy alejadas de lo que pueden nombrar, entender y representar mentalmente, siendo inalcanzables para su (in)capacidad de elaboración mental.

En uno y otro caso la temporalidad se vive de manera muy diferente. Abolida en el autista, sus interlocutores tienen una sensación de «parón» impenetrable muy difícil de movilizar. «Nada cambia» porque nada aparece como factor de cambio motivador. Todo lo contrario en «a ver qué sorpresa nos espera hoy», expectativa que suscita el funcionamiento psicótico cambiante y difícil de prever. La turbulencia y el desorden del comportamiento obligan a construir un relato narrativo que permita una comprensión lógica de una sucesión de manifestaciones —del comportamiento y de las expresiones emocionales y, si las hay, verbales y simbólicas— que luego pueda ser comunicada a quien padece el episodio de confusión psicótica. Por lo general, el sujeto necesita de una contención previa que calme su excitación y su angustia, que le impiden cualquier escucha.

Las reacciones a las situaciones de agitación revelan la disponibilidad de los equipos terapéuticos para «trabajarlas» como conflictos humanos e institucionales, que tienen un efecto movilizador positivo y que hacen

---

consciente. En el primario, más cercano a la alucinación y al sueño, el psiquismo fluye sin cesar pasando sin pausa de unas representaciones mentales a otras, ligadas todas al principio de placer y buscando la inmediata satisfacción de deseos. El proceso secundario, ligado al principio de realidad, se mueve entre pensamientos (representaciones mentales) más estables y permite aplazar la obtención de satisfacción porque se ajusta a las exigencias de la realidad.

que se modifiquen las relaciones e interacciones del equipo cuidador, con el paciente y entre ellos. Otras veces revelan el pánico y desconcierto de equipos que suelen preferir evitar y yugular rápidamente cualquier situación de angustia y desorden (inmovilización «mecánica», sedación química masiva, hospitalización urgente).

El clima generado por el inmovilismo y la inercia del autismo severo también se acompaña de intensas reacciones emocionales —individuales o colectivas— en los equipos terapéuticos, las cuales van desde el activismo, que puede llegar al «furor intervencionista», hasta la pasividad mortecina del «no se puede hacer nada». Como en las situaciones anteriormente descritas, el aislamiento individual o del equipo y la carencia de un clima de trabajo colectivo y de reflexión compartida son factores que pueden desmoralizar, paralizar las actividades y hasta favorecer situaciones depresivas. A partir de la experiencia de las dificultades que conlleva la convivencia con pacientes difíciles muchos profesionales pueden llegar a una comprensión empática del malestar que sufren los familiares.

Los autistas cambian

Una vez descritas las particularidades del diagnóstico diferencial «autismo-psicosis» insistiré en otra cuestión que choca con una visión «estática» de las clasificaciones diagnósticas.

Los TEA evolucionan y cambian. Cursan con reorganizaciones, transformaciones, avances y retrocesos. No en vano se definen como «trastornos del neurodesarrollo» y, aunque algunos entienden que eso significa que están predeterminados exclusivamente por factores neurobiológicos, conviene recordar que la visión actual de la neurobiología ha cambiado precisamente en el sentido de entenderla como abierta a múltiples factores evolutivos.

Según la clásica definición de René Diatkine, «el autismo es una modalidad particular de organización psíquica en respuesta a dificultades intrapsíquicas e interactivas provocadas por disfuncionamientos de naturaleza diversa». Resulta curioso, desde la negativa consideración actual que en ciertos medios recibe el psicoanálisis, que fuera precisamente un psicoanalista quien, en los tiempos en los que la neurobiología aún no había alcanzado el desarrollo actual, ofreciera una visión tan abierta.

Uno de los aspectos más interesantes que ha surgido de las experiencias asistenciales que han logrado una continuidad prolongada en la convivencia con los autistas es el conocimiento del «posautismo». No se trata de que el sujeto «ya no sea autista», sino de que hay que entender esto en términos de la reorganización psíquica resultante de la desestabilización del «sistema autístico cerrado» inicial. Su «coherencia» y su estabilidad inamovible se han permeabilizado y, debido a factores internos y externos, el autista se va abriendo al reconocimiento de personas cercanas y es sensible a las propuestas —de actividades y de encuentros placenteros— del entorno inmediato. Aparecen nuevas situaciones en las que gestionar la presencia y la ausencia, así como variaciones y cambios, que fuerzan a tolerar poco a poco lo imprevisible y afrontar nuevas angustias difícilmente soportables con la fragilidad, la rigidez y las dificultades adaptativas que caracterizan al autista.

Paradójicamente, las intervenciones terapéuticas que tratan de desestabilizar esta rigidez, es decir, «permeabilizar» al autista, podrían suponer a la vez una intrusión en sus necesidades más íntimas y violentar su frágil sensibilidad, lo que implicaría un sufrimiento que descompondría su equilibrio. Estamos ante una valoración de la relación sufrimiento-ganancia o angustia-bienestar narcisista (en lenguaje de gestor sanitario, «coste-beneficio»). A la vista de la amplia casuística conocida actualmente, parece claro que esta «desestabilización terapéutica» les protege de una evolución más sombría. Esta mejoría evolutiva compensaría sus esfuerzos por adaptarse a situaciones «sociales» que los fuerzan a relacionarse. De todas maneras, también es cierto que todo autista sufre más o menos, antes o después, la influencia perturbadora de los acercamientos relacionales. Acceder a la comunicación humana es una necesidad primordial a la que se opone el repliegue autístico (que puede llegar a ser un factor altamente patógeno). El momento evolutivo de la adolescencia y los cambios que la acompañan suponen asimismo un delicado período para estas personas. Hemos constatado repetidas veces el drama que conlleva, por ejemplo, una razón administrativa ligada a la absurda rigidez burocrática; así, el mero hecho de cumplir una edad cronológica (16-18 años) obliga a cambios asistenciales que comprometen importantes progresos relacionales y que pueden implican severas descompensaciones (y una profunda insatisfacción y preocupación familiar ante lo que, con razón, estiman que es un abandono).

Todo ello lleva a pensar que es inevitable la confrontación del autista con situaciones vitales que le harán sufrir, por lo que ayudarlo a tolerar esto y poder acompañarlo a sobrellevarlo con el menor sufrimiento posible es una tarea primordial. Para hacerlo hay que compartir su hipersensibilidad y sus temores, respetarlo y hacer que pueda mitigar su necesidad imperiosa de mantener un mundo inmutable, así como aceptar la utilización fusional y la dependencia simbiótica que necesita para tolerar una relación de confianza.

La fragilidad de su «piel psíquica», su débil capacidad para frenar las excitaciones externas, conlleva una gran vulnerabilidad ante cualquier situación que los desestabilice. Durante la adolescencia, es frecuente que los autistas que toman conciencia de sus dificultades de relación y de lo peculiar de su comportamiento sientan un impulso imperioso de relacionarse y de hacerse aceptar, lo cual, unido a su falta de elasticidad adaptativa, los conduce a hacer esto de manera brusca, con la consiguiente experiencia de rechazo y desesperación, y ello puede dar pie a comportamientos agresivos, autoagresiones, crisis de cólera y destructividad. No siempre se capta que tales comportamientos resultan de intentos fallidos de progresar en su capacidad de vincularse. Por el contrario, resulta fácil creer que, como surgen en un contexto de posibles encuentros sociales, conviene «protegerlos» renunciando a ello y «respetando» su «pacífico» aislamiento. Encontrar la distancia y las «dosis» de apoyo que necesitan para animarse a vencer su tendencia a apartarse y a volver a su mundo autosensorial no resulta sencillo.

Otro aspecto clínico a valorar es que a veces una «crisis psicótica», con aparición de mecanismos proyectivos y activación de angustias depresivas y paranoides, puede ser un signo de activación psíquica y no siempre debe ser considerada un empeoramiento de la situación clínica, aunque es obvio que precisa de recursos ambientales suficientes para contener la situación sin riesgos (entorno terapéutico y socioeducativo, colaboración multiprofesional y soporte familiar).

Intervenciones terapéuticas tempranas en espacios asistenciales favorables

La psiquiatría francófona también se ha desarrollado en otros países (zonas francoparlantes de Canadá y Suiza). En este sentido, en las universidades cantonales de Lausana y Ginebra se produjo una situación particular en lo que concierne a la psiquiatría infantil y de la adolescencia. Particular, porque en ambos lugares el punto de partida, en los inicios del siglo XX, fue la confluencia del interés sanitario y el escolar en un modelo «médico-pedagógico» que reunía financiación y profesionales procedentes de ambos ámbitos y que se ha mantenido estable desde su fundación hasta hoy en día. Las diversas transformaciones y actualizaciones sufridas han derivado en su confluencia con los servicios universitarios de psiquiatría. Desde sus amplias posibilidades asistenciales proponían y practicaban dos cuestiones fundamentales: un diagnóstico precoz y una puesta en marcha en edades tempranas, como algo imprescindible, de intervenciones terapéuticas polivalentes y multiprofesionales (psicoterapia, pedagogía especializada, psicomotricidad, logopedia) basadas en una relación intensiva, coordinada y prolongada.

Así se llevaba a cabo, por ejemplo, en las instituciones «médico-pedagógicas» de Ginebra[73] (como en el Distrito XIII parisino o en otros pocos lugares de Europa). Conviene recordar, en estos tiempos de simplificaciones abusivas hacia los planteamientos inspirados del psicoanálisis, que sus líderes eran psicoanalistas, al igual que las ideas que sustentaban sus intervenciones terapéuticas, coordinadas y completadas con ayudas pedagógicas y educativas. También, que defendían el compromiso de los servicios públicos de salud mental y la utilización de amplios recursos asistenciales en tratamientos ambulatorios intensivos y en el desarrollo de instituciones terapéuticas especialmente sensibles a la atención a niños

73 En Ginebra, el denominado «Servicio Médico Pedagógico», al que desde su fundación en 1906 pertenecían todas las instituciones y centros ambulatorios de Salud Mental, así como las clases de educación especial y las instituciones y profesionales encargados de la «reeducación» y «rehabilitación» en el medio escolar, dependían del Departamento de Instrucción Pública. Actualmente se han incorporado en el conjunto de las Instituciones Universitarias de Psiquiatría de Ginebra. En Lausana —y en el cantón entero de Vaud— parecida evolución siguió el Office Médico-Pédagogique Vaudois.

psicóticos y a sus familias.[74] En la denominada «escuela de Ginebra»,[75] en concreto —desde las décadas 1970-1980— realizaron estudios de catamnesis de larga duración para demostrar la eficacia de los tratamientos psicoterapéuticos intensivos que se iniciaban tras un diagnóstico precoz del autismo y de otros trastornos del desarrollo. Desde una comprensión psicoanalítica de las relaciones precoces parentofiliales y de sus trastornos, así como desde su implicación en una práctica clínica complementada con una investigación aplicada pragmática y autocrítica con sus resultados terapéuticos, acometieron una obra importante con una orientación que contrastaba con otras maneras de ver las cosas (Manzano, 1996; Manzano *et al.*, 1987; Cramer y Palacio, 1993; Knauer y Palacio, 2010). Otro aspecto influyente de su labor fue su contribución a la formación de numerosos profesionales de otros países, incluido el nuestro.

Su peculiaridad teórica y práctica reside en que se interesaron pronto por comprender y abordar el autismo y las psicosis infantiles (todavía estaban por llegar los conceptos de TGD y de TEA) porque entendían su sufrimiento psíquico desde la perspectiva de una psicopatología dinámica claramente inspirada por el psicoanálisis. Su opción clínica y asistencial consistía en desarrollar tratamientos psicoterapéuticos intensivos tanto en servicios ambulatorios públicos y accesibles para toda la población como en instituciones y lugares terapéuticos especializados y con diversas denominaciones («hospital de día», «unidad de tarde», «talleres posescolares», «aulas especiales», etc.), creados para

---

74 Es el modelo que nos llevó, con recursos mucho más limitados y tras largas negociaciones, a completar y articular nuestro servicio de salud mental extrahospitalario con un centro de día (unidad terapéutico-educativa de atención intensiva) conjuntamente sostenido por los departamentos de educación y de sanidad. Reúne un equipo mutiprofesional mixto (educativo y sanitario) que sigue en funcionamiento activo desde 1999.
75 En 1973, Ajuriaguerra creó un Centro Universitario de Psicopatología del Desarrollo, que en 1978 se convertiría, bajo la dirección de sus sucesores (Bertrand Cramer, Juan Manzano, Francisco Palacio-Espasa, Dora Knauer, François Ansermet,) en un servicio —Centre de Guidance Infantile— destinado a los menores de cinco años, edades entonces denominadas «preescolares». Sumarían al centro inicial una Unidad de Paidopsiquiatría en el Hospital General Cantonal, una guardería terapéutica *(jardin d'enfants)* y un hospital de día para autistas y psicóticos de corta edad (Hôpital de Jour de Clairival). Lasa Zulueta, A. (1992). Julián de Ajuriaguerra en la psiquiatría infantil. En J. Guimón y J.M. Aguirre, *Vida y obra de Julián de Ajuriaguerra* (cap. 5, pp. 91-98). Madrid: Arán.

reunir en el mismo espacio tratamientos polivalentes (psicopedagogía, reeducación del lenguaje, psicomotricidad) que evitaran su dispersión en sitios multiprofesionales diversos y separados.[76] Además de su experiencia en intervenciones precoces, aportaron, cuando casi nadie lo hacía, una esperanzada visión pronóstica del futuro de los trastornos autísticos y psicóticos, basada en resultados obtenidos en sus instituciones terapéuticas que verificaban tras largos estudios de seguimiento.

Tratamiento-psicoterapia versus educación-psicopedagogía. Puntos de encuentro.

Antes de comentar los desacuerdos recientes entre estos dos ámbitos, propongo un breve guion sobre lo que siempre se ha hecho, y se puede seguir haciendo, cuando los equipos profesionales deciden trabajar en un mismo lugar o coordinarse desde espacios complementarios. No se trata de negar las diversas dificultades para hacerlo: culturas y formación

---

[76] Este texto no aborda la apasionante historia de los denominados «hospitales de día», que trataban de reunir en un espacio de vida todos los cuidados necesarios para autistas y psicóticos. En su día fueron considerados un dispositivo ambulatorio esencial en los equipos extrahospitalarios de psiquiatría bien desarrollados, aunque nunca se consolidaron en muchos lugares y los que funcionaron durante décadas, salvo escasas pero destacadas excepciones, han ido declinando, debido sobre todo a sus propias dificultades (elevado coste y dificultades financieras, aislamiento y falta de comprensión social), sus planteamientos utópicos (ilusiones ideológicas y curativas) y en especial los cambios de orientaciones y de financiación en la psiquiatría pública. De manera progresiva se transformaron en «unidades» o «programas de atención terapéutica intensiva» o en «programas de tratamiento intensivo temprano para trastornos del desarrollo» (denominación que sustituye a la más dura de «trastornos mentales graves», lógicamente mal tolerada por los afectados y por sus familiares). Hoy forman parte de los dispositivos de salud mental que buscan la confluencia con los servicios sociales y con el sistema educativo, y que buscan fórmulas de financiación privada o subvencionada para insertarse en proyectos e iniciativas «sociosanitarias» diversas. Este resumen telegráfico no sería justo si no mencionara la gran dedicación humana y profesional que aún subsiste en algunos centros que han sobrevivido de modo ejemplar (en otros países y también en el nuestro). Numerosos textos dan buena cuenta de dicha cuestión (Bleandonu y Despinoy, 1974; Misès, 1997; Hochmann, 1995, 1999; Marciano, 2009; Brun y Villanueva, 2004; Viloca, 2012, 2017; Centre Educatiu i Terapèutic Carrilet, 2012; Centre Especial Carrilet, 1976).

diferentes, pertenencia administrativa, con horarios y salarios distintos; un sinfín de burocracias y programas de obligado cumplimiento, etc.

Sin embargo, no solo parece viable, sino que hay muchas experiencias que lo han logrado y que organizan cuidados multiprofesionales —personalizados conforme a las características de cada grupo de niños o individualmente— centrados en un mismo proyecto educativo y terapéutico, lo cual resulta muy beneficioso.

Desde nuestra experiencia, hemos tratado de transmitir que hay tareas complementarias que parten de una aplicación de principios básicos, inspirados por los objetivos generales de toda ayuda psicoterapéutica:

- Poner palabras a sus emociones.
- Dar sentido a sus comportamientos atípicos.
- Unificar la representación de su imagen corporal.
- Comprender que el otro existe y no es una amenaza para ellos (Tustin).

Para cualquier profesional, estos principios generales se plasman en tres tareas fundamentales:

1) Aliviar el sufrimiento-malestar psíquico asociado:
   - Conteniendo la angustia o excitación excesivas.
   - Facilitando la expresión de fantasías amenazantes–desbordantes.
   - Respetando y tratando de movilizar inhibiciones masivas.
   - Frenando y canalizando el descontrol agresivo y libidinal.
2) Favorecer la capacidad de relación-expresión:
   - Ofreciendo una relación de confianza, estable y fiable.
   - Proponiendo experiencias estructurantes.
   - Mostrando un respetuoso conocimiento de sus dificultades personales.
   - Formándose y ejercitando la capacidad de comprensión y contención.
3) Facilitar experiencias de aprendizaje:
   - Estimulando la curiosidad y el deseo espontáneo de conocer.
   - Ideando y ofreciendo un marco de actividades placenteras y atractivas.

- Compartiendo y descubriendo el placer de jugar y crear.
- Tolerando sin desánimo la repetición agotadora de experiencias positivas.

Este apretado guion de tareas no resulta fácil de desarrollar ni de mantener porque la relación individual o grupal con autistas y psicóticos está llena tanto de monotonías agotadoras como de sorpresas explosivas, de momentos de cansancio personal y de sobresaltos de pánico, de dudas paralizantes y de bruscas decisiones. Como hemos visto, hay profesionales de gran experiencia que recuerdan el «peligro» que supone adentrarse en una relación terapéutica prolongada (cuando Anne Alvarez recordaba el consejo de Tustin). No es casualidad que todas las experiencia terapéuticas subrayen la ayuda que supone hacerlo con el apoyo de un equipo con diferentes profesionales que se relevan de manera coordinada. Los que conviven con autistas, como sus familiares, sufren el impacto emocional de numerosas situaciones. Comprender los problemas relacionales que surgen es fundamental para cualquier profesional y debe ser parte esencial de su formación, ya que esto afecta a su estabilidad emocional y repercute en su actitud terapéutica. Este principio es válido sea cual sea su orientación teórica porque, en la práctica cotidiana, las experiencias y las reacciones de los cuidadores son muy semejantes.

Formas clínicas y líneas evolutivas

Que los autistas encuentren un ambiente sosegado y seguro es la condición imprescindible para que puedan expresar ciertos comportamientos y desplegar todas sus capacidades potenciales que, en contextos desfavorables, no aparecen. Cuando lo hacen, podemos constatar diversas trayectorias clínicas. Las que describimos a continuación forman parte de nuestra experiencia, a su vez basada en las propuestas de autores que, a partir del desarrollo de guarderías y centros de día escolares y terapéuticos, destinados a niños autistas y psicóticos en edades tempranas, fueron pioneros a la hora favorecer los efectos favorables de las intervenciones precoces (Manzano et al., 1979; Manzano, 1984; Manzano y Palacio, 1983; Knauer y Palacio, 2010).

Desde esta perspectiva estructural y psicodinámica,[77] todas las formas clínicas de TEA, denominación que engloba los cuadros clínicos que han sido denominados de manera sucesiva como «psicosis infantiles» y «trastornos generalizados del desarrollo», conducen a comprenderlos, se llamen como se llamen, de un modo que no ha variado en el tiempo. Otra cosa es cómo han variado los planteamientos terapéuticos, pero la visión estructural que aquí se muestra se ha mantenido estable y así lo transmitimos en los espacios de formación que proponemos desde hace décadas (Lasa Zulueta, 1989).

Desde esta perspectiva, cualquier forma clínica de TEA combina, en diferentes cantidades, manifestaciones de *cuatro tipos de procesos mentales y de comportamientos* que los expresan.[78] Según el tipo de fenómenos psíquicos que predomine podremos reconocer o describir diferentes formas clínicas o, si se prefiere un lenguaje menos médico, las características y peculiaridades personales que conviene comprender y respetar, con cada sujeto, a la hora de un acercamiento que intenta brindar una ayuda terapéutica.

Los fenómenos *autísticos:* son los más fácilmente reconocibles y los que han dado lugar a la denominación de «autismo típico» desde que Kanner los describió, construyendo una comprensión de todo el complejo y rico cuadro de síntomas a partir de las dos características psicopatológicas fundamentales que definió, ya revisadas a lo largo de estas páginas: la búsqueda de soledad y de aislamiento de las relaciones humanas *(aloneness)* y la tendencia a mantener el entorno inmutable *(sameness)*. Pero han sido la riqueza, la intensidad y la variedad de los diversos síntomas que acompañan a estas características esenciales las que han obligado a ampliar un cuadro clínico que se queda corto. La tríada actual que define los TEA (en el DSM-5) ha tratado de resumir esta variedad en unas características sintomáticas agrupadas, en las cuales encajarían todos los tipos de TEA.[79] La necesidad de construir unida-

---

77 La RAE define «dinámica» como «sistema de fuerzas dirigidas a un fin» y «estructura» como «disposición o modo de estar relacionadas las distintas parte de un conjunto».
78 Lo que conduce a ejercer la capacidad de «ver a la vez lo uno y lo múltiple» que ya Platón admiraba: «Si creo que hay algún otro que tenga como un poder natural de ver lo uno y lo múltiple, lo persigo yendo tras sus huellas como tras las de un dios» (Platón, *Fedro*).
79 La tríada del DSM-5 incluye: «Deficiencias persistentes en la comunicación y en la interacción social; patrones restrictivos y repetitivos de comportamiento, intereses o

des diagnósticas homogéneas —y de proponer para cada una de ellas una intervención terapéutica común— ha motivado esta opción, más acorde con las exigencias de la psiquiatría actual. Este reordenamiento diagnóstico, que busca evitar una variabilidad diagnóstica, ha conducido también a una pérdida de la comprensión de las características individuales de cada caso, que —por incluido que se encuentre en las características generales de los TEA— precisa que afinemos las particularidades de cada intervención terapéutica, la cual ha de respetar y amoldarse siempre a las características personales de hipersensibilidad y vulnerabilidad de cada sujeto. Lo que conduce a una cuestión que choca con las necesidades de la medicina actual de probar y comparar los resultados de un único tratamiento con una misma población clínica: ¿se puede tratar de la misma manera a todos los que reciben el mismo diagnóstico de TEA? ¿Y si ciertas experiencias terapéuticas fuesen excepcionales e irreproducibles? ¿Y si dependen de un encuentro insólito y difícil más azaroso que previsible? La medicina basada en la evidencia ya ha respondido con su aplastante lógica diciendo que la experiencia que no puede reproducirse (o «replicarse») no tiene valor científico.

Los fenómenos *simbióticos:* aparecen como vía de salida del repliegue autístico. Resultan de la gran sensibilidad perceptiva del autista, cuyo sistema sensorial desbordado tiene que protegerse anulando estímulos insoportables. Para ello el sujeto pone en marcha, regulándolo automáticamente, la saturación y el control de su percepción con sus propias estimulaciones «autosensoriales» repetitivas. Se rodea así de una frágil «piel psíquica» que lo protege y le permite soportar un mundo externo distorsionado, a la que sobreañade, como escudo humano indispensable, algunas funciones de las personas cercanas que le rodean y que no son reconocidas como tales, sino utilizadas como apéndice y prolongación corporal y mental, como una herramienta de acercamiento al mundo que le rodea. Esta unión/fusión —que atrapa y absorbe— es percibida, por quienes ejercen esta función maternal protectora, como una tarea que invade y succiona su propio

---

actividades; deterioro clínico significativo en el área social» y añade un detalle importante: que «estas alteraciones no se explican mejor por una discapacidad intelectual o por un retraso global del desarrollo».

psiquismo —su percepción, sus vivencias emocionales— y su autonomía. Así, estos se sienten alienados, usados e ignorados como personas con sus propios sentimientos y necesidades. Su vida y su organización psíquica se vuelven inseparables de esta presencia invasiva y contagiosa que los parasita. Se manifiesta con especial intensidad cuando el niño muestra pánico ante cualquier situación, real o imaginaria, que amenace con privarlo de quien lo protege y tiende a aferrarse o a agredir violentamente a quien va a separase «desgarradoramente» de él, arremetiendo también contra cualquier persona, objeto o circunstancia que se interponga o amenace esta simbiosis. Una vez que se consolida como «simbiosis autística», la relación se caracteriza por una dependencia mutua con sus cuidadores, que se ven doblemente obligados: por un lado, a respetar las exigencias desesperadas de una persona muy frágil; por otro, a forzar que cambie las actitudes repetitivas que trata de imponer y que limitan su aceptación de los cambios y realidades de su entorno. La doble necesidad de mantener una delicada dedicación y de experimentar y descargar insoportables sentimientos que escapan a todo intento de dominarlos hace que el papel del cuidador —ya sea un familiar o un profesional— resulte agotador. Todos ellos suelen relatar su vivencia de llevar en su cabeza de modo permanente y sin descanso, se halle o no presente, a la persona que cuidan, el agobio de ser responsables directos de su sufrimiento y de su frágil equilibrio psíquico. Este fenómeno corresponde a lo que Mahler describió como «psicosis simbiótica», comentada con anterioridad. Aunque la concibió como un estancamiento en una fase —«autística normal»— muy temprana del desarrollo, tuvo que abandonar esta hipótesis como errónea cuando muchas evidencias clínicas confirmaron que en las fases más tempranas del desarrollo se observa que el bebé sano tiende a interesarse por el contacto humano —y a establecerlo— desde el nacimiento, algo muy distinto de lo que ocurre cuando un bebé muestra dificultades de contacto que conducen al autismo.[80]

---

80 Como recuerda en el prólogo, Jorge Luis Tizón ha propuesto en su «psicopatología relacional» los conceptos de «relación adhesivo-autística» y de «suborganización simbiótico-adhesiva», que actualizan y modernizan conceptos psicoanalíticos kleinianos y que coinciden con lo aquí descrito.

Los fenómenos *disociativos*: como hemos visto, fue Bleuler quien describió la disociación como mecanismo psíquico esencial de la psicosis del adulto y además propuso rebautizar la «demencia precoz» como «esquizofrenia». Luego, tras un largo recorrido conceptual con varios autores implicados, la psiquiatría infantil tardó varias décadas en determinar que el autismo infantil no era ni una esquizofrenia, ni una deficiencia mental. Sin embargo, a pesar del relativo optimismo de Bleuler y de la posterior difuminación, hasta el día de hoy, del concepto de «esquizofrenia», la oscura sombra de un diagnóstico psiquiátrico de pronóstico nefasto sigue planeando sobre cualquier aproximación a una visión del autismo infantil que recuerde cualquier parentesco psicopatológico con fenómenos psicóticos. Así que la noción de «psicosis infantil» y la posterior de «trastornos invasivos/generalizados del desarrollo» (TGD) han quedado barridas por la mejor aceptada —por ahora— de «trastornos del espectro autista» (TEA). Como mencionaba al inicio, hay quien plantea que este cambio de denominación debe hacer que el autismo salga del territorio de la psiquiatría que, en algunos colectivos, despierta el mismo temor que antaño.

Por eso conviene precisar lo que desde la perspectiva psicodinámica se entiende como «mecanismos disociativos esenciales del autismo». La disociación es una operación psíquica que selecciona lo soportable y desconoce, transforma o expulsa lo intolerable. No hace falta tener concepciones o convicciones kleinianas apara reconocer la pertinencia clínica y la universalidad de los conceptos de «negación» (de lo percibido interiormente) y de «proyección» al mundo externo (del origen y procedencia de las sensaciones y emociones intolerables y angustiosas). Son mecanismos psicológicos básicos que también el autista pone en marcha. En su caso, se acentúa la tendencia a una distorsión de la percepción del entorno —material y humano— y de los comportamientos para adaptarse a él, tanto por razones neurosensoriales (híper o hiporreactividad) como psicológicas. Su hipersensibilidad sensorial lo deja indefenso ante un excesivo impacto perceptivo que moviliza temores e intensas emociones que necesitan ser contenidas, nombradas y elaboradas o, si no es posible, evacuadas a través de la descarga motriz más o menos agitada. Que lo haga condicionado por sus peculiaridades neurosensoriales no quiere decir que carezca de aparato psíquico y de reacciones defensivas, sino, sobre todo, que sus reacciones distorsionadas dañan su percepción y sus capacidades de captar correctamente lo que procede de su entorno y de acoplarse a él. Por tanto, esto perjudica a sus capacidades de interiorizar y metabolizar todo lo que podría recibir desde el mundo relacional. Que estas operaciones mentales existan no implica que sean voluntarias. Es la diferencia entre aceptar o no la noción de procesos mentales «pre» o «in»conscientes, la cual, por cierto, es compatible tanto con la comprensión psicoanalítica originaria como con la neurocognitiva posteriormente consolidada y predominante hoy en día.[81]

El autista no hace lo que quiere, sino lo que puede. Sus limitaciones neurobiológicas innatas condicionan sus modos de percepción y de reacción que, al recorrer —hacia dentro y hacia fuera— sus redes neuronales movilizan intensas emociones y angustias (cerebro emocional) y dejan recuerdos que producen memoria y que se traducen en representaciones psíquicas (cerebro cognitivo), a las que no siempre logra asociar una «representación de palabra» que le permita nombrarlas. Poner palabras a sus angustias innombrables es uno de los principios terapéuticos que practicaron algunos pioneros (Winnicott y Tustin, entre otros) que no suelen ser nombrados por quienes creen que los planteamientos de Bettelheim —ampliamente criticados ya en su época por muchos psicoanalistas europeos, a la vez que ensalzados por los medios de comunicación de su país— ejemplifican los errores del psicoanálisis.

Entender los mecanismos disociativos es necesario para comprender por qué generan comportamientos emocionales desajustados: reacciones de agitación y violencia, auto y heteroagresiones, aislamientos extremos o

---

81 El prefijo «neuro» añadido a otros muchos términos (neurosensorial, neurocognitivo, neurodesarrollo, etc.) se ha hecho habitual, por no decir obligatorio, para referirse a funciones y fenómenos psíquicos. Parece como si hacer esto confirmara el conocimiento del predominio actual de las perspectivas del «neurocognitivismo» y de las investigaciones «neurobiológicas» (y su desconocimiento en caso de no hacerlo). Quizás haya que recordar que la psiquiatría ya se dotó de tal prefijo, que luego abandonó, y que el primer texto de psiquiatría infantil de impacto universal, obra de un autor de nuestro país (Ajuriaguerra, 1970), lo escribió alguien profundamente conocedor de las funciones, que llamó «neuropsíquicas» por su asiento neurocerebral.

errancias y fugas arrolladoras. La disociación desliga sensaciones, percepciones y representaciones mentales, y genera una caótica confusión entre lo que procede del mundo externo o de la mente interna. Para un clínico, las intensas angustias confusionales de muchos autistas corresponden a lo que siempre se llamó «desorganización psicótica» y son la expresión clínica más clara de su sufrimiento interno. Cuando aparecen, no sabemos si estamos ante síntomas «productivos» —alucinatorios o delirantes— porque tenemos dificultad para discernir si asistimos a una alteración de la sensopercepción, de la memoria, del curso del pensamiento o de la conciencia. Esta categorización, que trata de ordenar las cosas, salta por los aires ante la turbulencia de un comportamiento muy alterado que genera la confusión del observador y provoca reacciones inmediatas en un entorno desconcertado y desbordado en sus capacidades de contener la situación. Además, está el hecho de que se acompañen de una insuficiencia o desestructuración del lenguaje, que no ayuda ni a su comprensión ni al uso terapéutico de la comunicación verbal. Suele resultar difícil —se necesita mucha experiencia clínica— emparentar estas situaciones agudas —pero frecuentes— con otros momentos y comportamientos más habituales y sosegados del autista. A los profesionales que confrontan estas situaciones clínicas les suele parecer complicado emparentarlas con otras formas clínicas del autismo. Las clasificaciones actuales reconocen esta variante clínica con la denominación de «atípica», «indeterminada» o «indefinida». De hecho, los estudios epidemiológicos multicéntricos más rigurosos destinados a establecer la incidencia y prevalencia de los TEA recogen su gran frecuencia.[82]

---

82 La última revisión de la CFTMEA, de 2020, ya citada en páginas anteriores, opta por la solución de subdividir, dentro de la denominación común de «trastornos invasivos o generalizados del desarrollo y del funcionamiento mental», por un lado, los «trastornos del espectro autista» (denominación del DSM-5 que considera «conveniente mantener dada su extensión actual») y, por otro, las «disarmonías evolutivas» que corresponden al predominio de los fenómenos disociativos que acabo de describir y que coinciden con los sucesivos intentos —fallidos— de los psiquiatras estadounidenses de incluir en el DSM los diagnósticos de *Multiple Complex Developmental Disorder (MCDD)* y de *Disruptive Mood Dysregulation Disorder (DMDD)* (traducidos como «trastorno múltiple y complejo del desarrollo» y «trastorno disruptivo de la regulación del pensamiento»).

Los fenómenos *deficitarios:* desde las descripciones de Asperger sabemos que los autistas pueden ser muy inteligentes. Con posterioridad se afirmaría exageradamente que, por definición, todo autismo se acompaña de una severa deficiencia intelectual. Hoy se acepta que ambas cosas pueden darse dentro de su gran diversidad de cuadros clínicos. Dadas las variaciones en los criterios diagnósticos parece difícil afirmar en qué porcentajes globales ocurren ambas evoluciones, pero parece claro que a nivel social se ha extendido la idea de que «el Asperger» se caracteriza por algunas dificultades para relacionarse, así como por sofisticados y peculiares conocimientos. Se olvida que el propio Asperger insistía en la existencia de evoluciones altamente deficitarias y que el concepto actual de «espectro» quiere expresar la gama de diferentes evoluciones, también en cuanto a las adquisiciones cognitivas, que hacen del autismo un síndrome con una clínica variable. Se pierde así de vista la relación entre la evolución cognitiva y la esencia de su estructura psicopatológica.

Conviene recordar que el funcionamiento autístico conlleva un alto riesgo de generar serias dificultades para el desarrollo del conocimiento (no por casualidad se denominó hasta hace poco «trastorno generalizado del desarrollo»). Como esto ocurre desde el inicio de la constitución del psiquismo, podemos decir que es un funcionamiento «patógeno» y que, sobre todo, lo es porque dificulta y daña las bases —relacionales y neurobiológicas— necesarias para la aparición y el posterior desarrollo del pensamiento (o si se prefiere el lenguaje actual, de los procesos cognitivos).

Para explicar por qué y cómo ocurre, encontramos dos vías etiopatogénicas que, aunque no tienen por qué ser irreconciliables, a menudo se presentan así, aunque todos los conocimientos científicos actuales confluyen para hacerlas complementarias. Una vía, la más cercana al «determinismo organicista», explica que hay alteraciones neurobiológicas innatas que marcan y limitan el desarrollo desde su inicio y que —presentes toda la vida— pueden incluso manifestarse tardíamente y lastrar un desarrollo que previamente parecía más favorable.

La segunda vía entiende que los factores epigenéticos complementan de forma determinante el desarrollo. La dotación genética innata proporciona funciones potenciales y determina vulnerabilidades que marcan las posibilidades neurobiológicas. Pero la consolidación de adquisiciones psíquicas —y de los complejos circuitos neurocerebrales por los que estas circulan— depende de factores activadores «epigenéticos» que necesitan unos intercambios relacionales sin los cuales no hay estimulación activadora. Los conocimientos sobre las características potenciales del inmaduro cerebro del bebé humano confirman su plasticidad, su fragilidad y su dependencia de los intercambios interactivos posnatales. Las interacciones relacionales precoces y la estimulación sensorial y afectiva que transportan estabilizan sinapsis, hacen conexiones neuronales. Sin la activación recíproca bebé-entorno, encuentro que el autismo dificulta esencialmente, las enormes posibilidades de la plasticidad cerebral van caducando, sin que las bases neurofisiológicas de las funciones cerebrales —complejos circuitos y redes neuronales— se conecten y consoliden (Changeux y Danchin, 1976 ; Grafman y Litvan, 1999; Lambert, 2009).

El riesgo de limitaciones cognitivas —condicionadas por lesiones o vulnerabilidades neurosensoriales innatas y complementadas positiva o negativamente por las aportaciones interactivas del entorno— acecha desde el nacimiento al bebé, que rechaza o no logra contactar con una relación humana que su entorno busca para su crianza. Este riesgo de un déficit neurocognitivo, vinculado también a factores posnatales, justifica las intervenciones destinadas a favorecer el crecimiento de intercambios relacionales y a tratar de cambiar los procesos psíquicos que los dificultan. Reducir este tema tan esencial a la absurda cuestión o acusación de que hay teorías que culpabilizan a sus progenitores de causar el autismo de sus hijos supone, además de un desconocimiento de la comprensión científica de la importancia de las relaciones tempranas en la constitución del psiquismo, una pérdida de tiempo y de sentido común que solo se entiende si se sostiene por el afán militante de descalificar otras teorías y prácticas profesionales. En la actualidad el autismo se define como un «trastorno del neurodesarrollo». Conviene recordar que las potencialidades genéticas —también las neurosensoriales y neurocognitivas— intactas o, aún más, si están dañadas de forma innata, requieren la aportación participativa —«epigenética»— del entorno y que el autismo consiste precisamente en una dificultad innata para establecer esta conexión. En consecuencia, toda intervención temprana destinada a activar sus capacidades de relación es determinante para su evolución. Es difícil entender cómo podemos hacer eso sin pasar por un trabajo terapéutico basado en la relación y en su impacto sensorial y psíquico. Por ahora ni los conocimientos de la genética, ni los de la neurofisiología o la neuroquímica cerebral parecen acercarse a ofrecer tratamientos que modifiquen los factores etiológicos. Además, su complejidad y heterogeneidad genética, así como la extraordinaria dimensión de las redes neurocerebrales implicadas en los procesos psíquicos normales y la naturaleza de sus alteraciones en el autismo hacen pensar que las investigaciones actuales, siempre calificadas de «prometedoras», siguen alejadas de resultados terapéuticos.

Las configuraciones clínicas descritas, que tienen una consistencia estable, pueden y suelen modificarse dando lugar a trayectorias evolutivas diversas. Para facilitar una sistematización que ayude a su descripción esquemática proponemos una serie de gráficos. Representan las formas clínicas, imaginadas como «amebas» vivas y dotadas de una movilidad que puede llevarlas a ocupar diferentes posiciones dentro de un campo de observación (dividido en los cuatro territorios clínicos que acabamos de describir). Los períodos de «reposo» configurarían formas clínicas estables o incluso «cristalizar» definitivamente hacia una inmovilidad permanente (es el caso, por ejemplo, de las evoluciones altamente deficitarias o del autismo precoz invariable).

En función de factores múltiples —etiopatogénicos, relacionales, terapéuticos— se pueden observar diferentes evoluciones clínicas. Los autistas crecen y cambian. Siguiendo en el campo de observación imaginario que proponemos, podemos esquematizar y situar las tres líneas evolutivas fundamentales que se movilizan y los «vectores» (psicológicos, psicopatológicos y relacionales) que influyen en sus desplazamientos y trayectorias clínicas. Pueden sistematizarse tres líneas principales: del autismo a la dependencia, del autismo al déficit cognitivo, del autismo a la disociación psicótica. Obviamente, estas líneas «puras» o «paradigmáticas» resumen otras muchas trayectorias menos claras y netas.

Psicosis-TGD-TEA. Gráficos (2)

Cuadro 2. Representación gráfica de los ejes gnoseológicos de división estructural
(Las barras divisorias separan entidades clínicas)

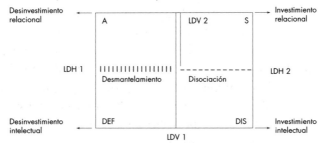

Psicosis-TGD-TEA. Gráficos (3)

Cuadro 3. Representación de los «vectores de actividad psíquica» (tendencias estructurales «+» y desestructurantes «–»).

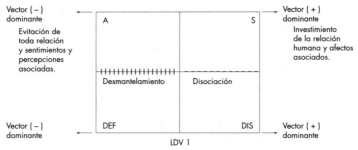

Psicosis-TGD-TEA. Gráficos (4)

Cuadro 4. Representación gráfica de la correlación entre los polos evolutivos de la psicosis infantil y las formas clínicas de la psicosis del adulto.

Psicosis-TGD-TEA. Gráficos (5)

Cuadro 5. Representación gráfica de las tendencias evolutivas de la psicosis infantil

A) Del autismo (1) a la deficiencia (2)

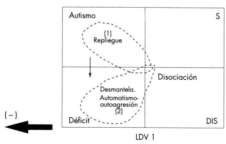

Vector dominante (–)
Destrucción de las representaciones mentales.
— Se trata de la evolución más temible.
— Se puede decir que es, en cierto modo, espontánea, puesto que es la más frecuente en caso de tratamiento tardío, insuficiente o inadecuado.
— A veces, también se da pese a un diagnóstico precoz y un tratamiento adecuado.
— Posible, pero poco frecuente, evolución hacia formas hebefrénicas, o más raramente hebefrenocatatónicas (generalmente en casos de prolongada institucionalización).

Psicosis-TGD-TEA. Gráficos (6)

Cuadro 6. Representación gráfica de las tendencias evolutivas de la psicosis infantil

B) Del autismo (1) a la relación simbiótica (2)

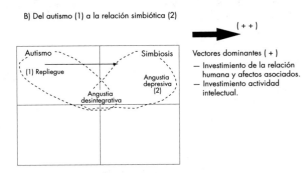

- Es la evolución deseada en los tratamientos intensivos.
- Si se asocian los dos vectores evolutivos arriba citados, son predecibles mayores posibilidades de que se estructure un funcionamiento neurótico.
- Si falla la elaboración del acercamiento simbiótico desarrollándose mecanismos de huida de la relación y temor a las vivencias afectivas asociadas son predecibles evoluciones hacia formas narcisistas y esquizoides (en este caso se hace predominante el hiperinvestimiento de lo intelectual y se instaurala frialdad afectiva).

Psicosis-TGD-TEA. Gráficos (7)

Cuadro 7. Representación gráfica de las tendencias evolutivas de la psicosis infantil

C) Del autismo (1) a las formas disociativas (esquizofrenia infantil) (2)

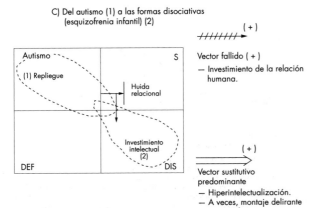

¿Un debate de ideas o una batalla por la propiedad de un terreno?

En los últimos años, lo descrito respecto de la psiquiatría francófona y su orientación ha sido totalmente puesto en tela de juicio, o sumariamente descalificado, por ciertos grupos de opinión opuestos (profesionales, familiares, medios de comunicación) que han desarrollado una importante influencia en los poderes públicos que, en Francia, culminó, en 2004, con la creación de una nueva entidad política (la Alta Autoridad Sanitaria o HAS, por sus siglas en francés), definida como «autoridad pública independiente de carácter científico» destinada a planificar las respuestas oficiales de la política sanitaria a la atención y cuidados destinados al autismo. Bajo su autoridad se redactaron las recomendaciones de «buenas prácticas» en materia de filtrado diagnóstico *(triage)* y cobertura de cuidados *(prise en charge)* del autismo. Estas recomendaciones se apoyaban en el análisis de las fuentes bibliográficas científicas clasificadas según tres niveles de pruebas (A, B y C) y sobre la opinión consensuada de un grupo de expertos cuando los datos aportados no permitían incluirlos en los niveles anteriores. Las intervenciones «recomendadas» debían ser «globales y coordinadas»; iniciadas antes de los cuatro años y con al menos 25 horas semanales de cuidados individuales (un niño con un adulto) por parte de diferentes especialistas (ortofonistas-logopedas, psicomotricistas, psicólogos).[83]

Como suele ocurrir cuando se mezclan decisiones políticas con argumentos científicos, sus directrices despertaron el entusiasmo de unos (asociaciones de familiares y grupos de investigadores afines a sus posiciones) y las protestas de otros (asociaciones de psiquiatras de niños y adolescentes). Varios debates y posicionamientos oficiales, tanto en foros políticos como en medios de comunicación, han conducido a modificaciones de las primeras directrices (Laurent, 2012).

---

[83] Las intervenciones tipo ABA, Dénver y TEACCH, a condición de que no sean exclusivas, y también las «integrativas» si son coordinadas, fueron «recomendadas» por los expertos. En cambio, hay otras intervenciones globales que se catalogaron como «no consensuadas» (las psicoanalíticas y la terapia institucional) y otras como «no recomendadas» (método 3i, método Padovan y método *Floortime* de Greenspan, entre otros). Las reacciones de numerosos medios profesionales indujeron cambios posteriores.

Entre los muchos titulares de prensa referidos a la polémica y sus vaivenes, resaltaré los publicados en *Le Monde* que, con cinco días de separación (del 9 al 14 de marzo de 2014), pasó de decir que, en el terreno del autismo: «el psicoanálisis ha quedado fuera de juego, ha perdido el combate [...]. Las recomendaciones de la HAS firman la sentencia a muerte del psicoanálisis en la cobertura de cuidados del autismo [...]. Permiten afrontar una nueva era de cooperación entre familias de niños autistas, cuidadores y educadores», a transformarlo en: «la Alta Autoridad Sanitaria (HAS) conoce el arte del lenguaje diplomático [...]. Necesitaba llegar a no desautorizar demasiado a los psicoanalistas, muy influyentes en la psiquiatría francesa, sin enfadar por ello a las asociaciones de familiares frontalmente opuestas».

Tal «diplomacia» periodística respondía a la masiva y unánime movilización de la psiquiatría francesa. En un texto que desarrolla ampliamente los pormenores de esta «batalla del autismo», su autor (Laurent, 2012), psiquiatra y psicoanalista, escribe:

> la HAS había tratado de aislar la orientación psicoanalítica en el terreno de los cuidados procediendo a su ablación «suave» [...]. Se apoyaba en la campaña mediática orquestada por ciertas asociaciones de padres de autistas [...]. Dos corrientes, la de la reforma cientificista del entorno «psy» y la de los padres conquistados por el conductismo, convergían y se reforzaban mutuamente sumando ciertos apoyos mediáticos [...] que tras haber creído que el objetivo apuntado era solamente el psicoanálisis, parecían descubrir *a posteriori,* que era toda la psiquiatría en su conjunto y, aún más allá, toda la dimensión de los cuidados terapéuticos.

Y, en alusión a la catalogación inicial de «buenas prácticas» de la HAS:

> bajo el término de «intervenciones globales no consensuadas» se encuentran, constituidas como una clase, un conjunto de practicas de cuidados relacionales, denominadas «de mediación», producto de una amalgama que se hace eco del barbarismo («la psiquiatría-psicoanálisis») inventado por asociaciones extremistas [...]. Ahora todo el mundo ve

claro que se trata de excluir al autismo del terreno de los cuidados,[84] cosa sencillamente imposible.

Se comparta o no este punto de vista, su autor, tras criticar el «uso falaz de la expresión cientificista no hay consenso», añade a continuación un resumen de los muchos posicionamientos de otros psiquiatras franceses y de sus asociaciones, disconformes y muy críticos con las propuestas de la HAS, que posteriormente serían rectificadas. Entre otros, Roger Misès opinaba que «quienes quieren dictar criterios de "buenas prácticas" desconocen gravemente, además de la singularidad de cada niño, los principios teóricos, clínicos y éticos sobre los que se funda nuestra disciplina», mientras que Jacques Hochmann afirmaba que «es toda la paidopsiquiatría la que queda cuestionada». El Sindicato Nacional de Psiquiatras privados criticaba que «cómo puede pretender la HAS que la única aproximación válida sea la neurocomportamental [...]. En nombre de qué se autoriza para afirmar que el autismo no es también un trastorno psíquico». Roger Salbreux, presidente de honor de la Asociación Francesa de Psiquiatría, manifestaba su indignación del siguiente modo: «prohibirnos pensar, imponernos una elección única e imponerla a las familias es del orden del terrorismo», y Michel Botbol, secretario general de la misma, decía: «la extraña actitud de la HAS [...] viene a confirmar lo que muchos temían: tras la pretendida objetividad de los métodos de evaluación, el reino de la arbitrariedad económica, política o ideológica, que no debe nada a la ciencia». Roger Teboul, presidente de la Asociación de Psiquiatras del sector infanto-juvenil, denunciaba que «tras el paso a lo "educativo" se aprecia el germen de la privatización y el desmantelamiento del servicio público [...] la supresión de presupuestos para la paidopsiquiatría pública [...]. Dicho de otra manera, el traspaso a lo privado de cierto número de patologías». Patrick Alary, psiquiatra de hospital y presidente de la Federación de Ayuda a la Salud Mental solicitaba «solemnemente a las

---

84 La traducción del término *soins* por «cuidados» no refleja bien la connotación de «terapéuticos» o «sanitarios» que tiene el texto original y que incide en su uso habitual por parte de los profesionales de la salud mental (los «psy»). Igualmente, la traducción de *prise en charge (des soins)* por «cobertura de cuidados» tampoco recoge esa connotación implícita en su uso habitual en francés.

autoridades de la HAS, dar lugar a resolver la indecisión de sus expertos, en materia de *packing*[85] o cualquier otra modalidad de cobertura de cuidados de personas autistas» y juzga sus recomendaciones de «prejuicios, dilaciones, contradicciones y afirmaciones cuestionables [...] la estigmatización de toda una profesión como única respuesta a la angustia de pacientes y de sus familias».

El matiz diferencial entre «no consensuadas» y «no recomendadas» se convirtió en un importante debate en torno a qué calificativo debían recibir las «intervenciones psicoterapéuticas (individuales o institucionales). Bernard Golse resumía así el pensamiento de muchos profesionales:

> que una técnica psicoterapéutica no sea consensuada no choca a nadie pero que quede catalogada de «no recomendada» plantea una verdadera cuestión de libertad democrática [...]. ¿Por qué los niños autistas serían los únicos ciudadanos en Francia a los que se prohibe acceder a una psicoterapia? [...]. Mientras que actualmente se está realizando, bajo la égida del INSERM y la Federación Francesa de Psiquiatría, una evaluación de las prácticas psicoterapéuticas en el terreno del autismo infantil [...]. La HAS ha sido presa de las luchas de influencia por parte de las asociaciones de familiares más hostiles a toda idea de psicoterapia o de psicoanálisis. (Golse, 2013)

Algunos años después, Jacques Hochmann —también psiquiatra y psicoanalista— escribía en tono más sosegado:

> sería demasiado simplista intentar comprender la actitud de ciertas familias de niños autistas (o supuestamente tales, dado que los límites del

---

85 El *packing* consiste en envolver —«empaquetar»— el cuerpo con sábanas humedecidas. Esta técnica era utilizada, en contados lugares, con autistas sin lenguaje y afectados de graves trastornos del comportamiento (automutilación, agitación, estereotipias graves), con la intención de ayudarlos a percibir sensaciones corporales y a construir su imagen corporal, y fue objeto, en los medios de comunicación, de críticas feroces por parte de asociaciones de familiares y profesionales, que entendían que era una forma de maltrato corporal. Uno de sus defensores y practicantes, el psiquiatra Pierre Delion, que había solicitado y recibido la autorización de comités éticos de los organismos sanitarios correspondientes para evaluar sus resultados, fue denunciado públicamente (Delion, 2012, 2016).

autismo se han vuelto hoy en día cada vez más difuminados) solamente como una reacción a los errores innegables de ciertos equipos referidos al psicoanálisis […]. El malentendido entre las familias y el psicoanálisis tiene raíces mucho más profundas […]. Es curioso que en los foros de debate se muestre repetitivamente el temor a un señalamiento administrativo o judicial, incluso al apartamiento del niño —de su medio familiar— si una familia rechaza los cuidados psicoterapéuticos propuestos para el niño […]. Cuando se sabe de la reticencia de los equipos cuidadores a realizar este tipo de señalamientos y la prudencia y dilación de los servicios sociales, incluso en casos de maltratos comprobados, el riesgo parece ínfimo […]. El odio al psicoanalista (resulta) reforzado a veces por sus torpezas objetivas —la prisa por interpretar un interrogatorio demasiado apretado sobre los deseos o la historia personal de los padres, una ausencia de modestia en la formulación de hipótesis— se podría decir entonces que es una reacción normal. (Hochmann, 2013 a y b)

Que este autor se haya mostrado, también en otros textos, abiertamente autocrítico con los errores y las carencias del psicoanálisis en el abordaje del tratamiento del autismo no ha evitado que una de sus lecturas del problema —detectar en ciertos padres una fantasía de robo del niño— haya llevado a que sus textos sean globalmente señalados como otra acusación más a los padres por parte del psicoanálisis.

En este proceso de acusaciones cruzadas —que sin duda muestra la permanente reactivación de las profundas tendencias «antipsiquiátricas» de la sociedad—[86] merecen ser mencionadas las aportaciones en defensa del psicoanálisis de una autora ajena a los enfrentamientos relatados. En un documentado artículo, «Mitos sobre psicoanálisis y autismo. Eficacia y especificidad de los tratamientos psicoanalíticos de niños con TEA»,

---

[86] En otro trabajo (Lasa Zulueta, 2022) hemos relatado las constantes tendencias sociales opuestas a la psiquiatría y, en particular, a la acusación crítica de su responsabilidad en el abandono institucional en que ha olvidado al autismo, tanto antes como después de que fuera reconocido como una entidad con nombre propio. El propio Hochmann (2015) ha publicado un erudito estudio sobre la constante presencia de las posiciones «antipsiquiátricas» que han acompañado a la psiquiatría desde su nacimiento.

apoyado con detalladas referencias a investigaciones recientes multidisciplinares y de corrientes diversas, su autora postula la persistencia de «cinco mitos respecto de psicoanálisis y autismo» (Ponce de León, 2018). Los mitos que trata de desmentir son: 1. La etiología biológica del autismo descarta el tratamiento psicoanalítico. 2. El psicoanálisis culpa a los padres de ser causa del autismo. 3. El método psicoanalítico no es aplicable al autismo. 4. La teoría psicoanalítica parte de premisas que no se aplican al autismo. 5. El psicoanálisis no da cuenta de resultados a través de la investigación «basada en la evidencia». Aunque su posición y sus datos no convencerán a quienes piensan lo contrario, la lectura completa de su artículo es muy recomendable para cualquiera.

En páginas anteriores hemos visto las diferencias entre quienes observaban a los niños varios días por semana en su institución (Mahler) y quienes lo hacían solo de cuando en cuando para una evaluación (Bender y Kanner). Pero la historia se repite y muchas de las contradicciones actuales entre clínicos —que, inspirados por el psicoanálisis, hacen tratamientos largos e intensivos de un número limitado de pacientes— e investigadores —que con cuestionarios y escalas objetivas examinan gran número de niños, pero solo durante una cantidad limitada de consultas— responden a esta diferencia de métodos de observación. Un acercamiento, por ahora menos frecuente que los enfrentamientos, entre quienes investigan con método científico y quienes practican una relación clínica del autismo es lo que marcará el futuro. Los progresivos avances científicos recientes, siempre más lentos de lo que todo el mundo desea, apuntan a una convergencia obligatoria entre tan diferentes disciplinas. Si no es así, los investigadores que practican el método basado en evidencias probadas pueden desechar datos semiológicos y psicopatológicos acumulados en muchos trabajos clínicos y quienes hacen el trabajo clínico pueden desconocer nuevos datos que serían enriquecedores para su difícil práctica.

En tanto prosiguen los debates, o la descalificación partidista, acerca de la eficacia de la psicoterapia psicoanalítica, el pronóstico más probable es que siempre será aplicada a una minoría de niños autistas. Incluso los especialistas con amplia experiencia clínica específica en este terreno piensan, implícita o explícitamente, que son tratamientos de grandes exigencias técnicas (sesiones largas y difíciles, frecuentes y prolongadas durante años) solo adecuados para niños con capacidades cognitivas y relacionales que no se dan en muchos casos de autismo. Además, exigen una larga y costosa formación de los terapeutas, que también deben reunir características personales de tolerancia, curiosidad, interés, capacidad de observación y sensibilidad emocional y contratransferencial. Sin olvidar que deben ser capaces de disponer de una dedicación y una disponibilidad empática para con las familias y con otros profesionales implicados, en relaciones interdisciplinares que cuesta mantener durante el tiempo prolongado que necesitan (la estabilidad laboral de los profesionales cambia en plazos más cortos de los que necesita un seguimiento prolongado y eficaz).

Cuando se logra su implantación en proyectos coordinados sostenidos a largo plazo y, de ser posible, multiprofesionales y coordinados, estos ofrecen un marco controlado, regular y estable, que permite la investigación clínica y que —aunque hay quien sostiene lo contrario— ha contribuido a la reflexión y transformación de equipos e instituciones y a flexibilizar su manera de abordar el tratamiento del autismo con la sensibilidad que toda relación humana necesita.

La valoración de la utilidad y los resultados de las psicoterapias psicodinámicas, más o menos inspiradas por el psicoanálisis, es una cuestión controvertida. Las divergencias entre sus defensores y sus detractores son enormes y apasionadas, aunque también existen posiciones que tienden a la convergencia y colaboración entre diversas corrientes teóricas y clínicas. Por eso no merece la pena comentar los excesos críticos de unas y otras corrientes, con descalificaciones mutuas y con argumentos que reducen a la caricatura las aportaciones de «los adversarios». Reducir los debates al carácter «no científico» de la psicoterapia o a las «características alienantes de los tratamientos repetitivos de tipo conductual» no resuelve nada y los argumentos «basados en la evidencia» no permiten, aunque algunos así lo sostengan, la opción indiscutible o la descalificación absoluta de unas u otras corrientes. Lo que no quiere decir que cualquier acercamiento al autismo sea útil y válido.[87]

---

87 En nuestro país se ha publicado una exhaustiva revisión de los trabajos que analizan, desde una perspectiva basada en la evidencia, la multitud de publicaciones referidas al

Como he intentado hacer a lo largo de estas páginas, trataré de realizar en un capítulo final de síntesis un balance equilibrado y desapasionado de las aportaciones positivas y la búsqueda de puntos de encuentro y de autores significativos, de unas y otras corrientes, que pueden llevar a acercamientos, colaboraciones y consensos. Es lo que propiciará un acercamiento más sosegado y efectivo al amplio y duro problema del tratamiento del autismo, así como a la búsqueda de vías para solucionar o al menos ayudar de un modo eficaz. Por más que haya quien insista en banalizar el problema, cualquiera que conviva con autistas puede comprobar las altas dosis de sufrimiento que ello conlleva.

La psicopatología —un término procedente de la psiquiatría que hoy en día suscita temor y rechazo en medios no profesionales— trata de comprender las razones del sufrimiento psíquico; en especial, el de aquellos (niños sobre todo) que no saben por qué les ocurre eso, ni pueden contarlo, ni son capaces de salir de ello por sí solos, sin otras ayudas con frecuencia ausentes, o insuficientes, en el terreno del autismo. Dado que la psicopatología psicodinámica es una herramienta de comprensión que permite, además de integrar otras perspectivas, ofrecer opciones terapéuticas liberadoras, defendemos su utilidad epistemológica y clínica, también en el terreno del autismo.

No constituye un instrumento curativo, ojalá lo fuera, pero sirve para tratar de comprender y de acompañar a estos sujetos. Se trata de un compromiso ético, es decir, de hacer posible que recuperen algo vital: la fiabilidad, la confianza en que cuentan con algunos seres humanos capaces de preguntarse y de tratar de explicarles por qué se sienten tan mal. Fiables, capaces de no temerlos ni de huir de ellos, de acompañarlos, de estar disponibles durante años y de saber percibir, cuando nos necesitan, esa vulnerabilidad que protegen con desesperación. Y, naturalmente, de tolerar la incertidumbre provocada por lo que no sabemos, de reconocerlo y de decirlo.

---

tema: Instituto de Salud Carlos III (2009). Informe del Instituto de Investigación de Enfermedades Raras (IIER). *Evaluación de la eficacia de las intervenciones psicoeducativas en los trastornos del espectro autista.* Madrid: Ministerio de Ciencia e Innovación. En un estudio que se centra en saber lo que se hace realmente en los servicios de salud mental, hemos comentado los contrastes entre esta realidad asistencial y la posición teórica e investigadora mantenida en el anterior (Lasa Zulueta, A. et al., 2014, pp. 48-53).

4. SOBRE LA INTELIGENCIA DE LOS AUTISTAS (Y OTROS DEBATES ETERNOS)[1]

No es fácil tratar un tema cuando este se ha convertido en polémico. Todo lo que rodea al autismo es hoy objeto de algunos consensos, pero también de profundos desacuerdos y malentendidos, sean estos lógicos o intencionados. Algunos tienen que ver con el lento avance de los progresos científicos, sobre todo en lo que concierne a sus causas —que son múltiples—, con la eficacia de las diversas intervenciones terapéuticas propuestas y con la complicada metodología que su evaluación exige. Otros se asocian a divergencias relacionadas con convicciones ideológicas o con intereses contrapuestos que no siempre se declaran con claridad.

A todos nos gustaría que la objetividad de la evidencia científica nos sacara de dudas respecto de qué pensar y qué hacer, pero el tiempo pasa y no parece que vaya a ser así. Quienes más lo sufren, con lógica impaciencia, son los afectados y aquellos que los cuidan y apoyan a diario. También los profesionales que se dedican a esta labor, que ven cuestionada su credibilidad y que son criticados y descalificados por sus ideas y sus propuestas, sobre todo cuando no encuentran procedimientos curativos que resuelvan el sufrimiento y los problemas del autismo.

Como ocurre con las cosas complejas, y el autismo lo es, las certezas esgrimidas —aunque quienes las proclaman siempre dicen ampararse en

---

1 Este artículo amplía y actualiza otro que con parecido título fue publicado en la *Revista* EIPEA, a cuyos editores agradezco su generosa dedicación y su constante esfuerzo (Lasa Zulueta, 2018).

la evidencia científica— muchas veces tienen más que ver con creencias y convicciones apasionadas, aunque basadas en hechos parciales o sesgados, que con hechos probados. Si añadimos a todo ello la habitual difusión, inmediata y universal, que cualquier eslogan o descubrimiento espectacular tiene en las redes sociales —cuanto más llamativos, mejor para disparar su audiencia— el resultado es que se hace cada vez más difícil sostener y debatir con sosiego sobre cuestiones bastante más complicadas de lo que se afirma, lo cual recuerda la propuesta de Pasteur: «Desafortunados los científicos que solo tengan en su cabeza ideas claras».

Todo lo anterior representa un preámbulo necesario para abordar la cuestión, interminablemente debatida y siempre actualizada, de la inteligencia de los autistas.

Viejas historias siempre actuales

Conocer cómo nace y se desarrolla la inteligencia es algo que siempre le ha interesado a la ciencia y, como pronto se vio, los interesados en la cuestión optaron por observar su nacimiento temprano en la infancia. Por citar solo a algunos de los pioneros modernos en la materia, Darwin y Piaget observaron y anotaron pacientemente los progresos de sus hijos. Binet ensayó con los suyos los tests de inteligencia que lo hicieron célebre, lo que nos permite apuntar un detalle importante: para cualquier padre o madre, investigador o no, es muy importante saber y comprobar que sus hijos son inteligentes. Asimismo, es fácil deducir que nos disponemos a abordar una cuestión que tiene un alto impacto en el narcisismo parental y que, por eso mismo, es materia altamente sensible cuando se habla del tema con cualquiera, tenga o no conocimientos al respecto.

Remontemos un poco más en el tiempo. La Sociedad de Observadores del Hombre, que surgió en torno a 1800, como resultado de la Revolución francesa y de la Ilustración, para tratar de responder a las interrogaciones científicas y filosóficas que planteaba el ser humano, ya proponía un programa para promover el «estudio del nacimiento del pensamiento en el niño» y creó un premio para recompensar los estudios sobre «los primeros desarrollos de las facultades del hombre desde la cuna». Fue también esta sociedad la que reclamó y pagó el mantenimiento, la observación y el estudio del niño salvaje de Aveyron, cuyas primeras pinceladas hemos visto con anterioridad, poniéndolo para su educación en manos de Itard, que describió minuciosamente su experiencia en un relato fundamental^2 para la historia de la medicina y de la pedagogía, que luego inspiraría la genialidad creativa de François Truffaut para narrarlo en su inmortal película. Lo hicieron porque pensaban que «sería muy importante para el progreso de los conocimientos humanos [...] constatar si la condición del hombre abandonado a sí mismo es totalmente contraria al desarrollo de la inteligencia». Ya se planteaban una cuestión clave: ¿cuánto impacto tiene el aislamiento en el desarrollo de la inteligencia? La cuestión concierne así al terreno del autismo, si lo entendemos como una alteración fundamental de la capacidad de entrar en relación con otro ser humano y más si postulamos que esa relación es lo único que permite el nacimiento de la inteligencia. No en vano se ha considerado que el niño que apareció en el campo, abandonado y autosuficiente durante años, Victor de Aveyron, es el primer caso de autismo documentado de la historia.[3]

Mitad animal, mitad niño, su hallazgo movilizó a los hombres de ciencia de su época, la Ilustración, que ya tenían noticias, míticas o mal conocidas, de otros niños encontrados en parecidas circunstancias. Filósofos, pedagogos y médicos se plantearon dudas fundamentales sobre qué es lo que nos hacía personas humanas esencialmente diferentes o iguales a estos seres cuya naturaleza resultaba un enigma. ¿Cuál era la razón de sus carencias intelectuales? ¿Por qué eran incapaces de hablar o lo hacían rudimentariamente? ¿Habían olvidado un lenguaje ya aprendido o nunca llegaron a adquirirlo? ¿Habían —o les habían— hablado alguna vez? ¿Qué crianza y qué relaciones tempranas habían tenido o perdido? ¿Por

---

2 He dedicado a este relato un capítulo completo en un reciente libro (Lasa Zulueta, 2022).
3 El historiador Thierry Gineste lo relató magistralmente en un libro cuyo título resume la cuestión: *Victor de l'Aveyron. Dernier enfant sauvage, premier enfant fou* (Victor de Aveyron. Último niño salvaje, primer niño loco) (Gineste, 1981).

qué las rehuían cuando volvían a ser integrados en la sociedad? ¿Cuánto de lo que les pasaba dependía de la carencia de relaciones humanas en su período de crianza?, ¿cuánto de su naturaleza biológica perturbada o monstruosa? ¿Cuánto de su alterado estado podía recuperarse ofreciéndoles cuidados afectuosos en un medio educativo? ¿Hasta qué punto su naturaleza era innata e irreversible? ¿Cuál es la especificidad y el origen del conocimiento y del lenguaje que funda la convivencia en sociedad?[4]

Desde la perspectiva de nuestro tema, el autismo infantil, se trata de preguntas fundamentales que, como veremos, han resurgido —y siguen necesitando respuestas hoy en día— en cualquiera que se haya interesado por los autistas y se haya acercado a vivir con ellos.

Quedó así fundada, sobre lo que entonces era una idea totalmente nueva y revolucionaria, una cuestión fundamental que todos los conocimientos posteriores han confirmado: estudiar la manera en que el niño construye su psiquismo es la mejor forma de comprender el pensamiento humano. Más próximo a nosotros, Ajuriaguerra lo resumió muy bien en su lección inaugural de la cátedra de Neuropsicología del Desarrollo que el Collège de France le invitó a crear en 1976: «Si queremos superar las contradicciones entre lo que es biológico y lo que es psicológico, o entre lo psicológico y lo sociológico, hay que estudiar al hombre desde su comienzo no solo en el plano de la filogénesis, sino en el de su propia ontogénesis».

Los padres putativos de la criatura

El autismo entra en su historia contemporánea con las dos publicaciones pioneras de Kanner y Asperger, en 1943 y 1944 respectivamente.

---

4 Otros dos textos, anteriores al de Gineste, habían relatado detalladamente este episodio histórico y contienen los informes completos escritos por Itard (Malson, 1964; Lane, 1976). En una publicación reciente he comentado numerosos aspectos, recogidos de todos ellos para una aproximación a la historia del autismo desde una perspectiva actual (Lasa Zulueta, 2022).

El primero estaba más preocupado por catalogar sus síntomas y por su reconocimiento como nuevo diagnóstico psiquiátrico. Asperger, en cambio, se hallaba más interesado en describir el sufrimiento y el comportamiento de los autistas —a los que dedicó su vida en una institución «psicoeducativa» que trataba de aplicarles una «pedagogía curativa» *(Heilpädagogik)*— y también las dificultades que experimentaban con ellos los profesionales interesados en su «terapia psicopedagógica». Los dos reflexionaron mucho y matizaron sus puntos de vista respecto de la cuestión de sus capacidades intelectuales.[5]

Como hemos comentado con anterioridad, Kanner, por ejemplo, se tomó el trabajo de seguir la pista de los 11 niños autistas de su trabajo inicial, 25 años después de haberlos estudiado. Entonces constató que su evolución intelectual había sido muy heterogénea y dependiente de múltiples factores. En seguimientos posteriores de más casos conoció y describió las evoluciones deficitarias y su frecuencia y señaló los peculiares y sofisticados conocimientos de algunos de estos niños. Respecto de los factores implicados en su evolución intelectual, sostenía, entre otras cosas que ya hemos detallado, que «el hospital psiquiátrico o la institución para débiles mentales equivale a una sentencia a perpetuidad», o que, para una mejor evolución, «No sé muy bien qué hay que hacer para tratar el autismo, pero sé mejor qué es lo que no hay que hacer. Son dos cosas: incluirlos en instituciones para niños deficientes y multiplicar las personas que se ocupan de ellos sin tiempo para llegar a conocerlos» (Berquez, 1983). No hay por tanto ninguna duda de que diferenciaba muy bien autismo y deficiencia mental.

Asperger también precisó muchas cosas en relación con las capacidades intelectuales de los autistas, se mostró muy escéptico respecto de la validez de la exploración de su inteligencia con los tests habituales y subrayó la influencia de la calidad de la relación para obtener mejores rendimientos cognitivos y pedagógicos:

[5] En mi opinión, mucho más de lo que recogen algunas publicaciones recientes con una visión parcial, a pesar de su extensa documentación (en particular, los ya citados Silberman, 2016 y Feinstein, 2010, 2016).

renunciamos intencionadamente a pasarles tests artificiales, a colocarles en una máquina estereotipada que no tiene nada que ver con lo que encuentran en su vida cotidiana [...]. La naturaleza profunda del niño solo se revelará a quien está en una situación pedagógica con él [...]. La naturaleza de una persona solo se revela de una manera auténtica a quien vive con ella, si es que puede observar, en las innumerables reacciones que tienen lugar en la vida de todos los días, en el trabajo, en la escuela, en el juego, bajo presión y en la actividad espontánea en un contexto libre y distendido.

En su texto dedicó varios capítulos a describir los síntomas autísticos y también la inteligencia del autista. Menciona algunos casos con capacidades científicas extraordinarias, inseparables de sus particulares intereses, que habían hecho posible que alcanzaran títulos universitarios de alto nivel. Tanto él como Kanner señalaron la frecuencia de altos conocimientos intelectuales en los entornos familiares de muchos de ellos.

Esta cuestión retendrá más tarde la atención de autores diversos en dos aspectos: 1) las características intelectuales de estas familias y su relación con aspectos genéticos hereditarios y el posible parentesco entre las inteligencias prodigiosas y los peculiares y sofisticados conocimientos de ciertos autistas (más adelante volveremos sobre la actualidad de esta cuestión); 2) la relación que estas características tenían —y que no fue estudiada— con el nivel socioeconómico y profesional de las familias, que conocían y podían permitirse el acceso a una medicina especializada y selectiva. Así lo han criticado quienes, desde la estadística, sostienen que el bajo nivel socioeconómico familiar correlaciona con la mayor frecuencia de evoluciones hacia el déficit intelectual (como ocurre con todos los factores de riesgo que afectan a la vulnerabilidad psíquica y neurobiológica).

A pesar del optimismo pronóstico que se le critica a Asperger, y que ya hemos revisado con anterioridad, este matiza sin embargo que «de otra manera les va a los (psicópatas autísticos)[6] intelectualmente

---

6 He colocado entre paréntesis la auténtica expresión de Asperger. Con lo que ha evolucionado el sentido que se da al término «psicópata» desde que él, como otros

intactos o muy inteligentes». Pero también ve una continuidad con personalidades normales: «la descripción de caracteres introvertidos [se refiere a Kretschmer] nos ha mostrado parentescos con las personalidades que hemos descrito. La introversión no es más que un encerrase en sí mismo, el autismo una restricción de relaciones con el entorno».

Curiosamente, Asperger fue recuperado para la historia de la psiquiatría por la británica Lorna Wing, quien, como madre de una niña autista, estaba convencida de la insuficiencia de los conocimientos de la psiquiatría de su tiempo, de la escasez de respuestas terapéuticas que ofrecía esta y del pesimismo radical con que se equiparaban autismo y deficiencia mental. Las descripciones de Asperger —que tradujo del alemán junto con su colaboradora Uta Frith— al afirmar que había autistas inteligentes la reafirmaron en su experiencia clínica en cuanto que había más tipos de autismo con rasgos diferentes que el descrito por Kanner. Comentó numerosos y diversos casos, «intermedios» entre los descritos por Kanner y por Asperger, y elaboró, como también hemos mencionado ya, su noción de «espectro del autismo», que incluía una amplia gama de grados de capacidad intelectual, desde la deficiencia severa hasta el «autismo de alto rendimiento». Posteriormente, dicho concepto adquirió reconocimiento universal a través de su inclusión en el DSM, si bien es cierto que, sin usar este vocablo, muchos otros autores reconocieron y describieron a una amplia gama de autistas con muy diferentes capacidades intelectuales.

Los debates interminables: ¿quién entiende mejor a la difícil criatura?, ¿qué tipo de problemas sufre?

En el pensamiento relacionado con la psiquiatría de las décadas de 1970 y 1980 se vivió un intenso debate clínico e ideológico. Ciertos autores y escuelas sostenían la posibilidad de mejorar las trayectorias y evoluciones clínicas, tanto desde el punto vista de las capacidades

---

muchos psiquiatras germanoparlantes, lo utilizó, se hace necesario recordar que albergaba una connotación clínica que poco o nada tenía que ver con la actual.

cognitivas y relacionales como de la comunicación y adaptación social. Fundamentalmente, proponían dos cosas: lo imprescindible de un diagnóstico precoz y de la puesta en marcha, en edades tempranas, de intervenciones terapéuticas polivalentes y multiprofesionales (psicoterapia, pedagogía especializada, psicomotricidad, logopedia), basadas en una relación intensiva, coordinada y prolongada. Así se proponía y practicaba, como hemos comentado en el capítulo anterior, por ejemplo, en las instituciones «médico-pedagógicas» de Ginebra o en el Distrito XIII parisino.

La psiquiatría académica de entonces, que buscaba su reconocimiento como «especialidad médica seria» y que aún no había conseguido la legitimidad que ha tratado de obtener con su afiliación a la metodología científica «basada en la evidencia», trataba de basar sus afirmaciones en la demostración de las causas orgánicas del autismo (y de otras enfermedades mentales) en un sentido «lesional» y con una relación de causalidad lineal directa. Aún no se habían extendido los conceptos y los hallazgos relacionados con los componentes multigénicos de la vulnerabilidad neurobiológica, ni de la plasticidad neuronal transitoria o de las capacidades potenciales ligadas al desarrollo, temprano y posnatal, de circuitos cerebrales complejos activados por la estimulación «epigenética» interactiva con el entorno exterior. Conocimientos que, afortunadamente, han ido obligando a que planteamientos incompatibles entre sí busquen perspectivas complementarias y mutuamente tolerantes.

Hoy en día, el mejor conocimiento de lo que está determinado por el programa genético innato y de lo que se despliega al ser activado por el entorno posnatal en el «equipamiento biológico básico» (Ajuriaguerra) ha enriquecido mucho los conceptos clásicos de «genotipo» y «fenotipo», de modo que ya no se piensa en un determinismo genético innato y estático. Pero, antes de eso, la oposición «es relacional/es biológico» se extremó hasta manifestarse en declaraciones y descalificaciones mutuamente excluyentes, con exageraciones manifiestas por ambas partes. Recordemos que algunas corrientes psicoanalíticas llegaron a ver el autismo como resultado de deseos mortíferos parentales; también que fueron intensamente cuestionadas por otras corrientes, también psicoanalíticas, más respetuosas con los conocimientos neurobiológicos del momento. En el mundo de la psiquiatría estadounidense, el poderoso predominio del psicoanálisis —que para muchos resultaba excesivamente duradero y demasiado poco autocrítico— generó reacciones tanto sensatas y fundadas como animadversiones furibundas. Sus errores fueron utilizados en su contra sin acompañarse de un mínimo reconocimiento de sus aciertos.

El DSM, que se declaró «sin ideología alguna», fue cediendo al «biologicismo» creciente y en los años noventa del siglo pasado (DSM-IV, 1994) forzó las cosas, incluyendo el «síndrome de Rett», enfermedad neurológica degenerativa, en el capítulo de los «trastornos generalizados del desarrollo-TGD» (el hecho previo de que algunos síntomas que aparecen en el «síndrome del cromosoma X frágil» recuerdan al autismo, llevó a considerar que podía ser una prueba de su etiología genética). Junto con esta «neurologización» del autismo, se incluía otra nueva variante: «los TGD no especificados» (también llamados «indefinidos»). Esta clasificación, al incluir en un mismo capítulo diagnóstico cuadros tan heterogéneos como un «autismo puro de Kanner» —caracterizado por la ausencia de relación, de lenguaje y de comunicación social— y un «TGD inespecífico» —por ejemplo, con agitación delirante y manifestaciones paranoides—, reconocía, solo implícitamente, la diversidad clínica de lo que siempre se había denominado «psicosis infantiles». Además, ayudaba a «encajar» casos de difícil comprensión en una clasificación «oficial y reconocida». Pero también confundía a los clínicos, que no siempre veían los aspectos estructurales comunes a cuadros tan diferentes y podían pensar que una categoría diagnóstica que unificaba casos tan dispares sacrificaba lo individual a lo general.

Volviendo al tema de este capítulo (relaciones autismo-desarrollo intelectual), subrayaré que el DSM-5 pormenoriza dos cuestiones importantes: por un lado, la exigencia de diferenciar los TEA de la deficiencia intelectual (en términos del DSM-5, «de la discapacidad intelectual o de un trastorno global del desarrollo»), lo que no es un detalle menor teniendo en cuenta que, hasta hace no mucho tiempo, se nos insistía desde ciertos posicionamientos que ya hemos mencionado: «todo autista es, o será, un deficiente y, si no es así, es porque no es un verdadero autista y el diagnóstico es erróneo». Algunos lo hemos debatido y hemos mostrado públicamente nuestro desacuerdo en congresos y encuentros profesionales. En ellos hemos oído reproches «por generar falsas ilusiones en las familias». Acusación que se suma a otras, procedentes en principio del mundo anglosajón, que atribuían al psicoanálisis una tendencia a culpabilizar a los padres haciéndolos responsables de transmitir el autismo a sus hijos. Lo paradójico es que ambas acusaciones procedían de profesionales y familiares que militaban activamente por el reconocimiento del autismo como enfermedad generadora de discapacidad permanente y de origen genético y hereditario (y logrando con ello la aprobación de leyes que abrían una vía de acceso, justa y lógica, al derecho a obtener recursos escolares y asistenciales absolutamente necesarios).

Por otro lado, el segundo aspecto importante es que también se introduce la necesidad de separar los TEA de los «trastornos desintegrativos de la infancia [...] que aparecen tras dos primeros años de desarrollo normal» y que parecen corresponder a síndromes de naturaleza neurológica más o menos degenerativa («síndrome de Rett» y otros). Con lo que, implícitamente al menos, se reconsidera la variedad de etiologías relacionadas tanto con manifestaciones aparentemente autísticas como con evoluciones hacia un déficit cognitivo severo.

Con el DSM-5, la uniformización de la diversidad clínica en una denominación común —«trastornos del espectro autista»— ha obligado a exigir como requisitos diagnósticos —es decir, como «mínimo común denominador»— las características clínicas presentes en todos los casos. Resulta curioso, desde la perspectiva de la evolución histórica de los conceptos psiquiátricos, que lo que en su día acarreó el desprestigio de un diagnóstico —«psicosis infantiles»— porque se consideraba que abarcaba situaciones clínicas muy diversas y heterogéneas, difíciles de incluir en una sola categoría, vuelva ahora bajo una «nueva» denominación común... que acoge los mismos cuadros clínicos con la riqueza y la diversidad de síntomas que, pese a su variedad, expresan una estructura psicopatológica común. Vuelvo a insistir en que —desde una concepción psicodinámica y psicoanalítica— la psicopatología trata de entender el sufrimiento psicológico y las características de los mecanismos mentales destinados a evitarlo, así como su repercusión en los desajustes adaptativos y relacionales ante las exigencias de una realidad externa que el psicótico percibe y vive de manera distorsionada. La psicopatología no es un compendio de síntomas agrupables que permiten catalogar un diagnóstico. Es un acercamiento a una persona con la mente atormentada para comprender, en la convivencia de una relación, las razones de un sufrimiento; comprensión necesariamente previa a la búsqueda de posibles soluciones terapéuticas individuales (ahora decimos «personalizadas»).

Postulo que si siempre se hubiera mantenido una conceptualización clara de los aspectos estructurales de una psicopatología dinámica y relacional, que es la que por razones ideológicas trató de desbaratar el DSM, nos hubiéramos evitado muchas complicaciones.[7] Baste recordar, para aseverarlo, los comentarios de Allen Frances sobre las consecuencias que acarreó el DSM-IV, que él mismo coordinó (siendo todavía más crítico con lo que teme que pasará con el DSM-5): «Habíamos mantenido nuestra posición en contra de la inflación diagnóstica, pero nos equivocamos [...]. En los últimos veinte años ha habido un aumento dramático de la prevalencia del TDAH, del autismo y del trastorno afectivo bipolar en la infancia» (Frances, 2010, 2014) .

Para la psicopatología psicoanalítica o dinámica, interesa mucho entender qué mecanismos mentales, destinados a evitar el sufrimiento psíquico, invaden e inmovilizan la agilidad del pensamiento, empobreciendo y limitando el desarrollo cognitivo, y también, como ya avanzó Asperger (y como parece cada vez más aceptado), al conducirlo a peculiares vías y formas sofisticadas de conocimiento.

Por señalar algunos autores históricamente significativos, recordaré el interés de Misès (1975, 1981) por los mecanismos psíquicos que tienen como efecto «amputar» la inteligencia o los conceptos de «ataques a los vínculos del pensamiento» y de «desmantelamiento» elaborados por autores poskleinianos (Bion, 1966, 1970; Meltzer *et al.*, 1975). Mucho más cerca de la actualidad, si queremos considerar

---

[7] Así lo ha hecho Jorge L. Tizón, en las páginas de la *Revista* EIPEIA (2016) y también desde numerosas y valiosas publicaciones en las que ha ido desarrollando su «psico(pato)logía basada en la relación» (Tizón, 2018a, 2018b, 2019, 2021).

la relación entre emociones y mecanismos neurofisiológicos de la memoria y, por tanto, del desarrollo cognitivo e intelectual, es imprescindible recordar la fundamental obra de Kandel y de los muchos autores que durante los últimos años vinculan la neurobiología de los procesos mentales con el mundo emocional y con la influencia de lo relacional en el terreno de la activación de sinapsis y redes neuronales; y aún más, de su influencia en los modos de expresión de sus determinantes genéticos. La neurobiología actual ha demostrado que la experiencia, el intercambio relacional y emocional con el entorno y, en particular, las interacciones tempranas conforman y modulan el desarrollo neuronal del cerebro y de los complejos circuitos neuronales por los que transitan las emociones y la atención, y que configuran y almacenan la memoria (sus distintos tipos en diferentes circuitos y áreas) (Kandel, 1999, 2000, 2007, 2018). De la confluencia neurociencias/psicoanálisis ha surgido el denominado «neuropsicoanálisis». Los autores que lo proponen piensan que la investigación psicoanalítica no puede perder contacto con los conocimientos científicos de otras disciplinas y que desvincularse de ellos comprometerá el porvenir de la teoría y la práctica psicoanalítica (Amini et al., 1996; Andreasen, 1997; Ansermet y Magistretti, 2004; Gabbard, 2000; Golse, 2016; Insel, 1997; Kendler, 2001; Magistretti y Ansermet, 2010; Ouss et al., 2009; Solms, 2000).

Sería ingenuo pensar que todas estas cuestiones no están implicadas en los procesos mentales vinculados con los peculiares modos de relación, de aprendizaje y de desarrollo cognitivo del autismo. Con otras palabras; nos queda mucho que estudiar y comprender, tanto desde el acercamiento en nuestra relación clínica con los autistas, como desde la evaluación de los cambios que produce, o desde la investigación de las vías neurobiológicas por las que circula todo ello. Separar cognición y afecto, desligar interacción relacional y desarrollo neurobiológico supone ignorar los conocimientos actuales. Practicarlo así, desde los sesgos de las convicciones ideológicas, se opone a la convergencia complementaria de diferentes disciplinas, de lo corporal y de lo mental, imprescindibles para el crecimiento del conocimiento humano.

Comprender, ¿para qué?, ¿cuidar, enseñar, educar, tratar, acompañar?

La cuestión de las capacidades intelectuales de los autistas y de las posibilidades de mejorarlas se convirtió en las décadas de 1970 y 1980 en un animado debate en Estados Unidos, que estuvo protagonizado fundamentalmente por dos autores: Eric Schopler (1927-2006) e Ivar Lovaas (1927-2010). Ambos propusieron diferentes modos y estilos de intervención que se han prolongado y extendido universalmente hasta el presente y que han alimentado los debates enconados más recientes.

Para desarrollar y financiar sus proyectos se apoyaron en las asociaciones creadas por los familiares de afectados, y así contribuyeron a abrir un camino nuevo: el de convertir las alianzas entre familiares de afectados y profesionales en un factor de opinión, de intervención y de influencia creciente sobre los responsables políticos de la sanidad, la educación y los servicios sociales, así como sobre sus decisiones y planteamientos.

Una versión simplificada de sus contribuciones que, desde otras perspectivas, los agrupa y amalgama como los defensores de lo «cognitivo-conductual» resulta totalmente insuficiente y debe ser pormenorizada.

Ambos autores, que coincidieron durante décadas en el terreno de su dedicación al autismo, mantuvieron una relación tensa, con una sucesión de alianzas y enfrentamientos tanto en sus encuentros profesionales como en sus posiciones teóricas y prácticas.

Desde una perspectiva general —a diferencia del Análisis Aplicado del Comportamiento (ABA, por sus siglas en inglés) de Lovaas, que se propone como un modo de intervención aplicado sistemáticamente—, el Tratamiento y Educación de Niños Autistas y con Dificultades de Comunicación (programa TEACCH) de Schopler no es un método, sino todo un programa de salud pública cuyo objetivo es proporcionar a las personas autistas y a sus familias todos los recursos indispensables (centros de diagnóstico y evaluación y centros de educación y tratamiento con participación de las familias; acompañamiento y acogida en el medio escolar y social ordinario; lugares de convivencia y trabajo para los adultos).

Para empezar, ambos procedían de ámbitos totalmente distintos. Schopler se graduó en la Universidad de Chicago en Gestión de Servicios

Sociales, y posteriormente realizó un doctorado en Psicología Clínica Infantil, en 1964. Su campo de actividad profesional predominante fue la educación especial, razón por la que ha sido considerado, sobre todo por los psiquiatras, un profesional de la educación y la pedagogía especializada. Antes de desarrollar en Carolina del Norte su proyecto TEACCH, fundado en 1972, había colaborado con Bettelheim en su «Escuela ortogénica de Chicago». Aunque con orígenes biográficos comunes —ambos pertenecían a familias judías que emigraron desde Europa forzadas por la persecución nazi—, sus planteamientos chocaron rápidamente pese a pertenecer en un inicio al mismo equipo. Opuesto a la actitud —teórica y práctica— de Bettelheim con los padres de los autistas, a los que mantenía institucionalizados y apartados del medio familiar para «protegerlos» de su influencia negativa, se convirtió rápidamente en uno de sus más críticos opositores; de él y, por extensión, de todo lo «psicoanalítico», lo cual resulta fácil de entender por la veneración acrítica de la que fueron objeto en la sociedad norteamericana tanto Bettelheim como sus teorías y que con posterioridad, a partir de su suicidio, serían objeto de un vapuleo sistemático en amplios medios de comunicación[8] (hasta el punto de que todavía hoy podemos encontrar muchos textos que afirman que todas las propuestas psicoanalíticas y sus aplicaciones terapéuticas son idénticas a las de Bettelheim o continúan sus modos de intervención).

Para contradecir estas simplificaciones, he de decir que puedo testimoniar que, ya en los años setenta del siglo pasado, también en ciertos medios psicoanalíticos frecuentados durante nuestra formación, esta opción de separar a los autistas de su medio familiar era abierta y apasionadamente criticada; entre otros, por René Diatkine, Roger Misès o Jacques Hochmann, que eran claramente partidarios de mantener a los niños psicóticos en sus familias y atenderlos en «hospitales de día» y en «unidades de tarde» —estructuras ambulatorias intensivas con horarios

---

8 Un amplio y detallado relato de lo que se denominó el *affaire Bettelheim,* las polémicas mediáticas tras su muerte, así como su biografía y lo que dijo y no dijo este autor puede leerse en Sutton, N. (1995). *Bettelheim: A life and a Legacy.* Nueva York: Basic Books.

y actividades coordinados con la atención escolar—, que alcanzaron un amplio desarrollo en Francia y en Suiza.

Schopler planteaba la necesidad de intervenir de manera personalizada con cada niño autista para evaluar globalmente sus capacidades y limitaciones teniendo en cuenta sus diferencias individuales y las de su medio familiar. Resaltaba la complejidad de los factores que determinan las capacidades de aprendizaje, y daba prioridad a lo que necesitaba cada niño y no al uso generalizado con todos ellos de una técnica única. En los centros que creó se dispensaba una atención multiprofesional por parte de diferentes especialistas: «de la educación especial, psicólogos del comportamiento, de la patología del lenguaje, la psiquiatría, la psicofarmacología, la animación, etc.» (Schopler et al., 1982; Schopler y Mesibov, 1988). Como hemos visto con anterioridad, también Roger Misès y otros autores procedentes del psicoanálisis sostuvieron desde finales de los sesenta del siglo pasado lo mismo en Europa. Además, Misès introdujo la idea de que los padres y familiares cercanos podían «colaborar con los profesionales, participando en la elaboración de un proyecto individualizado de educación especial». Asimismo, Schopler entendía que eran posibles dos grandes enfoques ideológicos: el primero, aplicar «las mejores técnicas educativas disponibles [...] evaluadas conforme a las ciencias experimentales [...]. Esta opción tiene como efecto implantar técnicas científicas que con frecuencia se vuelven más importantes que los niños a los que tratan de ayudar»; el segundo, «empírico, parte de la discapacidad [handicap en el original en inglés] del niño y no de la técnica [...] quienes intervienen tienen en cuenta las diferencias individuales de cada niño».[9] Hay suficientes datos para entender que está criticando claramente los planteamientos de Lovaas y contrastándolos con su propio estilo de intervención (en el que, por otra parte, pueden reconocerse, pese a su oposición declarada, algunos puntos comunes con el modelo de Bettelheim).

En 1980 publica la *Child Autism Rating Scale* (CARS), destinada a ser una herramienta útil para diferenciar el autismo de otras formas de retraso

---

9 Desde que la OMS encargó a Wood una clasificación de las incapacidades médicas, se ha generalizado su diferención entre *impairment* (deficiencias), *disability* (discapacidad) y *handicap* (minusvalía) (Wood, 1975, 1980).

intelectual y que se aplica observando a través de un espejo unidireccional la participación del niño en una interacción estructurada. Se anticipó al modelo del espectro autista, que sería introducido en el DSM-III-R. Con su segunda edición, en 1988, se convertiría en una herramienta diagnóstica muy popular porque, como relata uno de sus admiradores:

> tras leer el manual y visionar un vídeo de 30 minutos, estudiantes de medicina, logopedas y profesores de educación especial eran capaces de puntuar con una precisión comparable a la de observadores clínicos expertos [...]. El diagnóstico del autismo había dejado de ser dominio exclusivo de una reducida y elitista red de especialistas [...]. El autismo se posicionó para irrumpir en la conciencia pública, se pusieron a disposición una escala masiva herramientas fiables para detectarlo y también para distinguirlo de otras formas de discapacidad (Silberman, 2016).

Quienes durante décadas hemos tratado de que los servicios públicos de salud mental asumieran la creación y desarrollo de recursos asistenciales y terapéuticos específicos para los autistas somos bastante sensibles a la influencia que esta manera de pensar ha acarreado. Es fácil entender que, en una realidad asistencial como la norteamericana, con escasos recursos en la sanidad pública, se busque una estrategia para conseguir otros recursos educativos y sociales y para promocionar una ideología que la sustente. Pero también hay que pensar que con ella disminuye la dotación de recursos en salud mental, lo que unido a la mala prensa y a la ambivalencia social que la psiquiatría despierta, hace que se reciba más fácilmente un mensaje destinado a la defensa de los derechos a la igualdad educativa y a la atención social del discapacitado que a la afirmación de que el autismo es un trastorno mental —término que asusta mucho fuera del mundo profesional de la salud mental—, necesitado de tratamientos médicos y terapéuticos específicos y especializados. Se acepta su carácter de «condición médica» (anglicismo que evita y trata de sustituir a «enfermedad» o «trastorno» mental) y la investigación de sus causas «orgánicas» o «biológicas» a través de las tecnologías hospitalarias (genética, neuroimagen, etc.) que, hasta ahora, eran más cercanas al mundo «neurológico». Sin embargo, se rechaza la necesidad de «lugares médico-sanitarios» de tratamiento que, además de arrastrar una imagen de «estigmatizadores», plantean «tratamientos psicoterapéuticos» que «no han sido evaluados con metodología científica demostrada» y, por tanto, «no han demostrado su eficacia».

Todo parece indicar que se perfila una tendencia social a considerar que la investigación «científica» de las causas sería patrimonio del mundo hospitalario y precisa su tecnología, mientras que los aspectos terapéuticos ahora son recalificados como «intervenciones psicoeducativas» que corresponderían al mundo escolar, apoyado por recursos destinados a favorecer la integración social. En el año 2010, un autor estadounidense, J. Shedler, en un artículo ampliamente divulgado y conocido, hizo un repaso de los múltiples trabajos que, pese a lo que suele afirmarse, muestran la eficacia de la psicoterapia psicodinámica en múltiples situaciones clínicas. Es indudable que una tarea semejante en el terreno del autismo sería muy importante (Schedler, 2010).[10]

Aunque lo he buscado, no he encontrado en mis lecturas de Schopler la frase que se le atribuye: «el autismo solamente es educable». Desconozco si la pronunció públicamente, aunque sospecho que es una exageración interesada por parte de quienes querían servirse de su obra para desdeñar la afirmación contrapuesta: «el autismo es tratable». En cualquier caso, resume una opción que coloca a la psiquiatría y sus instituciones asistenciales en la posición de estigmatizadoras y caducas y que, implícita o explícitamente, las considera desinteresadas y perjudiciales para un desarrollo intelectual favorable (como hemos visto, Kanner opinaba lo mismo de las instituciones psiquiátricas de su país y de su tiempo) y ha servido de base a una concepción que promueve la escuela y la pedagogía especializada como únicas vías de «integración e inclusión social» y, en consecuencia, de desarrollo intelectual más favorable. Además, induce a pensar, erróneamente, que quienes optan por tratar el autismo —con ayudas psicoterapéuticas y en un marco sanitario— se oponen a complementar las intervenciones terapéuticas con las educativas y pedagógicas o las consideran innecesarias o secundarias.

10 Para un análisis más detallado de este texto y su traslado a nuestras realidades asistenciales, cf. Lasa Zulueta (2011).

Educación y tratamiento, pedagogía y psicoterapia quedan así enfrentadas —a nivel teórico y emocional— y van perdiendo su carácter de complementarias, aunque así han sido utilizadas en muchos lugares. Esta confrontación —sanidad y educación— en los cuidados del autismo se ha producido, por lo menos desde el siglo XVII, en amplios períodos históricos[11] y aún persiste, pero también ha sido superada en otros y, en particular, por autores que, con una visión psicodinámica inspirada en el psicoanálisis —que coincide con los planteamientos de otras corrientes (por ejemplo, con los de Schopler, como acabamos de señalar)— han sostenido lo imprescindible de complementar los espacios, programas e intervenciones psicoterapéuticas con los escolares, los pedagógicos o los reeducativos.

Aunque se haya insistido mucho en el carácter «ateórico» y «exclusivamente científico» de la cuestión, los debates más recientes han mostrado que hay mucha pasión y muchos intereses en juego. Defensores de otras prácticas han cargado no solo en contra del psicoanálisis, sino de las prácticas psicoterapéuticas psicodinámicas basadas en una relación prolongada. Así, han afirmado su total ineficacia y su inutilidad con el argumento de que no disponen de un método de aplicación protocolizado, reproducible y aplicable en un ámbito suficientemente amplio que permita comparar sus resultados. Por eso, aunque se practique con beneficiosos efectos, la psicoterapia psicoanalítica es abiertamente descalificada por sus opositores como «desaconsejable» o «no recomendada», con el argumento —solo parcialmente veraz, pero inapelable— de que no ha demostrado la eficacia de sus resultados con evidencia científica.

Para una evaluación —desde la metodología basada en la evidencia— de la eficacia de las intervenciones psicoeducativas en el autismo, puede consultarse el informe del Instituto de Investigación de Enfermedades Raras (IIER) —Instituto de Salud Carlos III—. Nótese en el mismo dos cosas: 1) que ha necesitado realizar una clasificación de

---

11 He relatado la historia de lo ocurrido en los dos últimos siglos, a partir de los inicios de la educación de los deficientes en las instituciones psiquiátricas, en un texto dedicado a las relaciones autismo infantil-psiquiatría (Lasa Zulueta, 2022)

la gran cantidad de modalidades de «intervenciones psicoeducativas» existentes, entre las cuales el término «psicoterapia» ha desaparecido; 2) que se cuestiona claramente la supuesta eficacia «demostrada con metodología científica» que muchas de estas proclamaban.[12] En otra publicación hemos emitido nuestros comentarios críticos y nuestros acuerdos con las conclusiones de este informe —que calificábamos de «impecable e implacable»—, tratando de complementar la perspectiva de los investigadores, necesariamente ceñida a una metodología muy exigente, con la problemática clínica de quienes se mueven en el terreno terapéutico-asistencial (Lasa Zulueta *et al.*, 2014).

Para sus continuadores, Schopler, al que le gustaba definirse como defensor de una filosofía humanista, «fue el último pragmático» y «el primer pensador sobre el autismo realmente cognitivo».[13] Lovaas, en cambio, procedía del experimentalismo conductual *behaviorista*. Nacido en Noruega, también invadida por los nazis durante su infancia, emigró a Estados Unidos con su familia al terminar la guerra. Inició sus estudios en psicología en la Universidad de Washington en Seattle, a la vez que trabajaba como asistente en un hospital psiquiátrico privado que, al parecer, supuso para él una experiencia negativa que lo acercó a Skinner y a otros conductistas. Desde 1961 comenzó a trabajar en California como profesor ayudante responsable de una sala de un Instituto de Neuropsiquiatría (en la Universidad de Los Ángeles, UCLA).

Convencido de la posibilidad de modificar el comportamiento de los autistas mediante el sistema de Skinner de refuerzos y castigos —«estímulos reforzadores y aversivos»—, fue desarrollando lo que posteriormente se denominaría «el sistema ABA», ya mencionado. Aunque sus procedimientos experimentales impactaron incluso a medios de comunicación muy importantes,[14] fueron muy controvertidos porque sus estímulos aversivos, disuasorios y punitivos (gritos, aislamiento y privación sensorial e incluso bofetadas y descargas eléctricas) planteaban

12 Instituto de Salud Carlos III (2009). Informe del Instituto de Investigación de Enfermedades Raras (IIER). *Evaluación de la eficacia de las intervenciones psicoeducativas en los trastornos del espectro autista.* Madrid: Ministerio de Ciencia e Innovación.
13 Así lo declara Gary Mesibov en una entrevista (Feinstein, 2010, p. 145).
14 «Gritos, bofetadas y amor». Revista LIFE, 7 de mayo de 1965.

dudas éticas. Sin embargo, las asociaciones de familiares lo apoyaron y aprobaron incluso el uso de descargas eléctricas. Así lo reconoció la primera presidenta (y madre de autista) de la Asociación Estadounidense de Autismo (Autism Society of America [ASA]),[15] que realizó su congreso fundacional en 1969 y que también relató que durante el mismo Schopler y Lovaas mostraron sus desacuerdos y «estuvieron a punto de llegar a las manos».[16]

Antes de adentrarse en el tratamiento del autismo, Lovaas había participado colectivamente en una serie de experiencias denominadas «proyecto del niño afeminado» —ideado por el psicólogo de la UCLA Richard Green—, destinadas a comprobar si el condicionamiento operante podía emplearse como una intervención precoz en casos de «confusión de género» para evitar en el futuro de estos niños la necesidad de una cirugía de cambio de sexo. En un reciente libro, su autor, en sus comentarios sobre la biografía y la obra de Lovaas, sostiene que «trató de restar importancia a su participación en este proyecto [...] pese a que se convirtió en la gallina de los huevos de oro para la universidad y recibió becas de seis cifras del NIMH (Instituto Nacional de Salud Mental) y la Playboy Foundation hasta 1986» (Silberman, 2016). También opina que se inscribía en «una cruzada para normalizar las aberraciones que no se circunscribían solamente a los niños autistas». Opiniones aparte, es un hecho que los planteamientos de Lovaas se centran en la supresión de comportamientos (autoagresiones, ecolalia, estímulos autosensoriales estereotipados y crisis de cólera heteroagresivas), que se consideran inadecuados porque dificultan la relación y la atención necesarias para la adecuación social y el aprendizaje.

15 La ASA, constituida por familiares y profesionales, fue el nuevo nombre de la anteriormente denominada NSAC (National Society for Autistic Children), fundada por Rimland, psiquiatra y padre de autista, en 1965. La nueva denominación fue elegida porque la anterior reducía el área del autismo a la infancia y los familiares insistían en la necesidad de prolongar la atención y los cuidados a los afectados que ya no eran niños.
16 Feinstein (2010, p. 152). Este texto recoge también (p. 159) la opinion de Lorna Wing al respecto: «Lovaas era demasiado rígido en su enfoque conductual; o te refuerzan o te castigan. Hace falta más calor humano y más flexibilidad [...] en la UCLA tuvieron que dejar de aplicar descargas eléctricas obligados por la ley».

Normalizar y curar, ¿dos ilusiones motivadoras o dos utopías?

Pero volvamos a centrarnos en el tema de este capítulo. Sin duda, el trabajo de Lovaas que tuvo mayor resonancia y consecuencias —positivas y negativas— para su autor fue uno publicado en 1987 en el que afirmaba, como algo probado experimentalmente, que «casi la mitad de los niños del grupo experimental UCLA» había alcanzado «un funcionamiento educativo e intelectual normal» (Lovaas, 1987). Aunque Schopler lo acusó de concentrar sus resultados excluyendo de su muestra a los autistas «de bajo funcionamiento», la reacción predominante e inmediata fue considerarlo un logro asombroso. Eisenberg comentó en *The Times*: «en caso de ser ciertos, estos resultados son rotundamente extraordinarios». Cuando, más tarde, las críticas a tal optimismo arreciaron, Edward Ritvo, psiquiatra de niños en el Medical School Neuropsychiatric Institute de Los Ángeles declaró, desmarcándose de los trabajos descalificados: «nosotros no prometíamos una cura, era Lovaas quien lo hacía».

Todos los profesionales hemos oído, durante muchos años, una afirmación considerada indiscutible y apoyada por los resultados publicados del método ABA de Lovaas, según la cual este era el único tratamiento que había probado «con evidencia científica» sus resultados. Como suele ocurrir, la idealización de algo termina con su descenso del pedestal. Los primeros problemas para el ABA procedían de los familiares de los afectados, que cuestionaban la violencia de sus métodos, con lo cual las acusaciones sobre su crueldad se multiplicaron (curiosamente, lo mismo le sucedió a Bettelheim).[17] Progresivamente, pasaron de reivindicar la subvención de sus elevados costes (pues suponía el pago de varias horas de tratamiento diario realizado por terapeutas que se desplazaban a domicilio) a interesarse por tratamientos más polivalentes, menos intrusivos y más respetuosos con el desarrollo natural de las capacidades del autista y con sus limitaciones. Sin embargo, el cuestionamiento definitivo llegó con la descalificación de sus resultados en

---

17 La ASA aprobó en 1988 una resolución que exigía la prohibición de técnicas aversivas, pese a lo cual continuó promocionándolas después y siguen aplicándose. En cuanto a la violencia y crueldad de algunas de sus intervenciones, Silberman (2016, pp. 378-392) recoge varias informaciones.

un artículo procedente de los continuadores de Schopler en el que se afirmaba la imposibilidad de haber podido reproducirlos en estudios multicéntricos que, realizados con métodos de evaluación rigurosamente controlados para confirmar su validez, trataron de obtener con el empleo de sus mismos métodos de tratamiento (Shea, 2004). Los resultados obtenidos por otros equipos con el método ABA de Lovaas se alejaban mucho de los que decía obtener con el suyo, que nadie ha conseguido reproducir. Lovaas y sus colaboradores han argumentado que una cosa es «su» método y otra la forma en que lo aplican «otros» equipos, con lo que —sorprendente paradoja— la calidad de la relación con el terapeuta sería un factor determinante en la evaluación del método, por definición «objetivo» y «reproducible» para poder ser considerado científico.

Pese a ello, el método ABA sigue siendo practicado y enseñado en muchos países, en varios de los cuales diversas asociaciones de familiares han solicitado de las autoridades sanitarias su aplicación sistemática, su financiación y su reconocimiento oficial como «único tratamiento de validez científicamente probada». En Francia, en un clima social y profesional muy crispado, los poderes públicos se implicaron en el tema y financiaron el funcionamiento de 28 centros experimentales para aplicar este método y evaluarlo. Sus resultados han sido objeto de una evaluación estatal llevada a cabo por una empresa específicamente contratada, que los ha hecho públicos.[18]

Como hemos comentado con anterioridad, la evaluación crítica sobre la eficacia de esta y otras técnicas en nuestro país fue realizada por el grupo de estudios del TEA del Instituto de Salud Carlos III. Resumiré algunas de sus conclusiones: «existe un exceso de literatura secundaria [...]. Incluso las revisiones seleccionadas que cumplían los criterios de inclusión adolecían de carencias metodológicas y limitaciones importantes [...]. La evidencia por tanto es muy débil [...]. Es

18 Cekoïa Conseil y Planète publique. (2015). Évaluation nationale des structures expérimentales Autisme. Rapport final. BDSP. París: CNSA. Para un análisis más detallado de este informe se puede consultar Maleval, J.-C. y Grollier, M. (2016). L'expérimentation institutionnelle d'ABA en France: une sévère désillusion. *Lacan Quotidien 568-569.*

imprescindible dejar de desarrollar investigaciones secundarias como revisiones y metaanálisis». Por ello aconsejan que «hay necesidades inminentes [...] evaluar por parte de los profesionales todas y cada una de las intervenciones [...] basar los tratamientos en manuales de intervención [...] de forma que sean reproducibles».

Stanley Greenspan, quizás el autor estadounidense que más se esforzó en «traducir» su método de tratamiento, inspirado por su comprensión psicoanalítica del desarrollo temprano, a un lenguaje «cognitivista» —seguramente para hacerlo más aceptable en su país—, recuerda y subraya las evaluaciones que la Academia Estadounidense de las Artes y las Ciencias ha hecho de los diferentes tipos de intervenciones (Greenspan, 1979; Greenspan y Wieder, 2006). En este informe se afirma que hay estudios científicos que avalan la utilidad tanto de programas de intervención basados en la relación como de los programas conductuales. Más preocupados por valorar los resultados generales de las intervenciones que de garantizar su «pureza metodológica» con una objetivación científica de su evidencia basada en pruebas, transmiten unas conclusiones más optimistas y menos partidistas que las propuestas de trabajos que parten de la necesidad de probar la eficacia de un método concreto.[19] Sorprendentemente, en estos tiempos de exigencia de rigor metodológico afirman que «no se ha demostrado que exista una relación concreta entre una intervención concreta y el progreso de los niños» y que «no existen comparaciones adecuadas entre diferentes tratamientos globales», para concluir que «las intervenciones efectivas dependen de las necesidades individuales de cada niño y de cada familia». Este pragmatismo, basado en la experiencia clínica (que hoy en día tiene poca consideración científica), parece demoledor e inaceptable para los defensores de certezas probadas aplicables y reproducibles en cualquier lugar. También se muestra generosamente conciliador y tranquilizador cuando cita hasta diez programas globales de intervención que han demostrado resultados efectivos: «tres de ellos basados en el desarrollo,

---

19 National Research Council (NRC); Division of Behavioral and Social Sciences and Education; Commitee on Educational Interventions for Children with Autism (2001). *Educating Children with Autism*. Washington: The National Academies Press.

el apoyo familiar y en la creación de interacciones; dos son programas conductuales muy estructurados y otros cuatro programas incorporan una combinación de elementos que tienden hacia la enseñanza más naturalista». En sus comentarios resumidos del informe, Greenspan recoge también que

> estos tratamientos conductuales contemporáneos están aportando técnicas muy parecidas a los métodos basados en la interacción y el desarrollo y están centrados en el trabajo con los patrones individuales de los niños y sus familias con el fin de crear interacciones de aprendizaje que fomenten las competencias básicas (a menudo ausentes o deficitarias) de interacción, comunicación y pensamiento.[20]

La evaluación de la inteligencia en el autismo

Repasemos. Hemos visto que Asperger, que defendía la existencia de autistas con extraordinarias capacidades intelectuales, desconfiaba de la posibilidad de medir estas con procedimientos objetivos e insistía en que solo quienes convivían de manera cotidiana con ellos podían evaluarlos desde una posición basada en una relación de confianza. Al igual que Lorna Wing, madre de una niña autista, Greenspan rescató del olvido a Asperger, precisamente porque confirmaba una experiencia clínica según la cual existían autistas con muy diferentes niveles intelectuales. Cualquier profesional habituado a ver a estos sujetos sabe que se producen dolorosos desacuerdos en la valoración de sus capacidades entre quienes los ven a diario y durante mucho tiempo (profesores y familiares sobre todo) y quienes tratan de «objetivar» la situación con

---

20 Sanley Greenspan (1941-2010) fue un psiquiatra y pediatra que impulsó la *Clasificación 0-3*. Falleció en 2010 dejando una importante obra sobre el desarrollo emocional temprano y el tratamiento de sus trastornos. Su método *Floortime-DIR* (*Developmental, Individual-Difference-Relationship Based* [Método basado en el desarrollo, las diferencias individuales y la interacción]) propone un trabajo terapéutico centrado en la relación temprana con el niño autista y con sus padres en entornos «naturales» (familiares), para tratar de favorecer y desarrollar las capacidades y apetencias espontáneas de los autistas.

evaluaciones «sincrónicas» que intentan comparar estadísticamente su respuesta con pruebas estandarizadas. Es habitual que los segundos atribuyan a factores emocionales la «deformación subjetiva» de los primeros. También que los primeros se quejen de la frialdad de la situación de examen objetivo y del sesgo de investigadores «científicos» que desconocen la ansiedad y sus efectos sobre los autistas puestos a prueba en una situación artificial —para ellos muy inquietante— que añade factores estresantes y perjudiciales para «sus verdaderas capacidades». A veces hasta se habla de «optimismo injustificado», desde una de las partes, o de «desconocimiento de capacidades latentes potenciales» desde la otra. Resulta sorprendente que hasta los partidarios más acérrimos del método objetivo —ABA de Lovaas—, defensores de que su objetividad permite reproducirlo de manera sistemática y uniforme, hayan respondido, al ver cuestionados sus resultados, que solo los profesionales formados en sus equipos pueden obtener los resultados prometidos.

Todo ello apunta, en mi opinión, a que la solución a la cuestión parece imposible. Una paradoja insalvable recorre todo el debate: la neutralidad del investigador y de su tarea exige una distancia con respecto a la implicación personal y emocional de quienes se sitúan en una dimensión totalmente diferente, la de una relación clínica, terapéutica y educativa. Las preguntas, pues, siguen siendo: ¿qué es lo evaluable? ¿Con qué método? ¿Por quién?[21]

Desde el punto de vista de una evaluación tan objetiva como exige el método científico, conviene recordar la modestia de quienes investigan aspectos como el comportamiento de las partículas de la materia, que parece que tendrían que responder a menos variables que las que afectan al conocimiento y comportamiento de un ser humano. Si hay científicos como Ilya Prigogine, que concibió en 1979 su *Formulación de la relatividad generalizada* —según la cual una misma partícula se comportaría de manera distinta en función del campo de observación generado por las hipótesis del observador—, o como Werner Heisenberg, que en 1962 afirmaba: «no se puede hablar del comportamiento

21 Así lo hemos debatido en nuestros comentarios a las *Conclusiones grupos de estudios* TEA, Instituto de Salud Carlos III (2004) en Lasa Zulueta *et al.* (2014).

de una partícula sin tener en cuenta el conocimiento del observador», cabe hacernos otra pregunta: ¿quién puede evaluar objetivamente las capacidades globales de un autista? Más allá de la medición —en un espacio y un tiempo determinados y limitados— de las respuestas a una prueba concreta, ¿puede afirmarse la existencia del observador «objetivo», exterior al fenómeno observado?

Las teorías sobre el déficit cognitivo de los autistas

En 1971, Kanner funda la revista *Journal of Autism and Childhood Schizophrenia*. Formaban parte de su comité de redacción Eisenberg, jefe de Psiquiatría en Harvard; William Goldfarb, psiquiatra; Carl Fenichel, educador y amigo íntimo de Bettelheim (los dos con formación psicoanalítica); Karl H. Pribram, neurofisiólogo; Seymour S. Kety, profesor de Psiquiatría y psicofarmacólogo; y Michael L. Rutter, profesor de Paidopsiquiatría en Londres. En un amplio consejo científico ampliado figuraban psiquiatras de varios países; entre otros, Michel Furer (colaborador de Mahler) y Mildred Creak (psiquiatra inglesa conocida por sus criterios para el diagnóstico de las psicosis infantiles). René Spitz, Louise Despert y Lauretta Bender estaban en su patronazgo y también «en la cola de la lista y por orden alfabético»:[22] Bernard Rimland (psicólogo, padre de niño autista y fundador de una asociación de padres), Eric Schopler (educador) y Edward R. Ritvo (psiquiatra biológico). Este énfasis a la hora de detallar a sus protagonistas muestra que la presencia de autores «influenciados por el psicoanálisis» era importante, y sería considerada «equilibrada» o «preponderante» según quién lo juzgase. El hecho es que, en 1979, la revista cambia de nombre y pasa a denominarse *Journal of Autism and Developmental Disorders*. Su dirección había pasado a Schopler, nuevo *editor*, puesto que conserva de 1975 a 1997, fecha en que le sucede su discípulo y colaborador Gary

---

22 Hochmann (2009, pp. 416-422). Este autor considera los cambios introducidos en esta revista como el momento de «gran vuelco» en las ideas y las prácticas del autismo.

Mesibov. Es en su artículo editorial de 1979 (firmado por Schopler y Rutter, como codirector, y Stella Chess, antigua redactora), en el que, además del cambio de título, se propone un viraje en la comprensión del autismo y su tratamiento alegando que «el número impresionante de investigaciones acumuladas durante los dos últimos decenios [que no citan] así lo exige». El peso de las mismas —y de la argumentación de los editores— estaría en que muestran datos a favor de un origen genético del autismo y del carácter neurobiológico de sus alteraciones, lo que obligaba a considerar el autismo como una «alteración del desarrollo», entendido este como algo fundamentalmente biológico y determinado genéticamente. En consecuencia, quedaban relegados los factores relacionales y las teorías que asociaban la etiología del autismo con las relaciones tempranas (psicoanálisis).

Como es sabido, esto conllevó, como parte de la revancha frente al precedente predominio masivo de las hipótesis y prácticas psicoanalíticas en Estados Unidos, una acerada crítica frente a sus excesos, acusación apasionadamente apoyada por influyentes asociaciones de padres y de profesionales —pero no por todos—, cuyos efectos, que aún duran, terminarían por afectar a las decisiones asistenciales y políticas sanitarias también en otros países (el caso de Francia ya comentado quizá sea el que más atención mediática ha despertado en Europa). El hecho de que Kanner, que no era psicoanalista, hablara de la frialdad emocional presente en algunas familias de autistas quedó señalado, a pesar de otras muchas cosas que dijo en sentido contrario, como la supuesta prueba de su posición acusatoria hacia la familia como origen causal del autismo. Que Bettelheim, reverenciado y también criticado por según qué psicoanalistas, desconfiara de los padres y los considerara perjudiciales para el tratamiento quedó sancionado y resumido en que «el psicoanálisis culpa a los padres de ser la causa del autismo de sus hijos». Para entender su virulencia y su duración conviene recordar dos factores muy influyentes en el debate y esenciales en los motivos del viraje: 1) que ya desde la década de los años sesenta del siglo pasado la presión de las familias, organizadas en potentes asociaciones y *lobbies* y lideradas entre otros por Rimland, buscaba la manera de desarrollar recursos para el autismo, en un contexto en que la psiquiatría vinculada a la sanidad pública no lo hacía; 2) como resultado de lo anterior, la aprobación en 1975 de la *Development Disabilities Act,* ley que promovía toda una serie de medidas para proteger y mejorar la situación de diversas incapacidades, definidas conjuntamente como ligadas a alteraciones del desarrollo (autismo, epilepsia, retraso mental y hándicaps motores cerebrales). Con ello, la noción de «hándicap» y sus sucesivas traducciones («minusvalía», «discapacidad», términos asociados al autismo) pasan de señalar una estigmatización social, a serlo de un justo reconocimiento que permite reclamar derechos protegidos por las leyes, así como a transformarse en una legítima reivindicación.

Otra cosa —que padece la psiquiatría— es la connotación de temor hacia la enfermedad «psiquiátrica», que ha quedado encajada en ciertos términos que han dejado de ser clínicos para convertirse en estigmas. Conceptos clínicos —entre otros, «psicosis infantil», «trastorno mental», «psicopatológico»— que despiertan un rechazo social y una alergia hacia la psiquiatría que no existen hacia la psicología (sería discutible el lugar entre ambas y la consideración social que merece el psicoanálisis). Ligado a ello están las diferentes reacciones que suscitan los vocablos «déficit intelectual» o «déficit cognitivo», los cuales parecen vinculados a su connotación de expresión psicopatológica propia de la psiquiatría (y más rechazado), el primero, y de término «más psicológico» (a utilizar preferentemente por ser mejor aceptado), el segundo.

Sin duda, el éxito del cognitivismo está apoyado por más motivos ligados a sus propios méritos; entre otros, el rigor metodológico desplegado por sus defensores, su claridad expositiva, su prolongada tarea dedicada a la experimentación clínico-teórica y su pragmatismo a la hora de mostrar sus resultados y de adaptarlos a las exigencias de la metodología «basada en la evidencia». Así, se ha convertido en un soporte imprescindible para la «neuropsicología» actualmente predominante.

En la senda abierta por Rutter, al señalar que el autismo era un problema fundamentalmente cognitivo, y por Lorna Wing, interesada en investigar las diversas limitaciones y capacidades intelectuales de los autistas, así como los trastornos del lenguaje asociados, se ha consolidado en Gran Bretaña una línea de autores muy influyentes en la visión actual del autismo. Uta Frith, en su trabajo con John Morton, cognitivista muy influyente, estableció las bases de una visión neuropsicológica del autismo. Se trataría de determinar una operación cognitiva deficiente y de demostrar después su relación con los signos clínicos del autismo. Así ocurriría, por ejemplo, al objetivar la incapacidad de los autistas para interpretar la intención que expresa la mímica facial de sus interlocutores y correlacionar su grado de alteración con la intensidad de sus dificultades de relación. A partir de tal planteamiento, surgieron diversos «modelos cognitivos» que tratarían de asociar, «unificándolos», determinados signos clínicos del autismo con una función cognitiva. A continuación, me detendré en los tres modelos más influyentes que han surgido.

El primer modelo de la alteración de las «teorías de la mente» emerge de la escuela de Frith. Según este, quien dispone de una «teoría de la mente» interpreta el comportamiento del otro mediante la atribución de intenciones, deseos o creencias propias. Cuenta con que tiene su propia mente y sabe que sus contenidos son distintos de los del sujeto que trata de entenderlo. Los autistas serían incapaces de detectar las intenciones o emociones internas de sus semejantes y solo interpretan las respuestas y los comportamientos esperables de los demás en función de sus propias percepciones. Este déficit sería la causa de las dificultades de las interacciones sociales del autista y explicaría también la dificultad para adquirir la temprana función de la «atención conjunta», la capacidad de mirar y de interesarse por lo que el otro mira. Baron-Cohen popularizó esta teoría con su sencillo y exitoso experimento «dónde buscará Sally», en el que el objeto, después de que ella se ausenta, se cambia de sitio. El niño autista cree que lo buscará donde ahora está y no donde estaba antes de que Sally saliera y por lo tanto ignorara el posterior cambio de lugar. Es decir, desconoce que Sally tiene sus propios procesos mentales. Sin embargo, cualquier conocedor de la teoría kleiniana sabe que la intensa angustia de un niño autista lo lleva a evitarla recurriendo a un mecanismo mental defensivo (la proyección) a través del cual la exporta fuera de sí y la deposita en su interlocutor, al que atribuye exactamente sus mismos sentimientos y procesos mentales, razón por la cual (identificación proyectiva) solo puede imaginar e identificar en el otro sus mismas vivencias. Esta es, por razones afectivas, su única teoría posible —y en términos cognitivos, errónea— de lo que ocurre en la mente del otro.

La cuestión no es quién tiene razón o quién lo había descrito antes, sino pensar que ambas teorías pueden llevar a una comprensión complementaria que, en lugar de separar, vincule cognición y afecto. Las propias observaciones de los cognitivistas han relativizado la validez de esta teoría, aplicable a los autistas de bajo rendimiento intelectual, en los que además registran un déficit en el conjunto de otras operaciones cognitivas. En otros casos, asocian las dificultades más bien a trastornos del lenguaje que a un déficit específico de esta función. Además, se ha observado el déficit (de la teoría de la mente) en sujetos no autistas, así como que hay autistas que no lo padecen, en particular los de alto rendimiento. En cualquier caso, la teoría trataba de explicar su relación con las dificultades de comunicación y contacto social, pero no con otras dificultades presentes en el autismo, como la repetición de comportamientos o el carácter fijo e invariable de sus intereses.

El segundo modelo es el de la rigidez de las «funciones ejecutivas». Ciertos investigadores vieron semejanzas entre los procesos mentales del autismo y los de los afectados de un «síndrome frontal», resultante de una lesión de este lóbulo cerebral, responsable de las denominadas «funciones ejecutivas» (conjunto de capacidades que rigen el comportamiento, la flexibilidad para las tareas, el inicio de una acción, etc.). La hipótesis de que una alteración de estas funciones influía en las dificultades de relación del autismo se apoyaba en que en los niños normales las funciones ejecutivas alcanzan su eficiencia a la misma edad que la teoría de la mente. Sin embargo, como argumentaron los partidarios de la teoría anterior, la rigidez «frontal» no afecta específicamente a la información social, como les ocurre a los autistas, ni tampoco explica otras de sus particularidades emocionales. Además, como argumentó Frith, la rigidez de intereses puede explicarse por el efecto que produce sobre ellos su particular percepción del mundo que los rodea. A la hora de buscar conexiones entre estas ideas cognitivistas y la comprensión psicoanalítica, resulta evidente para cualquier terapeuta familiarizado con el funcionamiento psicótico y autístico que las angustias de tipo catastrófico o las vinculadas con la pérdida de los límites corporales y mentales (desmembramiento, explosión o licuación cerebral, etc.) guardan íntima relación con comportamientos estereotipados «protectores» y también con peculiares intereses y conocimientos directamente relacionados. Hemos conocido a numerosos autistas que de manera obsesiva y paranoide ansiaban poseer y controlar conocimientos relacionados con sus angustias más profundas (por ejemplo, de climatología, de vulcanología o de anatomía comparada). Angustias que también los inducían a percibir y a sufrir un mundo amenazante frente al cual bloquean una y otra vez sus decisiones e iniciativas y desencadenan numerosos rituales estereotipados que les sirven de escudo *(airbag)* protector. Es la vertiente «afectiva», que complementa a la «cognitiva» —siendo ambas inseparables— y afecta a sus funciones ejecutivas.

El tercer modelo, que también surge de la escuela de Frith, está relacionado con las observaciones que estudian ciertas capacidades excepcionales de los autistas (realización de puzles o captación y reproducción inmediata de formas complicadas). El hecho de que se acompañen de una percepción minuciosa de detalles, en detrimento de la percepción de formal global, llevó a concebir la teoría de la «debilidad de la coherencia central». Los datos parciales, ciertos elementos perceptivos como su olor o color, por ejemplo, resultan ser para el autista los que caracterizan al objeto, o a la persona, en lugar de la percepción de su globalidad. En una serie de televisión actual, un médico que se presenta diciendo «soy autista» aparece obsesionado por el reconocimiento y características de un olor... que emanaba del cuello de su vecina. Más allá de las fuentes de los guionistas de esta serie, la realidad clínica es que hemos asistido en varias ocasiones a serias crisis escolares provocadas por la conducta de niños autistas que perseguían, irrefrenables, a determinados compañeros para olisquear obsesivamente alguna de sus zonas corporales. Aunque encontramos profesionales y padres de sus compañeros de escuela que pensaban que se trataba de actos perversos, fue fácil comprobar que tenían poco que ver con la excitación sexual o con la imposición de una posesión dominadora y abusiva. Desde la perspectiva cognitivista, esta «debilidad de la coherencia» explica su particular habilidad para percibir detalles mínimos que escapan a quienes no tienen esta hipersensibilidad para captar los detalles del mundo que los rodea.[23] De nuevo nos preguntamos si esta capacidad extraordinaria, paradójicamente relacionada con una debilidad cognitiva, no guarda asimismo una íntima relación con una alerta permanente vinculada al sufrimiento de sentirse sin límites ni defensa frente a un mundo percibido como amenazante, y si este «error» de percepción no se explica también desde la evacuación (y proyección) de una angustia insufrible.

Para Frith, esta captación preferencial de los aspectos perceptivos del mundo resulta de una menor capacidad de acceder a su significado. En la última edición de su libro se decanta por una visión, más «sumatoria» que «unificadora», que entiende que vale más sumar modelos que reemplazar los anteriores. El déficit de la teoría de la mente explicaría los problemas relacionales; el modelo de la «debilidad de la coherencia central» explicaría los picos de habilidades perceptivas extraordinarias. Desde una perspectiva «psiquiátrica», creo que esto se acerca más a los modelos de diagnóstico «dimensionales» y se aleja de los «categoriales» y, yendo un poco más lejos, apoya más una comprensión «estructural» de los trastornos que su fragmentación en una suma de procesos «comórbidos» vinculados a diferentes «etiopatogenias».

En cualquier caso, los investigadores cognitivistas, que siguen buscando la compatibilidad de sus resultados con los de las investigaciones que utilizan técnicas de imagen cerebral y con los hallazgos de la neurofisiología cerebral, parecen haber renunciado a modelos únicos que expliquen el conjunto de características del funcionamiento autista. En la actualidad, más que de establecer un modelo general se trata de estudiar en cada sujeto —con edades, capacidades intelectuales y condiciones sociales diversas— si en sus procesos mentales existen déficits o hiperfuncionamientos, así como de precisar en qué áreas. La influencia de las

---

23 Parece coherente relacionar, a pesar de sus alejadas procedencias teóricas, esta «debilidad de la coherencia» con el concepto de «desmantelamiento» formulado por Meltzer para describir la incapacidad de unificar las percepciones recibidas por diferentes canales sensoriales. Igualmente los investigadores del desarrollo temprano han observado el fenómeno de la «comodulación» o «trasmodulación» —capacidad innata de una representación mental conjunta de informaciones sensoriales recibidas simultáneamente, pero por canales independientes (tacto, vista, oído) y postulan su ausencia o su pérdida («descomodulación») en los bebés autistas.

peculiaridades perceptivas en los procesos cognitivos, en particular, ha abierto nuevos planteamientos, sobre los cuales volveremos más adelante (Mottron *et al.*, 2006). Por otro lado, los aportes de las perspectivas intersubjetivas, ligadas a las psicoanalíticas y neurocognitivas más recientes y aplicadas a las investigaciones en torno a las interacciones sobre el desarrollo tempranas, postulan una conexión directa e inseparable de los intercambios interactivos —sensoriales, afectivos y motores— con su interiorización en forma de representaciones mentales (Georgieff, 2013, 2016). El desarrollo cognitivo inicial, la primera actividad mental, nacería del motor afectivo-sensorial, que activa las acciones que buscan el contacto. Se abre así una confluencia con las indagaciones del neurocognitivismo más reciente sobre la constitución del «cerebro social» y el papel que desempeña la capacidad innata de empatía y de búsqueda activa de contactos humanos, en la misma línea que la epigenética —estabilización selectiva de las sinapsis— y la neurobiología —neuronas espejo— vienen confirmando (Changeux, 1985; Changeux y Danchin, 1976; Rizzolatti *et al.*, 1996; Rizzolatti y Sinigaglia, 2008).

Inteligencias superdotadas: ¿trastorno genético o progreso evolutivo?

Hay una nueva perspectiva que parece revolucionaria: estudiar el cómo y el porqué de que puedan desarrollar la capacidad de hacer cosas que resultan imposibles para los no autistas. Hace mucho que se sabe de la existencia de «autistas de alto rendimiento», expresión que ha desplazado a la más antigua, que los designaba de forma mucho más despiadada como «sabios idiotas» (en este sentido, hemos visto cómo Kanner juzgaba los inútiles conocimientos de su padre). Es el momento de estudiar el posible parentesco entre el funcionamiento mental de ciertos tipos de autismo y el de los niños «superdotados».

Se ha escrito mucho en torno a las similitudes entre la inteligencia y el comportamiento de los niños superdotados y de los autistas «de alto rendimiento», e incluso de su posible relación con los problemas psicológicos y las altas capacidades de muchos «niños prodigio» (Ruthsatz y Stephens, 2017).

La fascinación ante niños tan sorprendentes ha dejado paso a su interés científico, sobre todo a la hora de descifrar los enigmas de la inteligencia de ciertos autistas que ahora se refleja en expresiones como «mente diferente» o «un cerebro distinto», presentes en los títulos de varios libros escritos tanto por autistas (Grandin y Panek, 2013) como por investigadores (Mottron, 2004, 2012; Szatmari, 2015).

En el trabajo ya citado de Steve Silberman, periodista muy interesado por el mundo del autismo, se constata la enorme cantidad de documentación aportada y puede leerse un capítulo introductorio que sorprende, en el que relata los encuentros entre los componentes de la particular «tribu» (que da título al libro) de genios creadores de programas y descubrimientos fundamentales en el desarrollo de los conocimientos y tecnologías del mundo de la informática. No solo eso; también ha ido a Silicon Valley a entrevistarse y conocer a algunos de ellos y a sus familias (entre las que hay padres de los que habrían heredado su particular talento). Su tesis es fascinante: se trata de sujetos con una inteligencia distinta y con otras maneras de entender el mundo. Silberman se despacha a gusto sobre las incoherencias y la nula comprensión hacia ellos por parte de la psiquiatría; afirma que, en realidad, no padecen ningún trastorno y que hay que modificar el lenguaje para hacerles justicia: son personas «neurodiversas», distintas de quienes constituyen el mundo de los considerados «normales», a los que habría que denominar «neurotípicos».[24] Una vez que encuentran un mundo que se corresponde con sus capacidades son tan felices como cualquiera y excepcionalmente creativos si se les ofrece un contexto en el que desarrollar sus peculiares conocimientos. Por ello en el último capítulo propone construir «diseños para un mundo neurodiverso». Afirma que «la mayoría de los investigadores cree que el autismo no es una única entidad» y que «los rasgos de autismo no son en absoluto raros», sino que «constituyen una de las minorías más extensas del mundo», compuesta por personas «cuyos trastornos

---

24 Resaltaré que estos términos, procedentes y de uso habitual entre grupos activos de personas autistas, van apareciendo no solo en los textos publicados por algunas de ellas, sino también en los de algunos investigadores (cf. páginas que siguen).

producen una peculiar constelación de conductas y necesidades que se manifiesta de modos diversos en distintos estadios del desarrollo de la persona». Sugiere que «en lugar de invertir millones de dólares al año en descubrir las causas del autismo en el futuro, deberíamos estar ayudando a las personas autistas y a sus familias a disfrutar de vidas más felices, sanas, productivas y seguras en el presente». Cuando pormenoriza el modo de hacerlo, además de describir experiencias ya en marcha —como, por ejemplo, adecuar cines y teatros para ofrecer «proyecciones respetuosas con los sentidos, limitando el uso de luces estroboscópicas y de pirotecnia» y «facilitar a los padres programas de antemano para que sus hijos supieran qué esperar»— propone «entornos sensoriales aptos» y aulas en las que «la información sensorial distrayente [sic]... se mantendría a niveles mínimos», de tal forma que «una escuela inclusiva, por ejemplo, se dotaría de zonas tranquilas específicas donde un alumno que se sintiera momentáneamente abrumado pudiera refugiarse y evitar sufrir un colapso». Al leerlo, se han despertado en mí recuerdos nostálgicos, porque en numerosos lugares de Europa ya hace tiempo que existían aulas como las que propone. Con ello no trato de desvalorizar lo mucho que este libro aporta, aunque sí me pregunto desde qué contexto asistencial ha valorado la atención y los cuidados que el autismo (no) recibe. Pasemos de un periodista a un investigador serio (también citado en el libro de Silberman).

Laurent Mottron, psiquiatra e investigador en la Universidad de Montreal (UdeM), ha escrito: «Muchos autistas, creo yo, están preparados para trabajar en la ciencia académica y considero que su aportación a la ciencia se debe a su autismo, en lugar de producirse a pesar de este». En consecuencia, ha incluido como colaboradora en su equipo de investigación a una persona autista, Michelle Dawson, autora de un impactante artículo en el que cuestiona los tratamientos que ha recibido y desafía los fundamentos éticos y científicos del método ABA, un tema que llevó a la corte suprema de Canadá. Mantiene un *blog* en el que recoge las diversas discriminaciones que sufren los autistas. La Universidad de Montreal le ha concedido el título de *doctor honoris causa,* destacando que «ha impuesto en los medios científicos una concepción nueva del autismo». En el texto de su nombramiento se destacan sus numerosas publicaciones científicas y se dice que:

> su extrema capacidad para absorber y memorizar [puede citar miles de referencias de su base de datos conociendo con precisión su contenido] hace de ella uno de los [sic] investigadores mejor documentados mundialmente en el terreno del autismo. Se la admira y teme a la vez porque su [actitud] crítica es honesta, violenta si es necesario, pero nunca complaciente.[25]

Son palabras de Mottron, psiquiatra y jefe del equipo de investigación que la ha acogido, que sin duda muestra una actitud excepcionalmente insólita (Mottron, 2004, 2011a, 2012; Dawson, 2004).

Poco a poco aparecen más relatos autobiográficos de personas autistas que han hecho público su malestar por las dificultades que han encontrado para obtener el reconocimiento, tanto de su sufrimiento interior como de sus extraordinarias capacidades, en las personales áreas de conocimientos que han elegido. Un segundo ejemplo es Temple Grandin, que partiendo de su contacto con los animales se ha convertido en una reputada diseñadora industrial en el sector de la ganadería y ha llegado a ser profesora universitaria de comportamiento animal. También ella ha criticado la escasez, la lentitud y la pobreza con la que los investigadores abordan aspectos que los autistas conocen muy bien como, por ejemplo, la extrema sensibilidad de su sensorialidad, mientras se les reprocha su falta de comprensión y empatía (Grandin, 1986, 2008; Grandin y Panek, 2013).

Las investigaciones genéticas actuales ya han confirmado la existencia de múltiples combinaciones de alteraciones genéticas generadoras de una vulnerabilidad neurobiológica que, sumada a más factores, se asocia a varios trastornos psiquiátricos. Su idea principal es que esta etiopatogenia es multifactorial y no busca alteraciones genéticas específicas y determinantes de cada trastorno.

---

25 El texto publicado en la revista de la Universidad de Montreal era: *Michelle Dawson reçoit un doctorat honoris causa pour ses travaux sur l'autisme*. UdeMNouvelles, 17 de junio de 2013.

En el reciente trabajo de unos genetistas, cuyas conclusiones resumimos a continuación, se ha estudiado minuciosamente el genoma de sujetos afectados de cinco trastornos psiquiátricos: trastorno por déficit de atención con hiperactividad (TDAH), trastorno del espectro autista (TEA), trastorno bipolar, trastorno depresivo mayor (TDM) y esquizofrenia (SCZ). Estos autores, para explicarse por qué la prevalencia del autismo tiende a aumentar en lugar de a disminuir, parten de una hipótesis basada en su conocimiento de cómo las variaciones genéticas afectan a la evolución humana. Si existen componentes del genoma alterados (alelos de riesgo) relacionados con la genética del autismo, deben afectar a su neurogénesis y su capacidad intelectual y actuar a través de dos mecanismos evolutivos diferentes: a) los alelos «raros» alterados son eliminados por selección purificadora; b) los alelos comunes son seleccionados por sus efectos beneficiosos sobre las habilidades cognitivas.

Las principales enfermedades psiquiátricas son altamente poligénicas, lo que quiere decir que generan predisposiciones debidas al efecto aditivo de miles de variantes genéticas «de efecto pequeño». La evolución del genoma también parece operar a través de redes de genes y no por efecto de genes individuales. Los alelos de riesgo con grandes efectos sobre la predisposición a la enfermedad mental deben resultar afectados por un proceso de selección negativa, al menos en la medida en que interfieren con la capacidad reproductora. Pero, al estudiar las variaciones de los sistemas genéticos de los cinco trastornos psiquiátricos citados, los investigadores se han encontrado con algo sorprendente: el conjunto de variantes de riesgo que colectivamente —en un nivel poblacional— influye en el riesgo de TEA correlaciona fuertemente con los años de escolaridad, la finalización universitaria, la inteligencia infantil y la apertura a la experiencia (lo que hace pensar que también son más capaces de acceder al apareamiento y la procreación). Aún más:

> las múltiples formas de evidencia respaldan que el autismo y el alto cociente de inteligencia comparten un conjunto diverso de correlatos, como el gran tamaño del cerebro, crecimiento cerebral rápido, aumento de las capacidades sensoriales y visuales espaciales, funciones sinápticas mejoradas, mayor enfoque atencional, alto nivel socioeconómico, una

toma de decisiones más deliberativa y altos niveles de apareamiento selectivo positivo.

Tras lo cual afirman que:

probablemente existan dos mecanismos evolutivos diferentes en relación con la genética de los TEA [...]. Las variantes «raras» perturbadoras que predisponen a los TEA están bajo fuerte selección de purificación por eliminación selectiva de los alelos deletéreos [...]. Por el contrario, la predisposición genética a los TEA debido a variantes comunes es altamente poligénica y, tomados en conjunto a nivel poblacional, estos alelos presentan efectos beneficiosos con respecto a la capacidad cognitiva. Esta selección positiva para los alelos de riesgo de TEA aumentó su presencia en poblaciones humanas, y esto proporciona una posible explicación de la prevalencia de la enfermedad observada por los estudios epidemiológicos. Un rasgo relacionado con los alelos raros bajo una fuerte selección de purificación debe presentar una prevalencia mucho menor [...]. Los mecanismos genéticos fundamentales para las actividades neuronales están fuertemente conservados y los alelos con gran efecto sobre las funciones génicas tienen una probabilidad extremadamente alta de ser perjudicial (y de la consiguiente eliminación mediante la selección de purificación). Por el contrario, los alelos con pequeños efectos podrían modificar los sistemas cerebrales de forma más sutil y, en algunos casos, proporcionar pequeños efectos beneficiosos.

En conclusión, afirman que su estudio «proporciona evidencia sobre el papel de la evolución humana en la configuración de la arquitectura genética de los trastornos psiquiátricos, proporcionando una hipótesis para explicar la prevalencia del TEA como el coste evolutivo de la adaptación poligénica» (Polimanti y Gelernter, 2017).

A mi juicio, el interés de lo que contiene este párrafo —redactado con lenguaje que tomo prestado a los genetistas— reside en que afirma que, como ya se sabía, «grandes» alteraciones genéticas vinculadas a serios trastornos psiquiátricos son eliminadas en virtud de los procesos de selección natural que «purifican» la evolución del genoma humano (entre los que está la dificultad para emparejarse). En cambio, y aquí se encuentra su novedad, las alteraciones genéticas «menores» (vinculadas a «alelos de efecto pequeño») como las emparentadas con el autismo pueden, en algunos casos, proporcionar efectos beneficiosos. Si están en lo cierto —y los genetistas no suelen cometer frivolidades con sus afirmaciones—, las excepcionales capacidades de ciertos autistas estarían vinculadas a alteraciones genéticas particulares y «mínimas» que les posibilitan un desarrollo neuronal distinto. Las cosas parecen apuntar a que en los especiales conocimientos de algunos autistas podrían encontrarse variaciones genéticas relacionadas con la evolución de la inteligencia del ser humano. Quiero subrayar un matiz importante que aparece claramente expresado en estos dos últimos párrafos: «en algunos casos», lo que obliga a considerar que hay evoluciones muy diferentes en cuanto a las adquisiciones cognitivas.

Prudentes en sus hipótesis, estas ideas de los genetistas coinciden con la tradición de las observaciones clínicas de quienes —porque han convivido con autistas— han sabido apreciar su particular hipersensibilidad y les han permitido desplegar su inteligencia en un contexto de protección y respeto; los mismos que han observado con preocupación y dolor que no ocurre igual en otros casos. Entre los muchos autistas con los que Asperger convivió durante años, algunos llegaron a la universidad, pero fueron más numerosos los que fueron conducidos a la muerte por el horror de las medidas eugenésicas que los nazis —y sus colaboradores— desplegaron porque consideraban que su deficiencia era una degeneración de la naturaleza humana.

Saber por qué la inteligencia de los autistas tiene tantas variables sigue tentando a los científicos —que querrían avanzar más rápido— e intriga a una sociedad que soporta mal las incertidumbres. Así, se entiende que surja la necesidad de dos atajos: 1) modificar o suprimir las alteraciones del genoma de los autistas: el sueño de la ingeniería genética; 2) universalizar métodos de aprendizaje y tratamiento que logren cambios visibles y rápidos, aunque conlleven un riesgo: la tentación de imponer a personas frágiles un conocimiento mejorado pero inhumano. El futuro queda abierto a los progresos, pero no está a salvo de la repetición de errores ya cometidos.

Los autistas ya han conocido la absoluta marginación social, el encierro institucional y la eugenesia. No pudieron contarlo. También han conocido y padecido el adiestramiento alienante, que sí han comenzado a relatar (primero en privado y luego públicamente). Por increíble que parezca, algunos de ellos, los más capacitados, han comenzado, con o sin ayuda de sus familias y de la sociedad, a crear sus propias asociaciones para reivindicar sus derechos y conseguir que todo el mundo se refiera a ellos como «personas con autismo». Los profesionales y los pertenecientes a la sociedad que proponen denominar «neurotípica» deberíamos alegrarnos por ello.

Asimismo, deberíamos mejorar nuestra sensibilidad para con otros muchos, menos capacitados, que necesitan unos recursos —asistenciales y escolares, educativos y terapéuticos— que no siempre reciben. Y también divulgar en nuestro entorno social que son factores que influyen —a veces mucho y otras menos de lo que quisiéramos— en la evolución psicológica, intelectual y social del autismo y de quienes lo padecen.

5. CONOCIMIENTOS E INVESTIGACIONES RECIENTES. NUEVAS PERSPECTIVAS

> *La precariedad de la ciencia no debe ni inquietarnos ni decepcionarnos. Ningún descubrimiento científico es definitivamente explicativo; todos han suscitado más problemas de los que han resuelto. Una teoría no debe transformarse en un dogma. La ciencia no será nunca un medio de alcanzar la certeza; es lo que la diferencia de la religión. Su fragilidad la ennoblece pues no nos apresa en ningún sistema y nos invita a la superación. Su legitimidad no ofrece duda, pues ayuda a comprender el mundo y conduce a transformar la condición humana.*
>
> JACQUES RUFFIÉ, genetista.
> «Traité du vivant», 1983.

A lo largo de toda su historia, la psiquiatría se ha caracterizado por buscar un lugar legítimo y reconocido dentro de la medicina. Para ello, siempre ha necesitado demostrar su carácter de ciencia «corporal», lo que explica su sempiterna búsqueda de las causas «orgánicas» —ahora llamadas «neurobiológicas»— de cualquier enfermedad psíquica, que debe quedar legitimada con hallazgos incuestionables. Conocer la causa de las enfermedades y saber cómo combatirlas siempre fue el secreto de hechiceros y curanderos. Demostrarlo y proclamarlo es la tarea fundamental de la medicina desde que fue aceptada como ciencia. En esta tarea se embarcó la psiquiatría y todavía —como otras especialidades médicas— sigue navegando.

Desde que fue descrito por primera vez, el autismo infantil ha sido considerado una enfermedad psiquiátrica, aunque el lenguaje médico más reciente ha preferido calificarlo de «trastorno mental», con el añadido de «grave» o de «severo». Nunca ha dejado de estar incluido en las clasificaciones de los trastornos psiquiátricos. Hoy en día se alzan muchas voces que consideran que el diagnóstico de «autismo» es estigmatizador y que debería ser denominado de otra manera, e incluso dejar de ser considerado como un problema perteneciente al terreno «de la salud mental».

De forma simultánea, tras la multiplicación de trabajos que buscan —sin lograrlo del todo— pruebas objetivas que confirmen su carácter exclusivamente neurobiológico, las investigaciones actuales se centran en la búsqueda de las alteraciones —genéticas, bioquímicas y neurocerebrales— causales. La explosión de nuevas técnicas de exploración (imagen cerebral, bioquímica molecular de genes y de neuromediadores sinápticos, etc.) avanza con nuevos hallazgos que alimentan nuevas hipótesis etiopatogénicas y abren la esperanza a progresos terapéuticos.

Antes de comentarlo con más detalle, parece importante subrayar la paradoja actual: cuanta más presión social adquiere la tendencia a «despsiquiatrizar» el autismo, más insiste la investigación actual en confirmar su naturaleza neurobiológica, es decir, su carácter «médico-orgánico». Lo que nos lleva a un dilema: si la psiquiatría del autismo —y sus métodos de investigación... y de tratamiento— debe polarizarse hacia su vertiente «orgánico-neurobiológica», el autismo debería pasar a pertenecer al territorio de otra especialidad médica: la neurología. Como mencionábamos en la introducción, si se opta por esta vía cabe preguntarse si el interés por comprender los procesos mentales que conllevan un sufrimiento psíquico —y la psicopatología es eso— debe dejar de ser la herramienta conceptual esencial en la formación y la práctica clínica de la psiquiatría.

¿Qué futuro espera a la psiquiatría si renuncia a usar la psicopatología como un útil para entender el sufrimiento psíquico, cono paso previo e imprescindible para orientar hacia lo que, se supone, tendría que ser un posterior compromiso terapéutico? Por supuesto que este dilema puede resolverse, solo en apariencia, diciendo que el autismo necesita complementarse, después de un diagnóstico «médico-psiquiátrico», con otros tipos de especialidades y ayudas complementarias y «no médicas» (psicoeducativas y pedagógicas fundamentalmente). Pero la cuestión de fondo es hacia dónde se debe orientar la psiquiatría y, al parecer, ahora en sus vaivenes pendulares predomina la idea de que, si quiere ganar prestigio, debe aproximarse más a su vertiente investigadora «médico-neurológica» que a la vertiente preventiva, terapéutica y relacional, más vinculada a lo «socioambiental». En esta vía —según he desarrollado en un artículo reciente— todo apunta a que se está imponiendo una psiquiatría centrada en el diagnóstico etiopatológico, que cede la responsabilidad terapéutica posterior a otros ámbitos profesionales (Lasa Zulueta, 2021; ESCAP, 2020).[1]

Es un hecho constatado que en la práctica asistencial la investigación neurobiológica, que necesita de sofisticados y costosos recursos, se dirige hacia las tecnologías hospitalarias y que se amplía la distancia entre quienes estudian el autismo y quienes se ocupan de su tratamiento, el cual —siempre largo y lento— se está desplazando en muchos lugares hacia el territorio de los recursos sociales y pedagógicos (y los que puedan desarrollar las asociaciones de familiares). La psiquiatría, es decir, los dispositivos de salud mental tratan de desarrollar —según y dónde, con mayor o menor dedicación y recursos— tratamientos intensivos y lo más precoces que sea posible. Además, para ser incluida y reconocida como una especialidad médica, regida en estos tiempos por los principios —y las ilusiones— de la medicina basada en pruebas, se le exige a aquella que desarrolle una metodología capaz de demostrar la eficacia de sus propuestas y métodos terapéuticos. Los tratamientos psicoterapéuticos tratan de sobrevivir o de desarrollarse fundamentalmente en los servicios públicos. Su transformación en «intervenciones psicoeducativas» se amolda a los nuevos territorios a los que se han desplazado. El tratamiento del autismo requiere tanta dedicación y recursos que su presencia en las consultas privadas es infrecuente y, por lo general, complementaria de otras intervenciones. Solo en contados centros específicos («privados o concertados» con subvenciones públicas) se cuenta con la dotación necesaria de ayuda y tratamiento.

1 En las recomendaciones de la Asociación Europea de Psiquiatría de la Infancia y de la Adolescencia (ESCAP) se dice textualmente lo siguiente en las conclusiones de un reciente informe: «en lugar de verse a sí mismos como los "expertos exclusivos", los profesionales deberían centrarse en convertirse en entrenadores de aquellas personas que aman, viven, trabajan y/o cuidan a los individuos con autismo». También se describen varios tipos de «intervenciones terapéuticas específicas», que no incluyen la palabra «psicoterapia», y se reconoce y explica por qué «aunque la intervención debe basarse en la evidencia científica [...] no es posible basarse únicamente en esta evidencia».

Como hemos visto con anterioridad, los trabajosos intentos de las sucesivas clasificaciones del DSM tratan de lograr una credibilidad científica indiscutible. En el caso del autismo, estos culminaron en el DSM-5 con sus criterios para unificar los TEA. Esta clasificación ha sido cuestionada durante años antes y después de ser publicada por parte de renombrados expertos participantes en las versiones anteriores. Sin duda, el mayor varapalo que recibió, ya antes de su aprobación definitiva en 2013, fue una descalificación absoluta de su validez científica que el Instituto Nacional de Salud Mental estadounidense (NIMH) emitió de manera oficial. Cuando Thomas Insel, desde su púlpito de presidente de dicho organismo, pontificó que no utilizarían el DSM-5 «por su carácter poco científico» y «por la necesidad de descubrir una nueva nosología basada en el origen biológico de las enfermedades mentales [...] creando una nueva metodología basada en el descubrimiento de biomarcadores»,[2] nos recuerda que la psiquiatría sigue siendo incapaz de extraer del cerebro «la piedra de la locura», pretensión que fue críticamente inmortalizada por los geniales cuadros de El Bosco y de Pieter Brueghel, y que sigue asociada a un reproche de incapacidad científica. El «si no hay causa demostrada no hay enfermedad» parece, quién lo diría, seguir vigente para la psiquiatría. La única verdad, la única certeza científica, ha de ser la prueba somática. Así se llamen marcadores biológicos, hay que encontrar «el cuerpo del delito».

En llamativo contraste con este posicionamiento, casi al mismo tiempo *The British Journal of Psychiatry* publicaba el artículo editorial, ya citado en la introducción, en el que reivindicaba una perspectiva social de la psiquiatría y proponía «un cambio en el enfoque hegemónico en la investigación actual y una práctica clínica enriquecida con las ciencias humanas y centrada en las personas y sus relaciones y no en anomalías cerebrales aisladas» (Priebe, Burns y Craig, 2013). En contraposición con este posicionamiento y con el de las clasificaciones que son más sensibles a tener en cuenta una psicopatología basada en la relación clínica, el

---

2 Coincidiendo con el lanzamiento en 2013 del DSM-5, el director del NIMH, Thomas Insel, anunció que abandonaban el uso de esta clasificación porque cuestionaban su carácter poco científico, y proponían transformar los diagnósticos basándolos en los nuevos resultados aportados por la genética, la neuroimagen, la fisiología y la ciencia cognitiva (NIMH, *post* del 29 de abril de 2013).

NIMH sugiere una nueva nosografía «más científica» que se sustente en datos directamente procedentes de las neurociencias fundamentales y propone un número reducido de síndromes que denomina *Research Domain Criteria*, caracterizados por la correlación entre hallazgos genéticos, características neurobiológicas demostradas, esquemas comunes de comportamientos, datos psicométricos objetivos, etc.

Por ahora, el tratamiento de las «alteraciones orgánicas causales» sigue alejado de las posibilidades actuales de la psiquiatría biológica, pero continúan apareciendo investigaciones «prometedoras» sobre alteraciones genéticas, circuitos o conexiones cerebrales alteradas o sobre «dianas» neurofisiológicas en las que poder intervenir directamente a nivel neuroquímico con fármacos. Sin embargo, ante lo que parece que será una larga espera la psiquiatría no debería terminarse en la investigación o en un proceso diagnóstico que no se prolongue en propuestas terapéuticas que alivien el malestar de los afectados y de sus familias.

En el terreno de la psiquiatría es frecuente ver cómo se afirma el «origen genético» de determinados trastornos —en particular, los que se manifiestan en el terreno de los comportamientos— con una facilidad que muchos genetistas juzgan de totalmente aventurada y de injustificable por los hechos científicos demostrados. Con ello los factores ideológicos se suman a la complejidad de los problemas psíquicos y a los remedios propuestos para resolverlos, en función de «hipótesis etiológicas» demostradas o no.

La búsqueda de las causas del autismo

Desde que el autismo fue reconocido como un síndrome específico diferente de otros problemas psíquicos, que afecta severamente y de manera evidente al desarrollo temprano, se convirtió en tarea urgente para quienes conocían a los afectados encontrar sus causas. Como todo problema angustioso pendiente de ser solucionado, ha activado distintas hipótesis que han suscitado debates científicos y sociales que, en algunos casos, se han convertido en convicciones militantes que han aglutinado a variados e influyentes grupos.

Lo ilustra muy bien la figura y trayectoria de Bernard Rimland (1928-2006), psicólogo de la Marina y padre de un autista (con quien Dustin Hoffmann convivió para preparar su papel en la película *Rain Man*). Fue uno de los primeros interesados en demostrar que el autismo es un trastorno innato basado en la genética y la neurología. El éxito de su primer texto, de 1964, que incluía un cuestionario para padres con un listado de síntomas de autismo, lo llevó a liderar la primera asociación de padres de autistas de su país, la National Society for Autistic Children (NSAC), fundada en 1965. Promovió la introducción del método ABA de Lovaas y defendió su utilización de refuerzos negativos punitivos frente a otros padres que la rechazaban por razones éticas. Fue el inicio de una serie de discrepancias que condujeron posteriormente a su expulsión de la junta directiva de su propia organización, que se orientó hacia la obtención de servicios y al reconocimiento del autismo como una discapacidad innata necesitada de cuidados de por vida. Rimland siguió su propio camino hacia la obtención de una cura, inspirado por el modelo de la fenilcetonuria (retraso mental de origen monogenético que impide la metabolización del aminoácido fenilalanina y que fue solucionado cuando se descubrió que una dieta adecuada desde el nacimiento evitaba la aparición del trastorno). También le influyeron las ideas de Linus Pauling (doble Premio Nobel de Química y de la Paz, descubridor de la anemia falciforme e iniciador de la biología molecular), que aplicó sus conocimientos químicos a la «medicina ortomolecular» y utilizaba productos que intervenían en los compuestos del organismo (agua, vitaminas, minerales, proteínas y sal), convencido de poder curar así todo tipo de enfermedades. Sus propuestas, antes de quedar desacreditadas, provocaron que el uso de «productos naturales» y las «medicinas alternativas» se convirtieran en un imponente mercado. En su misma línea, Rimland propuso que las vitaminas (sobre todo la B), los minerales (magnesio) y las hormonas (secretina) desempeñan un papel crucial en el autismo, sumándose a factores genéticos. Pretendió imponer de modo obligatorio, como condición a los padres que querían pertenecer a su asociación, que administraran vitaminas a sus hijos. También suscribió las teorías de que el autismo estaba vinculado al uso de vacunas, de antibióticos y de factores contaminantes del entorno (plomo, mercurio). Todas estas teorías aún son defendidas por grupos que las reivindican activamente. (Rimland, 1964; Silberman, 2016, pp. 325-415).

Entre las muchas hipótesis causales invocadas, las más extendidas son las infecciones virales, las vacunas (rubéola, sarampión, paperas, gripe, hepatitis B), sustancias tóxicas diversas (mercurio, plomo), carencias alimenticias (zinc) y alergias (a la leche, al gluten). Asimismo, la psiquiatría ha aportado a lo largo de su historia sus hipótesis psicogenéticas (alteraciones en las relaciones tempranas) o bioquímicas (alteraciones en los neuromediadores químicos cerebrales). Todas ellas han generado diferentes propuestas terapéuticas (rechazo de vacunaciones, dietas alimenticias, modificaciones del entorno ambiental, administración de antibióticos e inmunoglobulinas intravenosas, inhibidores de la recaptación de la serotonina —fármacos ISRS—, psicoterapias diversas y un largo etcétera). Probablemente, habrá quien se ofenda por ver incluidas y equiparadas en el mismo paréntesis precedente tan diversas propuestas, lo que mostraría el carácter pasional del debate que ha llevado a enconados enfrentamientos profesionales y sociales. Aunque en otros capítulos ya han quedado detallados los orígenes y la evolución de estos, se impone una recapitulación que sintetice dónde estamos en cuanto a los logros que puedan mejorar la comprensión y el tratamiento del autismo.

El autismo y los trastornos orgánicos: ¿«causales» o «asociados»?

La búsqueda de una relación causal entre el autismo y diversos «trastornos médicos asociados» (antes llamados «orgánicos») no es nueva. Comienza en los años treinta del siglo pasado, al observarse casos de jóvenes afectados de esclerosis tuberosa —también denominada «de Bourneville»—, que presentan síntomas que evocan los del autismo (Critchley y Earl, 1932). Estudios muy posteriores confirmaron que algunos autistas también padecían esclerosis tuberosa (Hunt y Dennis, 1987; Ahlsén *et al.*, 1994). Se trata de una enfermedad con una transmisión genética autosómica dominante, que cursa con formación de tumores en cerebro, riñón y piel. Suele asociarse a una epilepsia y a dificultades del aprendizaje. Diversos estudios han evaluado que entre un 43 % y un 86 % de los afectados por esclerosis tuberosa presentan comportamientos «similares» al autismo. Se estima también que entre un 0,4 % y un 3 % de autistas presentan una esclerosis tuberosa. En estos datos, así como en la deducción de la implicación de los genes alterados en la supresión de tumores, se basó la hipótesis de que el autismo podría depender del número y la localización de tumores en el cerebro.

Igualmente, se ha señalado la asociación del autismo con la embriopatía causada por la rubéola (Chess *et al.*, 1971) y con el síndrome del cromosoma X frágil (Bailey *et al.*, 1993). Aún no se sabe si existe algún vínculo etiológico común entre estas entidades asociadas y el autismo o si se trata de la suma de patologías diferentes sin factores etiológicos comunes.

El síndrome del cromosoma X frágil se caracteriza, entre otros síntomas, por un retraso mental más o menos severo y un déficit de la capacidad de atención y concentración. Se calcula que entre el 25 % y el 40 % de los afectados presentan, además, síntomas de autismo. Investigaciones posteriores a su descripción (Wassink *et al.*, 2001a y b) hallaron que está vinculado a una alteración del gen FMR1, que codifica una proteína, denominada FMRP, que regula la traducción y la transcripción del ADN en muchos otros genes, fijándose a su ARN mensajero (se calcula que un 2 % de afectados de autismo presenta alteraciones en este gen). Los genetistas piensan que, sabiendo cuáles son esos otros genes así afectados, se podría avanzar en la localización y comprensión de las múltiples combinaciones de alteraciones genéticas del autismo.

Lo ocurrido con el síndrome de Rett merece un comentario detallado. Fue descrito por Andreas Rett en 1966 en Viena. Se trata de un cuadro degenerativo que afecta en su mayoría a niñas y que cursa con una parada del crecimiento del perímetro craneal (microcefalia) y una regresión psicomotora e intelectual severa. En su descripción, Rett insistía en la coexistencia de una pérdida de socialización y del lenguaje y alteraciones motoras: pérdida progresiva de habilidad manual, movimientos de torsión de los dedos y maniobras estereotipadas de «lavado» con las manos; progresiva descoordinación de la marcha y de los movimientos del tronco.

En 1999, treinta años después de su descripción, se descubrió su causa genética: la mutación de un gen, localizado en el cromosoma X e implicado en el funcionamiento de la proteína MECP2 que, a su vez, regula la expresión de otros genes modificando su transcripción (Amir *et al.*, 1999). Por fin una buena noticia: parecía haberse descubierto un marcador biológico específico asociado a síntomas propios del autismo. Pero la cuestión de extender la influencia etiológica de este marcador, o la del cromosoma X frágil, a otros o a todos los casos de autismo ha quedado muy lejos de ser aceptada tanto por expertos en la clínica del autismo como por genetistas especializados en el tema.

En cualquier caso, tanto la CIE-10 (en 1992) como el DSM-IV (en 1994) optaron por incluir este síndrome entre los «TGD o trastornos generalizados del desarrollo», antes de que el DSM-5 los renombrara como «TEA o trastornos del espectro autista» y decidiera incluirlo en una nueva subcategoría: los «TEA desintegrativos». El criterio clínico fundamental que define a esta última es que las manifestaciones de deterioro aparecen después de dos años de desarrollo sin alteraciones (lo que corresponde a su naturaleza de afectación neurodegenerativa progresiva).

Se han descrito otros síndromes en los que los signos de un autismo más o menos típico se acompañan de retraso mental y del desarrollo, así como de diversas malformaciones. Este grupo de «síndromes autísticos», o de «autismo sindrómico», que algunos autores han denominado «monogénicos» —queriendo decir con ello que los síntomas de autismo están vinculados a una alteración genética concreta y demostrada— representa, para los autores que así lo mantienen, un 15 % de los casos. Esto equivale a sostener que queda un 85 % de casos «idiopáticos», sin ninguna causa conocida (Jamain *et al.*, 2005). Otros genetistas reducen aún más este porcentaje de autismos «monogénicos» al 2-3 % (Schmith *et. al.*, 2003; Guttmacher y Collins, 2003).

Existen numerosos estudios de población (sobre la incidencia y prevalencia del autismo) y en algunos de ellos también se señala la presencia de otros trastornos médicos asociados. En una rigurosa revisión y selección de los mismos (Gillberg, 2005) puede verse la variedad y cantidad de afecciones médicas asociadas al autismo (y citadas en al menos dos de los estudios revisados y seleccionados).

Afecciones médicas asociadas al autismo
(tomado y resumido de Gillberg, 2005)

AFECCIÓN MÉDICA	ARTÍCULO DE REFERENCIA
Síndrome cromosoma X frágil	Hagerman, 1989
Otras anomalías en cromosomas sexuales	Hagerman, 1989
Tetrasomía parcial del cromosoma 15	Gillberg *et al.*, 1991
Otras anomalías cromosómicas	Hagerman, 1989
Esclerosis tuberosa	Hunt y Dennis, 1987
Neurofibromatosis	Gillberg y Forsell, 1984
Síndrome de Rett	Coleman y Gillberg, 1985. Bailey *et al.*, 1993
Síndrome de Moebius	Ornitz y Ritvo, 1976
Fenilcetonuria	Friedman, 1969
Trastornos de las purinas	Gillberg y Coleman, 1992
Embriopatía rubeólica	Chess *et al.*, 1971
Encefalitis herpética	Gollberg, 1986
Infección por citomegalovirus	Stubbs, 1978
Síndrome de Williams	Reiss *et al.*, 1996
Miopatía de Duchenne	Komoto *et al.*, 1984
Síndrome de Angelman	Steffenburg *et al.*, 1996
Delección 22q11	Niklasson *et al.*, 2002
Síndrome de Smith-Magenis	Udwin *et al.*, 2001
Hidrocefalia infantil	Fernell *et al.*, 1991
Epilepsia con espasmos (Síndrome de West)	Olsson *et al.*, 1988

En este listado figuran enfermedades vinculadas a diversas causas: alteraciones genéticas, metabólicas, endocrinológicas, enfermedades adquiridas en el período embrionario-fetal, causas perinatales o posnatales. Lo más llamativo del mismo —que va aumentando conforme la tecnología genética y médica se desarrolla— es que suma alteraciones que se asemejan al autismo —o al menos, a algunas de sus características clínicas—, pero que también en muchos de los síndromes se asocian a una deficiencia/retraso mental. De hecho, la diferenciación clínica entre cuánto de autismo y cuánto de retraso mental hay en un trastorno del desarrollo es muy difícil por debajo de los dos años y es necesario esperar un tiempo y observar cuidadosamente la evolución del desarrollo para una evaluación clínica más segura (porque el grado de ambas puede aumentar o disminuir). Para complicarlo aún más, los factores socioambientales pueden sumarse a estas situaciones. Este matiz —que lleva a los clínicos a insistir en que el diagnóstico es un proceso diacrónico, en el que hay que incluir a la familia— suele estar poco presente en las investigaciones centradas en los aspectos neurológicos y bastante más en las de los genetistas, que han confirmado la importancia de las influencias «epigenéticas» (Lasa Zulueta, 2009b).

El determinismo genético y la interacción epigenética

Sin entrar en detalles respecto de las diversas interpretaciones de los trabajos que lo prueban, se puede afirmar que aun cuando no se encuentran evidencias de alteraciones genéticas concretas, los estudios de agregación familiar (concentración entre familiares de autismo o de rasgos y síntomas emparentados) y de gemelos (mayor probabilidad de autismo entre gemelos homocigóticos que en los heterocigóticos) han mostrado que la implicación de factores genéticos es muy probable. Pero no explican por qué la mayor parte de casos de autismo aparecen en familias exentas de casos anteriores, de lo que se deduce que es probable que el determinismo genético dependa de mutaciones espontáneas imprevisibles. Estas mutaciones *a novo* se producirían en el esperma de hombres adultos, su frecuencia aumenta conforme avanza la edad y han sido relacionadas con un mayor riesgo de autismo en la descendencia. Afectarían a un 10 % de casos y el aumento de padres «añosos» tendría relación con la mayor incidencia del autismo (Krumm *et al.*, 2014; Kong *et al.*, 2012).

Los expertos en genética del autismo han confirmado que su determinismo genético es «poligénico» y no se corresponde ya con la idea de vincular los trastornos psíquicos a un gen o genes específicos. No buscan «el gen del autismo» sino las diferentes combinaciones entre múltiples alteraciones genéticas que generan una vulnerabilidad —necesaria pero no suficiente— sobre la que asentarán las diversas variantes de autismo. La vulnerabilidad del autista puede ser descrita en términos de pérdida o debilidad de las capacidades de responder a su entorno y de procesar sus acciones e informaciones para poder interactuar con él. Su organización psíquica y su desarrollo serían el resultado de tener que construir su intimidad y su personalidad adaptándose a sus limitaciones.

La multiplicidad de formas de «expresión fenotípica» viene así a abrir un panorama etiopatogénico más amplio y diverso que se corresponde también con la heterogeneidad de formas clínicas que presentan muchos trastornos. Diferentes combinaciones genéticas estarían vinculadas a distintos tipos de vulnerabilidades. Esto supera el esquema anterior, que entendía los trastornos como homogéneos y los atribuía a una «alteración genotípica específica». Como hemos visto, recientes estudios sostienen que ciertas alteraciones genéticas también podrían dar lugar a peculiares formas de sensorialidad y de hipersensibilidad hacia ciertas informaciones, y generar capacidades cognitivas extraordinarias. La genética actual permite la hipótesis de su vinculación con complejas y variadas alteraciones genéticas, compatibles con nuevas formas de adaptarse al entorno y favorables a su supervivencia evolutiva. Contrariamente a lo que se pensaba conforme a las leyes de la evolución, estas alteraciones, limitantes para ciertos intercambios, serían compatibles con la capacidad para el apareamiento (lo que replantea la cuestión de la transmisión hereditaria de rasgos autísticos).

Tanto genetistas como neurólogos coinciden también con los psiquiatras clínicos en el interés de estudiar cuáles son las vías genéticas y neurobiológicas —comunes o diferentes— que conducen a los diversos trastornos psíquicos y del neurodesarrollo. La complejidad de la tarea (que suma la de la genética y la del cerebro) hace predecir una larga espera.[3]

Los genetistas piensan que la mayor «recurrencia» en las fratrías y la mayor «concordancia» en gemelos monocigóticos prueban que existe una «susceptibilidad» al autismo y tratan de saber cuáles son los «genes candidatos» que lo pueden explicar y en qué mecanismos neuronales se asienta. Reconocidos ya algunos genes implicados en enfermedades asociadas al autismo (esclerosis tuberosa, enfermedad de Rett, cromosoma X frágil y otras), ahora centran su interés en los genes de «susceptibilidad» vinculados al autismo «idiopático» (lo que equivale a decir que buscan causas hasta ahora desconocidas).

Para aproximarse a la complejidad de su tarea basta conocer las tres aproximaciones más utilizadas para hacerlo: la búsqueda de mutaciones, el estudio de reestructuraciones cromosómicas y el análisis de ligazones genéticas (ligeras alteraciones coincidentes en grandes cohortes familiares con al menos dos casos de autismo).[4]

La biología molecular ha permitido llegar a estudiar, proteína a proteína, algunas zonas concretas de los cromosomas «candidatos». Los que se perfilan como probablemente más vinculados al autismo son ciertas regiones de los cromosomas 2, 7 y 15, además de los cromosomas XY determinantes del sexo. En definitiva, se trata de encontrar y concretar cuáles serían los esquemas de organización molecular modificados en ciertos cromosomas de las personas afectadas de autismo. Suponiendo que se encontraran repetidamente alteraciones que permitieran pensar en planteamientos de prevención y consejo genético, la incertidumbre acerca de las mutaciones imprevisibles dificultaría esta tarea, ya de por sí complicada (sobre todo porque muchas de las alteraciones genéticas

---

3 Pero no ha evitado que los «nuevos descubrimientos» regularmente anunciados vayan conduciendo a la promoción de un supuesto «test genético prenatal» para detectar el autismo.
4 Para una detallada descripción de estas técnicas y de las dificultades metodológicas para obtener con ellas resultados concluyentes, cf. Jamain et al. (2005).

vinculadas al autismo se encuentran también en el genoma de sujetos sanos).

Los genetistas han investigado asimismo los «fenotipos de comportamiento asociados a enfermedades genéticas previamente identificadas». Se trata de estudiar si hay ciertos comportamientos atípicos que se correspondan con ciertas alteraciones genéticas. Se ha puesto en relieve la relación entre ciertas aneuploidias (alteración en el número de cromosomas) y determinadas alteraciones del comportamiento (el síndrome velocardiofacial ligado a una delección[5] del cromosoma 22; las alteraciones cognitivas en la trisomía del 21). Respecto del comportamiento con rasgos autistas, se ha puesto en relación con varias delecciones de los cromosomas 13 y 19, halladas en un síndrome en el que se asocian a microcefalia, displasia del ectodermo y trastornos neurocognitivos (Caubit *et. al.*, 2016). También se ha relacionado con una copia adicional de un segmento del cromosoma 7, hallazgo que contrasta con lo que ocurre cuando en esa misma región se produce una pérdida, que conduce a la aparición del síndrome de Williams.[6]

Otra cuestión complementaria muy importante es conocer cómo intervienen las secuencias de genes en la codificación del desarrollo cerebral y contribuyen a la consolidación de conexiones y circuitos cerebrales. Hasta ahora se han encontrado alteraciones relacionadas con diversos mecanismos neuronales: influencia en receptores de ciertos neuromediadores (Gaba-A, glutamato, serotonina) o en sus transportadores; codificación de moléculas implicadas en los mecanismos de adhesión neuronal y consolidación de conexiones sinápticas (neuroliginas, neurexinas)[7] o en el crecimiento y la diferenciación de áreas del córtex cerebral y del cerebelo.

---

5 En las cadenas de nucleótidos que conforman el ADN puede haber pequeñas variaciones («de nucleótido único»), pero otras veces hay diferencias mayores («delección»: falta de un segmento de varios nucleótidos, y «duplicación»: segmento adicional añadido).
6 El contraste está en que el comportamiento de los niños afectados por este síndrome es el «opuesto» al autismo: son muy sociables, simpáticos y confiados en exceso, tiene dificultades visoespaciales que les impiden dibujar, tienen habilidades lingüísticas y se les da bien el reconocimiento facial (Sanders *et al.*, 2011).
7 Las neurexinas (o neuroxinas) son un grupo de proteínas que actúan en la neurona presináptica, mientras que las neuroliginas lo hacen en la postsináptica, contribuyen-

En el 2008 la revista *Nature* publicó un artículo de Steven Hyman titulado «Una lucecita de esperanza para los trastornos neuropsiquiátricos». El artículo comienza con una constatación: «Ninguna nueva diana farmacológica, ningún mecanismo terapéutico nuevo, ha sido descubierto desde hace cuarenta años». Esta afirmación se ve confirmada por el hecho de que no ha aparecido ningún psicofármaco específico para el autismo (los más utilizados —neurolépticos «antipsicóticos» y ansiolíticos— únicamente disminuyen, y no siempre, algunos síntomas).[8] Una revisión de una entidad canadiense independiente y altamente fiable ha emitido conclusiones muy claras al respecto.[9] Steven Hyman, sin embargo, ve una «lucecita de esperanza» en la identificación de algunas alteraciones génicas que explican algunos casos infrecuentes de trastornos bipolares, de esquizofrenia y, más habitual, de autismo (en el 5 % de los casos). Reconocía que el camino será largo entre estos primeros resultados y la puesta a punto de eventuales tratamientos y, finalmente, tenía esperanza en los progresos significativos en lo que concierne a la neuropatología de ciertos casos de autismo, de esquizofrenia y de retraso mental.

---

do a la formación y al funcionamiento correcto de las conexiones neuronales de los circuitos cerebrales en los que participan y en las funciones psíquicas en las que estos intervienen. Hasta ahora se han descubierto tres genes influyentes en las primeras (denominados NRXN y seguidos con diversas numeraciones, en los cromosomas 2, 11 y 14) y cinco en las segundas (NLGN en el 17 y en el X). Existen complejas interacciones activadoras o inhibidoras entre estos genes y otras sustancias celulares.
8 Lo que ha llevado a que el autismo y quienes lo tratan hayan quedado alejados de los circuitos de interés y patrocinio de la industria farmacéutica, más interesada por la promoción de diagnósticos más frecuentes en niños y en su tratamiento farmacológico (en particular, la depresión, el trastorno bipolar y el TDAH).
9 En el año 2013 el Institut National d'Excellence en Santé et Services Sociaux de Quebec (INESSS) dice lo siguiente en las conclusiones de su informe: «cerca de un tercio (de niños diagnosticados de TEA) ha recibido al menos una receta para un medicamento psicotrópico en 2010. Entre los tratamientos farmacológicos la investigación ha mostrado (nivel de prueba elevado y moderado) que la risperidona y el aripiprazol tienen efectos sobre comportamientos problemáticos asociados a los TEA o a comorbilidades. Sin embargo, sus efectos secundarios son importantes: aumento de peso, sedación, efectos extrapiramidales (nivel de prueba elevado). No se ha observado ningún efecto de la secretina sobre los síntomas autísticos (nivel de prueba elevado). Los niveles de prueba son juzgados como débiles o insuficientes para los demás medicamentos y tratamientos psicofarmacológicos».

Años después, en un reciente artículo que recapitula el estado actual de lo investigado y lo descubierto por la genética en cuanto a relaciones entre genes y comportamientos (se entiende que el autismo tiene «fenotipos conductuales» alterados), sus autores comentan los avances de los nuevos métodos de secuenciación de los genes y resaltan que:

> es en el terreno del autismo, en el que los aportes de la secuenciación de alto rendimiento son más sorprendentes [...] seleccionando trabajos[10] que se apoyan en diagnósticos DSM-5 encontramos 63 genes ligados a los TEA que intervienen todos ellos en el funcionamiento neuronal, en particular el sináptico.

Asimismo, inciden en las dificultades de una definición y selección homogénea de los casos de TEA, así como en delimitar y estudiar «fenotipos de comportamiento» y «funciones cognitivas». Afirman que «la estandarización de rasgos de los TEA que aporta el DSM-5 permite la confrontación de resultados» y que «la revolución cognitiva» ha contribuido a la «definición de fenotipos y a la modelización de los trastornos cognitivos». Consideran que todo ello «no hubiera avanzado sin la entrada, desde inicios de este siglo, de la genética cuantitativa de los años 1970 en la era molecular» y «sin los avances en el desciframiento de las interacciones bioquímicas [...] de las funciones mitocondriales y de sus interacciones en el transporte molecular neuronal [...] que nos ha sugerido que el ADN mitocondrial podía estar implicado en las funciones cognitivas y el envejecimiento cerebral» (Roubertoux, 2004; Roubertoux y Tordjam, 2015; Roubertoux y Fasano, 2019).

Por último, concluyen que «demostrar la asociación de un gen con un fenotipo no basta para incluir a uno y otro en una cadena causal» y que

> estos resultados son incompatibles con una visión unitaria del autismo. Sugerirían más bien un conjunto de desórdenes con etiologías diferentes,

---

[10] Los autores precisan que solo han seleccionado trabajos con resultados que han sido reproducidos al menos una vez por equipos independientes y que han utilizado para sus diagnósticos criterios DSM-5 y los cuestionarios estandarizados ADI-R, ADOS, PL-ADOS O ADOS-G.

que afectan al funcionamiento sináptico en diferentes zonas (cerebrales) y que impactan en el comportamiento exploratorio y el comportamiento social [...] lo cual debería conducir a tratar cada patología, en función de su etiología, más bien que a la búsqueda del Santo Grial de un tratamiento aplicable al autismo considerado como un todo único.

Quedaría aún por entender —la neurofisiología, la neuroimagen y el neurocognitivismo están en ello— cuáles son los innumerables circuitos y las áreas cerebrales implicadas en las funciones psíquicas complejas, en particular el lenguaje y los comportamientos de relación y comunicación. No hay que olvidar que una de las funciones de los genes es determinar la respuesta al entorno, que a su vez con sus interacciones estimula y multiplica la organización y consolidación de circuitos neuronales.

Cuando hablamos, empleando la jerga genética, de las diferentes formas de expresión fenotípica de un mismo genotipo, estamos aceptando implícitamente los conceptos de la epigenética, que surgió para explicar cómo el entorno —sobre todo el social— influencia la expresión de los genes y completa las capacidades potenciales —posibles, pero no garantizadas— que vienen programadas con el «equipaje genético» (Ajuriaguerra, 1988). El conocimiento de las interacciones genes/entorno debe mucho a los descubrimientos de los investigadores del desarrollo temprano del bebé humano y del papel activador de sus relaciones con el entorno familiar. En un lenguaje moderno se ha formulado con acierto que «el bebé nace programado para ser reprogramado» (Manzano, 2010).

La búsqueda de hallazgos neurofisiológicos y su interpretación

La observación clínica detectó muy pronto las particularidades de la percepción de los autistas. Su extraordinaria y selectiva capacidad para percibir, retener y recordar ciertos sonidos, que a la vez se acompaña de la incapacidad de reacción ante sonidos mucho más impactantes o el desinterés absoluto para percibirlos, llamaron la atención y fascinaron a quienes los conocían. Decir que el autista ama la música, pero no soporta el lenguaje verbal, es una generalización excesiva, aunque describe un hecho clínico frecuente. Igual ocurría ante su asombrosa captación inmediata de detalles visuales y de su reproducción minuciosa con precisión milimétrica (de un edificio de complicada arquitectura, por ejemplo), capacidad también simultánea con su desinterés absoluto por imágenes o pictogramas mucho más elementales.

Las tecnologías actuales que exploran la actividad cerebral han estudiado, además de la percepción auditiva y visual, su percepción del movimiento y de su propio esquema corporal y sensoriomotriz, la percepción e intercambio de la mirada y la expresión emocional. Todo en pro de una mejor comprensión sobre cómo se percibe el autista a sí mismo y a los demás, cómo vive sus relaciones con el entorno y por qué tiene y sufre tantas dificultades para establecerlas. Se trata de conocer los fundamentos biológicos de lo que en términos neurocognitivos actuales se llama su «cerebro social».

La híper o la hiporreactividad a los estímulos sonoros ha sido estudiada —con procedimientos electroencefalográficos y de potenciales evocados— para tratar de determinar qué procesos corticales sensoriales y cognitivos acompañan a determinadas estimulaciones auditivas simples.[11] La respuesta electroencefalográfica cerebral a estímulos auditivos inesperados —intercalados en secuencias tonales repetitivas simples y sin contenido lingüístico— despierta en los autistas una reacción diferente (llamada *Mismatch Negativity* [MMN], negatividad de discordancia) que es más intensa cuanto más perturbadas estén la comunicación y la adaptación a los cambios. Además, se registra una activación predominante en el cerebro frontal izquierdo, mientras que en niños normales se activan bilateral y preferentemente las áreas temporales. Estos hallazgos sugieren para sus autores que —dado que las regiones temporales están

---

11 Pese a ello, como ya se ha señalado, autistas con extraordinarias capacidades han cuestionado la pertinencia y los planteamientos de estas y otras investigaciones (Mottron, Dawson *et al.*, 2006; Grandin y Panek, 2013).

relacionadas con los procesos de comunicación que implican el lenguaje, los gestos y la mímica, mientras que las frontales está implicadas en la flexibilidad cognitiva, la planificación y la memoria de trabajo— es una explicación para el funcionamiento cognitivo de los autistas, aunque también señalan que esta etapa sensorial cortical pasa luego por procesos cognitivos más elaborados que implican la actividad de circuitos más complejos y extensos. Además, proponen que estos *«patterns* electrofisiológicos»* sirvan de «marcadores biológicos del tratamiento de la información en las redes neuronales», ya que su identificación «constituye una de las estrategias prometedoras en la investigación de los factores genéticos del autismo» (Bruneau y Gomot, 2005).

Un autor, particularmente sensible a las capacidades extraordinarias de los autistas, ha estudiado de manera detallada el «superfuncionamiento» que algunos de ellos muestran en el tratamiento y la categorización de la información perceptiva tanto visual como auditiva (Mottron, 2005). En particular, estaba interesado en verificar algunas afirmaciones extendidas en otros trabajos, que sostienen que en el autismo: 1. Hay un superfuncionamiento de la percepción de información estática (respecto de la móvil); 2. Un sesgo a favor de la percepción «local» respecto de la «general» (de los detalles y no del conjunto) y una «preferencia» por el material «no social» (detalles geométricos en vez de rasgos faciales mímicos); 3. Un sistema de categorización perceptiva diferente; 4. Una alteración de la percepción del movimiento.

Así, critica que en los signos de autismo recogidos en las clasificaciones psiquiátricas (DSM-IV) se tienen en cuenta de forma prioritaria los signos «negativos» en el área de la comunicación y los comportamientos sociales, y que los comportamientos perceptivos contemplados se polarizan en el área de «comportamientos repetitivos e intereses restringidos». En cambio, no se recogen los signos «positivos» que se corresponden con comportamientos de interés específico e intenso por aspectos físicos del entorno o los rendimientos excepcionales —las «capacidades especiales»— en el tratamiento del material «no social» (números, interés sonoro y no lingüístico por los fonemas). En su opinión, esta diferente ponderación de los signos «sociales» y «no sociales» refleja el espíritu de los modelos cognitivos del autismo de comienzos de la década de

1990 (Frith y Baron-Cohen, 1988), según los cuales la percepción de «bajo nivel» (detalles de una figura; características físicas del estímulo y no su significado) estaría intacta en los autistas. El déficit estaría en los procesos cognitivos de «alto nivel», inherentes a la socialización humana en sus aspectos de deseo de relaciones sociales (emociones ligadas a desencadenantes sociales), así como en la comprensión de información social compleja. Cuando se evaluaban sus picos de habilidad extraordinarios (en tareas visoespaciales, por ejemplo) eran considerados —y minusvalorados— como secundarios y de naturaleza «no social».

Mottron sostiene que la visión actual del papel de la percepción en las particularidades cognitivas del autismo es totalmente diferente. Hoy ya no se piensa que el déficit social y comunicativo (del autista) se limita a las operaciones cognitivas complejas y específicamente humanas, tales como la capacidad de entender la intencionalidad ajena (teoría de la mente) o el manejo consciente y voluntario de información dirigida a un objetivo (funciones ejecutivas). También están afectados procesos mucho más elementales y no está nada claro, como se afirmaba hace años, que los signos sociales y no sociales del autismo provengan de un tipo diferente de déficit. Por eso propone un nuevo planteamiento de la problemática de la percepción en el autismo: «¿Cómo se puede entender que las particularidades del autismo, sea porque hay un superfuncionamiento perceptivo o porque hay un análisis atípico en el tratamiento de la información perceptiva, explique tanto los signos «negativos» (déficit de percepción social) como los signos «positivos» no sociales (los «intereses particulares» y los altos rendimientos intelectuales)?». Tras investigaciones detalladas sobre cómo perciben los autistas la facies humana (en sus detalles —boca, ojos— y en su conjunto —figuras invertidas—), su conclusión es que la tendencia a una percepción «local» (de bajo nivel) en detrimento de la «general» (de alto nivel) afecta a los autistas tanto en el terreno auditivo como en el visual, pero que no lo hace selectivamente con la comunicación social.

Sostiene que la superioridad de los autistas —más rápida percepción de detalles— en ciertas tareas visuales (percepción de figuras escondidas en un conjunto) y auditivas (captar la modificación de notas aisladas en una melodía) tendría que ver con la puesta en funcionamiento de otro tipo de competencias distintas de la percepción, de una «superioridad» del autista en el tratamiento de la información «local». No está de acuerdo con la teoría de la debilidad de la coherencia central y piensa que en el autismo el tratamiento perceptivo de bajo nivel se ve menos influenciado por los niveles superiores, que son los que se ven más solicitados en las percepciones «sociales». Esta carencia de activación «superior» tendría que ver con una auténtica ausencia de especialización cortical para el tratamiento de la percepción del rostro humano y de otros estímulos sociales, resultado a su vez de una falta de entrenamiento en la percepción de otra categoría de información vinculada a una reducción de su interés por el contenido específicamente emocional de los estímulos. Por tanto, las particularidades perceptivas del autismo no tendrían que ver con el tipo de información (preferencia hacia lo no social *versus* lo social), sino con el diferente tipo de tratamiento psicofísico (predominio de bajo nivel «local» *versus* alto nivel «general») que recibe todo tipo de información perceptiva (sea social o de otra índole).

En cuanto al estudio de la percepción del movimiento, alterada en los autistas, constata una habilidad especial en la captación inmediata de percepciones «estáticas» (de bajo nivel), en detrimento de una comprensión del movimiento a partir de la unificación de percepciones «dinámicas» («de alto nivel»), que es la que predomina en los no autistas, disociación perceptiva que podría atribuirse a una limitación de ciertas redes neuronales.

En resumen, las particularidades de las redes neuronales del autista lo conducen a un superfuncionamiento cuando procesa la información perceptiva «local» o de bajo nivel. Pero ciertas limitaciones en la complejidad de circuitos neuronales, que los hace mejores en su capacidad de filtración grosera de las percepciones, les impiden la activación de procesos «finos» de inhibición de algunas percepciones «intrascendentes», que sí se pone en marcha en los procesos cognitivos de personas normales para sacrificar lo superfluo y alcanzar lo más global y significativo. Mottron concluye que no hay que confundir la ausencia de activación de áreas cerebrales —equivalentes a las nuestras—, en ciertas operaciones mentales, con un déficit de rendimiento en esas operaciones. Dicho de otra manera: no es que piensen menos, sino que piensan distinto.

Dado que la interacción social-relacional es una de las dificultades evidentes en el autismo, el estudio de los circuitos cerebrales implicados en funciones relacionadas con la percepción, empatía y correcta interpretación de las emociones del otro desempeña un papel esencial en las investigaciones que buscan explicar las causas del autismo. La psicología cognitiva ha centrado su comprensión de este en la investigación de los circuitos neuronales del «cerebro social» (Brothers, 2002).[12] Para los no habituados al pensamiento cognitivo, resultará más familiar traducir «social» como «relacional» y «procesamiento» como «funcionamiento mental» que, para el cognitivismo, no puede considerarse solo «psíquico» sino también «neuronal» (lo mismo pensaba Freud). En cuanto a la alusión al papel de los factores emocionales, descritos como pertenecientes a un terreno neurofisiológico específico, una confluencia con los autores defiende que el «neuropsicoanálisis» sería muy enriquecedor.[13] En particular, cuando se interesan por los fenómenos intersubjetivos del desarrollo más temprano y su influencia en la activación emocional y movilización de afectos y en el papel motor que estas emociones y afectos tienen en la interiorización psíquica y en la correspondiente activación neuronal.

El estudio neuropsicológico de la visión del movimiento de los autistas también confirma anomalías muy precoces en la integración de movimientos tanto físicos como humanos, que afecta incluso a su percepción de los movimientos faciales. Cuanto más grave sea el cuadro autístico y cuanto más rápidas sean las imágenes, mayores serán las alteraciones per-

---

12 La expresión «cerebro social» fue acuñada por Leslie Brothers para referirse a una red de zonas cerebrales interconectadas que procesan la información social y dan lugar conjuntamente a una «teoría de la mente» (que permite deducir lo que el otro piensa). Estas zonas incluyen el córtex temporal inferior (que interviene en el reconocimiento facial), amígdala e hipotálamo (reconocimiento y regulación emocional), surco temporal superior (movimiento de seres vivos), sistema de neuronas espejo (empatía) y unión temporo-parietal (que interviene en la teoría de la mente). (Brothers, 2002).
13 La falta de interés en el contenido emocional de los estímulos y la falta de entrenamiento en el tratamiento de los estímulos sociales viene a describir, con lenguaje neurocognitivo, lo que en términos psicoanalíticos sería equivalente a una dificultad para investir afectivamente la relación y las interacciones precoces. El neuropsicoanálisis propone complementar y enriquecer los conceptos psicoanalíticos incorporando las aportaciones de las neurociencias (y viceversa).

ceptivas. Se piensa que estas se hallan implicadas en las dificultades para las relaciones sociales: difícil seguimiento de los movimientos del entorno humano, desplazamientos de personas e incluso movimientos mímicos y gestuales, lo que contribuye a explicar su sensibilidad e intolerancia a los traslados de objetos, a movimientos de personas en su entorno y también a modificaciones inesperadas de la mímica facial, en particular de la mirada. Asimismo, podría afectar al «movimiento» de los sonidos del lenguaje verbal y sus variaciones de tono y prosodia, y ayudar a entender el porqué de la preferencia del autista por el lenguaje monótono, sin variaciones de ritmo y tono. Como en otras investigaciones, sus autores proponen que se tengan en cuenta estas particularidades en las actividades pedagógicas y educativas (cuidar tono y volumen del lenguaje verbal, favorecer un ambiente sonoro relajado, un acercamiento físico progresivo y prudente) (Bullinger, 1989; Berthoz, 1997; Bertone, Mottron *et al.*, 2003; Gepner, 2005). Este estilo de acercamiento era y es practicado intuitivamente en los tratamientos psicoterapéuticos relacionales y ha contribuido a las críticas que recibían otros acercamientos más intrusivos con imposición activa e incluso violenta de tareas o de actividades.[14]

Pensamiento y acción: ¿moverse y encontrarse con el otro o percibir al otro y moverse hacia él?

La organización motora es particularmente precoz en el bebé sano y su integridad es un requisito imprescindible para poder entrar en relación y

---

14 Como hemos comentado en páginas anteriores, este debate —que fue particularmente intenso en Estados Unidos— entre los partidarios de imponer técnicas activas e incluso de acompañarlas de «refuerzos negativos», es decir, punitivos, y quienes se oponían a ellas, desbordó el terreno profesional para trasladarse a las asociaciones de familiares de autistas.

desarrollar su potencial afectivo, cognitivo y social. El reflejo de prensión o el de succión, activos desde el nacimiento, le permiten apresar en su mano y en su boca el dedo o el pezón en cuanto se acercan a él y le rozan. Es la primera piedra, la base del edificio de la primera relación interhumana.

Una primera pregunta, un primer dilema, que ha hecho cavilar mucho a ilustres pensadores y científicos fue: entre la acción y el pensamiento ¿cuál de los dos antecede y moviliza al otro?

La respuesta de Henri Wallon, pionero del estudio del desarrollo psicológico, quedó resumida en el título de uno de sus libros, *De la acción al pensamiento,* que pasó a la historia como un hito del progreso de la psicología. También respondió al dilema Jean Piaget con su «epistemología genética», con la cual trataba de explicarse y de explicarnos cómo se genera el conocimiento. Tras una observación cuidadosa —y seguro que embelesada— del comportamiento de sus tres hijos, inventó la psicología «constructivista»: el niño construye sus conocimientos a través de sus propias acciones. La inteligencia es un proceso de «adaptación» al mundo por «asimilación» (de los datos que recoge de su entorno para vivir) y «acomodación» (cuando al encontrar una nueva dificultad debe adaptar sus estructuras mentales para poder entender un nuevo problema); por ejemplo, cuando consigue entender que cuando vierte agua de un recipiente ancho a uno estrecho su cantidad es la misma, aunque varíe mucho la altura que alcanza en su nuevo continente; o que es la misma cantidad de plastilina la que puede transformarse fácilmente en formas tan distintas como una esfera, «un queso de bola», o un fino cilindro alargado, «una salchicha». Recordemos también que la duda se le presenta como resultado de su acción transformadora y lúdica, que lo lleva a encontrarse con una divertida sorpresa: que le gustará transformar en una «demostración» repetida y placentera.

El lingüista Noam Chomsky planteó en 1975, en el célebre encuentro de científicos celebrado en la abadía de Royaumont, que el bebé humano nace programado a nivel genético para comprender la estructura del lenguaje. Su argumento parece una prueba irrefutable. Todos los niños, sin que nadie se lo enseñe, deducen correctamente las leyes verbales que no cumplen los ilógicos verbos irregulares. Por eso dicen: «se *heridó;* no lo *sabió;* no me *cabió* en la caja; *andó* despacito» en lugar de «se hirió; no lo supo; no me cupo en la caja; anduvo despacito». Su lógica innata, su mente cognitiva, es fiel —sin conocerla, ni haber recibido enseñanzas al respecto— a la lógica estructural del lenguaje. Las ciencias cognitivas consideran que este argumento de Chomsky parece irrebatible, hasta el punto de que los neopiagetianos se han visto obligados a matizar los dogmas de su maestro y a aceptar que no todo lo cognitivo es el resultado de lo aprendido por medio de la experiencia (Houdé, 2009).

Ya antes de los cognitivistas actuales, Vygotski y Wallon habían reprochado a Piaget que no tuviera más en cuenta el aporte del entorno, la cultura y las interacciones sociales. En este debate entre pensadores «innatistas» y «culturalistas» —partidarios de lo innato los unos y de la influencia del entorno los otros—, ¿a quién dan la razón los hechos?

Hoy ya no hay debate en que: 1. El bebé humano nace dotado de movilidad; 2. El bebé humano nace programado para entrar en relación; 3. El desarrollo es el resultado de un encuentro interactivo, de acciones, sensaciones y pensamientos compartidos.

El estudio detallado de vídeos que filman los movimientos del bebé autista, ya sea en filmaciones familiares estudiadas retrospectivamente o en las realizadas en un marco experimental, confirman importantes disfunciones en la coordinación, anticipación, planificación y voluntad intencional de sus acciones motoras. Como hemos comentado con anterioridad, la ausencia de anticipación del abrazo o la carencia de ajuste tónico-postural en el contacto físico fueron detectadas desde las primeras observaciones clínicas. Es como si la puesta en marcha de estas reacciones reflejas, que solo aparecen hacia el quinto o sexto mes, necesitara de la expectativa de una relación corporal y, previamente, de la captación visual de la persona que se acerca. Sin esa búsqueda las reacciones reflejas, genéticamente programadas, no se ponen en marcha.

El interés actual de las neurociencias se centra en el estudio de las áreas cerebrales implicadas que, a la vista de las técnicas de imagen cerebral, presentarían anomalías que se relacionan con alteraciones de la maduración cerebral. Los datos aportados no son muy precisos. Parece que las áreas cerebrales activadas son más extensas y más variadas que las inicialmente consideradas, detectándose principalmente una mayor participación de las áreas cerebelosas (Schmitz y Forssberg, 2005).

Ciertos síntomas clínicos (las estereotipias, la pobreza gestual, la debilidad de las conductas de exploración) han sido relacionados con las carencias de representaciones sensoriomotrices que se forman en la repetición de movimientos compartidos, particularmente escasos en los autistas (Maurer y Damásio, 1982). La cuestión que surge aquí —y a la que ya han respondido las teorías intersubjetivas— es quién activa a quién en estos intercambios motores. El movimiento activo revela la intención de actuar sobre el otro, de crear comunicación, de solicitar la reacción del entorno y transformarlo (Jeannerod, 1983). Todo parece confirmar que el drama del autista reside en que esta solicitación del entorno, que con su participación placentera «entrena» al bebé en la puesta en marcha y maduración de esquemas sensoriomotores y de su representación mental, no se produce.

Los neurocognitivistas han insistido en la relación que esta escasez de representaciones de la acción tiene como causa previa un defecto de mentalización, una incapacidad de representarse mentalmente una finalidad a su acción (teoría de la mente) (Baron-Cohen *et al.*, 1985; Frith, 1999, 2001). En cambio, los partidarios de las teorías intersubjetivas entienden que la interiorización de esquemas mentales está directamente producida por encuentros interactivos. La cuestión de fondo es si, como parece confirmarse, las alteraciones motrices no son secundarias a déficits cognitivos, sino al déficit de intercambios humanos y a la activación afectiva, psíquica y neurológica que producen. En definitiva, si la muy temprana maduración de las estructuras cerebrales de la organización motriz «va por libre», salvo que por razones innatas se altere lesional o funcionalmente. O si, por el contrario, siempre y también en circunstancias saludables, esta maduración cerebral necesita el complemento imprescindible de ser activada por parte de un entorno participativo e implicado. La epigenética ha optado claramente por esta segunda opción. En este sentido, el autismo podría describirse como el conjunto de características (o de alteraciones) innatas que hacen que un bebé sea impermeable a los efectos epigenéticos favorables del entorno. Se puede decir también que no manifiestan signos de buscar el apego, el contacto protector con la madre (o con la persona cuidadora que ejerza las funciones maternales).

La mirada: mirar es mucho más que ver

Las peculiaridades del intercambio de la mirada del autista seguramente sean uno de los aspectos que más ha intrigado y fascinado a los clínicos. Desde que —hace ya casi medio siglo— se comenzaron a estudiar y describir los signos precoces del autismo, evitar el contacto visual —y su consecuencia, la atención compartida, la capacidad de sugerir a alguien la observación de un mismo objeto o suceso— fue uno de los comportamientos destacados. «La visión es la palpación por la mirada», escribió el filósofo Merleau-Ponty, anticipándose sin saberlo a lo que autores posteriores, expertos en el desarrollo psíquico temprano, denominarían percepción «transmodal» o «comodal», un fenómeno muy temprano que consiste en activar simultáneamente varios sistemas perceptivos (en la frase anterior, vista y tacto). La respuesta mímica del bebé, al reproducir la expresión facial de su madre cuando le habla, formando con su boca un círculo labial cuando oye la «o», por ejemplo, es una de las muestras de respuesta «transmodal» más conocida. Una respuesta condicionada por conexiones cerebrales activadas de manera automática por el bebé que, sin saber lo que hace, aúna percepción visual y auditiva con una respuesta motriz de imitación mímica. Sin duda, muestra la existencia de una predisposición a reaccionar interactivamente, «precableada» de manera innata, pero necesitada de una activación en un encuentro dual. Una sorprendente experiencia pone de manifiesto que cuando alguien mira en imágenes filmadas que alguien toca a otra persona en uno de sus miembros se produce una activación de la áreas somatosensoriales correspondientes, como si fuera él quien estuviera siendo tocado en realidad (Keysers, 2004). El descubrimiento por parte de Rizzolatti de las neuronas espejo va en la misma línea. Rizzolatti observó que cuando un mono veía que otro era alimentado —mientras ambos se hallaban conectados a un registro encefalográfico— se activaban en los dos las mismas zonas cerebrales. El deseo de comer anticipa y prepara los circuitos activadores de la acción… pero hace falta interesarse por lo que el otro mono hace y mirarlo (una muestra de «atención compartida»). Sin duda, el sistema de neuronas espejo está implicado en los mecanismos básicos que posibilitan la empatía (Rizzolatti y Sinigaglia, 2008; Rizollatti *et al.*, 1996). La mirada proximal —acercarse los objetos al ojo «como para olerlos o sentirlos táctilmente»—, percibir con el rabillo del ojo detalles mínimos periféricos a la vez que «no ve» lo que tiene delante, evitar el encuentro en el cruce con otra mirada, la visión panorámica de objetos alejados difíciles de percibir para cualquiera, etc., son fenómenos frecuentemente observados en los autistas que se asemejan en gran medida a lo que ocurre con la percepción auditiva (hiperreactividad hacia lo periférico *versus* escasa o nula reacción a estímulos más cercanos). «Ni me mira» o «me mira, pero no me ve» suelen los más dolorosos comentarios de las personas cercanas al autista. La mirada es la primera interacción del bebé con el mundo. El encuentro visual madre-bebé, captación mutua, fascinación y penetración afectiva recíproca, es la primera herramienta de relación, una actividad que permite transmitir y recibir «información». La mirada propia descifra las intenciones que encierra la mirada del otro: deseos y afectos, necesidades y satisfacciones, congojas y alegrías, por eso esta no puede abordarse solo desde una perspectiva fisiológica.

La mirada orienta la atención —en función de estímulos externos y deseos internos— y prepara y guía la acción que no es simple acto reflejo. Antes de cualquier acción, la orientación de la mirada, la adaptación postural y la observación activa con atención concentrada se activan conjuntamente, lo que quiere decir que hay una compleja operación —que activa varios sistemas cerebrales— preparatoria del paso al acto (que a nivel psicológico se suele describir —de manera errónea— como descarga inmediata incontrolada). Cuando la mirada se intercambia transmite una carga de emociones y afectos. Existen muchas maneras de mirar y se ha llegado a proponer una «neuroetología» de los intercambios de mirada y sus diferentes utilidades y significados: fascinación, seducción, propuesta de atención compartida, seguimiento compartido de un movimiento, comunicación de afectos, etc. (Emery, 2000).

Así que no es de extrañar que la neurofisiología de la mirada se muestre extraordinariamente compleja a ojos de los investigadores. Algunas hipótesis sencillas han relacionado el autismo con la escasa activación de la amígdala, que está relacionada con la tarea de inferir las intenciones del otro a través de su mirada (Baron-Cohen, 2004). Más tarde se añadió la intervención del córtex órbito-frontal, decisivo en la evaluación del entorno y en la capacidad de modificar esta en función de nuevos estímulos (que complementaría la rigidez de respuesta de la amígdala). Aunque es más compleja, también parece más atractiva la propuesta de tomar en consideración diversos mecanismos neuronales jerarquizados, algunos automáticos, reactivos, y otros más complejos que se precisarán en el transcurso de la evolución. Habría que elaborar una teoría fisiológica jerárquica de los diferentes mecanismos de cada tipo de mirada y de sus muchas y variadas relaciones con otras funciones cerebrales: memoria, emoción, lenguaje, atención (Berthoz, 2005). Este autor concluye que tan variadas funciones de la mirada conducen —a lo largo de la evolución de la especie y del desarrollo temprano de cada sujeto humano— a su utilización en la construcción de interacciones sociales, de relaciones humanas. Por tanto, las vías neurológicas que alteran esta y otras funciones en el autismo constituyen redes muy complejas (que afectan al córtex parietal, frontal y cingular) y pronostica un lento avance en el conocimiento de sus bases neuronales. Pero, en su opinión, ciertas ayudas tempranas podrían ayudar a compensar las dificultades, producto de factores genéticos, «confiando en la notable plasticidad del cerebro cuando sabemos cómo activarla».

La epigenética añade posibilidades a la genética... y complica ideas simples

En 1997 aparece en la revista *Nature Biotechnology* un artículo de Richard Strohman, profesor de biología celular y molecular de la Universidad de Berkeley. En él postula la emergencia de un nuevo paradigma en el terreno de la biología, cuyos componentes son «la epigénesis y la complejidad», y propone añadir un tercer componente:

«la autoorganización». La tesis principal de su artículo la resume como sigue: «la era de Watson y Crick, que comenzó como una teoría y un paradigma del gen correctamente definido de una manera estrecha, ha evolucionado después de manera errónea hacia una modalidad resucitada y esencialmente molecular del determinismo genético». Según este autor, el descubrimiento —por parte de Watson y Crick— de los mecanismos de replicación del ADN, del código genético y de la síntesis de proteínas y los progresivos conocimientos posteriores, ha conducido a un error teórico o epistemológico: «pretender explicar el conjunto de funciones celulares a partir de estos nuevos conocimientos [...] ha conducido a la extensión abusiva del "todo es genético" [...] error que hay que corregir con representaciones más complejas incorporando los mecanismos epigenéticos de funcionamiento y desarrollo». Trastoca «el dogma central de la biología molecular», obtenido del estudio de la bacteria *Escherichia coli,* «un gen [una enzima] una función o un carácter» y afirma que «tal esquema ya no es válido para las células eucariotas en las que varios genes pueden contribuir a la expresión de un carácter y un solo gen puede contribuir a la expresión de varios caracteres». Además, cuestiona un segundo dogma: «la creencia en la conformación estable de la replicación de proteínas en un espacio unidimensional, determinada de manera unívoca por una secuencia lineal de aminoácidos», cuando ya ha quedado demostrada «la estructura tridimensional de las proteínas, de las que dependen sus funciones y notablemente su actividad enzimática». También cuestiona que se acepte un tercer dogma: «la confusión entre codificación y programación», que conduce a un esquema —erróneo o insuficiente— de la transmisión unidireccional de la información genética del ADN al ARN y a las proteínas directamente responsables de las funciones biológicas. Un cambio muy importante y novedoso en la comprensión de los mecanismos de transmisión hereditaria —la repetición de lo mismo, la determinación estable de lo heredable— fue la diferenciación entre un ADN que transmite datos y un ADN que programa. Esta distinción no es estructural, pero sí funcional. Se trata de la misma estructura molecular de ADN, si bien los datos que transmite pueden ser interpretados de manera distinta, decodificados o no en función de circunstancias ambientales variables. Lo que se transmite en una división celular no es solo la estructura del ADN, sino también su estado de actividad, que puede variar en función de factores epigenéticos (Strohman, 1997).

El autor señala el descubrimiento de «al menos tres sorpresas» que serían imposibles según los paradigmas existentes:

- La «pleiotropía»: un mismo gen tiene funciones diferentes en distintos organismos o en diversas fases del desarrollo.
- La «redundancia»: existencia de moléculas de ADN repetitivas, cuyas funciones, aunque mal conocidas, no son las habituales de la codificación. Se han observado fenómenos de «redundancia funcional»: la inactivación de un gen que codifica la producción de una proteína esencial en la regulación de una función metabólica no tiene efecto alguno, como si quedara compensada por la intervención de otros genes o por fenómenos epigenéticos.
- La confirmación de la «complejidad» funcional en la expresión de los genes que, en interacción con otros genes o con otros factores circunstanciales, pueden modificar su función y condicionar una expresión fenotípica diferente.

Para no perdernos en las complicaciones de tan especializado lenguaje, quizá sea más útil reproducir el esquema —propuesto por otro biofísico que cuenta con una larga trayectoria en el estudio de la transmisión de información genética— que describiría los éxitos y los excesos de la biología molecular, construidos en parte sobre la metáfora informática del «programa» genético, y sintetizaría esta evolución «del reduccionismo genético a la emergencia de un nuevo paradigma» en el título de su libro *El final del «todo es genético»: hacia nuevos paradigmas en biología.* (Atlan, 1998).

Esta perspectiva de los genetistas contrasta con ciertas orientaciones de la psiquiatría que han mantenido un doble reduccionismo y que, después de haber reconvertido el «todo es orgánico» en «todo es biológico», han interpretado los avances de la genética en una particular lectura según la cual ahora «ya se sabe» que «todo es genético».

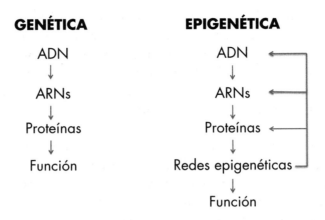

El final del «todo es genético»: hacia nuevos paradigmas en biología
Henri Atlan, 1999

Los hallazgos imparables de la genética, como todo descubrimiento científico, han resuelto ciertos enigmas, pero han creado otros. El mejor conocimiento de la genética se ha encontrado con su complejidad y ha obligado a cuestionar posiciones reduccionistas que daban por hecho afirmaciones que han tenido que revisarse. Se dice a menudo que el comportamiento está determinado genéticamente porque está demostrado (en monos, ratas y humanos) que ciertos neurotransmisores, regulados por unos genes concretos, se activan en situaciones específicas condicionadas experimentalmente. Somos descendientes de los primates y tenemos las mismas reacciones de ataque-fuga, porque están activadas por el funcionamiento de un mismo sistema cerebral-hormonal (el eje hipotálamo-pituitario-adrenocortical), regulado genéticamente por algunas moléculas que forman parte de ciertos genes. La cuestión central que surge es: ¿son estas moléculas las que originan nuestras emociones o solo son el sistema que las dirige? Es decir, ¿son la causa de nuestras emociones o el instrumento de su expresión?

Las diferentes características del bebé humano se manifiestan en su capacidad de reaccionar al estrés. Hoy sabemos que esa capacidad se encuentra influenciada por las capacidades parentales para acompañarlo en esas situaciones: «el sistema fisiológico de respuesta al estrés puede ser programado como hipo o hipersensible a través de experiencias sociales precoces y el cortisol puede tener efectos permanentes sobre el sistema nervioso central del bebé en su desarrollo posterior» (Gerhardt, 2004; Meaney, 2001; Meaney *et al.*, 2007).

Como hemos visto, a los genetistas nos les gusta el salto que supone afirmar que un gen determina un comportamiento. Entre otras cosas, porque es lo que ha alimentado teorías racistas que afirman que, por ejemplo, la violencia sexual, la delincuencia o el comportamiento criminal se concentran en ciertos grupos humanos con características raciales comunes. Pero la determinación de la conducta propia de una especie no es inamovible, aunque esté programada genéticamente.

El etólogo Harry Harlow realizó experimentos con el efecto que causaban ciertos sucesos traumáticos vitales sobre comportamientos determinados genéticamente. Así, comprobó que las crías hembras de los macacos, cuando eran separadas bruscamente de sus madres (que mostraban como característica de su comportamiento maternal sólidas manifestaciones de apego protector hacia sus crías), revelaban posteriormente una incapacidad total para el acoplamiento sexual. Además comprobó, para su sorpresa, que cuando eran fecundadas de manera artificial tampoco mostraban apego alguno hacia sus crías, pues habían perdido las características del comportamiento maternal de sus madres. La sorpresa fue mayor aún al comprobar que, gracias a las insistentes solicitudes de apego por parte de sus crías, a las que no respondían, en una crianza ulterior volvieron a activar con su nueva camada el mismo comportamiento protector propio de la especie, que habían recibido de su madre y perdido a partir de la separación provocada (Harlow, 1958, 1964, 1965, 1970).

Meaney realizó otro asombroso experimento: escogió un grupo de ratitas recién nacidas cuyas madres, elegidas tras una selección genética durante varias generaciones, se caracterizaban por un comportamiento muy agresivo con sus crías. Las separó de sus madres y confió su crianza a madres «adoptivas» muy maternales, también seleccionadas genéticamente. Después comprobó que las ratitas —nacidas de una cepa muy agresiva— desarrollaban posteriormente una capacidad de crianza protectora tras parir sus propias crías, lo que demuestra una evidencia:

que las condiciones de crianza pueden modificar la expresión de un comportamiento determinado genéticamente. También se planteó una pregunta a la que trató de responder: ¿cuáles son los mecanismos bioquímicos que lo explican?[15] (Meaney *et al.*, 2007). Los topos de pradera, roedores similares a las ratas, forman parejas duraderas y ambos miembros contribuyen a las tareas de crianza, con una presencia paternal protectora. Dado que no son sensibles a la educación en nuevos hábitos sociales de «conciliación», hay que buscar otra explicación a su comportamiento porque sus parientes cercanos, una especie muy próxima *(Microtus montanus),* se comportan de manera opuesta, esto es, son promiscuos: multiplican fecundaciones de hembras y no contribuyen con su presencia ni con otro tipo de colaboración paternal en la crianza de su muy abundante prole. Quien encontró la explicación de tales comportamientos fue Thomas Insel (mencionado con anterioridad por su feroz papel en la descalificación del DSM-5). Su hallazgo fue el siguiente: en sus apareamientos, los topos de pradera liberan en su cerebro una hormona, la vasopresina, mientras que simultáneamente las hembras liberan oxitocina. Esta última estimula la producción de leche y regula la vinculación madre-hijo; la vasopresina estimula el comportamiento protector paterno (Insel, 1997, 2010). La diferencia entre su comportamiento parental y la irresponsabilidad de sus parientes cercanos correlaciona con la mayor o menor cantidad de receptores de vasopresina en el cerebro de los machos. La secreción hipotalámica de oxitocina en la especie humana también desempeña el papel de «estimular la secreción de leche materna en función de las

---

15 Meney ha estudiado cuál es el mecanismo bioquímico del cambio de conducta. Se trata de un proceso de «metilación» del ADN (compuesto de distintas combinaciones de cuatro nucleótidos más un grupo fosfato de enganche). Este código molecular es transcrito al ARN mensajero y traducido en proteínas que actúan sobre las funciones celulares. La metilación (adición de un grupo metilo CH_3 al quinto átomo del anillo de citosina, uno de los cuatro nucleótidos del ADN) bloquea la lectura de la secuencia. Aunque se suponía que era un proceso estático que regulaba siempre y de manera invariable la impronta genética, hoy sabemos que hay dos tipos de metilación: una «de mantenimiento» y otra *de novo.* Los mecanismos de metilación son un proceso dinámico y la demetilación es un mecanismo más en la regulación de la expresión génica en procesos fisiológicos (desarrollo cerebral) y patológicos (procesos neurodegenerativos tipo Alzheimer, cáncer o autismo).

necesidades del lactante y la sensación de relajación, confianza, empatía y altruismo» (Kandel, 2018). Al parecer, las variaciones genéticas que influyen en la producción de oxitocina afectan al comportamiento empático, a la interpretación facial y a la compasión empática (Rodrigues *et al.*, 2009). La cuestión trascendental, siempre pendiente de respuestas, es si la secreción hormonal de oxitocina precede al comportamiento maternal interactivo o si es este encuentro mutuo —y las emociones que activa— el que, vía hipotálamo, provoca la producción de oxitocina.

La plasticidad cerebral

En el terreno del desarrollo del psiquismo temprano hay tres conceptos desde hace varias décadas; sin embargo, tras ser escasamente apreciados durante mucho tiempo, se han consolidado cada vez más debido a los conocimientos científicos que se han basado en ellos para desarrollar nuevos estudios y datos. La psiquiatría interesada por el psiquismo temprano, su desarrollo y sus alteraciones ha desempeñado un papel creativo y muy activo en todo esto. Acabamos de ver el primero de ellos, la epigenética, y a continuación repasaremos el segundo, la plasticidad cerebral, antes de alcanzar el tercero, las interacciones precoces de la crianza.

Hoy se entiende por «plasticidad» la posibilidad temporal de que los estímulos externos puedan cambiar la intensidad funcional de las conexiones sinápticas entre neuronas y de consolidar la puesta en función de nuevos circuitos cerebrales, los cuales permanecen definitivamente inactivos si esa estimulación procedente del entorno no tiene lugar a tiempo. En un principio, se pensó que la plasticidad cerebral era una característica del cerebro aún inmaduro que caducaba rápidamente, pero después, al estudiar los efectos sobre la activación cerebral del entrenamiento cognitivo, se ha comprobado que, aunque en menor grado, persiste en la vida adulta. En la actualidad, los cuatro tipos de plasticidad son los siguientes: 1) un área cerebral asume las funciones del área lesionada correspondiente del otro hemisferio; 2) una región cerebral que no recibe entradas sensoriales se «reconvierte» y acoge *inputs* de otro tipo (los ciegos de nacimiento que practican táctilmente el *Braille* desarrollan las regiones occipitales donde se asienta la visión); 3) activación de zonas adyacentes a una lesión; 4) estrategias alternativas que activan sustratos neuronales diferentes (Grafman y Litvan, 1999; Lambert, 2009).

El concepto de «plasticidad cerebral» fue intuido, hace más de cien años, por Ramón y Cajal con su «redundancia transitoria», y confirmado cuando la tecnología posterior (microscopio electrónico, biología molecular) permitió verificar sus predicciones. Disconforme con las ideas de su tiempo, según las cuales el sistema nervioso era estático y permanecía idéntico toda la vida, Cajal postulaba que las neuronas, cuanto más inmaduras sean, más tienden a desarrollar múltiples y sobreabundantes conexiones de contacto. Solo algunas se consolidan al conectarse en redes funcionales; el resto, las «redundantes», tienden a atrofiarse y se convierten en tejido fibroso. En el cerebro inmaduro del recién nacido el desarrollo selectivo de circuitos funcionales «vivos» es simultáneo a un masivo fenómeno de muerte de neuronas ineficaces. Este «período sensible» de hiperactividad neuronal temporal disminuye progresivamente. No obstante, el descubrimiento de que la plasticidad se prolonga durante toda la vida ha llevado al concepto más funcional de «poda sináptica», una eliminación (¿reversible?) de sinapsis sobrantes (las «redundantes» de Cajal) que comienza en la primera infancia y alcanza su punto más alto en la adolescencia y el inicio de la edad adulta (Ramón y Cajal, 1894, 1909, 1952).

En la década de 1950 se descubrió el mapa de la corteza cerebral somato-sensorial y la correspondencia y extensión de las áreas receptoras de los estímulos sensoriales. Entonces se pensaba que era idéntico e invariable, pero después se descubrió que se modificaba en función de la experiencia. Si se educaba a un mono para utilizar especialmente las puntas de los tres dedos medios, el área cerebral receptora correspondiente aumentaba de tamaño (Jenkins y Merzenich, 1990). La comparación (a través de la imagen cerebral) del cerebro de violinistas y violonchelistas

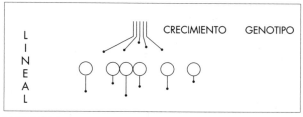
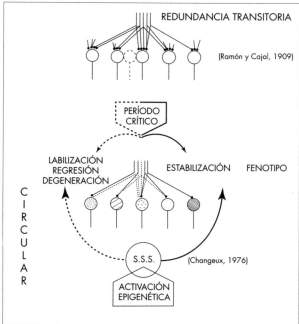

con el de otras personas mostró que el córtex correspondiente a los dedos de la mano izquierda (más utilizada por estos músicos) era mucho más extensa (hasta cinco veces más), si bien las dimensiones eran parecidas si se comparaban las áreas correspondientes a la mano derecha. Las diferencias eran mayores si los músicos habían comenzado su aprendizaje en edades inferiores a los trece años (Ebert *et al.*, 1995).

Hubel y Wiesel (premio Nobel en 1981) demostraron que las áreas receptivas visuales del cerebro (de unos gatitos de la misma camada con códigos genéticos gemelos) se modifican anatómicamente en función de la estimulación o privación de luz externa posnatal que reciben. Si no son estimuladas durante un «período crítico», el cerebro pierde definitivamente la capacidad de desarrollar la visión, potencialmente grabada en su programa genético (Hubel y Wiesel, 2005). Por eso la posibilidad de establecer «circuitos sustitutivos», que pueden suplir a otros circuitos cerebrales lesionados, caduca en la medida en que el cerebro madura y pierde capacidad de regeneración. De ello la neonatología dedujo la importancia de la estimulación temprana para activar circuitos sustitutivos en los cerebros de neonatos dañados. Por eso también la inmadurez cerebral de los homínidos y la plasticidad de su cerebro impulsaron el milagro de sus transformaciones y crecimiento, que condujeron a su evolución hasta el extraordinario desarrollo cerebral del bebé humano actual, que nació, gran paradoja, como resultado de su mayor inmadurez y plasticidad y de la respuesta del entorno a su desvalimiento.

François Jacob, que recibió en 1965 el premio Nobel por sus estudios sobre la biología molecular de los mecanismos de transmisión genética, ya postulaba que el ser humano dispone del programa genético más abierto; abierto a la intervención del entorno que, con su presencia durante la crianza y con su papel estimulante, activa y consolida las asombrosas capacidades potenciales del bebé. Solo potenciales, porque el programa genético las posibilita, pero no las garantiza. Necesita del aporte «epigenético» del entorno para consolidarlas (Jacob, 1970, 1987). Compartió sus actividades científicas con Jean-Pierre Changeux, quien, inspirado por los trabajos de Cajal, descubrió en 1976 el fenómeno de la «estabilización selectiva de las sinapsis», que es la base fisiológica que explica cómo se produce en la anatomía cerebral la consolidación anatómica y funcional de circuitos cerebrales, prevista en el programa genético pero solo activada si estos reciben una adecuada estimulación externa que depende de la participación del entorno (Changeux, 1985). Se trata de una colaboración externa que completa el tercer concepto fundamental, la comprensión del desarrollo como una suma imprescindible de intercambios interactivos.

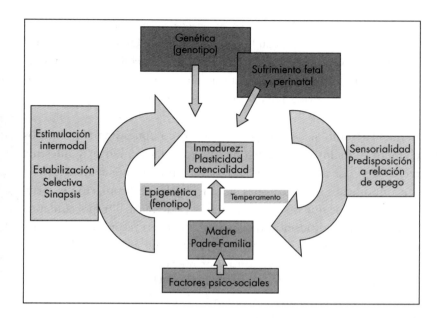

Eric Kandel recibió el Premio Nobel de Medicina en el año 2000 por su demostración de cómo la experiencia de intercambios con el entorno sensorial intervenía en la neurofisiología de la memoria neuronal. Kandel también mostró su reconocimiento a las indispensables aportaciones de Cajal:

> Ya en 1894 había vislumbrado la posibilidad de que algún tipo de cambio en las sinapsis podía ser importante para el aprendizaje [...]. Tendría que reformular la teoría de Cajal de que el aprendizaje modifica la intensidad de las conexiones sinápticas entre las neuronas [...]. Fue el hombre que hizo posible el estudio celular de la vida mental [...] construyó la doctrina de la neurona, teoría de la organización neural que desde entonces gobierna nuestra comprensión del cerebro.

Inspirado también por las ideas de François Jacob, aseguraba que

> la evolución no es un inventor original que se pone a resolver problemas nuevos mediante soluciones totalmente novedosas [...]. La evolu-

ción recurre a lo que ya está a su alcance, no produce innovaciones a partir de cero, trabaja con lo que ya existe [...]. Utiliza el mismo conjunto de genes una y otra vez aunque de manera ligeramente distinta [...] transformando un sistema para que cumpla una función nueva o combinando varios sistemas para generar otro más complejo.

Kandel entendió que «todo lo viviente está compuesto por los mismos elementos, incluso el sustrato de nuestros pensamientos y nuestros recuerdos», y se propuso estudiarlo observando de qué manera la neurona modificaba sus reacciones en función de la estimulación externa que recibía y de qué manera «aprendía» a adaptar su comportamiento mediante la modificación de sus reacciones en respuesta a la «educación» que recibía a través de la repetición de estímulos eléctricos. Tras constatarlo, buscó y encontró los mecanismos bioquímicos que le permitían conservarlo en su memoria. Al estudiar las repuestas motoras y las modificaciones sinápticas correlativas en las neuronas gigantes del ganglio abdominal del caracol *Aplysia*, Kandel pudo describir los mecanismos celulares que son el sustrato de la memoria a corto y largo plazo.

Los cambios adaptativos, el ajuste de sus respuestas en reacción al entorno y su conservación en la memoria responden en todos los seres vivos al mismo mecanismo: la plasticidad celular. La memoria a corto plazo produce un cambio funcional de las sinapsis, intensifica la función de conexiones previas. La memoria a largo plazo exige cambios anatómicos: las neuronas desarrollan nuevas sinapsis al emitir más terminaciones dendríticas sensoriales que contactan con otras neuronas. La habituación al mismo estímulo hace que las neuronas retraigan las terminales de contacto sináptico existentes. El número de sinapsis del cerebro no es constante, varía con el aprendizaje, que mediante cambios estructurales puede desactivar sinapsis activas o activar sinapsis inactivas (Jacob, 1970, 1987; Kandel, 2007).

Así que los procesos psíquicos más complejos utilizan los mismos mecanismos básicos que la memoria neuronal más elemental; solo las experiencias vividas por cada persona hacen que, con los mismos componentes, cada cual organice, o no, una miríada de conexiones y circuitos que recorren y conectan todo el sistema nervioso central. Un dúo de investigadores —Pierre Magistretti, neurobiólogo, y François Ansermet, psiquiatra y psicoanalista— así lo ha plasmado en el título del libro *A cada cual su cerebro. Plasticidad neuronal e inconsciente,* en el que nos recuerdan que cada cerebro tiene cien mil millones de neuronas que establecen entre ellas una infinidad de conexiones sinápticas y circuitos neuronales cuyo número es incontable (se calcula que cada neurona recibe hasta 10 000 sinapsis que la conectan con otras neuronas). Sus posibilidades de almacenar información y memoria son inmensas, pero, sin embargo, el proceso de transmisión y almacenamiento responde siempre a los mismos mecanismos básicos, que son los que la neurobiología molecular ha descubierto y sigue estudiando. Lo han resumido en un esquema que explica —conforme al «modelo de la plasticidad»— cómo genotipo y entorno constituyen dos ejes de determinación que se combinan a través de la plasticidad para producir un fenotipo único (Ansermet y Magistretti, 2004).

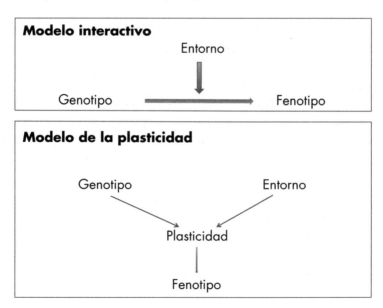

En referencia a la incidencia de los descubrimientos científicos más recientes en la comprensión del autismo, Kandel opina con optimismo y conocimiento que:

> con las nuevas tecnologías genéticas hay los instrumentos necesarios para hacer grandes progresos en la genética del autismo [...]. Los científicos deberían ser capaces de identificar más genes del autismo en el futuro [...]. Cientos de genes intervienen [...]. Mutaciones aisladas no originan la mayoría de los trastornos cerebrales [...]. Si descubrimos los genes que provocan el autismo estaremos en el buen camino para comprender qué está fallando a escala celular y molecular [...]. Los primeros estudios apuntaban a un mal funcionamiento de las sinapsis [...]. Conocemos mejor los genes y las vías neuronales que dan lugar al cerebro social [...]. Averiguaremos cómo interacciona la predisposición genética con los factores ambientales que originan trastornos específicos.

Quizá su predicción de que las exploraciones en los mecanismos neuronales que regulan el comportamiento en los animales «sirvan para suavizar los trastornos del espectro autista» esté más cerca de la esperanza que de su aplicación clínica.[16]

Otro balance comparativo es el que trata de comparar la evolución del progreso científico en diferentes disciplinas. Su autor, un neurobiólogo, en un texto con un título interrogativo muy expresivo, «La psiquiatría biológica: una burbuja especulativa» (Gonon, 2011), dice:

> Otra manera de evaluar la credibilidad de las promesas de la psiquiatría biológica consiste en compararlas con las que se han hecho en el terreno del cáncer. Cuando el presidente Kennedy lanzó, en 1961, el proyecto Apolo de conquistar la luna, el desafío tecnológico era considerable. Sin embargo, ocho años y veinticinco mil millones de dólares

---

16 Se refiere a los trabajos de un equipo de la UCLA dirigido por Sultzer, que ha descubierto una droga que restaura la poda sináptica normal en modelos de autismo en ratones, reduciendo así el comportamiento «autista» de estos animales (Tang et al., 2014).

bastaron para conseguirlo. Siguiendo este ejemplo, el presidente Nixon lanzaba, en 1971, la cruzada contra el cáncer con la ambición de vencer esta plaga en una década. Cuarenta años más tarde y a pesar de cien mil millones de dólares en gastos de investigación, solamente en Estados Unidos, los progresos han sido más lentos que lo previsto [...]. La biología de los cánceres aparece ahora muy compleja y multifactorial y nadie puede decir cuándo la investigación llegará a innovaciones terapéuticas radicales. (Gapstur y Thun, 2010)

Los costes de la «década del cerebro», que coincidieron con un descomunal crecimiento de los beneficios de la industria farmacéutica, seguramente sean muy superiores, pero se desconocen.

La complejidad del cerebro humano es tal que los desafíos afrontados por la psiquiatría biológica superan muy probablemente los de la biología de los cánceres. Las dificultades identificadas por Steven Hyman tiene que ver con la

> ausencia de marcadores biológicos, con la debilidad de los modelos en animales y con la complejidad de la genética de las enfermedades mentales [...]. El descubrimiento de psicotrópicos eficaces obtenido de observaciones clínicas fortuitas, mostraba que era posible actuar sobre el funcionamiento cerebral con la ayuda de una química apropiada [...]. Treinta años más tarde, la esperanza deja lugar a la duda. (Hyman, 2008)

Triste balance diez años después de finalizada la prometedora «década del cerebro».

Sin embargo, nadie duda de que poco a poco, según el cáncer, cuándo se diagnostique este, cómo se trate, etc., las posibilidades terapéuticas aumentarán. Ya nadie puede afirmar en términos absolutos que «el cáncer es incurable». Quizá los progresos en el tratamiento del autismo tengan, ojalá, la misma progresión.

En un artículo publicado el 12 de febrero de 2010 en *Science,* dos redactores escriben:

Cuando se mantuvo la primera conferencia de preparación del DSM-5, en 1999, los participantes estaban convencidos de que pronto sería posible apoyar el diagnóstico de numerosos trastornos mentales sobre indicadores biológicos tales como test genéticos u observaciones con imagen cerebral. Ahora que está en curso la redacción del DSM-5, los responsables de la APA reconocen que ningún indicador biológico es lo suficientemente fiable para merecer figurar en esta nueva versión. Lo mismo constatan varios artículos publicados en las más importantes revistas científicas americanas […]. Los avances en materia de medicamentos psicotrópicos también han sido decepcionantes (Miller y Holden, 2010).

En el número de octubre de 2010 de la revista *Nature Neuroscience*, Steve Hyman y Eric Nestler, otro gran nombre de la psiquiatría norteamericana, escriben que: «Las dianas moleculares de las principales clases de medicamentos psicotrópicos actuales disponibles han sido definidas a partir de medicamentos descubiertos en los años 1960 tras observaciones clínicas». La constatación actual es clara: «las investigaciones en neurociencias no han llegado ni a la puesta a punto de indicadores biológicos para el diagnóstico de enfermedades psiquiátricas, ni a nuevas clases de medicamentos psicotrópicos» (Nestler y Hyman, 2010).

La importancia de las relaciones tempranas

La confirmación científica de que las interacciones precoces inciden en la organización de redes neuronales —el apego y el afecto hacen cerebro— supuso un enriquecimiento nuevo en la comprensión del desarrollo del psiquismo temprano, al aportar evidencias científicas que confirmaban o cuestionaban las hipótesis previas. Los defensores del valor de las teorías psicoanalíticas de los orígenes del psiquismo precoz recuerdan que ya Freud propuso su hipótesis de que la primera producción psíquica, el primer recuerdo, tenía que ser una imagen vinculada a «una satisfacción alucinatoria del deseo», es decir, a una experiencia corporal satisfactoria compartida con alguien y al recuerdo de los elementos sensoriales (olfativos, gustativos, táctiles, visuales, auditivos) que la constituyen. En consecuencia, su concepto de «pulsión entre lo corporal y lo psíquico», emerge con un empuje que lleva al encuentro con su «objeto», la persona de la que depende su crianza y que le suministra repetidas «primas de placer». Como veremos, no resultó fácil para los psicoanalistas posteriores complementar esta propuesta freudiana con la del «instinto de apego» propuesta por Bowlby, interesado en hacer confluir psicoanálisis y etología.

Durante el primer tercio del siglo XX, la pediatría alemana tenía el mayor prestigio a nivel mundial. En sus textos, cuando se referían a los primeros meses del lactante (el «mamón», en algunas traducciones españolas) podía encontrarse la expresión «el semestre estúpido».[17] Dejando de lado la dudosa precisión de su traducción, es un hecho que este término aludía a la idea de la pediatría de entonces sobre que en los inicios de su desarrollo el bebé no se enteraba de lo que pasaba en su entorno. Así pues, lo que este hiciera era más o menos intrascendente porque su desarrollo era una cuestión «vegetativa» que seguía su propio ritmo, marcado por un programa genético innato y libre de otras influencias —idea que se correspondía con el dogma de una estructura estática del sistema nervioso central que Ramón y Cajal desmontó definitivamente—. El crecimiento sano era exclusivamente cuestión de tener buenos genes. Dogma que llevó al auge de la eugenesia en esa época y a su particular propuesta de que la «prevención», entendida como selección genética y control y limitación de nacimientos «inconvenientes», era la única solución para combatir la degeneración que conduce a la enfermedad.

---

17 Debo este comentario al pediatra Francesc Cantavella (1915-1997), pionero de la atención temprana en Cataluña y persona inolvidable para todos cuantos lo conocimos.

En la segunda mitad del mismo siglo, debido en gran parte al triunfo de los aliados en la Segunda Guerra Mundial y al predominio creciente de la cultura anglosajona, su medicina —y su pediatría— fueron imponiéndose. La visión de la crianza se transformó poco a poco y creció la importancia de la puericultura y de la educación en el marco familiar. Su convergencia con las ideas pedagógicas y terapéuticas del psicoanálisis, que resaltaba la relevancia psicológica de los primeros años, sensibilizaron a la pediatría, que comenzó a interesarse por las relaciones tempranas. Sin duda, el conocimiento de las consecuencias dramáticas de la guerra y la verificación de las severas alteraciones del desarrollo que causaban las separaciones, los duelos dramáticos y las hospitalizaciones e internamientos alejados de la familia tuvieron mucho que ver (y también los psicoanalistas que se interesaron por ello: A. Freud y D. Burlingham; D. W. Winnicott; J. Bowlby y R. Spitz, entre otros). Los libros destinados a la crianza se multiplicaron —y tuvieron gran éxito social— y la importancia concedida a las relaciones parentales también.

Los hábitos de la pediatría hospitalaria empezaron a encaminarse a favorecer la presencia y participación de la familia, cerca de sus hijos, dentro de los pabellones de los hospitales. El régimen de visitas —frecuentes o permanentes— de las familias se fue imponiendo frente a la política anterior de separación y aislamiento del niño. Se fomentó activamente el contacto madre-bebé (por ejemplo, al impulsar el contacto sensorial auditivo, visual y táctil ya en las incubadoras de las salas de neonatología). En ellas, el progreso de los cuidados intensivos logró mejorar la supervivencia de bebés muy frágiles, antes condenados a morir y ahora extremadamente vulnerables. El descubrimiento de la plasticidad cerebral temprana y de la posibilidad de aprovechar este período para activar circuitos neuronales sustitutivos de los lesionados condujo al conocimiento del importante papel de la estimulación precoz y de las relaciones precoces activas en el ámbito familiar.

Las nuevas situaciones que afectaban a la crianza, en particular a la relación madre-bebé, llevaron a abordar las intervenciones activas durante el desarrollo temprano sobre todo aquello que incrementaba la vulnerabilidad del bebé. Así empezaron a conocerse y a definirse los múltiples factores que impactaban en el desarrollo y nació el concepto de factores «de riesgo» (obstáculos negativos) y de «protección» (experiencias positivas). Ahondar en la extraordinaria riqueza de los intercambios —las «interacciones», puesto que el bebé se confirmaba como participante muy activo— abrió el camino de las investigaciones científicas, primero en el terreno de las relaciones sanas y luego en el de sus alteraciones.

La gran sorpresa de los investigadores fue constatar la capacidad del bebé sano para entrar en relación con su entorno y las extraordinarias habilidades que pone en marcha desde que nace para hacerlo. Insistiremos en algo fundamental: estas capacidades son solo potenciales; posibilitan, pero no garantizan la seguridad de que el encuentro se produzca.[18] Son muy frágiles y pueden fallar o desaparecer en muchas situaciones perinatales que aun siendo delicadas de detectar conllevan complicaciones y desajustes, sutiles o graves, en el desarrollo

En el trabajo de Thierry Brazelton, pediatra estadounidense, se refleja bien el camino que hemos descrito. A partir de su experiencia de pediatra en la sala de partos de un hospital público —donde una gran mayoría de las madres que atendía eran adolescentes sin pareja ni una red familiar que las apoyara—, propuso y sistematizó la posibilidad de objetivar las características personales de cada recién nacido y subrayó la importancia de darlo a conocer —de «presentar el bebé a su madre»— para favorecer la vinculación precoz entre ambos. Le gustaba presumir de su capacidad para favorecer las habilidades maternales a través de sus encuentros con madre y bebé cerca de la sala de partos. Con el pragmatismo propio de su cultura, comprobó que cuando asistía al parto —por encontrarse de guardia—, estas madres casi nunca daban en adopción a su bebé y preferían criarlo ellas. Lo contrario, abandonarlo y cederlo a los organismos de adopción, ocurría sistemáticamente cuando su encuentro con el bebé y con su madre parturienta no tenía lugar.

De su experiencia en describir las características propias del recién nacido — y de su convicción de que este era capaz de responder acti-

---

18 Aunque parece más complejo dos palabras en vez de una, creo que «capacidades potenciales» expresa mejor en nuestro idioma el significado de «competencias», un anglicismo tomado del término que usan los investigadores del comportamiento del bebé.

vamente a los estímulos de su entorno— nació su *Escala de evaluación del comportamiento del recién nacido*,[19] rápidamente convertida en una herramienta de evaluación precoz aceptada universalmente y muy utilizada por los especialistas en atención temprana para evaluar a neonatos sanos o de riesgo. Esta escala estudia las características individuales del recién nacido: estados de atención y vigilancia, reflejos, tono y reacciones motrices, irritabilidad y reacciones de autoconsuelo y recuperación frente a estímulos externos. Brazelton insistía en que muchas de estas características —ritmo sueño/vigilia; irritabilidad *versus* facilidad para ser consolado; capacidad de tranquilizarse con succión o mecimiento; claridad de las señales corporales, mímicas y emocionales emitidas—, que constituyen lo que podríamos llamar el «perfil temperamental» del bebé, son muy sensibles a la influencia maternal. En función de esta interacción, el encuentro puede caminar hacia la adaptación mutua o hacia un desajuste que puede complicar el desarrollo.

Por eso, una parte importante de esta evaluación reside en la valoración de las interacciones padres-madre-niño y de la capacidad de relación y vinculación del niño. Además, está destinada a prolongarse en un seguimiento del desarrollo de este, particularmente cuando se observan signos de alto riesgo neurológico,[20] trastornos somáticos

19 Creada en 1973, es una escala que puede aplicarse al recién nacido desde el nacimiento hasta los 60 días. Tiene 27 ítems agrupados en cinco áreas. Suele usarse junto con otras escalas de evaluación del desarrollo (Bayley, Brunet y otras) y siempre se complementa con el test de APGAR, más elemental, pero de aplicación más sencilla y rápida, que siempre se usa a los pocos minutos de nacer en las salas de parto. (Brazelton, 1984)
20 El concepto de «recién nacido de alto riesgo» utilizado en pediatría (sobre todo en neonatología) ha quedado sistematizado en un listado consensuado de «factores de alto riesgo neurológico», que incluye, entre otros: grado de prematuridad; crecimiento intrauterino retardado; dificultad respiratoria con ventilación mecánica; APGAR menor a 3; hemorragia intracraneal; convulsiones neonatales; disfunciones neurológicas: somnolencia, hipertonía o hipotonía muscular, episodios de apnea, dificultades de deglución; alteración perímetrocraneal; infección del sistema nervioso central. Estas alteraciones pueden formar parte de la historia personal de algunos autistas y coinciden también en que cursan con síntomas precoces parecidos. Dicha coincidencia no se considera un argumento a favor de las causas orgánicas del autismo, pero sí de que la organicidad es un factor asociado en ciertos casos y de que en general su presencia empeora el pronóstico evolutivo.

funcionales, problemas psicosociales que afectan a la crianza, así como en situaciones de alto riesgo psicológico (signos precoces de autismo-psicosis, depresión del lactante o trastornos precoces del vínculo). Los primeros meses del niño se desarrollan en un contexto de interacciones complejas cruciales para su vida ulterior. Aunque los pioneros de la observación de estas interacciones madre-bebé fueron psicoanalistas (Mahler, Spitz, Bowlby), paradójicamente sería también en los medios psicoanalíticos en los que toparían con más resistencias e incomprensión al tratar de imponer la importancia de la observación del comportamiento. El psicoanálisis de adultos reconstruía la infancia de los pacientes adultos a partir de la verbalización de recuerdos. El psicoanálisis de niños se encontró con la necesidad de entender la constitución inicial del psiquismo al observar a niños sin lenguaje y tratar de verificar la «mitología del psicoanálisis» sobre los traumatismos precoces y sus efectos (Gauthier, 2009). Ciertos psicoanalistas que solo trabajaban con adultos entendían que «el objetivo específico del psicoanálisis no es el lactante, ni el niño, sino el inconsciente […] la tarea específica del psicoanálisis es el análisis del trabajo intrapsíquico, sea de manera subjetiva, sea a través de la relación intersubjetiva».[21] El concepto de «interacción fantaseada» *(interaction fantasmatique),* que quería dar a entender que lo que la madre pensaba —consciente e inconscientemente— se dejaba translucir en los comportamientos al interactuar con el bebé, fue acuñado por psicoanalistas que, abiertos a otras aportaciones, defendían la observación de bebés como método de exploración e investigación y su aplicación en sus psicoterapias madre-bebé (Lebovici y Stoléru, 1983; Kreisler y Cramer, 1981; Cramer y Palacio, 1993).

Hay una película, que filmaba las reacciones de un niño abruptamente separado de sus padres para ser hospitalizado, que tuvo una

---

21 Es la posición del renombrado psicoanalista André Green, mantenida en un coloquio con Daniel Stern en 1999 (recogido en Sandler *et al.,* 2000). En el mismo texto se recoge que atribuía a Stern y a otros autores psicoanalíticos interesados en la observación (Robert Emde, Peter Fonagy) que: «intentan destruir la teoría psicoanalítica para reemplazarla por una psicología supuestamente científica, no psicoanalítica». Cf. también Gauthier (2009, «Las resistencias de los psicoanalistas», pp. 59-64).

influencia determinante en la autorización de la presencia de los padres en las salas pediátricas.[22] Pero sería más tarde cuando la generalización de las observaciones de bebés filmadas en vídeo se convertirían en un instrumento de exploración e investigación privilegiado. En la década de 1960, Mary Ainsworth, psicóloga canadiense que había trabajado con Bowlby y que había estudiado las reacciones de bebés separados de sus madres en Uganda, ideó a su vuelta a Estados Unidos una prueba estandarizada que denominó *strange situation* (situación extraña), consistente en observar las reacciones del bebé ante dos cortas separaciones y reencuentros con su madre, que se convertiría en un instrumento para la observación científica de la relaciones tempranas madre-bebé (Ainsworth, 1967; Ainsworth *et al.*, 1978). A partir de Bowlby (y su interés por las experiencias etológicas de Harlow con monitos Rhesus separados de sus madres), el estudio de las reacciones de apego del bebé y su comprensión psicológica se acompañó de un importante desarrollo de su observación objetiva.[23] Otra situación experimental, denominada *still face* (rostro inmóvil), se utilizó para estudiar en bebés las diferentes reacciones de angustia, desorganización y recuperación ante las reacciones parentales inesperadas. Tras una corta separación se confronta al bebé con la mímica facial desconcertante de su madre que, al reencontrarse, debe mantener, experimentalmente, un gesto de indiferencia y desinterés (Tronick *et al.*, 1978). El estudio de los diferentes tipos de apego madre-bebé, su correlación con sus estilos de reacción en situaciones de separación experimentales, la sistematización de su observación y el estudio de sus consecuencias a medio y largo plazo adquirieron una gran expansión (en particular, a partir de los trabajos inspirados por Mary Main (Main y Solomon, 1986, 1990).

Mucho antes René Spitz ya había hablado de «diálogo» para describir estos intercambios: «un diálogo hecho de acciones y reacciones que toma la forma de un proceso circular en el interior de la díada,

---

22 *A Two-Year-Old Goes to Hospital* fue rodada en 1952 por Bowlby y Robertson.
23 Bowlby ya había sacudido la ortodoxia psicoanalítica cuando, al observar cómo el bebé angustiado busca aferrarse a su madre, afirmó que antes que la satisfacción de la pulsión libidinal buscaba la seguridad que le proporcionaba el contacto físico (Bowlby, 1951, 1969, 1973, 1980, 1988).

funcionando como un circuito en retro-activación continua y mutuamente estimulante» (Spitz, 1963). También Ajuriaguerra escribió que sin «diálogo tónico» no puede construirse una «melodía motriz armoniosa compartida», resultante de la mutua adaptación del tono corporal y los intercambios sonoros de vocalizaciones preverbales que comparten con gozo lúdico madre y bebé y que solía mostrar en películas rodadas sin intención investigadora (Ajuriaguerra, 1979).

El «microanálisis» de las interacciones madre-bebé (al natural y en las observaciones filmadas en vídeo) llevó a Daniel Stern —uno de los pioneros en el uso científico de observaciones en secuencias de vídeo— a descubrir un bebé activo que en las interacciones desempeña un rol tan importante como el de su madre:

> ya ha aprendido precozmente cómo invitar a jugar a su madre y a iniciar una interacción con ella [...]. Ya es un experto en mantener y modular un intercambio social [...]. Puede acordar movimientos y secuencias con su madre, resultando esas danzas reconocidas como interacciones sociales [...]. Esta coreografía, biológicamente programada, servirá de prototipo para todos los intercambios interpersonales futuros (Stern, 1977).

Este autor también fue de los primeros en sostener que el núcleo fundamental del psiquismo temprano —el *self*— se construía a partir de estas interacciones cotidianas con las personas que lo cuidan y responden a sus necesidades fundamentales. La intimidad se edifica a través de la interiorización de las experiencias y de la identificación con el otro.[24]

Se abría así el camino de las teorías intersubjetivas del desarrollo (y con ellas la confluencia y la contraposición entre las procedentes de la clínica psicoanalítica, de la experimentación neurocognitiva y de las del apego inspiradas por aportaciones de la etología). Son muchos los

---

24 Ideas que coinciden con las que, con otro lenguaje, formuló antes Winnicott, probablemente el pionero en observar y describir, desde la observación pediátrica, una relación madre-bebé con dos participantes muy activos y en intuir el papel del bebé como activador de la vitalidad materna (conceptos sin duda aplicables a la comprensión de las interacciones del bebé autista).

autores que desde hace más de treinta años elaboran ideas y prácticas para entender y describir desde esta perspectiva lo que ocurre tanto en el desarrollo precoz normal como en situaciones psicopatológicas.[25] En conjunto sostienen que la construcción del núcleo de la intimidad del sujeto —la interiorización del *self*— es un proceso muy temprano inseparable de la experiencia compartida con el otro desde el nacimiento. Aunque cada autor tiene sus matices en cuanto al calendario de los fenómenos y al grado y orden de participación de sus protagonistas, todos coinciden en que las cosas forman parte de un proceso que transcurre fundamentalmente durante el primer año de vida y son el resultado de una coparticipación activa —«un proceso diádico de regulación mutua»— entre un bebé con una tendencia innata a interactuar y una persona adulta (prioritariamente la madre) capaz de captar las emociones y los estados afectivos del bebé, así como de reflejarle los suyos (Georgieff y Speranza, 2013; Muratori, 2009, 2012).

Esto plantea directamente dos cuestiones cruciales que atañen al autismo: ¿cómo puede construirse el psiquismo cuando no hay una vinculación temprana? ¿A través de que vías intersubjetivas se puede establecer una relación destinada a ayudar a alguien que carece de capacidades básicas para percibir e interiorizar los intercambios de un encuentro con el otro?

Las neurociencias vendrán a confirmar estas propuestas «psicogenéticas» psicoanalíticas sobre la importancia de las relaciones tempranas para la construcción de los soportes biológicos sobre los que se edifica el psiquismo, los circuitos neuronales a través de los cuales circula la relación humana.

El mejor conocimiento de la transcendencia de las relaciones precoces llevó a la aparición y el desarrollo de programas de intervención precoz con niños muy pequeños y con sus entornos familiares. En la década de 1970, coincidiendo con el auge de la psiquiatría en la

---

25 Puede consultarse una excelente recopilación de trabajos centrados en la perspectiva intersubjetiva, que recoge los puntos de vista de sus más importantes autores (Stern, Trevarthen, Meltzoff, Fonagy, Fogel, Tronick, Beebe, Kaye), así como de su aplicación a la comprensión clínica de los trastornos psíquicos, en Georgieff y Speranza (2013).

comunidad, Selma Fraiberg llevó a cabo en Michigan un proyecto de intervención psicoterapéutica de la díada madre-niño en medios sociales desfavorecidos. Quiso hacerlo a domicilio (lo llamaba «psicoterapia en la cocina»), conocedora, por su experiencia social y psicoanalítica previas, de la reticencia de estas familias a desplazarse a medios profesionales ajenos a su ambiente (Fraiberg *et al.*, 1975; Fitzgerald y Barton, 2000). Este modelo, aunque en su país se vería afectado por las restricciones impuestas por las políticas sanitarias, logró desarrollarse ampliamente,[26] y también se extendería a varios países europeos.[27] La experiencia original de la pediatra Emmi Pikler, que en 1946 se haría cargo en Budapest de la casa-cuna de la calle Lóczy, al innovar la atención temprana de bebes abandonados y la descripción de sus métodos (en particular, su atención a garantizar la vinculación afectiva entre cuidadoras y niños y el uso relacional de la motricidad espontánea de estos) se difundió después por todo su país y creó escuela en otros muchos.[28]

26 Numerosos programas de intervención temprana a domicilio (en algunos casos desde el embarazo) o en las guarderías, destinados a favorecer las capacidades parentales en familias marginales con problemas socioeconómicos, se fueron desarrollando y acompañando de seguimientos más o menos largos de los niños, destinados a la evaluación de su eficacia preventiva. Cuatro de ellos destacaron por su eficacia: *High/ Scope Perry Preschool Study* (Schweinhart *et. al.*, 1993); *Syracuse University Family Development Research Program* (Lally *et al.*, 1988); *Yale Child Welfare Project* (Seitz *et al.*, 1985); *Houston Parent Child Development Center* (Johnson y Walker, 1987). Para una descripción más detallada de sus características y resultados, cf. Yoshikawa (1995) y particularmente Gauthier (2009, cap. 11: «Intervenciones precoces: algunos resultados prometedores», pp 127-138).
27 En Ginebra, Cramer y su equipo de la *Guidance Infantile* desarrollaron en particular las «intervenciones breves madre-niño» con especial interés en mostrar sus efectos a largo plazo (Cramer y Palacio, 1993). En Michigan también se desarrollaron intervenciones breves desde una perspectiva interactiva madre-bebé (McDonough, 2000). En Toronto se ideó con la misma perspectiva el sistema *Watch, Wait and Wonder* (www) (Cohen *et al.*, 1999, 2002). En Holanda idearon intervenciones centradas en las madres de niños irritables para tratar de modificar los tipos de apego (Van den Boom, 1995).
28 En 1970 el Instituto Pikler-Loczy se convirtió en el Instituto Nacional de Metodología de los Hogares Infantiles, con la misión de formar al personal de todas las casas-cuna de Hungría, posteriormente sustituidas por la opción de las «familias de acogida». En la actualidad es una institución de formación independiente, sostenida por donaciones procedentes de países en los que existen escuelas con su nombre.

Los estudios llevados a cabo por David Olds desde la década de 1970 seguramente sean los que más han influenciado los movimientos en pro de la intervención precoz, tanto por sus resultados a largo plazo como por su replicación en otros estudios. Partiendo de su experiencia de educador con niños de medios desfavorecidos afectados en su desarrollo, ideó y realizó un programa de visitas de enfermeras a domicilio que iba desde el embarazo (9 visitas) hasta que el niño cumplía dos años (23 visitas posparto). Sus objetivos eran una mejoría de las condiciones pre y posnatales, la prevención de abusos y negligencias y la promoción de la autosuficiencia de los padres en sus capacidades parentales. Eligió trabajar con una población de riesgo: 400 madres blancas, primíparas, monoparentales, pobres, en medio semirrural y en su mayoría muy jóvenes. Más tarde repitió su estudio con 1 139 madres mayoritariamente afroamericanas de una gran ciudad (Memphis), y un tercero con 735 madres de medio urbano (Denver) para comprobar si los resultados eran los mismos con personal de organismos comunitarios sin formación específica. Se reveló una disminución de abusos y negligencias, menos accidentes domésticos e ingestiones perjudiciales, menos hipertensión durante el embarazo, menos segundos embarazos rápidos, más reincorporaciones al trabajo y menos situaciones de dependencia de subvenciones estatales. Otros resultados mostraron, 15 años después, la disminución de problemas de alcohol y drogas, de problemas judiciales y de promiscuidad sexual precoz, además de menos hospitalizaciones de los niños. Se confirmó que los resultados obtenidos por enfermeras especializadas eran superiores. Estudios semejantes, hasta 250, se han realizado después a demanda de las comunidades municipales, con profesionales bien formados y con recursos económicos previstos para financiar las experiencias (Olds *et al.*, 2002; Olds, 2005, 2006).

La confluencia progresiva entre las teorías psicoanalíticas y las del apego fue resultado de la dificultad clínica para trabajar con niños desde una conceptualización en la que los síntomas serían únicamente la consecuencia de factores innatos o de conflictos internalizados, lo que conducía a trabajar preferentemente con el niño sin implicar a su entorno familiar. El hecho de que los tipos de apego correlacionaran con problemas de ciertas etapas del desarrollo y con patologías posteriores del niño (depresión, personalidad *borderline*), así como con dificultades psicológicas de los padres, se extendió en las investigaciones y las intervenciones centradas en niños muy pequeños y su entorno familiar (Fonagy, 2001). Esta perspectiva se impuso a la de otros autores que defendían el concepto de «temperamento innato» y el de los orígenes puramente biológicos de los comportamientos de la primera infancia (Kagan, 1984; Thomas y Chess, 1977; Fox, 1989).

Las intervenciones precoces sobre poblaciones de alto riesgo se inspiraban en corrientes diversas, pero deben mucho a las teorías del apego (Pierrehumbert, 2018). Su eficacia ha quedado demostrada, pero hay una dimensión que sigue siendo problemática: ¿cuál debe ser la intensidad y duración de las intervenciones? Tras recoger los resultados comparativos —de dos metaanálisis con un importante número de intervenciones— se concluye que hay dos posiciones opuestas (Berlin, 2005): en uno se dice que «menos es mejor» (menor intensidad de la intervención) (Bakermans-Kranenburg *et al.*, 2003); en el otro, «más es mejor» (hay que intervenir más tiempo para lograr mejores resultados) (Egeland *et al.*, 2000). La autora justifica tan sorprendente oposición por la variedad de los entornos sociales y el estado psicológico de los casos estudiados.

En la década de 1990, tras la caída del régimen totalitario de Ceaucescu en Rumanía, se descubrió la existencia de 180 000 niños abandonados en instituciones bajo condiciones extremadamente precarias. La intervención de varios equipos de otros países y una campaña de adopciones internacionales posibilitaron algunas investigaciones importantes que estudiaron el desarrollo y la evolución de estos niños. El estudio de niños adoptados constató que cuanto más tardía era la adopción, más persistían los retrasos del desarrollo intelectual, psicomotor y del lenguaje. Solo los niños adoptados antes de cumplir seis meses evolucionaban sin secuelas. El estudio de su capacidad de vinculación, de sus estilos de apego, constató que a pesar de su vida en una institución eran capaces de establecer apegos seguros semejantes a los niños normales, si bien los apegos inseguros y los trastornos de comportamiento eran más frecuentes. Curiosamente, su tendencia a una familiaridad excesiva con desconocidos se confirmó como un comportamiento característico (Marcovitch *et al.*, 1997; Chisholm, 1998; O'Connor *et al.*, 2003). También se ha estudiado a los niños que siguieron institucionalizados y se comprobó que presentaban dificultades de vinculación (apego inseguro inhibido o desinhibido) que mejoraban si disminuía el número de cuidadores que se ocupaban de ellos. Su adopción tardía permitió observar que se producía una reactivación de su desarrollo y mejoraban las vinculaciones inseguras (Zeanah et al., 2003). Bowlby, inicialmente pesimista respecto de las posibilidades de establecer una relación de apego pasado el período crítico de los 6-12 meses, amplió luego el período de permeabilidad hasta los 2-5 años (Bowlby, 1973). Este potencial de recuperación, vinculado a la excepcional resistencia para superar difíciles circunstancias y carencias de la infancia, aprovechando el apoyo de una relación favorable, ha conducido al concepto de «resiliencia» (Cyrulnik, 1999).

Todas las experiencias descritas han llevado a varias certezas: la utilidad de la atención y cuidados en el embarazo y primera infancia; la repercusión negativa de las condiciones de crianza desfavorables en el desarrollo del niño a medio y largo plazo y en la salud y adaptación social materna y familiar; la correlación entre los problemas de vinculación temprana y la organización psíquica posterior; la identificación de factores de protección y de riesgo que inciden en el desarrollo (Sroufe, 2005; Sroufe et al., 1990, 2005).

También han abierto nuevos temas de reflexión: la eventual reversibilidad de los trastornos precoces del desarrollo, los factores de cambio y los períodos y etapas del desarrollo más o menos favorables para lograrlo; la naturaleza de los factores que explican la mayor vulnerabilidad o la resistencia a condiciones desfavorables (resiliencia); la articulación de factores genéticos y epigenéticos.

Como en todo lo que atañe a la relación entre salud mental y entorno social, los argumentos científicos pueden mezclarse con los ideológicos. Todos estos y otros muchos trabajos han confirmado que muchos factores vinculados a la calidad de los intercambios durante la crianza pueden afectar al desarrollo psíquico. La mayoría de ellos constata alteraciones del desarrollo vinculadas a largo plazo con alteraciones en la organización de la personalidad y del comportamiento. Sin embargo, continúa la reflexión en torno a si todo esto tiene relación específica y ayuda a aclarar la comprensión del autismo —que todo el mundo describe ahora como una alteración del (neuro)desarrollo temprano— y se suscitan varias cuestiones.

Una generalización, en mi opinión discutible, es que los estudios de niños criados en situaciones carenciales muestran que los retrasos del desarrollo no autísticos se diferencian muy claramente de los vinculados al autismo. El argumento utilizado es que como muchos de ellos reaccionan posteriormente, mostrando capacidad de vinculación cuando las condiciones de crianza cambian, este hecho demostraría que se diferencian genéticamente de los autistas, que no podrían relacionarse por causas genéticas innatas específicas y diferentes.

La discusión de que esta diferenciación, clara en algunos casos, no lo sea en otros, se debe a varias razones:

1) Los autismos (en plural) son poligénicos, lo que concuerda con su diversidad clínica y también con sus diferentes grados y momentos de acceder a la vinculación humana.
2) El funcionamiento psíquico del autismo es patógeno, lo que quiere decir que cuanto más precoz y persistente sea la falta de vinculación del bebé autista, mayor será la privación de estímulos del entorno que sufre, disminuyendo sus efectos —positivos e imprescindibles— sobre la activación y estructuración de circuitos cerebrales básicos (que a su vez tiene un período de plasticidad que caduca o disminuye). De lo que se deduce una primera consecuencia: la urgencia de intervenir cuanto antes; y también una segunda: las situaciones de carencia de estímulos agravan las posibilidades de activar estructuras cerebrales que son necesarias para hacer funcionar la interacción humana y pueden añadir un deterioro posnatal al que depende de alteraciones prenatales genéticas o de otra índole.
3) Las alteraciones relacionales tienen, sin duda, conexión con alteraciones genéticas que generan una vulnerabilidad/hipersensibilidad a efectos desfavorables del entorno, que pueden afectar de diferentes maneras y con distinta intensidad no solo a niños autistas, sino a otros. Los genetistas buscan hoy en día combinaciones genéticas alteradas que puedan tener puntos comunes con otros trastornos psíquicos del desarrollo (en particular, los diversos tipos de deficiencia/retraso mental) o con

trastornos psiquiátricos ulteriores (en particular, la esquizofrenia y los trastornos bipolares). Este acercamiento en el parentesco genético con otros trastornos psiquiátricos contrasta con la idea de quienes afirman que el autismo «no tiene nada que ver» con otros trastornos psiquiátricos.

4) Para los clínicos, los trastornos de la vinculación temprana son evolutivos y más o menos reversibles y sensibles a intervenciones interactivas, y prefieren concebir la idea un proceso que lleva al autismo que la de una enfermedad de determinismo innato inmodificable. El autismo severo, impermeable a todo intento relacional, supone un riesgo más que probable hacia una evolución deficitaria difícilmente diferenciable de otras deficiencias mentales. Por ahora, salvo para algunas deficiencias «monogénicas», no se ha llegado —y se anuncia que será difícil conseguirlo— a una catalogación de las diferentes combinaciones de alteraciones genéticas que correspondan a distintos tipos clínicos de deficiencia o de autismo y a diferentes combinaciones de alteraciones cognitivas y relacionales.[29]

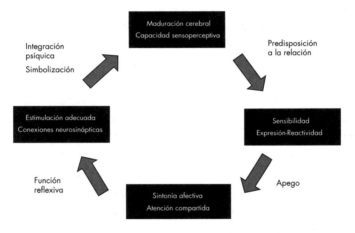

La espiral interactiva en el desarrollo precoz

[29] El bien conocido síndrome de Down, causado por la trisomía del par 21, muestra que aun cuando la alteración genética y la anatomía patológica del cerebro son comunes, el déficit intelectual también existe siempre, pero con muy grandes variaciones del grado de afectación. Que sea debido a diferencias genéticas mínimas o al efecto de diferentes entornos familiares y educativos sigue siendo una discusión que, conocidos los efectos epigenéticos, resulta bizantina e innecesaria.

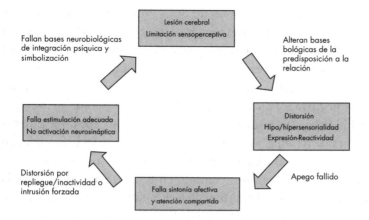

Interacción inseparable: déficit neurológico/dificultades interacciones padres-niño/ impacto organización neuropsíquica del niño

---

DIAGNÓSTICO PRECOZ: COLABORACIÓN INTERDISCIPLINAR
Pediatría–Serv. Sociales–Escuela–Psiquiatría/Salud mental

- 1. TEA/Trastornos espectro autista– TGD/Trastornos generalizados del desarrollo/psicosis infantiles de comienzo precoz.
- 2. Depresiones y trastornos afectivos severos (carencias, abandonos, malos tratos).
- 3. Alteraciones en el desarrollo psicoafectivo ligadas a déficits neurobiológicos y alteraciones orgánicas crónicas (sufrimiento neonatal, déficits sensoriales, alteraciones genéticas y metabólicas…)
- 4. Niños con manifiestas dificultades en el establecimiento de las relaciones y vinculación precoces que repercuten en su organización y desarrollo psíquico.

INTERACCIÓN INSEPARABLE ENTRE FACTORES NEUROBIOLÓGICOS
Y SENSORIALES/DIFICULTADES EN LAS INTERACCIONES PADRES-NIÑO
Y SU IMPACTO EN LA ORGANIZACIÓN SOMÁTICA
(conexiones neuronales) Y PSÍQUICA DEL NIÑO.

La psiquiatría también ha necesitado entender y matizar las diferentes y variables formas de trastornos tempranos del vínculo y adecuar a ellas sus intervenciones terapéuticas que, obligatoriamente, deben coordinarse y complementarse con las de otros profesionales en el terreno multidisciplinar de la atención temprana. La ya comentada *Clasificación diagnóstica de los trastornos psicológicos y del desarrollo temprano* es una prueba de ello (DC 0-3, 1995). A partir de 1970, los congresos internacionales de psiquiatría de niños y adolescentes fueron incrementando su interés por la primera infancia, en especial por las situaciones de riesgo y vulnerabilidad de los primeros años (Anthony *et al.*, 1973, 1974, 1978). La apertura de un espacio denominado «psiquiatría del bebé» y luego —sin duda debido al carácter multiprofesional de los interesados en la «salud mental del bebé»—, culminó en la aparición, en 1992, de la World Association for Infant Mental Health (WAIMH),[30] particularmente dedicada a la expansión profesional de los conocimientos relativos a la psicología y psiquiatría del desarrollo temprano.

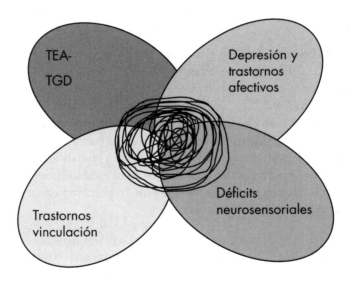

30 Esta nueva asociación surgió de la fusión de la Asociación Mundial de Psiquiatría de la Infancia y Profesiones Asociadas (WAIPAD, por sus siglas en inglés) y la Association for Infant Mental Health (AIMH), formada por Selma Fraiberg desde Michigan en 1979.

Las asombrosas capacidades del bebé sano

Empecemos por la tradición cultural y su transmisión. Las abuelas siempre aconsejaban a sus hijas cuando estas se convertían en madres. Uno de sus consejos era que a su bebé tenían que hablarle siempre y desde que naciera porque «aunque no hable ya te entiende». Los investigadores han comprobado que tenían razón. Para saberlo han multiplicado y publicado en miles de trabajos sus observaciones del comportamiento y las reacciones de los bebés, basadas en dos habilidades que traen consigo al nacer: mirar a su alrededor interesándose por lo que ocurre, en particular, por las personas que los cuidan, y ser capaces de mantener su atención alerta ante toda novedad. Cuando algo lo atrae, el bebé fija su mirada, sale de su ensimismamiento y modifica el ritmo del chupeteo. Si la novedad se prolonga y deja de serlo, abandona su actitud alerta y vuelve a replegarse en su ritmo habitual de entretenimiento «autosensorial». Es algo que se puede filmar en vídeo, contabilizar y medir —alguien ideó un chupete conectado a una máquina que permite registrar presiones y frecuencias del chupeteo— para poder estudiar y comparar sus reacciones a diferentes situaciones y estímulos (Mazet y Stoléru, 1988; Lebovici y Weil-Halpern, 1995; Lécuyer, 2004; Fournier y Lécuyer, 2009).

Esta extraordinaria capacidad innata ha permitido a los investigadores confirmar las consecuencias de esta «atención compartida» y de sus asombrosos efectos.

Así, hemos sabido que ya al nacer el bebé humano sano tiene una extraordinaria sensibilidad auditiva y además prefiere —probablemente por haberse familiarizado con ella durante su período fetal— la voz femenina. No solo eso: también reacciona específicamente a la voz de su madre que, además, le interesa mucho más cuando la oye con las matizaciones (repeticiones, modificaciones de tono e intensidad) propias del lenguaje afectivo que oye en la cuna. Sin embargo, el bebé se aburre y deja de interesarse mucho antes cuando el tono de la voz materna es el de la lectura monótona de un texto. También percibe y reacciona a los cambios de color y de tono cromático (cuando ya estaba aburrido del rojo se emociona si aparece un verde o un rosa oscuro), y reconoce con sorpresa un cambio de forma (la aparición de un triángulo tras una sucesión de cuadrados). Asimismo, cuando una serie de acontecimientos altera su lógica también cae en la cuenta de que las cosas no ocurren como deberían. Si una bola que aparece repetidamente por detrás de un biombo y cae sistemáticamente hacia abajo deja de hacerlo para continuar su trayecto sin caer, el bebé muestra su sorpresa y concentra de nuevo su interés en observar la nueva secuencia (ya había desarrollado una lógica que preveía lo que tenía que suceder y, sorprendentemente, no ocurre). Lo asombroso es que tan apasionante capacidad de observación la muestra en sus primeras semanas y meses de vida.

Esta riqueza «natural» de las reacciones tempranas del bebé se hace dolorosamente evidente cuando, como sucede en el autismo, se echa de menos. No hace falta ser un experto para detectarlo; cualquier persona implicada en una relación de crianza percibe, aunque le cueste explicarlo, la ausencia de signos de apego. También se detecta, ya en el espacio familiar, que hay bebés que reaccionan «demasiado» a estímulos mínimos (sonoros, visuales, táctiles) que no deberían alterarlo, porque son «demasiado sensibles», sienten o perciben «más de lo normal».

Haber añadido a la palabra «bebé» la de «sano» tiene una razón de peso: todas estas capacidades extraordinarias, tan habituales en una crianza normal que suponemos que siempre se ponen en marcha, son también muy frágiles. Cualquier problema pre o perinatal, grave (lesiones o infecciones cerebrales) o pasajero (ligera prematuridad, ausencia temporal de respuestas en el entorno), puede alterarlas, retrasarlas o impedirlas. También presentan otra característica: son interactivas. Aparecen en reacción a estímulos externos y a su vez generan nuevas respuestas estimulantes. Es un proceso bidireccional. Son fenómenos que transcurren en una relación estable que se va consolidando durante los encuentros de la crianza, una «espiral de interacciones» entre el bebé y su entorno primordial que se produce al compartir ambos sensibilidades y comportamientos adaptativos recíprocos, imprescindibles para desarrollar las potencialidades innatas inscritas en el programa genético del ser humano, dotado y predispuesto a entrar en relación y que nace «programado para ser reprogramado». Lo que quiere decir que se generan conexiones cerebrales y también se modifican (en lenguaje informático: no solo varía el *software,* también el *hardware* cerebral). Sostener la absurda y caduca idea —que recorre estas páginas y ha perdurado en la historia del autismo— de que, con su frialdad emocional, las madres pueden generar el autismo es absolutamente incompatible con lo que se sabe hace décadas acerca del desarrollo temprano, tanto en sus componentes afectivos como neurobiológicos. El innecesario empecinamiento actual por encontrar culpables de haber divulgado tal idea está llevando a una visión sesgada e incompleta del desarrollo. Es la que sostiene que solo hay factores innatos determinantes y que los factores afectivos y relacionales no influyen en el desarrollo del niño autista. Si influyen en la crianza del bebé sano, forzosamente tienen que hacerlo en el que precisamente tiene sus mayores dificultades al establecer relaciones interpersonales.

Nadie debería rechazar que la evolución, el desarrollo —también el «neurodesarrollo»—, del bebé autista depende de tres tipos de factores:

1) Factores de tipo orgánico, entre los que hay que incluir sutiles combinaciones de alteraciones genéticas que repercuten en redes estructurales cerebrales aún desconocidas.
2) Factores vinculados a la calidad del entorno familiar. Negarlo supone desconocer la epigenética moderna, pero, sobre todo, impide reconocer los favorables efectos y el extraordinario esfuerzo de muchas familias para ayudar adecuada y abnegadamente al desarrollo favorable de sus hijos, marcados tempranamente por las peculiares capacidades y limitaciones propias del autismo.
3) Factores relacionados con ayudas educativas, pedagógicas y terapéuticas.[31] Con razón se insiste mucho hoy en día en la necesidad de rodear al autista de un entorno natural —educativo y social— adaptado a sus peculiares necesidades. Igualmente, conocemos lo trascendental de un diagnóstico precoz y de comenzar todo tipo de intervenciones

---

31 En el anexo n.º 1 se resumen las intervenciones conductuales, psicoterapéuticas y reeducativas más comunes.

eficaces cuanto antes y de manera continuada. No hacerlo así también es un factor negativo determinante de evoluciones más desfavorables.

Asimismo, el pronóstico del autismo depende, y mucho, de la rapidez, calidad y duración de los cuidados recibidos. No es razonable atribuir —exclusivamente— a un determinismo genético, específico de la naturaleza de la enfermedad, una supuesta e irremediable incurabilidad.[32]

Síntomas precoces de autismo. El diagnóstico precoz

La idea de que el diagnóstico y el tratamiento precoces podían ser elementos determinantes en la evolución del autismo se fue abriendo paso, no sin dificultades, hace ya mucho tiempo. El conocimiento y la descripción de los signos o síntomas que permitían alcanzarlo también ha sido progresivo y prolongado (Acquarone, 2007; Baron-Cohen *et al.*, 1992, 2000; Bullinger, 1989, 1998, 2004; Carel, 1998, 2000; Houzel, 1989, 1990, 2002; Lasa Zulueta, 1987, 1989, 1998; Mazet y Lebovici, 1990; Sauvage, 1984; Sauvage *et al.*, 1995).

Algunos de ellos fueron descritos por Kanner y más tarde se fueron conociendo otros que han sido agrupado por diferentes autores. Aunque los hemos comentado en capítulos anteriores, quizá sea oportuna una enumeración más sistematizada:

- Trastornos funcionales de la alimentación (rechazo/dificultades de succión; vómitos y regurgitación; anorexia y rechazo de deglución) y del sueño (insomnio agitado o tranquilo, hipersomnia).
- Anomalías psicomotrices y del tono muscular: ausencia de ajuste postural y de actitud anticipadora del abrazo, hipo o hipertonías

---

32 Subrayar y divulgar estas consideraciones fue nuestro objetivo en la alocución inaugural de un congreso profesional (*Declaración de A Coruña*, XVIII Congreso Nacional de SEPYPNA, 2005). Cf. en anexos.

generalizadas o parciales; mal control postural; pérdida temporal de funciones adquiridas, retraso global.
- Comportamientos peculiares: actitud de repliegue e indiferencia; inactividad, pasividad y ausencia o enlentecimiento de reacciones; aversión al contacto corporal; ausencia de atención conjunta y de señalamiento-indicación *(pointing);* desinterés por el juego imitativo («hacer como si») y por propuestas lúdicas interactivas (cucú; juegos verbales o sorpresas con objetos); organización de estereotipias sencillas o ritualizadas y complejas; reacciones coléricas o de pánico ante cambios mínimos o emergencias inesperadas.
- Particularidades de las conductas perceptivas: hipo o hiperreactividad sensorial; aparente sordera junto con hiperpercepción de sonidos sutiles; anomalías de la mirada (hiperpercepción periférica; «ceguera» ante estímulos frontales (en particular, de la mirada y el rostro humanos); evitación activa del encuentro de miradas; olfateo o chupeteo, «tactilización de la boca» para explorar objetos y personas.
- Ausencia y alteraciones del prelenguaje: desinterés, no respuesta ni curiosidad por el intercambio de estímulos verbales; silabeo repetitivo y monótono con ausencia de variaciones tonales).
- Alteraciones en el desarrollo psíquico temprano: ausencia de organizadores psíquicos de Spitz (reacción de sonrisa, angustia frente a los desconocidos); aparición precoz de fobias masivas (frecuentemente ligadas a la hiperpercepción de objetos y sonidos mecánicos); ausencia de signos de apego (no hay lloros, ni quejas, ni búsqueda de caricias y mimos); preferencia por, y apego a, objetos «fríos y duros» (objetos autísticos de Tustin) y ausencia del uso de objetos de mimo «cálidos y blandos» (objetos transicionales de Winnicott); ausencia de actividad simbólica y de juego lúdico, con utilización autosensorial no simbólica de los juguetes (chuparlos, acariciarse con ellos, alinearlos de manera repetitiva y ritualizada).
- Las manifestaciones relatadas por el entorno familiar (fundamentalmente la percepción temprana de la indiferencia de la falta de reacciones interactivas, de muestras de apego y de comportamientos extraños del bebé) también han sido progresivamente incluidas entre

los signos precoces interactivos. El estudio de los vídeos familiares se ha utilizado para observar las interacciones tempranas con bebés y sus alteraciones (Maestro et al., 2002, 2005).

Todo ello se les transmitió a los medios pediátricos —y a guarderías y escuelas— con una intención informativa, destinada a una sensibilización que favoreciera la detección y el diagnóstico precoces en una época en la que las consultas en medios especializados en salud mental era muy tardía (Lasa Zulueta, 1989, 1998).

Estos signos deben ser integrados en un proceso diagnóstico que incluya el conocimiento de las características del niño, el estudio de las interacciones alteradas, la información y el acompañamiento de los padres —más o menos desconcertados y siempre preocupados— en una observación/intervención progresiva compartida. Debe evitarse emitir de manera precipitada una confirmación o una predicción diagnóstica, que tampoco debe ocultarse o camuflarse cuando una observación suficientemente prolongada reúne datos suficientes para una apreciación clínica sólida. La divulgación de listados de síntomas precoces cuenta con una larga trayectoria que ha conducido a un relativo consenso en cuanto a la aceptación de algunos «instrumentos» de diagnóstico homologados que unen la observación del niño —con material y situaciones estandarizadas— y las entrevistas semiestructuradas con los padres (cf. anexo n.° 2: «Métodos e instrumentos diagnósticos»).

Existen, sin embargo, ciertos riesgos (alarmismo y sufrimientos parentales innecesarios; multiplicación de falsos positivos) cuando la generalización abusiva del uso de cuestionarios diagnósticos no se acompaña luego de una prolongada y cuidadosa observación clínica por parte de profesionales experimentados. Hemos observado numerosas veces que su divulgación en redes y su uso en medios profesionales sin experiencia ha contribuido a errores diagnósticos y a dolorosas situaciones que después resultan difíciles de rectificar.[33]

---

33 La página web de los Centros de Control y Prevención de Enfermedades estadounidenses (2019) ha divulgado una docena de características que denomina «ban-

La posibilidad de rebajar la edad de diagnóstico y de inicio del tratamiento a través de amplios cribados en la población general infantil, en consultas pediátricas o en entidades que atienden a la primera infancia, así como los instrumentos de filtrado y las edades más adecuadas para utilizarlos, han dado lugar a numerosas experiencias y publicaciones. En Inglaterra, Baron-Cohen propuso pasar, como parte de la población general, a los niños de 18 meses un cuestionario CHAT (cf. anexo n.º 2), basado en la observación de la atención compartida, la indicación protodeclarativa y la aptitud para el juego simbólico. En Holanda, Buitelaar, proponía hacerlo con los niños de 14 meses, pasando un cuestionario propio que se completaba con una visita a domicilio. En Francia, Burzstejn optó por aprovechar la consultas pediátricas obligatorias para pasar a los 9 meses un cuestionario de 26 ítems (Baron-Cohen *et al.*, 1992; Burzstejn, 2007, 2008; Mirjam *et al.*, 2018). La intención común de todas ellas era alcanzar un diagnóstico a lo largo del segundo año, que permitiera la derivación a servicios especializados y el inicio de tratamiento antes de los tres años (Baron-Cohen *et al.*, 1992; Baghdali *et al.*, 2006; Bursztejn, 2008; Naschen, 2008). En Canadá se ha elaborado una guía de buenas prácticas y de recomendaciones para evaluar todas las experiencias realizadas (Naschen *et al.*, 2008).

Como consecuencia, la necesidad de coordinar la experiencia de los expertos en salud mental con la atención pediátrica y con las profesiones relacionadas con la primera infancia (puericultura, enfermería, profesorado y cuidados de guarderías, escuelas tempranas, servicios sociales comunitarios) también se ha ido extendiendo (Lasa Zulueta, 1987, 1989).

La idea de una supuesta irreversibilidad de los trastornos del autismo y de la inutilidad de cualquier intento terapéutico ha ido perdiendo terreno. Como ha sucedido con la palabra «cáncer», «autismo» ya no es sinónimo de incurabilidad absoluta y ahora se habla para ambos

---

deras rojas» (de alerta) para favorecer la detección precoz del autismo. Sin embargo, la europea ESCAP, tras citarlas, aconseja que «los médicos también deben ser conscientes de que, en algunas circunstancias, los procedimientos estandarizados pueden ser inadecuados o engañosos», y añade que «los instrumentos clínicos psiquiátricos estandarizados no han sido, en general, validados en esta población» (ESCAP, 2020).

en términos de «según qué tipos», «según cuándo se diagnostique» o «según cómo se trate».

Con el paso del tiempo, muy variadas intervenciones centradas en la atención temprana perinatal de madres y niños de corta edad han pasado a incorporarse a diferentes variantes de intervenciones en la ahora denominada «atención temprana», que ha crecido de forma más o menos cercana y coordinada con los dispositivos de la psiquiatría infantil y la salud psicosocial «comunitaria». En cualquier caso, es un hecho que en algunos lugares la estructuración y la financiación de los programas de intervención temprana llevan décadas organizándose multidisciplinarmente y ahora cuentan con un reconocimiento legal y una financiación pública que han afianzado su importancia asistencial.[34]

La atención y los cuidados dedicados al autismo, desde años recientes catalogado dentro de las discapacidades, se han beneficiado de esta evolución. Algunas experiencias terapéuticas actuales han recuperado el espacio doméstico y otros lugares «naturales» (escuela temprana y guarderías) como ámbito más favorable que otros de tipo más profesional u hospitalario para intervenciones con niño y madre/padres. La homologación y acreditación de centros específicos para la atención temprana de niños de 0-6 años, que también se ha desarrollado mucho en nuestro país, incluye el autismo, pero no ha desarrollado de mane-

---

34 El ámbito y los objetivos de intervención de la atención temprana, que en nuestro país ha sido objeto de varios decretos que la regulan, pasan por intervenir en el desarrollo temprano, considerando que este es «un proceso dinámico muy complejo, en el que, sobre una base genética determinada, interactúan múltiples factores biológicos y psicosociales». Entre sus áreas de atención están los trastornos del desarrollo motor, del cognitivo, del lenguaje y del sensorial; los trastornos de conducta, los trastornos emocionales, los trastornos de la expresión somática y el retraso evolutivo. El autismo también está incluido como «trastorno generalizado del desarrollo» (Decreto de atención temprana de la Comunidad Autónoma del País Vasco, 2016). Cf. más en anexo n.º 3: «Atención temprana». Es fácil entender que, con tan amplios objetivos, que afectan a varias especialidades profesionales, su desarrollo, coordinación y financiación resulten complicados y hayan seguido diferentes vías, según las políticas sociosanitarias aplicadas por cada Gobierno autónomo. En Cataluña, la red de centros de atención precoz comenzó a crearse en la década de 1970 y tuvo un reconocimiento público en 1985, con la creación de un programa sectorial. En 1990 se creó la Asociación Catalana de Atención Precoz y, en 2003, se aprobó un Decreto regulador de servicios de atención precoz, aún vigente.

ra general programas de atención y tratamiento específicos, que han quedado localizados en pocos centros (varios vinculados al apoyo de asociaciones de familiares).

La atención que reciben en los centros de salud mental de los servicios de salud públicos se caracteriza aún por la diversidad de modelos y la variedad de intervenciones (Lasa Zulueta *et al.*, 2014). Pese a algunos intentos de proponer una homogeneización de las intervenciones terapéuticas basada en una eficacia probada, no se han elaborado propuestas prácticas consensuadas para generalizar lo que algunos manuales de buenas prácticas proponen. Además, aún no existen acuerdos amplios en cuanto a la fiabilidad de los muchos tipos de intervenciones que se autopromocionan como «de eficacia probada científicamente» (Instituto de Salud Carlos III, 2009). Sin duda, un acercamiento entre los profesionales de la investigación y su metodología y quienes trabajan clínicamente en el terreno del autismo es altamente deseable y necesario para generar conocimientos compartidos que contribuyan a una mejora de la atención y a nuevas propuestas asistenciales. Es evidente que los recursos actualmente disponibles, en general limitados a programas de tratamiento intensivo ambulatorio (todavía inexistentes en amplias áreas geográficas) son manifiestamente mejorables y deberían recibir más atención en las políticas sanitarias (*Declaración* SEPYPNA, 2005).

No se puede olvidar que en el contexto social actual la atención a la infancia está considerada como una cuestión que merece la mayor dedicación política y mediática. Paradójicamente, la atención a la salud mental de niños y adolescentes sigue sin estar a esa altura. Queremos pensar que la reciente aprobación legal —en agosto de 2021— de la especialidad de psiquiatría de la infancia y la adolescencia, repetidamente reivindicada por las asociaciones profesionales y solicitada a las autoridades sanitarias desde hace más de treinta años, puede significar un cambio de dirección favorable al desarrollo de realizaciones asistenciales del que también se pueda beneficiar el autismo.

La psiquiatría ha oscilado entre considerarlo un asunto prioritario o un problema menor, que afectaba a una población mínima. Por otro lado, siempre ha sabido —o no ha querido saberlo— que dedicar una atención de calidad, equitativa y de fácil acceso implica costes importantes. Compartirlos o disputarlos con entidades y presupuestos sociales o escolares sigue siendo un asunto complejo que ha tenido respuestas diversas. Las asociaciones de familiares lo saben mejor que nadie y mantienen una actitud lógica y constante de demanda de más recursos. El futuro dirá si hemos entrado en un período de mejoras sociales y asistenciales, y si ello contribuye a un mejor reconocimiento de los cuidados y el acceso a la integración social que el autismo necesita y merece.

EPÍLOGO[1]

Somos una formidable mezcla de ácidos nucleicos y de recuerdos, de deseos y de proteínas. El siglo que se termina se ha ocupado mucho de ácidos nucleicos y proteínas. El siguiente se va a concentrar sobre los recuerdos y los deseos. ¿Sabrá resolver tales cuestiones?

FRANÇOIS JACOB, genetista,
El ratón, la mosca y el hombre, 2000

La especificidad del ser humano es inherente a su naturaleza de nacer inmaduro, desvalido y dependiente de la protección de su entorno. Es lo que ha marcado su evolución como especie.

La comprensión de su desarrollo temprano —motor, afectivo, cognitivo, lingüístico y simbólico— tiene hoy claras respuestas científicas. Poder consolidar el «equipamiento básico», programado genéticamente, necesita de la interacción y de los cuidados de la crianza. Es esta interacción, a la que el bebé humano nace predispuesto, la que consolida sus extraordinarias capacidades potenciales. Que llegue a ser extraordinaria la consolidación de su despliegue, lo posibilita una característica esencial del cerebro humano: su plasticidad.

En la evolución de las especies, la del ser humano viene determinada por la peculiaridad de que la especie humana es, entre todos los

---

[1] La publicación de este texto sigue de cerca la de un artículo reciente que he dedicado a reflexionar, desde la perspectiva de la psiquiatría, sobre los debates que rodean al autismo (Lasa Zulueta, 2021). Quienes lo lean comprobarán que en sus conclusiones incorporé gran parte de este epílogo, escrito con anterioridad pero publicado aquí. No he querido modificarlo. Espero que editores y lectores toleren mi repetitiva insistencia.

mamíferos, la que nace con un cerebro más grande y más inmaduro. Inmadurez de un cerebro enorme, que lo hace más plástico y maleable. Sus posibilidades de establecer redes neuronales funcionales son incuantificables. Pero muy frágiles. Para poder conectarse y funcionar necesitan una adecuada estimulación procedente del entorno. Es lo que la ciencia actual ha denominado «epigenética»: lo que está en torno, más allá, de lo que predetermina la genética.

En otras palabras: el extraordinario grado de desarrollo que la especie humana ha alcanzado es el resultado de una inesperada paradoja en la evolución de los seres vivos. El mamífero humano, por razones genéticas, nace más inmaduro y desvalido que ningún otro. Es lo que lo hace extremadamente dependiente de un entorno que lo proteja y lo cuide para poder sobrevivir. Y lo que hace también que, si el encuentro aleatorio con el entorno se produce, este pueda estimular y hacer posible la maduración de su cerebro, cuya fragilidad lo hace sumamente delicado, pero también extraordinariamente potente.

Todo lo que acontece en cualquier cerebro humano, también en el de una persona afectada de autismo, tiene que ver con ello. Si algo quieren transmitir estas páginas es que el autismo se encuentra en el centro de la comprensión de la naturaleza y la evolución del ser humano.

Las variadas y apasionadas respuestas sociales que recibe muestran, por exceso o por defecto, que nadie es insensible a su cercanía. Sería altamente deseable que nuestra sociedad también pudiera idear acciones para aliviar el sufrimiento de los autistas —y el de quienes los rodean— y contribuir a proporcionarles una vida de convivencia amable que les permita desarrollar sus capacidades y en la que encuentren una sensibilidad que comprenda sus dificultades.

La psiquiatría debería contribuir activamente a ello o, por el contrario, ausentarse de esta tarea. Una u otra actitud marcarán su futuro y su reconocimiento social, ya sea como una profesión preocupada por lo humano, ya sea, al igual que en otros momentos históricos, como una profesión que se desentiende de sus responsabilidades más difíciles. La psiquiatría ha escrito las páginas más negras de su historia cuando se ha alejado del sufrimiento psíquico de quienes acudían a su encuentro y a su ayuda. Pero también se ha empeñado en tratar de aproximarse a su sufrimiento, de acompañarlo y de entenderlo para poder aliviarlo. La medicina se ve hoy impelida a basarse en pruebas para ser reconocida como ciencia. La psiquiatría no quiere ser menos digna de tal reconocimiento. Medicina, ciencia, psiquiatría. Tres grandes palabras. Vacías de sensibilidad, su grandeza resulta hueca y pomposa. El autismo las cuestiona porque toca su fibra sensible. Las desnuda poniendo a prueba su humanidad... y no es fácil soportar tal desafío.

BIBLIOGRAFÍA

Abram, J. (2009). D. W. Winnicott: una breve introducción. *Libro Anual de Psicoanálisis* 24:243-266. Buenos Aires: CLM.
Acquarone, S. (2007). *Signs of Autism in Infants: Recognition and Treatment*. Londres: Karnac.
Ahlsén, G. et al. (1994). Tuberous sclerosis in Western Sweden. A population study of cases with early childhood onset. *Archives of Neurology* 51(1):76-81.
Ainsworth, M. D. S. (1967). *Infancy in Uganda: Infant Care and the Growth of Love*. Baltimore: Johns Hopkins Press.
Ainsworth, M. D. S.; Blehar, M. C.; Waters, E. y Wall, S. (1978). *Patterns of attachment: A Psychological Study of the Strange Situation*. Hillsdale: Lawrence Erlbaum.
Ajuriaguerra, J. de (1970). *Manuel de psychiatrie de l'enfant*. París: Masson. [Trad. cast.: *Manual de psiquiatría infantil*. Barcelona: Toray/Masson, 1973].
Ajuriaguerra, J. de (1979). L'enfant dans l'histoire. Problèmes psychologiques. *La psychiatrie de l'Enfant* 22(1):101-126.
Ajuriaguerra J. de (1988). Lecciones en el Collège de France: cursos 1976-1981. Resúmenes publicados en *Bulletin de Psychologie* XLII (391). [Trad. cast. dactilografiada no publicada: *Cursos del doctorado 1970-1980*. Facultad de Medicina de la Universidad del País Vasco].
Alvarez, A. (1992). *Live Company. Psychotherapy with Autistic, Borderline, Deprived and Abused Children*. Londres: Routledge. [Trad. cast.: *Una presencia que da vida*. Madrid: Biblioteca Nueva, 2013].
Alvarez,. A. (2012). *The Thinking Heart. Tree Levels of Psychoanalytic Therapy with Disturbed Children*. Londres: Routledge.
Alvarez, A. y Reid, S. (1999). *Autism and Personality: Findings from the Tavistock Autism Workshop*. Londres: Routledge.
Álvarez, J. M. (1996). Dos visiones de la psiquiatría: Kraepelin y Bleuler. *Rev. Asoc. Esp. Psiq.* 16(60):655-662.
Álvarez Peláez, R. (1997). Determinismo biológico, eugenesia y alteración mental. *Rev. Asoc. Esp. Neuropsiq.* 17(63):425-443.
Álvarez Peláez, R. (2003). Higiene mental y eugenesia. *Frenia* 3(1): 15-122.
American Psychiatric Association (APA) (1952). *Diagnostic and Statistical Manual of Mental Disorders*. Washington: Mental Hospital Service.

American Psychiatric Association (APA) (1968). *Diagnostic and Statistical Manual of Mental Disorders* (1.ª ed.). Washington: APA. [Trad. cast.: *Manual estadístico y diagnóstico de los trastornos mentales (DSM-I)*. Barcelona: Masson].
American Psychiatric Association (APA) (1980). *Diagnostic and Statistical Manual of Mental Disorders* (2.ª ed.). Washington: APA. [Trad. cast.: *Manual estadístico y diagnóstico de los trastornos mentales (DSM-II)*. Barcelona: Masson].
American Psychiatric Association (APA) (1987). *Diagnostic and Statistical Manual of Mental Disorders* (3.ª ed.). Washington: APA. [Trad. cast.: *Manual estadístico y diagnóstico de los trastornos mentales (DSM-III)*. Barcelona: Masson].
American Psychiatric Association (APA) (1994). *Diagnostic and Statistical Manual of Mental Disorders* (4.ª ed.). Washington: APA. [Trad. cast.: *Manual estadístico y diagnóstico de los trastornos mentales (DSM-IV)*. Barcelona: Masson].
American Psychiatric Association (APA) (2013). *Diagnostic and Statistical Manual of Mental Disorders*, DSM-5 (5.ª ed.). Washington: APA. [Trad. cast.: *DSM-5: Manual estadístico y diagnóstico de los trastornos mentales*. Barcelona: Masson, 2014].
Amini, F.; Lewis, T.; Lannon, R. *et al.* (1996). Affect, attachement, memory: contributions toward psychobiologic integration. *Psychiatry* 59(3): 213-239.
Amir, R. E.; Van den Veyver, I. B.; Wan, M. *et al.* (1999). Rett syndrome is caused by mutations in X-linked MECP2, encoding methyl-CpG-binding protein 2. *Natur Genetics* 23(2):185:188.
Andreasen, N. (1997). Linking mind and brain in the study of mental illness: a project for a scientific psychopathology. *Science* 275(5306):1586-1593.
Andreasen, N. y Flaum, M. (1996), El diagnóstico de esquizofrenia. En C. L. Shriqui y H. A. Nasrallah (eds.), *Aspectos actuales en el tratamiento de la esquizofrenia*. Madrid: Edimsa.
Ansermet, F. y Magistretti, P. (2004). *A chacun son cerveau*. París: Odile Jacob.
Ansermet, F. y Giacobino, A. (2012). *Autisme. À chacun son génome*. París: Navarin/ Le Champ Freudien.
Anthony, E. J.; Koupernick, C. y Chiland, C. (1973, 1974, 1978). *The Child in his Family*. Nueva York: Wiley.
Asperger, H. (1938). Das psychisch abnormale Kind. *Wiener klinische Wochenschrift* 51:1314-1347.
Asperger, H. (1944). Die Autistischen Psychopathen in Kindesalter. *Archiv für psychiatrie und nervenkrankheiten* 117:76-136. doi:10.1007/BF01837709.
Asperger, H. (1968a). *Heilpädagogik. Einführung in die Psychopathologie des Kindes für Ärzte, Lehrer, Psychologen, Richter und Fürsorgerinnen*. Viena: Springer. [Trad. cast.: *Pedagogía curativa. Introducción a la psicopatología infantil para uso de médicos, maestros, psicólogos, jueces, y asistentas sociales*. Barcelona: Luis Miracle, 1968].
Asperger, H. (1968b). On the differential diagnosis of early infantile autism]». *Acta Paedopsychiatrica: International Journal of Child & Adolescent Psychiatry* 35(4-8):136-145.
Asperger, H. (1977). The lived life. 50 years of pediatrics. *Padiatr Padol* 12(3):214-23.
Atlan, H. (1998). *La fin du tout génétique? Vers des bouveaux paradigmes en génétique*. París: Quae.

Autismo Europa (2019). *Prevalence rate of autism*. Recuperado de http://www.autismeurope.org/about-autism/prevalence rate.of.autism

Autism Speaks (2018). *CDC increases estimate of autism's prevalence by 15 percent, to 1 in 59 children*. Recuperado de https://thestaracademy.co.za/cdc-increases-estimate-of-autisms-prevalence-by-15-percent-to-1-in-59-children/.

Ávila, A. (2013). Harry S. Sullivan: la persona, la teoría, la clínica interpersonal (cap. 3, pp. 117-157). En A. Ávila (ed.), *La tradición interpersonal. Perspectiva social y cultural en psicoanálisis*. Madrid: Ágora Relacional.

Baghdali, A.; Beuzon, S. y Bursztejn, C. *et al*. (2006). Recommendations pour la pratique clinique de dépistage et du diagnostic de l'autisme et des troubles envahissants du développement. *Archives de Pédiatrie 13*:373-378.

Bailey, A.; Bolton, P.; Butler, L. *et al*. (1993). Prevalence of the Fragile X anomaly amongst autistic twins and singletons. *Journal of Child Psychology and Psychiatry 34*(5):673-688.

Bakermans-Kranenburg, M. J.; Van Ijzendoorn, M. H. y Juffer, F. (2003). Less is more: Meta-analyses of sensitivity and attachment interventions in early childhood. *Psychological Bulletin 129*(2):195-215.

Balbuena Rivera, F. (2013). El trabajo pionero de H. S. Sullivan en la psicoterapia de la esquizofrenia. *Norte de Salud Mental 11*(47.)

Baoi, J. (2014). Prevalence of Autism Spectrum Disorder Among Children Aged 8 Years - Autism and Developmental Disabilities Monitoring Network, 11 Sites, United States, 2014. *Morbidity and Mortality Weekly Report (MMWR), CDC 67*(6):1-23.

Barcia, D. (ed.) (1998). *Historia de la psicofarmacología*. Madrid: You & Us.

Baron-Cohen, S.; Cosmides, L. y Tooby, J. (1995). *Mindblindness. An essay on Autism and theory of mind*. Boston: MIT Press.

Baron-Cohen, S. (2000). The amígdala theory of autism. *Neuroscience and Biobehavioral Reviews 24*(3): 55-364.

Baron-Cohen, S. (2004). The cognitive neuroscience of autism. *Journal of Neurology, Neurosurgery end Psychiatry 75*(7):945-948.

Baron-Cohen, S.; Allen, J. y Gillberg, C. (1992). Can autism be detected at 18 months. The needle, the haystack, and the CHAT. *The British Journal of Psychiatry 161*(6):839-843.

Baron-Cohen, S.; Allen, J. y Gillberg, C. (1997a). L'autisme peut-il être détecté à l'age de dix-huit mois? *ANAE 11*(8):33-37.

Baron-Cohen, S.; Leslie, A. M. y Frith. U. (1985). Does the autistic children have a theory of mind? *Cognition 21*:37-46.

Baron-Cohen, S.; Wheelwright, S. et. al. (1997b). Is there a link between Engineering and Autism. *Autism 1*(1):101-109.

Baron-Cohen, S.; Wheelwright, S. *et al*. (2000). Early identification of autism by the Checklist for Autism in Toddlers (CHAT). *Journal of the Royal Society of Medicine 93*(10):521-555.

Barthélémy, C.; Lelord, G. *et al*. (1997). Validation of the revised behaviour summarized evaluation scale. *Journal of Autism and Developmental Disorders 27*(2):139-153.

Barton Evans, F. (1996). *Harry Stack Sullivan: Interpersonal Theory and Psychotherapy*. Nueva York: Routledge.
Baxter, A., Brugha, T., Erskine, H., Scheuer, R., Vos, T., y Scott J. (2015). The epidemiology and global burden of autism spectrum disorder. *Psychological Medicine*, 45 (3), 601-613.
Beebe, B.; Jaffe, J. y Lachman, F. M. (1992). A diadic system view of communication. En N. Skolnick y S. Warshaw (eds.), *Relational Perspectives in Psychoanalysis* (pp. 61-81). Hillsdale: The Analytic Press.
Beebe, B.; Jaffe, J.; Markese, S. et al. (2010). The origins of 12-month attachment: A microanalysis of 4-month mother-infant interaction. *Attachment & Human Development* 12:6-41.
Beers, C. W. (1908). *A Mind That Found Itself. An Autobiography*. Nueva York: Longmans/Green.
Bentovim, A. (1979). Child Development Research Findings and Psychoanalytic Theory: An Integrative Critique. En D. Schaffer y J. Dunn (eds.), *The First Year of Life*. Nueva York: Wiley.
Berlin, L. J. (2005). Interventions to enhance early attachment: The state of the field toda. En L. J. Berlin et al. (dirs.), *Enhancing Early Attachments: Theory, Research, Intervention, and Policy*. Nueva York: Guilford.
Berquez, G. (1983). *L'autisme infantile. Introduction à une clinique relationelle selon Kanner*. París: PUF.
Berthoz, A. (1997). *Le sens du mouvement*. París: Odile Jacob.
Berthoz, A. (2005). L'echange par le regard. En A. Berthoz, C. André, C. Barthélémy, J. Massion y B. Rogé, *L'autisme: de la recherche à la pratique* (pp. 251-294). París: Odile Jacob.
Bertone, A.; Mottron, L.; Jelenic. P. y Faubert, J. (2003). Motion perception in autism: a «complex» issue. *Journal of Cognitive Neuroscience* 15:218-225.
Bettelheim, B. (1967). *The Empty Fortress*. Nueva York: The Free Press. [Trad. cast.: *La fortaleza vacía*. Barcelona: Paidós, 2001].
Bick, E. (1964). Notes on infant observation in psycho-analytic training. *International Journal of Psychoanalysis* 45:558-566.
Bideaud, J.; Houdé, O.; Pedinielli, J. L. (1993). *L'Homme en développement*. París: PUF.
Bion, W. R. (1970). *Volviendo a pensar*. Buenos Aires: Hormé.
Bion, W. R. (1966). Théorie de la pensée. *Revue Française de Psychanalyse* 3(37).
Biringen, Z.; Emde, R. N.; Campos, J. J. y Appelbaum, M. I. (1995). Affective reorganization in the infant, the mother, ande the dyad: the role of upright locomotion and its timing. *Child Development* 66(2):499-514.
Bleandonu, G. y Despinoy, M. (1974). *Hôpital de jour et psychiatrie dans la communauté*. París: Payot.
Blechner, M. J. (2005). The Gay Harry Stack Sullivan: Interactions Between His Life, Clinical Work, and Theory. *Contemporary Psychoanalysis* 41:1-20.
Bleuler, E. (1911). *Dementia Praecox oder Gruppe der Schizophrenien*. Giessen: PsychosozialVerlag. [Trad. cast.: *Demencia precoz. El grupo de las esquizofrenias*. Buenos Aires: Paidós, 1960 (y también Buenos Aires: Hormé, 1993)].

Bleuler, E. (1926). *La Schizophrenie. Rapport de Psychiatrie au Congrès de médecins alienistes et neurologistes de France et des pays de langue française*. París: Masson. [Trad. cast.: Bleuler y la esquizofrenia (1996). *Revista de la Asociación Española de Neuropsiquiatría* 16(60):663-676].

Blum, H. (1983). *Diez años de psicoanálisis en los Estados Unidos (1973-1982)*. Madrid: Alianza.

Bosch G. (1970). *Infantile autism —a clinical and phenomenological-anthropological investigation taking language as the guide—*. Berlin: Springer.

Bourneville, D. M. (1906). Traitement médicopédagogique des idioties les plus graves. *Archives de Neurologie* 21:241-495.

Bower,T.G.R. (1974). *Développement psychologique de la première enfance*. Bruselas: Mandarga, 1988.

Bowlby, J. (1951). *Maternal Care and Mental Health*. Ginebra: WHO-OMS.

Bowlby, J. (1958). The nature of the child's tie to his mother. *International Journal of Psychoanalysis* 39:350-373.

Bowlby, J. (1960). Separation anxiety. *International Journal of Psychoanalysis* 41:89-113.

Bowlby, J. (1969, 1973, 1980). *Attachment and Loss*: I. Attachment. II. Separation, Anxiety and Anger, III. Loss, Sadness and Depression. Londres: Hogarth Press.

Bowlby, J. (1988). *A secure base: Parent-Child Attachment and Healthy Human Development*. Nueva York: Basic Books.

Brauner, A. (1978a). *Vivre avec un enfant autistique*. París: PUF.

Brauner, A. (1978b). *L'expression psychotique chez l'enfant*. París: PUF.

Brauner, A. (1988). Itard inédit. *Lieux de l'enfance* 14-15:21-28.

Brazelton, T. B.; Kolowski, B. y Main, M. (1974). The origins of reciprocity: the early mother-infant interaction. En M. Lewis y L. A. Rosenblum (eds.), *The Effect of the Infant on its Caregivers*. Londres: Wiley Interscience.

Brazelton, T. B. (1984). *Neonatal Behavioral Assessment Scale*. Filadelfia: J. B. Lippincott. [Trad. cast.: *Escala para la evaluación del comportamiento neonatal*. Barcelona: Paidós, 1995].

Brieger, G. H. (ed.) (1970). *Medical America in the Nineteenth Century: Readings from the Literature*. Baltimore: Johns Hopkins University Press, 2009.

Brigham, C. C. (1923). *A Study of American Intelligence*. Princeton: Princeton University Press.

Brigham, C. C. (1930). Intelligence tests on immigrant groups. *Psychological Review* 37:158-165.

Brothers, L. A. (2002). The Social Brain: A project for Integrating Primate Behavior end Neurophysiology in a New Domain. *Concepts in Neuroscience* 1:27-51.

Brun, J. M. y Villanueva, R. (2004). *Niños con autismo. Experiencia y experiencias*. Valencia: Promolibro.

Bruneau, N. y Gomot, M. (2005). Perception et discrimination auditive dans l'autisme: interêt des études électrophysiologiques. En A. Berthoz *et al.*, *L'autisme: de la recherche à la pratique* (pp. 191-203). París: Odile Jacob.

Bruner J. S. (1986). *Actual Minds, Possible Worlds*. Cambridge, Harvard University Press.

Bullinger, A. (1989). Locomotion, posture et manipulation manuelle chez l'enfant autiste. En G. Lelord et al. (eds.), *Autisme et troubles du développement global de l'enfant*. París: Expansion Scientifique Française.
Bullinger, A. (1998). Le dialogue sensorio-moteur avec l'enfant: les particularités du bébé à risque. En P. Delion, *Les bébés à risque autistique*. Ramonville: Érès.
Bullinger, A. (2004). *Le développement sensori-moteur de l'enfant et ses avatars*. Ramonville: Érès.
Burzstejn, C. (2008). Vers un dépistage précoce de l'autisme. En P. Delion y B. Golse, *Autisme: état des lieux et horizons* (pp. 49-58). Ramonville: Érès.
Burzstejn, C. Baghdadli, A., Philippe, A. y Sibertin-Blanc, D. (2007). Toward a very early screening of autism: reliability of social, emotional, ad communication clues in 9-14 months of infants, *13ᵉ Congrès International de l'European Society for Child and Adolescent Psychiatry* (ESCAP). Florencia.
Busquets, J. (2007). La utilización del lenguaje para enmascarar la realidad: ¿hay que cambiar las palabras para cambiar las cosas? *Revista del Colegio Oficial de Psicología de Cataluña- Intercanvis/Intercambios de Psicoanálisis 19*:79-85.
Call, J. (2011). La comunicación de los primates con los humanos en el laboratorio: una vía de exploración de la mente de los simios. *Aloma-Revista de Psicologia, Ciències de l'Educació i de l'Esport 28*:69-88.
Carel, A. (1998). Les signes precoces de l'autisme et de l'évitement relationnel du nourrison. En P. Delion, *Les bébés à risque autistique*. Ramonville: Érès.
Carel, A. (2000). L'évitement relationnel du nourrison et les dysharmonies interactives. *Neuropsychiatrie de l'Enfance et de l'Adolescence 48*:375-387.
Caubit, X.; Gubellini, P.; Andrieux, J.; Roubertoux, P. L. et. al. (2016). TSHZ 23 deletion causes an autism syndrome and defects in cortical projection neurons. *Nature Genetics 48*:1359-1369.
Cekoïa Conseil y Planète Publique. (2015). Évaluation nationale des structures expérimentales Autisme. Rapport final. BDSP. París: CNSA.
Centre Educatiu i Terapèutic Carrilet (2012). *Comprensión y abordaje educativo y terapéutico del TEA*. Barcelona: Colección Textos Carrilet.
Centre Especial Carrilet (1976). *Vida terapéutica en un hospital de día para niños autistas y psicóticos* (pp. 25-38). SEREM.
Centro Nacional de Defectos Congénitos y Discapacidades del Desarrollo (2019). *Centros para el control y la prevención de enfermedades: signos y síntomas de los trastornos del espectro autista: posibles «banderas rojas»*. Recuperado de https://www.cdc.gov/ncbddd/autism/signs.html. Consultado el 5 de mayo de 2020.
Changeux, J.-P. (1985). *El hombre neuronal*. Madrid: Espasa Calpe.
Changeux, J.-P. y Danchin, A. (1976). Selective stabilisation of developing synapses as a mechanism for the specification of neuronal networks. *Nature 264*(5588): 705-712.
Chapman, A. H. (1976). *Harry Stack Sullivan: The Man and His Work*. Nueva York: Putnam & Sons.
Chaslin, P. (1895). *La confusion mentale primitive*. París: Asselin et Houzeau.

Chess, S.; Korn, S. J. y Fernández, P. B. (1971). *Psychiatric Disorders of Children with Congenital Rubella*. Nueva York/Londres: Bruner/Mazel.

Chisholm, K. (1998). A three years follow-up of attachment and indiscriminate friendliness in children adopted from romanian orphanage. *Child Development 69*(4):1092-1106.

Clasificación diagnóstica de la salud mental y los desórdenes en el desarrollo de la infancia y la niñez temprana (*Clasificación diagnóstica 0-3*) (1995). National Center for Infants, Toddlers and Families. Buenos Aires: Paidós.

Classification française des troubles mentaux de l'enfant et de l'adolescent R-2020 (2020) (Misès, R.; Botbol, M.; Bursztejn, C.; Golse, B. y Portelli, C. (Rennes: Presses de l'EHESP). [Trad. cast.: *Clasificación francesa de lops trastornos mentales del niño y del adolescente, R-2020*. Madrid: SEPYPNA, 2021].

Cohen, N. J.; Nuir, E.; Lojkasek, M. *et al.* (1999). Watch, wait and wonder: Testing the effectiveness of a new approach to mother-infant psychotherapy. *Infant Mental Health Journal 20*:429-451.

Cohen, N. J.; Lojkasek, M.; Muir, E. *et al.* (2002). Six-month follow-up of two mother.infant psychotherapies: Convergence of therapeutics outcomes. *Infant Mental Health Journal 23*(4):361-380.

Conci, M. (2010). *Sullivan Revisited. Life and Work. Harry Stack Sullivan's Relevance for Contemporary Psychiatry, Psychotherapy and Psychoanalysis*. Trento: Tangram Edizioni Scientifiche. [Trad. cast.: *Descubriendo a Sullivan*. Ciudad de México: Demac, 2012).

Conci, M. (2013). Sullivan and the Intersubjective Perspective. *International Forum of Psychoanalysis 22*(1): 10-16.

Condillac, E. B. (1755). *Traité des animaux*. París: Vrin, 2005.

Corcos, M.; Loisel, Y. y Jeammet, P. (2016). Expression névrotique, état limite, fonctionnement psychotique à l'adolescence: point de vue psychodinamique. EMC, *Psychiatrie/Pédopsychiatrie 13*(2).

Cramer, B. (1989). Las psicosis infantiles y las etapas del desarrollo de la separación y la individuación según Margaret Mahler. En S. Lebovici, R. Diatkine y M. Soulé, *Tratado de psiquiatría del niño y del adolescente* 3 (pp. 71-102). Madrid: Biblioteca Nueva.

Cramer, B. y Palacio Espasa, F. (1993). *La pratique des psychothérapies mères-bébés*. París: PUF.

Critchley, M. y Earl, C. J. C. (1932). Tuberouse sclerose and allied conditions. *Brain 55*:311-346.

Cyrulnik, B. (1999). *Los patitos feos*. Barcelona: Gedisa

Czech, H. (2014a). Abusive Medical Practices en «Euthanasia» Victims in Austria during and after World War II. En S. Rubenfeld y S. Benedict (eds.), *Human Subjects Research after the Holocaust*. Cham: Springer.

Czech, H. (2014b). Der Spiegelgrund-Komplex. Kinderheilkunde, Heilpädagogik, Psychiatrie und Jugendfürsorge im Nationalsozialismus. *Austrian Journal of Historical Studies*. Innsbruck: Studien Verlag.

Czech, H. (2018). Hans Asperger, National Socialism and «race higiene» in Nazi-era Vienna. *Molecular Autism 9*:29. doi: 10.1186/s13229-018-0208-6.

Czech, H. (2019). *Hans Asperger, autismo y Tercer Reich. En busca de la verdad histórica.* Barcelona: NED.

Dawson, M. (2004). The misbehaviour of behaviourists. Ethical challenges to the autism-ABA industry. *Blog «No Autistics Allowed». Explorations in discrimination against autistics»,* 18 de enero.

Declaración del XVIII Congreso de SEPYPNA de A Coruña (2005). *El tratamiento de los trastornos mentales graves de la infancia: autismo, psicosis y trastornos generalizados del desarrollo.* Recuperado de http://www.sepypna.com/documentos/a-coruna-tratamiento-trastornos-mentales-graves-infancia-adolescencia/.

Delion, P. et al. (1998). *Les bebés à risque autistique.* Ramonville: Érès.

Delion, P. (2012). *Le paking avec les enfants autistes et psychotiques.* París: Érès.

Delion, P. (2016). *Mon combat pour une psychiatrie humaine.* París: Albin Michel.

Depauw, J. (1974). Pauvres, pauvres mendiants, mendiants valides ou vagabonds? Les hésitations de la législation royale. *Revue d'Histoire Moderne & Contemporaine 1971-1973:*401-418.

Despert, L. (1938). Schizophrenia in children. *Psychiatric Quarterly* 12(2):366-371.

Despert, L. (1942). Prophylactic Aspect of Schizophrenia in Childhood. *The Nervous Child* 1:199-231.

Desviat, M. (2020). *La reforma psiquiátrica.* Madrid: La Revolución Delirante.

Diatkine, R. (1967). Du normal et du pathologique dans l'évolution mentale de l'enfant, *Psychiatrie de l'enfant* X(1):1-42.

Diatkine, R. (1969). L'enfant prépsychotique, *Psychiatrie de l'enfant* 12 (2) 413-446.

Diatkine, R. (1972). Introduction théorique à l'étude des prépsychoses, *Médecine et hygiène (Genève)* 30(1022).

Diatkine, R. (1979). Les états limites ou les limites de la classification nosologique en psychiatrie, *Etudes Psychothérapiques,* 38(4):253-259.

Diatkine R., Quartier-Frings F. y Andréoli A. (1991). *Psychose et changement.* París: PUF.

Diatkine, R. y Simon, J. (1972). *La psychanalyse précoce.* París: PUF.

Donvan, J. y Zucker, C. (2016). *In a Different Key: The Story of Autism.* Nueva York: Crown.

Dualde, F. (2004). La profilaxis de la enfermedad mental en la psiquiatría franquista: esquizofrenia, eugenesia y consejo matrimonial. *Revista de la Asociación Española de Neuropsiquiatría* 92:131-161.

Duché, D. J. (1990). *Histoire de la psychiatrie de l'enfant.* París: PUF

Duché, D. J. (2006). Histoire de la psychiatrie de l'enfant et de l'adolescent. En D. Houzel, M. Emmanuelli y F. Moggio, *Dictionnaire de psychopathologie de l'enfant et de l'adolescent.* París: PUF.

Ebaugh, F. G. (1951). Adolf Meyer's Contribution to Psychiatric Education. *Bulletin of the Johns Hopkins Hospital* 89:64-72.

Ebert, T. C.; Pantev, E. et al. (1995). Increased cortical representation of the fingers of the left hand in string players. *Science* 270:305-307.

Edwards, J. (2002). *Being Alive: Building on the Work of Anne Alvarez.* Londres: Routledge.

Egeland, B.; Weinfield, N. S.; Bosquet, M. y Cheng, V. K. (2000). *Remembering, repeating and working through: Lessons from attachment-based interventions*. WAIMH: Handbook of Infant Mental Health.

Eisenberg, L. (1956). The Autistic Child in Adolescence. *American Journal of Psychiatry 112*(8):607-612

Emde, R. N. (1998). Yendo hacia adelante: las influencias integradoras de los procesos afectivos en el desarrollo y en el psicoanálisis. *Psicoanálisis APdeBA 20*(3).

Emery, N. J. (2000). The eyes have it: the neuroethology, function and evolution os social gaze. *Neuroscience and Biobehavioral Reviews 24*(6):581-604.

Escande, M. (1996). Hystérie. *Encyclopedie Medico Chirurgicale Psychiatrie* (37-340-A-10). París: Elsevier.

ESCAP (2020). (Fuentes, J.; Hervás, A. y Howlin, P. [Grupo de Trabajo de ESCAP para el Autismo]). Guía práctica para el autismo de ESCAP: resumen de las recomendaciones basadas en la evidencia para su diagnóstico y tratamiento. *European Child & Adolescent Psychiatry*, 11 de agosto de 2020. https://doi.org/10.1007/s00787-020-01587-4.

Esquirol, E. (1838). *Des maladies mentales*. París: Baillière.

Esquirol, E. y Daquin, J. (2000). *Sobre las pasiones. La filosofía de las pasiones* (pp. 7-19). Madrid: Asociación Española de Neuropsiquiatría.

Fairbairn, W. R. D. (1952). *Psychoanalytical Studies of the Personality*. Londtres: Tavistock Press. [Trad. cast.: *Estudio psicoanalítico de la personalidad*. Buenos Aires: Hormé, 1978].

Fairbairn, W. R. D. (1994). *From Instinct to Self. Selected Papers of W. R. D. Fairbairn*. Northvale: Jason Aronson.

Feinstein, A. (2010). *A History of Autism. Conversations with the Pioneers*. West Sussex: Wiley & Sons. [Trad. cast.: *Historia del autismo. Conversaciones con los pioneros* (ed. ampl.). Ávila: Autismo Ávila, 2016].

Fitzgerald, H. E. y Barton, L. R. (2000). Infant Mental health: Origins and emergence of an interdisciplinary field. En H. E. Osofsky y H. E. Fitzgerald (dirs.), *Waimh-Handbook of Infant Mental Health* 1 (pp. 1-13). Nueva York: Wiley.

Fogel, A. (2006). Dynamic systems research or interindividual communication. The transformation of meaning-making. *Journal of Development Process 1*:7-30.

Fogel, A. (2011). Theoretical and applied dynamic systems research in developmental science. *Child Development Perspectives 0*:1-6.

Fombonne E. (2005). Epidemiology of autistic disorder and other pervasive development disorders. *J Clin Psychiatry* 66, suppl 10, 3-8.

Fombonne E. (2009). Epidemiology of pervasive development disorders. *Pediatric Research* 65(6); 591-598.

Fonagy, P. (2001). *Attachment Theory and Psychoanalysis*. Nueva York: Other Press.

Fonagy, P. y Target M. (2007). The rooting of the mind in the body: New links between attachment theory and psychoanalytic thought. *Journal of the American Psychoanalytic Association* 55(2):411-456.

Fortea, M., Escandell, M. O. y Castro, J. J. (2013). Estimación de la prevalencia de los trastornos del espectro autista en Canarias. *Anales de Pediatría*, 79 (6), 352-359.

Foucault, M. (1961). *Folie et déraison, histoire de la folie à l'âge classique*. París: Plon.
Foucault, M. (1974-1975). *Les anormaux*. Cursos en el Collège de France. París: Gallimard, 1999.
Foucault, M. (2003). *Le pouvoir psychiatrique. Cours au Collège de France, 1973-1974*. París: Gallimard.
Fournier, M. y Lécuyer, R. (2009). *L'intelligence de l'enfant*. París: Sciences Humaines.
Fox, N. A. (1989). Psychophysiological correlates of emotional reactivity during the first year of life. *Developmental Psychology* 25:365-372.
Fraiberg, S.; Adelson, E. y Shapiro, V. (1975). Ghosts in the nursery: A psychoanalytic approach to the problems of impaired infant-mother relationships. *Journal of the American Academy of Child Psychiatry* 14:387-422
Frances, A. (2010). Opening Pandora's box: the 19 worst suggestions for DSM-5. *Psychiatric Times*, marzo.
Frances, A. (2014). *¿Somos todos enfermos mentales?: Manifiesto contra los abusos de la psiquiatría*. Madrid: Ariel.
Frances, A. (2015). Entrevista con Alberto Ortiz e Iván de la Mata. *Revista de la Asociación Española de Neuropsiquiatría* 35(125):165-174.
Frances, A. y Widiger, T. (2012). Psychiatric Diagnosis: Lessons from the DSM-IV. Past and Cautions for the DSM-5 future. *Annual Review of Clinical Psychology* 8:109-130.
Freedman, A. M. (1991). Programas de salud mental en Estados Unidos de América. *Psiquiatría Pública* 3(1):47-56.
Freud. S. (1911). *Formulaciones sobre los dos principios del acaecer psíquico*. En *Obras completas*, vol. XII. Buenos Aires: Amorrortu, 2013.
Freud, S. (1923). *El Yo y el Ello*. En *Obras completas*. Madrid: Biblioteca Nueva.
Freud, S. (1940). *Esquema del psicoanálisis*. En *Obras completas*, vol. XXIII. Buenos Aires: Amorrortu, 1991.
Frith, U. (1989). *Autism: Explaining the Enigma*. Oxford: Basil Blackwell. [Trad. cast.: *Autismo: hacia una explicación del enigma*. Madrid: Alianza, 1992].
Frith, U. (1991). *Autism and Asperger Syndrome*. Cambridge: Cambridge University Press.
Frith, U. (1999). Interacting minds. A biological basis. *Science* 286:1692-1695.
Frith, U. (2001). Mind blindness and the brain in autism. *Neuron* 32:969-979.
Frith, U. y Baron-Cohen, S. (1988). Perception in autistic children. En D. L. Cohen y A. M. Donellan (eds.), *Handboook of Autism and Development Disorders* (pp. 85-102). Silver Springs: Winston & Sons.
Fromm-Reichmann, F. (1960). *Principles of Intensive Psychotherapy* (p. 264). Chicago: University of Chicago Press.
Fromm-Reichmann, F. y Hornstein, G. A. (2000). *To Redeem One Person is to Redeem the World: The Life of Frieda Fromm-Reichmann* (p. 478): Free Press.
Gabbard, G. (2000). A neurobiologically informed perspective on psychotherapy. *British Journal of Psychiatry* 177:117-122.
Gapstur, S. M. y Thun, M. J. (2010). Progress in the War on Cancer. *JAMA* 303(11):1084-1085.
Gateaux-Mennecier, J. (1989). *Bourneville et l'enfance alienée*. París: Centurion.

Gauchet, M. y Swain, G. (1980). *La Pratique de l'esprit humain. L'institution asilaire et la révolution démocratique.* París: Gallimard.
Gaugler, T.; Klei, L.; Sanders, S. et al.(2014). Most Genetics Risk for Autism resides with Common Variation. *Nature Genetics* 46:881-885.
Gauthier, Y. (2009). *L'avenir de la psychiatrie de l'enfant.* Toulouse: Érès.
Georgieff, N. (2013). Teoría de la mente y psicopatología. En N. Georgieff y M. Speranza (2013), *Psychopathologie de l'intersubjectivité* (pp. 23-37). París: Elsevier/Masson.
Georgieff, N. (2016). *Qu'est-ce que l'autisme?* París: Dunod.
Georgieff, N. y Speranza, M. (2013). *Psychopathologie de l'intersubjectivité* (pp. 23-37). París: Elsevier/Masson.
Gepner, B. (2005). Malvoyance du mouvement dans l'autisme: de la clinique à la recherche et à la rééducation. En A. Berthoz et al. (2005), *L'autisme: de la recherche à la pratique* (pp. 206-226.) París: Odile Jacob.
Geremek, B. (1989). *La piedad y la horca.* Madrid: Alianza.
Gerhardt, S. (2004). *Why Love Matters: How Affection Shapes a Baby's Brain.* Nueva York: Routledge.
Gillberg, C. (2005). Autisme: troubles médicaux associés. En A. Berthoz et al. (2005), *L'autisme: de la recherche à la pratique* (pp. 206-226). París: Odile Jacob.
Gineste, T. (1981). *Victor de l'Aveyron: dernier enfant sauvage; premier enfant fou.* París: Le Sycomore.
Goddard, H. H. (1913). The Binet test in relation to immigration. *Journal of Psycho-Asthenics* 18:105-107.
Goddard, H. H. (1914). *Feeble-mindedness: its causes and consequences.* Nueva York: MacMillan.
Goddard, H. H. (1917). Mental tests and the immigrants. *Journal of Delinquency* 2: 30-32.
Goldfarb, W. (1961). *Childhood Schizophrenia.* Cambridge: Harvard University Press.
Goldstein, K. et al. (1918). Psychologische Analysen hirnpathologischer Fälle auf Grund von Untersuchungen Hirnverletzter. 1. Abhandlung. Zur Psychologie des optischen Wahrnehmungsund Erkennungsvorgangs. *Zeitschrift für die gesamte Neurologie und Psychiatrie* 41(1):1-142.
Goldstein, K. (1925). Zur Theorie der Funktion des Nervensystems. *European Archives of Psychiatry and Neurosciences* 74(1):375-376.
Goldstein, K. (1934/1995). *The Organism. A Holistic Approach to Biology Derived from Pathological Data in Man.* Boston: Beacon Press.
Golse, B. (2013). *Mon combat pour les enfants autistes* (cap. 8: Le rôle de la Haute Autorité de Santé, pp. 168-172). París: Odile Jacob.
Golse, B. (2016). L'autisme infantile entre neurosciences et psychanalyse. *Figures de la Psychanalyse* 1(31).
Gonon, F. (2011). La psychiatrie biologique: une bulle espéculative. *Esprit,* noviembre. París.
González, H. y Pérez, M. (2007). *La invención de los trastornos mentales.* Madrid: Alianza.

Gosney, E. S. y Popenoe, P. (1930). *Sterilization for Human Betterment: A summary of Results of 6.000 Operations in California 1920-1929*. Nueva York: The Macmillan Company.

Grafman, J. y Litvan, I. (1999). Evidence for four forms of neuroplasticity. En J. Grafman J. e Y. Christen (eds.), *Neuronal Plasticity: Building a Bridge from the Laboratory to the Clinic* (pp. 131-139). Berlín: Springer.

Grandin, T. (1986). *Emergence: Labeled Autistic*. Novato: Arena Press.

Grandin, T. (1996). *Thinking in Pictures and Other Reports from my Life with Autism*. Nueva York: Vintage Books. [Trad. cast.: *Pensar en imágenes: Mi vida con el autismo*. Barcelona: Alba Editorial, 2006].

Grandin, T. (2008). *The way I see it: A personal look at autism and Asperger's*. Arlington: Future Horizons.

Grandin, T. y Panek, R. (2013). *Autistic Brain*. Boston/Nueva York: Mariner Press. [Trad. cast.: *El cerebro autista: el poder de una mente distinta*. Barcelona: RBA, 2014].

Grebelskaja-Albatz, E. (1934-1935). Zur Klinik der Schizophrenie des frühen Kindesalters. *Schw. Arch. Neurol. 34*:244-253.

Green, A. (1972-1986). *De locuras privadas*. Buenos Aires: Amorrortu, 1990.

Greenspan, S. I. (1979). Intelligence and adaptation: An integration of psychoanalytic and Piagetian developmental psychology. *Psychological Issues Monograph Series 47-48*. Nueva York: International Universities Press.

Greenspan, S. I. (1992). *Infancy and Early Childhood: The Practice of Clinical Assessment and Intervention with Emotional and Developmental Challenges*. Madison: International Universities Press.

Greenspan, S. I. y Lewis, N. B. (1999). *Building Healthy Minds: The Six Experiences that Create Intelligence and Emotional Growth in Babies and Young Children*. Boston: Da Capo Press/Perseus Books.

Greenspan, S. I. y Thorndike, N. (1997). *Las primeras emociones: las seis etapas principales del desarroll o emocional durante los primeros años de vida*. Barcelona: Paidós.

Greenspan, S. I. y Wieder, S. (2006). *Engaging autism*. Boston: Da Capo Press. [Trad. cast.: *Comprender el autismo*. Barcelona: RBA, 2008].

Greenspan, S. I.; Wieder, S. y Simons, R. (1998). *The Child With Special Needs: Encouraging Intellectual and Emotional Growth*. Boston: Da Capo Press/Perseus Books.

Grosskurth, P. (1986). *Melanie Klein: Her ord and Her Work*. Nueva York: Alfred A. Knopft. [Trad. cast.: *Melanie Klein. Su mundo y su obra*. Barcelona: Paidós, 1990].

Guédeney, N. y Jeammet, P. (1992). Devenir á l'adolescence de la pathologie psychiatrique infantile. *Encycl. Méd. Chir.* (37-216-O-)10:1-5.

Guttmacher, A. E. y Collins, F. S. (2003). Welcome to the Genomic Era. *New England Journal of Medicine 349*(10):996-998.

Haag, G. (1984a). Autisme infantile précoce et phénomènes autistiques: Réflexions psychanalytiques. *La Psychiatrie de l'Enfant 27*(2):293-354.

Haag, G. (1984b). Réflexions sur certains aspects du langage d'enfants autistes en cours de démutisation. *Neuropsychiatrie de l'Enfance, 32* (10-11):539-544.

Haag, G. (1985). La mère et le bébé dans les deux moitiés du corps. *Neuropsychiatrie de l'Enfance, 33*(2-3):107-114.

Haag, G. (1988a). Réflexions sur quelques jonctions psychotoniques et psychomotrices dans la première année de la vie. *Neuropsychiatr. Enfance Adolesc. 36*(1):1-8.

Haag, G. (1988b). Aspects du transfert concernant l'introjection de l'enveloppe en situation analytique individuelle et groupale... duplication et dédoublement, introjection du double feuillet. *Gruppo 4*:71-86.

Haag, G. (1990). Le dessin préfiguratif de l'enfant, quel niveau de représentation? *Journal de la Psychanalyse de l'Enfant 8*:91-92.

Haag, G. (1993). Hypothèses d'une structure radiaire de contenance et ses transformations. En D. Anzieu, G. Haag et al., *Les Contenants de pensée* (pp. 41-59). París: Dunod.

Haag, G. (1995). Grille de repérage clinique des étapes évolutives de l'autisme infantile traité. *Psychiatrie de l'Enfant 38*(2):495-527.

Haag, G. (1997a). Contribution à la compréhension des identifications en jeu dans le moi corporel. *Journal de la Psychanalyse de l'Enfant 20*:111-131.

Haag, G. (1997b). Ressemblances et différences entre les psychoses symbiotiques et les psychoses post-autistiques chez l'enfant. En *Les États psychotiques chez l'enfant et l'adolescent* (pp. 211-232). Larmor-Plage: Du Hublot.

Haag, G. (2018). *Le moi corporel; clinique de l'autisme*. París: PUF.

Haag, G.; Tordjman, S.; Duprat, A.; Cukierman, A.; Druon, C.; Jardin, F.; Maufras du Chatellier, A.; Tricaud, J. y Urwand, S. (1995). Présentation d'une grille de repérage clinique des étapes évolutives de l'autisme infantile traité. *La Psychiatrie de l'Enfant 38*(2):495-527.

Haag, G. et al. (2005). Psychodynamic assessment of changes in children with autism under psychoanalytic treatment. *International Journal of Psychoanalysis 86*:335-352.

Harlow, H. F. (1958). The nature of love. *American Psychologist, 13*, 673-685.

Harlow, H. F. (1964). The effects of Early Deprivation on Primates. En: *Désafférentation Experimentale et Clinique*. París: Masson&Cie.

Harlow, H. F. (1965). The affectional systems. En: Schrier, A.M., Harlow, H.F., Stollnitz (eds.). *Behavior of Nonhuman Primates* (vol. 2). Nueva York: Academic Press.

Harlow, H. F. (1970). Love Created, Love Destroyed, Love Regained. *Colloques internationaux du C.N.R.S, n.° 198. Modéles animaux du comportement humain,* 14-60.

Hartmann, H. (1958). *Ego Psychology and the Problem of Adaptation*. Nueva York: International Universities Press.

Hartmann, H. (1964). *Essays on Ego Psychology*. Nueva York: Hogarth Press. [Trad. cast.: *Ensayos sobre la psicología del yo*. Ciudad de México: FCE, 1969].

Herriot, E. (1934). *Madame Récamier et ses amis*. París: Gallimard.

Hochmann, J. (1984). *Pour soigner l'enfant psychotique*. Toulouse: Privat.

Hochmann, J. (1990). L'autisme infantile: déficit ou défense?. En P.-J. Parquet, C. Bursztejn y B. Golse, *Soigner, éduquer l'en-fant autiste?* (pp. 33-55). París: Masson.

Hochmann, J. (1995). L'hôpital de jour depassé ? *Neuropsychiatrie de l'enfant et de l'adolescent* 43(7-8):293-297.
Hochmann, J. (1997). *Pour soigner l'enfant autiste. Des contes à rêver debout.* París: Odile Jacob.
Hochmann, J. (1999). Abord institutionnel des enfants psychotiques et autistes. *Encyclopédie médico-chirurgicale* 37(210-A-10). París: Elsevier.
Hochmann, J. (2004). *Histoire de la psychiatrie.* París: PUF.
Hochmann, J. (2009). *Histoire de l'autisme.* París: Odile Jacob.
Hochmann, J. (2012). *Une histoire de l'empathie.* París: Odile Jacob.
Hochmann, J. (2013a). La guerre de l'autisme et les résistences culturelles à la psychanalyse. *Revue Française de Psychanalyse* 1(77):119-125.
Hochmann, J. (2013b). Soins institutionnels aux enfants et aux adolescents souffrant de troubles envahissants du développement (troubles du spectre autistique, psychoses précoces). EMC. *Psychiatrie/Pédopsychiatrie* 10(4):1-9 (37-210-A-10).
Hochmann, J. (2015). *Les antipsychiatres. Une histoire.* París: Odile Jacob.
Hopkins, L. (2003). L'analyse de Masud Khan par D. W. Winnicott: une étude préliminaire des échecs de l'utilisation de l'objet. *Revue Française de Psychanalyse* 3(67):1033-1058. París: PUF.
Hopkins, L. (2006). *False Self. The Life of Masud Khan.* Nueva York/Londres: Other Press/Karnac Books, 2008.
Houdé, O. (2009). Piaget, quarante ans après. En M. Fournier y R. Lecuyer (eds.), *L'intelligence de l'enfant* (pp. 43-51). París: Sciences Humaines.
Houzel, D. (1989). *Les signes precoces de l'autisme infantile.* Actas del IV Congreso Mundial de la World Association of Infant Psychiatry and Allied Discipline-WAIPAD. Lugano.
Houzel, D. (1990). Aspects psychanalytiques de la prévention et du traitement de l'enfant autiste. En J. Parquet, C. Burzstejn y B. Golse (dirs.), *Soigner, éduquer l'enfant autiste.* París: Masson.
Houzel, D. (1993). El tratamiento precoz del autismo y de las psicosis infantiles por medio de una aplicación de la ob- servación de bebés. *Cuadernos de Psiquiatría y Psicoterapia del Niño y del Adolescente* 15-16, 73-95. http://www.sepypna.com/articulos/tratamiento-precoz-autismo-observacion- bebes/
Houzel, D. (1995). Nouvelles approches psychopathologiques de l'autisme infantile. En S. Lebovici, R. Diatkine y M. Soulé, *Nouveau Traité de psychiatrie de l'enfant et de l'adolescent* 2:1225-1254. París: PUF.
Houzel, D. (2002a). *A l'aube de la vie psychique.* Issy-les-Moulineaux: ESF.
Houzel, D. (2002b). Les signes précoces de l'autisme et leur signification psychopathologique. *Carnet Psy* 8(76):23-26.
Hubel, D. H. y Wiesel, T. N. (1962). Receptive fields, binocular interaction and functional architecture in the cat's visual cortex. *The Journal of Physiology* 160(45):106-154.
Hubel, D. H. y Wiesel, T. N. (2005). *Brain and Visual Perception.* Nueva York: Oxford University Press.
Huertas, R. y Ortiz, C. (eds.). (1998). *Ciencia y fascismo.* Aranjuez: Doce Calles.

Hunt, A. y Dennis, J. (1987). Psychiatric disorder among children with tuberous sclerosis. *Developmental Medicine and Child Neurology* 29:190-198.
Hyman, S. E. (2008). A Glimmer of Light for Neuropsychiatric Disorders. *Nature* 455:890-893.
Insel, T. (1997). A neurobiological basis of social attachment. *American Journal Psychiatry* 154:726-735.
Insel, T. (2010). The Challenge of Translation in Social Neuroscience: A Review of Oxytocin, Vasopressin, and Affiliative Behavior. *Neuron* 65(6):768-779.
Institut National d'Excellence en Santé et Services Sociaux (INESSS) (2013). *L'efficacité des interventions de réadaptation et des traitements pharmacologiques pour les enfants de 2 à 12 ans ayant un trouble du spectre de l'autisme (TSA)*. Quebec: INSSS.
Instituto de Salud Carlos III (2009). Informe del Instituto de Investigación de Enfermedades Raras (IIER). *Evaluación de la eficacia de las intervenciones psicoeducativas en los trastornos del espectro autista*. Madrid: Ministerio de Ciencia e Innovación.
Itard, J.M. (1801, 1806). *Mémoire sur les premiers développements de Victor de l'Aveyron*. [Trad. cast.: *Los niños selváticos. Memoria e informe sobre Victor de l'Aveyron/Jean Itard. Comentarios de Rafael Sánchez Ferlosio*. Madrid: Alianza, 1964].
Jacob, F. (1970). *La logique du vivant, une histoire del l'heredité*. París: Gallimard.
Jacob, F. (1987). *La statue interieure*. París: Odile Jacob.
Jacob, F. (2000). *La souris, la mouche et l'homme*. París: Odile Jacob.
Jacobson, E. (1964). *The Self and the Object World*. Nueva York: International Universities Press.
Jamain, S.; Bourgeron, T. y Leboyer, M. (2005). Méthodologies génétiques et protéines synaptiques dans l'autisme infantile. En A. Berthoz (ed.), *L'autisme. De la recherche à la pratique*. París: Odile Jacob.
Jaspers, K. (1990). *Notas sobre Martin Heidegger*. Madrid: Mondadori.
Jaspers, K. (1998). *La cuestión de la culpa y la responsabilidad política de Alemania* (seminario semestral, 1945-1946, dictado en la Universidad de Heidelberg). [Trad. cast.: *El problema de la culpa: sobre la responsabilidad política de Alemania*. Barcelona: Paidós, 1998].
Jaspers, K. (2003). *Correspondencia Heidegger-Jaspers (1920-1963)*. Madrid: Síntesis.
Jay Gould, S. (1981). *The Mismeasure of Man*. Nueva York: W. W. Norton. [Trad. cast.: *La falsa medida del hombre*. Barcelona: Crítica, 1984].
Jeammet, P. (1978). À propos des dysharmonies évolutives de l'enfant. *La Psychiatrie de l'Enfant* 21(2):6-39.
Jeammet, P. (1984). Expériences psychotiques et adolescence. *Adolescence* 2:31-35.
Jeammet, P. (1990). Les destins de la dépendance à l'adolescence. *Neuropsychiatr. Enf. Adolesc.* 38:190-199.
Jeammet, P. (1998). Le diagnostic de schizophrénie à l'adolescence. *Lettre de la schizophrénie* 13:2-8.
Jeannerod, M. (1983). *Le cerveau machine. Physiologie de la volonté*. París: Fayard.
Jenkins, W. M. y Merzenich, M. T. (1990). Functional reorganization of primary somatosensory cortex in adult owl monkeys after behaviorally controlled tactile stimulation. *Journal of Neurophysiology* 63:83-104.

Jensen, P.S., Knapp, P. y Mzarek, D.A. (2006). *Toward a New Diagnostic System for Child Psychopathology. Moving beyond the DSM*. New York: Guildford Press.

Johnson, D. I. y Walker, T. (1987). Primary prevention of behavior problems in Mexican American children. *American Journal of Community Psychology* 15:375-385.

Kagan, J. (1984). *The Nature of the Child*. Nueva York: Basic Books.

Kandel, E. (1999). Biology and the future of psychoanalysis: A new Intellectual Framework for Psychiatry Revisited. *American Journal of Psychiatry* 156:505-524.

Kandel, E. (2000). The molecular biology of memory storage: A dialog between genes and synapses. *Physiology or Medicine 294*:392-439.

Kandel, E. (2007). *En busca de la memoria. El nacimiento de una nueva ciencia de la mente*. Buenos Aires: Katz.

Kandel, E. (2018). *La nueva biología de la mente*. Barcelona: Paidós.

Kanner, L. (1935). *Child Psychiatry*. Baltimore: C.C. Thomas. [Trad. cast.: *Psiquiatría infantil*. Buenos Aires: Siglo Veinte, 1972].

Kanner, L. (1942). Exoneration of the feeble-minded. *American Journal of Psychiatry 99*:17-22.

Kanner, L. (1943). Autistic disturbances of affective contact. *Nerv. Child*. 2:217-250. (También en *Acta Paedopsychiatr. 35*(4):100-136 (1968). [Trad. cast.: Trastornos autistas del contacto afectivo. *Siglo Cero 149*:5-25 (1993)].

Kanner, L. (1946). Early infantile autism. *Journal of Pediatry*, 25, 211-217.

Kanner L. (1958) The specificity of early infantile autism, *Acta Paedopsychiat.*, 25, 1-2, 108-113.

Kanner, L. (1964). *A History of the Care and Stuy of the Mentally Retarded*. Sppringfield: Charles Thomas. [Trad. cast.: *Una historia de los cuidados y estudios de los retrasados mentales*].

Kanner, L. (1968). Early infantile autism revisited. *Psychiatry Digest 29*:17-28. (Nueva revisión en: *Childhood Psychosis*, 1973: 135-141).

Kanner, L. (1971). Follow-up studies of eleven autistic children originally reported in 1943. *J. Autism and Childhood Psychosis 1*:119-145.

Kanner, L. y Eisenberg, L. (1955). Notes en the follow-up studies of autistic children. *Psychopathology of Childhood*, 227-239.

Kanner, L. y Thomas, C. C. (1959). Johann Jakob Guggenbühl and the Abendberg. *Bulletin of the History of Medicine 33*:489-493.

Kanner, L.; Rodríguez, A. y Ashenden, B. (1972). How far can autistis children to matters of social adaptation? *J. Autism and Childhood Schizophrenia* 2(1):9-33

Kaye, K. (1982). *The Mental and Social Life of Babies*. Chicago: The University Chicago Press.

Kendler, K. (2001). A psychiatric dialogue on the mind-body problem. *American Journal of Psychiatry, 158*:989-1000.

Kennedy, F. (1942). The problem of social control of the congenital defective: education, sterilization, euthanasia. *American Journal of Psychiatry 99*:13

Kernberg, P. F.; Weiner, A. S. y Bardenstein, K. (2000). *Personality Disorders in Children and Adolescents.* Nueva York: Basic Books.
Kevles, D. (1985). *In the Name of Eugenics.* Nueva York: Alfred A. Knopf. [Trad. cast.: *La eugenesia, ¿ciencia o utopía?* Barcelona: Planeta, 1986].
Keysers, C. et al. (2004). A touching sight: SII/PV activation during the observation and experience of touch. *Neuron* 42(2):335-346.
Klaus, M. H. y Kenell, J. H. (1982). *Parent-Infant Bonding.* Londres: C. H. Mosby.
Klerman, G.L. (1992). *The Selling of DSM-III, The Rhetoric of Science in Psychiatry.* Nueva York: Walter de Gruyter.
Knauer, D. y Palacio Espasa, F. (2010). *La destinée des bébés peut-elle changer? Études cliniques longitudinales du bébé à l'adulte.* París: PUF.
Kong, A. et al. (2012). Rate of De Novo Mutations and the Importance of Fathers Age to Disease Risk. *Nature* 488:471-475.
Kraepelin, E. (1869). Psychiatrie. *Ein Lehrbuch für Studierende und Ärtze.* Leipzig: J. A. Barth (5.ª ed. y también 1899: 6.ª ed.).
Kreisler, L. y Cramer, B. (1981). Sur les bases cliniques de la psychiatrie du nourrison. *La Psychiatrie de l'Enfant* 24(1):224-285.
Krumm, N. et al. (2014). A De Novo Convergence of Autism Genetics and Molecular neuroscience. *Trends in Neuroscience* 37(2):95-105.
Kuhl, S. (1994). *The Nazi Conection. Eugenics, American Fascism and German National Socialism.* Nueva York: Oxford University Press.
Lally, J. R.; Mangione, P. L. y Honig, A. S. (1988). The Syracuse University Family Development Research Project: Long-range impact on an early intervention with low-income children and their families. En D. R. Powell, *Parent Education as Early Childhood Intervention: Emerging Directions in Theory, Reasearch and Practuce.* Norwood: Ablex.
Lambert, P. (2009). La plasticité cérébrale. En M. Fournier y R. Lécuyer, *L'intelligence de l'enfant* (pp. 148-153). París: Sciences Humaines.
Lane, H. L. (1976). *The Wild Boy of Aveyron.* Cambridge: Harvard University Press. [Trad. cast.: *El niño salvaje de Aveyron.* Madrid: Alianza, 1984].
Lang, J.-L. (1978). *Aux frontières de la psychose infantile.* París: PUF.
Lang, J.-L. (1979). *Introduction à la psychopathologie infantile.* París: Dunod.
Lang, J.-L. (2000). *Psychopathologie psychanalytique de l'enfant.* París: L'Harmattan.
Lang, J.-L. (2002). *Psychanalyse et institutions pour enfants.* París: PUF.
Lanteri, L. G. (1978). Savoirs et pouvoirs dans l'oeuvre de Ph. Pinel. *Perspectives Psychiatriques 1.*
Laplanche, J. y Pontalis, J.B. (1968). *Vocabulaire de la psychanalyse* París: PUF. [Trad cast.: *Diccionario de psicoanálisis.* Barcelona: Labor, 1971].
Larbán, J. (2008). Guía para la prevención y detección precoz del funcionamiento autista en el niño/a, en su primer año de vida. *Cuadernos de Psiquiatría y Psicoterapia del Niño y del Adolescente* 45/46:63-152.
Larbán, J. (2012 a). Autismo temprano, neuronas espejo, empatía, integración sensorial, intersubjetividad. *Cuadernos de Psiquiatría y Psicoterapia del Niño y del Adolescente* 54:79-91.

Lasa Zulueta, A. (1987). *Manifestaciones corporales y psíquicas precoces de la psicosis infantil en los dos primeros años de vida. Su detección precoz en Pediatría y en Psiquiatría.* Tesis doctoral. Leioa: Facultad de Medicina de Leioa, Universidad del País Vasco.
Lasa Zulueta, A. (1989). *Ideas actuales sobre la psicosis infantil. Un estudio teórico y práctico.* XIV Premio de Neuropsiquiatría Alfredo Alonso-Allende. Bilbao: Diputación Foral de Bizkaia.
Lasa Zulueta, A. (1992). Julián de Ajuriaguerra en la psiquiatría infantil. En J. Guimón y J.M. Aguirre, *Vida y obra de Julián de Ajuriaguerra* (cap. 5, pp. 91-98). Madrid: Arán.
Lasa Zulueta, A. (1993). Sobre los fundamentos del psiquismo. *Cuadernos de Psiquiatría y Psicoterapia del Niño y del Adolescente 15-16*:5-12.
Lasa Zulueta, A. (1998). El niño autista. *FMC-Formación Médica continuada en Atención Primaria 5*(5):285-300.
Lasa Zulueta, A. (2001). Hiperactividad y trastornos de la personalidad: I. Sobre la hiperactividad. *Cuadernos de Psiquiatría y Psicoterapia del Niño y del Adolescente 31-32*:5-81.
Lasa Zulueta, A. (2006). Asperger vuelve. *Revista de Psicopatología y Salud Mental del Niño y del Adolescente 8*:7-10. Barcelona: Fundació Orienta.
Lasa Zulueta, A. (2008). *Los niños hiperactivos y su personalidad.* Bilbao: ALTXA.
Lasa Zulueta, A. (2009a). Trastornos del desarrollo psicológico (cap. 36, pp. 533-554). En T. Palomo y M. A. Jiménez-Arriero (eds.), *Manual de psiquiatría.* Madrid: ENE Life Publicidad.
Lasa Zulueta, A. (2009b). Deficiencia y retraso mental (cap. 39, pp. 593-614). En T. Palomo y M. A. Jiménez-Arriero (eds.), *Manual de psiquiatría.* Madrid: ENE Life Publicidad.
Lasa Zulueta, A. (2010). Expresiones actuales e imagen social de la psicopatología. *Cuadernos de Psiquiatría y Psicoterapia del Niño y del Adolescente 50*:42-47.
Lasa Zulueta, A. (2011). Psicoterapia en los servicios públicos: utopía o realidad. *Cuadernos de psiquiatría y psicoterapia del niño y del adolescente 51-52*:41-54.
Lasa Zulueta, A. (2018). Sobre la inteligencia de los autistas. *EIPEA 4*:6-23.
Lasa Zulueta, A. (2019). Palabra de psicótico. *Cuadernos de Psiquiatría y Psicoterapia del Niño y del Adolescente 66*:23-36.
Lasa Zulueta, A. (2021). Reflexiones y debates sobre el autismo. *Revista de la Asociación Española de Neuropsiquiatría 41*(139): 229-265.
Lasa Zulueta, A. (2022). *El autismo infantil y la psiquiatría: una historia de abandonos, búsquedas y desencuentros.* Bilbao: Lankopi.
Lasa Zulueta, A.; Jorquera Cuevas, C.; Solana Azurmendi, B. y Del Arco Heras, S. (2014). *Evaluación de la calidad asistencial en el SNS de los trastornos mentales graves en la infancia. Estudio en salud mental infanto-juvenil* (pp. 48-53). Madrid: Ministerio de Sanidad, Servicios Sociales e Igualdad. Servicio de Evaluación de Tecnologías Sanitarias del País Vasco: OSTEBA.
Laurent, E. (2012). *La bataille de l'autisme.* París: Navarin.

Lavelli, M. (2013). Desarrollo precoz e intersubjetividad. En N.Georgieff y M. Speranza (eds.), *Psychopathologie de l'intersubjectivité* (pp. 41-59). París: Elsevier/Masson.
Lebovici, S. (1991). La théorie de l'attachement et la psychologie contemporaine. *La Psychiatrie de l'enfant 34*(2):309-339
Lebovici, S. (1992). La théorie de l'attachement et la métapsychologie freudienne. *Devenir 4*(4):33-48.
Lebovici S. y Diatkine, R. (1963). Essai d'approche de la notion de prépsychose en psychiatrie infantile, *Bulletin de psychologie* 224, XVII, 1, 1963.
Lebovici S. y Kestemberg E. (1978), *Le devenir des psychoses de l'enfant*. París: PUF.
Lebovici, S. y McDougall, J. (1960). *Un Cas de Psychose Infantile*. París: Presses Universitaires de France.
Lebovici, S. y Stoléru, S. (1983). *Le nourrison, sa mère et le psychanalyste*. París: Bayard.
Lebovici, S. y Weil-Halpern, F. (1995). *La psicopatología del bebé*. Ciudad de México: Siglo XXI:
Lécuyer, R. (dir.) (2004). *Le développement du nourrison. Du cerveau au milieu social et du foetus au jeune enfant*. París: Dunod.
Lemay, M. (2017). *L'autisme aujourd'hui*. París: Odile Jacob.
Lidz, R.W., y Lidz, T. (1949). The family environment of schizophrenic patients. *American Journal of Psychiatry 106*:332-345.
Lidz, T. (1973). Adolf Meyer. Psychobiologie et psychiatrie. *Confrontations Psychiatriques 11*.
Lidz, T. (1973). *The Origin and Treatment of Schizophrenic Disorders*. Nueva York: Basic Books
Lidz, T.; Cornelison, A.; Fleck, S. y Terry, D. (1957). The interfamilial environment of the schizophrenic patient, I: The father. *Psychiatry 20*:329-342.
Lidz, T.; Fleck, S. y Cornelison, A. (1965). *Schizophrenia and the family* (pp. 314-328). Nueva York: International Universities Press.
Lief, A. (1948). *The common sense Psychiatrey of Dr Adolf Meyer*. Toronto/Londres: McGraw-Hill.
López Cerezo, J. A. y Luján López, J. L. (1989). *El artefacto de la inteligencia. Una reflexión sobre el determinismo biológico de la inteligencia*. Barcelona: Anthropos.
Lovaas, I. (1987). Behavioral Treatment and Normal Educational and Intellectual Functioning en Young Autistic Children. *Journal of Consulting and Clinical Psychology* 55(1).
Lyons, V. y Fitzgerald, M. (2007). Did Hans Asperger (1906-1980) have Asperger Syndrome?. *J Autism Dev Disord 37*(10):2020-2023.
MacFarlane, A. (1977). *The Psychology of Childbirth*. Londres: Fontana/Open Books.
Main, M. y Solomon, J. (1986). Discovery of a insecure - disorganized/disorientes attachment pattern. En T.B. Brazelton y M.W.Yogman, *Affective Development in Infancy*. Norwood: Ablex.
Main, M. y Solomon, J. (1990). Procedures for identifying infants as disorganized / disoriented during the Ainsworth strange situation. En M. Greenberg, D.

Cichetti y M. Cummings, *Attachment in the Preschool Years: Theory, Research, and Intervention*. Chicago: The Chicago University Press.

Maestro, S.; Casella, C.; Milone, A.; Muratori, F. y Palacio Espasa, F. (1999). Study of the onset of autism through home movies. *Psychopathology* 32(6):292-300.

Maestro, S., Muratori F., Barbieri F., *et. al.* (2001). Early Behavioural development in Autistic Children: The first two years of live through home movies. *Psychopathology* 34:147-152.

Maestro, S.; Muratori, F. *et al.* (2002). Attentional Skills During the First 6 Month of Age in Autism Spectrum Disorder. *Journal of American Academy of Child Adolescent Psychiatry* 41(10):1-6.

Maestro, S.; Muratori, F. *et al.* (2005). How young children treat objects and people: an empirical study of the first year of life autism. *Child Psychiatry and Human Development* 35(4):383-396.

Magistreti, P. y Ansermet, F. (2010). *Neurosciences et psychanalyse*. París: Odile Jacob.

Mahler, M. (1972). *Simbiosis humana. Las vicisitudes de la individuación*. Ciudad de México: J. Mortiz.

Mahler, M. (1990). *Estudios sobre psicosis infantiles y otros trabajos*. Buenos Aires: Paidós.

Mahler, M.; Pine, F. y Bergman, A. (1975). *The Psychological Birth of the Human Infant*. Nueva York: Basic Books.

Maleval, J.-C. y Grollier, M. (2016). L'expérimentation institutionnelle d'ABA en France: une sévère désillusion. *Lacan Quotidien 568-569*.

Malson, L. Z. (1964). *Les enfants sauvages: mythe et réalité*. París: Le Sycomore. [Trad. cast.: *Los niños selváticos*. Madrid: Alianza, 1964].

Manzano, J. (ed.) (1996). *Les relations précoces parents-enfants et leurs troubles*. Ginebra: Médecine et Hygiène.

Manzano, J. (1984). *Las formas de evolución tardía de la psicosis infantil*. 1.er Congreso Nacional de SEPYPNA. Lleida: SEPYPNA.

Manzano, J. (2010). El espectro del autismo hoy: un punto de vista relacional. *Cuadernos de Psiquiatría y Psicoterapia del Niño y del Adolescente* 57:133-141.

Manzano, J.; Lamunière, M.-C. y Peckova, M. (1987). *Vingt ans de psychose*. Lyon: Césura.

Manzano, J. y Palacio Espasa, F. (1983). *Étude sur la psychose infantile*. Villeurbanne: SIMEP.

Manzano, J. y Palacio Espasa, F. (1984). Le syndrome hypomaniaque du jeune enfant. *Psychol. Méd.* 16(4):729-731.

Manzano, J.; Torrado da Silva, M.; Palacio Espasa, F. y Cramer, B. (1979). Programmes de prévention dans un service de guidance pouur enfants préscolaires. *Acta Paedopsychiat.* 45:209-208.

Marciano, P. (2009). *L'hôpital de jour pour enfants*. Toulouse: Érès.

Marcovitch, S.; Goldberg, S.; Gold, A. *et al.* (1997). Determinant of behavioral problems in romanian children adopted in Ontario. *International Journal of Behavioral Development* 20:17-31.

Martin, O. (2009). La mesure de l'intelligence en question. En M. Fournier y R. Lécuyer (coords.), *L'intelligence de l'enfant* (pp: 55-66). París: Sciences Humaines.

Maurer, R. G., Damásio, A. R. (1982). Childhood autism from the point of view of behavioural neurology. *Journal of Autism and Developmenttal Disorders* 12:195-205.

Mazet, P.; Houzel, D. y Burzstejn, C. (1998). Autisme infantile et psychoses précoces. *Encyclopédie Médico-Chirurgicale* 37:201-G10.

Mazet, P. y Lebovici, S. (1990). *Autisme et psychose de l'enfant.* París: PUF.

Mazet, P. y Stoléru, S. (1988). *Psychopathologie du nourrison et du jeune enfant.* París: Masson.

Meaney, M. J. (2001). Maternal care, gene expresión, and the transmission of individual differences in stress reactivity across generations, *Annual Review Neurosciences* 24:1161-1192.

Meaney, M. J.; Szyf, M. y Seckl, J. R. (2007). Epigenetic mechanisms of perinatal programming of hypotalamic-pituitary-adrenal function and health. *Trends in Molecular Medicine* 13:269-277.

McDonough, S. C. (2000). Interaction guidance. An approach for difficult-to engage families. En C. H. Zeanah (dir.), *Handbook of Infant Mental Health* (pp. 485-493). Nueva York: Guilford Press.

Meltzer, D. (1972). Anal masturbation. En *Sexual States of Mind.* Perthshire: Clunie Press.

Meltzer, D. et al. (1975). *Explorations in Autism.* Perthshire: Clunie Press. [Trad. cast.: *Exploraciones sobre el autismo.* Buenos Aires: Paidós, 1979].

Meltzoff, A. N. (2007). Like me: A foundation for social cognition. *Developmental Science* 10:126-134.

Meltzoff, A. N. y Moore, M. K. (1998). Infant intersubjectivity: Broadening the dialogue to include imitation identity and intention. En S. Bräten (ed.). *Intersubjectivity Communication and Emotion in Early Ontogeny* (pp. 47-62). Cambridge: Cambridge University Press.

Ménéchal, J (ed.). *L'hyperactivité infantile. Débats et enjeux.* París: Dunod.

Miller, G. y Holden, C. (2010). Proposed Revisions to Psychiatry's Canon Unveiled. *Science* 327:770-771.

Minard, M. (2013). *Le DSM-roi. La psychiatrie américaine et la fabrique des diagnostics.* Toulouse: Érès.

Minkowski, E. (1927). *La schizophrénie.* París: Payot. [Trad. cast.: *La esquizofrenia.* Ciudad de México: FCE, 2000].

Mirabel-Sarron, C. y Vera, L. (2021). *Techniques de thérapies comportementales.* París: EMC/Elsevier/Masson.

Mirjam, K. J.; Buitelaar, J. K.; Manon, W. P. et al. (2018). Sustainability of an early detection program for autism spectrum disorder over the course of 8 years. *Autism* 22(8):1018-1024.

Misès, R. (1968). Problèmes nosologiques posès par les psychoses de l'enfant. *La Psychiatrie de l'Enfant* 11(2):492-512.

Misès, R. (1969). Origines et évolution du concept de psychose chez l'enfant. *Confrontations psychiatriques* 3:9-30.

Misès, R. (1975). *L'enfant déficient mental.* París: PUF. [Trad. cast.: *El niño deficiente mental.* Buenos Aires: Amorrortu, 2001].

Misès, R. (1981). *Cinq études de psychopathologie de l'enfant.* París: Privat.

Misès, R. (1990). *Les pathologies limites de l'enfant.* París: PUF.

Misès, R. (1997). *Parents et professionnels devant l'autisme.* París: CRNERHI.

Misès, R. (2001). Preface. En J. Ménéchal (ed.), *L'hyperactivité infantile. Débats et enjeux.* París: Dunod.

Misès, R. (2004). Troubles instrumentaux et psychopathologie. *Neuropsychiatrie de l'enfance et de l'adolescence* 52(6):353-355.

Misès, R. y Barande, I. (1963). Les états déficitaires dysharmoniques graves. Étude clinique de formes précoces intriquant relation psychotique et symptomatologie de type déficitaire. *La Psychiatrie de l'Enfant* 6:1-78.

Misès, R. y Jeammet, P. (1989). L'évolution vers les psychoses: la valeur prédictive des troubles de l'enfance. En J. Guyotat et al., *Colloque sur les psychoses au long cours.* París: Spécia.

Morales-Hidalgo, P., Roigé-Castellví, J., Hernández Martínez, C., Voltas, N., y Canals, J. (2018). Prevalence and Characteristics od Autism Spectrum Disorder Among Spanish School-Age Children. *Journal of Autism and Developmental Disorders,* 48:3176-3190.

Mottron, L. (2004). *L'autisme, une autre intilligence. Diagnostic, cognition et support des personnes autistes sans déficiences intellectuelle.* Bruselas: Mandarga.

Mottron, L. (2005). Surfonctionement et déficits perceptifs dans l'autisme. En A. Berthoz et al., *L'autisme: de la recherche à la pratique* (pp. 166-189). París. Odile Jacob.

Mottron, L. (2011a). The Power of Autism. *Nature* 479:33-35.

Mottron, L. (2011b). Bilan critique des méthodes d'intervention comportementales intensives dans l'autisme. Conferencia en Jornadas Psychopathologie & Handicap chez l'enfant et l'adolescent, 3-5 de noviembre. Lyon: Association Francophone de Psychologie et Psychopathologie de l'Enfant et de l'Adolescent.

Mottron, L. (2012). L'autisme: une différence plus qu'une maladie. *Cerveau & Psycho* 51:21-25.

Mottron, L.; Dawson, M.; Soulières, I.; Hubert, B. y Burack, J.A. (2006). Enhanced perceptual functioning in autism: an updated model, and eigth principles of autistic perception. *Journal of Autism and Development Disorders 36(1).*

Moss, H. L. (1958). The misuse of the diagnostic of childhood schizophrenia. *American Journal of Psychiatry* 114:791-794.

Muratori, F. (2008). El autismo como efecto de un trastorno de la intersubjetividad primaria. *Psicopatología y Salud Mental del niño y del adolescente* 12:39-49.

Muratori, F. (2009). El autismo como efecto de un trastorno de la intersubjetividad primaria, II. *Psicopatología y Salud Mental del Niño y del Adolescente* 13:21-30.

Muratori, F. (2012). L'autisme comme conséquence d'un trouble de l'intersubjectivité primaire. *La Psychiatrie de l'Enfant* LV(1):41-82.

Murray, L. (1992). The impact of postnatal depression en infant development. *Journal of Child Psychology and Psychiatry and Allied Disciplines* 33(3):543-561.

Murray, L. y Trevarthen, C. (1985). Emotional regulation of interactions between two months olds and theirs mothers. En T. M. Filed y N. Fox (eds.), *Social Perception in Infants*. New Jersey: Ablex.

Nachshen, J.; Garcin, N.; Moxness, K. *et al.* (2008). *Guide des pratiques exemplaires canadiennes en matière de dépistage, d'évaluation et de diagnostic des troubles du spectre de l'autisme chez les enfants en bas âge*. Montreal: Miriam Fondation.

National Research Council (NRC); Division of Behavioral and Social Sciences and Education; Commitee on Educational Interventions for Children with Autism (2001). *Educating Children with autism*. Washington: The National Academies Press.

Nestler, E .J. y Hyman, S. E. (2010). Animal Models of Neuropsychiatric Disorders. *Nature Neuroscience 13*(10):1161-1169.

Newson, J. (1977). An intersubjective approach to the systematic descrition of mother-infant interaction. En H. R. Schaffer (ed.), *Studies in Mother-Infant Interaction*. Londres: Academic Press.

O'Connor, T. J.; Marvin, R. S.; Rutter, M. *et al.* (2003). Child-parent attachment following early institutional deprivation. *Development and Psychopathology 15:*19-38.

Olds, D. L. (2005). The nurse-family partnership: Foundations in attachment theory and epidemiology. En L. Berlin *et al.* (dirs.), *Enhancing Early Attachments: Theory, Research, Intervention, and Policy*. Nueva York: Guilford Press.

Olds, D. L. (2006). The nurse-family partnership: An evidence based preventive intervention. *Infant Mental Health Journal 27*(1):5-25.

Olds, D. L.; Robinson, J. A.; O'Brien, R. *et al.* (2002). Home visiting by paraprofessionals and by nurses. A randomized, controlled trial. *Pediatrics 110*(3):486-496.

Ornitz, E. (1973). Chilhood autism: A review of the clinical and experimental literature. *California Medicine 118*:21-47.

Ornitz, E. M. y Ritvo, E. R. (1968). Perceptual inconstancy in early infantile autism. *Archives of General Psychiatry 18:*76-98.

Ornitz, E. M y Ritvo E. R. (1976). The syndrome of autism: A critical review. *American Journal of Psychiatry 133*(6):609-621.

Ouss, L.; Golse, B.; Georgieff, N. y Widlöcher, D. (2009). *Vers une neuropsychanalyse*. París: Odile Jacob.

Ouss-Ryngaert, L. (2013). Trastornos relacionales precoces y trastornos del neurodesarrollo desde el punto de vista de la intersubjetividad. En N. Georgieff y M. Speranza, *Psychopathologie de l'intersubjectivité* (pp. 157-173). París: Elsevier/Masson.

Ozonoff, S.; Pennington, B. F. y Rogers, S. (1991). Executif function déficits in high-functioning autistic individuals: Relationship to theory of mind. *Journal of Child Psychology and Psychiatry 32*(1):1081-1105.

Palacio Espasa, F. (1984). *Repercusiones sobre la vida mental y simbólica de los diversos funcionamientos psicóticos infantiles*. Ponencia para el 1.er Congreso Nacional de SEPYPNA. Lleida: SEPYPNA.

Palacio Espasa, F. (2002). *Los niveles del conflicto depresivo*. Madrid: Infancia y Desarrollo.

Palacio Espasa, F. y Dufour, R. (2003). *Diagnóstico estructural en el niño*. Barcelona: Herder.

Papusek, H. y Papusek, M. (1976). Mothering and the cognitive head start: psychobiological considerations. En H. R. Schaffer (ed.), (1977). *Studies in mother-infant interaction* (pp. 3-16). Nueva York, EUA: Academic Press.

PDM-2 (V. Lingiardi y N. McWilliams [eds.]) (2017). *Psychodinamic Diagnostic Manual. Second edition.* Nueva York: Guilford Press.

Pérez-Crespo, L., Prats-Uribe, A., Tobías, A., Durán-Tauleria, E., Coronado, R., Hervás, A y Guxens, M. (2019). Temporal and Geographical Variability of prevalence and Incidence of Autism Spwctrum Disorder Diagnoses in Children in Catalonia, Spain. *Autism Research* 000: 1-13.

Perry, H. S. (1982). *Psychiatrist of America: The Life of Harry Stack Sullivan.* Cambridge: The Belknap Press of Harvard University Press.

Petot, J. M. (1979). *Mélanie Klein: premières découvertes et premier système 1919-1932.* París: Dunod.

Petot, J. M. (1982). *Mélanie Klein: le moi et le bon objet 1932-1960.* París: Dunod.

Phillips, A. (1988). *Winnicott.* Londres: Fontana Press.

Pierrehumbert, B. (2018). *Le premier lien. Théorie de l'attachement.* París: Odile Jacob.

Polimanti, R. y Gelernter, J. (2017). Widespread Signatures of positive selection in common risk alleles associated to autism spectrum disorder. *Plos, Genética y Autismo*, 10 de febrero de 2017. https://doi.org/10.1371/journal.pgen.1006618.

Ponce de Leon Leiras, E. (2018). Mitos sobre psicoanálisis y autismo. Eficacia y especificidad de los tratamientos psicoanalíticos de niños con TEA. *EIPEA* 5.

Postel, J. (1979). Naissance et décadence du traitement moral pendant la première moitié du XIX siècle. *L'Évolution Psychiatrique* III.

Postel, J. (1998). *Genèse de la psychiatrie. Les premiers écrits de Philippe Pinel.* París: Les Empecheurs de Penser en Rond.

Postel, J. y Quetel, C. (2112). *Nouvelle Histoire de la psychiatrie.* París: Dunod, 1797.

Potter, H. (1933). Schizophrenia in children. *American Journal of Psychiatry* 6:1257-1270.

Premack, D. y Premack, A. J. (1983). *The Mind of an Ape.* Nueva York: Norton.

Premack, D. y Premack, A. J. (1994). Levels of causal understanding in chimpanzees and children. *Cognition* 50:347-362.

Priebe, S.; Burns, T. y Craig, T.-K. (2013). The future of academic psychiatry may be social. *BJP* 202:319-320.

Quétel, C. (2009). *Histoire de la folie.* París: Tallandier.

Ramón y Cajal, S. (1894). *The Croonian Lecture: La fine structure des centres nerveux* (pp. 444-467). *The Royal Society of London*, B55.

Ramón y Cajal, S. (1909). *Histologie du système nerveux de l'homme et des vertébrés* (2 vols.). Madrid: Consejo Superior de Investigaciones Científicas (CSIC).

Ramón y Cajal, S. (1952). *¿Neuronismo o reticularismo?* Madrid: Instituto Ramón y Cajal/CSIC.

Rank, B. (1949). Adaptation of the psychoanalytical technique for the traitement of young children with atypical development. *American Journal of Orthopsychiatry* 19:130-139.

Rimland, B. (1964). *Infantile Autism: The Syndrome and Its Implications for a Neural Theory of Behavior*. Appleton: Century Crofts.

Rimland, B. (1978). Savant capabilities of autistic children and their cognitive implications. En G. Serban (ed.), *Cognitive defects in the development of mental illness* (pp. 43–65). Brunner/Mazel.

Rizzolatti, G.; Fadiga, L.; Gallese, V. y Fogassi, L. (1996). Promotor cortex and the recognition of motor actions. *Cognitive Brain Research* 3:131-141.

Rizzolatti, G. y Sinigaglia, C. (2008). *Les neurones miroirs*. París: Odile Jacob.

Robbins, A. (1991). Salud pública en Estados Unidos: un sector perdido del complejo industrial-sanitario. En P. Duplessis *et al.*, *Salud pública y países industrializados* (pp. 169-187). Madrid: Masson.

Rodman, F. R. (2004). *Winnicott, Life and Work*. Nueva York: Da Capo Press.

Rodrigues, S. M. *et al.* (2009). Oxytocin Receptor Genetic Variation Relates to Empathy and Stress Reactivity in Humans. *PNAS* 106(50):21437-21441.

Rodríguez, R. (1984). *Intrincación entre el proceso delitante y el proceso deficitario en las psicosis infantiles*. Ponencia para el 1.er Congreso Nacional de SEPYPNA. Lleida: SEPYPNA.

Rodríguez Lafora, G. (1912a). *Eugénica o la ciencia de la herencia*. Madrid: La España Médica.

Rodríguez Lafora, G. (1912b). *Bases científicas de la eugénica establecidas por Mendel*. Madrid: La España Médica.

Rodríguez Lafora, G. (1930). Eugenésica práctica, I. La esterilización para el mejoramiento de la raza humana, II. La esterilización eugenésica de los degenerados. *El Sol*, 5, 7 y 12 de junio.

Roubertoux, P. L. (2004). *Existe-t-il des gènes du comportement?* París: Odile Jacob.

Roubertoux, P. L. y Tordjman, S. (2015). The Autistic Spectrum Disorders: from the clinics to the molecular analysis. En P. L. Roubertoux (ed.), *Organism Models of Autism Spectrum Disorders* (pp. 29-66). Nueva York: Springer.

Roubertoux, P. L. y Fasano, L. (2019). Gènes et comportements. *EMC-Psychiatrie* 16(3). Nanterre: Elsevier.

Ruthsatz, J. y Stephens, K. (2017). *Autismo y niños prodigio. Parientes cercanos*. Barcelona: Alba.

Rutter, M. (1974). The development of infantile autism. *Psychol Med*. May 4(2):147-163.

Rutter, M. y Schopler, E. (1978). *Autism, a Reappraisal of Concepts and Treatement*. New York: Plenum Publishing [Trad. cast.: *Autismo. Revaluación de los conceptos y los tratamientos*. Madrid: Alhambra, 1988].

Sanders, S. J. *et al.* (2011). Multiple Recirrent De Novo CNVs, Including Duplications of the 7q11.23 Williams Syndrome region, Are Strongly Associated with Autism. *Neuron* 70(5):863-885.

Sandler, J.; Sandler, A. y Davies, R. (2000). *Clinical and Observational Psychoanalytic Research: Roots of a Controversy.* Londres: Karnak Books.

Sauvage, D. (1984). *Autisme du nourrisson et du jeune enfant.* París: Masson.

Sauvage, D.; Hameury, J. L.; Lenoir P. *et al.* (1995). Signos premonitorios de autismo. En S. Lebovici y F. Weil-Halpern, *La psicopatología del bebé.* Ciudad de México: Siglo XXI.

Schaffer, D. y Dunn, J. (eds.). (1979). *The First Year of Life.* Nueva York: Wiley.

Schaffer, H. R. (ed.) (1977). *Studies in Mother-Infant Interaction.* Londres: Academic Press.

Schmideberg, M. (1971). A Contribution to the History of the Psycho-Analytical Movement in Britain. *British Journal of Psychiatry 118*(542):63-68. https://doi.org/10.1192/bjp.118.542.61.

Schmith, V. D.; Campbell, D. A.; Sehgal, S. *et al.* (2003). Pharmacogenetics and Disease Genetic of Complex Diseases. *Cellular and Molecular Life Sciences 60*(8):1636-1646.

Schmitz, C. y Forssberg, H. (2005). Atteinte de la motricité dans l'autisme de l'enfant. En A. Berthoz *et al., L'autisme: de la recherche à la pratique* (pp. 227-245). París: Odile Jacob.

Schneuwly, B. y Bronckart, J. P. (eds.) (1985). *Vygotski aujourd'hui.* Neuchâtel: Delachaux & Niestlé.

Schopler, E. (1998). Premature Popularization of Asperger Syndrome. En E. Schopler, G. B. Mesibov y L. J. Kunce (eds.), *Asperger Syndrome or High-Functioning Autism?* Nueva York: Plenum Press.

Schopler, E. y Mesibov, G. (eds.) (1988). *Diagnosis and Assessment in Autism.* Nueva York: Springer.

Schopler, E.; Mesibov, G. y Annbaker, P. D. (1982). Evaluation of Treatment for Autistic Children and Their Parents. *Journal of the American Academy of Child Psychiatry 21*(3):262-267.

Schopler, E.; Reichler, R. J.; Devellis, R. F. y Daly, K. (1980a). Toward objective classification of childhood autism: Chilhood Autism Rating Scale (CARS). *Journal of Autism and Development Disorders 10*:91-103.

Schopler, E.; Reichler, R. J. y Lansing, M. (1980b). *Individualized Assessment and Treatment for Autistic and Developmentally Disabled Children.* Austin: PRO-ED/University Park Press.

Schopler, E., Reichler, R. J. y Renner, B. (1986). *The Childhood Autism Rating Scale (CARS).* Los Ángeles: Western Psychological Services.

Schopler, E.; Rutter, M. y Chess S. (1979). Change of the journal scope and title. *Journal of Autism and Development Disorders 9*(1):1-10.

Schweinhart, L. J.; Barnes, H. V.; Weikart, D. P *et. al.* (1993). *Significant Benefits: The High/Scope Perry Preschool Study Through Age 27.* Ypsilanty: High/Scope Press.

Searles, H. (1959). The effort to drive the other person crazy. An element in the ethiology and psychotherapy of schizophrenia. *British Journal of Medical Psychology 32*(1):1-19.

Searles, H. (1960). *The Nonhuman Environment in Normal Development*. Nueva York: International Universities Press.
Searles, H. (1965). *Collected Papers on Schizophrenia and Related Papers*. Nueva York: International Universities Press.
Searles, H. (1979). *Countertransference and Related Subjects-Selected Papers*. Nueva York: International Universities Press.
Searles, H. (1986). *My Work with Borderline Patients*. Maryland: Jason Aronson.
Segal, H. (1979). *Klein*. Londres: Fontana Modern Masters.
Seitz, V.; Rosenbaum, L. K. y Apfel, N. H. (1985). Effects of family support intervention: A ten-year follow up. *Child Development* 56:376-391.
Shea, V. (2004). A Perspective on the Research Literature Related to Early Intensive Behavioral Intervention (Lovaas) for Young Children with Autism. *Autism* 8(4):349-367.
Shedler, J. (2010). The efficacy of psychodinamic psychotherapy. *American Psychologist* 65(2):98-109. [Trad. cast.: en *Infocopline*, 29/04/2010].
Sheffer, E. (2018). *Asperger's Children. The Origins of Autism in Nazi Vienna*. Nueva York: W.W. Norton. [Trad. cast.: *Los niños de Asperger. El exterminador nazi detrás del reconocido pediatra*. Ciudad de México: Planeta, 2019].
Sherrington, C. S. (1906). La acción integradora del sistema nervioso
Sherrington, C. S. (1933). El cerebro y sus mecanismos.
Shorter, E. (1997). *A History of Psychiatry*. Nueva York: Wiley & Sons. [Trad. cast.: *Historia de la psiquiatría*. Barcelona: J & C Ediciones Médicas, 1999].
Silberman, S. (2016). *Una tribu propia. Autismo y Asperger. Otras maneras de entender el mundo*. Barcelona: Ariel/Planeta.
Sinclair, H.; Stambak, M.; Lézine, I.; Rayna, S. y Verba, M. (1982). *Les Bébés et les choses*. París: PUF.
Solms, M. (2000). Preliminaries for an integration of psychoanalysis and neuroscience. *The Annual of Psychoanalysis* 28:179-200.
Souffir, V. (2005). *Harold Searles*. París: PUF.
Spitz, R. (1945). Hospitalism: An inquiry into the génesis of psychiatric conditions in early infancy. *Psychoanalytic Study of the Child* 1:53-74. Nueva York: International Universities Press.
Spitz, R. (1946). Anaclitic depression. *Psychoanalytic Study of the Child* 2:313-342. Nueva York: International Universities Press.
Spitz, R. (1947). Hospitalism: A follow-up report. *Psychoanalytic Study of the Child* 2:113-117. Nueva York: International Universities Press.
Spitz, R. (1957). *No and Yes. On the genesis of Human Communication*. Nueva York: International Universities Press.
Spitz, R. (1963). Life and the dialogue. En R. N. Emde (dir.), *Dialogues from Infancy. Selected Papers*. Nueva York: International Universities Press.
Spitz, R. (1965). *The First Year of Life*. Nueva York: International Universities Press. [Trad. cast.: *El primer año de vida del niño. Génesis de las primeras relaciones objetales*. Madrid: Aguilar, 1973].

Sroufe, L. A. (2005). Attachment and development: A propective longitudinal study from birth to adulthood. *Attachment and Human Development* 7(4):349-367.
Sroufe, L. A.; Egeland, B. y Keutzer, T. (1990). The fate of early experience following development change: Longitudinal approaches to individual adaptation in childhoood. *Child Development* 61:1363-1373.
Sroufe, L. A.; Egeland, B.; Carlson, E. A. et al. (2005). *The Development of the Person. The Minnesota Study of Risk and Adaptation fron Birth to Adulthood*. Nueva York: Guilford Press.
Stern, D. N. (1974). Mother and infant at play: the dyadic interaction involving facial, vocal, and gaze behavior. En M. Lewis y L. S. Rosenblum (eds.), *The Effect of the Infant en Its Caregiver* (pp. 187-214). Nueva York: Wiley.
Stern, D. N. (1976). A microanalysis of mother-infant interaction. En L. W. Rexford (ed.), *Infant Psychiatry*. New Haven: Yale University Press
Stern, D. N. (1977). *The First Relationship: Mother and Infant*. Cambridge: Harvard University Press.
Stern, D. N. (1983). Implications of infant research for psychoanalytic theory and practice. *Psychiatric Update* 2:8-21.
Stern, D. N. (1985). *The Interpersonal World of the Infant*. Nueva York: Basic Books.
Strohman, R. C. (1997). Epigenesis and complexity. The coming Kuhnian revolution in biology. *Nature Biotechnology* 15:194-200.
Sullivan, H. S. (1959a). *Concepciones de la psiquiatría moderna*. Buenos Aires: Psique.
Sullivan, H. S. (1959b). *La entrevista psiquiátrica*. Buenos Aires: Psique.
Sullivan, H. S. (1959c). *Estudios clínicos de psiquiatría*. Buenos Aires: Psique.
Sullivan, H. S. (1964a). *La teoría interpersonal de la psiquiatría*. Buenos Aires: Psique.
Sullivan, H. S. (1964b). *La esquizofrenia como un proceso humano*. Ciudad de México: Herrero.
Sullivan, H. S. (1968). *La fusión de la psiquiatría y las ciencias sociales*. Buenos Aires: Psique.
Sullivan, H. S. (1972). *Personal Psychopathology*. Nueva York: Norton.
Sutton, N. (1995). *Bettelheim: A life and a Legacy*. Nueva York: Basic Books.
Swain, G. (1976). Pinel et la naisssance de la psychiatrie. Un geste et un livre. *L'Information Psychiatrique* 52(10):1217-1228.
Swain, G. (1977). *Le sujet de la folie. Naissance de la Psychiatrie*. París: Privat.
Szasz, T. (1961). *The Myth of Mental Illness: Foundations of a Theory of Personal Conduct*. Nueva York: Harper & Row. [Trad. cast.: *El mito de la enfermedad mental*. Buenos Aires: Amorrortu, 2008].
Szasz, T. (1963). *Law, Liberty, and Psychiatry: An Inquiry into the Social Uses of Mental Health Practices*. Siracusa: SUP.
Szasz, T. (1970). *The Manufacture of Madness: A Comparative Study of the Inquisition and the Mental Health Movement*. Nueva York: Harper & Row. [Trad. cast.: *La fabricación de la locura. Estudio comparativo de la inquisición y el movimiento de defensa de la salud mental*. Barcelona: Kairós, 2010].

Szasz, T. (ed.) (1973). *The Age of Madness: A History of Involuntary Mental Hospitalization Presented in Selected Texts*. Garden City: Anchor.
Szasz, T. (1976). *Schizophrenia: The Sacred Symbol of Psychiatry*. Syracuse: SUP. [Trad. cast.: *Esquizofrenia. El símbolo sagrado de la psiquiatría*. Ciudad de México: Premia, 1989].
Szasz, T. (2007a). *Coercion as Cure: A Critical History of Psychiatry*. New Brunswick/Londres: Transaction.
Szasz, T. (2007b). *The Medicalization of Everyday Life: Selected Essays*. Siracusa: SUP.
Szatmari, P. (2015). *Una mente diferente. Comprender a los niños con autismo y síndrome de Asperger*. Barcelona: Paidós.
Talbott, J. A. (1985). The fate of the Public Psychiatric System. *Hospital & Community Psychiatry 36*(1):46-50.
Tang, G. *et al.* (2014). Loss of TOR-Dependant Macroautophagy Causes Autistic'like Synaptic Pruning Deficits. *Neuron 83*(5):1131-1114.
Thomas, A. y Chess, S. (1977). *Temperament and Development*. Nueva York: Brunner/Mazel.
Tizón, J. L. (2016). Trastornos del espectro autista y trastornos generalizados del desarrollo: por una perpectiva relacional de su comprensión y cuidados. EIPEA *1*, noviembre.
Tizón, J. L. (2018). *Apuntes para una psicopatología basada en la relación* (vol. 1; vol. 2 [2018]; vol. 3 [2019]; vol. 4 [2021]). Barcelona: Herder.
Tordjman, S.; Antoine, C.; Cohen, D. J.; Gauvain-Piquard, A.; Carlier, M.; Roubertoux, P. y Ferrari, P. (1999). Étude des conduites auto-agressives, de la réactivité à la douleur et de leurs interrelations chez les enfants autistes. *L'Encéphale 25*(2):122-134.
Trent, J. W. (1994). *Inventing the Feeble Mind: A history of Mental Retardation in the United States*. Berkeley/Londres: University of California Press.
Trevarthen, C. (1974). Conversations with a two-months old. *New Scientist 2*:230-235. (También en R. Lewin (ed.) (1975). *Child Alive: New Insights into the Development of Young Children* (pp. 57-74). Londres: Temple Smith).
Trevarthen, C. (1977). Descriptive Analyses of Infant Communicative Behaviour. En H. R. Schaffer (ed.), *Studies in Mother-Infant Interaction*. Londres: Academic Press.
Trevarthen, C. (1978). Modes of perceiving and codes of acting. En H. J. Pick (ed.), *Psychological Modes of Perceiving and Processing Information*. Hillsdale: Erlbaum.
Trevarthen, C. (1984). Emotions in infancy: regulators of contacts and relatioships with persons. En H. J. Pick, *Approaches to Emotion*. Hillsdale: Erlbaum.
Trevarthen, C. (1986). Development of intersubjectivity control motor in infants. En M. G. Wade y H. G. A. Whiting (eds.), *Motor Development in Children: Aspects of Coordination and Control*. Dordrecht: Martinus Nijhof.
Trevarthen, C. (1993a). The function of emotions in early infant communication and development. En J. Nadel y L. Camaioni (eds.), *New Perspectives in Early Communicative Development* (pp. 48-81). Londres: Routledge.

Trevarthen, C. (1993b). The *self* born in intersubsubjectivity: The psychology of an infant communicating. En U. Neisser (ed.), *The Perceived Self: Ecological and Interpersonal Sources of Self-Knowledge* (pp. 121-173). Nueva York: Cambridge University Press.

Trevarthen, C. y Hubley, P. (1978). Secondary intersubjectivity: confidence, cofinding and acts of meaning in the first year. En A. Lock (ed.), *Action, Gesture and Symbol: The Emergence of Language*. Londres: Academic Press.

Trevarthen, C. y Logothei, K. (1989). Child and culture: génesis of co-operative knowing. En P. Gellatly, D. Rogers y J. A. Sloboda (eds.), *Cognition ans Social Worlds*. Oxford: Clarendon Press.

Trevarthen, C. y Marwick, H. (1986). Signs of motivation for speech in infants, and the nature of a mother's support for development of language. En B. Lindblom y R. Zetterstrom (eds.), *Precursors of Early Speech*. Basingstoke: Macmillan.

Tronick, E. Z.; Als, H.; Adamsom, L.; Wise, S. y Brazelton, T. B. (1978). The infant's response to entrapment between contradictory messages in face-to-face interaction. *Journal of the American Academy of Child Psychiatry* 17:1-13.

Tronick, E. Z.; Als, H. y Brazelton, T. B. (1980). The infant's communicative competencies and the achievement of intersubjectivity. En M. R. Key (ed.), *The Relationship of Verbal and Non-Verbal Communication* (pp. 261-273). La Haya: Mouton.

Tuke, S. (1813). *Description of the Retreat. An Institution near York for Insane Persons*. Londres: Process Press.

Tustin, F. (1972). *Autism and childhood psicosis* Londres: Hogarth Press. [Trad. cast: *Autismo y psicosis infantiles*. Barcelona: Paidós, 1981].

Tustin, F. (1981). *Autistic states in children* Londres/Boston: Routledge/Kegan. (Reed. rev., 1992, Londres: Routlegde). [Trad. cast.: *Estados autísticos en los niños*. Buenos Aires: Paidós, 1996].

Tustin, F. (1984a). The growth of understanding. *Journal of Child Psychotherapy* 10(1):137-149.

Tustin, F. (1984b). Significant understanding in attempts to ameliorate autistic states. En *Actas del Congreso de Mónaco sobre el Autismo*.

Tustin, F. (1986). *Autistic Barriers in Neurotic Patients*. Londres/New Haven: Karnac/Yale University Press. [Trad. cast.: *Barreras autísticas en pacientes neuróticos*. Buenos Aires: Amorrortu, 1989].

Tustin, F. (1990). *The Protective Shell in Children and Adults*. Londres: Karnac Books. [Trad. cast.: *Cascarón protector en niños y adultos*. Buenos Aires: Amorrortu, 1992].

Tustin, F. (1994). The perpetuation of an error. *Journal of Child Psychotherapy* 20(1):3-24.

Uher, R. (2009). The Role of Genetic Variation in the Causation of Mental Illness: An Evolution-Informed Framework. *Molecular Psychiatry* 14(12):1072-1082.

Van den Boom, D. C. (1995). Do first-year interventiom effects endure? Follow-up during toddlerhood of a sample of ducht irritable infants. *Child Development* 65:1457-1477.

Van Krevelen, D.A. (1971). Early infantile autism and autistic psychopathy. *Journal of autism and childhood schizophrenia*, vol. 1, 82–86.
Viloca, L. (2012). *El niño autista: detección, evolución y tratamiento*. Barcelona: Carrilet.
Viloca, L. (2017). Cuarenta años de trabajo con autismo en Cataluña. EIPEA 3.
Voisin, F. (1843). *De l'idiotie chez les enfants et des autres particularités d'intelligence ou de caractère qui necessitent pour eux una instruction et une éducation spéciale. De leur responsabilité morale*. París: Baillière.
Wake, N. (2006). The full story by no means all told: Harry Stack Sullivan at Sheppard-Pratt, 1922-1930. *History of Psychology* 9(4):325-358.
Wassink, T. H.; Piven, J. y Patil, S. R. (2001a). Chromosomal abnormalities in a clinic sample of individuals with autistic disorder. *Psychiatric Genetics* 11(2):57-63.
Wassink,T. H.; Piven, J.;Vieland,V.J. et. al. (2001b). Evidence supporting WNT2 as an autism susceptibility gene. *American Journal of Human Genetics* 105(5):406-413.
WHO (2018). *Trastornos del espectro autista. Epidemiología*. Ginebra. Recuperado de https://www.who.int/es/news-room/fact-sheets/detail/autism-spectrum-disorders.
Widlöcher, D. (1973). Étude psychopathologique des états prépsychotiques, *Revue de neuropsychiatrie infantile*, vol. 21, n.º 12, p. 735-744.
Wing, L. (1971). *Autistic children: A guide for parents*. Londres, Constable. [Trad cast.: *La educación del niño autista: Guía para padres y maestros*. Buenos Aires: Paidós, 1974].
Wing, L. (1981). Asperger's síndrome: A clinical account. *Psychological Medicine* 11(1):115-130.
Wing, L. (1991). The relationship between Asperger's syndrome and Kanner's autism. En U. Frith (ed.), *Autism and Asperger Syndrome* (pp. 93-121). Cambridge: Cambridge University Press.
Wing, L. (1993). The definition and prevalence of autism: A review. *European Child and Adolescent Psychiatry* 2(2):61-74.
Wing, L. (1996). *The Autistic Spectrum: A Guide for Parents and Professionals*. [Trad. cast.: *El autismo en niños y adultos. Una guía para la familia*. Barcelona: Paidós, 1988].
Wing, L. (1997). The history of ideas on autism: Legenda, myths and reality. *Autism* 7(1):12-23.
Wing, L. (2005). Reflections on Opening Pandora's Box. *Journal of Autism and Developmental Disorders* 35(2).
Wing, L. y Gould, J. (1979). Severe impairments of social interaction and associated abnormalities in children: epidemiology and classification. *Journal of Autism and Developmental Disorders* 9:11-29.
Winnicott, D.W. (1938). *Skin Changes in Relation to Emotional Disorder*. Londres: St. Johnn's Hospital Dermatological Society Report.
Winnicott, D.W. (1945). Primitive Emotional Development. En *Collected Papers. Trough Paediatrics to Psycho-Analysis*. Londres: Tavistock, 1958.

Winnicott, D.W. (1949). Hate in the countertransference. *International Journal of Psychoanalysis* 30:69-74.
Winnicott, D.W. (1953a). Transitional objects and transitional phenomena: A study of the first not-me possession. *International Journal of Psychoanalysis* 36: 16-26.
Winnicott, D.W. (1953b). Psychose and child care. *British Journal of Medical Psychology* 26:68-74.
Winnicott, D.W. (1958). *Collected Papers. Through Paediatrics to Psychoanalysis*. Londres: Tavistock.
Winnicott, D.W. (1962). A Personal View of the Kleinian Contribution. En *The Maturational Process and the Facilitating Environment*. Londres: Hogarth Press, 1965.
Winnicott, D.W. (1965a). *The Maturational Processes and the Facilitating Environnement: Studies in the Theory of Emotional Development*. Londres: Hogarth Press.
Winnicott, D.W. (1965b). Classification (1959-1964). En *The Maturational Process and the Facilitating Environment* (p. 126). Londres: Hogarth.
Winnicott, D.W. (1969). The Use of an Object and Relating through Identifications. *International Journal of Psychoanalysis* 50:711.
Winnicott, D.W. (1971a). *Playing and Reality*. Londres: Tavistock. [Trad. cast.: *Realidad y juego*. Barcelona: Gedisa, 1971].
Winnicott, D.W. (1971b). *Therapeutic Consultations in Child Psychiatry*. Londres: Hogarth Press. [Trad. cast.: *Clínica psicoanalítica infantil*. Buenos Aires: Paidós, 1971].
Wood, P. H. (1975). Classification of impairements and handicaps. *Rev. Conf.* 75:15. (WHO/ICD).
Wood, P. H. (1980). Comment mesurer les conséquences de la maladie: classification international des infirmités, incapacités et handicaps. *WHO Chron.* 34(10):376-380.
Wolff, P. H. (1965) The development of attention in young infants. En L. J. Stone, H.T. Smyth y L. B. Murphy (eds.), *The Competent Infant: Research and Commentary*. Londres: Tavistock, 1974.
Wolff S, Chick J. (1980). Schizoid personality in childhood. *Psychol Med* 10:85–100.
Yoshikawa, H. (1995). Long term effects of early childood programs on social outcomes and delinquency. *The Future of Children* 5(3):51-75.
Young-Bruehl, E. (1988). *Anna Freud. A Biography*. Nueva York: Summit Books. [Trad. cast.: *Anna Freud*. Buenos Aires: Emecé, 1991].
Zeanah, C. H.; Nelson, C. A.; Fox, N. A. *et al.* (2003). Designing research to study the effects of institutionalization on brain and behavioral development: The Bucarest early intervention Project. *Development and Psychopathology* 15:885-907.

ANEXOS

Anexo 1. Intervenciones conductuales, psicoterapéuticas y reeducativas

Únicamente se citan y resumen las intervenciones más habituales [para consultar una clasificación y un listado exhaustivo de los numerosos tipos de intervenciones y de la validez de prueba de su eficacia, evaluada y criticada por expertos en metodología, véase Instituto de Salud Carlos III (2009). Informe del Instituto de Investigación de Enfermedades Raras (IIER). *Evaluación de la eficacia de las intervenciones psicoeducativas en los trastornos del espectro autista,* Madrid, Ministerio de Ciencia e Innovación].

A. INTERVENCIONES CONDUCTUALES:
- *Programa* TEACCH *(Treatment and Education of Autistic and Related Communication Handicapped Children)* (Schopler, 1966)
  -De inspiración cognitivo-conductual sin estimulación sistemática.
  -Busca la seguridad y el bienestar del niño para facilitar su adaptación a un medio favorable (evita o suaviza estimulaciones sensoriales).
  -Utiliza soportes visuales (pictogramas) que simbolizan actividades, lugares y personas.
- *Método* ABA *(Applied Behavior Analysis)* (Lovaas, 1967)
  -Es un «método conductual aplicado» que busca, a través de refuerzos, la modificación de comportamientos, para gratificar los correctos y corregir o ignorar los inapropiados.
  -Se aplica individualmente en secuencias intensivas repetidas diariamente a razón de 25-40 horas semanales durante una media de tres años.
  -Se realiza en centros especializados o a domicilio y con frecuencia sin otras ayudas terapéuticas.
- *Método de Denver* (Rogers y Dawson, 2000)
  -Combina el «modelo Denver», basado en modelos relacionales, con una terapia conductual llamada PRT *(Pivotal Response Training)*, derivada del método ABA.
  -Intervención diaria, un adulto con un niño, de para-profesionales con formación específica.
  -Se realiza a domicilio, en dos sesiones de 2 horas por día, 5 días por semana.
  -Se forma a los padres en estrategias de intervención en el baño, las comidas y juegos.

B. INTERVENCIONES PSICOTERAPÉUTICAS:
- *Psicoterapia psicoanalítica*
  – Trata de transformar lo autosensorial en relacional y de implicarse en la creación y aprovechamiento de situaciones compartidas para tratar de convertirlas en lúdicas.
  – Se centra en la comprensión de las emociones y en los estados internos (funcionamiento psíquico) del niño para favorecer su expresión.
  – Utiliza las emociones y los afectos que surgen en la relación terapéutica (transferencia y contratransferencia) para tratar de generar una relación de confianza.
  – Se aplica en diferentes modalidades: individual (intensiva, de 2 a 4 sesiones semanales); grupos terapéuticos; terapias madre–niño; intervenciones a domicilio (especialmente durante la crianza).
  – Se practica asociada a otras ayudas educativas (pedagogía especializada) y reeducativas (lenguaje, psicomotricidad).

- *Terapias de juego-Floortime (Greenspan, 2008)*
  – Basada en el juego libre del niño; se practica en el suelo *(floor)*.
  – Trata de compartir emociones en intercambios lúdicos.
  – Los padres están presentes en las actividades.

- *Terapias psicomotrices*
  – Utilizan y organizan la actividad corporal y estructura un marco espacial libre que aprovecha el placer de la motricidad lúdica.
  – Favorecen la expresión corporal de las emociones y la construcción de un esquema corporal más armonioso y satisfactorio.
  – Trata de vincular la experiencia motriz a procesos de mentalización, simbolización y comunicación.

- *Ayudas terapéuticas parentales*
  – Tratan de compartir con ellos la comprensión de los comportamientos y sufrimiento autísticos.

- Tejen una labor de acompañamiento que permite la expresión del malestar parental y el seguimiento a medio y largo plazo de la evolución, cambios y adaptaciones que acontecen en un proceso siempre prolongado.
- Ayudan a manifestar la posición y la participación parental respecto de las decisiones y medidas terapéuticas (que con frecuencia conllevan situaciones frustrantes o decepcionantes).
- Buscan facilitar información sobre recursos asistenciales y mediar en las relaciones con otros profesionales e instituciones.

C. INTERVENCIONES REEDUCATIVAS Y PSICOPEDAGÓGICAS.

REEDUCACIÓN DEL LENGUAJE Y LA COMUNICACIÓN
- *Sistema PECS (Picture Exchange Communication)* (Bondy y Frost, 1985)
  - Válido para cualquier persona con dificultades de expresión verbal.
  - Puede utilizarse con niños sin lenguaje verbal. Parte inicialmente de fomentar el deseo de comunicación no verbal.
  - Utiliza pictogramas e imágenes como soporte para la construcción de frases verbales.
- *El sistema MAKATON* (Walker, Johnston y Cowfith, 1986)
  - Inicialmente destinado a adultos con sordera.
  - Favorece el lenguaje verbal y utiliza varios canales de comunicación: lenguaje mímico y de gestos manuales, símbolos gráficos y pictogramas.
  - Parte de la expresión de necesidades básicas (comida, bebida) para ir incorporando expresiones más complejas.

TRATAMIENTOS CON MEDICAMENTOS
- No tienen efectos curativos.
- Se utilizan para tratar síntomas particularmente intensos: angustia y agitación, trastornos del sueño, crisis de auto o heteroagresividad.
- Deben asociarse con otras ayudas terapéuticas y evaluar siempre beneficios y riesgos.

Anexo 2. Métodos e instrumentos diagnósticos

A. EL DIAGNÓSTICO NOSOLÓGICO:

—Debe diferenciar de qué TEA-TGD se trata: autismo típico, atípico, inespecífico o desintegrativo.

—Debe considerar otros trastornos del desarrollo de sintomatología parecida o intrincada: retraso mental o trastornos del lenguaje.

Los instrumentos reconocidos internacionalmente y actualmente más utilizados son:

—ADI-R *(Autism Diagnostic Interview-Revised)* (Lord et al., 1994).
—ADOS *(Autism Diagnosis Observation Schedule)* (Gotham, Lord et al., 2007).
—CARS *(Autism Rating Childhood Scale)* (Schopler, 1980, 1988).
—ECA-R *(Échelle d'Évaluation des Comportements Autistiques-Révisée)* (Barthelemy y Lelord, 1997).
—PL-ADOS *(Prelinguistic Autism Diagnostic Observation Schedule* (DiLavore, Lord y Rutter, 1995).

También se utilizan de manera particular en pediatría ambulatoria y como primer filtro, de muy rápida aplicación y menor fiabilidad:

—CHAT *(Cheklist for Autism in Toddlers)* (Baron-Cohen y cols., 1997).

Tiene un cuestionario para los padres con 9 ítems y otro para la observación del profesional con 5 ítems (todos ellos con una sola respuesta: sí/no)

B. EL DIAGNÓSTICO FUNCIONAL:

- Debe valorar las capacidades y limitaciones en cada área del desarrollo: cognitivo, psicomotor y del lenguaje. Para ello se dispone de múltiples test de evaluación:

—del desarrollo y de la capacidad intelectual;
—de los trastornos relacionales y autísticos;
—de los trastornos funcionales específicos (del lenguaje; de la atención, percepción y memoria);
—de las interacciones precoces.
(para tener un listado detallado véase Lasa Zulueta, 2009, pp. 597-598).

• Debe estudiar las modalidades de interacciones sobre las que se basará la elección de instrumentos para un proyecto terapéutico.
—Entre los test más específicamente diseñados para el autismo:
—PEP-R *(Psycho Educative Profile-Revised)* (Schopler y cols., 1994).
—*Escala de comportamientos adaptativos de Vineland* (Sparrow, Balla y Cichetti, 1984, 2005).
—Una evaluación logopédica y psicomotriz es un complemento fundamental.

C. El diagnóstico etiológico:

—Busca la existencia de patologías orgánicas asociadas.
—Trata de precisar los componentes etiológicos polifactoriales (véase el listado de factores ante/peri/y posnatales en Lasa Zulueta, 2009, pp. 603-605).
—Incluye exámenes sensoriales de audición y visión.
—Debe completarse con una exploración neuropediátrica.
—Un examen genético permite detectar alteraciones y orientar el consejo genético.
—Las exploraciones somáticas y psíquicas deben estar coordinadas y destinadas a un plan de atención conjunto. Debe evitarse que se conviertan en una multiplicación inconexa de consultas y desplazamientos y de consejos contradictorios.

Anexo 3. Atención temprana

Resumido del Decreto de Atención Temprana (Decreto 13/2016 de la Comunidad Autónoma del País Vasco).

El desarrollo es un «proceso dinámico muy complejo, en el que, a partir de unos genes determinados, interactúan múltiples factores biológicos y psicosociales». Destinado a trastornos del desarrollo motriz, cognitivo, sensorial y del lenguaje; trastornos generalizados del desarrollo; trastornos de la conducta; trastornos emocionales; trastornos de la expresión somática; retraso evolutivo.

Artículo 2. Definición y naturaleza de la Atención Temprana

- La Atención Temprana es el conjunto de intervenciones, dirigidas a la población infantil de 0 a 6 años, a sus familias y al entorno, que, desde una perspectiva interdisciplinar sanitaria, educativa y social, tienen por objetivo dar respuesta, lo más pronto posible y con carácter integral, a las necesidades transitorias o permanentes que presentan los niños y niñas con trastornos en su desarrollo o con riesgo de padecerlos. En el marco de la responsabilidad pública, la Atención Temprana tiene una naturaleza mixta e interdisciplinar en la que intervienen componentes sanitarios, educativos y sociales que recaen, respectivamente, en las competencias de los sistemas de salud, educativo y de servicios sociales.

Artículo 3. Objetivos específicos de la Atención Temprana
- a) Evitar o reducir la aparición de una deficiencia o déficit secundarios o asociados a un trastorno o situación de alto riesgo.
- b) Reducir los efectos de una deficiencia o déficit sobre la niña o el niño, considerado en su globalidad.
- c) Optimizar, en la medida de lo posible, el desarrollo del niño o de la niña.

- d) Introducir los mecanismos necesarios de compensación, eliminación de barreras y adaptación a las necesidades específicas.
- e) Atender y cubrir las necesidades y demandas de la familia y el entorno en el que vive el niño o la niña, entendiendo el entorno como el medio social en toda su extensión.

Artículo 4. Personas destinatarias

1) Son personas destinatarias de la Atención Temprana los niños y niñas de 0 a 6 años de edad que presentan trastornos en el desarrollo o se encuentran en situación de riesgo de padecerlos.
2) Son niños y niñas con trastornos en el desarrollo quienes presenten desviaciones significativas en el curso del desarrollo a causa de acontecimientos de salud o de relación que comprometen la evolución biológica, psicológica y social. Las alteraciones o trastornos pueden ser de tipo cognitivo, motriz, sensorial, emocional, conductual, del lenguaje, generalizados, de expresión somática, o retrasos madurativos.

Son niños y niñas en situación de riesgo de padecer trastornos en el desarrollo los siguientes:

a) Los niños y niñas en situación de riesgo biológico, entendiendo que se encuentran en dicha situación quienes, durante el periodo pre, peri o posnatal, o durante el desarrollo temprano, han sufrido situaciones que podrían alterar su proceso madurativo, como puede ser la prematuridad, el bajo peso o la anoxia al nacer, así como quienes presentan enfermedades, congénitas o adquiridas, o alteraciones genéticas.
b) Los niños y niñas en situación de riesgo psicosocial, entendiendo que se encuentran en dicha situación quienes viven en unas condiciones sociales poco favorecedoras, como son la falta de cuidados o de interacciones adecuadas con sus padres y familia, el maltrato, el abuso, situaciones todas ellas que pueden alterar su proceso madurativo.

Anexo 4. Sobre el tratamiento de los trastornos mentales graves de la infancia y adolescencia (autismo, psicosis infantiles y trastornos generalizados del desarrollo)

Declaración del Presidente de SEPYPNA (Sociedad Española de Psiquiatría y Psicoterapia del Niño y del Adolescente) en el XVIII Congreso Nacional de SEPYPNA, A Coruña, 20-22 de octubre de 2005.

1) Cuando hablamos de autismo, psicosis y TGD (Trastornos Generalizados del Desarrollo), no hablamos de una enfermedad de causa, evolución y tratamiento únicos. Hablamos de trastornos con factores etiológicos múltiples, con evoluciones diversas y, por tanto, con un pronóstico en muchos casos difícil de predecir con precisión. De una enfermedad psíquica (incluida y reconocida como tal en todas las clasificaciones de trastornos psiquiátricos), que afecta globalmente al desarrollo de las funciones psíquicas del niño, en particular a sus capacidades de relación y que, por desgracia y en nuestro estado actual de conocimientos, puede ser altamente invalidante en muchos casos.

2) Son numerosos los expertos que utilizan, con matices, la expresión «nunca se cura», que a veces deriva en una deducción errónea: «da igual que la tratemos o no». No solo es un malentendido, sino una afirmación lamentable que no se sostiene científicamente, y que, lo que es aún más grave, puede generar una actitud (social, profesional, asistencial, ideológica) de pasividad y de negativismo que finalmente se convierte, por dejación de responsabilidades terapéuticas, en agente co-causal que determina y confirma las peores predicciones.

3) Además de que sería muy triste e insolidario que la medicina no asumiera el tratamiento de enfermedades incurables (sin ir más lejos, el cáncer o el sida muestran que lo que es incurable progresivamente está dejando de serlo... en la medida en que se utilizan recursos de investigación y tratamiento), en lo que se refiere al autismo es algo unánimemente aceptado que el diagnóstico precoz y el tratamiento

intensivo temprano son en muchos casos un factor que incide muy significativamente en una evolución más favorable y menos invalidante. La coexistencia, o no, de afectaciones orgánicas cerebrales o de limitaciones sensoriales, que limitan sus capacidades de relación, y la calidad del medio familiar (al que siempre conviene asesorar y ayudar psicológicamente), son otros dos factores que inciden significativamente en el pronóstico y evolución de la enfermedad.

4) Que un niño con una enfermedad somática seria (neurológica, cardíaca, endocrinológica u otras) necesita una atención escolar y pedagógica particular o especial no lo discute nadie. Sin embargo, se entendería como ridículo que se adjudicara a la escuela la responsabilidad de su tratamiento médico. Pues bien, esto es lo que está ocurriendo con niños autistas y psicóticos. A partir de la idea, indiscutible, de que tienen derecho a integrarse en ella y a recibir atención complementaria para sus necesidades educativas especiales, se ha llegado a permitir un estado de hecho, por no decir de dejación de responsabilidades sanitarias, según el cual se entiende que es la escuela quien debe asumir la responsabilidad asistencial y la atención, prioritaria o exclusiva, de estos niños (y nos corresponde decir que en muchos casos sin el imprescindible complemento de una dotación de medios terapéuticos, sanitarios, suficientes).

5) Porque también hay que decir que hoy en día hay un amplio consenso entre expertos respecto de los requisitos del tratamiento que, para ser eficaz, debe iniciarse cuanto más temprano mejor y ser intensivo (varias horas de atención especializada diaria) pero no atosigante, continuado (evitando la multiplicación incesante de profesionales y la descoordinación y rupturas que originan), polivalente e integrado (reuniendo, si es posible en un mismo lugar o en programas coordinados, diferentes profesionales especializados: psiquiatras y psicólogos con diferentes técnicas y niveles de intervención, enseñantes especializados en psicopedagogía, especialistas en lenguaje y psicomotricidad). Este enunciado ya apunta hacia dos de los problemas clave que origina: su coste (imposible de soportar sin inyección económica, de dinero «público», de partidas presupuestarias específicas) y su materialización en un lugar concreto (suele

necesitar de colaboraciones «interdepartamentales» particularmente lentas y difíciles en el sector público).

6) Vencer estas dificultades es tarea urgente, porque de no hacerlo se elevan los riesgos de una evolución más invalidante... que también tiene serios costes personales y familiares, humanos y económicos. Es importante señalar que muchos países han superado estas dificultades y que hay, en Europa, centenares de experiencias de centros de día, unidades o lugares de tratamiento intensivo con diferentes modelos y denominaciones (más «sanitarios-hospitalarios» y/o más «escolares», públicos y privados, concertados o no) que garantizan una atención adecuada.

7) Otra característica esencial del tratamiento de un niño autista es que debe ser personalizado. Es decir, planificado conforme a sus características personales de edad, nivel evolutivo, capacidades o discapacidades diversas, características del entorno familiar, posibilidades de integración escolar normalizada. Estas características cambian progresivamente, y por ello la «dosificación» y composición de las diversas intervenciones terapéuticas también deberán hacerlo en un tratamiento correcto que, para serlo, exige reevaluaciones constantes.

8) Las múltiples opciones técnicas relativas a la distribución, intensidad y tipo de intervención, y el carácter variado del perfil y orientación de los profesionales, así como la diversidad de recursos de que disponen, hacen más que difícil sistematizar —ahora se dice protocolizar— «un solo método de tratamiento» que concilie la unanimidad de todos los profesionales. En mi opinión, es sesgado, y a veces interesado o malintencionado, concluir por ello que «no hay ningún tratamiento de eficacia demostrada». También es necesario introducir en la evaluación de un tratamiento tan difícil y costoso, sobre todo por parte de quien lo financia, la figura de un profesional, menos implicado que los terapeutas o los familiares, que pueda «arbitrar» —es decir, evaluar— la eficacia, la coherencia y la coordinación de las medidas e iniciativas propuestas.

9) No se debería centrar el debate en cuál es la técnica terapéutica que ha demostrado más eficacia terapéutica en términos globales. Todos los padres de niños con problemas graves en su desarrollo ansían, lógica-

mente, ver progresos rápidos en su evolución. Nadie puede reprocharles que busquen intervenciones rápidas y muy activas y que lo hagan con urgencia, porque es su derecho y su deber hacerlo. Es inevitable que busquen, con más o menos acierto, la asesoría de profesionales que, con entusiasmo más o menos justificado, les ofrezcan una rápida mejoría y una dedicación intensiva. Deberíamos evitar como profesionales contribuir a su desconcierto entrando en una competición, con descalificaciones mutuas, sobre qué tratamientos (los nuestros) son más eficaces que otros (los de los demás). Sería una seria irresponsabilidad profesional y ética, sobre todo conociendo tanto lo que hoy se sabe como lo que no se sabe. Porque prevenir no es predecir desde la certeza de lo ya determinado. Es intervenir sabiendo que con ello pueden evitarse ciertos riesgos evolutivos que amenazan a estos niños. Y con más probabilidad cuanto menos y más tarde se haga.

10) Tenemos la obligación profesional de opinar sobre quién debe asumir la realización y, en consecuencia, el pago de un tratamiento intensivo que los recursos actuales de la salud mental ambulatoria pública no permiten asumir debidamente. Y creo que nuestra posición de colaboradores y responsables de ella a la vez nos permite y nos dificulta decirlo. Lo permite porque conocemos nuestra situación asistencial. Lo dificulta porque también somos corresponsables, al menos en parte, de su desarrollo y de sus carencias. Nuestra sociedad, y con ella los responsables de nuestra sanidad pública, optaron por un modelo asistencial que podemos o no compartir, pero en el que debemos trabajar, consistente en confiar la atención intensiva de estos niños a la escuela (a través de una ley de Integración Escolar que desarrolló la dotación de recursos educativos especiales) y a las asociaciones de familiares de afectados (que tienen convenios de concertación con la sanidad pública). Nos corresponde decir si estas opciones cubren las necesidades terapéuticas que necesitan estos niños. No lo hacen, y con ello se responsabiliza excesivamente a la escuela y a las familias, sobrecargándolas con responsabilidades que desbordan sus ya importantes tareas con estos niños.

11) Personal y colectivamente, hace ya muchos años que sostenemos que la oferta de lugares de tratamiento intensivo para estos niños es una

necesidad asistencial a la que la Sanidad pública (sola o acompañada por la Educación y los Servicios Sociales) debería responder. De hecho, poco a poco van apareciendo por la geografía estatal, y en general tras largas negociaciones, esfuerzos y peripecias, contados centros de día u otros dispositivos de tratamiento intensivo. No es suficiente. Hasta ahora se limitan a la franja de edad superior a los 8-10 años o a los adolescentes. Por ahora, otras prioridades han relegado la extensión de este tipo de recursos a niños más jóvenes (precisamente con los que los resultados terapéuticos son mejores). No podemos dejar de decir que nos gustaría que nuestra sociedad instara, y a la vez permitiera, a nuestros responsables sanitarios a que pudieran destinar a ello un mayor esfuerzo presupuestario (y no solo los esfuerzos de la escuela y de los familiares).

12) Posiblemente se piense que tratamos de instrumentalizar esta tribuna para lograr la obtención de recursos suplementarios en beneficio de nuestra actividad. Y así es. Y además nos parece legítimo porque, en varias ocasiones, hemos visto que cualquier presión de usuarios y de la sociedad en general sobre los responsables de nuestra política sanitaria los sensibiliza mucho más eficazmente que nuestros repetidos y documentados informes técnicos, infinitamente menos eficaces que un artículo de prensa, una interpelación parlamentaria o una intervención judicial. Seguramente, esta dependencia de la presión social y de las prioridades que solicita, forma parte de nuestra condición de servidores públicos. En cualquier caso, debe quedar claro que somos muchos los psiquiatras y psicólogos clínicos de niños y adolescentes (creo representar el sentir de los 500 que componen nuestra sociedad) que, desde el trabajo en los servicios públicos, desearíamos que nos encomendaran más responsabilidades y más recursos para la atención terapéutica intensiva a los niños y adolescentes que sufren trastornos psíquicos graves (autistas y psicóticos-TGD), porque pensamos que su calidad de vida futura, y la de sus familias, cambiará con ello. Y porque entendemos que es una seria responsabilidad social y sanitaria la atención prioritaria a niños y adolescentes afectados por dificultades psíquicas graves. También lo es sensibilizar a nuestra sociedad y a nuestra sanidad para

que la incluya entre sus prestaciones sanitarias básicas y la desarrolle lo más generosamente que le sea posible.

Esperamos que las reflexiones y aportaciones de este congreso contribuyan a ello.

Dr. Alberto Lasa Zulueta.
Presidente de SEPYPNA
(Sociedad Española de Psiquiatría y
Psicoterapia del Niño y del Adolescente)

Anexo 5. Una representación gráfica/mapa clínico de los fenómenos psíquicos del autismo. Una visión estructural y dinámica.

- Cada «ameba» se mueve en un campo con cuatro territorios que corresponden a 4 tipos de fenómenos psíquicos siempre presentes: «repliegue autista, dependencia simbiótica, disociación, evolución deficitaria». Las formas clínicas se configuran conforme al predominio de fenómenos de uno de ellos sobre los otros tres (también presentes en menor grado).
- Su movilidad hacia los cuatro «polos-vértices» dependerá de la atracción de 2 «vectores estructurantes» (positivos):
  -relación humana;
  -interés por las cosas/curiosidad intelectual;

y de otros 2 «vectores desestructurantes» (negativos):
  -desapego/desinterés por la relación humana;
  -no interiorización simbólica/no conexiones cognitivas.
- Conforme avanzan en edad los cuadros clínicos tienden a «cristalizar» de manera estable en una de las cuatro variantes:
  -Autismo típico «de Kanner».
  -Autismo ligero (menos limitaciones relacionales/alta dependencia/escasa autonomía).
  -Autismo atípico (disociación psicótica/formas más productivas/relaciones interpersonales turbulentas).
  -Evoluciones deficitarias (afectación cognitiva).

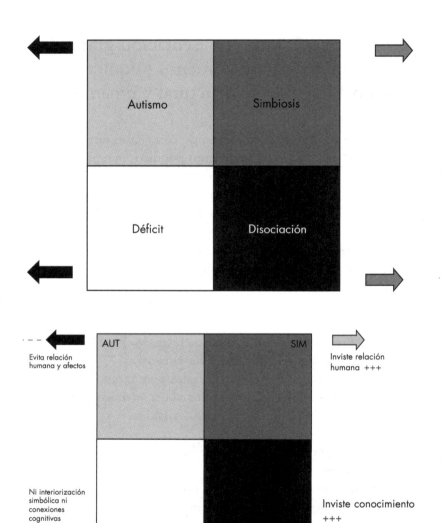

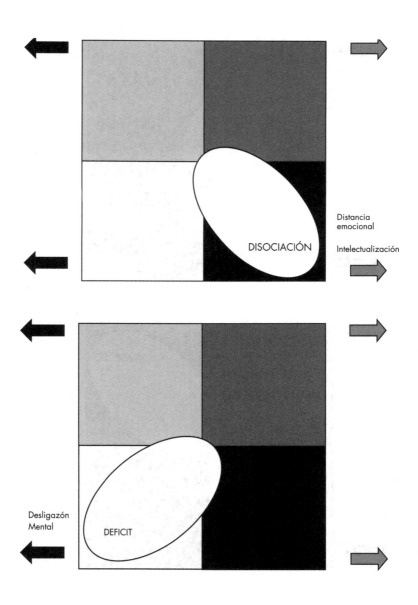

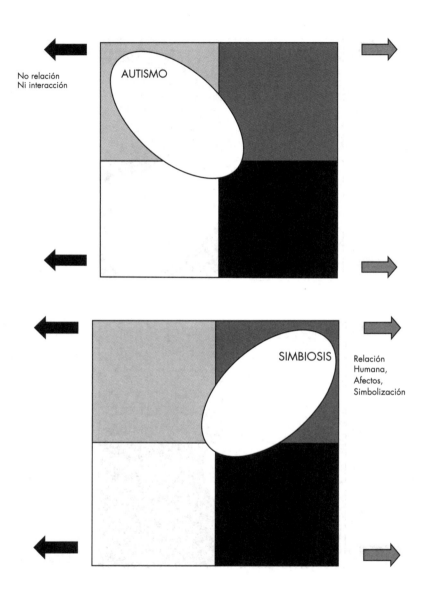